我遇到的最深奥的法律问题，

是法律为什么如此简单

——那种令人吃惊的简单。

法律是以其简单性而非复杂性

向整个宇宙来展现它的神奇和幽默的。

桑本谦

山东济南人,中国海洋大学法学院教授、院长。曾出版专著两部,发表学术论文五十余篇,学术随笔四十余篇。内容涉及法理学、宪法学、刑法、民商法、行政法、诉讼法、法律史等各个领域。

法律简史

人类制度文明的深层逻辑

桑本谦 – 著

生活·讀書·新知 三联书店

Copyright © 2022 by SDX Joint Publishing Company.
All Rights Reserved.

本作品版权由生活·读书·新知三联书店所有。
未经许可,不得翻印。

图书在版编目(CIP)数据

法律简史:人类制度文明的深层逻辑/桑本谦著. —北京:
生活·读书·新知三联书店,2022.9 (2023.12 重印)
ISBN 978 – 7 – 108 – 07473 – 7

Ⅰ.①法⋯ Ⅱ.①桑⋯ Ⅲ.①法制史 – 研究 – 世界 Ⅳ.① D909.9

中国版本图书馆 CIP 数据核字(2022)第 137263 号

责任编辑	王晨晨
责任印制	李思佳
出版发行	生活·讀書·新知 三联书店
	(北京市东城区美术馆东街 22 号 100010)
网 址	www.sdxjpc.com
经 销	新华书店
印 刷	河北鹏润印刷有限公司
版 次	2022 年 9 月北京第 1 版
	2023 年 12 月北京第 5 次印刷
开 本	635 毫米 × 965 毫米 1/16 印张 31
字 数	490 千字
印 数	26,001 – 31,000 册
定 价	89.00 元

(印装查询:01064002715;邮购查询:01084010542)

目录

序 言 ··· i

第1章 奠 基 ··· 1

自然选择锁定了人性,也奠定了法律的基本逻辑。白纸黑字的法律条文,背后的操控者远不只是文化、理念和主权者的命令,还有塑造了人类肉体和灵魂的 DNA。人类群体最古老的制度逻辑就是返还法则,返还法则就是法律的"历史之根"。

文明的源头是个简单的算法 ····································· 3
演化、智力与时间 ··· 9
自我意识、中枢指令与分布式决策 ························· 22
理性、本能与自由意志 ·· 33
人性、公平感与丛林法则 ······································· 49
性、血缘与利他主义 ··· 61

第2章 联 结 ·· 77

传统法学把法律分割成不同门类的领域,但只要理解了法律的底层逻辑,理解法律通过模拟市场来管理社会,法律决策者就会获得一种联结思维。割据思维往往把简单问题想象得很复杂,而联结思维却经常能发现解决问题的捷径。

"倒亦有道" ··· 79
法律模拟市场 ··· 85
事故降级 ··· 96
偶然性、概率和误差 ·· 105
增加冗余 ·· 114
边际分析 ·· 124
责任的分摊与转移 ·· 133
事故的升级和叠加 ·· 143
民刑分界是一种投资组合 ··· 150

第3章 还 原 ·· 156

"还原"是通过追溯源头观察事物深层结构和更小单元的方法。人类制度文明能否以及如何发生于一个没有公共权力的环境中，搞清楚这件大事不只是为了探究法律的起源，更重要的是获得观察法律的显微镜视角，发现法律背后的合约结构。

霍布斯丛林和公地悲剧 ··· 159
从冲突到和平 ··· 168
合作、交易与合约 ·· 177
实力界定权利 ··· 180
产权的起源：从契约到规则 ·· 186
婚姻是产权和交易的竞合 ·· 191
从交易到市场 ··· 202

第4章 纵 横 ·· 211

国家的起源是个里程碑式的事件，其重要性可类比生命有机体进化出了中枢。社会有机体的组织化水平大大提升，社会合作与市场交易的广度和深度前所未有，除了原有的横向交易，还会出现各种纵向交易：统治者和被统治者，精英和平民；人类制度文明实现整体性的跃迁和升级。

权力的起源和社会分层 ································· 214
黑风寨和绿林营的故事 ································· 222
国家的起源及其生态学基础 ····························· 226
权力的游戏危机四伏 ··································· 231
演化的人性：从猎人到农民 ····························· 236
诉讼的前夜：战争和决斗 ······························· 241
司法的性质和功能：不止"定分止争" ····················· 258

第5章 演 化 ·· 271

法律是个演化的系统，复杂的法律决策需要借助试错和演化来完成。自然法传统注重制度逻辑的简单性，天然隐含了演化的空间。返还法则是最古老的制度基因，可以演化出无数种形态，法律制度中不同的惩罚方案都是其制度变体。返还法则是正义的化身，是整个制度有机体的"元法则"。

最大化标准不可计算 ··································· 274
自然法作为演化的起点 ································· 285
为什么人类青睐返还法则 ······························· 288
返还法则的演化 ······································· 295
罪责评价指数 ··· 302
惩罚的尺度和算法 ····································· 309
犯罪编码：刑法的结构合理吗？ ························· 326
法律形态学的先天不足 ································· 338

第6章 分 离 ·· 347

在法律语境中，默认规则是指在当事人没有另行约定时法律提供的广谱适用规则。强行法是最古老的立法模式,默认规则出现得较晚,但当其数量足够多、规模足够大的时候,就自然分化成了一个新的法律部门:民法。理解默认规则的逻辑,能让我们发现民法起源的契机,理解民法的独特功能,知道法律为什么会分离出一个新的功能模块。

合约的遗漏和补充 ······ 350
民法的起源与立法的路线图模式 ······ 353
为什么民法学不如民法聪明 ······ 360
交易习惯的起源 ······ 362
沉默的声音 ······ 369
菜农和养蜂人的故事 ······ 374
法律的强制性 ······ 388

第 7 章 变 迁 ······ 394

两次产业革命改变了法律制度,以互联网为龙头、由信息技术带动的第三次工业革命又给法律制度带来了新的冲击,科技进步和经济增长联手推动了法律制度的变迁。

后果与真相 ······ 396
罪刑法定 ······ 404
监狱的诞生和轻刑化 ······ 406
民刑分界与法律的控制范围 ······ 413
有限责任的来龙去脉 ······ 422
欠债还钱的风险控制 ······ 430
高利贷的前世今生 ······ 436
执法冗余和多样性红利:一张一弛,文武之道 ······ 450

后 记 ······ 466

序 言

"我对法律的理解经历了两次变化：一次是进入法学院之后，法学教育把我从外行变成了内行，毕业前通过司法考试，我学会了以专业的眼光看法律；但第二次变化来得有点突然，那是离开法学院进入工作岗位之后，我忽然发现实践中的法律和书本上的法律不是一回事，太多东西需要从头学起，有时我甚至怀疑过去所受的法学教育……好像就是学了很多词汇……"

在几年前的一个公开场合，我听到一位资深法律人讲了这番话（不是原话，大概是这个意思）。他无意贬低法学教育，只是强调学习还得靠自己，所谓"师父领进门，修行在个人"。法律是一个复杂、高维的行业，平均说来，资深法律人所积累的社会知识，无论在深度还是广度上，都远胜于绝大多数行业同样资深的从业者。法律人需要终生学习，因为总要面对陌生领域的案件和事件，解决一个问题长一个见识，只靠在法学院学到的那点知识远远不够。

当然，这并不意味着法学院不可以在法律人的职业生涯中扮演更重要的角色。无须讳言，目前的法学教育并不尽如人意，总体上还是一副呆板的面孔——创造了很多词汇，却没能讲出多少道理。难怪在那位资深法律人的印象里就只有词汇。确实，这话让我有共鸣，但作为法学院的老师，我还是感受到一种不言而喻的刺痛，同时觉得自己应该做点什么——哪怕只是写本书。至多，也就是写本不一样的书。

法学教育可以是另外一副面孔，原本它就该有很多面孔，甚至可以是生动有趣的。即便不能取代来自实务的经验积累，也可以让法律人终生受益。法律本身也可以是个窗口，法律人能透过这个窗口看世界，让自己的知识和人类数千年积累的知识洪流无缝对接。不过话又说回来，学无止境，谁又能保证自己对于法律的理解不会发生第三次改变——哪怕是那位资深法律人？——并且同样是革命性的呢？如果法律人有兴趣继续改变自己的认知体验，我期待本书能提供助推的力量。

  第三次变化，或干脆说，法律人的第三次认知革命，这可能发生吗？当然可能。我只能这么回答，尽管有点尴尬，因为答案不太谦虚地暗示了，起码我已经是个过来人，而接下来，我就能以一个过来人的身份指指点点了。你看尴尬经常不是因为异想天开，而是很少有人把话说得这么直白，不是吗？

  本书的写作风格就是直白。我不想含蓄，不想藏着掖着，没有兴趣拐弯抹角，只想把我自以为是的道理讲清楚。不一定正确，但一定要清楚，即使讲错了，也要错得清清楚楚、明明白白。我绝不会把某个我讲不清楚或想不明白的问题给糊弄过去。写作是交流，不是独语，直白可以提高交流的效率。我会把写作想象成持续对话的场景，我在讲，你在听，我随时观察你的感受和反应，尽管无比期待你的会心一笑、豁然开朗、醍醐灌顶乃至拍案叫绝，但我更加关注你的——哪怕是些微的——迷惑、焦虑、狐疑或不耐烦。没错，作者就是读者的"奴隶"。

  不然呢？不然就没有卖点了。本书的大部分内容，如果细分为"知识点"的话，算不上原创。倘若我不能下足功夫帮你提高学习效率，不能帮你减少学习时间，本书还能创造什么价值？你干脆去谷歌学术或数据库下载论文好了。

  在法律这个领域，理论创新的黄金时代已经过去。我甚至怀疑法学已经终结，就像有人宣称"科学的终结"一样（约翰·雷根曾以此为题写了一本书）；未来很长一段时间，几十年甚或几百年，都不太可能出现——像20世纪后半叶曾经出现过的——激动人心的原创性理论。但发生于半个世纪前、由"法律和经济学运动"引发的那场深刻的知识革命，至今尚未真正改变中国法学教育和法律实务的整体面貌。这是令人遗憾的，而导致遗憾的诸多原因之一，就是高昂的学习成本。那些原创性学术文献的写作风格都太高冷了，期间或之后虽有数本"读者友好型"的教科书相继问世，但也不知为什么，总觉得和中国的法科生与法律人的口味儿对不上。

现在轮到我了。除了对读者更加友好之外,我还有其他选择吗?还真有,机会当真就摆在这里。现有法律经济学的教科书都是按照法律的不同门类编写的,财产法、合同法、侵权法、刑法、程序法等等,与传统法学的课程设置大致对应。如此编写有利有弊,好处自不必说,隐含的代价是没能缓解法学内部原有的割据状态,没能让法学和其他学科对接起来,也因此削弱了理论本身的威力。这就是机会,一个打破学科壁垒的机会,就这么阴差阳错地留给了我。机不可失,所以本书的写作自始至终带有强烈的联结色彩,我完全无视不同法律部门之间的人为界限,尽可能让每个道理的穿透力发挥到极致。

与上述目标相配合,本书的写作风格类似意识流。我想到哪里,就讲到哪里。话题随心所欲,从合同法切换到侵权法不过是寻常操作,中间再穿插一段程序法,论题也毫不违和。只要能归结到一个逻辑之下,我才不在乎所讨论的问题属于哪种法。没把话题扯到病毒或昆虫就算我很克制了,虽然不克制的讨论也时有发生。

不过,这种看似混乱的写作并非没有章法,它能抹除传统法学烙在你头脑里的思想钢印,深化你对法律的理解,直至融会贯通。比如情势变更,你也许觉得它和不可抗力同属一个家族,但在我的讨论中,合同法中的情势变更和侵权法、刑法中的紧急避险有着更近的亲缘关系;回头看,它不过是效率违约的另一副面孔。同态复仇呢?你肯定会觉得它是刑法的古老源头,但我会论证民法也是它的嫡系子孙,而且更纯正,因为单就惩罚而论民法只发生了较少的变异。民法的变异更多发生在指令的强度——从强行法演化成了默认规则,但这就不是"调整平等主体之间民事关系"之类的陈词滥调能够解释清楚的了。生物学分类学不也有类似的故事吗?你看海豚和鲨鱼都是海洋动物,但其实海豚和猎豹的亲缘关系更近,并且它们和鸟类的共同祖先都是爬行动物。

打破部门法的界限确实有点信马由缰,颠覆性的观点此起彼伏,这令人兴奋,但机会总是和挑战结伴而行。其实部门法提供了一种现成的知识编码,它是个框架,可以把不同的知识点分装在不同的篮子里,然后贴上不同的标签,既方便了作者的谋篇布局,又方便了读者的知识检索。但麻烦的是,打破旧的框架,新的框架又在哪里呢?拆掉的房子总得重新盖起来,只留下一片废墟就不像话了。至少在我刚开始写作的时候，电脑文件夹里确实只是些断壁残垣，杂乱的草稿随机分散在不同的文档里，连个题目都没有。怎样把它们组装起来？这个难题曾让我一筹莫展，直到我头脑里有了"法律简史"的概念。

　　法律人眼里的历史，通常就是一些过去的故事——那些伟大的法典，闪光的思想，还有卓越的法官、律师和法学家。但在我眼里，历史还可以是一种知识编码，一个按照时间顺序组装法律知识的框架。当然，这里所说的"时间顺序"，不过是个逻辑上的先后次序。只要承认原因先于结果，需要先于满足，简单先于复杂，那么，诸如此类的命题——契约先于规则，产权制度先于交易制度，松散型婚姻先于紧密型婚姻，侵权法先于刑法，负面清单模式的法律先于默认规则——就是可以论证的。这些命题没有确切的时间刻度，但在我眼里这就是历史，哪怕只是逻辑的历史而非真实的历史，你把这套逻辑的历史搬到地球之外的另一个平行时空也照样适用。

　　我无意重新界定"历史"。我只想把要讲的道理讲清楚，再把这些道理编排在一起，总得有个先后次序吧！你看数学教育的课程编排就大致遵循了历史顺序——小学课程对应于古老的数学，中学课程对应于300年前的数学，直到高中毕业，我们学习的数学教科书还没有接触到近代。人类认知是有顺序的，不可能在理解简单的东西之前理解复杂的，所以数学的课程安排在先后顺序上和数学史高度吻合。人类制度文明的历史也经历了从简单到复杂的过程，但其随机性远远超过数学史，倘要抽象出一个法律由简到繁的历史模型，那就基本上和真实的历史没多大关系了。所以，如果你说本书其实没有历史，"历史"只是个比喻，是个被我盗用的概念，我也没什么理由表示反对。我只能说，本书有的只是因果关系，只不过这些因果关系可以为真实的历史提供解释。

　　但解释历史只是本书的副功能，主功能还是解释现行的法律制度，历史可以拿来作为对比和参照——如果你了解了它过去的样子，你就更容易了解它为什么是现在的样子，没准儿还能想象它未来的样子。本书的写作目标，一如副标题所示，致力于呈现法律乃至"人类制度文明的深层逻辑"。尽管如今"深层逻辑"的概念已经被用滥了，好像谁都可以宣称他讲的道理就是深层逻辑，但我没有兴趣参与定义权之争，我只需将深层逻辑和表层逻辑做出区分就够了。后者属于"形态学思维"，即通过辨识某种行为的表面特征（常被称为"要件"）来判断行为的性质，然后根据行为的不同性质给出区别对待的方案。当要件失灵时，就会求助于一些法律教义，教义的背后是一套高深莫测的学术黑话，它给原本简单的形态学思维增添了许多神秘。

就简单说几个词汇吧。"该当性""违法性""期待可能性""请求权基础"……老实说，我觉得这些词汇从来就不是奔着深层逻辑去的，只是便于把可以相互替代的描述伪装成前因和后果。"该当性"的依据是道德直觉，"违法性"的依据就是法律，用这样的词汇去定性一个行为，你不觉得是在兜圈子吗？"期待可能性"指的是行为人改善自己行为的幅度和概率，这个概念并不空洞，但把它归结为外部的压力因素或诱惑因素——从而可以影响行为人未来继续作案的频率或概率——不是更深层吗？"请求权基础"的概念就更搞笑了，要是顺着这个路子走下去，我还可以创造一个新概念叫作"请求权事实基础坍塌之抗辩"，可别被吓住，它的意思不过是"我不欠你钱了"。

形态学思维长期支配法学教育和法律培训，是有历史必然性的。所有知识领域都曾经历过类似的"知其然不知其所以然"的认知阶段。你看人们至今仍根据"三对足、两对翅"的表面特征去辨识昆虫（只是生物学从未将其称为昆虫的"构成要件"），这比通过观察血清反应和鉴定DNA来辨识昆虫要简单得多。简单是认知优势，但代价是容易犯错误。在掌握现代解剖学知识之前，古人对动物的简单分类是"虫鱼鸟兽"，难免把海豚误以为鱼。法学家也会犯下类似的错误，一个典型的例子是将转化型抢劫以抢劫论处。只看要件或表面形态，转化型抢劫确实与抢劫无异，但在搞清楚定罪量刑的底层逻辑之后，就会发现两者之间还存在系统性差别。有趣的是，古人只凭自己的道德直觉就正确地区分了"先强后盗"（抢劫）和"先盗后强"（转化型抢劫），并且正确地判断出后者是一种相对安全的犯罪。道德直觉虽然粗糙，却幸免了形态学思维的污染。

我的执念是，法律的底层逻辑可以用数学来描述，它应该是个算法——可能任何事物的深层逻辑都是个算法（不是说"万物皆可算"嘛），法律经济学以最大化标准为指针最早揭示了法律的数学结构。但是，本书拒绝使用最大化标准，这倒不是因为它错了，而是因为我觉得它不可计算。真实世界里的法律决策承受不了很高的计算量，越是复杂的问题越需要简单法则。法律是演化的，永远是在过去的基础上修修补补，有剧烈的变化，也有相对的稳定，但没有最优，只有更优。

倘若追根溯源，那么人类制度文明的古老起点应该是个非常简单的法则。而我能找到的简单法则，就是演化博弈论中的著名策略——"以牙还牙"(Tit for Tat, TFT)，我给它取了个更好听的名称叫作"返还法则"，它也许就是民法和刑法的共同源头。至少从数学上看，确实没有比返还法则更简单的算法了。而所谓"法律简史"，讲述的就是从返还法则到复杂法律制度的演化史。这个理论已经不再是法律经济学，非要有名称的话，我愿意叫它"法律生态学"。在压力之下冥思苦想了很久，我才逐渐把它理顺。我不知道这个所谓的"法律生态学"能否算得上原创，但它确实是我独立思考的产物（也因此让我幻想"法学终结"的日期是不是可以稍稍拖后一点）。

从经济分析到演化分析只有一步之遥。我只对宏观思路做了调整，微观层面的分析方法依然是比较成本和收益，这是经济分析和演化分析共用的看家本领。不要一提数学就觉得很可怕，数学不过是一种讲道理的语言，但本书没有数学（或几乎没有），因为不用数学只用文字，我照样能把道理讲清楚。不要以为我会把法律知识搞得很复杂，恰恰相反，本书简化了法律知识。不仅比传统法学更简单（词汇少了，道理多了，但道理不是破碎的而是整合的），而且比法律经济学更简单，部分原因是演化本身就是一个简化决策的机制——将复杂决策所需的庞大计算量在时间上分解，让每一个决策步骤的计算量变得比加减法还要简单。

演化是处理复杂问题的一个机制，其奥妙就在于利用了时间的力量。比如写作，写作是一个很费脑筋的工作，很多人害怕写作（包括我），但我推荐一种有助于克服恐惧的"演化写作法"。不论你打算写什么，一本书或是一篇文章，一定要把它先写出来，不要考虑质量，再烂也要先写完。一旦文本储存在了电脑里，它就变成了一个活的生命，可以作为演化的起点。只要你保证它不断地变异，把坏的变异删除，把好的变异保留下来，持续累积，那么只需足够长的时间，你就能得到一个无需继续变异的足够好的文本。当然，变异来自你的修改，但是你不觉得修改文章远比全盘构思要容易得多吗？时间不只是一种稀缺资源，它还是补充智力的手段，大自然就是借助时间的力量把自己从白痴变成超级设计师的。本书就是"演化写作法"的产物，如果你说它的质量不够高，那我就可以心安理得地说，只是因为它变异的时间不够长。

要说思想也可以借助演化而逐渐丰满，那我更是深有体会。23年前的某一天，我突发奇想，觉得整个法律制度或许可以分解为无数份双边合约。比如，被 n 个人共同遵守的一条规则，与 n(n–1)/2 份同样内容的双边合约是等价的，规则就是无数份双边合约的压缩文件。尽管这个想法并不完善，但它开启了一种截然不同于传统法学的"解剖学"思维。我认为理解法律的最小单元是合约，因为合约虽小但仍是个活的制度体，而权利、义务、责任之类的制度要素都是没有活性的。这个思想在我的硕士论文和博士论文中都有体现，但在本书中它已经演化成了 3.0 版本。

其实所有领域的知识体系都经历了漫长的演化过程，凝结了数代人的经验和智慧。物竞天择，适者生存。成功的知识保留下来，不断积累，失败的知识被渐次淘汰。在法律经济学诞生之前，传统法学曾经就是很成功的知识体系，形态学思维用的归纳法，有统计学意义上的合理性。只要社会相对稳定，用以定义某个行为模式的要件组合就不需要频繁修改，整套知识体系可以在长达数百年的时间里看上去比较整洁。

但是现代社会的变化太快了，太阳底下的新鲜事层出不穷，不断冲击那些预设的要件组合。如果要件失灵成了常态，应对例外情形就只能分离出新的要件组合；虽说还有法律教义来打补丁，但若补丁太多，例外太多，整套知识体系就变得支离破碎而且相互冲突，曾经呈现出的简洁性优势也会被挥霍殆尽。更多的概念以及对概念的解释，都与日常语言渐行渐远，终于变成各种稀奇古怪的行话和黑话。在这种氛围中，法律人要做到头脑清醒着实不易，术语学的乌烟瘴气令人窒息，现在的法学教育如果还没有把法科生的创造力和思考能力消磨殆尽，那简直是个奇迹。

本书讲述的大部分知识是不需要记忆的，只要你理解了，就不容易忘记。我相信大脑有个遴选机制，强迫你记忆的知识，迟早都会忘记，但总有些知识是你想忘都忘不了的。这些知识是活的，它能在你头脑里自动扎根，然后开枝散叶，成为你世界观的一个组成部分。本书力图提供的，就是这种类型的知识，不求面面俱到，但希望能教你掌握一种学习方法。学习是个捕猎的过程，我相信"授人以鱼，不如授人以渔"。很多问题要从常识入手，本书有较长的篇幅讲述市场、政治、生态和人性，这是因为我觉得法科生和法律人的知识视野还没有宽广到可以拒绝补充常识的程度。

更何况常识也拥有惊人的力量，许多人学识渊博却不见得有多高的认知水平。如果满脑子知识只是一盘散沙，那和满脑子八卦也没什么区别。知识不见得产生力量，只有组织良好的知识才会产生力量。重要的不是知识的数量，而是知识的组织形态，或叫"知识熵"——它可以表示知识在大脑里的有序程度。学习不仅是个积累知识的过程，而且是个让知识实现熵减的过程。本书讨论的问题为法律人准备了一些磨石，等待读者在这些磨石上磨砺自己的思想。读完这本书，法律在你眼里或可变得"了了分明"（这是个佛教术语，是一种融合了愉悦情感的认知体验）。法律还是那个法律，但它的面孔会变，它会冲你笑；你也会变，你的头脑更清醒，眼睛里能闪耀出法律人独特的智慧之光。

当然，本书准备的磨石不是为法律人专用的，因为我没有设定任何专业壁垒和知识门槛。只要具备常识，不带偏见，拥有开放的心灵，来自任何专业背景或没有任何专业背景只要有一定文化水平的人，都能轻松愉快地从头读到尾。而且本书讲述的道理，原本就可以和生物学、生态学、经济学乃至工程学无碍兼容。如果有谁说法律是个封闭的城堡，那么本书非要在城堡墙壁上凿出个窗口不可。对于外行人，这个窗口是通向城堡的路；对于法律人，窗口外面是灿烂的星空。

2022 年 1 月 27 日于威海金沙国际工作室

第1章 奠 基

"不要向别人借钱,也不要把钱借给别人。"这话是莎士比亚在《哈姆雷特》里借波洛涅斯之口说出来的,原话(Neither a borrower nor a lender be)的意思更宽泛,我也经常告诫自己:"不要向别人借书,也不要把书借给别人。"有过不少教训,借出去的很多书都没了下落,可悲的记忆力让我早就忘了当初把书借给了谁,我当然不能指望借书人的记性比我好。不过还好,看着书架上还有很多借来的书安静地躺在那里,尚可聊以自慰——这些书不用归还,因为我已经想不起该把它们还给谁了。

忘了就是忘了,回忆是自找麻烦,在我心里,这些还不回去的书就是属于我的了(必须为法律上的"时效制度"点个赞)。不是还有几本书的扉页上盖了某个人的印章吗?是又怎样,管他呢,较真我就输了,眼不见为净,生活中有很多细账是算不清楚的,要超脱就得学会遗忘,好在时间能让记忆褪色,还能洗掉人眼里的沙子——时间确实很宝贵。

二十多年前,我在一所中专学校任教。偶因生活所需,我向同事武老师借用了一个铁碗,然后就有意无意地忘了归还。怎奈武老师的记性出奇的好,借碗的事儿,他嘴上不提,却一直暗自记在心里。憋了大半年,他还是找上门来了,弱弱地提出了他的要求,要把铁碗讨回去。我很吃惊,原以为时间已经淹没了一切,没想到他居然还要把旧账翻出来,这就不够高尚了。铁碗当然不能归还,但回报还是要有的,哪怕只是一通滔滔不绝的怒斥——

这铁碗我都用了这么久了,你居然还想再要回去,你怎么好意思说得出口!做人要有格局,何必斤斤计较,真相有那么重要吗?非要搞出个是非曲直吗?一个人不能活得太清醒,叫醒沉睡的朋友是一种伤害。要学会尊重历史,翻旧账是可耻的!不要和时间作对,难道你要从坟墓里拎出一具腐烂的尸体吗？

面对我的咄咄逼人和理直气壮，同事退缩了，他不傻，应该觉得我说得有道理，而且应该获得某种人生启迪（确实，当年的一通怒斥，如今看来句句在理，全是资深法律人的智慧，把本书读完，你也会深以为然）。当时，我以为这事儿就这么过去了，没想到还有后续，几天后他向我借了一把刀子，然后——就没有然后了。

那时我刚刚开始自学法律。终于有一天，机会来了，我是说普法的机会来了，我和武老师回忆了两次针锋相对的有借无还，分析了整个事件的前因后果，然后用法言法语对事件中的行为做了研判和定性。我告诉他："你知道吗？借而拒还，在法律上就构成侵占；而你，以己之侵占惩罚人之侵占，以其人之道还诸其人之身，这就是同态复仇啊！"

"我可没想报仇，"武老师连忙解释，他委屈地说，"碗没了，我总得找补一下。"

说者无意，听者有心。武老师漫不经心的半句话，进入我的脑海就像打了一道闪电，我忽然意识到，原来刑法上的"同态复仇"和民法上的"等价赔偿"居然可以合二为一，同一件事居然可以有两种完全不同的解说。然后我就开始想入非非了，也许在很久很久以前，刑法和民法有个共同的历史源头吧……这个想法逐渐变成了一个挥之不去的疑问：若果真如此，那么这个共同的源头应该是什么？或者换个问法：人类最古老的制度逻辑应该是什么样子？老实说，还真不好回答。历史学回答不了，考古学回答不了，人类学也回答不了，尽管这些学科都能提供一些线索。自然而然地，我把目光转向了生物学和进化论。

法律不是从天上掉下来的，也不可能来自神启，而应该是自然选择奠定了人类制度文明的基础——它塑造了人性。人性不是人体上任何一个肉眼可见的部分，它是软件而非硬件；或者说，人性不过是个算法，大部分已由基因编程，它就是写进人类骨子里的制度。如果人类没有一个先天的心理结构去适应法律，那么法律的有效性和复杂性都是不可思议的；就像人类如果没有一个先天的心理结构去学习语言，那么语言的复杂性也是不可思议的。

自然选择给我们的祖先留下一笔丰厚的制度遗产，文明的进程因此不必从零起步。这份遗产清单可以拉得很长，但我只打算讨论和法律密切相关的一些前提性或基础性的概念，比如"演化""人性""心智""理性选择""本能反应""自我意识""自由意志""公平感"以及"丛林法则"等等。倘若没有这些概念，我们就很难理解法律，但若抛开生物学或生态学的逻辑，我们就没法理解这些概念。

法律人倾向于把法律看作一个独特的行业，把法学看作一个自治的学科，这既不明智，又很危险。自我封闭容易制造人为的割据，切断不同学科之间的交流和竞争。我们知道，和广阔的大陆相比，岛屿上的生态系统是相当脆弱的，一旦遭遇大陆物种的入侵，岛屿的生态就可能遭到重创甚至彻底崩溃。封闭的专业领域就犹如一个知识上的"生态岛"，要避免自己的专业陷入生态岛的状态，就得采取开放的姿态。法律人应该把法律和其他领域联结起来，将自己的认知融入组成人类文明的知识洪流之中——其底层是物理学和化学，中层是生物学，上层是生态学和社会科学。社会科学家完成一个解释任务的完美标志，就是可以把接力棒放心地交给生物学家。

对于法律人来说这是个艰巨的挑战，但本章的努力是削弱这个挑战。与法律关系密切的临近学科，至少要包括生物学、生态学、神经科学以及社会科学的许多领域，简直是一片知识的汪洋。但天下的道理是相通的，我将以"讲故事"的方式来一次蜻蜓点水式的旅行，纵然浅尝辄止也能让你粗略地领略一番。即使你对这些学科都很熟悉，也不建议直接略过，因为你未必能把法律和这些学科的知识联结在一起。所谓"融会贯通"，就是不让学科壁垒成为封闭思考的牢笼，法律应该只是你认知世界的一个小小的窗口。

文明的源头是个简单的算法

倘若人性更善良或更残暴一些，会对法律制度有什么影响吗？肯定有，但你一时想不清楚，因为你会觉得这个问题太复杂了。其实未必，很多貌似复杂的问题其实没那么复杂，而有些貌似简单的问题却并不简单——比方说，如果人类的身材更高大一些，或更矮小一些，或长着一条像猿猴一样的尾巴，或男性后颈长着像雄狮一样的鬃毛，诸如此类的生理变化，会对法律制度有什么影响吗？如果你觉得影响不大，至多增加一种叫作"断尾"的肉刑和一种叫作"去鬃"的耻辱刑，那就把问题想得太简单了。

身材高大在现代社会很占便宜，会让一个人有更多机会成为运动员或打入影视圈，比如"巨石"强森就凭着1.98米的身高和120公斤的体重扮演了很多不好替代的角色。可维持这样健硕的身材并不容易，他每天要吃7顿饭，加在一起的食物重量超过4.5公斤，其中大部分都是肉蛋奶。如果地球上现有的78亿人口每个人都有强森的饭量，那可不是个好消息，粮食危机和大范围饥荒肯定早早就发生了。幸亏这样的身材在我们的智人祖先那里并不常见，否则人类很难渡过那些饥馑的日子，倘若坚持不到发明弓箭人类就绝了种，世界上哪还有什么耕犁、文字和法律。你现在明白为什么"暴食"（也就是吃得太多）居然有资格被列进天主教教义中的"七宗罪"了吧，尽管当初观看那部同名电影时没太留意这个问题。

这也不是说长得矮小就一定是个优势。身体不够强壮同样难以存活，且过分矮小的身体和细小的颈骨很难支撑起一个庞大的头颅。超乎寻常的脑容量和人类身体并不匹配，但它是储存复杂的制度性知识的必备硬件。一旦直立行走使得人类女性缩减了产道，要生出大头颅的孩子就只能早产——没错，人类都是早产儿，长时间嗷嗷待哺地生活在摇篮里，而小猫出生之后几个星期就能独立觅食了。如果母亲很难独自照料孩子，那么自然选择就会迫使父母长期合作，这是婚姻制度的生物学基础。而婚姻，以及围绕婚姻结成的家庭、家族，乃至更大规模的血缘群体，则是人类缔造大规模社会的原始引擎。这些因果关系很复杂，但不难想象，而有些假设的后果却是很难想象的。

倘若人类的近亲不是猿猴而是蝙蝠，并且和蝙蝠一样，主要感官不是眼睛而是耳朵，那情况可就更复杂了。好消息是我们会飞，飞行时我们的喉咙里会发出超声波，听觉神经捕获超声波遇到障碍后的回声信号再传输到大脑，大脑读取这些信号，然后按照某种算法加工成像（原理类似雷达或B超显示仪），我们就能用耳朵"看"到一个回声成像的世界。"蝙蝠人"的法律制度会是什么样子呢？这就很难想象了，甚至很难想象法律会用什么形式来表达，至少白纸黑字肯定是行不通的。

不过，无论我们的身体构造如何，促进合作或交易都一定是法律制度的主题，毕竟和平红利和交易剩余是最直接的制度果实（顺便说一句，在吸血蝙蝠的种群里，就发展出了一种相互反哺的互惠规则，融合作、交易和社会保障于一体）；而为了减少安全投资和交易成本，法律肯定还要借助某种激励机制，并且外在的激励机制还要和内在的激励机制结合起来才能发挥作用；而所谓"内在的激励机制"，是指让大脑感受快乐或痛苦的神经回路，它们在地球上已经演化了数亿年。

即使在遥远的未来，人类进化出了用心灵直接交流信息的能力——就像科幻小说里描述的"三体人"或像庄子想象的"以神遇而不以目视"，维持社会秩序也依然需要法律，只是不再需要证据法，因为裸露的思想会暴露真相，并彻底剥夺人类的欺骗能力。除非人类已经变成虚拟的个体，灵魂彻底摆脱了肉体的束缚，那时的法律才会彻底失去意义，每个人只需把自己——一个数据包——上传到云端，就可以永生了。

当然，这些假设都不现实。我只是借此强调，生物学的事实和逻辑牢牢锁定了我们的命运，也奠定了法律的基本逻辑。那些白纸黑字写出来的法律条文，背后的操控者远不只是文化、理念和主权者的命令，还有塑造了人类肉体和灵魂的DNA。法律的基础是生物学，而不是哲学。你不能只去想着法律会追求什么，你要看它的根扎在哪里，更重要的是，它的根会是什么样子。

曾有人说："法律是一棵古老却有旺盛生命的参天大树——顽强地扎根于历史之中，却又长出了新芽，长出新的枝叶，并不时褪去枯木。"这个比喻非同寻常，等于把法律看作一种有生命的活物，它能成长，能演化，有遗传，也有变异，并且迟早还要死亡，但制度的基因——如同生命的基因一样——是可以不朽的。

怎样描述法律的"历史之根"？目前采用的规范技术是演化博弈论，但在介绍这一技术之前，我忍不住要讲一下我的猜想，毕竟理论的源头都是猜想，猜想就是理论的"历史之根"。我觉得至少有三点可以肯定：第一，最古老的制度逻辑一定非常简单；第二，再简单的制度逻辑也一定能满足某种需要，具有某种功能；第三，最基础的制度功能应该指向人类最基本的需要——安全。

我假想自己被投入了一个陌生的监狱，监狱的环境很危险，犯人们会彼此伤害，怎样应对这个危机四伏的局面？我知道有人会采取激进、好斗的策略，动辄大打出手，让人望而生畏；也有人采取保守、怯斗的策略，不主动招惹别人，受到欺负也会忍气吞声。但我相信大多数人会像我一样，采取一个折中的策略："人不犯我，我不犯人；人若犯我，我必犯人。"如果监狱里的每个人都采取和我一样的策略，互不侵犯的秩序就形成了，大家可以共享和平。不要小看这个假想，霍布斯想象的自然状态（"霍布斯丛林"）以及博弈理论家提炼的"囚徒困境"，只不过是技术上更精致的假想而已。

我的策略非常简单，很容易让别人了解。它在博弈论中有自己的名称——"Tit for Tat"，中文翻译为"以牙还牙""以眼还眼""针锋相对"或"一报还一报"，但这些译名都差强人意，只是描述了这个策略不友善的一面——以侵犯惩罚侵犯或以背叛惩罚背叛；而忽略了其友善的另一面——以和平奖赏和平或以合作奖赏合作。把"以牙还牙"反过来说，就是"己所不欲，勿施于人"，《论语》里的这句话已被联合国接受为伦理学意义上的黄金法则。

语言会影响我们的思想，不恰当的名称容易造成误会，所以在很多人的印象里，"以牙还牙"是个很凶狠的策略。我觉得甘地就误会了，他曾说过"以眼还眼只会导致一个全盲的世界"，这句话还印在了电影《甘地传》的海报上，以此类推"以牙还牙只会导致一个没人长牙的世界"，但他确实没想明白。其实"以唇还唇"也是"以牙还牙"的题中之意——执行这个策略的结果，既可以是相互打斗，也可以是相互亲吻。如果每个人、每个组织、每个国家都采取了这个策略，则不仅天下太平，而且世界充满爱。

取个合适的名称很重要，我想到了一个替代词汇叫作"镜像"，它能准确描述别人怎样对待你、你就怎样对待别人的对等互动，但"镜像"的比喻忽略了刺激和反应之间的时间差，还是欠妥。比"镜像"更好的词汇是"跟随"，"跟随"的意思就是让自己做出的反应和别人施加的刺激完全一致，而且不带贬义。"跟随"还意味着不用动脑子，别人怎样对待我，我原样返还回去就是了。但在法律语境中，比"跟随"更好的词汇是"对等返还"，对等返还不仅决策简单，而且容易向对方摆明自己的决策逻辑。

中国有句古话："杀人偿命，欠债还钱。"短短八个字就高度概括了人类法律制度的两大分支（刑事和民事），但再仔细一品，你就会发现这八个字还可以继续压缩为四个字，"对等返还"。此外还有——

"以其人之道还治其人之身"；"来而不往非礼也"；"己欲立而立人，己欲达而达人"；"投我以桃，报之以李"；"不惹事，也不怕事"；"搬起石头砸自己的脚"；"善有善报，恶有恶报"；"言悖而出者，亦悖而入；货悖而入者，亦悖而出；""Curses come home to roots"（诅咒他人者自己遭殃）；"One good turn deserves another"（以德报德）；"Virtue is its own reward"（施恩就是回报）；"Live and let live"（自己活也要让别人活）；"Practice what you preach"（要求别人必先自己做到）；"As you sow, so shall you reap"（种瓜得瓜，种豆得豆）；"There is no free lunch in the world"（世上没有免费的午餐）。

——这些古今中外的格言或谚语，都或明或暗地包含了"对等返还"的意思。

我最终决定，把博弈论中的"以牙还牙"（TFT）策略命名为"对等返还"策略，简称"返还策略"。如果群体中的每个人都采取这个策略，它就升级为"返还法则"，言简意赅。为了取个合适的名称，我竟然耗费这么多唇舌，足见这个策略/法则在我眼里有多么重要！大概只有父母给孩子取名字才会这么用心吧。

倘若用一个数学公式来表达，返还法则就是 $x = y$，即刺激＝反应，或输入＝输出，返还法则就是个算法，一个非常简单且简单得不能再简单的算法。你可以想象一个坐标系，横轴表示他人施加的刺激（输入），纵轴表示被刺激者做出的反应（输出），$x = y$ 的函数图像是一条斜率为 1 的直线，它看上去有种不言而喻的美感。

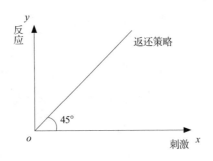

倘若用伤害和惩罚分别替代刺激和反应，返还法则就变身为同态复仇，这是个古老的刑法传统，又被后人描述为"等害惩罚"或"等价惩罚"。如果只是财产性伤害——你给我造成了 100 元的伤害，我就要从你那里拿走 100 元——那么"等价惩罚"和"完美赔偿"就完全一致了，而在完美赔偿的意义上，我可以说，返还法则至今仍是民事法律制度的灵魂。把人类制度文明追溯到返还法则，民法和刑法就有了共同的源头。

也许，人类群体最古老的制度逻辑就是返还法则，返还法则就是法律的"历史之根"，所有复杂的法律制度都是它演化出来的变体，就像根上孕育出的茂盛枝叶。支持这个推测的重要根据就是返还法则的简单性，如果简单的东西总是更早出现，那么最简单的东西就可以被视为最早的源头——你确实找不到比返还法则更简单的制度逻辑了！

人类能完成大规模的社会合作，组建城市、帝国、互联网和全球贸易网络，这件事在很多人眼里不可思议，有人说要依靠一个强大的"利维坦"，有人说要借助一个虚构的故事。但其实没什么不可思议的，一切都是顺理成章，只要返还策略能成功扩散，每个人都做一个返还者，那么合作的规模再大都不是障碍，除非……（请注意这里还有个"除非"。）

就像一条原始的线形虫演化成了种类繁多的复杂动物，返还法则也可以演化成不同门类的复杂法律制度。作为一个原始的制度基因，返还法则已深深植入了文明的整副躯体，它就是人类制度文明的"元法则"，那斜率为 1 的直线是一条"锚线"，所有法律制度都不能偏离太远，甚至偏离本身不过是另一种形式的回归。

演化、智力与时间

钟表、电脑、《哈姆雷特》、摩天大楼、航天飞机,这些东西一看就是人造物。它们都有某种功能,服务于某个目的,明显不同于沙土、云朵、奇峰怪石或有规则的水波。虽说人造物通常比较复杂,能体现精巧的构思,服务于某个明确的目标,但世界上最复杂、最精巧的东西恰恰不是人造的。一个 DNA 分子(染色体)的复杂性就已完胜一架航天飞机,精美的双螺旋结构足以让人类最聪明的工程师和世上所有的能工巧匠叹为观止。若把其中的遗传信息打印出来装订成册,塞满世界上所有的图书馆还要绰绰有余。DNA 上记载了生命的密码,是大自然的杰作。

世界上还有很多复杂的东西既不是天然的,也不是人为设计的,比如城市、社团、国家、互联网、全球贸易网络,以及人类社会的法律制度。之所以说这些东西不是天然的,是因为有人类的心智参与其中;之所以说它们也不是人为设计的,是因为其中还包含着进化的力量,进化甚至是主导性的力量。进化需要时间,进化的程序一经开启,时间就可以替代智力去创造奇迹。

蚂蚁在采集食物时表现出一种不可思议的本领,它们能以太阳做参照精确定位巢穴的方向,不管怎样转弯,都能按直线返回。这个本领涉及复杂的计算,还要记住太阳移动的轨迹和角速度。我们不清楚蚂蚁选择路线的神经机制,但知道要完成这样一个实验观察,我们需要准备一个指南针和一块秒表,还要再学习一下积分学的知识。蚂蚁的本领来自亿万年的进化,但智力却可以省进化的时间。

在大航海时代之前,尤其在现代化的交通工具普及之前,人类少有远征的机会。在方圆几十公里的范围内活动,能记住路线或辨认标识就不至于迷路,但这个办法对于迁徙的候鸟显然行不通。它们动辄飞行几千上万公里,除非进化出一套定位感知系统——根据太阳或星星确定南北纬度,根据磁偏角来确定东西经度——否则只靠记忆是回不了家的。虽然人类至今没有候鸟的本领,但我们的手机上安装了原理近似的 GPS 导航。科学家和工程师花费了几十年的时间才开发出这款导航产品,但与候鸟进化出定位能力所需要的时间相比,这点时间可以忽略不计。

蚂蚁和候鸟的行为受基因操控，那些操控蚂蚁和候鸟的行为碰巧符合正确的物理定律和数学逻辑的基因，便可赋予其载体更强的环境适应能力，这些基因因此能在各自的种群中成功扩散，与此同时，那些操控蚂蚁和候鸟的行为总是出错的等位基因，就都被自然选择无情地淘汰了。于是我们观察到了蚂蚁和候鸟普遍拥有定位感知能力。

虽然候鸟不懂得地球偏磁角的变化规律，蚂蚁也解不了积分方程，物理定律和数学逻辑只有人类的大脑才能理解，但正如我们在蚂蚁或候鸟身上所看到的，掌握某个本领，理解不是必需的，因为进化可以替代理解。但反观自身，我们还可以看到另一面，理解可以加快掌握本领的速度，从而节省亿万年的进化时间——这算是"理解万岁"的另一种解释吧。

人类在这个星球上的崛起靠的不是孔武有力、尖牙利爪或致命的毒液，而是智力——一种强大的数据处理能力，能通过计算多种参数来模拟事态的变化，人类因此能够面向未来，预测后果，人脑就是个预测机器。智力最重要的功能与其说是降低决策失误的概率，不如说是节省获得正确答案所需要的时间。因为即使没有智力，自然选择也会帮我们划掉错误的选项，只是时间很漫长。想一想如果我们不去开发导航产品而是坐等进化出超能力会是一个什么情形。

决策失误或行为失调会产生成本，时间是成本的一部分。虽然我们很早就懂得时间和智力之间的互补关系（比如笨鸟先飞或勤能补拙），但要说智力约等于时间，就貌似把其他错误成本给一笔勾销了。在大自然的视角下，除时间之外的其他成本都是十分模糊的，似乎可以忽略不计。我们经常说大自然鬼斧神工，是个能工巧匠，事实的确如此。包括蚂蚁、候鸟和人类在内的所有生命有机体，乃至整个生态系统，都可以看作大自然的作品。而从根本上说，大自然完成创作只需要两样东西——原材料和时间。原材料是定量，物质和能量都是守恒的，唯一的变量是时间。

据说只需足够的时间，一只猴子随机敲打键盘也能创作出一部莎士比亚的巨著，比如《哈姆雷特》。这个流传已久的说法其实很荒谬，因为条件说得太轻巧了。"只需足够的时间"，多少时间才足够呢？有人无聊时还真做过计算，猴子打出一部《哈姆雷特》的时间长达 2000 亿年，先不要吃惊，这只是个拙劣的玩笑，2000 亿年这点时间实在是太短暂了，猴子连个完整的句子也敲打不出来。真想让猴子打出一部书，时间就不是"天文数字"能形容的了，2000亿的后面恐怕还要再加几百万个零。讨论这个问题我们不必去较真，不妨将错就错，假定猴子的创作时间就是2000亿年，反正这个数字已经够大了，从宇宙大爆炸至今还不到150亿年。

尽管从根源上说，《哈姆雷特》连同它的作者莎士比亚都是大自然的作品。假定大自然要创作的终端作品就是《哈姆雷特》，我们可以设想它有两条技术路径去完成：可以先造出个猴子（进化耗时150亿年），然后再让猴子去敲打键盘（随机创作耗时2000亿年）；也可以先造出个莎士比亚（进化耗时150亿年），再让莎士比亚去写出《哈姆雷特》（智力创作的耗时可以忽略不计）。

第二条技术路径之所以节省了2000亿年，是因为莎士比亚相对于猴子有个显著的智力增量。虽然进化出一个莎士比亚要比进化出一只猴子多耗时上千万年，但比之智力创作替代随机创作的时间节余（2000亿年），这点时间也可以忽略不计。对于大自然来说，让莎士比亚取代猴子算是"磨刀不误砍柴工"。

但是问题来了：同样是没有心智的参与，为何大自然创造猴子花费的时间（150亿年）就远比猴子创作《哈姆雷特》花费的时间（2000亿年）要少得多？《哈姆雷特》再怎么了不起，其精巧性和复杂性也比不过一只猴子吧，不是说一个DNA分子就已完胜航天飞机了吗？提问至此，进化和随机选择的差别就浮出了水面。很多人把进化的过程类比为猴子随机敲打键盘，这是大错特错。倘若大自然像猴子那样工作，直到天荒地老也一无所获。

为了说明这个差别，我们先设定一个小目标——在键盘上敲打出Hamlet这个单词。倘若猴子在键盘上随机敲打，则即使键盘被设计成最简模式（26个字母键加一个空格键），要在电脑上显示一次完全正确的字母组合，猴子敲打键盘的次数也会超过3亿次。在随机选择的条件下，正确选择是不可积累的，即使历经艰辛猴子终于幸运地敲出了Hamle的字母组合，只要打错最后一个字母——概率高达96.3%——所有辛劳就前功尽弃。但若正确选择可以积累，情形就会迥然不同。

现在我们任意设定一个字母序列，由6个字母组成，比如cuekub,

并将其定义为"第1代序列"。假定"第1代序列"可以不断自我复制（繁殖），每一次复制都和该序列基本相同（遗传），但允许偶尔出现错误（变异）。在复制过程中的绝大部分变异序列都会被删除（死亡或绝后），但如果变异使得字母序列朝着更像Hamlet的方向迈进了一步——比如变异为开头字母是H的序列Huekub——那么这个变异序列就会被保留下来，成为"第2代序列"。"第2代序列"被假定为具有进化优势，其复制数量逐渐增长，并最终淘汰"第1代序列"；至此，开头字母H作为序列标记或指令就被保存在所有序列之中（固定为序列基因）。"第2代序列"同样会自我复制并出现变异，当变异使得该序列朝着更像Hamlet的方向又迈进了一步时——比如第二个字母从u变成a——就会出现以Ha开头的Haekub，"第3代序列"的基因档案增扩为Ha。以此类推，如果设计一个程序由计算机来执行，那么当"第7代序列"诞生的时候，电脑屏幕上就会正确显示出Hamlet的单词。

上述程序模拟了进化的过程，虽然简单粗暴，但已清晰描述了作为"累积选择"的进化过程不同于随机选择。累积选择可以避免随机选择导致的前功尽弃，并能为获得正确答案节省时间。虽然进化过程中的每一步选择都是随机的，但在优胜劣汰的机制中，碰巧正确的选项会被遴选出来，正确的指令保存在基因档案里，并在未来获得继续累积的机会。只要累积选择的时间足够长，奇迹就会发生。地球用了几十亿年的时间创造了各种各样的生命奇迹，组成了一个令人难以置信的生物圈。生命既是累积选择的结果，也是累积选择的工具，出生和死亡，遗传和变异，共同组成了累积选择的创作机制。

你可以想象一个盲人登山运动员，他并不知道山峰的位置，但只要保证他迈出的每一步都是上坡路，那么只需足够的时间，盲人照样可以登上山顶，尽管他未必能走出一条捷径。寻找最短路径还不容易吗？非常难，计算量大到难以想象，不过我们可以把任务交给计算机，然后通过模拟进化过程来不断优化路线图，这个新的研究领域就是"进化算法"。

举个例子,"车辆路径问题"(vehicle routing problem)就是进化算法领域里的经典难题,这个难题最早还是卡车司机面对的,如今它已经有了自己的缩写:VRP。卡车司机需要寻找最短的路线,如果车上的货物需要被分送到 3 个客户地址,卡车司机就要在 6 条线路之间做选择,屈指就能算出来。如果分送到 4 个客户地址呢?这就要仔细画个路线图了,答案是 24 条路线。10 个客户地址呢?靠画图就搞不定了,答案是 300 万条路线,这个数字已经大到让人吃惊,但更让人吃惊的还在后面——如果客户地址达到 15 个,可选择的路线就会超过 1 万亿条。这还只是一辆卡车,而对于拥有数万辆卡车、需要在数百个城市配送货物的快递公司来说,要找到一条最短的路线,再强的人类大脑也无力应对。

  VRP 问题需要交给计算机,不过有趣的是,计算机芯片的设计者会遇到类似的难题。设计者需要在一片芯片上摆放数百万个晶体管,为了减少浪费芯片的面积,当然也为了减少电子长距离传送的能量消耗,设计者必须尽量缩短连接晶体管之间的线路总长度,这在数学上和 VRP 问题是非常相似的。

  进化算法可以用于解决诸如此类的复杂问题,其原理倒也简单。计算机可以任意选择一条路径,能够连接所有客户地址,不管这条线路有多么长、多么低效,都无所谓,只需把这条路线当作一个进化的起点,然后允许线路发生持续的突变——随机交换线路上的两个客户地址,进而对突变做出选择。如果交换的结果是让路线变长,那就删除这个突变,回到原来的路线;而如果交换的结果是缩短了线路,突变就被保留下来。成功的突变不断发生,不断积累,线路就会越来越短,直到路线不能通过任何交换而继续缩短。此时计算机就找到了最优的路线。

  立法者面对的问题不比快递公司更简单。他们至少要完成两到三个任务:一是要区分出哪些行为是被禁止的;二是对那些被禁止的行为规定合适的惩罚;三是要在当事人约定有遗漏时为裁判提供补充合约的规则。任何社会的立法者都要完成前两个任务,商业发达的社会还要完成第三个任务。即使我们天真地假定所有法律会追求一个单一的目标——最大化社会总体福利,具体的立法方案也依然是纷繁复杂的。正如卡车司机难题所展示的,知道目标是一回事,找出最优路径是另一回事。难怪卢梭曾经感慨地说:"要为人类制定法律简直需要神明。"

但人类的法律并不是由某个强大的心智设计出来的。一旦借助了进化的力量，立法的工作就没那么复杂了。尽管需要一大堆人合作贡献他们的经验和知识，但就其工作性质而论，立法者在绝大多数时候只是在抄抄写写或修修补补，就像在一栋老房子上翻盖装修，添砖加瓦。新房子里驻着一栋老房子，只要不断向前追溯，我们还会在老房子里持续看到一栋栋更老的房子。其实这个比喻更多是被用来描述生物进化的，比如大自然的顶级杰作——人脑，乃至所有哺乳动物的大脑——就不是一些崭新的设计，而是在爬行动物的大脑上做了些许改进；爬行动物的大脑也不是一蹴而就的，它们的改进基础是更古老的大脑；最古老的大脑甚至算不上大脑，只有几个简单的神经节（比如昆虫的大脑）。

最古老的法律也一定是非常简单的，只可惜我们没有文字记录。考古学家提供给我们的最早的成文法样本是《汉谟拉比法典》，它是3700多年前巴比伦国王汉谟拉比在位时颁布的，因被刻在一个两米多高的石柱上而得以幸存至今。这部法典早已死亡，石柱化成了一具法律的干尸，但法典在保护人身和财产、维护社会秩序以及处理纠纷等许多方面体现出的法律智慧却至今犹存，并已扩散到世界各地。制度基因可以像生命基因一样永垂不朽，尽管它们的载体已经或即将前仆后继地走向死亡。

很早就有人注意到文化的遗传现象，还专门给文化的遗传因子取了一个名称叫"模因"（meme），对应但又有别于"基因"（gene）。基因的载体是生命有机体，模因的载体是人类的大脑以及各种人造物。任何一个锤子和轮子都迟早会朽烂，但它们的设计理念——作为模因——却已经广泛扩散到几乎所有的大型机械上。有些模因在短期内就被疯狂复制（我想到一首叫《小苹果》的流行歌曲），还有些模因不温不火，却可以经受时间的考验（据说这就是经典）。法律在不同领域、不同时代的内容各异，但条文和判例的形式——作为两个模因——却从古至今没什么变化。（为什么？）

就内容而言，法律制度的遗传因子和生命有机体的遗传因子有时很难区分，反而不如混为一谈干脆就叫作"制度基因"的好。举个例子，《汉谟拉比法典》规定："挖去别人眼睛的人也要被挖出眼睛"（第196条），"打断别人骨头的人也要被打断骨头"（第197条），"打掉同等地位者牙齿的人将会被敲掉牙齿"（第200条）。这些条文都体现了返还法则的逻辑，但若往前追溯，作为抑制种群内部冲突、促进共生关系的一个制度性的遗传因子，返还策略早在亿万年前就已经广泛扩散于陆地、海洋和天空的生物圈。人类可不是返还法则的首创者，它简直比山还要古老。

制度基因的历史比法律更古老，法律的历史比人类更悠久。看看我们的近亲黑猩猩或倭黑猩猩的群居生活就能大概知道，在人类尚未成为人类之前，就已经生活在一个有秩序的群体之中了。那些作为文明支柱的社会规则非但不一定表达成文字，甚至无需人类有意识地遵守。法律制度中的返还策略并没有因为刑法废止同态复仇而彻底消失，民事法律中的完美赔偿，刑法中的罪刑相适应，以及其他法律中的惩罚、奖赏，还有各种形式的自救行为，都与返还法则有明显的亲缘关系。

倘若人们的道德水平或自然天性比返还策略更宽容、更善良，打不还手，骂不还口，大家信奉泰戈尔被改造过的诗句——"世界以痛吻我，我却报之以歌"，或接受《圣经》中的劝告——"如果有人打你的右脸，你再把左脸伸过去给他打"，我们能不能生活在一个更美好、更安宁的社会之中？进化论给出的答案是不能。即使哪天这样的社会真的出现，也会很快成为滋生坏蛋的温床。坏蛋肆无忌惮地欺负别人，非但不会受到惩罚，反而能获得奖赏——想想看，有人咬了我一口，我没有反咬，没有嚎叫，而是给他唱了一首歌，结果会怎样？他当然会咬个不停（没错，"痛吻"的意思就是咬，泰戈尔也只能这么想）。只要坏蛋获得了生存竞争的优势，他们的数量就会越来越多，好人越来越少，直到彻底消失。

老好人组成的社会在进化上是不稳定的，而被返还策略覆盖的群体却可以有效抑制坏蛋的数量。返还策略可以随环境变化做些微调——更宽容一点、更苛刻一点或能为自己的随机错误感到懊悔——但总体上，返还策略在进化上是稳定的，是一种"进化稳定策略"。这意味着，至少在群体层面上，返还策略就是人性的天花板。

"进化稳定策略"（evolutionarily stable strategy，ESS）是生物学家约翰·史密斯提出的基本概念。"策略"是一种预先编制好的行为模式，例如，"主动进攻，除非受伤，否则绝不退却"就是一种策略，可被命名为"鹰派策略"；"虚张声势，但不主动进攻，遇到攻击就逃跑"也是一种策略，可被命名为"鸽派策略"。如果鹰和鸽子相遇，鸽子就会被欺负；如果两只鹰相遇，结果就是两败俱伤。但返还者能和鸽子和平共处，却不会让鹰占了便宜。

我们无需假设策略是有意识的，病毒、狼群、仙人掌的根系都有自己的策略。"稳定"的含义是能抵抗变种策略的入侵，如果一个变种策略比先天策略的适应能力更强，它就能入侵先天策略，先天策略在进化上就是不稳定的。不能被变种策略入侵的先天策略就是ESS型，即当先天策略在群体内占据主流时，任何变种都不会活得更好。偏离ESS型的变种迟早在进化过程中被淘汰。

生物学家理查德·道金斯讲过一个例子生动描述了ESS的逻辑。假定一个特定动物种群里的个体有两种类型：一种扮演鹰，另一种扮演鸽子，它们争夺某种稀缺资源。根据随意设定的竞赛规则，竞赛者的得分标准如下：赢一场可得50分，输一场只得0分；一旦受伤，得分是–100分；使竞赛拖长而浪费时间，得分是–10分。这些得分就是竞赛的报酬，可以转化为提高或降低适应能力的筹码，得分高的动物会获得生态竞争的优势，它们会获得更多的繁殖机会，它们的基因也会随着后代数量的增加而迅速扩散。现在，我们就可以预测这个动物种群的ESS型了。

首先假定种群里每个动物都扮演鸽子，"鸽派策略"是覆盖整个种群的先天策略。好消息是，不论它们什么时候相遇，竞赛都不会让其中一个受伤；但坏消息是，竞赛总是拖延很长时间才能决出胜负，双方虎视眈眈对峙很久，直到其中一个向对手让步。赢家得50分，输家得0分，但由于浪费时间，双方都要被扣掉10分，实际得分是40分和–10分。如果每个动物输赢各半，那么它们的平均得分就是15分，这个成绩看起来还不错。

但进化过程中总是会出现各种随机变异，现在假定这个动物种群里出现了一个扮演鹰的变种，我们预测一下情况会有什么变化。由于它是种群中的唯一一只鹰，周围都是鸽子，而和鸽子相遇鹰是永远的赢家，所以鹰在每场竞赛中都会得到50分，相对于平均成绩只有15分的鸽子，鹰就获得了巨大的竞争优势。竞争优势很快就能让鹰留下更多的后代，于是鹰的数量越来越多。然后，鹰就不能指望它以后遇到的对手都是鸽子了。

我们再假设另一种极端的情形。如果鹰的基因成功扩散，最终把整个种群都变成了鹰，那么，所有的竞赛都会变成鹰和鹰的搏斗。当两只鹰相遇时，直到其中一个受伤才会决出胜负，受伤者得 –100 分，赢家得 50 分。如果输赢各半，那么每只鹰的平均得分就是 –25，不如鸽子一统天下时的成绩好。现在，再让我们想象一下种群里出现了一个扮演鸽子的变种会是什么情形吧，显然，鸽子永远不会赢，但它也不会受伤，所以平均得分为 0，这可比鹰的成绩好多了。更高的得分会让鸽子的基因迅速扩散。

自然选择的钟摆在两个极端之间摇摆，最后会停下的位置就是 ESS。根据随意规定的评分规则，我们可以计算出，当鹰和鸽子的比例为 7∶5 时，就会稳定下来，此时鹰和鸽子的平均得分完全相等。当鹰的比例开始上升，超过 7/12 的占比时，鸽子就会获得额外的竞争优势；反之，当鸽子的比例开始上升，超过 5/12 的占比时，鹰就会获得额外的竞争优势。两种情形都会制造出新的选择压力，进而让鹰、鸽回归到稳定比例，这就是 ESS 的进化逻辑。由于 ESS 是一种策略，所以我们还可以把它理解为，当种群中的每个动物在一生中有 7/12 的时间扮演鹰、5/12 的时间扮演鸽子，在进化上也是稳定的。

在鹰和鸽子以 7∶5 的比例组成的稳定种群中，每个动物——不论它扮演鹰，还是扮演鸽子——的平均得分都是 6.25 分。这个成绩优于种群全部为鹰的平均值（–25 分），但远不如种群全部为鸽子的平均值（15 分）。如果大家都同意"弃鹰从鸽"，每个动物都能因此获益，但除非清一色的鸽子种群签订了合约或制定了法律，进而建立了强大的公共权力惩罚违约或违法行为，否则没有任何力量能阻止鹰的入侵。显然只有人类群体才有可能借助制度进一步提高群体福利，这意味着智力的介入可以创造出进化难以企及的文明高度，除非……（请注意这里还有个"除非"。）

法律的干预结果，实际上是人为改变了环境，新环境降低了扮演鹰的适应值，提高了扮演鸽子的适应值。作为一种激励机制，法律可以迫使绝大多数成员"弃鹰从鸽"。但当群体内部的鹰被彻底剪除,所有成员都变成鸽子时,这个群体遇到另一个野蛮的原生态群体时就会吃大亏。野蛮之所以能战胜文明——古埃及、古苏美尔、古巴比伦、古希腊、古罗马以及古代中国,都曾遭到野蛮人的入侵和蹂躏——其生态学原因或许就在于此。法律很难对抗市场,更战胜不了生态,恰恰相反,法律总体上还会模拟市场和生态。

倘若把一个国家的所有法律全部打印出来装订成册,即使不会堆积如山,也至少算得上汗牛充栋,信息总量肯定超过航天飞机的全部设计资料、图纸和操作指南。但很少有法律人会注意到,无论多么复杂的法律制度,都可以拆解成数不清的小部件。拆解到最小的单元就是"制度细胞"(一个很棒的比喻),每个"制度细胞"内含的制度基因不仅十分简单,而且惊人地相似。比如,被 n 个人共同遵守的一条和平规则,就可以拆解还原为 $n(n-1)/2$ 份双边和平契约,这是用排列组合就可以计算出来的。假定一个50人的群体实现了普遍和平,就意味着总共有1225份双边和平契约让他们终止了1225种潜在的双边冲突。

解码这些制度基因,我们看到的只是两个(或最多几个)个体之间的共生关系(或叫"合作关系""交易关系""互惠关系""非零和"等等都可以,随你怎么说)。制度基因是制度有机体的最小指令单元,任何复杂法律制度的发生和形成,逻辑上都是制度基因持续累积的过程。两个人约定互不侵犯只是和平的开端,但当和平的范围扩展到一大群人的时候,产权就形成了;两个人约定互助合作只是个简单的交易,但当交易的规模增容到一大群人的时候,市场就出现了。

"一生二,二生三,三生万物。"这条由简单到复杂的路径就是"涌现",人类制度文明如同生命有机体一样,都是涌现的产物。法律的复杂性因此迥异于航天飞机的复杂性,更近似于生命有机体的复杂性。理解法律制度的关键,是透过复杂的现象看到简单的本质。法律是以其简单性而非复杂性向整个宇宙来展现它的神奇和幽默的。举个例子,民事诉讼法的条文数量很多,乍看令人眼花缭乱,但当你发现这个法律制度居然可以被拆解还原为一个简单的合约体系之后，感觉就不一样了，我会在第 3 章演示怎样拆解程序法。

简单的共生关系不断累积，就创造了自然界的所有奇迹。人类制度文明史是一部宏伟的篇章，但对比更加宏伟的地球生命史只能算个小曲目。这个小曲目的演奏刚刚开始，还没有人能猜测到它的尾声。但现在可以观察到的是它前所未有地整合了进化和智力两种地球上最伟大的力量，两者叠加比任何一种力量都强大得多，大自然的创作历程开启了加速度的模式。

在过去几百万年的绝大部分时间里，人类生活在简单的狩猎采集群体中，群体规模很小，复杂度不高，约束个体的制度性规则数量也不多，每个成年人都能记在心里，一代代人口耳相传。但进入农业时代之后情况就变得复杂了，种植粮食可以让土地养活更多人口，人类开始定居下来形成村落和城市，进而发明了文字和冶金术，掌握了复杂的手工技术，还出现了远距离贸易和社会分工。终于有一部分人可以不用亲自劳作就能生存下来，并且通常还能活得更好。国家创立之后，社会的层级结构和组织形态都发生了巨变，人类制度文明在很短的时间内就出现了革命性的跃迁。社会演化从简单到复杂好像有个长远目标似的，但社会其实没有规划——尽管社会中的每个人都有自己的规划。

那个指向 Hamlet 的模拟程序很容易误导我们对于进化的理解。真实的进化既没有目标，也没有判断对错的最终标准。进化是短视的，误打误撞的，每次只迈出一小步，目标仅限于让生命有机体更能适应当下的环境。只要环境持续变化，进化就不会停滞，大自然的创作史清晰呈现了从简单到复杂的趋势。用个拟人的说法——大自然没有规划和设计，但有远大的理想。套用古人的说法就叫"大商无算"。

衡量环境适应能力的最好指标，就是成功繁殖的概率或后代存活的数量，我们可以把这个指标抽象为"适应值"或"适存度"。请记住这两个词汇，它们可以相互替代，对应的英文单词都是 fitness。昆虫不如恐龙强大，但它们的适应值更高，所以恐龙灭绝了，而昆虫却繁盛至今。

返还策略就是个适应值极高的制度基因，尽管在一开始它可能会败给"见人杀人，见佛杀佛"的那些激进策略，但坚持下来就能扭转局面，以至后来者居上。轮子也曾败给骆驼的蹄子，因为牛车需要道路，但骆驼运输却不需要，这种天然的优越性曾让阿拉伯世界在长达几个世纪的时间里对修建道路提不起兴趣，可是谁知道轮车/道路系统逐渐改进，后来居然出现了蒸汽机、火车、轨道、内燃机、汽车、公路网、坦克、高铁、磁悬浮以及终极的核动力迪罗伦时光机（也是轮车）。一步领先，不见得步步领先。

假定大自然的创作目标就是坚持不懈地追求卓越，那么对应于此，我们会发现进化和智力都是大自然的创作加速器，两者共有的功能就是节省时间——累积选择相对于随机选择会节省时间，智力取代进化也会节省时间。在大自然的视角下，只有时间才值得考虑。悠悠万事，唯此为大。至于那些生死存亡，猎豹吃掉羚羊，人类的相互残杀，爱恨情仇，在大自然眼里都云淡风轻。"人命关天"的说法太夸张了，大自然需要的是"生命流"，而在生命流的尺度上，生与死是等价的。莫非"天地不仁"说的就是这个意思？

国家对生命的重视，似乎也只是局限于生命流的意义上，个体生命的价值很难不被淹没在生命流之中。讨论"人口老龄化"，就是因为生命流的质量出了问题。生命流质量还体现在性别比例上，男多女少或女多男少，至少在一段时间都会制造社会麻烦。不过长远看性别失衡作为一种选择压力也许会提高生命流的质量。男多女少会让后代更强壮或更聪明，女多男少则会让后代更漂亮（漂亮的生物学含义是健康）。

视角不同，聚焦就不同。两个儿童争夺一个糖果，眼睛都会盯着糖果能否落到自己的手上，但在他们的父母看来，糖果的分配问题就没那么重要，至少不会像孩子们看得那么重要。父母更关心的是怎样获得数量更多的"糖果流"。由于存在家庭竞争（这是个体生存竞争的扩大版），所以那些更多聚焦于如何分配糖果的父母会显得不够深谋远虑，而赢家更可能是那些热衷于追求更多糖果的家庭。

这当然不是说分配问题不重要——因分配不公而导致后院失火同样是一个家庭的不幸——而是说外部竞争压力会决定不同问题的轻重缓急。国家层面的决策也面临同样的外部竞争压力。如果把社会财富比喻为馅饼，那么在法律决策者看来，分配馅饼就远不如做大馅饼更重要。甚至可以说，把馅饼分配得更公平，就是为了把馅饼做得更大。法律之所以惩罚违约、侵权和犯罪，其根本目的（请注意这个限定），与其说是为了主持公道，不如说是为了防止人们过多操心自己的安全。与通常意义上的交易成本相比，安全投资是更难容忍的社会浪费。

家庭之间、组织之间以及国家之间的生存竞争，在很大程度上体现为不同制度和不同技术之间的竞争。如果参与者采用了适应值更高的制度和技术，它们就有更大的概率成为竞争中的赢家；而伴随着输家不断出局，获胜的制度和技术就会在空间维度上不断扩展。由于这个进化过程容纳了人类心智的力量，所以优胜劣汰的速度会呈指数级猛增。一场过去需要数万年乃至数十万年时间才能决出的胜负，如今可能在几十年甚或几年之内就见分晓了。

假定某人运气特别好，他误打误撞地掌握了一种更好的冶金技术——不要小看"误打误撞"的作用，且不说早期人类社会的技术进步差不多都是误打误撞的结果（想想火药和酿酒是怎么发明的），即使在现代科学问世之后，许多领域的技术进步也依然离不开误打误撞（不然怎么会需要那么多科研经费）。甜味剂的发明就是个很好的例子，每一种甜味剂的发明家都犯了一个共同的错误：他们触摸过化学药品之后，却不小心舔了自己没洗干净的手指。自然界里的"技术进步"要靠遗传才能保存下来，但人类的学习能力却可以节省遗传所需要的时间。在一个有学习能力的社会中，那个改良后的冶金技术可以在一代人的时间里从一个人扩散到一群人。如果这个社会还能确保传授知识可以获得回报，那么这位技术先驱就会将自己的所有诀窍倾囊而授，在更短的时间内带出一大帮徒子徒孙。倘若这个社会还建立起了完善的社会分工和市场交易机制，则即使那些没有条件冶炼金属的成员也会迅速成为金属制品的消费者。而一旦这种冶金技术转为军事用途，技术传播的范围就有很大可能在群体规模上继续倍增。别忘了，在技术扩张的同时，市场也在扩张。

市场扩张到一定程度就会形成一个生态机制，市场选择和市场竞争分别对应于自然选择和生态竞争。但市场竞争的参与者不再只是盲目的随机选择，而是会根据市场信息来优化决策，随时动态调整。生态竞争中的赢家原则上只靠运气就够了，但市场竞争中的赢家则需要聪明加运气，因为愚蠢的选项在进入市场之前就被划掉了，真正的竞争只发生在有智力含量的选项之中。只有在人类智力不及的地方，无意识的市场选择才主导优胜劣汰。正是因为整合了智力和进化两种力量，市场才成为目前功能最强大的数据处理机制。大自然获得了一台组合式的创作加速器,世界的面貌从此日新月异了;而当市场叠加了互联网之后,这个创作加速器又进一步升级,如今的口号是"一切皆有可能"。

如果说计算机(包括AI)是通过模拟人类智力来处理数据,那么,法律作为一门更加古老的技术就是通过模拟市场来管理社会的。想想合同法、侵权法或证据法里面的责任分担,其成本比较的算法与市场何异?你也许会说责任分担的逻辑是公平而不是效率,那么公平的算法又与市场何异?还有比市场选择和市场竞争更公平的算法吗?说到家还是万法归宗,一切都是算法,只要最大化一个目标函数,则无论基因还是有机体、进化还是智力,市场还是法律,算法都是相通的,甚至高度一致。而不同算法在结果上呈现的最大差异,就是时间。

自我意识、中枢指令与分布式决策

倘若在恐龙繁盛的白垩纪中期,大自然心血来潮,要在动物世界里选拔精英,颁发一个"杰出成就奖",那么想想看,除了恐龙以外,还有什么动物能成为强有力的竞争者?你也许会想到昆虫。没错,昆虫很早就是星球的霸主,地位稳如磐石(这是个糟糕的比喻),甚至没有因为后来出现新兴霸主而受到些许挑战(毕竟新霸主和它们不在同一次元)。与长盛不衰的昆虫相比,恐龙的繁盛和灭绝真可谓"其兴也勃,其亡也忽"。

昆虫的成就有目共睹,它们至今仍是地球上最繁盛的物种(至少是之一)。诸如蚂蚁、蜜蜂之类的膜翅目昆虫,很早就进化出了高度发达的制度文明,与地球上绝大多数动物通常只是单枪匹马或三五成群应对环境挑战不同,膜翅目昆虫以巢群组织的力量繁衍生息。膜翅目昆虫的制度文明至今令人惊叹,以致科幻小说中那些关于高智力外星虫族的想象,差不多都是以膜翅目昆虫社会的组织形态为蓝本(如美国科幻影片《星河战队》)。

巢群内昆虫的数量从数以百计到上千万只规模不等,内部使用化学信号或肢体语言交换情报,彼此之间层级分明,分工严格,合作紧密,整个巢群秩序井然。独一无二的蚁后或蜂王专司繁殖,享受大批后代工虫的精心照料;为数不多的雄虫除了和蚁后、蜂王交配之外也无所事事;它们是巢群中的"剥削阶级"。"劳苦大众"是数量庞大的工蜂和工蚁,它们日夜劳作,无怨无悔地承担着维持整个巢群生存繁衍的所有劳务,包括建筑巢穴、抚养幼虫、清洁卫生、控制室温、防御外敌以及寻觅、运输和生产食物。蚂蚁还学会了种植菌类和饲养蚜虫,由此开创了昆虫世界里规模化的农业和畜牧业。如果需要发动攻击,每一只工蜂都是敢死队员,只要把毒刺插入敌人体内,拔出时就可能给自己造成致命伤,但工蜂从不因怕死而退缩。蚂蚁巢群里有职业兵蚁,它们武装到牙齿,精通各种战术;一旦巢穴遇险,兵蚁就会蜂拥而上,冲到危险的最前沿。

膜翅目昆虫的合作品质与奉献精神久负盛名,经常让人类自惭形秽。虽然人类社会中也不乏利他行为,但终究不能与蜂蚁同日而语。然而,即使没有为人类挣回尊严的意图,我还是要弱弱地问上一句:"抱头鼠窜"这一成语算是讴歌了人体内部的一个利他主义行为吗?

当人体遭险需要逃跑时,大脑经由神经系统向手臂关节和肌肉发出指令,使双臂上扬弯曲成拱形,以抵挡头部可能遭遇的袭击。手臂保护头部的动作,原则上与蜂蚁保护王后的行为没多大区别,都是一部分保护另一部分而不惜自我牺牲。你多半会说这是狡辩。手臂保护头部的动作,发生在一个有机体的内部,属于自我保护的范畴;而蜂蚁保护王后的行为,却是社会性的利他行为。但狡辩与否并不重要,重要的是有两个问题借机浮出了水面:一是如何界定"自我意识"(self-consciousness);二是怎样区分"社会"和"有机体"。

我们通常会默认,一个有机体只能注册一个独立的"自我"。手臂和头部同属一个有机体,手臂没有独立的自我,因此抱头鼠窜算不上利他行为。而每一只工蜂和工蚁却是独立的有机体,因此都有资格注册一个独立的自我。你也许会警惕地指出,有"自我"未必就有"自我意识",虽然工蜂和工蚁都有独立的自我,但它们肯定意识不到——这些连大脑都长不全、只配备几个简单神经节的低级动物,怎可能产生自我意识?

可即便如此,这么说还是有点冒险,毕竟心智是不可观察的,我们永远无法体会做一只蚂蚁或蜜蜂会是怎样的感受。在任何两个生命体之间,都必然横亘着一道"他心难题"(problem of other minds)。"子非鱼,焉知鱼之乐",我们不了解其他动物的心智状况;"子非吾,焉知吾不知鱼之乐",即使对于同类,我们也不清楚别人是怎么想的。说得极端一点,我们甚至不能肯定,至少不能百分之百地肯定,别人是否和自己一样能思考、有意识。即使"以心传心",不借助语言及其他媒介,也破解不了"他心难题",因为任何一方都不确定数据来源的另一端确实是个"心智",两台电脑之间也可以完成数据交换。

　　我们的语言中有大量描述心智的词汇,有几个还成了法律概念(诸如动机和目的、故意和过失、蓄谋和冲动以及主观恶性、认识错误、忏悔等等)。但不知你可曾有过怀疑,所有这些描述心智的词汇,真的是在描述心智吗?我们应该承认,人类语言所有对于心智的描述,归根到底都是对行为和后果的描述,确切地说,是对行为和后果的统计结论的描述。好心做坏事很容易被宽恕,坏心做好事却可能依然受到谴责,原因是两者都属例外,因此属于可以忽略的噪声。

　　那些区分主观和客观、动机和效果的理论,无助于澄清我们的思考;由于没法确定两者的权重和比例,最终只能搅浑水,以"x 和 y 相统一"的套路化措辞敷衍了事。至于为什么我们习惯于用描述心智来取代描述行为和后果,姑且不论;但只要发现这种替代关系,对于如何界定自我意识,我们就可以找到一个化解"他心难题"的方法,那就是改变界定自我意识的标准,将心智标准还原为功能标准。

　　自我意识是通过行为来表达的,只要某个生命体的行为显示出它有能力把自己和环境(包括其他个体、同类和亲属)区分开来,我们就可以推定它有自我意识,而不论这种能力是怎样获得的。我们永远无法确知真相,但真相无关紧要,我们只需了解功能就足够了。倘若不是意识连接着行为和后果,我们哪有兴趣去探究别人的内心世界。想想看,法官为什么以及在何种意义上会关心犯罪嫌疑人的内心世界?难道犯罪的意图不重要?当然重要,但独立于功能的意图不重要。

　　回到自我意识的话题,以功能标准而非心智标准界定自我意识,意味着对受基因操控的行为和被心智支配的行为一视同仁。大脑和基因都是信息处理器,无论自我意识储存在基因里,还是储存在大脑里,其基本功能是一样的。至于储存在基因里的自我意识能否算得上"意识",就暂时不要去咬文嚼字了。实在绕不过去就干脆把"意识"去掉,或者换一个词语叫作"自我感"。怎样称呼无关紧要,关键是怎样定义这个称呼。但我宁愿将错就错,继续使用"自我意识"这个概念。

之所以说手臂没有独立的自我意识,最明显的证据,恰恰是手臂保护头部的利他行为。倘若连最低限度的自私行为都观察不到,则要么自我意识无从说起,要么已经达到无我的境界了。绕了个圈子又回到了原点——自我意识只能通过最低限度的自私行为来表达和确证。这不是循环论证,而是根本没有论证,只是把"自我意识"等同于"自私意识"而已。

在功能主义视角下,自我意识是基因实现单元管理的一个制度性工具。(国家意识呢?)蜂蚁有无自我意识的问题,取决于自我意识是否有利于蜂蚁扩散其基因,因此正确的提问应该是:有自我意识的蜂蚁和没有自我意识的蜂蚁相比,哪种蜂蚁的适应值更高?对这个问题的初步回答是,比之分散的个体蜂蚁,整个蜂蚁巢群更适合作为一个独立的单元。

巢群里的食物是共享的,在不同品级的蜂蚁之间严格分配,仿佛它们拥有一个集体的胃;它们利用化学信号传递情报,集体行动合作无间,整个巢群就像拥有一套神经系统和感觉器官;而当驱逐外来入侵者的时候,就像激活了身体的免疫系统;有生殖能力的蜂王、蚁后和雄虫相当于一个常规生物有机体的生殖器;那些占比最高的工虫没有繁殖能力,它们担负的职能可分别类比为爪牙、肝脏、肌肉组织或神经细胞。

在整合的视角下,蜂蚁巢群就像一个有机体单位;而在化整为零的视角下,人体反倒很像一个社群。人体由不同器官组成,器官又有不同的组织;更小的单位是细胞,上百万亿个细胞共同组成了一具人体。细胞是个生命体,彼此之间可以交换信息,完成分工与合作,它们建构了庞大的社会网络,并且拥有一个运转高效的中枢机制。

人体就是一个细胞帝国。一旦帝国中枢遇险,负责运输的细胞集群就会被指令采取行动,把整个帝国迅速转移到安全位置,负责防御的细胞集群同时被指令构筑帝国中枢的防御屏障,于是我们观察到了"抱头鼠窜"的行为。说到这里,有机体和社会的界限就变得模糊了。你也许会说,人体之所以是个有机体,蜂蚁巢群之所以是个社会,是因为后者是由分散的个体组成,而前者却是聚合为一体的。但分散与聚合的标准靠不住，若是按照这个标准，僧帽水母就是个有机体而不是社会，尽管这种动物实际上是由水螅体和水母体凝聚在一起形成的一个复杂的生物群落。

由于存在繁殖分工、世代重叠以及合作照顾幼体等特征，蚂蚁和蜜蜂都被定义为"真社会性动物"，但有些生物学家宁愿把蜂蚁巢群视为一个完整的有机体单位，叫作"超个体"，以区别于那些组织化水平较低的群居动物——比如鹿群就属于乌合之众，一个奔跑的鹿群，不过是一群奔跑的鹿。

人类社会的组织化水平貌似介于两者之间，有时被描述为"乌合之众"，有时被比喻为一个有机体，还因此有了"社会有机体"的概念。社会和有机体原本属于不同领域的概念，怎样将两者区分开来其实是个伪问题，我们无须为此纠结。但正如我们看到的，社会和有机体都是对某种组织形态的描述，共性比差异更值得关注。

如果非要做个区分，相对可靠的标准可能是组织化水平——有机体的组织化水平远高于社会。倘若按组织化水平排序，那么，人体＞蜂蚁巢群＞人类社会＞鹿群。运作良好的社会组织可谓"如身使臂，如臂使指"。虽然有机体和社会各有其严格的定义，但不妨碍我们在比喻的意义上使用"社会有机体"或"细胞帝国"之类的概念，虽不严谨，但颇有启发，至少能提示我们注意到社会和有机体可以分享非常相似的组织法则。

假定"集群1"负责寻找和采集能源，"集群2"负责加工能源、产出能量，"集群3"负责建造能量输送网络，"集群4"负责清理能量生产和消耗后的垃圾，"集群5"负责收集和处理信息，"集群6"负责组建信息网络，"集群7"负责为其他集群打造防御机制……那么请问，这段文字是在描述一个社会，还是在描述一个有机体？

分工合作是个古老的游戏，人类不是最早的玩家，也不是最出色的玩家。这个游戏的另一个名称叫作"互利共生"。在猎人和农民学会以肉食交换粮食之前不知多少亿年，线粒体和染色体就已开始了互利共生的游戏，前者负责处理能量，后者负责其他工作（比如处理信息），两者互补短长，愉快地生活在一起，进而创造了一个更大的共生系统——细胞。

在此后漫长的岁月里，生命体之间的共生关系逐渐累积，共生范围持续扩展，不同系统之间又建立了共生关系，进而创造出更大的共生系统。这个从简单到复杂的过程循环往复，最终涌现了地球上的整个生物圈——一个最大规模和最高位阶的共生系统。而蜂蚁巢群、人类有机体、村落、城市、国家、互联网以及全球贸易网络，都是涌现于不同位阶和不同领域的共生系统，母系统套着子系统，层层递套。

虽然共生系统的组织形态千奇百怪，但其组织法则却是惊人地相似。蜂蚁保护王后，手臂保护头部，乃至军队保卫国家，这三者之间确实没有原则性区别，说到底都不过是一笔经济账。任何组织法则都是共生关系的累积，不可分解的共生关系——通常发生于两个或最多几个个体之间——是所有组织法则的最小单元。共生关系可以用合约来描述，共生关系的集合可以用规则来描述。法律描述了人类社会的组织法则，所以毫不奇怪，在化整为零的视角下，任何法律制度都可以分解还原为一个合约体系。整个人类制度文明就是无数次交易均衡的集合。

共生系统之间的层级关系以及共生法则之间的惊人相似，暗示了天地间一种简单而神奇的现象——整体的信息居然可以全部储存于部分之中。虽然整体由部分组成，但任意一个部分都有还原整体的潜力。把一张全息照片剪为两半，每一半都包含着整张照片的全部信息；即使把它撕成碎片，也能从每个碎片"克隆"出整张照片。克隆技术的前提正是生命世界里普遍存在的全息现象，每个细胞里都储存着整个有机体的全部遗传密码。

作为一个生命单位，有机体是由更小的生命单位组织在一起的"制度性产品"，因此不同于根据图纸设计制造出来的机械或工程，反而类似于更小的生命单元（例如器官、组织、细胞甚至染色体）或者更大的生命单元（例如村落、城市、公司乃至国家）。较小生命单元的组织形态总是更早形成。有机体是由细胞组成的，世界上先有细胞后有有机体；国家是由人组成的，世界上先有人后有国家。同样的道理，人与人之间的合作与秩序早于国与国之间的合作与秩序，这就不奇怪为什么与国内法相比，国际法简直就是小儿科了。

共生系统的规模一直在升级,但共生游戏的规则却一如既往,由此制造了一种颠倒的时间观念——未来可能呈现于遥远的过去。相对于有机体,社会是个规模更大的生命单位,虽然前所未有地整合了进化和智力两种地球上最伟大的力量,但毕竟历时短暂,其组织化水平似乎还处于初级阶段,组织形态也还算不上惊艳。如果我们想了解未来社会是什么样子,那么看看现在的生命有机体甚或亿万年前的蜂蚁巢群,也许会获得某种启迪。

共生关系的功能就是实现互利共赢(帕累托改进)。哪怕其中一方暂时受损,也有机会在未来获得补偿(潜在帕累托改进)。吸血蝙蝠反哺自己的同类,这么做确实算得上损己利他,但只要种群内部的共生关系保持稳定,一只蝙蝠当下的付出就可以在未来从另一只蝙蝠那里获得回报。假定吸血蝙蝠学会了使用类似货币的东西来衡量血液的价格,那么种群内部的互惠行为会发生怎样的变化?你能因此理解为什么法律制度中不是所有的损害都应获得赔偿吗?(两个问题之间有跳跃,不过你暂时想不到他们之间的关联也无妨。)

然而,互利并不保证平等,交易剩余的分配服从丛林法则——谁更强大,谁拥有更多的筹码,谁就能争取到更多的交易剩余。制度不能从根本上瓦解丛林法则,而只能改变其面目,限定其范围和强度,或用一层面纱将其包裹起来;但这需要第三方的力量,当然任何力量的介入都不是免费的。我们通常所说的"剥削",就是榨取更大份额的交易剩余。撇开资本家剥削工人、地主剥削佃农以及奴隶主压榨奴隶不谈,单说一个新近发生的例子——网络平台利用大数据"杀熟",就足以体现交易地位的不平等,但"杀熟"不会突破互利的底线,否则客户就会更换或卸载 App 了。

无论是在蜂蚁和王后之间,还是在手臂和头部之间,我们都可以观察到共生关系中的不平等。但即使是极端不平等的主奴关系,也依然可能是共生的,不平等不见得妨害互利。蚂蚁和蚜虫之间的共生关系就类似于一种奴隶制。蚜虫屁股上分泌的汁液是蚂蚁的美食。蚂蚁学会了饲养蚜虫,它们把蚜虫的卵子带回地下巢穴,精心照料,直到幼虫长大,再把它们送到地面上受蚂蚁保护的蚜虫牧场。有些蚂蚁为了尽快获得汁液,会用触角或前腿抚摸蚜虫的屁股,这可不是骚扰,而是献殷勤。蚜虫会做出积极的回应，有时故意不排出汁液，只为了等待蚂蚁的抚摸；而若蚂蚁还没做好准备，蚜虫甚至会把即将排出的汁液暂时缩回体内。形成这种良性的互动关系可不是蚂蚁的一厢情愿，为了争取蚂蚁的抚摸，有些蚜虫居然把自己的屁股进化得很像蚂蚁的脸。

这种主奴关系是互利的。蚜虫的口器结构天然适合吸取植物汁液，但它们毫无防御能力；而蚂蚁无法吮吸植物汁液，但它们的口器结构却天然适合战斗。所谓"主奴关系"只是个描述而已，蚂蚁和蚜虫各取所需，愉快地生活在一起。你能为规范两者的共生关系起草一份合约吗？

顺便插一句，我的解说使用了不少描述心智的概念，尽管我们知道蚂蚁和蚜虫都不太可能有心智。这种描述手法叫作"拟人"，而所谓"拟人"，就是用描述心智来取代描述行为和后果，同样隐含了统计和归纳。在功能主义视角下，你能重新解释一下拟人描述的意义吗？我的意思是，你能为解释拟人的功能列出一道数学公式吗？如果能，你也许会立刻发现，所谓事实判断和价值判断之间的鸿沟，原本就是子虚乌有。

拟人的描述只是人类依据自身的想象，失真和武断都是难免的。我也曾说染色体和线粒体"愉快地生活在一起"，但没准儿线粒体就是染色体的奴隶呢，或者相反的主奴关系也不是没有可能。没准儿忙碌的蚂蚁还觉得自己就是蚜虫的奴隶呢，就像养猫的人会自称"猫奴"一样。好像林肯曾说过总统就是个"高尚的奴隶"，我不清楚这话是否言不由衷，但有目共睹的是，如今我们都成了手机的奴隶。

最小规模的共生关系可以用合约来描述，双向的要求与承诺（命令与应答）形成了一个闭环系统。单向的权力只是暴力，单向的剥削只是寄生（搭便车）。暴力和寄生是制度清理的对象，因而只要形成制度，任何奴役、剥削、统治、征服的背后都可以观察到交易的对价。资本家经常抱怨自己很辛苦，因为养活一大批工人不容易。土匪头子也觉得自己功不可没，因为他要为自己地盘上的黎民百姓带来和平和安宁（至少不能让外地土匪来抢劫吧）。虽然共生关系中的不平等对于弱势一方是个不幸的结局，但若瓦解这种共生关系，它们大概率的结局是更加不幸。说句不中听的话，假如将来人类不可避免地要与超级强大的外星人遭遇，那么能有机会成为它们的宠物，就是个不错的选择。毕竟宠物和主人也是互利共生的。

其实所谓"蜂王"和"蚁后"不过是我们给予的称号，它们根本不享有号令巢群的权力，称王称后都言过其实，毋宁说它们是工蜂、工蚁饲养的宠物。蜂王、蚁后算不上巢群组织的大脑，论功能它们只相当于生殖器，因而把蜂蚁保护王后的行为类比为手臂保护头部是不合适的，更恰当的类比是"双腿（剪子股一拧）护住裆部"。

蜂蚁巢群里没有独裁统治，巢群是一个去中心化的生命平台。信息在蚂蚁或蜜蜂之间不定向传播，每只蜂蚁根据自己获得的信息做出分布式决策，从不刻意追求整齐划一，然而正是这种乱哄哄的决策机制，让整个蜂蚁巢群实现了深度合作和高效运转。表层结构的无序隐藏着深层结构的有序。

工蚁的寿命只有几星期或至多几年，但蚁后却能活到几年甚至十几年；蜂王的寿命也有三四年，可怜的工蜂却通常活不到一个月。蜂王或蚁后的寿命决定了整个巢群的寿命，因而工虫的伤亡就显得无足轻重，前者强大的繁殖能力足以保证新生工虫源源不断。昆虫巢群里的新老更替像极了人体内部的细胞再生和组织再生。

人体细胞的寿命也是长短不一，血液中的白细胞只能活上几个小时，很多细胞活不过一周，但大脑、脊髓和神经细胞的寿命却能长达几十年，与人体的寿命大体相当。这些细胞是不可再生的，不可再生就意味着不可替代。人体细胞的平均寿命是两年半，在两年半的时间里，我们的细胞就差不多更新了一代。我们还是我们，但体内的细胞已经不再是过去的那一群了，不知不觉中我们已经脱胎换骨。这就好比城市还是那个城市，国家还是那个国家，但生活在城市或国家里的人民却已物是人非。在更大规模的生命平台上，我们总能观察到较小规模的"生命流"。

细胞更新换代通过自身分裂来完成，但在分裂过程中细胞可能会发生变异，随着有机体的持续衰老，变异为癌细胞的风险与日俱增。癌细胞具备无限增殖的潜力，若不加控制就会恶化为癌症。幸好人体内部有一种细胞毒性很强的T细胞被称为"杀手T细胞"，它们是癌细胞的克星。杀手T细胞随时巡视、侦查、识别癌细胞，一旦锁定目标，就会启动追杀程序。观察杀手T细胞追杀癌细胞的过程，我们很容易联想到罪犯和警察，只不过"细胞罪犯"未经审判就被"细胞警察"就地处决了。如果说识别和清理癌细胞、死亡细胞、衰老细胞以及其他有害成分都属于警察职责的话，那么抵御各种外来入侵者（病毒、细菌以及其他毒素）就堪称军队的使命了。

我们的体内潜伏着一支数量庞大的军队，它们由多个免疫器官、多种免疫细胞和免疫活性物质（相当于不同兵种）组成，彼此协同作战，坚定保卫着我们的健康和安全。以数量规模、作战效率、分工复杂性、组织化水平等各种指标衡量，我们体内的军队和人类军队相比都毫不逊色。

从科学家用特殊技术拍摄的影像中，我们可以观察到杀手T细胞追杀癌细胞的运动轨迹。整个过程相当智能，就像非洲草原上的猎豹追逐羚羊，有时几个T细胞甚至会拉帮结派，共同围堵一个癌细胞。但显然细胞是没有心智的，大脑又完全不知情，那么究竟是谁在指挥这场猎杀？答案是指令来自基因。基因编写了一套程序性指令，存储于每个T细胞之中，只要癌细胞暴露行踪，这个程序就被自动激活，T细胞按预设的指令开展追杀行动。

帮助理解基因指令的方法，是想象一下无人驾驶。每一辆智能汽车通过传感器掌握道路交通状况和周围环境，并根据预设的程序指令调整车速和方向。智能汽车的运动底线是避免和行人、车辆及其他障碍物相撞，而杀手T细胞恰好相反，它们的目标就是寻找癌细胞然后扑上去。开发无人驾驶的算法，需要一大群非常聪明的软件工程师耗时很久才能完成。对于人类来说，驾驶只是个简单的技能，但看起来更简单的技能——比如判断一个人的笑容里包含了多大程度的敌意和嫉妒——对程序设计师却是更大的挑战，这似乎表明两种技能的性质不同。

开发程序性指令只是应对一部分问题的好办法，应对另一部分问题就要另寻出路。在进化过程中，基因编程大概遇到了和软件开发类似的难题，但基因找到的解决方案却是创造一个通用的大脑，把那些不适合编程处理的特定问题交给通用的大脑去灵活应对，于是有机体的生命平台进化出了中枢。

但中枢指令不能取代分布式决策。有机体内部每时每刻都会发生天文数字般的决策和行动,无法想象的复杂琐屑,单位时间产生的信息流量绝不亚于一个庞大的帝国。如此规模的决策和行动都受基因操控,中枢全然不知情。倘若每个细胞在行动之前都要请示中枢,则不仅有机体立刻瘫痪,中枢也会因不堪重负而彻底崩盘。

中枢指令的信息通道是树形的,分布式决策的信息通道是网状的。相对而言,复杂琐屑的事项通常都由分布式决策处理掉了,中枢只处理一些规模较大或机动灵活的事项。但高度宏观的决策——比如有机体的孕育、生长、繁衍和衰亡——则依然遵循分布式决策的程序法则。

社会是一个更大规模的生命平台,国家的创立意味着这个大规模的生命平台进化出了中枢机制。但中枢指令同样不能取代社会上无以计数的分散决策。市场是个分布式的信息平台,这只看不见的手就像有机体内部的基因程序一样,会同时发出数量庞大的指令,足以让整个社会有序运转。

不是所有错误的思想、言论和行为都需要国家中枢出面来解决,社会和有机体一样是自带免疫系统的,甚至不同的错误也会相互抵消。复仇会威慑挑衅,诈骗会减少愚蠢,谎言能克制轻信,以牙还牙就是对背叛的惩罚。所谓"生于忧患,死于安乐",有活力的社会需要保留适度的邪恶,毕竟社会也是个生态系统。况且错误迟早要付出代价,成本就是纠正错误的力量。而只要形成一个竞争市场,那些正确的思想、言论和行动迟早会在竞争中胜出。

"无为而治"是一种古老的智慧,但恰当的理解不是"无所作为",而是"有所为,有所不为",其中隐含了中枢指令和分布式决策的分权体制。中枢指令太多太细太密太繁,不仅会导致整个系统的低效和呆滞,还可能瓦解系统内部的生态平衡。"治大国如烹小鲜",社会治理在很多时候只需要中枢指令发挥杠杆作用。改革不见得都要轰轰烈烈,只要找对方向,选准时间和节点,一个微创手术产生的多米诺效应,就远比忠实执行中枢设计的宏伟蓝图效果好得多。老子说:"是以圣人终不为大,故能成其大。"

想象一下,如果蜂王、蚁后突然掌握了发号施令的权力,峰蚁巢群会变成怎样的情形?再想象一下,假定有某种外星智慧生命,它们共享一个无比强大的中央数据处理器,每个人都从这里获得行动的指令,彼此之间并不直接打交道。这是一个高度中央集权的生命世界。如果有朝一日它们来到了地球，你觉得最让它们惊讶的是什么？

理性、本能与自由意志

"人闲桂花落，夜静春山空。月出惊山鸟，时鸣春涧中。"这首写于1200多年前的古诗是相当精彩的，寥寥数笔描绘了一片安静的山林，妙在"以动写静，其静愈静"。诗人用这种反衬笔法还写出了另外两个佳句："蝉噪林逾静，鸟鸣山更幽。"

听觉上的反衬完全吻合我们的生活经验。在嘈杂的环境中，你听不到鸟叫，更听不到虫鸣。你能听到的声音越细微，就说明你身处的环境越安静，反之亦然。而如果你连一根针掉到地上都能听得见，或能听到自己心跳的声音，那就不是安静而是寂静了。假定鸟叫、虫鸣、心跳和一根针掉在地上的音量分别是30分贝、10分贝、1分贝和0.5分贝，那么音量测试仪上显示的这些数值意味着什么？

我们知道声音是一种振动波，振幅是标志声音大小的绝对物理尺度，但我们听到的音量却取决于振动引起空气压强变化对耳膜造成的压力。所以，用以测量声音大小的尺度应该是"声压"，尽管声压相对于振幅已经不那么客观了。然而难题却在于，倘若以声压为尺度来测量声音大小，那么鸟叫的音量就大约是虫鸣的10多倍，1米以外步枪射击的音量是10米外开过一辆汽车的几万倍。但在我们的听觉中，前一组音量的差距合乎情理，而后一组音量的差距却夸张到离谱，简直不可思议。这说明我们的听觉是严重失真的，听觉神经在对声压刺激进行编码的时候，肯定大大压缩了音量大小的实际差距。

音量测试仪上显示的分贝值并不反映物理世界中的客观音量，而是模拟人耳听到的主观音量。声压增加1倍，分贝值只增加6个单位。客观音量的变化之所以比主观音量的变化剧烈得多，是因为神经元对声压编码时压缩了刺激变化的幅度。"压缩编码"意味着听觉神经向大脑谎报了军情，发生于物理世界的音量巨变，被神经元给轻描淡写了。听觉上的音量大小还和声音的频率有关，但这其中的复杂关联我就略去不说了。

有机体能对刺激做出反应，反应的强度表现为神经元的放电率。狂喜、狂怒或剧痛意味着神经元的放电率趋近于峰值。人体神经元的放电率以每秒的动作电位数计，通常在0—100赫兹，但永远不会超过1500赫兹。放电率的变化范围限定了神经元的编码刻度。刻度如此有限，却要记录物理世界中动辄跨越几个甚至十几个数量级的刺激变化（1个数量级是10倍，两个数量级是100倍，十个数量级就是10亿倍），就只好将指数级增长转换成线性增长，于是压缩编码成为人体感觉神经回路的一个通用方案。

物理世界的光线强度比音量强度的变化范围更大，只要你从树荫里走到阳光下，光线强度就在短短几秒钟内提高了6个数量级，但你在我眼里却只是稍微亮了一点点。如果不是视觉神经压缩了光线强度的变化，我看到的你就会是个令人炫目的反光体。

负责价值评估的神经回路采用了类似的压缩编码，这是边际效用递减的神经生物学基础。从0元到10亿元，客观价值的增长跨越了9个数量级，但主观价值（效用）的增长却被大大压缩了。人生第一个100万带来的幸福感是第二个100万没法比拟的，再次进监狱的罪犯也不会像第一次进监狱时那么痛苦（这是对累犯从重处罚的许多原因之一）。一个人从单身到结婚是个根本性的变化（"零突破"），但皇帝的后宫佳丽从3000增加到3001，却与身家数亿的富翁额外获得100万奖金一样，只是个数目字的变化。富翁和皇帝之所以惊喜有限，不是因为世间的资源有限，而是因为神经元放电率的动态范围有限，因此其编码的刻度有限。倘若下游的价值变化已经消耗了较多的刻度（为什么是下游？），那么将剩余刻度用于反应上游的价值变化，自然就很笼统了。

有机体要提高感觉精度可不像配副眼镜那么简单，无论是增加神经元的数量，还是提高其放电率（以增加其编码刻度），都是非常耗能的。以适应值的尺度衡量，为了完美追踪物理世界的刺激变化而升级改造感觉神经系统是个糟糕的投资。更何况我们不需要准确记录物理刺激的变化幅度，更不需要了解客观世界的真相。我们只需要活下去，以确保自己的基因可以安全复制。着眼于这个小目标，对于物理世界的刺激变化，了解变化是否发生以及变化的方向，通常要比了解变化的幅度更加重要。因此两相权衡的结果是，感官对外部世界的探测精度只能适可而止。

社会和有机体一样需要在精确性和成本之间寻求妥协。法律和语言都属于压缩型的编码，虽然世界上没有两片完全相同的雪花，但所有的雪花都可以被压缩进一个词语里，正如所有犯罪都被压缩进了统一的刑事司法程序中一样。法律概念和规则的数量就像语法和词汇量一样不能无限增加，因此只能以类型而非以个性来区分不同违法行为。如果法律追求一事一议，试图对每一个潜在的违法行为都规定极其精确的处罚，世界上就没有法律了。

刑罚就像一把尺子，虽然刻度有限，却被用来丈量天下所有的犯罪。虽说轻罪轻罚，重罪重罚，但罪与罚之间却不是简单的线性关系。以贪污罪为例，贪污数额从3万元到300万元，就已经消耗了所有的刑罚刻度，以致贪污数额从300万元到30亿元的区间，刑罚几乎没什么变化。死刑封顶，超过死刑的犯罪无论严重到什么程度，刑罚的尺子都量不出来了，此时刑法的边际威慑为零，即惩罚的严厉程度不再跟随罪行的严重程度而继续增加。这意味着罪刑相适应涉及到刑罚刻度的分配问题，刑罚随罪行加重而发生的变化不是线性的，犯罪严重程度在下游和上游的区间都要被压缩在较少的刑罚刻度之中——在下游，盗窃一根柴草和盗窃一捆柴草都不会受到法律的惩罚；在上游，法律对贪污3000万和贪污3个亿规定的处罚也没什么区别。

法律的精确性、语言的精确性与感觉神经的编码精度一样，都是要受成本约束的。如果说感觉神经机制不惜一切代价地去记录和传导物理世界的真实变化会让整个人体因能量透支而陷入瘫痪，那么，不惜一切代价去追求真相或避免错判的司法制度又会是什么下场？

音量测试仪的工作原理，是选择某个固定的音量作为参照点来记录音量变化的相对值。这个参照点就是"零分贝"，零分贝不是没有声音，而是一个声音基点，大致相当于三米外一只蚊子发出的声音，也是人耳刚好能听到的音量。低于基点的更小声音以负分贝计，核潜艇的麦克风在水下听到100米之外的一只虾咀嚼食物的音量大概是–80分贝。

虽然模拟人耳，但音量测试仪可比人耳靠谱得多，不仅更灵敏，而且更忠实，因为其参照点固定不变，而听觉神经回路评估音量的参照点却是随时漂移的。你从一个安静的房间走出来，进入摇滚音乐会的现场，虽然声音强度令人吃惊地提高了8到10个数量级，但你既没有惊厥也没有昏倒。这份淡定来之不易，除了神经元的压缩编码，还要归功于听觉神经回路的评估参照点的动态漂移。在安静的房间，参照点可能是零分贝，而进入摇滚音乐会的现场，参照点就可能向上漂移到50分贝。

"以动写静"之类的反衬手法，同样暗合了感觉神经的参照点漂移。诗人能听到鸟叫和虫鸣，说明其听觉神经的参照点处于较低水平，也说明环境很安静。而从安静切换到寂静，参照点还会继续下移，甚至可能下移过度，出现夸张的听觉，以致一根针掉在地上都会觉得"叮当"一声，心脏跳动的声音听起来简直就像打鼓。

参照点的动态漂移是被人体感觉神经回路通用的另一个节能方案。为了应对物理刺激随时可能发生的巨变，感觉神经会通过调整参照点来减轻神经元的编码负担。你从树荫里走到阳光下，之所以在我眼里没有变成一个发光体，除了视觉神经元的压缩编码之外，还因为视觉神经评估光线强度的参照点向上漂移，从而对冲了光线强度的变化效果。

正是因为压缩编码和参照点漂移成为人体感觉神经的通用方案，才让我们人类能够淡定地活得下去，淡定意味着节能。我们也有一惊一乍的时候，但与物理世界的瞬息万变和瞬息巨变相比，这个反应强度简直可以用"泰山崩于前而色不变"来形容。神经元谎报军情不假，但确实有担当。

新奇的刺激会让神经元的放电率迅速进入爆发状态，但随着时间推移，当这种刺激不再新奇之后，神经元的放电率就会回到原来的水平。这是参照点漂移的另一个表现，可以解释为什么我们不能对某个持续的刺激一直保持警觉。警觉固然可以减少风险，但过度警觉却会丧失定力，而持续警觉则会导致能量透支，进而出现系统性紊乱。一个人不能活得像松鼠一样警觉，一个国家也不会长期保持战备状态，弦绷得太紧就容易断。

重复且单调的刺激通常不值得感觉神经去持续追踪。从进化适应性的角度看，过去发生且一直持续的不良刺激属于"沉没成本"，继续纠结的意义不大；过去发生且一直持续的良性刺激属于"沉没收益"，一旦沉迷就不再进取了。"不以物喜,不以己悲"反映了一个人在饱尝酸甜苦辣之后,其价值评估的参照点会向均值回归,且动态变化的幅度变小。所以阅历越多的人活得越淡定。

网络时代带来了许多忧虑,最让大家惶恐的,莫过于暴露自己的隐私。但参照点的动态漂移却多少能给大家带来些安慰——隐私曝光的事件越多,人们的反应就越容易趋于平淡,越不至于大惊小怪。甚至道德标准也会随之调整,人们谴责的事情越多,人们谴责的标准就越高,毕竟谴责也是非常耗能的。少见才会多怪,"惯看秋月春风"的结果,是习惯于保持沉默。《权力的游戏》可算是"又黄又暴力",但从头到尾看下来,难道没有让你增加一点对人性的宽容?

太多的批评会减弱批评的负面效果,太多的赞美也会让赞美通货膨胀。如果去掉批评只留下赞美,那么人们就不仅会对赞美脱敏,而且会自动调整评价参照点,两者都会实质性减弱赞美的效果。之所以说"若批评不自由,则赞美无意义",原因就在于此。而批评,却是让赞美增值的最好的办法。

回头看历史,我们会发现法律制裁的参照点和道德谴责的参照点一样,都是动态变化的。且不说"法不责众"或"治乱世,用重典"之类的极端情形,哪怕只是泛泛而论,也并非所有的侵犯行为从来都被视为违法,更不是所有的违法行为从来都被视为犯罪。如果把立案标准看作刑事司法的入罪基点,我们会发现侵犯财产的入罪基点比过去普遍提高了,并且同样是诈骗,法律对集资诈骗处罚就远比普通诈骗要轻得多。

刑罚就像一把尺子,它在操作中的刻度是有限的,有限的刻度是一种稀缺资源。如同感觉神经的参照点漂移一样,惩罚参照点的动态漂移也是高效利用惩罚刻度的一种策略。诈骗1万元被判处死刑,这在贫穷的古代社会尚能行得通,但在富裕的现代社会就行不通——因为超过1万元的诈骗实在太多了,而一旦超过1万元时,针对诈骗的边际威慑就会彻底丧失,刑罚的尺子量不出来了。倘若诈骗超过50万元就判处无期徒刑,这对于普通诈骗能行得通,对于集资诈骗就行不通——因为超过50万元的集资诈骗实在太多了,而一旦超过50万元,针对集资诈骗的边际威慑同样彻底丧失,刑罚的尺子也量不出来了。如果一类犯罪造成的社会损失系统性地高于另一类的犯罪,那么相对而言,造成更高损失的那类犯罪只会获得较轻的惩罚，刑罚的参照点必须向上漂移，否则惩罚的刻度就不能被高效利用。这就是贪污远比盗窃处罚轻许多的原因之一。

❦

我的办公室很安静，钟表一直在滴答作响，窗外还有细微的风声和海浪声，但此刻我却很少听到这些声音。只要注意力被转移到其他地方，听觉神经的评估参照点就会向上漂移，很多细微的声音因此被屏蔽掉了。我的注意力集中于那几句古诗，虽然已经读过很多遍，但此刻读来却觉得格外惊艳。我的脑海里浮现出了一幅画面，那是1200多年前某个春天的夜晚，诗人在空旷的山涧丛林中优哉游哉。他心情平静，心态也很好，既无丝竹乱耳，也无案牍劳形；感觉神经回路开放且通畅，神经元的放电率不高也不低；他看到了落在地上的桂花和刚刚升起的明月，他还听到了几声清晰的鸟叫，并且假想了鸟叫和明月之间并不存在的关联。

诗人晒的是什么？是这片安静的山林吗？不止。他还晒了心情，晒了感觉神经的参照点，还有神经元的放电率！惊叹号表明我大脑里的某个神经回路突然被激活了，一种诗盲体会到诗意的幻觉油然而生，正是这种幻觉让我的耳朵变得迟钝了一些。

请注意，诗人仅仅听到了鸟叫（也许还听到了虫鸣，只是他没说），但他肯定没有听到自己的心跳或其他更细微的声音。老练的诗人写静自然有分寸，不会傻傻地把安静写成寂静。安静让人感觉舒适，但寂静却会令人紧张。倘若把诗人的另外两个诗句改成"心跳林逾静，针落山更幽"，则不仅诗意全无，读来反而让人发毛。心理学实验证明了这个事实，如果把人关在一间没有任何声音的屋子里，过不了多久就会引起强烈不适的心理感受。

可为什么我们天生喜欢安静而不喜欢寂静？答案是自然选择塑造了我们的听觉偏好。只有那些操控人类大脑偏好安静而非寂静的基因，才成功扩散到了垄断整个种群的水平。如果你能清晰地听到"蝉噪"或"鸟鸣"的声音，就说明你身处的环境生机勃勃，你不会面对额外的风险；在昆虫和鸟类能活下去的地方，你也可以活下去；并且昆虫和鸟类非但对你构不成威胁，必要时还能成为你的食物。但你之所以喜欢这样的环境，不是大脑做出的选择，而是基因操控的结果。

但如果听到的声音是狮吼狼嚎、雷鸣电闪、山崩地裂、海啸狂风，你就不会安之若素了，这样的环境危机四伏，你的反应是尽快逃离，恐惧是逃跑的心理驱动力。虽然安静意味着安全，但过度的安静——死寂——却同样隐含着风险，因为这里可能是荒漠、坟墓或其他鸟不拉屎的地方。在人类进化过程中也许曾经出现过一些偏爱寂静甚于安静的变种，但因为更容易误入死亡地带，所以他们早早就在生态竞争中被淘汰掉了。

自然选择塑造了我们的听觉偏好，诗人只是下意识地捕捉到了其中的关键元素，由此制造了诗意。这是个了不起的技巧，其要点不在于讨好我们的大脑，而在于讨好我们的基因。文艺作品的创作者大都深谙此道，所以毫不奇怪，在那些浪漫爱情故事的细节里，我们总能嗅到荷尔蒙的味道。和制造诗意一样，制造浪漫也要讨好我们的基因。

电影《廊桥遗梦》丝丝入扣地演绎了一场浪漫的婚外恋。编导巧妙地把许多浪漫元素渗透到一系列细节之中，纵然饮食起居也不例外。女主角弗朗西斯卡为偶遇的情人罗伯特做了两顿饭，用的是胡萝卜、土豆、番茄及香菜之类，但她为丈夫做饭却少不了牛排、火腿和香肠。荤素对比，高下立分，两种不同感情浪漫与否，仅看食物就已见分晓了。罗伯特只吃蔬菜、水果和坚果，这副胃口简直是完美偷情者的标配。

可是为什么浪漫的爱情就该匹配清淡的食物，沾不得荤腥和油腻？这里的关键不在于事实如此，而在于我们下意识里会确认这就是事实。其背后的神经机制非常复杂，涉及负责价值评估的两套多巴胺神经回路之间的竞争关系。如果你预见到自己即将与某位异性伙伴合作完成一个激烈的繁殖事件，你的整个身体就会高度战备起来。为了保证与生殖系统相关的神经回路能够随时引爆，消化系统神经回路的兴奋程度就要暂时受到抑制，有机体分配战略资源也会做出相应的倾斜。至少在集中力量办完大事之前，你对于美食是没有胃口的。虽然编导不见得了解食与色带来的不同快感之间存在竞争关系，但凭着自己的敏锐和经验，他在描写浪漫爱情时，下意识地吻合了人体神经机制的设计原理。没错，编导都是过来人。

从食物中获取能量对于维持有机体的生存意义重大，但繁殖机会却通常比食物更稀缺。倘若两者不可兼得，大脑就要做出选择，选择的依据是两套多巴胺神经回路分别对能量利益和繁殖利益的价值评估，这涉及一系列复杂的计算。评估结果汇总到大脑额顶叶神经网络之后就可以发出选择的指令。选择只表现为行动——不是你选择了某样东西，而是你选择了某个行动。抱头鼠窜是一种选择，为了治疗而忍痛输液也是一种选择，尽管后者需要花一笔钱，并且远比前者深思熟虑。

当护士把输液的针头刺入你血管的一刹那，你的痛感神经就被激活了，痛觉是神经系统对错误选择的惩罚。虽然治疗没什么错，但痛觉神经作为严苛的执法者却不会为此网开一面。有机体的安全太重要了，绝不可以为那些似是而非的伤害轻易开口子，以致抱头鼠窜都不能例外。你能理解为什么法律制度中的"紧急避险抗辩"不能移植到生物有机体吗？这个问题的另一面是"紧急避险"的窗口在什么情况下才会被关闭？是的，法律不允许人们在真正绝望的情况下杀死救生船上最弱的旅客，如果谋杀可以作为紧急避险的抗辩，这个口子一开就危险了。

但当针头刺入血管之后，疼痛感很快就消失了，痛感神经的放电率从爆发重新回归静默。疼痛的功能主要是建立起应对伤害的预警机制，可既然伤害已经发生，持续的疼痛就没意义了。看来有机体也明白沉没成本的道理。一位外科医生告诉我，大脑和心脏都没有疼痛感，这个消息丝毫没有让我感到吃惊，因为我想起了一位国家领导人曾经说过的话。他也曾是军队领导人，在战争年代曾有人问他为何从不带枪，他回答说："如果哪天到了我要用枪的时候，我们的军队就完蛋了。"

奖赏和惩罚都是有机体激励机制的组成部分。快感神经回路负责提供奖赏，多巴胺是一种可以制造喜悦和激情的神经递质。一顿美餐、一次繁殖机会或几行精彩的诗句，都可以激活多巴胺神经回路。但如果这些美妙的刺激持续重复，多巴胺神经元的放电率同样会回归基线水平。这就是为什么生活越来越好但快乐却不会越来越多的原因所在。

许多实验室的研究表明，多巴胺神经元其实很高冷，对寻常满足并不敏感，只盯着"奖赏的预测误差"。这说明出乎意料的奖赏能带来惊喜，但常规性的满足却很难产生快乐。这个设计既残忍又精妙，它让我们永不满足，终生都要在一个赛道上狂奔，一个目标实现了，下一个目标就接踵而至（叔本华就明白这个道理，他应该是从东方宗教那里获得了启迪）。生物学家甚至在蜜蜂身上发现了化学性质与多巴胺相似的同源物质，有机体的奖赏机制居然在几亿年前就被不同的物种争相采纳了，足见自然选择对这一机制是何等珍视。

弗朗西斯卡一直过着平静的生活，巧遇罗伯特之后却突然坠入了爱河。无论爱情被文艺作品描述得何等纯洁无瑕，何等惊天动地，但说到底不过是一堆化学物质在人体内部的生化反应。双方的相遇对于彼此都是个新奇事件，多巴胺神经回路随之捕获到了兴奋点。女主角的丈夫因此很不幸，但与其说他输给了自身的魅力不足，倒不如说他输给了自己的丈夫角色。

坠入爱河的这对男女还会大量分泌去甲肾上腺素，这种压力激素会导致心跳加快、呼吸短促和血压上升，当然，还会降低食欲。压力激素的上升会大量消耗血清素，血清素低于正常水平就会引发焦虑，让人患得患失。性激素水平上升会改变大脑对于刺激的反应方式，从而引发性欲，同时提高生殖器官的敏感性，以便让整个身体进入战备状态。

爱情这首生化交响乐的最终目标，就是让人尽可能将所有的繁殖能量在一段时间内集中于一个合作伙伴，这是确保基因安全复制的阶段性最优策略。基因复制才是终极目标，爱情不过是个线索事件。而在进化过程中，恰恰是那些误把线索当作目标的变种获得了更多的繁殖机会。爱情之所以成为不朽的传奇，是因为自然选择绑定了目标和线索。纵然很多人把生育孩子看作两性偷欢的副产品，又有什么要紧，反正他们也逃不出这个圈套（现代避孕技术削弱了这个基因圈套的威力，这应该是人口出生率下降的主要原因之一）。

着眼于基因复制的终极目标，向精子（卵子）银行捐赠的做法不是既节能、又高效吗？只可惜这个线索事件出现的时间太晚了。在自然选择将其与目标绑定之前，我们还是会热衷于古老的繁殖方案，毕竟大脑说服不了自己的身体。绑定目标和线索是个庞大的系统工程，涉及包括基础设施在内的有机体的全面改造，除非推倒重来，否则可能永远也绑定不了。

暴风雨过后很快就云淡风轻。当压力激素、血清素和性激素回到正常水平，多巴胺神经回路就从爆发重返静默，而随着阶段性目标的完成，爱情的交响乐就会画上一个休止符。基因会驱使一对男女去积极搜寻或至少被动等待下一个目标。自然选择青睐于那些比较花心的男人和有点花心的女人，前者总能捕获更多的繁殖机会，而对于后者，多样化的繁殖机会至少在分散风险的意义上也并非全无价值。

不过，虽说爱情有保鲜期，但感情却能成为比爱情更为牢固的纽带。当各种爱情激素回归常值之后，催产素和抗利尿激素却会因两个人继续相处而与日俱增。这两种激素制造了依恋、信任和安全感，貌似波澜不惊，但其生理基础却相当深厚，甚至可以让一对男女终生厮守，相濡以沫。

虽然神经科学对于操控两性感情的神经机制和生化反应还远远没有搞清楚，但目前提供的大概轮廓却能与我们的认知体验和情感体验高度吻合。《廊桥遗梦》之所以能引起很多人的情感共鸣，就是因为它相当精准地刻画了两种不同感情发生冲突时的复杂情绪和心理纠结。罗伯特的出现让弗朗西斯卡面对了一个痛苦的选择，要么放弃丈夫，和情人私奔；要么放弃情人，继续拥抱婚姻和家庭。这是多巴胺制造的激情和催产素制造的感情之间的一场对决，前者让她渴望得到，后者让她恐惧失去。弗朗西斯卡最后的选择是放弃了罗伯特，这个结局因为弘扬了婚姻和家庭伦理中的责任感而让电影显得相当正面。

但即使从自私的角度，弗朗西斯卡如此选择也未必不是最优。罗伯特固然魅力十足，可仅凭短暂的互动，她无从判断对方的套路深浅；而对于自己的丈夫，二十年的相处则完全可以说早已驾轻就熟。情感纠结的背后，是新奇与安全的竞争。但不管弗朗西斯卡的内心怎样纠结，作为观察者的我们都可以说，她最后做出的选择是理性的。然而，当评价某个选择是"理性的"，我们究竟想表达什么？

如果我们只想把"理性选择"和"本能反应"区分开来——比如我们可以说，抱头鼠窜属于本能反应，为了治疗疾病而忍痛输液则是理性选择；或者说，弗朗西斯卡的喜悦和痛苦是本能反应，而她忍痛割爱则是理性选择——那么，如此区分的依据仅仅是前者没有经过大脑思考吗？如果是，那么诗人在描写夜晚山林时下意识地选择了安静而回避了寂静，电影编导在刻画浪漫爱情时下意识地搭配了素食而舍弃了荤腥，这算是经过大脑思考了吗？

倘若我们把理性选择的前提设定为必须经过思考的过程并伴随着清醒的意识，那么，由于思考和意识本身不可观察，我们就会再次遭遇"心智难题"。而如果我们采用功能标准来界定理性选择，那么理性选择和本能反应之间的界限就消失了。虽然未经思考的本能反应可能导致决策失误，但事态紧急时就容不得深思熟虑。本能反应只是未经大脑审批而启动的紧急决策程序，"将在外，君命有所不受"不也是同样的道理？思考是模拟选择后果的一个计算过程，它是保证选择合乎目标的一个手段，但不是唯一的手段。由于进化可以取代思考，所以只要时间足够长，不具备思考能力的主体（比如基因）照样能够做出合乎目标的选择，毕竟自然选择迟早会划掉错误的选项。

在新古典主义经济学的语境中，理性就是"一致性"。如果你偏爱红玫瑰甚于白玫瑰，你就不能同时偏爱白玫瑰甚于红玫瑰（事后变化是另一回事），否则你就不理性；或者，如果你偏爱红玫瑰甚于黑玫瑰，且偏爱黑玫瑰甚于白玫瑰，那么你就不能偏爱白玫瑰甚于红玫瑰，否则你同样不理性。

如果用一个基数型的概念"效用"来取代偏好，并且给不同的玫瑰赋予效用值——比如，红玫瑰的效用是 10 个单位，黑玫瑰的效用是 8 个单位，白玫瑰的效用是 6 个单位——那么选择的一致性就可以用一个单调的效用函数来描述了。舍白而取红的理由是你可以增加 4 个单位的效用，但如果你发现得到红玫瑰的概率只有 50%，而得到白玫瑰的概率却是 100%，那么相反的选择就变得更划算，将效用与概率相乘的计算结果就是如此。然而，当你得到红玫瑰的概率上升到 70% 时，你就一定会坚持初心吗？答案是未必。因为有没有玫瑰远比得到哪一种玫瑰重要得多，而如果不同玫瑰分别代表不同异性伙伴的话，你就更应该如此权衡。只将效用和概率相乘无法准确预测人们的选择，因为人们对待风险的态度并不中立。

此外，即使你得到每一种玫瑰的概率都是 100%，只要存在迟延满足的情形，比如选择白玫瑰可以当天兑现，选择黑玫瑰 5 年后兑现，而选择红玫瑰则是 10 年后兑现，那么经过贴现折算后，选择的初始排序也依然可能会逆转。当下的满足通常要比未来的满足更重要，并且环境变数越多，两者之间的差额就越大，贴现的比率就越高。

只要能确定效用值，那么一切都好办。可糟糕的是，效用只是个想象的概念，我们能观察到的，只有选择本身。而选择只能显示偏好的排序，不能显示效用的大小。除非我们可以精确测量负责价值评估的神经元的放电率，否则我们只能根据选择体现出来的一般规律去预测一个具体的选择行为。

不过，在这个问题上倒也无须较真。我们总结出来的那些关于选择的一般性规律——比如多优于少（两利相权取其重），把握大优于把握小（手里的一只鸟胜过林子里的两只鸟），当下兑现优于未来兑现（吃到嘴里的才是肉），忽略沉没成本（不要为洒了的牛奶哭泣），以及边际效用递减（入芝兰之室久而不闻其香），等等——已经可以很好地描述和预测人类的选择。这些规律是如此有效，以致很多人已经迫不及待地把它们当作判断选择是否理性的标准了。符合规律的选择被认为是理性的，反之就是不理性。

但若把理性等同于正确，把不理性等同于错误，上述推理在逻辑上就说不通了。违反规律不见得就是错误，因为这些一般性的规律原本就不能精准描述所有的选择。正如喜甜厌苦是一般性的味觉偏好，但这不妨碍我们偶尔去品尝一点苦涩的味道（苦瓜已经成为家常蔬菜）；或者喜明厌暗是一般性的视觉偏好，但夜幕降临后去山涧丛林里听听鸟鸣、看看桂花和明月也照样令人心旷神怡。人类的神经机制经历了亿万年的进化，目前还没有任何数学模型能将刺激和反应之间的复杂关系一网打尽。

那么，有没有一个关于理性选择的托底标准呢？如果有的话，那也只是"手段符合目标"——对应于预设的目标，选择主体致力于寻求最优的手段。可一旦理性的标准被放松到这个地步，我们就会发现，理性选择其实是整个生命世界中的通用法则，而无论选择主体是基因还是大脑，是病毒还是蜥蜴，是蜂群还是国家。前面提到的所有选择——为了节省身体能量而恰当控制神经元的编码精度，为了集中繁殖能量而暂时抑制口腹之欲，为了保证基因复制而巧设爱情圈套，为了保障有机体的安全而让基层组织的神经系统传导疼痛感——都可以说是理性的。

尽管算法是通用的，但不同的选择主体所计算的环境参数并不相同。只有大脑才有能力密切跟踪环境的变化，基因对于人世间的新生事物是茫然无知的。所以理性选择与本能反应的最大区别，体现于对待新生事物——道德和法律——的态度。冲动之所以是魔鬼,是因为冲动让我们忽视了违反道德和法律的不利后果。当然,理性和本能之间保持适度的张力也不是坏事,一个人不能总是循规蹈矩,尤其是在年轻的时候,"人不轻狂枉少年",偶尔的冲动没准儿还能开创出一个崭新的局面。

弗朗西斯卡显然过了冲动的年龄,她的选择要归功于大脑中的额叶皮质。控制冲动、调节情绪和长远规划等等,这些与审慎、明智和成熟相关的行动都是来自这个脑区的指令。额叶皮质是人类大脑中最晚进化出的部分,也是个体人脑中最晚发育成熟的部分,直到二十几岁,额叶皮质的神经元才全部连接上。这个最晚成熟的脑区,逻辑上会较少受到基因的操控,在这个意义上,我们可以认为弗朗西斯卡最后做出的选择是"理性的"。

然而,认知心理学家和行为主义经济学家所总结的那些人类选择行为中的不理性,倒不是因为选择遗漏了某个显著的参数,而是因为我们的认知确实出了偏差,偏离了最优方案,而矫正偏差就可以优化决策。许多系统性的认知偏差已经被分门别类,并被冠以诸如"锚定效应""近因效应""风险厌恶""损失厌恶"以及"沉没成本谬误"之类的名称。

但如果把认知偏差等同于选择不理性,就有点夸大其词了。一些认知偏差只是大脑应对复杂世界的简易程序(比如"锚定效应"和"近因效应");另一些认知偏差属于基因对大脑的矫枉过正(比如"风险厌恶"和"损失厌恶");还有一些认知偏差则是通过激活有机体的惩罚机制来防范未来的错误(比如"沉没成本谬误")。但无论哪种认知偏差,都可以在"手段合乎目标"的逻辑之下获得解释。认知偏差并不妨碍理性选择,那种将两者对立起来的观点,显然不了解认知偏差的来龙去脉。

如果从头说起,就涉及选择的目标。大脑的目标是趋乐避苦,苦与乐分别代表奖赏和惩罚。有机体的奖惩逻辑非常简单,选择合乎目标就可以获得奖赏,选择违背目标就要受到惩罚。然而,基因扩散才是终极目标,趋乐避苦只是线索而已,但只要自然选择绑定了目标和线索,则即使大脑误把线索当作目标，在绝大多数情况下都无关紧要。

尽管这个基因操控大脑的机制无比精妙，却并非没有漏洞可寻。吸毒、赌博、避孕、丁克以及沉迷于色情和电子游戏等等，都不利于基因复制，却被大脑拿来寻欢作乐，虽然从远期后果最终失败的意义上，这些试图捕捉机制漏洞的行为并未真正得逞，但它们却提示了一种风险——大脑存在机会主义倾向，基因必须严加防范。

很早就被经济学家发现的边际效用递减规律，就体现了基因对大脑的管理。由于下游的价值变化更可能威胁到有机体的安全，所以负责价值评估的神经回路对下游的价值变化更加敏感。通过神经元的压缩编码和参照点漂移之类的手段，基因可以操控大脑区别对待不同区段的价值变化。

"损失厌恶"以及"风险厌恶"只是边际效用递减的微观呈现。损失已有的 100 元与得到的额外 100 元貌似等值，但实则不等值，这是因为前者相对于后者处于价值变化的下游。着眼于基因复制的终极目标，基因迫使大脑对下游的价值变化做加权处理，与其说这会让大脑产生认知偏差，倒不如说这是基因对大脑初始偏差的矫正。

但矫正很难做到恰如其分，矫正不足或矫枉过正都在所难免。这两种情形都会产生认知偏差，但如果后者产生的认知偏差更有利于有机体的基因扩散，那么自然选择就会把这种认知偏差固定到绝大多数人的基因里。这就是几乎所有人都患有某种程度的恐高症的原因所在。

虽然恐高症剥夺了很多人从事高空作业的机会，却有效防范了更多人从高处不慎失足的风险。对待风险的正确态度是"宁信其有，不信其无"，虽然高估风险和低估风险都会出现偏差，但前一种偏差通常优于后一种偏差。高估蘑菇有毒的概率，最多是忍受饥饿，但低估蘑菇有毒的概率，却可能会丢掉性命。

"不枉不纵"是司法的理想，但若这个理想遥不可及，司法就要在"宁冤勿纵"和"宁纵勿冤"之间做出选择，而"疑罪从无"意味着现代司法的态度是舍前而取后。估计当年赵构对待岳飞案也是同样的算计，只是算计的结果恰好相反。高估岳飞谋反的概率，最多是错杀一员大将；但低估岳飞谋反的概率，搞不好就要断送江山。

据说有极少数人天生就没有恐高的感觉，他们在几十层高的楼顶边缘仍能如履平地。但研究人员发现这类人大脑里的某个神经回路出了问题,以致没法向肾上腺传导危险信号。想想看,如果我们的祖先在遭遇狮子和猎豹时也出现这种情形,后果会如何?"忘战必危",这个警告之所以听起来充满了强烈的历史感,就是因为它表达了一种容易被大脑遗忘却一直被基因牢记的风险意识。基因必须时刻防范大脑的短视、健忘和机会主义倾向。虽然基因不善于处理新生事物(比如道德、法律和精子银行),但应对古老的风险,基因却存储了累积亿万年的经验和知识,因此远比大脑见多识广且深谋远虑。

实际上,在边际效用递减被古典经济学正统化之前,大脑对下游的价值变化更加敏感的现象就可以被视为一种认知偏差,因为那个时代的选择模型忽略了这个现象。考虑到将来可能还有更好的模型来容纳现在的认知偏差,那么,与其说偏差在于大脑的认知,不如说偏差在于描述和预测理性选择的数学模型。

"沉没成本谬误"也是同样的情形。的确,沉没的成本不是成本,牛奶已经洒了再哭也没用,世上没有后悔药,一个人不能总是生活在过去的阴影里。但是,过去的阴影对于现在和未来都不是毫无价值,心疼、内疚和悔恨,这些糟糕的情绪不只惩罚了过去的错误,而且为未来的正确选择指引了方向。那些因为洒了牛奶而哭泣的人们,会在未来减少洒牛奶的概率。沉没的成本从来没完全沉没,只是经济学家的模型淡化或忽略了过去对未来的影响。

到现在为止,我还没有说到"自由意志",部分原因是我觉得这个概念不重要,至少不像法律人想象的那么重要。在法律人的想象中,意志仿佛是体内最高级别的指挥官,只要它发出选择的指令,整个身体就会按照这个指令行动起来。如果眼前既有美食又有美色,那么对于如何处理这两个事件,意志可以自由做出决定。既可以吃饱之后再去捕获美色,也可以在获得美色之后再去享受美食。意志可以在两个选项之间自由选择,所以意志是自由的。

但现在我们知道,这种自由的感觉是虚幻的。面对两个事件如何做出选择，取决于两套神经回路中的神经元活跃程度之间的竞赛，而这背后还有包括血糖浓度、多巴胺、去甲肾上腺素、血清素以及性激素在内的一大堆化学物质的生化反应。选择要么是被驱使的，要么是被诱使的，但绝无可能是自由的。"自由意志"的说法，无视了那些支配选择的力量和约束选择的机制，也无视了进化的压力和基因的操控。

在进化论的视角下，所有台面上的选择都逃不掉基因的暗中操控。只有那些能够操控大脑去选择有营养的食物、安全的环境以及健康的生育伙伴的基因，才拥有成功扩散的前景；而那些操控大脑去选择有毒的食物、危险的环境以及病弱的生育伙伴的基因，就不太容易把自己的基因拷贝给下一代。撇开吃喝拉撒睡不谈，即便是非常高级的体验——比如诗意和浪漫，也同样写满了基因密码。

卢梭被引用最多的那句话——"人生而自由，却无往不在枷锁之中"，最多说对了一半，其实人生来就难说是自由的，因为基因给大脑的授权很有限。你很难让自己变得更自信、更勇敢，除非你自己变得更强大了，或误以为自己变得更强大了。因为原则上，信心和胆量都应该和自身实力相匹配，超过自身实力的自信和勇敢属于危险品。基因不允许大脑拥有自由调整信心和胆量的权限，或者说，那些允许大脑可以自由调整信心和胆量的基因缺乏成功扩散的机会。

哪怕对基因科学、神经科学和脑科学一无所知，只需仔细体会一下也能发觉，选择其实没那么自由。如果你试图决定自己的偏好，想让自己喜欢苦味儿超过甜味儿，或让自己喜欢寂静超过安静；如果你想让自己站在悬崖边上仍能淡定自若，让自己面对美食无动于衷，或面对美色坐怀不乱；如果你设法让自己去爱谁或不爱谁，让自己去怕谁或不怕谁，那么，所有这些"如果"都会让你感觉到巨大的困难，你会发现自己的"自由意志"其实虚弱无力。

两百年前，人们对于有机体的神经机制和生化反应还知之甚少。如果有人开枪打死了另一个人，那时人们对这个行为的解释是："杀人者做了这个选择，他的自由意志选择了谋杀，因此他应该为自己的行为负责。"但进入20世纪，科学家打开了支配选择的黑匣子，从中找到基因、激素和神经元，但没发现自由意志。对于杀人的行为，基因科学、神经科学和脑科学能够提供更深入的解释："杀人者之所以这么做，是因为特定的基因编程让大脑出现了某种生化反应，而基因编程则是亿万年的进化压力和突变的结果。"

很多人因此惶恐不安——丢掉了"自由意志"的概念，法律责任的基础岂不是要轰然崩塌？这个忧虑是多余的。法律之所以惩罚一个人的违法行为，从来就不是因为这个人拥有自由意志，进而能为他自己的行为负责；而仅仅是因为，人们能对激励做出反应，进而惩罚可以减少这种违法行为的数量。

人性、公平感与丛林法则

"最后通牒游戏"（Ultimatum Game, UG）是个老生常谈的心理学实验。这个游戏设计了这样一个场景：有位慷慨的银行家要给两个人捐一笔钱。其中一人被称为"提议者"（proposer），他可以提议如何分配，自己多得、平分或让对方多得都可以。另一人是"回应者"（responder），他无权分配，也没机会和提议者协商，但不满意的话可以行使否决权。游戏规则是：只要分配方案被否决，银行家就会收回捐款，两人分文无获。

这个游戏被不同实验者重复了无数次，结果并不出人意料——提议者通常可以拿大头，但不能太贪，倘若留给回应者的份额太小，分配方案就会惨遭否决。回应者的底线因人而异，不过按理说，即使份额非常小，哪怕只有1%，也应该欣然接受，再少总比没有好啊，何苦非要搞个鱼死网破损人不利己呢？只是因为分配不公吗？

"公平感"的说法并不稀奇，每个人心中都有杆秤。神经科学家发现，面对不公平的分配，回应者的双侧前脑岛和背外侧前额叶皮层被显著激活，这两个脑区是相互矛盾的，前者制造负面情绪，后者负责情绪控制。当双侧前脑岛的激活程度更高时——貌似情绪压倒了理智——回应者就会行使否决权。

损人不利己的做法看似不理性，但正如我们已经知道的，群体规模上的不理性往往隐藏着进化意义上的深谋远虑，因而时间尺度至关重要。所谓"获利再小总比没有好"只是短视的算计，放眼未来就不一样了。

倘若这一次我选择了逆来顺受，那么下一次你多半还要得寸进尺。而如果我一怒之下掀了桌子，代价自然是难免的，但只要你的损失更惨重，你就会吸取教训，知道我不是好欺负的，在未来遇到类似情形时有所顾忌，那么我获得的长远收益将足以补偿眼前这点损失。

公平和效率的冲突可以在时间维度上化解，只要把未来利益计算在内，两者在任何时间点都没有冲突可言。其实所谓"公平和效率的冲突"，作为一个论题本身就有问题，因为两个概念不是可以并列的。如果说"公平脑"可以矫正短视的决策，那么原则上只要"效率脑"的算力足够强大，无须前者参与也能做出同样正确的选择，但人类进化出公平脑却可以减轻计算的负担，节省能量的消耗，这恰恰说明公平脑以及相应的"公平感"——如果有的话——在进化根源上也是效率指向的。

最后通牒游戏真的验证了人类拥有公平感吗？答案不取决于实验结果，而取决于对实验结果的描述。公平与否只是个主观判断，评价分配方案的客观尺度是分配差。如果我们把双方均分定义为"零差"；那么以零差为基准，当提议者少得时，回应者就会收获"正差"；当提议者多得时，回应者就要遭遇"负差"。

实验结果显示：负差越大，回应者的负面情绪反应越强烈；而当负差变小、接近于零甚或出现正差时，回应者就会破涕为笑（此时左侧杏仁核、眶额叶皮层、腹内侧前额叶和腹侧纹状体等负责奖赏的脑区被激活了），并且正差越大越开心。虽然正差和负差同属分配不公，但回应者的情绪反应却截然相反，表现为"负差厌恶"和"正差偏好"。看到了吧，抛弃公平的概念反倒可以更好地描述实验结果。

当然，正差在实验中很少见，也因此被实验者忽略了，然而忽略正差恰是产生误会的根源。其实正差少见本身就是问题，为什么提议者很少会留给回应者超过一半的份额？答案是提议者清楚他手中有大牌。分配权和否决权是不等价的，前者既可以成事也可以败事，后者却是成事不足败事有余。回应者之所以会接受低于一半的份额，是因为他清楚自己手里只有一张小牌。只要不把公平狭义地界定为平等，我们就会发现，人们认同的公平标准其实已经向"实力界定权利"的丛林法则做出了妥协。因此，如果说"最后通牒游戏"验证了"公道自在人心"，那么也可以说一同被验证的还有"丛林法则深入骨髓"。

指引人类决策的所有法则都指向利益,不可能存在独立于"手段符合目标"的公平法则,否则就乱套了。回应者的负面情绪和正面情绪只相当于目标函数中的不同变量,这和我们打针时痛感神经制造的疼痛感或享受美食后快感神经制造的欢欣感没什么原则性区别,无非效率法则下的加数和减数而已。生活中有太多的忍痛割爱、逆来顺受或"宁为玉碎,不为瓦全",相比之下回应者在面对分配不公时的内心伤痛和纠结实在不值得另眼相看。

假设我饥肠辘辘时耗尽力气帮你把一大堆红薯运回了家,指望着你能分几个给我至少可以让我饱餐一顿,不料你对我的回报却只是小小的一块。简直欺人太甚!我的双侧前脑岛被瞬间激活,肾上腺素和睾酮随之弥漫全身,我真想怒吼一声把这小块红薯丢在你的脸上,只可怜我的血糖水平实在太低了,消化系统的神经回路频频发出红色警报,饥饿最终压倒了一切。面对现实,我冷静了下来,默默地把这块红薯吞进肚子里。活下来才是硬道理,受不了眼前的苟且,哪来的诗和远方?

不过事情并没有就此了结,耻辱和愤怒将长久保留在我的记忆之中。将来你若是再遇到麻烦可不能指望我出手相助了,没准儿我还要落井下石,或者另寻机会向你讨回公道。当然,我的真实目标不是公道而是利益。着眼于长远利益,愤怒作为情绪反应是不可或缺的,我可以忍怒,不可以无怒,否则我很难建立起避免类似伤害的长效机制,除非我拥有强大的计算能力,但计算是很耗能的。

"独裁者博弈"(Dictator Game, DG)的实验结果表明了提议者确实可以对回应者的愤怒做出积极的回应。作为"最后通牒游戏"的修改版,游戏规则的变化只是取消了回应者的否决权,提议者因此升级为"独裁者"(dictator)。尽管独裁者可以无所顾忌地独吞全部捐款,但实验结果表明他通常不会这么做,而是留给回应者一个小份额。

一旦进化过程中的教训进入基因编程,独裁者就会不由自主地慷慨起来,当然慷慨的根源还是忌惮回应者的愤怒和惩罚。虽然惩罚是机会主义的,但愤怒却是制度性的,他人的愤怒就是自己的风险,更何况总有人反应过激。为什么不惜一切代价去追求公道的行为总能赢得喝彩?因为殉道者为惩罚和阻止某些独裁者的贪婪做出了远超平均水平的贡献。

贪婪,其实也包括吝啬,在进化过程中都属于优势基因,毕竟开源和节流有利于积累财富。但过度贪婪或过度吝啬却会招来嫉恨，所以人性中还要添进适度的慷慨去化解那些人际险情。美德的基础往往都是血的教训，我猜测世界上有相当比例的捐赠属于富人的安全投资，尽管我们更愿意称之为"慈善"。

所谓"不患寡而患不均"，更准确的说法应该是"不患寡而患寡于人"，因为不均包含了负差和正差。不均只是外部刺激，而对于情绪反应的解说，则与其说公平感受挫，不如说嫉妒心被激活，因为后一种解说除了"负差厌恶"还能容得下"正差偏好"，"不患寡而患寡于人"也因此有了下文——"不求多而求多于人"。

嫉妒心是应对同类竞争的一种风险意识，它和进取心是一对孪生姐妹，两者都致力于减少负差或增加正差。我们必须时刻防范风险，但风险未必来自出没的野兽、有毒的蘑菇或是恶劣的环境和天气。有时候——甚至更多时候——风险来自我们的同类。暴力竞争固然事关生死，但有时非暴力的竞争也会你死我活——当你和同伴被一头熊追逐时，你不需要跑过熊而只需要跑过同伴。回应者不会嫉妒银行家，因为在他眼里银行家属于另一个物种，正差和负差的变化在边际上可以忽略不计。

世上没有永远的朋友。即使大家一直都能和平共处，也不能把自己的安全彻底寄托于别人的美德和善良意图上。意图说变就变，且容易隐藏，而实现意图的实力却是透明且稳定的。更何况"身怀利器，杀心自起"，实力是野心膨胀的春药，有谁生下来就想着称王称霸或一统江湖呢，但实力变了想法就会变。琢磨别人的意图不如琢磨别人的实力，那些在生态竞争中对他人的实力增长保持足够警惕——因而进化出了嫉妒心——的人们更可能成功扩散自己的基因。

你好我好未必大家都好，如果我好但你更好，那么相对而言我的境况可能会变糟了。假定武器供应商赠给你一把锋利的刺刀但同时给你的邻居装备了枪支弹药，你心里是什么滋味？如果万能的神灯让你年轻五岁但同时又让你周围的女生永葆青春，你心里又是什么滋味？推己及人，你就明白了那个决定发动价格战、贸易战或军备竞赛的人心里是怎么想的。

在最后通牒游戏中，貌似双赢的分配方案可能只是徒有其表，因为分配不均改变了双方的实力差距。无论是增加负差还是减少正差，回应者都要因此承受更高的竞争风险,倘若风险损失足以淹没那点微不足道的获利,那么行使否决权依然是高度理性的选择。虽然回应者没心思去计算风险,但积淀在基因里的嫉妒心却能随时拉响警报。不能忘记"他人是地狱",因此防人之心不可无。可既然忘战必危,杀死对手不是可以一劳永逸地解除警报吗?或者干脆把他吃掉?

公元626年7月2日,长安城内发生了一起惨剧。秦王李世民纠集人马在玄武门设下埋伏,杀死了他的哥哥、太子李建成和弟弟齐王李元吉,期间只遇到了微弱的抵抗。这是一起宫廷政变,李世民登基后迅速下令将太子和齐王的儿子们悉数杀尽,还把他们的妻妾充入自己的后宫。"玄武门之变"的起因,据说是李建成和李元吉打算对李世民提前下手却走漏了风声,但显然李世民更早对他的兄弟们构成了威胁。

人类历史上的那些战争和杀戮并非全部出于仇恨。虽说资源稀缺会导致冲突,但在资源还没有稀缺到你死我活的时候,相互残杀就已经先发生了。哪怕仅仅是为了追求安全——当然不能忽略对手也会追求安全,并且可能为了追求安全而威胁自己——最保险的策略也应该是消灭对手,并且最好先下手为强。

为追求自身安全而杀戮同类乃至近亲的做法,并非人类的首创。鲨鱼是天生的杀戮机器,它们在娘胎里就斗得你死我活了。很多猛禽的巢穴就是战场,长大后飞出巢穴的那只雕,很可能是战场上唯一的幸存者,因为在此之前它吃掉了自己的兄弟姐妹。狮子和黑猩猩都是群居动物,其群体首领甚至学会了斩草除根——向前任首领的后代下毒手,可以让母兽尽快重新发情,繁殖更多自己的后代,从而长期巩固自己的统治地位。回头再看"玄武门之变",我们会觉得那不仅是政治角逐场上的按理出牌,而且是生命圈里的古老暴力策略在人类历史上的一次故伎重演。

暴力是生态竞争的必然产物。那些率先进化出尖牙利爪、装备了坚硬犄角或致命毒液的动物无疑会获得生存竞争的优势。既然暴力可以用于捕杀猎物,就没有理由不用于同类竞争。近亲之间相杀相食实在是太残忍了,但也恰恰是残忍的天性让鲨鱼和猛禽成为生态竞争的赢家,它们繁殖了更多后代，并且它们的后代也更残忍。于是残忍扩展为一种群体规模的生存战略，优胜劣汰因此加快了速度。持续的暴力竞争还让整个种群变得凶猛强悍，鲨鱼和猛禽之所以能爬上自然界的顶级生态位，靠的可不是嬉戏和玩耍。

倘若暴力竞争是个遴选机制，那么天下太平就难免成为甜蜜的陷阱。生于忧患，死于安乐。在进化的时间尺度上，对于一个物种而言，"让世界充满爱"没准是个诅咒（我们姑且称之为"和平诅咒"），而真诚的祝福更可能是"愿暴力与你同在"。

如果李世民能未卜先知，知道自己的儿子高宗李治生性怯弱，优柔寡断，最终大权旁落，那么，除了庆幸自己在"玄武门之变"中的杀伐决断，他还会感慨生子如羊，不如生子如黑猩猩。黑猩猩是人类的近亲，几十只或上百只群居在一起，有自己的领地。灵长类动物学家发现，当一群雄性黑猩猩遇到数量很少，尤其是单只来自其他群体的雄性黑猩猩时，它们通常会利用数量优势迅速围攻，合作完成杀戮。遇害的黑猩猩先是被按在地上，继而被扭断四肢，掐断气管，咬断脚趾和生殖器，直到整个身体被撕成碎片。通过一次次偷袭，黑猩猩能杀光邻近群体中所有的雄性黑猩猩，这样残暴的屠杀简直就是种族灭绝。

如果我们想了解人类祖先的暴力行为，黑猩猩可以提供一面镜子，另一面镜子是倭黑猩猩，两种猩猩在600万年前和人类拥有共同的祖先。与残忍的黑猩猩不同，倭黑猩猩生性温和，雄性之间很少发生致命的争斗，即使偶尔争斗也是点到为止。其实生物圈里不乏和平爱好者，鸽子就是和平的象征，但所谓爱好和平，也只是缺少暴力技能或致命武器而已。植物世界里没有暴力，那是因为仙人掌和毒蘑菇不会奔跑和运动。

倭黑猩猩长得很奇怪，头颈细小，体态轻盈，两性体型差异不大，这些解剖学上的幼态化特征似乎表明，倭黑猩猩是一群退化了的猿猴。它们丧失了暴力技能，下滑到食物链下游，变成了素食动物，并且已经濒危了。倭黑猩猩何以落得如此下场，我们不得而知，但不排除"和平诅咒"降临到了它们头上。

人类可不是吃素的，这值得庆幸。虽然没有尖牙利爪，也算不上孔武有力，但如今的人类却是这个星球上不折不扣的暴力冠军，堪称暴力技能和暴力策略的集大成者，在其他动物眼里简直就是超级怪兽。直到

7万年前，人类还只是个默默无闻的边缘物种，以几十人或至多上百人的规模群居，靠打猎和采集维持生计。人吃人的惨剧肯定发生过，甚至可能很频繁，以至于影响了人类的进化——我们的染色体中包含了某些抗朊病毒疾病的基因，而这些基因恰恰是通过同类相食来传播的。禁食人肉肯定是因为摆脱了饥馑。人类猎杀动物的技能不断刷新，从生物链的中游一路杀到顶端，所到之处大型动物几乎被赶尽杀绝。人类的崛起是这个星球上的一场生态灾难。

人类历史上不乏战争和杀戮，如今拥有了足以摧毁整个生物圈的力量，但所有大规模杀伤性武器都不是瞄准猎物，而是瞄准人类自身。目前是岁月静好，地球上绝大多数人都能生活在安宁祥和的城市和乡村，每年死于战乱和凶杀的人数甚至比自杀的人数还要少。面对这些相互矛盾的事实，我们不禁要问：人类的天性究竟是爱好和平还是喜欢杀戮？关于人性善恶的古老哲学问题，在现代生物学的语境中可以被置换为，人类在天性上更接近于倭黑猩猩还是黑猩猩？如果答案是前者，那么友善就是人类在群居状态中的默认选项，我们需要解释暴力是怎样发生的；如果答案是后者，那么暴力就是默认选项，我们需要解释和平是怎样出现的。

如果邻居家的小伙子酒后打伤了我的小弟，这事儿可不能善罢甘休，找机会我非要教训他一顿不可，但没人认为我会杀死他。大家觉得我理智健全，即使下手也会有分寸，即使没分寸也不至于闹出人命。"理智健全"的含义不是说我知道杀人犯法并且清楚后果很严重，而仅仅是说我不是个疯子。杀人？别开玩笑了，想想都觉得毛骨悚然。

倘若做一番深刻的自我反省，绝大多数人都会觉得自己天性善良，别说杀人，就连杀只鸡都难免于心不忍。很多人甚至见血就会晕倒，和他们相比，屠夫和外科医生已经显得心狠手辣，更别提刽子手了。如果有人报告说他会以杀戮为乐，或喜欢一根根拔掉小鸟的羽毛，那么他更应该去的地方是医院而不是牢房。

诸如此类的反省和观察，很容易让我们认同人性本善的观念。孟子说"恻隐之心，人皆有之"，而且"非由外铄我也，我固有之也"。有生物学家提出人类在天性上更接近于倭黑猩猩而非黑猩猩，自相残杀并不根深蒂固，人类社会的暴力更可能是特定文化而非物种进化的产物。如果你觉得这个说法漏洞百出，就很可能跳到另一个立场，认为人类就像黑猩猩一样天性嗜血，好在文明改变了人类的天性，让人类脱胎换骨，从野兽变成了人。但问题是，黑猩猩就是天生的嗜血动物吗？

当两群黑猩猩在领地边缘地带相遇时，它们尖叫、低吼、摇动树枝甚至向对方扔东西，但这些充满敌意的互动不过是虚张声势。相持一段时间后，弱势的一方就会主动逃遁。势均力敌的情况下，任何一方都不敢轻举妄动。黑猩猩的杀戮是策略性的，通常只发生在双方实力悬殊（大致需要3对1以上）的时候，伏击和偷袭都是悄无声息的。

黑猩猩使用暴力都会讲究策略，何况聪明的人类。其实策略不需要聪明，因为进化可以替代智力。天性本身就是一种策略，或说是一种进化的算法。无论体现为基因操控的本能反应，还是出自大脑主导的理性思考，其算法的功能和逻辑都是一样的。如此看来，区分先天和后天、固有和外铄、文化和进化，其实意义不大。

进化生物学家所说的"先天策略"只是个讨论起点，是个可以任意确定的极端选项。极端选项都是不稳定的，相当于钟摆的两端；自然选择的钟摆固定下来的位置，就是进化稳定策略，它是群居物种个体互动而产生的一个博弈均衡解。当一个进化稳定策略覆盖整个种群时，改变策略中不同取向的比例就不会获得更高的适应值。

我们可以假设一个彼此友善的世界，没有人有动机去使用暴力，但这个静好的世界经不起岁月的蹂躏。如果有人在进化过程中变得残忍了一点，他就会获得竞争优势，先天的友善策略因此被后天的残忍策略入侵，优胜劣汰的结果是整个种群从善良趋向于残忍；而一旦出现了残忍竞争，就只有最残忍的基因才能成功扩散。但若极度残忍成了所有人的天性，自然选择的钟摆就从一端摆向了另一端。忘战必危，好战必亡，过度残忍的种群同样难以为继。极端善良和极端残忍的先天策略都是不稳定的，自然选择的钟摆左右摇摆，最终固定下来的位置应该是适度善良和适度残忍的动态交融，返还策略就是善恶交融的典型。"一半是天使，一半是魔鬼"，说的就是现实的人性。

尽管实际的演化过程要复杂得多，但由此我们可以发现，关于人性善恶的争论，并不像长期以来人们所认为的那么重要。无论秉持哪种立场，都不影响我们对人性的认知，甚至不影响我们对人性的描述，而只是改变了描述人性的顺序——以钟摆的任何一端作为描述的起点,最终都要回到那个稳定的位置,性恶论和性善论在此相遇并握手言和。

考虑到大脑和基因都是数据处理器,我们无须纠结决策指令来自哪里,搞清楚指引决策的算法就足够了。而一旦摆脱了主体的限制,思路也就彻底打开了,我们会发现生命世界的算法居然出奇的单调,只不过执行算法的主体变化无穷,覆盖了不同规模的生命系统,从基因、细胞和有机体一直到黑帮和帝国。对比一下"玄武门之变"中的伏击和黑猩猩种群中的偷袭,以众暴寡乃是同类相杀的经典操作。

但即使有必胜的把握,消灭对手也通常不是最优选项。敌人和朋友可以角色互换。今天你和我来争夺一只野兔,明天我们就需要合伙去对付一头熊,群居本身就说明了合作的收益大于敌对的损失,并且群居还创造了一种复杂的局面——敌人之外还有敌人,并且敌人的敌人就是朋友。假定你、我、他三个人相互为敌,如果我杀死了他,这可能对我有利,但同时也为你剪除了一个对手,没准儿对你更有利;而如果我因此遍体鳞伤,你就更可以坐收渔翁之利。如果事先预料到这个后果,那么即使双方的暴力冲突不可避免,彼此之间也会有所节制。而只要我和他都发现你才是更强大的敌人,我们可能一开始就会尽量避免冲突,甚至可能设法结盟去共同对付你。但杀死你未必符合我们的利益,因为还要考虑更强大的敌人。

时间的延续加之对手数量的增加都会改变暴力策略,朋友和敌人之间的界限也因此变得模糊不清。而当所有人都要争取朋友、减少敌人的时候,生态竞争就不再是单纯的暴力竞争了,硬实力之外还要比拼软实力。黑猩猩种群中的首领不见得非得是个暴力冠军,亚军照样可能当老大,因为排名第三的雄性黑猩猩的态度至关重要。老三无力角逐首领的位置,但支持老二当老大却有利于提升自己的地位。黑猩猩都懂得"与弱者结盟",人类把这个策略发扬光大就不足为怪了。绿林好汉的锄强扶弱,早期帝国的打击豪强以及现代国家的反垄断,还有宫廷政治中的左右逢源,外交政策中的光荣孤立和离岸平衡,这些手段和政策令人眼花缭乱,但细看则是如出一辙。

生态竞争的复杂性让暴力本身就成了制约暴力的力量。人类天性中当然少不了嗜血的成分,但若过度嗜血会导致自取灭亡,那么人性中克制暴力的成分终究还是要进化出来。神经生物学家在实验室里送来了好消息，他们发现，人类在观看他人（也包括许多动物）受到伤害时，会出现遭受同样伤害的神经反应。这是移情的证据，也是同情心的基础，孟子很早就把它叫作"恻隐之心"。

只要他人的痛苦会引起自己的痛苦，那么即使完全考虑自身的利益，我们也不会无视他人的疾苦。哪怕在施暴过程中，恻隐之心也不会彻底麻木，它可以让士兵在开枪时将枪口抬高一寸，也可以让罪犯在行凶时将刀刃刺浅一厘。警方提出报告说，在持刀行凶的案件中，受害人的衣服越厚越可能遭受致命的刀伤。因此建议人们（当然是男人们）在对抗持刀歹徒时，干脆脱掉上衣，赤裸上身，然后用衣服缠住双手。这么做的许多好处之一，就是让歹徒面对一个活生生的肉体时下手有所顾忌。

虽说"人性本恶，其善必伪"，但其实策略意义上的人性无所谓真伪，毕竟残忍与友善都是为了自己的安危。至少在目标层面上，无论消灭你还是爱上你，都确实与你无关。

如果把同情看作人性中的天使，那么仇恨差不多就是人性中的恶魔了。历史学家很容易找到证据说，战争和屠杀的发动者不见得出于精心的算计，很多时候是被仇恨冲昏了头脑。尽管事后看1941年美国向日本宣战是个非常明智的决策，但若回想一下珍珠港被袭击之后美国人民的情绪反应，就发现当时除了战争之外根本就没有其他的选择。"9·11"之后，华盛顿认为军事打击阿富汗是有效的反恐举措，但同样不能忽视愤怒情绪的推波助澜。3000多人遇难非同小可，政府和军方没点大动作是收不了场的。但要按本·拉登在其"告美国人民书"里的说法，恐怖袭击本身也是仇恨的产物。

想想早期的部族仇杀和十字军东征，再想想现在的黑帮火并和暴力犯罪，世界上有多少暴力与仇恨无关？即使原本无冤无仇，攻击者也会努力制造仇恨的理由——以此鼓舞士气、强化动机或消除愧疚（如果有的话），但这种心理本身就说明了仇恨作为暴力借口在人们潜意识中的正当性。"狼的愤怒是因为想逃跑的那只羊实在是居心险恶"，玩笑话里隐藏了真谛。

既然仇恨就是暴力的引擎,那么为了和平我们是不是应该祈祷一个没有仇恨的世界?问题的答案似是而非。以暴制暴的道理非常简单,如果事先预见到我会报复,那么你一开始就可能放弃挑衅的念头。但报复必须是可置信的威胁,因此愤怒的激情不可或缺,我可以忍怒,不可以无怒,不计后果的报复行为看似被愤怒冲昏了头脑,但在进化算法里,激情压倒理智反而有助于建立起防范挑衅的长效机制;而面对挑衅无动于衷,则势必会让一个人在前政治社会彻底丧失防御能力。

自然选择最终赋予了我们愤怒的本能。在奋力反击的瞬间,我们的心跳加快,脸色发白,精神亢奋,力量骤增,全身的血液集中到四肢,意识中除了残酷的天性一片空白。这种反应看上去就很可怕,但更可怕的不是写在脸上的愤怒,而是记在心里的仇恨。恐惧是暴力的最后一道心理围栏。斩草除根反映的是对复仇的恐惧,只要播下仇恨的种子,谁知道它在哪个地方、什么时间生根发芽?

电影《守法公民》以精彩的剧情展示了复仇的逻辑及其与刑事司法制度之间的张力和冲突。主人公克莱德·谢尔顿被两个暴徒袭击之后眼看着妻子和女儿遭到残害,悲痛和愤怒难以言述。原本指望法律可以还他一个公道,只可惜证据不足,暴徒在律师的帮助下钻了法律的空子,结果从犯被判了10年监禁,真正的凶手一直逍遥法外。绝望的克莱德把仇恨记在了心里,然后,果然"君子报仇,十年不晚",隐忍了10年的克莱德开始实施他缜密的复仇计划。

复仇的场面相当血腥,但作为观众,我们确实被克莱德肢解凶手的精巧设计给爽到了。电影编导利用了观众的移情天性,让我们和主人公感同身受,在一起经历愤怒和绝望之后,又一同分享复仇的快感。原始的复仇冲动在现代法治社会里几乎没有发泄的机会,但电影编导却给我们提供了一次替代性的满足。

克莱德的脸上没有喜悦。角色设计不允许他的台词像阿喀琉斯那样直白("复仇的感觉甜如蜜"),也不可能像夏洛克那样肤浅("即使他的肉不好吃,也至少可以让我出了这口恶气"),更不可能像柯里昂那样老谋深算("复仇的菜等到凉了的时候吃才有味道"),克莱德只是淡淡说了一句:"我只想唤醒某些人的记忆。"

但若电影镜头借助神经影像学技术（FMRI）去扫描克莱德的大脑，我们就会发现他的言不由衷，因为核磁功能成像显示，他的左侧杏仁核、眶额叶皮层、腹内侧前额叶和腹侧纹状体等负责奖赏的脑区闪闪发亮。复仇的神经反应是个非常复杂的机制，复仇之路可能很漫长，只靠愤怒和仇恨解决不了虎头蛇尾甚至会有始无终，加上事后的奖赏才形成了一个完美的基因圈套。

但克莱德的复仇之路走得太远了。杀死暴徒之后，他又杀死了辩护律师和主审法官。虽然这两个人都不干净，但罪不至死，剧情至此开始反转。作为观众，我们开始觉得克莱德的复仇过分了，而当看到善良无辜的女检察官助手被他炸死的惨景之后，我们忍不住愤怒了。克莱德的形象从英雄变成了杀人恶魔，虽然信誓旦旦说他的复仇计划指向腐朽的司法制度，但我们的道德直觉却不会因此认可他的滥杀无辜。

编导不仅利用了我们的移情天性，而且利用了我们的道德直觉。道德直觉就像一把尺子，可用以衡量罪责与惩罚；如果罪与罚之间明显不相称，道德直觉会让我们产生不满、厌恶或愤怒。虽然我们的道德直觉相当复杂，但大体上符合返还策略的逻辑。请注意，"以牙还牙"是"以一牙还一牙"而非"以一牙还两牙"或"以两牙还一牙"，换言之"以毛还牙"或"以眼还牙"都违背了"以牙还牙"，前者失之轻纵，后者过于严苛。由此我们看到了"罪刑相适应"的萌芽。

至于人类的道德直觉有多少成分属于基因编程又有多少成分属于大脑认知，这个问题并不重要，重要的是道德直觉本身的功能和逻辑。人类的道德直觉也是一个进化算法，这个算法致力于用合理的惩罚去阻止他人的侵犯。那些在进化过程中恰好捕获到了最优算法的个体和群体，争取到了生态竞争的优势——这与那些操控蚂蚁或射水鱼行为的基因如果恰好吻合了物理定律和数学逻辑就能获得成功扩散的机会是一样的道理。算法的合理性与执行算法的生命体是否有清醒意识和计算能力没有关系。

在缺乏专业化法学知识的条件下，立法者只能依靠道德直觉去制定法律。但即使仅仅依靠道德直觉，立法者也能制定出一部比较完备的"复仇法典"（参看《汉谟拉比法典》），复仇法典的基础性逻辑就是返还策略的生态法则。霍姆斯很早就说法律起源于复仇，这的确是个相当敏锐的洞察。返还策略的演化过程有点复杂,这个话题留待以后再去讨论。

性、血缘与利他主义

假如有个美丽善良的女孩对你一见钟情,她的母亲拥有至高无上的权力;这位强大的母亲强迫你娶了这个女孩(她的女儿),但之前却下令杀死了你深爱的妻子,你和家人都无力反抗,除了默默承受,你会怎么做?再假如刻骨的仇恨驱使你做了一个残忍的决定,你要用一生的冷漠来对待这个女孩——无论为了复仇,还是为了保持对亡妻的忠诚,你都必须这么做。但命运偏偏给你开了个玩笑,让你阴差阳错地爱上了她,坠入爱河无法自拔,此时你又会怎样做——是冷漠到底,还是忘记仇恨拥抱新的爱情?

我承认这样的提问很无聊,这个级别的难题是普通人遇不上的,毕竟生活不是戏剧。但在《大明宫词》的悲剧人物薛绍眼里,后一道难题就彻底无解了。爱恨情仇让他备受煎熬,在彻底崩溃的瞬间,他选择了自杀。人们常说,爱情无过错,这话至少在生物学意义上是对的。爱情被基因操控,不受动机的驱使;爱上谁、不爱谁或不再爱谁,都不是大脑能说了算的。可偏偏薛绍不这么想,他认为爱上别人就是背叛,不仅背叛了亡妻,而且背叛了自己认准的道德律令。他忍得了失去爱人的痛苦,却原谅不了自己的背叛。这种自杀,与其说是殉情,不如说是殉道。

但这个爱情悲剧还是让人觉得有点别扭。按说悲剧的意义不在于展示人物的不幸,而在于揭示不幸的无可逃避,但薛绍的悲剧并非宿命。但凡一个正常人,都懂得向现实妥协,与自己和解,不会永久生活在过去的阴影里。恋旧无可厚非,忠诚情有可原,但过度恋旧和过度忠诚却肯定都是错误。生物学意义上的正确是有利于扩散自身的基因,薛绍却执拗地拒绝失而复得的繁殖机会。要说背叛,那也是他首先背叛了基因指令,只是背叛得不够彻底而已。既无力反抗,又无力镇压,更没能和解,执拗且怯弱,最后和基因同归于尽。这是病态的悲剧。

自杀是个很奇怪的现象,毕竟生命太重要了,按说基因不该允许大脑有自杀的权限。动物世界里的自杀就很罕见,甚至有没有都是个疑问。

过去那些关于动物自杀的记载和讨论，在如今的动物学家和精神病学家看来，不过是一些拟人化的寓言故事。只要凶手和死因不被发觉，动物死亡就难免呈现出自杀的假象。当凶手是种寄生虫的时候就是如此，寄生虫能让宿主的大脑产生致幻反应，以自己的意志取代宿主的意志。比如感染刚地弓形虫之后，老鼠就不再惧怕猫，在猫面前招摇过市简直就是作死，但老鼠没有自杀的动机，它只是被寄生虫操纵的一具活尸。

有传言说，草原田鼠死了之后，它的伴侣可能不吃不喝直到饿死。且不说这类传闻是否可信，即使确有其事，也只能说田鼠因丧偶而伤心致死，算不上自杀。但若说自杀必须受动机的驱使，那么唯一确定的结论，就是只有人类才会自杀，因为动物没有明确的动机，至少没有像人类那样的自杀动机。不过如此看来，讨论动物是否自杀的问题就没意义了，因为答案取决于我们对自杀的定义。

只要改变界定自杀的标准，以功能标准取代心智标准，那么自杀在动物世界中就很常见。有一种雄螳螂在和雌性交配后就会被后者吃掉，还有一种雌蜘蛛在生育后会被孩子们吃掉。至少在功能意义上，无论是雄螳螂的"自杀式交配"，还是母蜘蛛的"自杀式生育"，都和人类的"自杀式袭击"、"自杀式整容"或"自杀式甩锅"没什么本质性区别，无非为了实现某个重要目标而宁愿牺牲自己的生命或甘冒丧命的危险。

但问题是，如果雄螳螂和雌蜘蛛事先知道这次交配或生育预示着死期将至，它们还会"心甘情愿"地送死吗？答案是别无选择，在功能标准下我们不必考虑别无选择的是基因还是大脑。听起来不可思议，但这完全符合生命世界的基本法则——繁殖重于生命。

生命只是基因的载体，其价值在于完成基因复制的使命。但重要的是，基因不只是一个载体。我们身上的每一个细胞都储存了一份完整的基因档案（性细胞除外），但基因档案的残缺版还广泛分散于和我们有亲缘关系的很多人，这种情况会使得基因利益和我们自身的利益并不完全吻合，当自私的基因迫使我们不能忽视近亲属意见的时候，亲情就会发挥作用。

打个比方，某个跨国集团有很多下属企业，分散在不同的国家，但总部设在一个国家。如果跨国集团拥有操控国家政治的能力，那么这个国家做出的决策就可能偏离国家利益。而如果跨国集团成功完成了资本转移，它甚至可以完全不在乎总部所在地国家的死活。此时我们可以说，跨国集团抛弃了这个国家。

所谓"繁殖重于生命"，说的就是基因对于生命的态度就像跨国集团对待国家那样可以过河拆桥。生命很短暂，但基因是不朽的。倘若生命短暂到一生只能捕获一次繁殖机会，那么基因操控其载体（螳螂或蜘蛛）为繁殖而付出生命就是高度理性的。与其面向未来，不如把握当下，毕其功于一役就已经保本了。

当然人类不会这么极端，所谓"生命诚可贵，爱情价更高"只是说说而已，谁也不会为争取一次交配机会而豁出性命，但这并不意味着繁殖重于生命的普世法则在人类这里就失灵了。我们之所以把生命看得比交配更重要，很重要的原因是我们寿命长，一生有很多次交配机会，用未来的多次交配机会来交换眼前的一次交配机会是不划算的。来日方长，天涯何处无芳草。

有个爱情故事讲的是一个小伙子每天都要游到河对岸，为的是和他心爱的姑娘共度良宵；但终于有一天河流发大水，他在横渡时被淹死了。虽然觉得惋惜，但我们不会认为冒着生命危险去约会的行为有多么出格。爱情是有代价的，有时就是需要付出生命。在如何权衡生命和繁殖的问题上，小伙子和雄螳螂都是一门心思，多么希望他和它之间有一场对话啊！

寿命长短是不同繁殖策略的重要约束因素。寿命长通常也是个头大、生育期长、食物消耗量高、环境容纳量低的动物，其繁殖策略是质量重于数量，在生态学上被称为"K策略"。人类把K策略演绎到了极致，怀胎就得十个月，从出生到成年需要十几年时间，成年后的恋爱期平均还要四五年，再花费大约二十年时间和配偶一起把孩子抚养成人；然后就老了，老了还要为孩子照看孩子。相比之下短命的动物就潇洒得多。它们通常个头小、生育期短、食物消耗量低、环境容纳量高，对应的繁殖策略是以量取胜——"R策略"。一次繁殖量就是个天文数字，但只管生不管养，福祸寿夭全靠孩子们自己的运气。话说"夏虫不可以语冰"，连冰都不可语，哪有时间去谈恋爱。

从K策略到R策略，在动物世界里是个连续的频谱，人类处于K策略的极端。但在人类内部，女人却比男人更倾向于K策略。不过造成两性繁殖策略差异的主要因素，却不是寿命——尽管平均说来女人确实比男人要多活几年——而是繁殖机会和生育资源。女人一生的排卵数量只有400多个，一生生育20个孩子就是极限，在现代医疗技术出现之前能活下来四五个就算丰产丰收了，这和男人的生育资源和繁殖机会完全不在一个数量级。男人的繁殖机会可以高达几千上万次，若以精子数量而论，男人其实更像昆虫；在最理想的条件下，一个男人足以满足全球女性的生育需求。

　　繁殖机会和生育资源的两性悬殊，让男人在两性博弈中占了优势。排除其他因素的话，男人的如意算盘应该是，与其和伴侣白头偕老，不如做个渣男，等到孩子成长到只靠母亲抚养也能活下去的时候，就立刻撒手不管，甚或在此之前就去另寻新欢。广泛播种才能减少剩余繁殖机会的浪费，从而最大化自己的基因利益。渣男比比皆是，这不奇怪；奇怪的是，为什么世界上还是好男人占了主流？是什么力量阻止了男人的堕落？

　　先不要提社会压力或法律制度，也不要说爱情或亲情。虽然爱情或亲情确实可以把一对男女捆绑在一起，但这是基因操控的结果而非原因。倘若那些能从爱情圈套和亲情圈套里挣扎出来的男人总能获得更大的基因利益，那么自然选择就会最终瓦解两种情感的生理基础。我们需要寻找的，是阻止男人堕落的选择压力，爱情或亲情只是人类应对选择压力的结果，而倒果为因或将原因和结果并列起来都是常见的思维错误。思考问题必须按部就班，尤其不要舍近求远。

　　我们不妨假定，男人之所以没有堕落是因为受到了女人的牵制，并且这种牵制足以损害男人的基因利益。但问题是，女人具备这种力量吗？暴力显然不可取，除此之外的首选应该是报复——孩子生下来之后，如果男人不养，那么女人也不养，干脆让孩子自生自灭。以弃婴为报复，当然可以损害男人的基因利益，但行不通，因为女人的生育投资比男人高得多。女人移情别恋，把抚养孩子的任务丢给男人，男人对等报复没有多大牵挂；而若男人移情别恋，女人对等报复的代价却惨重得多。

　　面对这种先天劣势，女人反制男人的手段，只好从事后的报复转到事先的检验。恋爱就是个检验机制，女人在恋爱期检验男人的品质和能力。只要检验机制能够完美运作，那些经不起检验的渣男就要永做单身狗，而好男人的基因却可以扩散到整个种群。但哪里有检验，哪里就有伪装。渣男可以在恋爱期装扮成好男人的样子，等女人生育之后再恢复其渣男本色。许多渣男就是这么做的，并且成功了。但渣男的伪装会迫使女人提高检验技能，而检验技能的提高又反过来迫使渣男提高伪装水平，如此循环往复，就出现了检验和伪装的协同进化。结果如何呢？

想想我们熟悉的恋爱游戏吧，里面充满了规则和仪式。女人绞尽脑汁给男人出难题，男人一不小心就会掉进圈套，并且经常是越挣扎陷得越深。男人觉得头大，可检验原本就是这个样子呀。端正的恋爱姿势是应考。当然，检验和伪装都是相互的，男人也会检验女人，男人想知道女人是否健康，是否容易出轨，以及有无能力和自己共同养育后代。但相对而言，男人检验女人的动机并不那么迫切，即使检验失误，也没多大损失。但女人检验失误的代价就太高了，要不怎么会说"男怕入错行，女怕嫁错郎"呢。好在本事都是逼出来的，女人之所以能浑身长满触角，就是因为她们比男人更难以承受检验失误的代价。

这么说好像贬低了男人，抬高了女人。谁都知道世上既有渣男也有渣女，既有好男人也有好女人。尽管如此，仍可以有把握地推测说，渣男的数量多于渣女，并且淑女的数量多于暖男。让我们来看看道金斯做过的一个思想实验吧。

先把男人分成两种——渣男和暖男，再把女人分成两种——渣女和淑女，然后对不同的男女分别定义如下：暖男会和女人一起抚养孩子，而渣男不承担抚养孩子的任务，孩子生下来就推给女人抚养；淑女会对男人进行检验，渣男经不起淑女的检验，因此淑女只和暖男合作生育，而渣女不检验男人，来者不拒。我们可以设定不同男女合作生育的成本和收益：男女合作生育一个孩子各得 15 分，抚养孩子的成本是 20 分，共同抚养时男女各负担 10 分，单独抚养时女人负担 20 分，检验和被检验的成本都是 3 分。

假定一个群体中的男人全是暖男，女人全是淑女，那么显然这是个完美的群体，孩子生下来由父母共同抚养，男女各得 2 分（15–10–3）。但如果此时女人群体中出现了渣女，局面就会发生变化。渣女不支付检验成本，所以渣女可得 5 分，相对于淑女拥有竞争优势，并且优势还会让渣女的数量越来越多。当所有女人都是淑女时，渣男是没有繁殖机会的，因为渣男经不起检验；但只要女人群体中出现了渣女，渣男就能获得生存空间。渣男不付出抚养成本，所以他们相对于暖男有竞争优势（可得15分），并且优势还会让渣男的数量越来越多。当渣女和暖男合作生育时，生活当然很美好（可得5分）；可一旦遇到渣男就遭殃了，独立抚养孩子的成本过于高昂（–20分）。由于渣男会剥削渣女，所以渣男的数量增加到一定程度，渣女的数量就会减少。

自然选择的钟摆左右摇摆，最终会固定在一个位置——"进化稳定策略"。根据前面的赋值可以计算出，当这个群体中渣男/暖男的比例达到3/8∶5/8时，且当渣女/淑女的比例降到1/6∶5/6时，在进化上就会稳定下来。这两个比值，除了可以解释生物多样的一面（为什么渣男多于渣女）之外，还另有一层含义。人类有学习能力，可以随时调整策略，因此上述比值也可以被理解为：男人一生中可以有3/8的时间堕落为渣男，而在5/8的时间坚持去做暖男；而女人则只有1/6的时间来放纵自己，其余5/6的时间都要恪守淑女的形象。

动物种群中除了两性博弈还有同性博弈。雌性的生育资源相对稀缺，为了争夺和异性交配的机会，雄性就要展开竞争，赢家能留下更多的后代。在较弱的意义上，雌性之间也有性竞争，赢家能获得更优质的配偶，从而让后代从父亲那里获得更好的基因或更多的爱护。

有些动物的性竞争是很温和的，甚至不乏浪漫。雄性大山雀靠嘹亮的歌声吸引配偶，歌声压倒对方者取胜，围观的雌山雀既是裁判又是奖品。雄孔雀比拼的是开屏和舞蹈，它们拖着一条五彩缤纷的长尾屏跳出优美的舞步，可以向雌孔雀充分展示自己的魅力、能力和优秀的基因（在进化的意义上三者通常是一回事）。但当暴力介入性竞争之后，场面就变得血腥了。每到发情季节，公鹿以鹿角相搏，公象以长牙相刺，一直斗到天昏地暗，少不了遍体鳞伤。雄海象更是拼上性命，风险高收益也大，获胜者可以独占与数百头雌海象的交配权。

黑猩猩种群中的雄性竞争同样是诉诸暴力，通常只有最强大的几个雄性才有和雌性交配的机会，个别群体中的首领甚至可以把所有雌性变成自己的后宫。暴力性竞争给进化造成的最显著影响，是两性之间的体型差异，雄性黑猩猩的块头比雌性要大出很多。（为什么？）但倭黑猩猩的体型却没有明显的性别差距，雌性倭黑猩猩的块头比雄性小不了多少。身体是革命的本钱，身强力壮的雌性倭黑猩猩在种群中的地位不亚于雄性。在这个"雌权主义"的种群中，雄性的暴力争斗不那么好使，由于雌性保留最后的选择权，所以雄性比拼的是取悦雌性的技能。相应的结果是，黑猩猩群体中的雄性赢家通常是睾酮水平最高者，而在倭黑猩猩群体中，反倒是睾酮水平较低的雄性留下了更多的后代。

人类在进化树上差不多属于第三种猩猩。从两性之间的体型差距以及男性性器官的比例和构造来看，人类的祖先一定经历过非常血腥的性竞争，优胜者依靠暴力或暴力体制占有了众多女性。这个事实不难想象，因为有文字记载的历史与之完全吻合。研究者发现，在人类最古老的六个王国中，男人的妻妾数量与其权势和地位之间的相关性都可以被精确量化，居然无一例外。

在人类战争史上，女人也一直是标准的战利品，屠杀总是伴随着强奸，后者甚至就是前者的目标。成吉思汗就曾直言不讳地鼓励他的士兵："抢走他们的马匹，夺走他们的财物，看着他们的亲人哭泣，将他们的妻子和女儿据为己有。"现代基因科学证明他的暴力繁殖策略是如此成功，以致在如今中亚国家中居然有大约8%的人口带有一条同样的染色体，科学家推测这些人口的共同祖先大概率就是成吉思汗。

当然，一个正常的男人多半没有这么大的野心，但要说好男人天生没有多样化性行为的渴望，那肯定是夸大其词。在一个绝大多数男人都会随时捕捉出轨机会的群体中，自然选择对于忠诚的基因并不友好，好男人的忠诚是有限度的。确切地说，忠诚充其量是美德，远不是天性，毕竟人类更像灵长类动物中的猩猩，而不是更像啮齿类动物中的草原田鼠。

雄性草原田鼠一旦和雌性交配，就对其他雌性提不起兴致了。但这和美德无关，而是由特殊神经机制决定的。雄田鼠一旦和雌田鼠交配，其某个脑区就会释放出血管压迫素，这种能够制造交配排他性的神经递质简直就是"爱情毒药"。虽然人类大脑也有类似的爱情毒药，但偷情的毒药却更容易主宰男人的大脑。

薛绍没有偷情的动机，恰恰相反，他一直都在努力回避太平公主的一往情深。但意志往往只是大脑的一厢情愿，身体却比大脑更诚实，既不在乎清规戒律，也没那么自命清高。欲望和意志日趋南辕北辙，最终让薛绍身心分裂。不过笼统地说，这个爱情悲剧的起因，不是男人争夺女人，而是女人竞争男人。虽然年少的太平公主无意介入任何竞争，但她的母亲暗中操纵了局面，她被蒙在鼓里，却不战而胜。

　　女人的繁殖策略不同于男人，她们追求数量的空间十分有限，通常只需要一个男人守护在身边就足够了。但守护本身却很重要，这需要男人既有守护的动机也有守护的能力。因而在女人眼里，稀缺的不是男人，而是好男人。女人为了争夺好男人付出的努力，甚至远远胜过男人争取好女人付出的努力。一旦如愿以偿，女人也比男人更加珍惜，更加忠诚。

　　但这不意味着绝对忠诚是个好策略。风险无处不在，男人更可能意外伤亡，也更容易移情别恋，因此稳妥的做法，是要有个备胎。电影《2012》就不经意地表达了备胎策略的优越性。女主角和两个孩子之所以能侥幸逃过史无前例的地球劫难，非常重要的原因是她有个备胎，丈夫不幸身亡了，前夫仍能带领全家继续亡命天涯。

　　当然，备胎策略本身就有风险，搞不好鸡飞蛋打，还可能引发两个或多个男人的冲突。但只要控制好风险，备胎策略的优越性是显而易见的。除了多上一层保险，备胎还能成为女人反制男人的筹码，适当打个擦边球可以迫使男人更加安分。即使不小心怀上了备胎的孩子，也未必是坏事，孩子的基因多样化可以有效分散各种环境风险。自然选择总是阴晴莫测，搞不清今天的优势能否保留到明天，因此最好的做法就是不把鸡蛋放进一个篮子里。而如果一个孩子聪明另一个孩子健壮，由此形成的互补组合本身就是一种竞争优势。

　　上述事实对于人类进化的影响，是塑造了女人对待多样化性行为的暧昧态度和边缘政策——虽不热衷，但在风险可控的条件下也可以适当尝试。足够强大的女性就没那么多顾虑，她们对待异性的态度可以像雌性倭黑猩猩那样随心所欲。虽说实力是决定性的因素，女人对待多样化性行为的态度会随着自己的实力增长而变得更加开放，可毕竟一岁年纪一岁心，少女和熟女的心态是不一样的。如果母亲把自己的态度强加给女儿，就难免揠苗助长，太平公主的爱情悲剧就是她母亲一手酿成的。

没有理由相信人类曾经有过一段由女性主导的历史，但由于冷兵器时代的结束，科技进步改变了生产方式，以及随之而来的长久和平和持续经济增长，重体力劳动越来越少，暴力掠夺受到国家的强力压制等等，女人的先天弱势不再那么显著，她们相对于男人的社会地位也因此大幅度提高了。与之相应的变化是，男人的性竞争从更像黑猩猩变成了更像倭黑猩猩，暴力竞争被边缘化了，市场竞争主宰了局面，取胜的男人靠的是财富、本事和颜值。

据说承平日久男人的相貌也发生了变化，呈现出逐渐中性化的趋势。研究人员发现，史前的男人和现在的男人完全不是一副模样，前者更加男性化。想想性竞争的变化，这个趋势就不难理解了。倘若把几十年前女性偶像的照片和如今男性流量明星的面孔做个比较，我们还会发现，男人相貌中性化的趋势似乎加快了速度。

性竞争是动物世界的主旋律，虽然引发了一些暴力冲突（在人类这里还可能升级为战争），造成了大量的资源浪费，但总体上还是有利于物种的健康繁衍；相比之下无论是暴力伤亡还是资源浪费，都是物种进化应该付出的合理代价。更何况，在物种进化的时间尺度下，资源浪费和暴力伤亡的代价都要重新计算。天地不仁，大自然不在乎生生死死，只关心基因能否在生死相继的生命之流中谱写出不朽的传奇。所谓资源浪费，也只是生态环境的微小变化，只要人类能不断适应变化了的新环境，那么浪费的资源也可以催生出新的产能。

其实浪费和消费原本就界限不清。不要责怪女人痴迷于鲜花、蜡烛、钻石、化妆品、整容术，还有那些莫名其妙的服饰和包包，一旦女人断了这些念想，整个社会就要削减产能，男人的进取就缺少了意义。男人缺乏消费能力，指望男人消费的社会可能会退化到狩猎采集时代。如果雌性织巢鸟对巢穴的质量不那么挑剔，雄性又怎会如此勤劳？至于拥有和使用这些东西究竟属于消费还是浪费，那根本就是一笔糊涂账。

更何况爱情是需要证明的，不付出代价就没办法证明自己的实力有多强、爱情有多深，成本是对品质的认证。如果那个小伙子不冒着生命危险去和姑娘约会，这个爱情故事就打动不了人心。钻石之所以是个好东西，不是因为它代表永恒，而是因为它确实很贵，昂贵才有说服力。雄孔雀的大尾屏就是个昂贵的装饰。你当然可以说，如果所有的雄孔雀都把尾屏长得小一点，性竞争的结果一如既往，雄孔雀的有机体却可以节省一笔可观的战略资源。但算账不能这么简单，信息的传递是有成本的，如果雄孔雀连个屏都懒得开，雌孔雀凭什么去鉴定它们的基因优劣？

对于人类来说，性竞争造成的最大浪费，可能是有机体的战略资源过多消耗到了生殖系统。对于人体战略资源的分配，不同系统之间存在竞争关系。如果通过某种社会制度（比如婚姻）来降低人类性竞争的强度，也许可以把过度消耗于生殖系统的战略资源节省下来，转而投入到神经系统，这样人类就可以变得更聪明一些。

这么说并非异想天开，人类在进化过程中的智力飞跃很可能就与婚姻制度有关。研究人员发现，动物（比如孔雀鱼）的脑子和性腺的大小是此消彼长的，比较人类学的研究也发现了人类智商和繁殖能力在群体规模上的反向关系。繁殖很耗能，思考也很耗能，人类的进化必须在这两者之间寻求最优的搭配。婚姻制度缓解了性竞争的强度，繁殖能力随之贬了值，而日益复杂的社会却让聪明变得更加重要了，甚至变成了一种新的性感。

假定某种动物一生只能繁殖一次，并且衰老会降低它们的生育能力，再假定动物生育后就不能给孩子们提供任何帮助；按基因利益的尺度，这意味着生育之后的生命就失去了价值。根据这些基本条件，我们就可以推测自然选择如何塑造这种动物的繁殖策略。

可以想象的繁殖策略肯定有很多，但可以大致分为两类。如果某些动物把繁殖看得比生命更重要，它们会选择自杀式繁殖，性成熟之后就去积极寻找繁殖机会，尽管繁殖意味着死亡。相反，那些把生命看得比繁殖更重要的动物会选择保命式繁殖，它们尽可能推迟繁殖时间以延长自己的生命，这种策略走向极端就是放弃繁殖。放弃繁殖的后果自然是绝种，其实任何保命式繁殖的结果都是绝种，因为自杀式繁殖会留下更多的后代。经过若干代进化，随着保命式繁殖逐渐被淘汰出局，自杀式繁殖就会最终主宰整个动物种群。这是个可以解释"繁殖重于生命"的思想实验，但至此还不是结局。

假定这种动物在进化过程中又出现了一些更进取的变种，它们除了保持自杀式繁殖的本色之外，还会在繁殖后让孩子们把自己吃掉，自杀式繁殖因此有了升级版——献祭式繁殖。虽然繁殖后的生命失去了价值，但身体（或尸体）还可以被利用，给孩子们提供免费的午餐以便提高它们的成活率。那么，变种出现之后的结果如何呢？答案是，自杀式繁殖最终会全面升级为献祭式繁殖。

你也许会感到惊讶，让孩子们把自己活活吃掉，那得忍受多大的痛苦，这比凌迟更残忍！其实只要方向对头，解决痛苦只是个工程学问题。人类发明止痛药或麻醉剂是现代医学了不起的成就，但这两样东西在生命世界里非常古老而且司空见惯。动物可以在生育之后通过大量分泌止痛药或麻醉剂抑制痛感神经，或者干脆将痛感神经转接到内啡肽的阀门，这样它们甚至可以"享受"自己被孩子们吃掉的过程，内心平静且充满喜悦。当然更简单的方案是繁殖后就死亡，让孩子们吃掉自己的尸体。总之，只要给进化以时间，克服这类技术性问题没多大难度，至少前面提到的雌蜘蛛就肯定做到了。

雌蜘蛛的献祭式繁殖体现了一种极端的母爱，极端是由身体条件决定的。其实自然界所有动物的亲代投资都是这个算法，人类也不例外，之所以不会选择自杀式生育，很重要的原因是人类的寿命很长，用未来的多次生育机会来交换眼前的一次生育机会是不划算的。来日方长，留得青山在，不怕没柴烧。

在现代医疗技术出现之前，女人生育从来都是一道鬼门关。难产时就可能要面对保孩子还是保母亲的问题，而产妇的生育能力是决定如何选择的重要因素。如果产妇得知自己以后再也没机会生育了，她很可能会做出舍命的选择。类似的惨剧并不罕见，人类也有自杀式生育。

可怜天下父母心。如果你向普通父母做个随机抽样调查，问题不妨简单设计为：假定你和孩子只能活下来一个，你会如何选择？我敢打赌，为了保全孩子性命而宁愿牺牲自己的父母比例高得惊人，并且孩子越少、年龄越大、身体越不健康的父母越可能做出这个选择。这样的调查结果说明了什么？

我们可以按基因利益的尺度来算一笔账：孩子身上有母亲50%的基

因拷贝,如果为了孩子的性命而牺牲自己,母亲就会损失50%的基因拷贝,这么做似乎并不划算。但若考虑到基因复制的前景就未必不划算了,毕竟孩子更年轻,年轻就是资本,父母越衰老,这种交换就越划算。虽然做出交换的母亲牺牲了性命,但操控交换的基因却会在人类群体中兴旺起来,然后制造更多宁愿自我牺牲的母亲。

但若父母年轻力壮,孩子还是婴儿或胎儿的话,就另当别论了。前景包含着风险,年幼的孩子如果失去父母就很难活到成年,年轻的父母自我牺牲不符合基因利益。不仅如此,代际之间的利益冲突还可能导致溺婴、堕胎以及"易子而食"。"虎毒不食子"的说法并不全对,母老虎在极度饥饿的时候就会吃掉自己的幼崽。

孩子身上的基因一半来自母亲,另一半来自父亲,但至少在平均水平上,母爱甚于父爱。这一方面是因为父亲的繁殖机会比母亲更多,单个孩子的基因对于父亲来说相对价值较小,更容易被其他孩子替代;另一方面是因为父亲对于自己和孩子的血缘关系不像母亲那么肯定,在两性关系混乱的时代更是如此,父爱泛滥很可能是盲目的,搞不好就做了冤大头。

此外还有一个原因,孩子对母亲的依赖性远超父亲,幼年丧母比幼年丧父更难活到成年,自然选择必须调整亲代投资的性别差异,让母爱比父爱的浓度更高一些。好在母亲因此造成的损失,可以从父亲那里获得一部分补偿。很多雄性哺乳动物并不直接投喂孩子,而是为母亲寻找食物,但只要父亲把母亲照顾好,母亲就能把孩子照顾好。这样看来,爱情(至少其一部分)居然是亲情的变形。

相对于繁殖或基因复制,爱情只是个线索事件,但在进化过程中那些误把线索当成了目标的变种却可能歪打正着,他们繁殖了更多健康的后代。忠诚是个美德,但美德背后依然是基因在操控。如果薛绍早早看透这一点,没准儿就不去自杀了。

母爱、父爱或爱情之类的词汇听起来都太玄了,其实人世间乃至整个生命世界中所有的"爱"——包括以性关系为基础的爱情、以血缘关系为基础的亲情以及更宽泛意义上的仁慈、博爱、同情等等——都可以置换为"利他"的概念。利他对应于利己,前者是以牺牲自己利益为代价去增进别人利益的行为。爱情和亲情都体现为强利他,相比之下向陌生人施舍、捐赠或提供救助等等，就只能算是弱利他行为了。"爱有差等"说的就是利他行为因血缘关系和地缘关系的亲疏远近而有强弱之分。

爱是无私的，但基因是自私的，这其中有矛盾吗？没有，非但没矛盾，还有因果关系，前者为果，后者为因，世界上没有无缘无故的爱。以雌蜘蛛为例，假定每个孩子都携带它身上50%的基因，那么，将自己的躯体献祭给孩子们，只要能保证两个以上活到性成熟，就算大功告成。献祭固然会让雌蜘蛛付出生命，但操控献祭的基因却会让自己兴旺起来，进而在种群中制造更多的献祭。

再说一遍，"可怜天下父母心"，细想这句话的隐含义，是子女爱父母永远比不上父母爱子女。可怜但不可悲，因为这就是天理。衰老的生命不同于年轻的生命，代际交换是不等价的。人类还好，懂得赡养父母，有孝心，但孝心的价值却在于维持代际交换，因为子女回报父母可以鼓励父母在抚养孩子上投入更多的心血。

由此看来，继承法把父母子女同列为第一顺序继承人是有道理的，兄弟姐妹位列其后也同样说得过去。虽然同胞兄弟姐妹之间和父母子女之间的血缘关系是等值的，但兄弟之爱或姐妹之爱却不能与母爱父爱相提并论。不能认为这是理所当然，尽管原因很简单。兄弟姐妹只有长幼之分，而无代际之别，无需比较前景和风险，前景好的基因并不因此被加权计算。如果为了拯救自己的一个同胞兄弟而牺牲自己，那么拯救者的利他基因在种群中非但不能兴旺，反而会迅速萧条。但是，如果可以拯救两个以上的同胞兄弟姐妹，或四个以上的异父异母兄弟姐妹，或八个以上的第一代堂兄弟姐妹，或十六个以上的第二代堂兄弟姐妹（可以按血缘关系的疏远程度依次递增），那么，操控牺牲和拯救的利他基因就可能在种群中兴旺起来。

风险是个更好的指标，利他基因在控制拯救风险时会根据亲缘关系设定上限。拯救一个同胞兄弟姐妹时，生命风险的上限是50%；拯救一个异父异母兄弟姐妹时，生命风险的上限是25%；拯救一个堂兄弟姐妹时，生命风险的上限是12.5%（可以按亲缘关系的疏远程度依次递减）……在风险很小的条件下，陌生人也值得拯救，因为拯救者和被拯救者可能拥有一小部分共同的基因。

利他行为在动物世界中也很常见，黑猩猩会给同伴梳理毛发，倭黑猩猩乐善好施，他们喜欢与同伴分享食物。狒狒在遇到危险时会向所有同伴发起警报，尽管对自己最有利的做法是偷偷跑掉，让同伴们承担被猎杀的风险。但久负盛名的利他主义者非膜翅类昆虫莫属，要论合作品质和奉献精神，工蜂和工蚁的表现更令人叹为观止。但若还原到基因利益，膜翅类昆虫的自我牺牲仍然是自私基因算计后的最优选择。工蜂和工蚁在兄弟姐妹之间的亲缘指数高达75%，比其与共同母亲之间的亲缘关系更加亲近。而这意味着，与其说工蜂、工蚁照看蜂王和蚁后是牺牲或奉献，倒不如说它们把公共母亲当成了自己的繁殖机器。膜翅类昆虫巢群之所以很像一个有机体，就是因为在如此亲近的血缘关系中，为每一只工蜂和工蚁分别注册一个独立自我的意义就不大了。最有效率的基因管理单位不是任何一只蜂蚁，而是整个昆虫巢群。

对于人类来说，血缘关系和性关系是建构文明社会最初的黏合剂。倘若在某个血缘群体中，个体之间基因有5%的比例相同，那么通过牺牲自己去拯救20个人，就大致符合基因利益。这意味着一定程度的利他主义动机是与生俱来的，因为在基因利益的尺度之下，百分之百的自私自利并非最优的选择。由于血缘关系和利他动机的强度成正比，而与利他的范围成反比，所以，如果血缘关系疏远到难以辨认的地步，利他行为就会被严重稀释，但与此同时，利他的范围却可以扩展到整个种群。

面对处于危难中的同类，绝大多数人都会本能地表现出恻隐之心，这是以别人的痛苦作为自己的痛苦来体验的神经心理反应。既然他人的痛苦会引发自己的痛苦，那么他人的满足也会成为自我满足的一个组成部分，而这意味着"助人"的确是可以"为乐"的。恻隐之心虽然算不上多么高尚的美德，但却可以有效阻止挑衅和伤害，并让施舍、捐赠及救助等利他主义行为发生在没有任何预期回报的环境中，因此成为人类缔造社会的重要潜能。

参考文献

1. [美]詹姆斯·沃森：《双螺旋》，贾拥民译，浙江人民出版社，2017年。
2. [美]悉达多·穆克吉：《基因传》，马向涛译，中信出版社，2018年。

3. Thomas Alerstam, Gudmundur A. Gudmundsson, Martin Green, Anders Hedenström, "Migration Along Orthodromic Sun Compass Routes by Arctic Birds," *Science*, Vol. 291, Issue 5502, 2001.

4. [美]托马斯·D.西利：《蜜蜂的民主：群体如何做出决策》，刘国伟译，中信出版社，2019年。

5. [奥地利]安德烈亚斯·瓦格纳：《如何解决复杂问题》，胡正飞译，浙江教育出版社，2021年。

6. [美]布莱恩·阿瑟：《复杂经济学》，贾拥民译，浙江人民出版社，2018年。

7. [英]理查德·道金斯：《盲眼钟表匠》，王道还译，中信出版社，2016年。

8. Elliott Sober, "Evolution and the Problem of Other Minds," *The Journal of Philosophy*, Vol. 97, No. 7, 2000.

9. [美]格雷戈里·柯克伦、亨利·哈本丁：《一万年的爆发：文明如何加速人类进化》，彭李菁译，中信出版社，2017年。

10. [美]爱德华·O.威尔逊：《昆虫的社会》，王一民等译，重庆出版社，2007年。

11. [德]伯特·霍尔多布勒、[美]爱德华·O.威尔逊：《蚂蚁的社会：群体合作创造超文明》，刘国伟译，中信出版社，2019年。

12. [美]约瑟夫·亨里奇：《人类成功统治地球的秘密》，赵润雨译，中信出版社，2018年。

13. [美]罗伯特·赖特：《非零和时代：人类命运的逻辑》，于华译，中信出版社，2014年。

14. [英]理查德·道金斯：《自私的基因》，卢允中等译，中信出版社，2012年。

15. Edward O. Wilson and Bert Hölldobler, "Eusociality: Origin and Consequences," *PNS*, Vol. 102, No. 38, 2005.

16. [美]保罗·格莱姆齐：《神经经济学分析基础》，贾拥民译，浙江大学出版社，2016年。

17. [美]詹姆斯·卡拉特：《生物心理学》，苏彦捷等译，人民邮电出版社，2011年。

18. [美]凯文·希姆勒、罗宾·汉森：《脑中的大象》，王绍祥译，中信出版社，2020年。

19. M. G. Haselton, G. A. Bryant, A. Wilke, D. A. Frederick, A. Galperin, W. E. Frankenhuis, T. Moore, "Adaptive Rationality: An Evolutionary Perspective on Cognitive Bias," *Social Cognition*, Vol. 27, Issue 5, 2009.

20. Alan G. Sanfey, James K. Rilling, Jessica A. Aronson, Leigh E. Nystrom, Jonathan D.

Cohen, "The Neural Basis of Economic Decision-Making in the Ultimatum Game," *Science*, New Series, Vol. 300, No. 5626, 2003.

21. [美]弗朗斯·德瓦尔：《黑猩猩的政治》，赵芊里译，上海译文出版社，2014年。
22. [以色列]尤瓦尔·赫拉利：《人类简史》、《未来简史》，林俊宏译，中信出版社，2017年。
23. Michael E. McCullough, Robert Kurzban, Benjamin A. Tabak, "Cognitive Systems for Revenge and Forgiveness," *Behavioral and Brain Sciences* 36.01 (2013).
24. Richard A. Posner, "Retribution and Related Concepts of Punishment," *The Journal of Legal Studies*, Vol. 9, No. 1, 1980.
25. Brian Knutson, "Sweet Revenge?" *Science*, Vol 305, Issue 5688, 2004.
26. Robert L. Trivers, "The Evolution of Reciprocal Altruism," *Quarterly Review of Biology*, Vol. 46, No. 1, 1971.
27. [美]丹尼尔·利伯曼、迈克尔·朗：《贪婪的多巴胺》，郑李垚译，中信出版社，2021年。
28. [美]弗兰克·奈特：《风险、不确定性与利润》，郭武军等译，华夏出版社，2013年。
29. 汪丁丁：《行为经济学讲义：演化论的视角》，上海人民出版社，2011年。
30. 《道德经》。

第 2 章 联 结

我还记得上小学时，有次数学考试做错了题，竟把大于号">"和小于号"<"给弄反了。老师很恼火，罚我把以下两句话——"大于号口朝左尖朝右"和"小于号口朝右尖朝左"——各写 100 遍。她希望强化训练能让我牢牢记住这两个数学符号的模样，防止以后再犯这个低级错误。我理解老师的一番苦心，但她不知道强化训练对我其实毫无意义。有类人是天生对左右不敏感的，我就是，每逢听人说左右，我总要深深地思考一下——是用哪只手写字来着，然后再去推测左和右。对我来说，向左还是向右，这个问题很抽象。

对左右不敏感，涉及某些高层次的神经系统功能（可能和顶—枕叶交界处的角回功能迟钝有关，它是大脑后部的一个重要的联合区），后天的训练几乎不起作用。我这种人很常见，可能上海尤其多，你看上海的司机已经用更为形象的"大拐"和"小拐"取代了"左拐"和"右拐"；其他地方也少不了，我知道中国北方乡村的老农在扶犁耕地时向牵牛人发出的指令也不是"左"和"右"，而是"拉"和"推"。这样的替代指令非常人性化，不过相比之下，我为了做对数学题而找到的办法就更加高明了。

我不再关心大于号和小于号是什么模样，也不考虑左和右，只需遵循一个更简单、更深层的原则——让口永远朝着较大的数，让尖永远朝着较小的数——就永远不会做题出错了。其实两个数学符号就是按照这个底层逻辑来设计的，把握问题的底层逻辑有利于找到解决问题的捷径，我已经超越了"形态学思维"——就像生物学家，他们辨认昆虫可以不必查看动物是否长着三对足和两对翅；而法学家，他们辨认不同类型的违法行为仍然要比对预设的构成要件。

在最简单的意义上，法律不过是一些解决问题的方案。不同的法律解决不同的问题，但它们可以分享相同的逻辑，可以在底层逻辑上统一起来，就像同一棵大树上长出的分散枝叶。好像所有成熟的知识体系都呈现出了树形结构（我不知道还有没有其他的结构），比如欧式几何学有数不清的定理和公式，但根基却只是5条简单的公理。法律有没有这样的底层逻辑？必须回答有，否则我写这本书就是无的放矢了。法律人多半会认为法律的底层逻辑就是公平和正义，但我想说比公平正义更基础的是理性选择。

一个人做出选择要权衡利弊。"两害相权取其轻，两利相权取其重"，若是鱼和熊掌不可兼得，那就要"舍鱼而取熊掌"，这个逻辑的正当性不言而喻。但若鱼和熊掌分别在两个人手里，同样是两者不可兼得，但选择从一个人扩展为两个人，因此成了集体选择或公共选择，问题就变得复杂了。假定这两个人就是你和我，我们只有两个选项——要么让我得到一条完整的鱼，要么让你得到一只完整的熊掌，除此之外别无他选。那么，我是不是应该忍痛割爱，做出点牺牲，为了确保你得到一只熊掌，而必须放弃自己可以得到的那条鱼呢？这就让人纠结了。纠结却又理不清头绪，问题就会恶化，搞不好就会恶化成哲学或伦理学争议。

其实说来也简单。让我做出牺牲并非不可以，只要未来还有补偿的机会或者已经提前补偿了（在特定条件下这个前提可以放松）。怎样才会有补偿的机会呢？答案应该是你我签订一个长期合约，利弊权衡的逻辑依旧，但只对事不对人，这意味着你我的位置可以互换。今天我为你吃了点亏，明天我就要把便宜占回来，长远看吃亏和占便宜的机会在你我之间是均匀分配的。如此约定，就在你我之间建立了一种长期的互惠关系，或者说，合约把我们变成了一个整体，可以像一个人那样去权衡利弊。正如手臂和头颅被整合进了一副身躯，"抱头鼠窜"因此成为合理的避险行为一样。

如果合约扩展到第三人，双边互惠就变成了三边互惠，互惠关系也增加了一种可能——我的牺牲可以先由第三人补偿，再由你去补偿第三人。当合约扩展到第n个人时，这个n边合约就固定为一条规则，规则只是多边合约的另一个名称。互惠的规模越大，互惠的关系就越复杂。但无论多么复杂的互惠关系，都可以分解还原为无数个最简单的双边互惠。复杂只是简单的累积。

大规模的互惠关系可以分身到不同领域，并在国家力量的加持之下演变为不同门类的法律。但万变不离其宗，所有法律制度的底层结构都是互惠的合约，底层逻辑依旧是"舍鱼而取熊掌"的利弊权衡。传统法学把不同门类的法律硬生生分割开来，但只要我们往深里看一层，壁垒或围墙就会轰然坍塌。而一旦割据的法律被整合在一起，我们的思维就可以纵横驰骋，在不同法律领域任意穿越，还能随时打开一片前所未有的知识空间。

在一个狭窄的领域"深耕"，固然可以获得一些真知灼见，但"只见树木，不见森林"仍是一种认知缺憾。有句歌词是这么唱的："他大舅他二舅都是他舅，高桌子低板凳都是木头。"话粗理不粗，表层结构的凌乱不妨碍底层结构的统一。倘若再往深里看一层，"他舅"和"木头"——在细胞层面甚或分子层面上——又有多少分别呢？你看自然界的不同生物，外表形态差异非常大，但组成有机体的材质却是惊人的相似，想想虾肉和蟹肉的味道是如此接近，就不奇怪为什么世界上有人去吃蜘蛛了（我觉得应该和螃蟹的味道差不多）。

本章要讨论的法律问题，涉及许多曾经引发舆论轰动的热点案例，覆盖合同法、侵权法、财产法、刑法、证据法等多个领域，但只需一个非常简单的底层逻辑，就可以把它们联结起来。从"割据思维"切换到"联结思维"，你会发现熟悉的领域变得陌生了，陌生的领域又变得熟悉了。

"倒亦有道"

校园南门外有条弧形小路，路边有几家餐馆。到了中午或晚上，靠近餐馆的一侧路边停满车辆，道路就变窄了，偶尔还会拥堵，以致两车迎头相遇却不能错车，这时就得有辆车倒行出去。我见得多了，就发现"倒亦有道"，倒车也有规则可循——谁更容易把车倒行出去，谁就要承担倒车的责任，而迎面驾驶人则可以理直气壮地"按车不动"。

这么说有点煞有介事，把常识讲得跟秘密一样。其实不用见多识广，也无需驾驶经验，只凭生活常识就足以判断出，倒车规则的合理性来自成本比较，和"舍鱼而取熊掌"的道理如出一辙。假定你我驾车相遇，不能错车时，我们都会首先观察路况，然后迅速比较倒车成本。如果你的倒行距离是 2 米，我的倒行距离是 3 米，你就会主动倒车；而如果发现我的倒行距离比你更短，你就会心安理得地等我把车倒出去。

比较成本的逻辑支配了绝大多数交通规则（也许是全部）。比如"转弯让直行"，就是因为转弯车比直行车的速度更慢，车流更小，因而能以较低成本避免摩擦或碰撞；再如"左车让右车"——驾驶位在车辆左侧，所以左侧车比右侧车视野更大，也更容易提前发现右侧的车辆。同样是出于成本比较，所有车辆都要让行正在执行特殊任务的警车、救护车和消防车。

比较成本就是我们的生活常识，它无处不在，但可能日用而不知。请求别人帮忙之前，我们是不是要衡量一下自己做这件事是不是更方便？"麻烦你递给我一支笔"，当我说这话时，如果身边桌子上恰好就有支笔，这个请求就会让人很不爽——除非我是个大人物，毕竟大人物的时间更值钱，他们就像道路上优先通行的特殊车辆。手术中的外科医生可以享受大人物的待遇，当他需要血管钳的时候，只需伸手说出三个字，就有护士麻利地把钳子放在他的手心里，连方向都错不了。

只要发生糟糕的事情，我们都忍不住去问：这事该怪谁？换成法律语言——谁应该为这件事负责？两车相遇不能错车，这事谁也怪不得，毕竟弧形的道路会限制驾驶人的视线，但解决问题的责任，却会落到那个成本较低的驾驶人身上。如果他拒绝这么做，这事就得怪他了。

通过成本比较来分配责任的原则可以扩展到所有领域。避免事故，纠正错误，披露信息，提供证据，为意外事件购买保险等等，都由成本较低的一方当事人承担相应的责任，除非由双方（或多方）当事人共同负责能进一步降低成本。"较低成本负责"因此成为所有法律部门共同遵循的责任分配依据。只要你能通透地理解这个归责逻辑，即便不了解任何法律条文，也能正确处理绝大多数的法律纠纷；足够自信的话，你还可以根据这个逻辑去发现一些立法失误。

其实，较低成本者负责就是市场分工的原则。猎人和农民的交易，就是把生产肉食和粮食的任务分别分配给成本较低的生产者，从早期的男耕女织，到如今的高端精密制造业，再复杂的产业分工都要服从这个原则,甚至企业组织、犯罪团伙以及《复仇者联盟》的内部分工也不例外。如果市场分工和社会分工违背了这个原则,交易或合作就没什么意义了。

市场只是自然生态的一部分,较低成本负责的逻辑实际上早已扩展到整个生命世界,它是自然选择的基本算法。蚂蚁和蚜虫互利共生,得益于蚜虫的口器适合吸吮植物汁液,而蚂蚁的口器天然适合战斗,所以蚜虫负责生产食物,蚂蚁负责提供安全。在人体内部,感官和大脑负责收集和处理信息,消化系统、呼吸系统和血液系统负责处理和运送能量。在细胞内部,染色体负责处理信息,线粒体负责处理能量。

甚至工程学原理也要比较"成本"!如果我的左腿扭伤了,右腿就要承受更多的体重,身体承重不能在两腿间均匀分配,走起路来就会一瘸一拐。如果房子会走路,就不至于一瘸一拐,因为房屋建筑虽有承重墙和非承重墙之分,但两边的承重是对称的。如果某个建筑物的一根柱子粗,一根柱子细,那么这两根柱子的承重肯定不是均匀的。虽然我对工程学原理吃不透,但还懂得举一反三,如果我看到某个人的一边脸大,一边脸小,我会推测他的一侧牙齿出了问题(另一侧牙齿承担更多的咀嚼任务,咬肌也就随之膨胀了)。

不要嫌我扯得太远,我只是为了强调较低成本负责是个通用的逻辑。法律人既讲公平又讲效率,但效率是一个比公平更通用的尺度。不是专用应该优先于通用吗?那可未必。除非专用的东西不可替代,否则肯定是通用优先,想想通用的语言、货币和规则所拥有的巨大优势,还有什么底气去蔑视通用的算法、逻辑和理论呢?

没有人否认"较低成本负责"有利于提升效率,但肯定有人会怀疑这么做是否公平,这在情理之中,毕竟不能错车是两个驾驶人面对的共同难题,凭什么把责任强加在一个人身上?别以为这是抬杠,至少法律人会言之凿凿,觉得这就是个问题。发现问题不是坏事,只是思考问题不要脱实向虚,先别管康德、密尔或罗尔斯这些人会怎么说(除非你想把简单问题搞复杂或干脆把问题搞砸),而是要设身处地为两个驾驶人想一想，仅就谁该倒车而论，有没有更公平的替代方案？还真有。

假定每倒行1米的成本是1元钱，你主动倒行了2米，成本就是2元钱。如果你解决了我俩共同面对的问题，我就不该坐享其成，更公平的做法应该是我和你分摊倒车成本——我要付给你1元钱。毕竟是两个人的问题，分摊成本总比单方负责更公平。但即便有人这么想，也没人这么做，通行的倒车规则依然是"较低成本负责"。

那是为什么呢？分明有个更公平的改良方案，为什么我们会拒绝，反而偏爱那个不太公平的倒车规则？怕麻烦。没错，改良方案实在太麻烦了。如果倒车之后还有个支付的过程，那中间就少不了成本评估的过程；如果双方就评估结果发生分歧，或者支付不能瞬间完成，那还可能引发又一次道路堵塞；且在扫码支付普及之前，驾驶人手头没有合适的零钱也是个难题。总之，改良方案虽然更公平，执行方案的成本却高得离谱。无视成本的改良就是折腾。

只要成本能够抑制我们对公平的追求，说明公平就是有价格的，太贵的公平我们买不起，社会也接受不了。如果公平有价，那么正义——很多时候只是"公平"的同义词——也应该有价。推而广之，至少从决策者的视角，世上所有美好的东西都有价格，因而所谓"正义无价""真相无价""情义无价""自由无价""爱情无价""生命无价"之类的说法，都是不讲道理的口号，其隐含的假定，是社会资源无限可取或政府预算可以不受约束。

但实际上，做任何事情都有个预算上限，无论拯救一条生命，还是侦破一个案件，都不可能真正做到不惜一切代价，否则只会牺牲更多的生命或让更多的罪犯逍遥法外。况且这些所谓"无价"的说法是相互矛盾的，两种无价的东西没法并存于世。只要你承认"正义无价"，就必须拒绝"生命无价"，反之亦然，否则你就要在"为维护正义而去牺牲生命"和"为拯救生命而去减损正义"之间做出选择。而如果你说对于某些东西无价的理解不能绝对化，那就不如干脆承认它们是有价的，因为两种说法的内容相同，而后一种表达却更加清晰。

法律追求正义和真相，但从来不会无视成本。程序正义取代实质正义，法律事实取代客观事实，前者之所以能取代后者而成为操作层面的制度目标，不是因为前者更美好，而是因为它们更廉价。著作权法只保护作品的形式（而不保护作品的内容），确定民事责任能力的标准是年龄（而不是心智成熟的程度或独立生活的能力），法律允许先占人获得占有物的所有权（而不仅仅是获得占有物因被占有而出现的价值增值或因价值增值而只获得占有物的留置权），一个人下落不明满四年就可以被推定死亡（尽管他活着的可能性依然存在）。法律如此规定并没有放弃正义，而只是在追求正义的道路上受到了成本的羁绊。

计算成本要考虑规则适用的频率和数量。偶尔适用的规则，其执行成本的高低还不太重要，但若是规则被频繁适用，哪怕成本高出一点点，时间久了也可能积累成一座山。倒车规则就是如此，在单次事件中，那个更公平的方案只会引起一点麻烦，但要延续下去，放大到整个城市，这点麻烦累积起来就会让城市交通面目全非。即使迷恋公平的立法者顽固地选择了分摊成本的倒车规则，最终也是形同虚设（尽管此前会制造一些以守法为名义的碰瓷行为）。不向成本屈服的法律，迟早要面对死亡。

想想早期的禁酒法、反通奸法和反高利贷法，还有不久前被大范围取缔的公司资本欺诈类犯罪（包括抽逃出资、虚报出资和虚假注册），无一不是因为实施成本太高而难以为继。同样是受制于高昂的执法和司法成本，醉驾入刑的前途未卜（在中国），向毒品宣战的刑事政策早有争议（在西方），卖淫嫖娼逐渐转向执法的灰色地带（在很多国家），而生产和销售烟草则一直都是合法的（在全世界）。

不过话又说回来，公平和效率一定会分道扬镳吗？其实未必。至少就倒车规则而言，答案是相反的。比之那个刻意追求公平的规则，这个对公平漫不经心的规则，反而更加公平，但前提是从个案延伸到同类案件。只要切换到一个更大的时空尺度，就无须计较一时之得失，今天你处在倒车的位置，明天我就处在你的位置，长远看我们承担倒车责任的概率是相等的。而且时间越长，空间越广，倒车责任在不同驾驶人之间的分布就越均匀。就像车辆轮胎和路面的摩擦，第一次刹车会在崭新轮胎上的某个点摩擦出一条很短的切面，但若时间足够长，在轮胎上每个点摩擦出的切面就会均匀分布，所以再破旧的轮胎也依然是个圆形。这就是数学上的"大数定理"。

在更大的时空尺度之下，任何驾驶人在今天的付出都会在未来获得补偿。也许你我永远不再相遇，但你今天做出的牺牲，会在未来获得其他驾驶人的补偿；今天我占便宜，但我也会补偿其他驾驶人。尽管在单次倒车事件中，有人吃亏有人占便宜，但只要"较低成本负责"固定为一条被普遍遵守的规则，它最终会让所有驾驶人从中受益。就像吸血蝙蝠反哺自己的同类，尽管反哺者与被反哺者的角色不一定是双向互换，但只要整个种群普遍遵循这一互惠规则，反哺规则就可以让所有蝙蝠摆脱或缓解饥饿，这会提高整个种群的进化适应值。

假定有三个城市分别选择了三种不同的倒车规则：A市由较低成本者倒车，B市由较高成本者倒车，C市先由较低成本者倒车然后双方分摊倒车成本。不用说，A城市的交通秩序和交通效率肯定是最好的，然后成为B、C两市的学习榜样。如此，较低成本负责的倒车规则就会从A市扩散到B、C两市，最终在三个城市通行。即使驾驶人没有脑子，自然选择也会遴选出这个规则，只要时间足够长。

假定较低成本负责的倒车规则通行于所有城市之后，不同城市的驾驶人服从规则的态度仍有区别。A市的驾驶人都是偏好型的服从者，他们喜欢并认同这个规则，从骨子里觉得它是公平的，而其他城市的驾驶人则是机会型的服从者，他们不喜欢也不认同，但承认这个规则是理性的，服从只是无奈的选择。设想一场不同城市之间的市场竞争，结果不难预料——A市的违规次数最少，驾驶人素质最高，驾驶心态也最好，来自A市的司机会在人力资源市场上拥有更强的竞争力。

市场竞争的背后还有生态竞争，两者的逻辑是一样的，只是后者决出胜负需要更长的时间，当然解决问题也会更彻底。只要偏好型的服从者拥有更高的适应值，那么较低成本负责的倒车规则最终就会与普遍认可的公平观念完全相容。公平观念的表层取决于认知，可以通过学习来改变；其底层则取决于偏好，主要由基因来操控。但自然选择会改变基因编程，由此奠定公平观念的基础，并迫使公平标准向效率看齐。独立于效率的公平观念，迟早要面对死亡。只不过人类偏好的演化速度跟不上环境变化的节奏，在这个时间差里，仍会出现公平和效率的冲突——当然也只是观念的冲突。

市场模拟了生态，法律模拟了市场，但前者是无意识的，后者有心智的参与。将来为无人驾驶开发电脑程序的工程师，也要通过比较成本来解决倒车责任的分配问题（如果确实会发生这种问题的话）。电脑编程和基因编程会遵循同样的算法，但前者是有意识的，而后者是无意识的。合理的算法个个相似，不合理的算法各有不同。

法律模拟市场

◆ 同性婚的抚养权纠纷

很多年前，有位级别很高的法院院长曾到访某所著名的法学院，在和学院老师的座谈会上，院长讲到了一个棘手的案子：两位女同性恋者（甲和乙）组建了"婚姻"，她们还利用试管婴儿技术生育了一个孩子。甲女提供的是一颗卵子，乙女提供的是自己的子宫。也就是说，孩子是由乙女生出来的，但只和甲女有血缘关系。只可惜这段同性婚姻没能坚持下去，打算"离婚"时，两个人却因为争夺孩子的抚养权发生了争议，最终诉至法院。院长没有给出答案，只说这个案件给法院出了一道巨大的难题，然后他鼓励老师们搞学术研究要面对真实复杂的司法实践，不断探索，勇于理论创新。

虽然很理解院长的一番苦心，但我却觉得这个案子并不棘手，它和普通离婚诉讼中夫妻双方争夺抚养权的纠纷没什么原则性区别。法院需要综合考量的，仍然是情感、孩子成长、抚养能力、再生育能力等因素。同性婚不受法律保护，代孕也不合法，但这不影响法院处理抚养权纠纷的逻辑；孩子父亲是谁也无关紧要。对于处理权利冲突引发的任何争议，法律的逻辑都是模拟市场，把权利——作为一种资源——分配给能让资源发挥最大效用的一方。但夫妻双方争夺抚养权的纠纷要复杂一点，因为孩子的利益也不能忽视，于是问题就变成了让孩子和谁生活在一起会形成较好的组合。换个角度说，分裂一个家庭总是有损失的，但法院判决抚养权的宗旨就是减少父母和孩子的损失之和。可以想象，如果一对夫妻在结婚之前就对离婚事项做出了约定，那么他们的约定应该和判决的逻辑相吻合。

至少就判决抚养权纠纷而论，同性婚姻和普通婚姻没什么区别。院长看到的那些区别，像是父母的性别、血缘关系以及生育的方式等等，都不影响分配抚养权的逻辑,这些因素至多是权责分配逻辑中的一个参数,实际上只影响抚养者和孩子的感情,而在正常父母争夺抚养权的案件审理中,法院也要考虑同样的因素。如果院长能够深刻理解抚养权分配的法律逻辑,或者宽泛地说,能够深刻理解权责分配的法律逻辑,那么同性恋者"离婚"带来的问题就不是一个新问题,更不是一个"巨大的难题"。但在院长脑子里,婚姻就是婚姻,同性婚姻就是同性婚姻,没有一个统一的逻辑来指导抚养权的分配并把两个割据的领域联结起来。

权责分配的法律逻辑只是模拟了市场的资源配置。市场可不只是一个买卖东西的物理空间,它是一个分布式的超级计算网络,就像一个能够高效处理能量和信息的有机体。市场每天要做出巨量的决策,处理巨量的信息,以支持整个社会常态运转,这可是任何超级计算机都完不成的任务。但市场成功的秘诀就是化繁为简,将巨量的信息和计算任务在空间和时间上做无数次分解,每个决策就会变得十分简单,市场参与者只需根据自己的偏好和权衡利弊的结果,决定买进卖出、努力工作、谨慎投资就够了。市场不需要特别强大的计算力,但市场本身就是一台超级计算机;市场也不需要太多的美德,但市场可以让整个社会拥有美德。

法律的条文是有限的,不可能对每一种纠纷、每一个纠纷提供具体的指导,但只要理解了法律的底层逻辑,理解法律通过模拟市场来管理社会,那么法律决策者就会获得一种"联结思维",在审理案件时心明眼亮。世界是复杂的,也是简单的,但"割据思维"往往会把简单问题想象得很复杂,而"联结思维"却经常能发现解决问题的捷径——就像我不再纠结大于号和小于号的形态一样。在法律人眼里,合同法是合同法,侵权法是侵权法,果真如此吗?割据思维和联结思维会给出不一样的答案。

◆ 买卖不破租赁

"买卖不破租赁"是合同法中的一个古老规则,意思是租赁关系在租赁期间内不受买卖关系的影响。假定我租住了你的房子,租期未满你却把房子卖给了第三方，于是第三方成了我的新房东；但你我之间的租赁合约依然有效，第三方不能把我立刻赶出去，至少租期届满之前他不能这么做。合同法如此规定是合理的，买卖不破租赁，充其量让第三方（买受人）暂时搬不了家，何时搬家是可预测的，生活仍能按部就班；而若买卖阻断租赁，我的生活规划就要被彻底打乱，立刻搬家可是个突如其来的变故。

买卖不破租赁就是一种责任分配（当然也是权利分配），且完全符合较低成本负责原则。表面上看是优先照顾了承租人的利益，但若还原全部交易关系，就会发现实际上是三方共赢。只要法定在时间上先于约定，当事人在签约时就会把法定的因素考虑在内，在买卖不破租赁的规则之下，卖出人会降低房屋的价格，承租人要支付更高的租金。买受人貌似处境不利，但他可以通过降低房价来获得补偿；房屋降价貌似对房东不利，但他可以通过提高租金来获得补偿。只要责任分配降低了三方的总成本，那么通过交易，这部分盈余最终是三方共享，而不会由承租人独吞。

不妨顺便想象一下，如果出租人提供的房屋个个配套齐全，承租人只需拎包居住，那么买卖不破租赁的合同法规则还有意义吗？稳定的预期是一种重要的利益，当这种利益在市场上贬值、甚至不复存在时，致力于保护这种利益的交易习惯和法律规则也会做出相应的调整。

人类不是天生的赌徒，很少有人喜欢不确定性，法律的功能之一就是减少不确定性，尤其是减少交易过程中的不确定性，为此法律要求人们遵守自己的承诺。倘若承诺不可信任，则除非"一手交钱，一手交货"，否则任何历时性的交易都充满了变数。变数就是一种事故，如果变数不可避免，就把变数强加给那个能以较低成本对冲变数的当事人。买卖不破租赁的合同法规则就是如此设计的。

违约是最常见的交易事故，法律迫使违约方承担责任，向被违约方赔偿损失，就是避免违约的合理方案。法律如此规定隐含了一个默认的前提：违约给违约方带来的收益要低于给被违约方造成的损失，所以违约责任仅限于赔偿损失。如果违约收益超过了违约赔偿，那么允许当事人选择违约甚至解除合同都是有效率的。不用担心法律如此规定会让违约方占了便宜，在交易关系中，没有哪一方能把便宜独吞，任何一方占到的便宜都会返还给对方一部分，无论是通过提高或降低供货价格，还是通过延长或缩短付款期限。如果他不这么做，市场上的竞争对手就会抢走他的生意。

两个承诺发生冲突，也是一种交易事故，法律要在强制执行哪一种承诺的问题上做出选择。买卖不破租赁，意味着法律优先执行房东向承租人做出的出租承诺，而不是他向买受人做出的出售承诺。这种交易事故很容易解决，因为强制执行出租承诺无需改变现状，而只是允许承租人继续租住房屋。但若交易已经完成，东西卖出去了，就会涉及返还或赔偿，此时问题就变得复杂了。

◆ 借名登记

假定我买了一套房子，登记在朋友的名下，不料朋友背信弃义，未经我同意就把房子卖给了你，很快办完了过户手续。作为第三人，你自始至终对借名登记的事情毫不知情。我想要回自己的房子，但你不同意，于是我把你和朋友诉至法院，这时法院的判决就有两个选项：一是物归原主，把房子判给我，让朋友赔偿你的损失；二是物归买主，把房子判给你，让朋友赔偿我的损失。

两种判决有区别吗？应该说，如果赔偿是完美的，即赔偿与损失相当，则两种判决没什么实质性区别，不要房子就要钱，反正两者是等价的。但生活世界是复杂的，赔偿过程充满了变数，法院判决不见得被完美执行（统计数字告诉我们大多数判决不会被完美执行），相比之下要房子比要钱稳妥得多，谁也不想承担赔偿不足或赔偿不能的风险。因此，两种判决的区别就在于风险分配，物归原主意味着把赔偿不完美的风险分配给了你，而物归买主则是让我来承担这个风险。

风险分配仍要比较成本。既然风险的源头是承诺冲突的交易事故，那就要看谁能以更低的成本避免这个事故。倘若法律要求你来避免这种交易事故，成本就会十分高昂，因为你很难搞清楚房产证上登记的产权人是否是真正的房主。而若法律要求我来避免交易事故，成本就低廉得多，只要实名登记自己的房产，所有的麻烦都不存在了。更何况，不动产登记制度的本意，就是要求产权人实名登记。国家保证登记信息的真实性，就是为了降低交易成本，促进交易安全。

我举房产借名登记的例子，就是为了把物权法和债权法联结在一起。

民法之所以区分物权和债权,首要的原因是交易中常有第三人参与,倘若没有第三人参与交易,区分物权和债权就没什么意义了。由于存在第三人,所以交易过程中的风险分配出现了系统性的差异。物权属于到手的现货,可被公示;而债权只是没到手的期货,很难被公示。公示条件下,第三人通常能以较低成本避免交易事故(买房之前他肯定要查看房产证),而若没有公示或公示信息虚假,第三人就很难避免交易事故。物权人之所以通常可以对抗第三人,而债权人之所以通常不能对抗第三人,原因就在于此。但原则不排除例外,在上述借名登记的纠纷中,物权人之所以丧失对抗第三人的权利,原因当然不是物权性质发生了变化,而是物权公示的信息不真实。

其实只要我们搞清了交易事故的责任分配逻辑,区分物权和债权的意义就不大了,关键问题不是分辨权利的性质,而是比较避免交易事故的成本。如果未来的区块链技术发展得足够成熟,能够精准跟踪每一次交易,那么,当所有交易记录都向相关当事人开放时,区分物权和债权就没什么意义了。

对于促进交易安全、降低交易成本而言,信息是不可或缺的关键因素。通过强制产权人披露真实信息,再由国家核实认证,就可以防范许多潜在的交易事故,这就是不动产登记的制度功能。借名登记是背道而驰,在规避信息披露责任的同时也侵蚀了国家信用。

交易需要信息,但高昂的信息成本却经常会让交易失败,以致大大缩小市场的规模。高技术的产品通过品牌和认证来解决信息难题(比如汽车、手机和电影),但对于许多低技术的产品,即使采取这些降低信息成本的措施,仍然成本太高——想想看,如果土豆的质量不是一望而知,而需要土豆生产商经营出一个驰名商品来,那得多么困难。实际上蜂蜜掺糖和牛奶兑水就是这两大行业的信誉难题。在缺乏有效信息的情况下,往往是低质量的产品驱逐了高质量的产品,这就是"格雷钦定律"(Gresham's Law)。印度的牛奶市场曾经因此缩小了25%。到了20世纪70年代,印度国家奶制品发展委员会成功解决了牛奶兑水的问题。它提供了一些廉价的设备,用来检测牛奶的脂肪含量,并且覆盖了从农户到批发商、再到小商店的整个交易链条。于是牛奶的质量提升了,消费量也增加了,市场规模的扩大让消费者和诚实的商家实现了双赢。

公示是把信息广而告之,通知则是将信息定点传送。为了保证交易伙伴之间的信息沟通,法律规定了各种通知义务,但所有的通知义务都会毫无例外地强加于信息成本较低的一方当事人,不信你去查查《民法典》。

◆ 快递纠纷

如果快递公司把你寄出去的价值10万元的冬虫夏草搞丢了,它当然应该赔偿,但是赔多少呢?也许你会觉得按实际损失赔偿才公平,但问题是快递公司没法确认托寄物的真实价值。唯一可以确认托寄物价值的方法,是让托寄人购买保价服务,这需要在邮费之外另付一笔保价费,保价费按保价金额的一定比例(通常是1%)确定。在邮件遗失毁损的情况下,快递公司按保价金额赔偿。如果托寄人想事后获得更高的赔偿,就必须事先支付更高的保价费;如果托寄人虚减保价,就要承担赔偿不完美的风险。法律如此规定,快递公司就可以根据保价金额来推定托寄物的价值,并且不必在乎托寄人虚增或虚减保价的机会主义行为。

保价制度的关键就在于提供信息,托寄人能以较低成本披露信息,快递公司据此可以实现分拣作业,把贵重物品和普通物品区分开来。如果法院按托寄物实际价值确定赔偿数额,则即使证据确凿,也会威胁保价制度,因为这会让托寄人宁愿设法保存证据,也不去购买保价服务。如果这种机会主义行为妨碍了快递公司的分拣作业,那么快递公司的经营成本就会上升,其中一部分会通过提高邮费的方式分摊给所有托寄人。相反,按保价金额赔偿,看似对托寄人不利,但长远看却可以让快递公司与托寄人双赢。不用担心快递公司会无视消费者的利益,因为只要竞争充分,那些不在乎消费者利益的公司就会在市场竞争中败给它们的竞争对手。

世上没有万无一失,安全是要付费的,更高级别的安全就要收取更高的价格。国家机关之间移送重要文件走的是机要渠道,银行运送钞票需要武装押运。倘若快递行业朝安全的方向过度投资,那邮局非要变成镖局不可。10万元的冬虫夏草价值不菲,不额外支付保费,却要求全额赔偿，这应算是一种剥削行为——不仅剥削快递公司，而且剥削消费者。

在很多领域，披露信息就是防范事故的规定动作。公路上的下水道井盖被揭开后，施工方一定要做上显著标识，否则就要为事故承担责任。我们还会经常看到诸如"易燃易爆""前方高压""新手上路""小心有狗"之类的警告或提示。即使是打击敌人，也要把丑话说在前头，"勿谓言之不预也"，目的是为了避免更大规模的冲突。打击犯罪同样如此，"不教而诛"在古代是对统治者的谴责。

◆ "天价鸡"盗窃案

假定农科院花大价钱买了几只实验用鸡，却被不识货的窃贼偷了，那么这起百年不遇的奇葩盗窃案就会让法官颇为头疼。太阳底下总有新鲜事，法律不可能详尽到覆盖所有案件的全部细节，但若法官懂得比较成本的逻辑，就会对僵硬的法律活学活用。这个案子显然应该轻判，至于轻处罚的判决理由，则可以写得简单明了——农科院只需在鸡舍处贴个告示，上书"科研用鸡，天价慎偷"云云，就足以打消绝大多数潜在罪犯的盗窃动机。

我的东西很金贵，可别人不知道，那我自己就要多加小心。如果我是个演艺明星，我可能会给自己的美妙歌喉或极具魅力的双腿购买高额保险，哪怕这么做多少有些炒作的成分。但我不会开着一辆没买额外险种的豪车驶进拥挤的道路，也不会端着一只镶满宝石和翡翠的茶壶在闹市里穿梭，我知道这么做很鲁莽，会让周遭的安全环境瞬间变得危机四伏。明智的大人物都深谙此理，所以他们很少到邻居家串门。

◆ "蛋壳脑袋"

然而，如果我的头骨像蛋壳一样脆弱，轻轻一拍就会断裂破碎，那么我出门是不是应该举一块牌子，上书"蛋壳脑袋，不可轻拍"？或者哪怕只是戴个头盔？这个问题就不好回答了。偶尔戴次头盔并不难，难的是一辈子出门都戴头盔，这就等于上了枷锁。也许正是因为考虑到日积月累的"乘数效应"，英国法院于1939年通过判例创立的"蛋壳脑袋规则"才会否认头骨异常脆弱是加害行为的合理抗辩，尽管仍有争议。如今高度发达的医疗保险倒是可以缓解这一问题的尖锐性，身患特异疾病的患者可通过购买医疗保险来减轻加害人的赔偿责任。受害人可以购买事故险，加害人可以购买责任险，尽管两种保险可以相互替代，反正最终都是由保险公司负责赔偿,但事故险肯定比责任险更便宜,因为后者会分散到非常广泛的人群(这是另一种"乘数效应"),并且保险费根本无从计算。

◆ 复旦投毒案

蛋壳脑袋只是极其罕见的例外,事实上几乎所有疾病和伤残都不能成为伤害行为的抗辩理由。假定我向你的饮水机里投毒,精心控制了投毒的剂量,原本只想毒你个半死,但不料你身患乙肝,居然中毒身亡。如果我的辩护律师抓住你身患乙肝的事实不放,在法庭上抗辩说你的死亡是多因一果,投毒只是致死的部分原因,而非全部原因,因而我只对致死承担部分责任,而非全部责任,那么法院就会认为这是彻头彻尾的诡辩。

理由十分过硬,下毒前我就应该想到世界上有大量人群——除了乙肝患者,还有血液病、心脏病、糖尿病、过敏症以及各种免疫缺陷类疾病患者——不具备健康人的抗毒能力。无视这一常识而投毒,即使控制了投毒量,也依然构成故意杀人(而非故意伤害)。况且严格说来,世界上所有死亡都是多因一果,如果你是超人或是孙悟空,谁也毒不死你。因果关系错综复杂且无限漫长,但法律上的因果关系却只是从中遴选出来的很少几个节点(通常只有一个),而遴选的依据,依然是比较成本。就毒杀事故而言,我的预防成本低于零值,不投毒就没人会死,而你的预防成本却高得无法计算,所以我应该对你的死亡负全责(而非只负部分责任)。无论你身患什么疾病,法律都不应要求你提前治好病,提高抗毒能力,以争取在中毒时捡回半条命。

将比较成本作为确定法律上因果关系的依据,在侵权法上体现得更加清晰。假定我在开车时,因为接听你打来的电话出了事故,我就没有理由向你索赔。法官给出的理由通常很简单——你打电话和我出车祸之间没有法律上的因果关系,但更深层的理由还是比较成本。要避免类似事故,我可以选择静音、关机或者干脆拒绝接听,而若把事故责任强加于你,你可能就不再敢给任何人打电话了,因为你搞不清楚接听电话的那个人是否正在开车。

◆ 电梯劝阻吸烟猝死案

如此看来，比较成本的逻辑可以让法律上因果关系的概念变得多余，或至少不那么重要，它很难成为归责的依据，反而更像是归责的说辞。在发生于郑州市的"电梯劝阻吸烟猝死案"中，病人患有心脏病，医生劝阻病人不要在电梯内吸烟，病人因情绪激动而猝死，病人亲属起诉医生，提出索赔。一审法院在认定双方均无过错的前提下，适用公平责任判决医生承担部分责任，二审法院改判医生完全无责任，但改判理由却是医生劝阻吸烟的行为与患者死亡之间没有法律上的因果关系。这种解释貌似合理，却没有意义，因为除了成本比较，实在找不到任何可靠的依据来确定法律上的因果关系，它简直就是个说有就有、说无就无的概念。

公平责任原本就是侵权法上的一笔糊涂账，如果双方都不能以合理成本避免事故，那就属于意外事件。对于意外事件的责任分配，效率原则要求比较双方的保险成本——谁能以较低成本购买保险，谁就应为意外事件负责，而不是各打五十大板。就"劝阻吸烟猝死案"之类的事故而论，双方保险成本很容易比较，理论上患者可以购买事故险，医生可以购买责任险；但只有事故险才是可行的，毕竟患者知道自己有病，而责任险完全不可取，不仅保险费无从计算，而且保险范围还会无限扩展——行为人远不限于医生，场合远不限于电梯，行为本身也远不限于劝阻吸烟。

"气死人不偿命"，这句俗话是有道理的。最重要的理由还不是证据难以收集充分，而是被气死的人通常应该为自己的死亡承担主要责任，甚至是全部责任。假定有一对情侣驾驶一辆敞篷车在外出旅游时吵架（这可是最容易吵架的时候），男方受了点委屈，一怒之下从车里跳了出去，当即摔成重伤，然后不治身亡。这种情况下，女方通常不会承担任何责任，情侣之间的任何一方都不能以合理成本避免吵架。因受委屈而选择跳车，纯属鲁莽，倘若目的就是自杀，那只能说明这个人的心理太脆弱了。

◆ 货拉拉乘客坠亡案

委屈总是难免的，躲过一次躲不过所有，多活一天就是侥幸，但吓死人就不一样了。在发生于 2021 年 2 月的"货拉拉乘客坠亡案"中，女乘客误以为司机图谋不轨，虽然是误会，却被吓到了，并且明确表示了跳车的意图。法院判决认为司机对这起事故负有责任，这是完全合理的。虽然女乘客选择跳车纯属误会，但她确实受到了惊吓；倘若法律要求司机必须消除误会，显然过分，但若仅仅要求他不要刻意制造恐惧，或在制造恐惧之后不要放任恐惧气氛的延续，则完全在情理之中。原本司机是能以低廉成本阻止悲剧发生的。

◆ 不可抗力

把人气死和把人吓死相比，前者更可能属于意外事件。所谓意外事件，就是当事人无法以合理成本避免的事故。而判断成本是否合理，当然要对比事故的预期损失，它相当于事故发生的概率与事故实际损失的乘积。也许是因为考虑到意外事件并不必然免责（毕竟法律还规定了严格责任和公平责任），所以《民法典》和《侵权责任法》都没有使用"意外事件"的概念，通用的免责条件是"不可抗力"。不可抗力被界定为"不可预见，不可避免且不可克服"的客观情况，但"三不可"的界定其实很模糊，在绝对意义上，没有什么客观情况是"三不可"的。

比如，承运人可能遭遇泥石流，但泥石流总可能发生，并非不可预见；至于能否避免，要看承运人是否有预案以及预案成本有多高；至于能否克服，同样要看承运人是否舍得花钱去克服（从公路运输改成空运，泥石流的问题就完美克服了）。总之，脱离成本去讨论"三不可"是没有意义的。预见的成本包含在避免成本之中，既无法分割，也无需单列。

从措辞上看，意外事件属于"不可预见"的后果，而不可抗力却增加了"不可避免"和"不可克服"，貌似后者的标准更高，避免成本更高，也因此更有理由免责。言下之意，只有不可抗力才是免责的充分条件，意外事件只是部分免责，不能对抗公平责任和严格责任。但这种区分不仅没有意义，而且还会造成混乱。战争属于典型的不可抗力，心脏病突发只是意外事件，但就避免交易事故而言，前者并不比后者更难克服。

够不着的天空就是够不着的，不管有多高；无法穿越的障碍就是无法穿越的，不论它是一堵墙还是一座山。只要当事人双方都不能以合理成本避免事故，再比较避免成本就意义不大了，而应该比较双方的保险成本。意外事件和不可抗力都不应成为免责的充分理由，毕竟"免责"不是让违约损失蒸发，而只是从一方转移到另一方。即使泥石流属于不可抗力，承运人因遭遇泥石流而不能履约，由此造成的违约损失也通常不应转嫁给托运人。与托运人相比，承运人更有能力控制履约过程中的意外风险，也能以更低的价格去购买保险。

讨论至此，我们可以形成两个初步的共识。

第一，只要市场竞争充分，法律就很难改变交易双方的利益分配，任何一方的麻烦最终由双方分摊，任何一方的便宜也最终由双方分享，因为交易可以完成利益输送，并矫正成本不合理的权责分配。比如，在运输合同中，不可抗力的免责条款看似对于承运人是个利好，但最终还是会给双方制造麻烦，因为托运人会要求承运人通过其他方式弥补可能转嫁给自己的违约损失（比如降低运费，这相当于托运人从承运人那里购买了保险，降低的运费就相当于保险费）。如果承运人觉得降低运费不划算，那么替代方案就是从保险公司购买保险，但这等于双方通过约定废除了不可抗力的法定条款。再如，在买卖和租赁发生冲突时，如果法律允许买卖终止租赁，那么承租人就会要求降低房租；如果房东觉得减收房租不划算（相对于房价提高），他就会主动承诺买卖不破租赁。

第二，虽然交易能矫正权责分配，但交易本身是有成本的；致力于降低交易成本，减少纠正性交易，法律应该一开始就把责任分配给成本较低的当事人。比如，如果承运人和托运人不愿意接受不可抗力的法定约束，或者如果房东、承租人和买受人不愿意接受买卖不破租赁的合同法条款，他们只能通过额外的交易来抵消或废除相应的法律规定，但额外的交易是有成本的。

明白上述道理之后，我邀请大家来一起做道练习题。

假定船舶A救助了因毁损而即将沉没的船舶B，那么船舶A有权向船舶B提出海事请求，且该海事请求可以优先受偿，这就是海商法上的"船舶优先权"。船舶优先权不仅能对抗船舶抵押权，而且不因船舶所有权的转移而受到影响，船舶优先权意味着把赔偿不完美的风险从救助人转移给了其他债权人。假定船舶抵押权先于救助设定，船舶所有权转移后于救助发生，那么《海商法》如此规定是否会影响船舶抵押权和船舶出让的价格呢？

答案是肯定的。但抵押债权会因此升值，因为船舶优先权会提高救助的概率；相对于赔偿不完美，获救概率的提升对于抵押债权而言是个更大的升值因素。虽然船舶出让会因船舶优先权而贬值，但同样是由于获救概率的提升，船舶所有人可以从出让其他船舶那里获得超额补偿。

事故降级

不是所有的付出都有回报。为了多数人的利益，尤其是为了保全多数人的生命，而让少数人做了牺牲品，并且牺牲的就是生命，那么这些人就永远没有获得回报的机会了。问题是，他们应该被牺牲吗？设想一个极端的情形，现在全世界 78 亿人口共同面临着两个选择，要么让全部人口每天头疼 1 小时，要么以抽签的方式杀死一个无辜的好人，全世界应该接受哪一个选项？每个人心中都有自己的答案，但公平的做法莫过于让所有人投票，以票决的方式来完成这个两难选择。

每个人都会算计自己的得失，要么确定地忍受每天 1 小时的头疼，要么承受七十八亿分之一的死亡风险。考虑到后者和前者相比几乎可以忽略不计，我们因此可以合理地推测世界会接受第二个选项。但若抽签的结果是让我做了牺牲品，那么我还有什么理由反对这么做吗？没有了。这就好比我参加了一次没有欺诈和胁迫的抽彩，结果却输掉了，但我没有理由指责这次抽彩本身不公平。

虽说"生命无价"，但其实我们每天都在"卖命"（工作一天就少活了一天），而且做任何事情都有死亡的风险（肯定大于七十八亿分之一），但要在不同数量的生命损失之间做出取舍，还是会让我们神经紧张。

◆ "电车难题"

"电车难题"是个著名的、跨领域的思想实验，它有很多版本，吸引了众多学者参与讨论，产出了很多文献，提出了许多解释，又有许多解释被推翻，历时几十年也没争论出个所以然。十几年前，随着哈佛大学教授迈克尔·桑德尔的网易公开课《正义》爆火,"电车难题"在国内高校也有了知名度。桑德尔介绍了"电车难题"的两个版本,可分别称之为"效率版"和"公平版",尽管如此命名并不恰当。

效率版的电车难题所假设的情形是:一辆有轨电车在前行中失控,司机没法让电车停下来,但可以让电车转向。轨道前方有5个工人还在施工,若是听任电车前行,这5个工人都要被撞死。避免这一惨烈事故的唯一方法是司机将电车转向另一条轨道,但这条轨道的前方也有1名工人正在施工,电车转向的后果是此人必被撞死无疑。那么问题来了:如果你是司机,你会怎样做?

——大多数人会选择将电车转向,以牺牲1个人为代价拯救5个人。这个做法被认为是效率指向的。

将前述思想实验稍作改动,就变身为"公平版"的电车难题:同样是一辆有轨电车失控,轨道前方同样有5个铁路工人正在施工,听任电车前行的后果是5个工人全被撞死。不同的是,电车没有其他轨道可以转向,司机已无力避免这一惨烈事故。但此时有个人恰好在轨道上方的天桥上看风景,他目睹并完全理解了即将发生的悲剧,并且他还知道,只要把身边的一个人从桥上推下去,就能拦住电车前行,拯救这5个工人,尽管被推下去的那个人必死无疑。那么问题来了,如果你就是站在桥上看风景的那个人,你会怎样做?

——绝大部分人的选择是不推。这个做法被认为是公平指向的。

如果仅仅着眼于怎样采取行动,那么电车难题其实真没什么难的。通过课堂上的提问回答,桑德尔已经初步展示了人们对两个问题给出不同答案的统计数据。在效率版的电车难题中,主流意见是允许司机"撞杀"一个人以拯救五个人,反对者属于异类;而在公平版的电车难题中,主流意见是反对旁观者"推杀"一个人以拯救五个人,赞同者属于异类。有分歧很正常,共识从来都是稀缺品,有多数意见就不错了。

"电车难题"的真正难点,是如何解释人们从中展现出来的自相矛盾:为什么同样是牺牲一条性命拯救五条性命,大多数人却会做出相反的选择——同意"撞杀",但反对"推杀"。通过连续问答来揭示这个自相矛盾,桑德尔就在课堂上把大家搞懵了。

有一种解释说,我们的大脑是高度模块化的,有不同的功能分区,

"效率脑"区别于"公平脑",而且不在一个位置,两个版本的电车难题分别激活了效率脑和公平脑,因此在回答问题时出现上述自相矛盾。但这其实算不上解释,充其量是个描述。我们仍可以继续追问:为什么同样是牺牲一个人来拯救五个人,两个版本的电车难题却分别激活了不同的脑区?

如果电车难题确实无解,道德哲学家就会喜出望外,因为这将意味着世界上确实存在独立于后果的道德律令,或者说后果主义不能垄断伦理和法律的全部解释权,康德式的道德律令至少在一些边缘问题上有望保留一席之地。因此,关于电车难题的深层追问是,咄咄逼人的后果主义是否也有撞墙的时候?致力于寻找后果主义的理论漏洞,电车难题被设计得如此刻意也算煞费苦心。

但是很遗憾,电车难题其实一点都不难,后果主义可以轻松解释两个版本的电车难题,自始至终都无需求助于公平的概念。为什么同样是为了拯救五个人而牺牲一个人,大家认可"撞杀"却拒绝"推杀"?原因很简单,条件发生了变化,魔鬼藏在细节里,不变的数字只是刻意设计的掩体。只需将两个版本的电车难题做个比较,就会发现:

第一,决策人发生了变化。在效率版的电车难题中,只有作为局内人的司机才能决定谁死谁活;但在公平版的电车难题中,一个作为局外人的旁观者却掌握了生杀大权。这个变化非同小可,意味着权力的扩张。

其二,被牺牲的受害人发生了变化。在效率版的电车难题中,只有局内人才可能做出牺牲;但在公平版的电车难题中,一个局外人也被卷进了事故之中。这个变化同样非同小可,这意味着危险场域的扩张。

无论权力的扩张,还是危险场域的扩张,都会引发人们内心深处的恐惧感。如果我想平平安安地过日子,只需远离危险的职业、危险的人物和危险的场所就足够了。可如果允许局外人杀死局外人,那么世界上还有什么人是可靠的?还有什么职业和场所是安全的?我还敢去医院看病吗?说不定医院里还有好几个等待器官移植的病人,其中一个需要移植肝脏、一个需要移植心脏、一个需要移植肺脏,还有两个需要移植肾脏。如果有个医生决心去拯救那五个病人,一个划算的做法就是把我化整为零。这是个多么恐怖的世界!没有人会认为医生是在大发慈悲,这么做会毁掉整个医疗行业。

效率版的电车难题则不会引发诸如此类的恐怖联想,局内人杀死一个局内人以拯救更多的局内人,这是一个相对封闭的事故场域。"封闭"意味着如果这个做法上升为法律或政策,其适用范围相对固定,不至于造成失控性的外溢。简单说,在效率版的电车难题中,即使打开"撞杀"的口子,也很容易再堵上;而在公平版的电车难题中,"推杀"的口子一开就堵不上了。在电车难题的两个版本之间,最重要的区别就在这里。当然这个区别只是程度上的,即使只允许局内人主宰别人的生死,也不能绝对排除权力滥用的可能,这才是少数人在效率版的电车难题中依然反对电车转向的真正原因,但反对的理由依然是后果主义的,而不是什么道德律令。不信你可以向反对者发问,如果撞死一个人就可以拯救全世界,看他还能否坚持自己的立场。

除了上述区别,还有两个细节值得一提。

第一,虽然被牺牲掉的两个受害人都很无辜,但在我们的感觉中,"推杀"的受害人比"撞杀"的受害人更加无辜。即使这种感觉是荒谬的,只要没法消除,它就会影响我们的判断。更何况这种感觉其实并不荒谬,它只是反映了在人们的印象中,两个受害人对于事故风险的耐受度不同。认为工人比站在桥上的局外人更能耐受风险,应该算是合理的判断,因为通常情况下,高风险的从业者在其职业收入中就包含了对事故风险的补偿。

第二,相比之下,公平版的电车难题包含了更多的不确定性因素。当然不是思想实验本身不确定,两个思想实验的条件都是被规定好的,概率值都被设定为100%,不存在不确定性。但实验条件的设定是一回事,人们的想象是另一回事。面对公平版的电车难题,很多人会犯嘀咕,站在桥上看风景的那个人真有那么强悍的判断力吗?他把身边的那个人推下去真能解决问题吗?哪怕是下意识的怀疑,都会影响人们对问题的判断,因为怀疑意味着观察者改变了实验环境中已经设定好的概率值。

说到这里,答案就很清楚了。电车难题的两个版本貌似相同,其实差距甚远。并且两个版本的难题都可以诉诸后果主义的逻辑,而无需求助于康德式的道德律令。后果主义解释不仅足够融贯,而且有能力揭示更深层的因果关系。

法律和道德允许人们为了保全更大利益而以牺牲较小利益为代价，我们可以把这种情形称为"事故降级"——以较小的事故替代较大的事故，仍然是"两害相权取其轻"。

假定你在快要饿死的时候偷走了我的一条价值昂贵的宠物狗，然后吃掉了它，那么你可以援引紧急避险的抗辩而主张这次盗窃不构成犯罪。盗窃事小，饿死事大，用狗命换人命就是事故降级。但紧急避险能否成立还要考察交易成本，毕竟交易可以替代盗窃，如果你想吃掉我的狗，首选是买而不应是偷，除非如果你身上没有足够的钱，或即使有钱但我恰好不在家。

◆ 瑞吉纳诉杜德利和史蒂芬斯案

谋杀可否作为紧急避险的抗辩？法律是否允许人们在真正绝望的情况下杀死救生船上最弱的一个旅客？这个问题就很棘手。在发生于1884年的瑞吉纳诉杜德利和史蒂芬斯（Regina v. Dudley and Stephens）一案中，救生船上的几个人杀死并吃掉了身体最虚弱的一个船员，然后他们活了下来。有证据表明，受害人即使免于被杀，也必定死于严重的饥渴。但当幸存者以紧急避险来辩护他们的谋杀时，却最终被法庭否决。

以杀死一个注定要死的人为代价来拯救三个人的生命，看似完全合乎紧急避险的逻辑。这不是3大于1的问题，而是3大于0的问题，且该案中的交易成本非常高，因为受害人不可能同意以任何价格出售自己的生命。这个案例之所以引人注目，是因为它和电车难题一样，可以被道德哲学家拿来大做文章。否定谋杀作为紧急避险的抗辩，似乎迎合了康德"人是目的，不是手段"的命题，但事实并非如此，至少判决该案的克劳瑞奇法官考虑的仍是利弊权衡。

法律是个激励机制，法院以判决向社会释放正确的激励信号，判决必须向前看。重要的不是眼前这一起案件，而是未来无数类似的案件。无论法律允许还是禁止杀死救生船上最弱的一个旅客，都会导致一个生命损失量——允许会鼓励滥杀（因提前动手而错失其他获救的机会，生命损失量为L_1)，禁止会减少幸存者（生命损失量为L_2）。虽然我们没法估计L_1究竟有多大，却很容易断定L_2是个很小的数值，趋近于零，因为当人们身处绝境时，法律作为激励机制已经基本失灵，他们不会仅仅因为惧怕刑事责任而放弃自己的行动。而只要 $L_1 > L_2$，法庭否决谋杀作为紧急避险的抗辩就是明智的，但这同样是成本比较的结果——"小不忍，则乱大谋"，而与道德哲学无关。

电影《卡桑德拉大桥》讲述了一场升级版的谋杀。一列火车上的乘客被确定感染了某种传染性极强的恶性病毒，死亡率高达40%，现有的医疗手段束手无策，而一旦列车上的乘客失控，病毒扩散开来，后果将不堪设想。事态紧急，代表当局的"将军"下了谋杀令，列车被军管，被密封，被强制驶向年久失修的卡桑德拉大桥。虽然电影对当局的做法持批评态度，但批评的基础却是剧情反转，作为男主角和拯救者的张伯伦医生发现病毒其实并不致命，感染者发烧一段时间可以不治自愈。显然，电影对谋杀可否作为紧急避险抗辩的法律和伦理难题采取了回避的态度，对当局的嘲讽也只是草草迎合了政治正确和公众的道德直觉。

电影讲述的故事逻辑在真实世界中其实并不罕见，法律决策经常涉及生命的选择。近年来最著名的事例，就是9·11之后美国总统布什授权军方可以击落不听指挥的民用航空器，这等于将紧急避险的范围扩展到了谋杀。至少在军方发出导弹的那个瞬间，飞机上的旅客都还活着，并且不能完全排除化险为夷的可能性——恐怖分子也许会在最后关头改变主意，或者可能有位盖世英雄挺身而出。但这个授权谋杀令之所以没有遭到太多批评，是因为在现实的危险面前，所有人都清楚这笔账该怎样算——事先看来，军方获得授权总体上可以提高每个人的生存概率，而把希望寄托于一些小概率事件是很天真的。与9·11的巨大惨剧相比，击落一架民航属于规模较小的惨剧。

电影《拯救大兵瑞恩》讲述的故事与《卡桑德拉大桥》恰好相反。为拯救一个被俘的士兵，美国军队先后牺牲了十几个官兵的性命。这是决策者昏了头，还是康德式的道德律令绝处逢生了？都不是。即使事后看，拯救大兵瑞恩也是个相当划算的军事决策。牺牲十几条命换来的，可不止一条命，巨额的隐性收益是提高美国军队的形象分。谁都喜欢在充满人情味儿的军队里服役，安全感和信任度有利于提高军队的战斗力。当然牺牲必须是有限度的，没有哪个军事指挥官会为了拯救一个普通士兵而准备牺牲一个师的兵力。

在2020年新冠疫情泛滥的高峰时期，患者的数量一度超过了某些国家医疗系统的承受能力，这些国家的医护人员同样要面对"谁死谁活"的问题。在资源有限的情况下，专家建议医护人员应该拯救更多的生命，增加患者预后的生命长度。如果两个患者的存活概率大体相当，那个未来生命时间更长、基础疾病更少、生活质量改善更大的患者，理应获得优先救助的机会。虽然放弃救治不等于谋杀，但对生命的数量和质量的比较和计算没什么本质性不同。

在任何一个领域，决策者都不可能为拯救少数人而牺牲多数人的生命，也不可能为拯救老弱病残而牺牲青壮年的生命，这么做不是事故降级而是事故升级。国家会鼓励年轻人献血，鼓励健康人捐献骨髓（造血干细胞）——如果微小的健康损害能为别人换来一条性命，何乐而不为？但器官买卖就不一样了，至今在各国都是非法的，其障碍不限于道德厌恶，一个重要的顾虑，是开放人体器官市场很可能导致许多年轻人的器官移植到富有的老年人身上。即便交易对双方都是互利的，从国家层面这笔账也不是很划算，长远看事故的级别不降反升。

我无意贬低康德式的道德律令，恰恰相反，在更大的时空尺度上，把任何情况下不能剥夺一个人的生命，视为独立于利弊权衡的道德律令，更可能利大于弊。人类的本性是自私的，有时甚至是残忍的；虽说圣母情怀泛滥也可能导致灾难性后果，但更多的灾难还是来自人类的兽性大发。两种错误不能等量齐观，前者有很高的门槛，而后者却只需丧心病狂。康德很可能意识到了后一种错误更值得警惕，所以才提出了一个逻辑上错误且事实上无法实现的口号——"人是目的，不是手段"。对错不是关键，取乎其上，才能得乎其中，矫枉必须过正，话说得再满，口号喊得再响亮，落实到行动上总还是要打折扣的。

但是请注意，我对康德的妥协仍然是功利主义的姿态，并且依旧遵循了事故降级的逻辑。我不认可他的教条，但考虑到绝大多数人类摆脱不了教条式思考，所以在比较后果的意义上，我愿意向大家推荐康德的教条。类似的情形是，我不赞同女权主义，也不赞同男权主义，但要做出非此即彼的选择，我就会毫不犹豫地站在女权主义的立场，因为我知道，比之男权泛滥所带来的那些噩梦般的灾难，女权泛滥的后果实在是好太多了。一个微小的观察很容易获得共鸣，总体上说，怕老婆的婚姻要比怕丈夫的婚姻健康得多。但要比较"拿着鸡毛当令箭"和"拿着令箭当鸡毛"两种错误孰优孰劣，就很难取得共识了。

事故降级就是在目标上打了折扣，"大事化小，小事化了"，如果不能一步到位，就要考虑以较小事故替代较大事故的可行性。罪刑相适应为潜在罪犯创设了以较轻犯罪取代较重犯罪的激励，这就是刑法上的"边际威慑"——重罪重罚，轻罪轻罚。强奸是犯罪，嫖娼只是违法，区别对待的好处之一，是让嫖娼替代（阻止）一部分强奸。并且同样是强奸，受害人的年龄和身份会影响损害的后果，电影《金陵十三钗》就是按照事故降级的逻辑来铺设剧情的，一群大义凛然的妓女替代一群懵懂无知的女学生去遭受日本鬼子的蹂躏。

◆ 效率违约

商业领域里的事故降级更为常见，并且很少引发伦理质疑。违约是最常见的交易事故，但违约方的责任只限于赔偿损失，法律如此规定隐含了一种默许——如果一方的违约收益明显超过了对方的违约损失，那么他选择违约就是有效率的，以较小的交易事故替代较大的交易事故，这在合同法上被称作"效率违约"。合约必须遵守，但不是无条件的，其实只要违约赔偿足够完美，法律决策者就无需关心合约是否被遵守。宽泛地说，离婚相当于解除合约，夫妻双方都有离婚的权利，而且法律不会过多追究是非曲直。

◆ 情势变更

历时性的交易充满了变数，而且有些变数还不可预测。一旦履行合约的基础条件发生了不可预测的变化，继续履约会让交易一方损失惨重，法律就会允许他向对方提出变更或解除合约的要求，必要时可以通过法院和仲裁机构强制变更或解除合约。这在合同法上被称为"情势变更"，人们通常把这个条款和不可抗力联系在一起，但在事故降级的逻辑上，情势变更其实更像合同法上的紧急避险。

与常规预防事故的措施不同，紧急避险至少外表看上去是在搞破坏，通过制造较小的事故来防范较大的事故。比如为了防止火势蔓延，我们可能会推倒火灾延伸方向的房屋，或主动烧出一块空地。这种做法很像切除肿瘤的外科手术，为了防止癌细胞扩散，医生会把病灶连同周围一部分健康组织一并切除。被毒蛇咬伤的紧急处理，也可能要采取类似的措施。

小病可以防大病。慢性咽炎的患者不会对吸烟上瘾，这客观上就保护了肺。我是个恐水症患者，却喜欢游泳，尤其喜欢在海里游泳，我虽知道怎样治愈恐水症（最好的做法就是坐在水里屏息冥想），但我不想治愈，因为保留这种心理疾病会让我在游泳时远离一些险情。无所畏惧不是件好事，高估风险比低估风险更容易让人存活下来。大多数人都患有某种程度的恐高症，虽然站在高处双腿发抖也会导致行为紊乱，但恐高症可以让人远离这种险情。

如果某个基因突变会导致疾病，但若同时能防止另一种更致命的疾病，那么这个突变就有机会保留在人类基因中，成为预防致命疾病的一个进化方案。镰状细胞贫血就是一种流行于非洲的适应性疾病，造成疾病的原因是某种基因发生了突变，基因突变的坏消息是导致血红蛋白分子的功能紊乱，但好消息是可以有效抵抗疟疾，并且总体上提高了疟疾高发区的人类平均寿命。我们目前发现的适应性疾病可能只是冰山一角，群体层面的适应性疾病数量之多可能超乎想象。天才和疯子相隔一线，也许疯子就是一种群体层面的适应性疾病，但导致疯癫的基因片段创造了不同类型的人类天才。适应性疾病可能还包括失眠，因为睡不着觉的人就是天生的哨兵。

纠纷算是社会有机体的一种病理现象，解决纠纷有很多方式，最好是通过协商达成和解，毕竟诉讼或仲裁的成本很高，但成本更高的方式是决斗。以诉讼替代决斗，以决斗替代复仇，或以复仇替代冤冤相报，都算得上事故降级。甚至有时战争也是解决纠纷的手段，比之全天候的战争，决斗式的会战就降低了战争的规模和烈度。会战有明确的地点和时间限制，没有旷日持久的屠杀，也没有对乡村和城市的掠夺。

"亲亲相隐"是中国古代一个非常人性化的法律原则，它允许家庭成员之间包庇犯罪，逃避举报责任。至少在古代法律决策者看来，法律如此规定属于事故降级，"亲亲相隐"当然会减轻国家处罚犯罪的力量，但强化亲属关系本身却可能是个更强大的犯罪抑制因素。现代法律废除了这个原则也未必不合理，因为冷兵器时代结束之后，政府军队和反叛武装的实力和装备就逐渐拉大了距离，伴随着国家的统治基础愈加牢固，家庭作为一个"由孝而忠"的驯化机制就不像过去那么重要了。

◆ "泸州二奶遗赠案"

当然，现代法律依然要保护夫妻关系和家庭关系的稳定性。一个人不能以知情权为借口去窃听别人家的夫妻对话，因为夫妻之间的隐蔽交流被认为能创造更大的社会价值。发生于2001年的"泸州二奶遗赠案"体现了法院对夫妻关系的珍视，死者去世之前通过公证遗嘱的方式把部分财产赠给了照顾自己生活的"二奶"，但法院却以公序良俗为由判决遗嘱无效。虽然这个判决赢得了舆论的喝彩，但是不要忽略判决的代价。为了避免社会财富因所有人死亡而减损或灭失，继承法把保护遗嘱的任务列在了首位。婚外性关系固然违反公序良俗，但当事人已经受到了法律之外的私人惩罚（道德谴责和声誉受损），他们为此付出了相应的代价，而法院剥夺"二奶"的继承权，实际上制造了一种额外的惩罚，导致不同"二奶"之间的区别对待，并且惩罚的后果，也很难说会减少"二奶"的数量，而只不过会迫使死者在去世之前以其他方式提前转移自己的财产而已。

偶然性、概率和误差

当鱼和熊掌不可兼得时，理性的选择是舍鱼而取熊掌，但这么说没有考虑不确定性。如果获取鱼和熊掌都是不确定的事件，比如熊掌到手的希望很渺茫，而鱼却是十拿九稳，那么相反的选择——舍熊掌而取鱼——也可能是高度理性的。当我们用统计学的方法来处理不确定性问题时，就有了概率的变量。有人说："时代的一粒尘土，落在一个人身上就是一座山。"这个说法很漂亮，却忽略了概率，并且有意混淆了事先与事后。

帕斯卡尔提出了一个类似赌博的决策模型来描述不确定条件下的理性选择。假定下注100元可以赌到200元，按帕斯卡尔的逻辑，只要赢率超过50%，下注就是划算的。当然前提是风险中立，但他那个时候还没有风险中立、风险厌恶和风险偏好之类的概念。事先看，预期收益就是实际收益和概率的乘积，预期损失就是实际损失和概率的乘积。但决策是在事先做出的，因此实际收益和实际损失都要被概率折算成预期收益和预期损失。当然，精心算计的结果未必好得过瞎蒙乱撞（有时瞎猫也能逮住死老鼠），但评价决策质量必须回到当初的时点，考察当时的约束条件，而不能"事后诸葛亮"。

帕斯卡尔讨论的著名问题，是我们是否应该选择信仰上帝。假定上帝存在，且我们信上帝，由此获得收益就是无穷大；而如果我们不信上帝，损失就会无穷大。在无限的收益和无限的损失之间，如何选择是不言而喻的。只要上帝存在的概率是个大于零的数值，无论多小，信上帝都是理性的选择。这个逻辑无可挑剔，只是没多大用处，因为信仰不受动机的驱使，信和不信都是我们没法选择的。

◆ 岳飞案

但如何处置岳飞，对南宋皇帝赵构来说是可以选择的。倘若岳飞有谋反的野心，而赵构却放过了他，那么养虎为患的后果很可能就是江山易手；而如果岳飞没有谋反的野心，赵构错杀了他，虽然也是损失惨重，但短时间内尚不至于酿成严重的政治危机。两相对比，哪怕岳飞谋反的概率很低，杀死岳飞仍然是划算的。这是政治上的按理出牌。让我们来算笔账，设岳飞谋反的概率为 P，错杀岳飞的损失为 L，错放岳飞的损失十倍于错杀岳飞的损失，那么，只要 $10PL > L(1-P)$，即当 $P > 1/9$ 时，杀死岳飞就是划算的。韩世忠曾为岳飞鸣不平，质问秦桧证据何在，秦桧回答说："其事体莫须有"，意思是这样的案子不需要有什么证据。说到这个份儿上，也算蛮坦诚了。

岳飞案的定罪逻辑是"宁冤勿纵"，与现代刑事司法倡导的疑罪从无（即无罪推定）恰成南辕北辙，后者倾向于"宁纵勿冤"。但利弊权衡的逻辑依旧，只是权衡的结果发生了变化。科技进步，经济增长，以及由此带来的军警力量升级，是造成这种变化的主要原因，当反政府武装难以与正规军抗衡时，国家就不再惧怕反叛之类的政治犯罪。而在普通刑事犯罪中，国家更可能认为冤枉好人要比放纵罪犯的损失更为惨重。但若一伙罪犯掌握毁灭一座城市的力量，疑罪是否从无就另当别论了。

一艘核潜艇拥有的武装力量可以消灭一个小国，重创一个大国，瘫痪一个中等国家。如果整个国家在战争中被彻底摧毁,最后一艘核潜艇成了仅存的反击力量,那么,即使潜艇上的官兵全部打算投降,在发出信号的刹那间,也会被敌国军队立刻锁定位置,随后遭到毁灭性打击。在不清楚核潜艇官兵投降是真是假的条件下,宁信其假、不信其真是敌国军队的当然选择。但如此推定会把核潜艇上的官兵逼上绝路,但也正是因为核潜艇没有投降的选项,国家之间才会相互确认海基核力量是最可置信的报复性威慑。

长期潜伏的间谍,其尴尬处境就有点像最后一艘核潜艇。在谍战剧《风筝》里,男主角郑耀先是长期潜伏在中统内部的中共间谍,由于种种原因和组织失联。新中国成立后情势发生了变化,郑仍然要隐姓埋名,虽用一次次的行动证明了自己的忠诚,但很长一段时期却澄清不了曾经叛变的嫌疑,仍无法获得组织上的充分信任。在搞不清楚间谍是否背叛的条件下,组织上不可能对间谍疑罪从无,毕竟间谍不是普通人。但如此推定会逼迫间谍提前背叛或变成双面间谍,这对于潜伏者的忠诚和信仰都是极其严峻的考验。组织上的疑虑基于一个非常简单的判断——没有人能经受得起酷刑的折磨,这个判断的逻辑仍是"两害相权取其轻"。

在普通民事案件中,疑案裁判也类似一场赌博。假定我从银行取出了一捆钱,随即存入另一家银行,这时发现其中有一张伪钞。我拿着这张伪钞返回原来那家银行要求以假换真,但银行员工告诉我"出门之后,概不退换",于是我一怒之下把银行诉至法院。假定审理这起案件的法官恰好是我学生,他清楚我的人品,大致可以断定假钞就是银行柜员的操作失误或验钞机出了问题,但最终他还是会判我败诉。理由是,我没有证据证明假钞出自这家银行。如果我抗辩说,银行也没有证据证明假钞不出自这家银行,那么我的学生法官可能会把我曾经教给他的道理反过来讲给我听:遇到疑案,错判总是难免的,但法官应选择一种预期损失较小的判决。冤枉银行会激励许多欺诈行为,大量储户可能会用事先准备好的假钞去欺诈银行;但冤枉储户却不会激励银行的欺诈行为,没有哪家银行会事先准备好假钞去欺诈储户——如果银行胆敢这么做,世界上就没有银行了。

◆ 彭宇案

发生于2006年的彭宇案是一起很难被遗忘的案件,每逢有见危不救事件发生，人们总会联想到这起案子。原告徐某摔伤后被彭宇送到了医院，徐某指认彭宇撞倒了她，彭宇否认，声称自己是救助人而非加害人。双方在法庭上各执一词，真假难辨，南京市鼓楼区法院最后援引"常理"、"社会情理"和"日常生活经验"认定彭宇是加害人，并判决他承担部分赔偿责任，随之引起了轩然大波。其实法院只需老老实实遵循"谁主张，谁举证"的证据法规则，就可以做出一个无可争议的判决。尽管几年之后，该案的许多细节和证据被逐步披露，甚至被告彭宇也承认了与原告确有相撞的事实，但案件真相的事后澄清不能掩盖一审判决的低级错误。

很少有人注意到彭宇案的底层逻辑仍是不确定条件下的利弊权衡。冤枉彭宇的后果是"好人被讹诈"，激励被救助人诬陷救助人；而冤枉徐某的后果是"好人被冒充"，激励加害人冒充救助人。直观的感觉是，好人被诬陷相当于"雪上加霜"，而好人被冒充则可以"亡羊补牢"。更重要的是，"好人被冒充"不见得是坏事，冒充要有冒充的资本，至少需要他在加害于人之后再去施救于人，这客观上已经减少了事故的损失。两相比较，在事实真伪不明的条件下，与其冤枉彭宇，不如冤枉徐某；这么说听起来很残酷，但司法的逻辑就是如此。

很多年前，一位同行在某个政法院校的课堂上被学生用菜刀砍死了，这起令人震惊的故意杀人案引起了业界热议，很多人惊呼高校老师成了高危行业。惊讶之余就是愤怒，愤怒之余就是迁怒。终于在某个场合，我听到有人斥责学校失职，他说校方应该对这起校园惨案负有管理责任。当时我就反问说："可是学校怎样做才不算失职呢？"一句话问得那人哑口无言。

校园惨案的确令人痛心，但学校在管理方面是无能为力的。能对一所政法院校进行军事化管理吗？不能。能在教学楼前安装安检门吗？不能。能把上课的老师关进一个铁笼子里吗？不能。这些措施都不合理，所谓"不合理"，指的是对应于实现目标所获得的收益，采取措施所耗费的成本太高了，得不偿失。发生这种校园惨案的概率非常小，说十年不遇是毫不夸张的，高校老师不是高危行业。但让人揪心的事件会影响人们对概率的评估。

◆ 汉德公式

假定某类事故一旦发生造成的实际损失为 L，事故发生的概率为 P，则事先看来事故的预期损失就是两者的乘积 PL，如果避免事故所需支付的成本 B 超过了事故的预期损失，即 B > PL，那么通常情况下，法律不会鼓励人们去避免这种事故，这就是法律上的"过错责任"，无过错则无责任。这个可用以界定过错的公式被称为"汉德公式"，与帕斯卡尔的决策模型完全吻合，只是其中一种成本 B 是确定的，另一种成本 L 是不确定的。

做任何事情都有风险，开车可能遇到车祸，走路可能被毒蛇咬伤，坐在办公室可能遇到地震海啸，睡在家里还可能被外星人掠走。即使事故的实际损失十分惨重，只要发生的概率足够小，也可以完全无视，因为采取任何防范措施都不划算。成本不合理的预防措施不可持续，在引发一系列的恶性连锁反应之后就会不了了之。我曾记得某市为预防春夏之交的森林火灾，要求大量公务员到火灾易发地去站岗放哨；也曾记得某市教委为防止中小学生食物中毒，而强令学校禁止学生到校园外面的摊点吃东西。诸如此类的防范措施都不可能坚持下来，喧闹之后归于平静，事后看不过是曾经刮过的一阵风。

只要把错判视为一种事故，证据法就会和侵权法分享同样的逻辑。当避免错判的成本超过错判的预期损失时，法院就会做出推定判决，而推定意味着某种概率的错判是可被容忍的。一个人下落不明满四年，在满足程序条件之后可被推定死亡，尽管他活着的可能性依然存在。如果我能向法庭证明，我的邮件已经交邮，法庭就会推定对方当事人已经收到了我的邮件，除非他能提出有效的反证，证明邮局把邮件搞丢了，这一事实发生的概率并不为零。

刑事判决同样如此，只是证明标准更高一些。民事判决采用"优势证据原则"，意思是如果其他变量无法比较，法院应该支持主张更可能为真的一方当事人，或者说，只要一方当事人主张为真的概率超过 50%，他就可以打赢官司。而在刑事案件中，除非犯罪指控成立的概率远超 50%，达到"排除合理怀疑"的程度，否则法院就会做出无罪判决。但

"合理怀疑"终究不是"一切怀疑",如果辩方提出质疑说"我的当事人犯罪可能是因为受到了外星人的精神控制",法官就会判定这个怀疑"不合理",控方无需承担举证责任。但不合理的怀疑未必不真实,只是怀疑为真的概率非常小。

如果把认知中的错误也视为一种事故,那么汉德公式也可以用来解释认知游戏中的常用策略——贴标签。商标、绿色食品、国药准字、产品质量认证、政府信得过早餐等等,都是商业领域里常见的标签。这些标签所隐含的逻辑是,"凡是被贴上某种标签的商品都达到了某种质量标准"。如果消费者认可这个逻辑,标签就大大减轻了他们购物的负担——只需辨认标签,无须检验商品质量。尽管标签不一定可靠,但若标签失真的概率足够低,并且检验商品的信息成本足够高,消费者信任标签就是理性的。

在非商业领域,我们也经常通过辨识或创造标签来降低认知成本。学历、职称、帽子、头衔、会员资格,以及一些显而易见的表征,比如衣着、肤色、年龄、性别、座驾、居住环境等,都可以用作标签,来判断某个人的品性或能力,这在心理学上被称作"社会刻板印象"。尽管我们知道"以貌取人"难免会犯错误,但之所以习以为常,终究是因为观察一个人的外貌总比了解这个人的能力和品性要容易得多。

法律中经常使用的硬性标准,比如金额、时间、年龄、身份等等,就相当于一些容易识别的标签。尽管立法者很清楚,确定民事责任能力的依据应该是一个人的心智成熟程度和独立生活能力,只因依据难以量化,才把年龄作为硬性标准。硬性标准有误差,但只要误差足够小且误差概率足够低,以年龄为界仍是划算的立法策略。

其实法律的规则形式本身就很僵硬,规则表达为全称判断——"所有人都必须怎样怎样"或者"任何人均不得如何如何"——难免失之笼统,毕竟全称判断是归纳的结果,而归纳法在逻辑上是先天不足的。休谟最早对归纳法提出了尖锐质疑:根据有限经验,我们如何能够归纳出一个全称判断的命题?

◆ 休谟问题

即使见过的乌鸦全部是黑色的,我们如何敢于断言"天下乌鸦一般黑"?或者,即使知道过去太阳每天都从东方升起,我们又如何能够断定明天太阳还会从东方升起？这就是哲学史上著名的"休谟问题"。此外，从事实判断怎样上升为价值判断是休谟问题的另一个面向，两者在逻辑上的困境是一致的。

人们通常以为，休谟问题的提出，不仅挑战了人们习以为常的思维方式，而且涉及了普遍必然的经验知识是否以及如何可能的问题。它对归纳合理性的质疑，据说动摇了人类知识的确定性依据，甚至摧毁了科学大厦的基础。这些说法都太夸张了，毕竟两百多年来从没听说有哪位科学家因休谟问题而对自己的工作前景感到恐慌或不自信。尽管休谟问题至今仍被视为一个哲学悬案——要知道，悬案是科学的耻辱，却是哲学的荣耀——但实际上，经过一些学者对休谟问题的功利主义阐释，并伴随着决策论、认知科学和演化博弈论的兴起，这个哲学悬案已经不那么玄了。在不同领域的许多专家眼里，这个所谓的"鸿沟"早已被填平，或者说，"鸿沟"原本就是子虚乌有。

休谟问题在逻辑学上也许是永远无解的，作为哲学问题至少是深不可测的，但诉诸利弊权衡却是十分简单的，套上汉德公式就可以获得答案。比如，我们要预测明天的太阳是否从东方升起，可以用全称判断——"太阳每天都从东方升起"——作为大前提，然后通过演绎推理直接获得答案。尽管这个大前提并不绝对可靠，但出错的概率实在是太小了。而若抛弃这个大前提，我们就得做调研，至少要搞清楚地球的自转能否坚持到明天早上。根据有限经验归纳出一个全称判断，虽有简化认知的收益，却难免认知错误的风险，但只要收益足以覆盖损失，归纳法就是划算的。我们之所以接受归纳法，不是因为它正确，而是因为它划算，毕竟人类的终极目的只是活下去，而不是追求真理。

"真理"这个词汇本身就有点问题。所有理论都来自归纳、概括和抽象，对应于现实世界都有误差，就像地图永远不能覆盖弯曲的地球表面。而一种追求极度逼真、试图忠实复制整个世界全部细节和全部复杂性的理论，是注定失败的，或充其量是个描述。人类的认知是高度策略性的，理论不过是提高认知效能的工具。

理论固然要以事实为依据，但理论对于事实的需求不能太多。如果一种理论需要吞噬无穷无尽的事实，那么它就变成了我们养不起的一头怪兽。孔子强调"举一反三"，目的就是从较少的事实获得较多的知识。而天才,永远是那些只根据很少事实就能得出结论的人。我从不看好"法律与人工智能"这个研究领域,因为这种方法看似高效,其实很昂贵,人类有史以来积累的案例数据库,都不够机器学习吃顿早餐的。

对理论的综合评价只能是效能,而不是真伪,或者说真伪服从于效能,精确性/逼真度只是衡量理论效能的一个指标;但精确不是无成本的,简洁是衡量理论效能的另一个指标。托勒密的地心说之所以败给哥白尼的日心说,不是因为后者更正确,而是因为前者太繁琐。"奥卡姆的剃刀"隐含了知识要看性价比的原则,如果两种理论具有同等的解释力,那么相对简洁的理论仅仅因为简洁就可以取胜。工具要和目标相称,计算天宫一号对接或弹道导弹拦截,都无需量子力学,就像剪裁布料或建造房屋用不着游标卡尺。本书之所以努力回避博弈论和数学公式,是因为我觉得法律不是个精细的领域;面对不同选项,法律决策者通常只需知道个好歹就够了。

◆ 他心难题

说起年轻的母亲缺乏经验,难免对自己的孩子期望过高,肯定会有人想到这样的场景——一位女同事跑进办公室,兴冲冲地告诉大家:"我儿子会叫妈妈了!"这种话过来人听得多了,嘴上胡乱应酬一下,心里却是清楚得很——刚出生四个月的婴儿怎会有这个能耐,不过是随机发出的叫声被他期待太高的母亲赋予了意义罢了。这不奇怪,偶尔我们也能从云彩里看到一只绵羊或一张人脸,但我们知道这只是个随机事件,云彩是没有意识的。

判断孩子是否学会说话,需要反复检验,在这个问题上,我是格外慎重的。直到女儿上高中,我还曾跟她说起:"我至今还不能肯定你已经学会说话了。"女儿诧异地问为什么,我解释说:"也许你现在仍和婴儿时期一样,毫无目的地咿呀乱叫,脑子里空空如也,声音从喉咙和嘴巴里随机发出来,却偶然地符合了语法,并且恰好满足了我们的期望。在绝对意义上,这个可能性是无法排除的。"女儿想了想,觉得我说的有道理,不过她告诉我,在绝对意义上,她也没办法确定我是不是疯了。

说得有点夸张，但逻辑上没错，人心隔肚皮，我们没法百分之百地确定别人是怎么想的，甚至没法百分之百地确定别人也有思想，这就是"他心难题"。了解别人的思想，哪怕只是判断他是否会说话，都不是直接观察他的心智，而是间接统计他的行为。年轻的母亲误以为自己的儿子会叫妈妈了，错在样本太小，不足以支撑她的统计结论。我说怀疑自己的女儿不会说话（当然只是说说而已），目的却是为了强调，即使统计结论的概率趋近于1甚或等于1，也只是个统计结论，而不是必然结论。世界上没有绝对的必然。

一个人的心智是不可观察的，任何对心智的描述，最终不过是对行为的描述，确切地说，是对行为模式的描述，更确切地说，是对行为统计结论的描述。当你看到"恶贯满盈"这个词汇时会想到什么？真的是一颗邪恶的心灵吗？邪恶是什么颜色？其实你能想到的，只是一些邪恶的行为。当神医喜来乐用"恶贯满盈"来评价他的同事王春和的时候，他应该是下意识地回顾几十年来两个人彼此打交道的历史记录。当你说"我想知道她心里是怎么想的"或者说"我想知道她是不是真正爱我"的时候，你的真实企图，是想以低廉的成本扩大对她行为和后果的认知规模，你要的不是"大数据"，而是大数据的分析结论，你试图借助这个分析结论来预测她未来的行动。

故意、过失、蓄谋、冲动、忏悔、犯罪动机、主观恶性、认识错误以及精神病等等，这些法律上用以描述主观心智的概念，最终都可以并且只能还原为对行为的描述。如果发现罪犯在作案之前就已经学习了犯罪知识，准备了作案工具，还曾几次踩点，那就有理由指控他是"蓄谋犯罪"。可谁知道罪犯心里究竟是怎么想的呢，法律上所有关于主观心智的判断，都不过是根据行为做出的推测而已。也许那个罪犯事先采取的一系列行动纯属巧合，但对不起，他只能自认倒霉，因为司法制度要避免这点概率极低的冤情实在是成本太高了。

假定有两个人，一个人总是做些对大家有益的事情，而另一个人总是做些对大家有害的事情，我们就会说前者是个"好人"，后者是个"坏人"。是好是坏属于价值判断，有益有害属于事实判断，两者的关系非常简单，价值判断就是对事实判断的统计结论的模糊表达，或者说，价值判断就是压缩了的事实判断。从事实判断上升为价值判断，就如同用心智描述取代行为描述。压缩的好处是降低成本，代价自然是增加误差，两者都是以精确换简洁的认知策略，但这个策略本身仍是效率取向的。

当我向别人介绍这两个人时，如果怕麻烦，就用"好人""坏人"这种简洁而笼统的价值判断；不怕麻烦的话，就会细数这两个人的行为记录。两台电脑之间交换数据，根本用不着价值判断，甚至用不着描述心智的概念，海量的行为记录可以从一台电脑迅速输入到另一台电脑。但人脑没有电脑那么强大的数据传输能力，所以只好将行为记录压缩打包——或以价值判断取代事实判断，或以描述心智取代描述行为。

评价一个人的品性也同样如此，看似描述他的内心世界，但其实只是统计他的行为和后果。所以毫不奇怪，我们会慷慨地把道德判断扩展到动物世界，诸如"狗很忠诚""猫很淡定""狮子很勇敢""乌龟沉得住气""蚂蚁有奉献精神"之类的说法司空见惯。我还曾听到有人怒斥她的电脑——"太不要脸了！"。

增加冗余

◆ 收割规则

我的老家在济南郊区，如今算是城乡接合部，但几十年前是不折不扣的农村。1982年开始实行家庭联产承包责任制，在我记忆中，是那年冬天开始分地的。推算一下，秋天小麦播种时，还是人民公社时代；到了来年的麦收时节，土地连同即将收割的小麦，就已经分给农户了。

我的父亲在外地工作，家里缺少男劳力，所以麦收就比别人家晚了几天。那时我年纪还小，顶多算半个劳力。等到父亲从外地回来，我和他一起去收割小麦时，大片麦田上就只剩我家的那一小块还长着庄稼了。放眼望去，收割后的麦田里错落有致地矗立着许多深色的大块石头，埋了半截，也依然抢眼，这可是人民公社时代没见过的景观。这些石头，就是界碑。

紧邻我家麦田南侧的，是周大爷家的那块地，小麦早已收割得干干净净。像周大爷这种老实谨慎的勤快人，赶上收麦子这等天大的事情，那是一天都不会推迟的。但出乎意料的是，周大爷居然犯了个错误，他少收割了一垄麦子。两家的麦田以石为界,但紧贴石界却有一垄小麦尚未收割,这垄小麦分明是周大爷家的,居然忘了收割,不会是他搞错了两家麦田的界限吧?可石界就矗立在那儿,清清楚楚,纹丝不动。

带着迷惑,我把这个意外发现告诉了父亲,不料父亲却说:"你周大爷没搞错,他只是遵守了三十多年前的老规矩。"这话让我更加迷惑,经过继续追问,才弄清楚所谓"三十多年前的老规矩"究竟是怎么回事。原来,在人民公社时代之前,土地归农户私有,那时相邻两家的土地也是以石为界。若是两家土地相邻,提前收割庄稼的那户人家,在收割时就通常不会把自己家的庄稼收割殆尽,而是把紧贴石界的一垄庄稼暂时保留,等邻家收割完毕,再来收割这最后的一垄。当然,后收割的那户人家也不能把邻家暂时保留的庄稼收割为己有。这就是父亲所说的"三十多年前的老规矩"。

搞明白之后,我感觉这个老规矩实在太麻烦了,耗时费力,属于旧社会的繁文缛节。但多年后我回忆起这段往事,却不禁陷入了沉思。旧社会的农村怎会发展出成本如此高昂的"收割规则"?这条规则的目的,显然是为了避免收割庄稼时可能引发的冲突和纠纷,但若只为达到这个目的,规则完全可以简化为"收割庄稼不得越过石界",何须如此繁琐?换个角度提问,如此繁琐的收割规则何以能够创造出来并延续下去?

想到这里,我不由得倒吸一口凉气。因为争夺土地和庄稼,旧社会的农民不知发生过多少次血腥的冲突,才可能创造出如此繁琐的收割规则!"界碑的底色是血红的",吴思先生说过的这句话一下子进入了我的脑海。只有冲突非常频繁或/且后果非常严重,防范冲突的成本才可能被推高到这个地步。倘若冲突只是偶尔发生,或即使发生冲突后果也不严重,则只需确立"收割庄稼不得越过石界"的规则就足够了。相对于这条简单的收割规则,旧社会如此繁琐的收割规则应该属于"加固防火墙"的做法。正因为旧社会的农民因争夺土地和庄稼发生过太多的流血事件,心有余悸的农民们才不得不选择与冲突保持一段安全的距离,而不是只与冲突擦肩而过。遗留下的那一垄小麦就是界碑延伸的缓冲区。

防范严重的风险经常需要加固防火墙,部队上有个关于使用枪支的规矩——空枪不能对准人,枪口要么朝上,要么朝下。倘若刚服役的新兵不明白这个规矩,把空枪瞄准战友,哪怕只是开个玩笑,也会被视为严重的冒犯,若是被班长看见,少不了要吃一记耳光。"空枪不能对准人"的规矩,就是为了防范枪支走火而加固防火墙的举措。班长的一记耳光也是加固防火墙,目的是为了避免新兵遗忘这条规矩。

生活中还有很多缓冲区。两个人(尤其是两个男人)站在一起交谈,中间总要保留一段距离,陌生人间的距离还要更远一些。人与人之间总是保持合理的距离,只有非常亲密的伙伴才可以把距离缩小到零或负值。倘若狭小的空间里挤满了人,大家都会浑身不自在,有种莫名的紧张感。很少有人在电梯里高谈阔论、大声喧哗或张牙舞爪,甚至不能直视另一个人的眼睛。这种反应是人类祖先留给我们的风险意识,如果你突然发起攻击,我至少要有段缓冲的距离和时间。

杯子掉在地上就会摔碎,但猫从桌子上跳下来一点声音都没有,猫能缓冲重力加速度的影响,但杯子不行,要防止杯子摔碎,就要在地面铺上地毯。在如今的网络时代,一个人因为犯点小错误就可能声名狼藉,甚至丧失所有的商业合作机会。如果执法者预先想到网络传播会不合理放大犯错误的实际后果,让很多人变成脆弱的杯子,那就应该设置某种缓冲机制来对冲这种脆弱性。伊斯兰国家执法者就懂得这个道理,比如,教法对通奸的处罚相当严厉(甚至石击处死),但证据法却对警方指控通奸提出非常苛刻的要求(比如需要四个目击证人),这就等于把严厉的教法给架空了。

"红灯停,绿灯行",黄灯属于两者之间的缓冲区。但警方在 2012 年底曾一度宣称要惩罚"闯黄灯"的行为,在引起社会强烈非议之后很快就放弃了。惩罚"闯黄灯"的目的是从严执法,但无论从严执法,还是从严追责,都可能让社会因为缺乏缓冲而变得机械僵硬,甚至可能出现"层层加码"。

"层层加码"虽饱受诟病,但这是下级执行命令时为避免被上级追责而增设的缓冲区。如果做事不好把握分寸,合理的缓冲是宁可把事情做过头，不能做事情欠火候。孔子说"过犹不及"，这话说对了一半。官僚化的处事逻辑是，过总比不及好。"拿着鸡毛当令箭"和"拿着令箭当鸡毛"属于不同性质的错误，前者不涉及忠诚问题，也没有被追责的风险。这和恐高症的逻辑是一样的，虽然高估风险和低估风险都是错误，但高估风险是一种相对安全的错误。

如果领导对某些意见很敏感，而下属又搞不清楚他能够听取什么样的意见，那么明智的反应就是不提意见。如果法律对诽谤和错误言论的惩罚很严厉，沉默就会成为合理的缓冲，很多正确的言论也因此消失，这就是"寒蝉效应"。同样，如果性骚扰的后果是身败名裂，那么男性在追求女性时就不那么进取，男女交往也会受到影响。不能相信"身正不怕影子斜"，因为有时"跳到黄河也洗不清"，所谓"瓜田不纳履，李下不正冠"，就是既要做到"身子正"，又要避免"影子斜"，后者就属于缓冲区。

"君子不立围墙之下"就是要和风险保持一段合理的缓冲，不过如果危险无法避免，那就应该坦然面对。古人说过几句很厉害的话："君子对青天而惧，闻雷霆而不惊；履平地而恐，涉风波不疑。"这就是在心理上对客观情势的变化反向下注，从而为应对不确定性创造一个认知和情绪上的缓冲区。

如果高速公路限速100迈，而法律对超速的惩罚又十分严厉，那么驾驶人的应对是至少要保留5—10迈的缓冲，而不是逼近100迈。与之相应，警方对10%以下的超速驾驶免于惩罚，惩罚的缓冲是为了对冲人们对严厉惩罚的过敏反应。"容错机制"就是惩罚或追责的缓冲区，目的同样是为了对冲人们对严厉追责的过敏反应，当然也为了减轻追责的成本。刑法也设置了一个缓冲区，情节显著轻微的违法行为不值得启动昂贵的刑事司法程序，大家都知道"不动大炮打蚊子"。

但对于危害严重的违法行为，更常见的预防措施是加固防火墙，在危害后果出现之前就会设定一些过程性的法律责任，从而把危险消灭在萌芽之中。如果你的交易伙伴有确切证据证明，你已经丧失了履行合约的能力，即使你尚未真正违约，他也有权主动中止履行，这就是合同法上的"不安抗辩权"。如果你在阳台上搞建筑，或在自己家里养只老虎，即使没造成任何实质性损害，你的邻居仍可以告你侵权，这属于侵权法上的"危险行为"。如果你私藏枪支或醉酒驾驶，或者你已经实施犯罪但尚未成功，即使两者都没有造成任何危害后果，仍可能被定性为犯罪，这属于刑法上的"危险犯"和"未遂犯"。

邪恶的行为来自邪恶的思想，但法律责任之所以只连接行为而不涉及思想，是为了避免过度或错误的惩罚。邪恶的思想是不可观察的，且绝大多数邪恶的念头稍纵即逝，不会产生任何危害。但在冷兵器时代，如果统治者缺乏有效的军事手段捍卫自己的政权，那么法律对反叛者的惩罚就会从行为延伸到思想，历史上就有"腹诽"的罪名。"欲加之罪，何患无辞"，所谓"腹诽"也只是个借口，其真实目的只是加固防火墙，扩大惩罚的范围，属于"宁可错杀一千，不可放过一人"的翻版。

不枉不纵是刑事司法的理想，但只要这个理想实现不了，司法就要在"宁纵勿枉"和"宁枉勿纵"之间做出选择。前者表现为"疑罪从无"，也叫"无罪推定"；后者表现为"疑罪从有"，也叫"有罪推定"。而疑罪从有，包括客观归罪和主观归罪，都属于扩大打击面、加固防火墙的做法，与类推定罪和扩张解释可谓异曲同工。

把犯罪看作一种事故，我们会发现法律责任只是阻止犯罪的最后一道防火墙，包括消除贫困、普及教育、促进就业、鼓励结婚和生育在内的公共政策，都是拦截犯罪的防火墙，并且可能已经拦截了绝大多数犯罪。倘若不用军队和警察，而仅仅通过洗脑式的教育，统治者就能获得全部人口毫不犹豫的服从（就像乔治·奥威尔的小说《一九八四》所描述的噩梦般的世界那样），那么法律就会成为一个"冗余系统"，尽管冗余并非多余。

设置缓冲区或加固防火墙，在工程学上都叫作"增加冗余"。尽管冗余系统的前期投入和后期维护都要耗费高昂的成本，但在高风险行业仍然应用广泛。银行的数据有多个备份，飞机上有备用的发动机，汽车上也有备用的轮胎。甚至人体也长了两个肾，以备不时之需——尽管长一个就够用了。备份、备胎或备用发动机在正常情况下都派不上用场，但生活中总有意外发生。核电站的燃料棒被封闭在一个特殊合金制造的压力器之中，外面还用钢筋混凝土建造了一层厚重的安全壳，这层安全壳基本用不着，但不能没有，否则2011年3月发生核事故的福岛早就成为第二个切尔诺贝利了。

法院的错判也是一种事故，法律之所以设置上诉程序和再审程序，就是为避免错判而多上几道保险。人命关天，死刑案件更须慎重，所以在常规程序之外另增了一个死刑核准程序。除非一审判决能保证百分之百正确，否则上诉、再审以及核准程序作为冗余设置仍有存在的必要。如果交易双方签订的合约绝对完美，事无巨细皆有约定，且无任何遗漏、模糊或歧义，那么合同法存在的价值就不大了。总体上说，合同法是个避免交易事故的冗余设施，一旦交易双方约定不明或合约出现遗漏，法定的条款就被法院视为双方默认的约定，以补充或修正不完善的合约。对于防范交易事故而言，合约是第一道防火墙，合同法是第二道防火墙；正如对于解决纠纷而言，协商是第一道防火墙，诉讼是第二道防火墙。

◆ 江歌之母索赔案

在 2022 年 1 月判决的"江歌之母索赔案"中，法院判决认为，对于江歌的意外被杀，被告刘暖曦有明显过错。但从判决书披露的事实来看，认定被告有过错是很勉强的。法院不能根据事后去定性事先，因为没有人是神仙。回到事先，江歌和刘暖曦对危险的认知是有限的，陈世峰杀人完全出乎意料（出乎所有人意料，他没有表现出明显的暴力倾向，更何况暴力倾向和杀人倾向还有很远的距离；即使有杀人倾向，陈世峰的目标也是刘暖曦而不是江歌）。当事人能想到的，通常就是纠缠，最多是打人。至于被告刘暖曦，她最担心的可能只是照片泄露。事先来看，在应对陈世峰的问题上，江歌比刘暖曦更安全，也更有效，江歌和陈世峰打过交道，还算比较成功。这是刘暖曦请求江歌出面帮忙、江歌愿意出面帮忙的前提，也是两个人的共识。

但我仍然认为法院的判决并非不合理。由于存在可能的紧急事态，法院在认定过错时应保留适度的冗余，采用严苛标准。遇到危险，法律应鼓励人们尽可能救助自己的伙伴，这个激励还必须足够强。尽管法律不应鼓励同处险境的另一个人去白白送死，但即使法律如此规定，也不至于出现这种情形，因为守法行为总是要打折扣的——当事人倾向于自保，而不是冒险施救。法律更需警惕的，还是扔下同伴、自己逃命的自私行为。所以，在可能的紧急事态中，法律认定过错的标准应该是超规格的，即使超规格认定过错，其激励效果也不过是刚好而已。"取乎其上,得乎其中"就是这个意思,由于事先考虑到人们做事总会打折扣,所以一开始就要提出高标准、严要求。

类似的情形是,法律禁止人们在真正绝望的情况下杀死救生船上最弱的一个旅客。如此规定貌似是鼓励大家在绝望的情况下一起去送死,但其实不然,这个担心是多余的,不太可能有人去主动送死,但确实会有人选择提前下手。而与担心送死相比,法律更需要防范的,是人们在还没有绝望的时候就早早开始自相残杀了。所以,虽然法律做出了一个不中立的规定,但其实施的最终结果,最多不过是中立而已。"矫枉必须过正"。

考虑到为了防范农民因争夺土地和庄稼而屡屡引发的血腥冲突,"三十年前的老规矩"并不稀奇,稀奇的是这个老规矩居然在三十年后被周大爷复活了。20 世纪 80 年代,农村已经不像旧社会那么贫困,农民对庄稼和土地也不再像从前那样斤斤计较,更何况周大爷深知我们家也是同样的老实人,只要收割小麦不越界,他丝毫不会担心引起任何纠纷或冲突。

◆ 昂贵的信号

周大爷复活这条旧社会的收割规则,留给我的最初感觉是他做人讲究。其实周大爷这么做的主要目的,也无非为了表明他做人讲究而已。"三十年前的老规矩"是为了加固防火墙,但在这个功能消失之后,收割规则依然有人遵守,是因为它还有认证功能,可以为周大爷的人品强力背书,周大爷可以借此向他人(尤其向我家人)释放其为人讲究的信号。

有时,增加或保留冗余就是为了释放某种信号。麻烦是少不了的,但麻烦是必需的,不麻烦怎么表达诚意呢?所谓"疾风知劲草,板荡识诚臣","真金不怕火炼","患难见真情","沧海桑田方显英雄本色"等等,说的都是这个意思。只有昂贵的信号才能传递有价值的信息,成本是对实力、意图和品性的认证。行动之所以比语言"更响亮",不只因为行动比语言更容易被观测,还因为行动比语言的成本更高昂,因此具有更强的认证功能。成本是个遴选机制,因为付不起成本的竞争者都要靠边儿站；风险也是个遴选机制，担不起风险的竞争者都被淘汰了。所谓"富贵险中求"，意思就是在风险筛掉大部分竞争者的空间里，资源就会变得充裕起来。

救助、施舍和捐赠，这些利他主义行为都可以认证一个人的美德，但法律把这些行为规定为强制性的义务，就会削弱它们的认证功能，因为人们不再能肯定行为人究竟是出于真心还是出于法律的压力。法国剧作家博马舍的名言——"若批评不自由，则赞美无意义"——也是同样的逻辑，压力之下的赞美是廉价的，反映不了赞美者的真实意图；而且赞美还会相互削弱，因为集群性的赞美会自然提高人们内心评价的参照点，导致赞美本身的通货膨胀。就像大街上的女性如果都被人称为"美女"，你要是见到真正的美女就非得造出个新词儿不可。不少明星艺人懂得这个道理，为了让粉丝的赞美显得货真价实，他们会刻意保留几个"黑粉"。明贬实褒在演艺圈很常见，被贬为"花瓶"对于一个女艺人就不是个坏消息，至少说明她的美貌是无争议的，这可是人在演艺圈的核心竞争力。容忍批评的最大好处就是认证赞美的真实性，面对毫无瑕疵的神圣、崇高或纯洁，人们的第一反应是不真实。世界上没有廉价的完美。

假定你向某个女生求爱，一定要清楚语言和行动的认证功能是不一样的。不要走捷径，不要怕麻烦，许多看似毫无价值的行为，实际上不可或缺。表白很容易，认证真爱就比较难。买不起贵重的礼物，就要多花一些心思，折磨自己才可以取悦心上人。即便是廉价的鲜花和蜡烛，只要摆出个不同寻常的模样，也远比月亮更能代表你的心。言情小说家深谙此道，他们要描写惊心动魄的爱情，就一定会为爱情设置各种惊心动魄的障碍（想想金庸是怎样难为杨过和小龙女的吧）。

信用也需要通过成本来认证。企业为维护自己的商业信用，经常会履行一些毫无价值的合约；国家为维护惩罚犯罪的信用，也会付出与犯罪损失不相称的代价去破获案件，查获犯罪嫌疑人。商鞅为了取信于民，曾当众悬赏五十斤黄金让人移动一根木头。"徙木为信"的故事在日本还有个著名的现代版本：成田机场是日本最大的国际航空港，按照最初的规划，这个机场总共有三条跑道，但直到现在，只建成了一条半跑道，而导致机场跑道无法完成建设的原因就是钉子户。因为整个机场只有一条半跑道，所以整个机场的飞机数量非常的少，但是为了能够维持这个机场的运转，停机费非常的贵，比其他机场贵到了 4—5 倍。如此高昂的成本并没让日本吃亏，日本人可以向全世界宣布他们的政府是多么尊重私有产权，如果连几个钉子户都不会解决，外国投资者就可以彻底安心了。

生物学家用"障碍法则／累赘原理"（handicap principle）解释动物世界中许多过度奢侈的器官以及某些看似徒劳无益的行为。生物进化遵循经济原则，雄孔雀的长尾巴和公鹿的大犄角却明显超出了实际需要，不仅浪费有机体的宝贵资源，而且容易招致风险——过大的犄角会让公鹿在奔跑时很容易被卡在灌木丛里，长尾巴会让雄孔雀在开屏时很难抵御狂风。但两性之间需要传递信息，传递信息可不是免费的，雄孔雀和公鹿可以借助它们的长尾巴和大犄角向异性展示自己的实力，其潜台词是："看我拖着这么长的尾巴或长着这么大的犄角，还能潇洒地活下来，你们还会怀疑我的优质基因吗？"

生活中超出实际需要的东西实在太多了。文身和刺青，戴在耳朵、鼻翼、乳头以及身体其他部位的金属环，在健身房花费大把时间才能维持的健硕肌肉，还有那些功能与普通消费品相差无几的奢侈品，包括但不限于价格昂贵的手表、衣饰、包包、化妆品以及葡萄酒，这些东西有什么用？都有用，它们可以释放某种有价值的信号。在毛姆的短篇小说《午餐》里，女主人公是一位特别贪吃的女士，在描述她的相貌时，作者特别强调了她的牙齿——"洁白整齐，比一般人大，数量之多超出了实际需要"。对于约她吃饭但囊中羞涩的那位男士而言，牙齿上的冗余是个不祥之兆。

我曾收到过一件礼物，有几公斤重。外包装是一个制作精良的木匣，打开之后是一个硬纸盒，里面还包裹着一个小巧的圆形塑料盒，塑料盒的底层是泡沫，上铺红绸缎，红绸缎上用针线固定了 20 棵冬虫夏草，整齐地排列成一个扇形。我端详了很久，终于明白收到的礼物就是这 20 棵冬虫夏草，刹那间我就理解了包装的价值：包装奢侈方显礼物尊贵。高档香烟差不多都是硬盒包装，金属盒也不罕见，但不少历史悠久的高档香烟依然用的是软盒，其潜台词是："我的东西足够好，无需借助华丽包装来抬高身价。"所以，真正的牛人往往不修边幅，或者不动声色。古人说："藏巧于拙，用晦而明"，这才是更高段位的炫耀。

很多看似徒劳无益的行为也能传递有价值的信号。非洲草原上的瞪羚，经常在闲暇时漫无目的地快速跳跃，它们借此向天敌狮子或猎豹证明自己的奔跑能力（因此不适合作为它们追逐的猎物）；这和某些企业家喜欢登山探险或乘热气球一样，他们想以此证明自己的体力、毅力和冒险精神（因此可以成功担任一些超乎想象的角色）。进化人类学家曾用类似的逻辑解释宗教在个体和群体层面的进化适应性——复杂繁琐的宗教仪式就是一种"昂贵的信号"，频繁参与者可以借此向他人传递信息，以表明自己的信仰有多么虔诚。甚至古代诗人也察觉到了这个道理，他们之所以为诗词创设苛刻的格律，不是为了作茧自缚，而是通过作茧自缚来炫耀自己的智力和才华。现代诗人不再接受格律的约束是件令人遗憾的事情，他们忽视了"带着镣铐跳舞"所制造出来的那种不一样的惊奇感。

一个未必不合理的猜测是，世界上很多繁文缛节之所以会被创造出来，初始功能可能就是为了防范某种灾难或事故。我们都知道英国人在提出异议或批评的时候，说话总是特别委婉含蓄，尽可能减少冒犯，且很少开门见山，绕来绕去才发表自己的真实看法。虽然如今看来，这套过度礼貌的语言禁忌给英国人提供了认证其教养和风度的机会，但其初始功能也许只是为了防范冲突。如果一言不合就要拔剑决斗，时间久了，为了防范那些无谓的伤亡，过度礼貌的语言禁忌作为加固防火墙的举措就势必应劫而生。而在其初始功能丧失之后，这些繁文缛节之所以还能继续存活，则可能是因为其附加了昂贵信号的后续功能。

如果这个结论能够成立，那就再次印证了，野蛮是文明之母，过度文明是对过度野蛮的矫枉过正。其实一言不合拔剑决斗原本也是加固防火墙的做法，在国家无力提供充分安全的条件下，自我保护就显得尤为重要。动辄拔剑决斗，虽行为过激，却十分有助于为自己塑造凛然不可侵犯的形象，从而将许多潜在的挑衅防患于未然。至于决斗带来的伤亡风险，就只能被视为加固防火墙和传递昂贵信号的合理代价了。

然而，无论是加固防火墙，还是传递昂贵信号，都会产生额外的成本。此一时，彼一时。险情解除之后，繁文缛节在加固防火墙方面的功能也就不复存在，此时一部分额外成本就变成无谓的浪费。如果人们仍然利用繁文缛节发送信号，那么收益是私人的，成本却是外部的。倘因相互攀比而导致"军备竞赛",就会造成更大的浪费。不能排除过度的绅士风度是"军备竞赛"的产物,在铺张浪费方面,它和整容手术的性质是一样的。写到这里,我又忽然觉得,周大爷遵守旧社会的收割规则,目的也许不止于证明自己做人讲究,其深层的心理冲动,没准儿还包含着挑起一场"军备竞赛"的企图呢!

似乎孔子很早就意识到了问题的复杂性,所以他才说:"质胜文则野,文胜质则史。文质彬彬,然后君子。"孔子尚礼,但对繁文缛节却心有芥蒂,他的理想依然是中庸之道,既能解决问题,又要避免浪费。按孔子的标准衡量,周大爷复活旧社会收割规则的做法,虽脱之于"野",却失之于"史",因此遗憾地越过了"文质彬彬"的最优均衡点。

边际分析

几年前,我工作的学校调整建制,从过去的"法政学院"分立出独立的"法学院"。作为院长,我绞尽脑汁为新成立的法学院起草了一条院训,叫作"行有度,思无涯"。虽然只有短短六个字,但却格调高雅,不落窠臼,意思也是简单明了:思想可以没有边界,做事必须有分寸。不过后来,这条院训还是被我束之高阁了,原因很复杂,但归根到底,还是我这个人做事有分寸。

什么叫分寸?用自然语言来描述,就是折中妥协,不偏不倚,做事既不欠火候,也不做过头,过犹不及。分寸的字面含义是一种刻度,暗示了它是可被计算、可用数学来描述的临界点。计算这个临界点就需要做边际分析。

对于企业来说,边际成本是每增加一个单位的产品而引起的成本增量;边际收益是每增加一个单位的产品而带来的收益增量。以一辆长途客运车为例,每增加一名乘客可以多收取100元的票价,这100元就是边际收益。在车辆未满员的条件下,增加一名乘客的边际成本却很低,车辆磨损、燃油费和人工费都可以忽略不计,只需增加一份饮料和食物(假定价值10元),这意味着增加一名乘客的边际成本只有10元钱。在边际收益高于边际成本的时候,车主就会尽可能增加乘客的数量,直到边际收益和边际成本相等为止。如果边际成本超过了边际收益，就说明车辆载客的规模太大了。当边际成本和边际收益恰好相等时，载客规模就是最优的。

事故会造成损失，但预防事故会产生成本。简单的汉德公式能指导一些非此即彼的决策，要么预防，要么不预防，但很多时候，预防事故不是非此即彼的选择，而是在何种程度上追加预防成本或把事故风险降低到何种程度的问题，这就需要边际分析来寻找一个临界点。

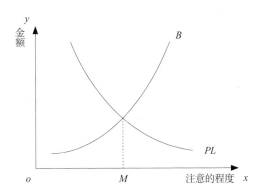

当预防成本追加到一个最优均衡点时，就应该停下来，过犹不及。在这个均衡点上，事故预防成本和事故预期损失在边际上恰好相等，且两种成本之和降到最小。事故责任分配的经济学目标，就是最小化这两种成本之和，而非单纯减少任何一种成本，否则就会"按下葫芦起来瓢"，一种成本被过度降低的同时，另一种成本过度攀升。以事故预防的最优均衡点为界限，在这个界限以下，要"尽人力"；越过这个界限，就只好"听天命"了。追求绝对安全，结果不是一事无成，而是任何事情都做不了。刀头舔血的日子固然不好过，"装在套子里的人"也强不到哪里去；前者的风险太大，后者的预防成本太高。

车祸应该预防，为此要整修道路，管控车速，检测车辆的安全装置，还要禁止酒后驾驶。但也不能过度预防，我们无力整修所有的道路，不能车速降得和毛驴一样，更不能要求汽车制造商把橡胶轮胎替换成金属制造的坦克拖链。即使是查处酒驾和醉驾，也要制定个合理的标准，否则执法过于严苛以致执法规模过度膨胀，就会带来许多严重的社会问题。

对于可能引发安全事故风险的产品、服务和生产过程，国家通常会制定相应的安全标准,达到规定的安全质量标准,不见得能避免所有的事故,但可以把事故风险控制在合理的程度。制定安全质量标准,就要遵循边际均衡的逻辑,需要在事故损失和预防成本之间寻求妥协。要达到更高的安全标准就需要支付更高的价格,所以富有的消费者愿意购买更安全的产品和服务,毕竟富人的安全更值钱,而他们的钱却不那么值钱。

理性的法律制度应该容忍适度数量的事故,"零事故"以及"零容忍"之类的说法,只可作为口号,不能作为决策目标。过错责任制度可以从两个方面来理解:一是只要有过错,就要承担责任;二是除非有过错,否则不承担责任。这个制度的功能,一方面是激励人们预防事故,另一方面是阻止人们过度预防事故。而界定是否有过错的标准,依然是成本比较。

十几年前,法国足球明星齐达内声名远扬,在2006年德国世界杯的球赛中战功赫赫。奈何天有不测风云,就在他退役前的最后一场比赛,法国队和意大利队争夺冠军的决赛结束前的几分钟,齐达内做出了一个惊人的举动,在与意大利队后卫马尔科·马特拉齐发生口角后,居然用头撞倒对方,随即被当值主裁判红牌罚下。法国队最终在点球大战中痛失冠军,齐达内的足球生涯就这样结束了。

有位朋友是齐达内的超级粉丝,看了比赛后痛惜不已,我劝慰他说:"此乃天意也,自古金无足赤,人无完人,足下岂不闻古人云'大成若缺,大盈若冲'者乎?"朋友听罢立刻心情大悦,殊不知这几句话其实师出孙悟空。在《西游记》的结尾,唐僧师徒取经返程时出了意外,经书掉进了水里,在石头上晾晒后却被沾破了几个字。唐僧痛惜不已,孙悟空安慰唐僧说:"盖天地不全,这经原是全全的,今沾破了,乃是应不全之奥妙也,岂人力所能与耶!"

不过,如果孙悟空有机会听桑老师讲课或阅读这本书,他应该跟唐僧讲一番道理:"不要过分追求完美,绝对的完美是个陷阱,因为成本太高了,边际分析的结论是抱残守缺。"既然完美遥不可及,那么"拒绝完美"——作为一个经验主义的口号——就是十分明智的。而"残缺美"的概念,则可以帮助人们通过放松完美标准来实现自我安慰。类似的自我安慰是"难得糊涂"或"水至清则无鱼",因为把事情搞得太清楚或把道理想得太明白实在是太麻烦了。"洁癖"之所以是一种"病"(严重者为强迫症),就是因为"患者"对于清洁的渴望过度了,总是越过那个最优的平衡点。

在还没有微积分的时代,孔子和老子为讲述边际平衡的逻辑各自创造了一套精致的说辞:"中庸之道"或"过犹不及"的意思就是要捕获平衡点,而"抱残守缺"或"物极必反"的意思则是要避开极点。极点隐藏着危险,古人很早就有直觉的体验,但"知其然而不知其所以然",只好诉诸神秘主义的解释。

追求任何单一目标都要适可而止,甚至包括正义、真理和真相。既然完美的标准可以放松,那么真相和正义的标准也可以放松,结果就是法律事实取代了客观事实,程序正义取代了实质正义。而诸如"相对真理"、"共识真理"以及"有用即真理"之类的概念,就意味着放松了真理的标准。

"要认真但不要较真",我在写作时就经常这样告诫自己。把道理讲得太细,就要耗费大量的文字,而要节省文字,就要牺牲表达的精确性。篇幅是个硬约束,哪里多说,哪里少说,这样的问题经常让我绞尽脑汁。但编辑和评审人却想不了这么多,他们通常是只知其一,不知其二,发现了毛病就要求我做修改,殊不知这一改却是牵一发而动全身。

工程师就懂得产品的效能需要综合衡量,要在许多相互矛盾的目标之间寻求妥协。战机当然是火力越强越好,这需要尽可能携带更多的导弹;但若弹仓太大,就会挤压油箱的容积,而油箱太小又会限制航程;加大弹仓和油箱,必然会受到动力的限制;在同等动力条件下,当然是战机越小越灵活,越容易做到超音速巡航和短距起飞。

如果把人体看作一台极其精密的机器,我们会发现人体的各种性能之间也存在竞争关系,一种性能的增强往往会导致另一种性能的退化。比如,我们用大量的神经支配面部肌肉的运动以制造丰富的表情,但作为代价之一,我们的耳朵就不能像兔子那样灵活转动了。最近的科学研究发现,人体中最像大脑的器官居然是睾丸,这两个器官功能完全不同,但它们分享相同蛋白质的数量却高达 13442 种,并且两者对能量的需求都很高,也都容易受到氧化损伤。这个研究支持了人类的智力和生殖能力之间存在竞争关系的假说。该假说认为,人类进化出卓越的智力是以牺牲生殖能力为代价的,这可能是因为婚姻制度抑制了性竞争,同时智力竞争却在文明社会更加激烈了。

法律也要在许多相互矛盾的目标之间寻求妥协。侵权法要减少事故损失,同时还要控制预防事故的成本;刑法要减少犯罪的数量,同时还要控制防控犯罪的社会支出;程序法要努力探知事实真相,同时还要控制司法的制度成本。这些法律的经济学目标都是最小化两种成本之和,因而不能在任何单一目标上走极端。

◆ 法理学主题

"法律必须保持稳定,但又不能静止不变。"罗斯科·庞德这话言简意赅,从历史维度阐述了形式正义与实质正义之间的张力。朝令夕改的法律让人无所适从,也难以进入人们的心灵和记忆。强调稳定性使得法律成为所有专业中最具历史取向和保守取向的学科,这不仅体现在法律对于现状的努力维护,而且体现在它对历史非同寻常的依赖。

没有哪个行业会像法律职业那样把"遵循先例"固定为一个规范性要求。将法律职业的这一特征神秘化,甚至催生了所谓"法律自治"的观念。许多法律思想家渴望法律成为一个自治学科,像音乐、数学那样能够在其发展过程中遵循内在的规律和程序。但实际上,法律以牺牲实质正义为代价而保持其自身的稳定性,并不归因于某种神秘的、准宗教式的对古老方式、仪式或先例的尊崇,而仅仅是反映了朝令夕改所带来的高昂的信息费用。

即使法律变革会使其自身摆脱一些陈旧的历史错误,但带来的收益也可能被高昂的成本所淹没,因为变革将迫使执法者、司法者以及各行各业的人们大幅度更新法律知识并转换行为方式。即使法律变革是个迫不得已的纠错过程,只要纠错的成本超过了错误本身的预期损失,那么延续错误仍是明智的选择——"遵循先例"的隐含义就是"拒绝纠正错误"。

然而，即使需要满足形式正义的要求，法律也不应在任何时候都死守上一个时代的教条。法律必须巧妙地将过去与现在勾连起来，同时又不忽视未来的迫切要求。把法律的内容固定为永恒，它在一个变动不居的社会中就很难发挥作用。但是，考虑到法律变革的转换成本，只有法律变革的矫正性收益能够绰绰有余地补偿这项成本，法律变革才应当进行，所以法律的变化总是滞后于社会的变化。

法律要在稳定与变化、保守与创新之间把握适当的分寸，既要迎合现在和未来的社会需要，又要控制法律变革的速度和幅度，以避免威胁自身安全的断裂性调整。成文法中的法律解释、判例法中的弹性操作以及英美法体系中的衡平制度，都可以促使两种相互冲突的要求达成妥协。

此外，法律还要在精确性和简洁性之间寻求均衡，这是法理学主题的另一个侧面。只要法律以规则的形式来表达，僵硬和笼统都是不可避免的缺陷。柏拉图很早就看到了这一点，在他设想的理想国里，只要让睿智的哲学家做上国王，法律就可以弃之不用，"哲学王"可以"具体问题具体分析"，用个别性的命令取代一般性的规则。"哲学王"统治所隐含的基本假定是：统治者有能力收集每个具体案件的全部信息，包括案件的来龙去脉、完整细节以及当事人的个人偏好、策略选择、初始资源分布等，进而妥善处理这些信息，及时做出正确决策。但除非理想国是个信息费用为零的世界，否则这个方案是永远行不通的。

法律永远不可能面面俱到，在追求精确的道路上走到尽头，就是法律的坟墓。理想国之所以没法真正付诸政治法律实践，原因不是哲学家没有运气成为国王，也不是已经当上国王的统治者没有意愿去学习哲学，而是在无法可依的条件下，国家管理和社会控制所耗费的决策成本会让一个受预算约束的政府彻底破产。尽管依法判决可能出现误差，依法预测也并不总是可靠，但事先看来，只要误差风险足够低，误差损失足够小，依法判决或是依法预测仍然是理性的。而以命令取代规则，则无论是法官处理案件，还是我们预测判决结果，都要被迫考虑极其复杂的经验要素，并因此耗费极度高昂的信息费用。

法律讲究"形式理性"，喜欢使用一些硬性标准，这和贴标签的逻辑是一样的。法律上的"一刀切"，使用的就是归纳法和全称判断，其目的同样是以精确换效率,成本会抑制法律决策者对于真实和精确的渴望。对自然人、企业、社团、公共机构以及各种标的物进行"类型化区分"的立法策略,体现了在信息费用与误差损失之间寻求均衡的经济学意图,兼顾了法律的一般性和具体案件的特殊性。相对于"个性化区分"和绝对意义上的"一视同仁","类型化区分"是一个折中的方案。与"个性化区分"相比,"类型化区分"可以节省法律运行的信息费用;而与"一视同仁"相比,"类型化区分"能够减少法律决策的误差损失。

◆ 程序正义

法律人喜欢讨论程序正义,但很少有人能把这个概念说个清楚、道个明白。约翰·罗尔斯曾用蹩脚的词汇区分了三种程序正义,即"纯粹的程序正义","完善的程序正义"和"不完善的程序正义",他还举了三个例子一一对应,分别是赌博、分蛋糕和刑事司法。其中,分蛋糕的例子成为脍炙人口的经典(尽管经常被用来论证程序本身而不是程序正义的意义)。通过举例子来讲道理很接地气,也浅显易懂。但恰恰是因为浅显易懂,罗尔斯的错误也暴露无遗。

他说赌博对应于"纯粹的程序正义"。但其实赌博只是一个简单的决策或交易,无非以确定的支出换取不确定的回报,与程序或程序正义基本不相干。虽然也有一些程序性的设计,但并非赌博独有,与其他决策和交易没什么两样。如果程序正义泛化到赌博,其面目就不再清晰了,因为生活世界中的绝大多数(甚至可以说所有)决策和交易都是赌博。

刑事审判程序被罗尔斯解说成"不完善的程序正义"。意思是,即使刑事审判程序被完美执行,仍无法排除罪犯逍遥法外、好人被定罪量刑的糟糕结果。在他看来,完美执行就等于满足了程序正义的标准,但由于无法排除糟糕结果,所以仍然不够完善。有没有可以完善的、足以排除糟糕结果的程序正义呢?罗尔斯认为有,那就是分蛋糕。

假定实质正义的目标是将蛋糕均匀分割,让每个人分到同样大小的蛋糕,那么只需把程序设计好,让有权分割蛋糕的执行人领取最后一块蛋糕,完美的结果就出现了。只要程序被完美执行,结果就与实质正义的标准完全吻合，罗尔斯把这种罕见的情形称为"完善的程序正义"，以区别于常态情形的"不完善的程序正义"。

罗尔斯没能将完善的和不完善的程序正义统一起来，这说明他没能真正理解程序正义的内涵，也没有找到恰当定义程序正义的标准。事实上，如果实质正义被定义为一个极点，程序正义就只能被定义为一个平衡点，就用不着那些蹩脚的概念了。边际分析可以定位这个平衡点，即两种成本（误差损失和消除误差的成本）在边际上相等的位置，也就是两种成本之和最小的位置。无论分割蛋糕，还是刑事审判，都要捕获这个平衡点。区别仅在于，刑事审判程序中平衡点与极点（实质正义）尚存一段距离，而分蛋糕程序中的平衡点碰巧与极点重合。

所谓"重合"也只是近似的说法，即使单纯考虑技术因素，蛋糕也不可能被分割得绝对均匀。其实在刑事司法程序中，技术因素同样会影响平衡点与极点的距离。古代社会没有现代的刑侦技术，没有摄像头、警犬和音像资料，没有指纹、声纹、唇纹和DNA鉴定技术，所以与现代社会相比，古代社会的刑事司法程序要粗陋许多，也自然会出现更多冤假错案，其平衡点与极点的距离也更加遥远。刑事司法程序的进化史，就是两点之间的距离逐渐缩短的过程。在这个意义上，虽然实质正义不是刑事司法的现实目标，但它可以是一个历史性目标。

如果一种成本呈现指数增长，平衡点也可能与极点重合，最典型的例子是疫情防控。新冠病毒的传播能力非常强，所以至少在一段时期或在特定条件下，疫情防控的最优平衡点不是保留合理数量的感染，而是通过严格的隔离措施将感染清零。绝对清零不可能，但可以做到"动态清零"。除非动态清零不可持续，或由此产生的成本难以承受。

和罗尔斯不同，哈贝马斯和他的追随者们对程序正义的理解犯了另一种错误。他们发现，由于存在阶层分化、利益冲突以及年龄和性别差异等社会因素，人们对于实质正义的理解和界定难以达成共识，所以根本不存在一个明确、客观且被普遍接受的正义标准。但交流可以促进共识，消除分歧，因而只需为交流设计一个完美的程序，那么最终出现的共识就可以被视为正义。

以分蛋糕为例。在罗尔斯那里，均匀分割被规定为实质正义的标准，程序是为了实现这个目标而被设计出来的。但在哈贝马斯这里，均匀分割被规定为实质正义的标准是武断的。不同人的饭量有大有小，即使吃得同样多，饥饿程度也不一样。小饭量的人可能主张以客观的均匀分割为标准，大饭量的人则可能要求以主观的腹饱程度为标准，因此根本没有明确统一的实质正义标准。

◆ "理性辩论规则"

在此条件下，哈贝马斯认为，只要设计完美的辩论程序，让这两种人（实际上是更多种人）能通过交流达成共识，那么不管共识是什么，都可以作为实质正义的标准。显然，哈贝马斯眼里的辩论程序是用以确定实质正义标准的前置程序，和罗尔斯眼里的操作层面的程序设计完全不是一回事。

那么，什么样的辩论程序才足够完美呢？根据经验和直觉，哈贝马斯创造了"理性辩论规则"的概念。这些规则包含着无尽的时间、不受限制的参与、完美的信息、彻底的真诚、平等的发言权以及百分之百的无强制等诸多难以企及的条件。所以很显然，哈贝马斯眼里的程序正义不是一个平衡点，而是个用以界定并在事实上取代了实质正义的极点。

如果哈贝马斯和他的追随者仅仅把"理性辩论规则"视为一个历史性目标，倒也无妨（尽管交流能否促进共识还存在疑问）。但令人吃惊的是，他们居然认为现实的司法程序应当接受"理性辩论规则"的检验，并且司法程序的合理性程度取决于它对"理性辩论规则"的接近程度。这就太离谱了，想必罗尔斯对这个观点也无法赞同。

程序的执行是有成本的，越是完美的程序，其执行成本就越高。倘若现实的司法程序满足了"理性辩论规则"的全部条件，司法的信息费用就会攀升到无法想象的地步。因而，所谓"理性辩论规则"根本不可能是司法程序追求的目标，相反，它应该是司法程序努力防止的陷阱。现实的司法程序必须对参与人、相关事项、启动程序的条件以及时间节点做出诸多限制。这些限制性规定就是"理性辩论规则"的陷阱防护栏，为司法程序构建了一个相对封闭的时空，并使之与法庭外面的复杂世界隔离开来。

即使是一个非常简单的案件，如果穷究其全部细节，审判工作也无法开展，因为细节是无止境的，而司法程序却必须发挥过滤器的功能。进入程序的事实并非客观意义上的案件事实，而是经过程序筛选、剪裁、过滤后的"要件事实"。正如法律上的事实不同于客观事实，法律上的因果关系也不同于客观意义上的因果关系。案件事实的因果链条是无限漫长且错综复杂的，而司法过程仅仅截取了与争议事实最相关的其中一段。格式化了的"要件事实"通常能够装进法律推理所预设的模子里，司法过程的信息费用因此大大降低。

此外，司法程序启动的条件也受到严格的限制，并非所有的纠纷、争议都能够启动一个司法程序。"一事不再理"以及"两审终审制"体现了法院在启动司法程序时的苛刻和吝啬。司法程序的时间限度和起点、终点也有明确的规定，司法程序的终点一旦来临，尚未完结的辩论过程就被武断地终止。虽然说"真理越辩越明"，但受时间限制的司法程序却没有这份耐心和执着。

"迟来的正义"之所以是"非正义"，就是因为时间拖延所带来的制度成本将会淹没实质正义的全部收益。为了控制法庭辩论的信息费用，司法程序的另一个显著特点是通常拒绝理论性争论。除非遇到疑难案件，否则法庭辩论的内容就仅限于法律规则的适用、法律条文的含义、证据的真实性以及证据与要件事实的因果关系等常规技术问题。学理探讨以及价值争议会被束之高阁，辩论双方往往只能援引法条，几乎没有机会阐发法条背后的深奥见解。

责任的分摊与转移

假设某类事故的实际损失是10000元，事故发生的概率是1%，那么事故的预期损失就是100元。分配事故责任要比较成本，不仅要比较事故损失和预防成本，还要比较当事人之间的预防成本。我们先区分以下四种情形：

（1）如果加害人避免事故的成本低于100元，而受害人避免事故的成本高于100元，那么效率原则要求加害人对事故发生负全责。无论法律规定严格责任还是过错责任，都会出现这个有效率的结果。

（2）如果加害人避免事故的成本高于100元，而受害人避免事故的成本低于100元，那么效率原则要求受害人对事故发生负全责。此时，只有法律规定过错责任，才会出现这个结果。加害人因无过错而免责，事故损失由受害人承担，但受害人有激励去避免事故。

（3）如果加害人和受害人避免事故的成本都超过100元，那么原则上双方当事人都不应该避免事故，但他们可以购买保险，事故损失应该由保险成本较低的一方承担。按现行法律，双方都无过错时适用公平责任，但公平责任不利于促成这个有效率的结果。

（4）如果加害人和受害人避免事故的成本都低于100元，通常情况下应该双方共同负责，除非一方负责的避免成本更低。此时，法律规定比较过错责任或采用过错相抵原则就会出现有效率的结果。

交通事故中经常出现双方共同负责的情形。比如转弯车与直行车相撞，根据"转弯让直行"的交通规则，转弯车应该负全责，但若直行车超速，则双方都有过错，应该根据过错程度的大小来分配责任。因环境污染、建筑施工、危险作业、饲养动物而致人损害的，只要受害人有过错，都可以减轻或排除加害人的责任。

如何衡量过错程度的大小？答案是要看事故损失和预防成本之间的差额，差额越大，过错程度越严重。我再次强调，法律意义上的过错是个行为问题，而不是个心理问题。当 $PL-B \leq 0$ 时，当事人没有过错；当 $PL-B>0$ 时，当事人有过错。如果 B 值为负数，则意味着当事人朝追求事故发生的方向投入成本，此时其过错程度就从过失提高到了故意。

窃贼偷了农科院的"天价鸡"并吃掉了它们，这起盗窃案就是个事故。窃贼避免事故的成本是负值，不去盗窃就没有犯罪。但作为受害人的农科院也难说全然无辜，在很大程度上，它原本是能以低廉成本防止盗窃发生的（只需在鸡舍处贴个夜间能看得见的告示）。农科院也许会辩解说，贴告示可能会招来更多的窃贼，但这个辩解很薄弱，因为任何人不能把自己昂贵财产的安全寄托在别人的误解之上——谁会把珠宝放在人人可取的地方从而让潜在的窃贼误以为是赝品呢？更何况，贴个告示即使不能防盗，也至少可以防灭失，窃贼偷鸡之后至少能保证鸡还活着，这就大大提高了成功追赃的概率；即使天价鸡被转手卖出（其实窃贼很难找到合适的买家），农科院仍然大有希望失而复得。

当双方当事人避免事故的成本都低于事故的预期损失，即当发生上述第（4）种情形时，还是要比较预防成本。假定加害人避免事故的成本是 80 元，受害人避免事故的成本是 90 元，那么加害人应该为事故负责；但若双方合作避免事故的总成本可以降至 60 元，那么双方共同为事故负责就更加合理。如果避免事故是个长期的过程，事故概率和事故损失会随着预防成本的追加而逐渐降低，并且在此过程中双方的预防成本会此消彼长。事故责任还可能从一方转移到另一方，甚至可能出现来回转移的情形。

假定加害人的预防成本低于事故的预期损失，也低于受害人的预防成本，他应该首先为事故负责，随着预防成本的追加，PL 值会逐渐降低，PL 和 B 的差额也会逐渐缩小，差额缩小到零，预防事故的责任就会从加害人转移到受害人。但受害人也能以合理成本避免事故，所以，只要加害人的 PL 和 B 之差额小于受害人的差额（而不必缩小到零），避免事故的责任就可以转移。法律决策者应根据这个逻辑来为双方当事人确立事故责任动态转移的标准，只要当事人为避免事故采取的措施达到了标准，就可以免除责任。

道理如此，但由于缺乏事故预防的过程监控，实践中如何确定事故责任动态转移的标准，这在侵权法中是个很麻烦的问题。但在合同法中，当事人可以相互监控，并通过约定来转移责任。完成一个交易目标，需要双方（或多方）当事人的合作，任何一方没有尽责，都会导致交易失败（这就是事故）。为促成交易目标，双方签订合约就要设定许多过程责任，而任何一方只要在约定时间内履行约定事项，过程责任就同时转移到了另一方。

如果加害人和受害人可以事先签约，则侵权法就没有存在的必要。侵权法所要解决的，恰恰是那些当事人无法事先签约或签约成本过高的事项，以事后的责任分配来替代过程监控和过程责任。尽管如此，法律决策者仍可以事后观察在此之前双方当事人为避免事故都做了些什么，以便近似还原当事人的过程责任。比如，在产品责任事故发生之后，如果事故的直接原因是消费者使用不当，那么只要法官确认产品质量或使用说明没有问题，就基本可以免除生产者的责任。

◆ 八达岭野生动物园老虎伤人案

几年前曾经引起广泛关注的"八达岭野生动物园老虎伤人案"中，法院之所以很难认定动物园的事故责任，就是因为受害人违反了严禁下车的规定，而对于避免事故而言这显然是成本低廉的。动物园要想彻底防范此类事故的成本十分高昂，实际上除了改变游览方式之外别无选择，但这会严重影响游客的体验。

◆ 美女和野兽

假定在运送老虎的途中，动物园工作人员把装有老虎的铁笼子搬到了大街上，然后引起了众人围观。有位好奇的美女把手伸向笼子里的老虎，想抚摸老虎的屁股，殊不知老虎屁股摸不得，它反身就咬住了美女的胳膊，导致伤残。在这起事故中，美女的过错自不待言，问题是动物园是否也有过错？答案是有。虽然老虎被关在了笼子里，但对于街道这个特定的场所，防范措施还达不到彻底免责的程度。工作人员应该预料到，人群中总有人粗心大意且特别好奇（即使不是美女），街道上人群越稠密，碰巧出现这种人的概率就越高。街道不是荒山野岭，也不是野生动物园，人们心理上是放松的，警备级别不会很高。综合而论，把笼中虎放在大街上是非常鲁莽的行径。

◆ 微信群泄题事件

疫情期间，研究生招生复试大都在线上进行，但非常时期总有非常之事。假定有几个考生在微信群泄露了复试的考题，校方该如何处置？取消他们的考试成绩也许是恰当的，毕竟考生避免事故的成本很低，在这个意义上可以说他们是"咎由自取"。但问题还有另一面，学校避免事故的成本也不高，只需多出几道面试题，或把试题和考生按不同群组合理搭配，或干脆明确告知考题会在考生之间重复使用就可以了——这可比三令五申或事先签下承诺书的效果要好得多。（当我们在电脑上点击"同意"时，有谁会去仔细阅读那些条款？）校方应该提前预料到，总有些考生粗心大意，且人数越多发生意外的概率就越高。高校招考研究生是件大事，重要的不是摆脱责任，而是尽量招到优秀的生源，为此必须想方设法避免各种可能的意外。况且严格说来惩罚其实解决不了问题，对于那些明知自己考砸了的考生，取消一门课程的成绩根本就无所谓。

习惯是不易改掉的，不只是恶习难改，很多"善习"也同样难改——比如分享。分享食物，分享信息，在狩猎采集时代就已成为人类的习惯和美德（应该更早，你看黑猩猩和倭黑猩猩也喜欢分享食物）。没有人一顿饭可以吃下半只长颈鹿，觅食人打猎满载而归，不把鹿肉分给别人，吃剩下的也很快会腐烂。和他人分享，等于把不能储存的食物变成了可以储存的人情，倘若哪天空手而归，还能从别人那里再吃回来。

但到了农业时代，人们掌握了更多储存食物的办法，分享的美德就变得不重要了。所以觅食人和农民迥然不同，前者更加慷慨大方，但不那么循规蹈矩。可农业的历史不过几千年，狩猎采集的历史却久远漫长得多，所以觅食人留下的习惯沉淀在人性深处，时不时就会在一些场合冒出来。

面对深层的人性——"他"是另一个自我——你跟"他"讲规则意识，"他"就会感到很迷惑："不是昨天还鼓励'我'要学会分享吗，怎么今天就突然讲起规则意识了？"在人类进化的时间尺度上，几千年前不过是昨天而已。说到这里，微信群泄题事件的深层原因就浮出水面了——那几个粗心大意的考生，其深层的人性仍有猎人本色，而这所知名高校的决策者，却已经率先进化成了不折不扣的农民。这可不是今天和昨天的差距，这是成千上万年的差距。

假设某类事故的预期损失是 100 元，加害人避免事故的成本是 90 元，受害人避免事故的成本高于 100 元，那么效率原则要求法律将事故责任分配给加害人。只要司法是公正的，加害人就有激励去避免事故，否则他们将被迫支付 100 元的赔偿。将事故责任强加于受害人于事无补，因为他们避免事故是不划算的，也因此没有避免事故的激励——这意味着法律失效了。

但司法不可能做到绝对的公正，错误的判决时有发生。假定错判概率是 15%，且加害人估计的错判概率也是这么高，那么在他看来，100 元的赔偿按错判概率打折后就降到了 85 元；而一旦赔偿的额度（85 元）低于避免事故的成本（90 元），加害人就不再去避免事故，他们宁愿赔偿损失。虽然这么做对加害人来说是划算的，但社会却损失了 10 元钱。

可见错判不仅产生私人成本，而且产生社会成本。社会成本属于社会财富的实质性减少，私人成本只是社会财富的转移。从我口袋里掏 10 块钱给你，我损失了 10 元，但整个社会没有损失。如果错判产生社会成本，反过来就说明公正的司法确实能够创造社会财富，因为判决释放的激励信号会提高整个社会预防事故的效率。如果错判概率上升到50%（与抽签无异了），那么这类案件的社会净损失最高可达50元——除非避免事故的成本降到50元以下，否则任何一方当事人都没有激励去避免事故。

然而，公正的判决本身却不是免费的。假设为了将错判概率从15%降至10%（这是激励潜在加害人避免事故的底线），需要在每一事故案件上追加20元的司法制度成本，那么成本比较的结果是，我们就应该容忍15%的错判概率。因为此时，错判的成本（10元）已经低于避免错判成本所必需的制度成本（20元）。错判可以被视为一种诉讼事故，如果避免错判的成本超过了错判的预期损失，错判就是可接受的。司法公正——作为社会正义的组成部分——是有价格的，太昂贵的公正我们买不起，社会也接受不了。

至此，就证明事实真相而言，我们已经看到了两类成本，即错判的成本和避免错判的成本，证据法的经济学目标就是最小化两类成本之和。两种成本是此消彼长的，受技术和预算的刚性约束，理性的司法制度不是把错判减到零值，而是把错判控制在合理的数量，边际分析可以算出一个最优平衡点。证据法中的推定制度和侵权法中的过错责任遵循同样的逻辑，不是所有的事故都要预防，也不是所有的错判都要避免。

◆ 举证责任分配

如果说交易过程中披露信息的责任属于通知义务的话，那么在诉讼过程中披露信息的责任就是举证责任了。举证责任的初始分配同样需要比较成本，谁能以较低的成本证明事实真相，谁就承担相应的举证责任。"谁主张，谁举证"的证据法规则就符合这个逻辑，因为肯定性事实的证明成本通常都会低于否定性事实的证明成本。我可以证明你欠我钱（只要拿出你签字的欠条），但你没办法证明你不欠我钱；你可以证明你已经把钱还给我了（只要拿出我签字的收据），但我没法证明你没还我钱。

"谁主张，谁举证"在诉讼过程中表现为让原告首先就案件的基础事实举证，或让增加争点的一方当事人首先就争点举证。法律如此规定也是审判管理的要求，即通过内化成本来防范机会主义诉讼。谁提起了诉讼，谁增加了争点，谁就要背上个举证的包袱。如果提起诉讼或增加争点却不需要提供基础性的证据,这个世界就乱套了。最低级的想法是,我会把所有人都告到法院,谎称他们都欠我钱,而那些不能证明不欠我钱的人,就全部成为被我收割的韭菜——当然,每个人都想做镰刀而不想当韭菜。机会主义诉讼的极度膨胀,会把法院有限的人力资源彻底淹没。

以一起常见的诉讼为例。原告诉被告欠他一笔钱,只要拿出借条和银行回执,他就算完成了举证责任。如果被告说欠钱不假,也确实没还,那么这个争点就化解了。但如果被告辩称他没还钱乃事出有因,此前原告同意"债转股"了,债权转成了被告公司的股权,年终他还领取了分红,那就意味着被告又增加了一个争点。被告要对增加的争点举证,至少要拿出相关合约以及分红的收据。如果原告说"债转股"不假,但后来双方又商量好"股转债"了,被告已经回购了股权,年终的分红只是债务利息,那么此时原告又增加了一个争点。原告需要对增加的争点继续举证。如果原告说双方一直都是好朋友,口头商量好,只是没有签订书面合约,那么官司打到这里就画上了句号。原告败诉,因为他没能完成举证责任。

虽然原告首先举证,却不需要铁证如山。争点被证明到一定程度之后,举证责任就会转移给被告。如果被告不能提供反证或反证失败,法院就可以按原告的主张以推定做出判决。被告提出反证,同样不需要铁证如山。争点被反证证明到一定程度之后,举证责任就会再次转移给原告。如果原告不能继续提供反证或反证失败,法院就会按被告的主张以推定做出判决。当然这个过程迟早会终结,不能继续提供反证或反证失败的一方当事人承担败诉的后果,因为终局性的举证责任落在了他的头上。举证责任的转移就像踢球游戏,原告先发球,然后球在双方之间被踢来踢去,不能把球踢回去的一方最终输掉游戏。

虽然我的描述如此简单,但实际上已经把"过程中的举证责任"和"终局性的举证责任"统一起来,而且把"推定"、"举证责任倒置"和"举证责任转移"等概念一网打尽。推定和举证责任倒置其实都是转移举证责任,推定意味着举证责任从主张推定的一方转移到反对推定的一方,后者承担反证的责任。比如,一个人下落不明满四年,法院可以推定此人已经死亡,主张推定的一方只要证明这个人下落不明满四年的事实,举证责任就转移到了反对推定的一方。举证责任倒置则意味着举证责任从原告转移到了被告,但原告的初始举证责任仍不能免除。比如,在专利侵权纠纷中,原告诉称被告采用的产品制造方法侵犯了他的专利权,他至少要证明被告确实生产了同样的产品,至于产品的制造方法与专利方法是否相同,则由被告证明。

所以,举证责任的转移才是问题的核心。只要搞清楚举证责任转移的逻辑,那么,在何种条件下适用推定或举证责任倒置,以及在何种条件下"过程中的举证责任"转化为"终局性的举证责任",就同时迎刃而解了。与此同时,更关键的问题——如何确定证明标准——也随之暴露出来。

谁承担举证责任是一回事,证明到何种程度就算完成了举证责任是另一回事,后者就涉及证明标准的问题,证明达标才算完成了举证责任。当且仅当举证达标时,举证责任才会从一方转移到另一方。因而所谓证明标准,也就是举证责任转移的标准。法律不可能对每一起案件规定证明标准,如何把握证明标准,即如何确定当事人完成了举证责任,通常属于法官自由裁量的范围,这就是所谓的"自由心证"。在很多人眼里,自由心证就是个黑箱,但下面的逻辑可以帮助我们把黑箱打开一丝缝隙。

根据证明标准转移举证责任,和侵权法上根据事故预防标准来转移事故责任是一样的逻辑。设错判的实际损失为 L,错判概率为 P,避免错判的成本(即证明成本)为 B。原告首先举证,他通常就是 B 值较小的一方当事人。但随着证据的增加,PL 值逐渐降低,PL 和 B 值的差额也会逐渐缩小,差额缩小到零,举证责任就会从原告转移到被告。但由于在此过程中,被告的证明成本会连带发生变化,所以,只要原告 PL 和 B 值的差额小于被告的差额(而不必缩小到零),举证责任就可以转移。

我知道讲出这么一番道理,会被法律人鄙视——"这个世界很复杂!人世间的纠纷很复杂!怎么可能套用数学逻辑来一网打尽?"说这话的法律人恰恰都是不爱动脑子的,他们宁愿面对世界的杂乱无章,也不想探究复杂表象之下的简单逻辑。法律人很容易养成不动脑子的习惯,因为太多的问题可以糊弄过去。其实只需往深里想一层,化繁为简的奇迹就会发生。"乱花渐欲迷人眼"是思考懒惰的感觉,把道理想通透之后就会发觉"浅草才能没马蹄"。不过,想通透是一回事,讲通透是另一回事,不是所有的思考都要说个清楚、道个明白,适当打个马虎眼,非但可以,有时还必须。但无论思考之于表达,还是知识之于实践,都要保留一点冗余。你可以"揣着明白装糊涂",但不能"揣着糊涂装明白",毕竟"知而不言"和"言而不知"的决策质量和决策体验都是不一样的。

◆ 夫妻共同债务纠纷的举证责任

不久前,我和一位法官朋友讨论起夫妻共同债务纠纷中的举证责任,据说这类案件在2018年之后就成了司法难题。那年出台的司法解释规定了夫妻双方"共债共签"的原则,让债权人承担主要举证责任,而此前的《婚姻法》司法解释(二),则原则上要求夫妻双方共担债务,2021年施行的《民法典》采用了2018年的司法解释。法官提出的问题是:"假定男方以个人名义举债,债权人要求夫妻共同偿还,但女方声称自己不知情且这笔钱也没用于夫妻共同生活或共同经营。该案如何审理?尤其是如何分配举证责任?"

这个问题看似简单,其实不那么简单。《民法典》第1064条以及2018年司法解释均规定:以夫妻一方名义所负的债务,如果超出了家庭日常生活需要(通常是大额借款),不属于夫妻共同债务,除非债权人能证明该笔债务用于夫妻共同生活、共同经营或基于双方共同意思表示。法官的提问仅仅暴露了一个后序的争点(该笔债务是否用于夫妻共同生活、共同经营或是否基于双方共同意思表示),还有一个前序的争点被隐藏了(该笔债务是否超出家庭日常生活需要)。而前序的争点,只能由女方举证,毕竟外人搞不清楚他们家庭的状况。如果证明不达标,法官即可推定为夫妻共同债务,债权人无需举证。如果证明达标,法官只能推定债务超出了家庭日常生活需要,此时举证责任才会转移给债权人——债权人需要证明这笔钱确实用于夫妻共同生活、共同经营或基于双方共同意思表示。

法官承认我的解释合乎法律规定,但她却认为法律如此规定对债权人很不公平,因为债权人很难就这些事项举证。相比之下,反倒是2018

年之前《婚姻法》司法解释（二）的规定更加公平，即夫妻双方共享债权、共担债务，这非常符合"有福同享、有难同当"的婚姻伦理。我反驳说，夫妻双方的债权和债务不是对称的，隐藏的债权应该分享，因为债权里通常会包含着不知情一方的默默付出，但隐藏的债务却不能分担，因为借来的钱通常只被借钱的一方给花掉了。法官承认这是事实，但她又说这应该是立法者的两难选择，要么对债权人不公平，要么对夫妻不知情一方不公平，难以做到两全其美。按她的话说，"这类案件，要么夫妻双方合伙坑债权人，要么债权人和男方合伙坑女方"。我说既然如此，立法者就应该选择一种后果较好的不公平，现行法律就是这么规定的。

我的解释分两层意思。首先，不知情的一方很无力，她（或他，但通常是她）永远没办法阻止另一方暗自举债；而相比之下，债权人的能力却强大得多，至少在把钱借出去之前，债权人是完全可以控制局面的。《民法典》第1064条（以及2018年的相关司法解释）如此规定，目的就是激励债权人对大额借款保留书面证据，要求作为债务人的夫妻双方"共债共签"。而"共债共签"的最大好处是让判决发挥审判管理的功能——可以减少纠纷的数量，即使发生诉讼，也不至于出现疑案。其次，法律如此规定也没什么不公平，长远看债权人会把法律规定当作既定因素，在借贷交易中有足够机会来矫正不公平的待遇，债务风险提高了，可以要求更高的利息，实在谈不拢就拒绝放贷。

我讲了半天也没能说服她，可见人类的道德直觉有多么执拗。不过她又提了一个问题："证明标准怎样确定呢？为了证明男方以个人名义所负的债务超出了家庭生活日常所需，女方对抗债权人需要拿出什么样的证据？债权人为了证明用于共同生活、共同经营或基于双方共同意思表示，他又需要拿出什么样的证据？"这个问题提得好，司法实践中经常遇到，法律却没有明确的规定。我的回答是："对于基础性争点，证明标准要从宽掌握；而对于后续的争点，证明标准要从严掌握。"只有这样做，才能实现法律改革的目的。"共债共签"是个精巧且进取的制度设计，目的是从源头上控制纠纷的数量。

保守型的司法过分局限于"定分止争"，只关注案件本身的是非曲直；而进取型的司法则是让判决本身发挥审判管理的功能，更高的目标是"以讼止讼"。是非曲直尚在其次，更重要的是让判决向社会释放清晰的激励信号。彭宇案的一审判决之所以犯下低级错误，就是因为法院过分纠结于案件事实，而忽略了判决本身的社会影响。我并不热衷于支持所谓的"法律效果和社会效果相统一"，恰恰相反，由于法律通常已经充分考虑了社会效果，所以倘若司法者再把社会效果统一进来，最终的社会效果往往适得其反，不止画蛇添足，而且弄巧成拙。其实如前文所述，彭宇案只需按照"谁主张，谁举证"的原则严格依法判决就可以了，无需法官借题发挥。下文即将讨论的另一个案子——它曾被称为"狮子、蚂蚁和石头的故事"——也同样如此。

事故的升级和叠加

◆ 狮子、蚂蚁和石头的故事

假定甲欠乙 30 万元，将自己一块玉石质押给乙；而乙却不慎将玉石搞丢了。欠债还钱自然无争议，但是质押物灭失之后，质权人乙如何赔偿却成了难题。出质人甲"狮子大张口"，说他这块玉石值 50 万元，我们称他为"狮子"；而质权人乙恰好相反，"蚂蚁小开口"，只承认玉石值 1 万元，我们称他为"蚂蚁"。狮子和蚂蚁各执一词，但双方都没有证据，因此成了疑案。问：法官如何判决？

答案：A. 50 万元；B. 1 万元；C. 30 万元；D. 25.5 万元。

这是一起真实的案件。在几年前的一次法官培训课上，有位浙江法官提问时向我讲了这个案件；后来在一次学术会议上，我以这个案件为素材讲了疑案裁判的逻辑；没想到居然引起了民法学界和诉讼法学界的关注和讨论，在那年夏天名噪一时，被称为"狮子、蚂蚁和石头的故事"。不过我成了众矢之的，因为我提出的判决方案和判决理由让大家难以接受。现在，我把这个案子改造成一道考题——它应该属于司法考试努力回避的那种考题。考题涉及疑案裁判中的举证责任分配，但其实质性逻辑却是事故的叠加和升级。

选项 A 可以被首先排除，因为没有任何理由支持这个选项，自己的玉石被别人丢失了，不能说值多少钱就值多少钱。疑案会带来错判的风险，这很正常，但若法官支持"狮子"主张的玉石价值，错判的规模将不可控——这次狮子只说玉石值50万，下次遇到同类的案件其他狮子就可能会说他的玉石值500万，甚或5000万。同样的理由可以排除选项D，因为判决支持中间值的最终结果，还是错判规模不可控——如果"狮子"预期获得50万赔偿，他只需诉称玉石值101万就可以了。

在剩下的B、C两个选项中，主流意见倾向于选项C，也就是根据债权数额推定质押物的价值。因为如此判决会让人感觉更公平一些，没有偏向任何一方。并且从经验上来说，债权数额和质押物价值应该是正相关的。但我坚持认为选项B才是正确答案，认为法院应该支持"蚂蚁"主张的价值。

我的理由很过硬。首先是法律依据，根据"谁主张，谁举证"的原则，狮子应该就自己主张的50万元价值举证，没有证据就败诉，这没什么好说的。有人质疑说，为什么不让"蚂蚁"举证？这是不能攀比的。"蚂蚁"不承担举证责任，法官支持他主张的价值，只是因为1万元是他认可的部分——对于被告认可的事实，原告无需举证。换言之，案件的争议额是49万元，"狮子"要对争议额举证，另外1万元属于无争议的部分，"狮子"无需举证。

法理依据也很充分。如果其他条件无法比较，举证责任就应该分配证明成本较低的一方当事人。"狮子"是玉石的所有人，他能以较低成本证明玉石价值。所以在标的物毁损灭失的条件下，所有人就标的物价值举证，是通用于仓储、寄存、运输、租赁、托寄等各种交易类型的证据法规则。更重要的原因，还是让判决本身发挥审判管理的功能。只有让所有人保存证据，才能有效减少纠纷、诉讼和疑案的数量。尽管如此判决难免会让"狮子"做了冤大头，但这是疑案裁判必须承受的错判风险；很多时候，法院就是要通过制造冤大头来减少未来冤大头的数量。

以债权数额推定质押物价值不是更合理吗？答案是不。虽然债权数额和质押物价值之间存在统计学意义上的相关性，但这不是一个可以拿到台面上的法律理由。事实上，质押物价值低于债权数额是很常见的。受沉没成本、债权风险、债务利息以及担保能力等多种因素的制约，一个理性的债权人完全可能接受低于债权数额的任何形式的担保。正因为如此,"全额本息担保"只是担保的一种类型,而不是全部。债权人接受担保的目的,有时只是降低而不是消除债权风险。保留某种程度的债权风险未必不理性,因为债权风险是有对价的,最常见的对价就是利息。只要利息和风险对称,借贷合同完全可以在无担保的条件下签订。

倘若以债权数额推定质押物的价值,其激励信号是十分模糊的,从审判管理的角度看是非常不合理的。首先,一旦所有人承担举证责任的通用证据法规则遭到破坏,法律实施的系统性成本就会随之攀升。更重要的是,如此判决意味着将举证责任一分为二,如果质押物价值超出债权数额,"狮子"要就超额部分提供反证;如果质押物价值低于债权数额,"蚂蚁"要就差额部分提供反证。这么做看上去不是很公平吗?看上去公平未必真公平,无可置疑的反对理由首先是个操作性障碍——"蚂蚁"根本没有举证能力,他永远无法证明质押物的真实价值。

简单说,证明质押物价值需要"两个绑定":一是把质押物和出质人绑定,以证明该质押物确系该出质人所有;二是把质押物和鉴定证书绑定,以证明该玉石的价值确系该证书所载明。而"蚂蚁",充其量能把鉴定证书和玉石绑定,但没办法把所有人和玉石绑定,他其实根本没法完成举证责任。想象一下,"蚂蚁"在法庭上拿出一份鉴定证书,自信满满地说:"看这证书,丢失的玉石只值10万元!"你以为他大功告成了吗?并没有。"狮子"只需轻飘飘说一句:"可这是谁家玉石的证书呢,反正我不记得我有这么一块玉石,更不记得还有这么一张证书!"然后他就把"蚂蚁"给打发了。

道理如此简单,但说服不了大家的道德直觉。几乎所有人都觉得,50万和1万相差太远了,不能偏执一方,顾此失彼。其实数字不重要,关键是道理能否讲得通。该案的原型发生在浙江,被告主张的价值差额并没这么悬殊,1万元是我刻意杜撰的,目的就是为了把要讲的道理给凸显出来。其实反过来想,1万元也聊胜于无,要是"蚂蚁"死活不承认曾有块玉石做质押,"狮子"不是一分钱也拿不到嘛。

在当年那场讨论中,我记得有位最高院的法官提出了一个好问题,只可惜被大家有意无意地给忽略了。他说:"如果蚂蚁主张的价值不是1万,而是28万,法院会如何判决呢?"稍微用心想一想,也知道法院肯定会按28万元判,毕竟28万元已经非常接近债权数额,而且判决于法有据。可是，只要你在原来的立场上后退一步，就没法刹住车了。我会继续追问，27万呢？26万呢？25万呢？……就这样一步步后退，直到1万元，你都找不到任何理由可以拦住后退的脚步。

大家反对按1万元判决，其实还有另一个纠结——不是"蚂蚁"把玉石搞丢了吗，怎么到头来反而是他占了便宜？纠结至此，又涉及事故责任的分担问题了，但与此前讨论的单起事故不同，在"狮子、蚂蚁和石头的故事"里，有两个事故叠加在一起，一起事故是丢失了玉石，另一起事故是造成了疑案。丢失玉石自然要赔偿，责任人无疑是"蚂蚁"；造成疑案则是另一起事故，自然有人承担败诉的后果，责任人只能是"狮子"。可一旦出现事故的升级或叠加，人们的道德直觉就容易出现偏差，纠结只是偏差的表现而已。

我承认两个事故之间是有因果关系的，玉石不丢失，疑案就不会发生。要从源头上防范事故，不正应该把责任强加于搞丢玉石的"蚂蚁"吗？问题还不是这么简单。源头预防固不可少，过程预防也同样重要。让"蚂蚁"承担一切后果是顾此失彼的，只抓住了源头预防，但放过了过程预防。也许你会说，判决只赔偿1万元，选项B只抓住了过程预防，但放过了源头预防，效果反而更差。这里的问题是要分清事先和事后，事先看，"蚂蚁"不知道"狮子"没有保留证据，不知道会造成疑案，因而判决所产生的激励效果是足够充分的。如果"蚂蚁"明知"狮子"没有证据而故意造成丢失的假象，那就不是丢失，而是构成侵占罪了。

以债权数额推定质押物价值的判决，激励效果是非常糟糕的，甚至是十分危险的。当质押物价值高于玉石价值时，蚂蚁宁愿隐藏玉石，以试探狮子——如果狮子拿不出证据，蚂蚁就占便宜了；而当质押物价值低于玉石价值时，狮子宁愿隐匿证据，以试探蚂蚁——如果蚂蚁拿不出玉石，狮子就占便宜了。如此判决的结果必然导致数量更多的疑案。

事故会引发纠纷，纠纷会导致诉讼，诉讼难免疑案，疑案难免错判，错判可能释放模糊的信号，并因此导致更多的事故、更多的纠纷、更多的诉讼、更多的疑案、更多的错判……如此往复循环，最终可能让司法陷入泥潭。为了切断这个恶性循环，法律需要在每个环节上设防——事故难免，但要阻止纠纷和诉讼；诉讼难免，但要减少疑案和错判；错判难免，但也要错得明明白白，这样至少可以释放清晰的激励信号。即使严格依法判决，也难免出现冤大头，但这不完全是坏事，还是那句话，很多时候司法就是通过制造冤大头来减少未来冤大头的数量。

◆ 钓鱼执法

2009年9月和10月，发生在上海市闵行区和浦东新区的两起"钓鱼执法"成为当年的热点法律事件。时年19岁的河南小伙孙中界是后一起事件的受害人，他的职业是个司机，因好心搭载乘客，而在"钓鱼执法"中被执法人员当作"运营黑车"查处并罚款。孙中界一怒之下切断自己的手指，以示清白。事后执法机关退回了罚款，但拒绝赔偿其断指的损失。执法机关这么做是对的，这是两起事故的叠加，但执法机关只对"错钓"负责，而无需对"断指"负责。

孙中界向媒体的解释是，因遭执法机关诬陷，且辩解无效、投诉无门，致愤怒情绪不可遏止，遂断指以证其清白。尽管有媒体将"断指示清白"与"开胸验肺"（当时的另一个热点事件）相提并论，但其实大家心里都清楚，开胸的确可以验肺，但断指却无证清白之功效。事故升级应归咎于孙中界的鲁莽和不理智。如果受点委屈就自切手指，那么，恐怕等不到他长到我这把年纪，就早早把手指切没了。"气死人不偿命"也是同样的道理，如果有人生气就选择了自杀，那么我们就很难指望他能活得很久。生气总是难免的，但自杀属于叠加的事故，加害人可能要对引发生气的事故负责，但不一定对生气导致的自杀负责。

◆ 路虎和宝马的故事

去年夏天，一位网名叫"吨姐"的女士把"路虎和宝马的故事"在抖音上炒作成了热点。两位当事人分别是路虎车主和宝马车主，方便起见，我干脆以车代人，称两位车主为"路虎"和"宝马"。故事的梗概是这样的：

宝马经常抢占路虎的车位，路虎几次电话告知宝马挪车，宝马不予理睬。路虎一怒之下以车堵车，让宝马开不出去。就这样连续被路虎堵了100多天，期间宝马数次要求和路虎协商解决，但路虎不予理睬，告诉宝马说："这不是钱能解决的事儿。"无奈之下，宝马想用叉车把路虎移走。路虎得知后，又在车内放置了价值100多万的花瓶，并警告宝马说："损坏花瓶，后果自负！"

"吨姐"声称她就是路虎车主，已将宝马诉至法院，我很好奇法院如何审理这个案子，不料结局是个乌龙，故事纯属虚构，"吨姐"自导自演只是为了赚个流量。但故事本身是个精彩的案例，不能不说"吨姐"还是很有想象力的。假如故事是真实的，"吨姐"作为路虎车主能打赢这场官司吗？我的答案是，输赢暂且不论，但法院的判决一定会要求路虎向宝马付钱。

只要理清头绪，就会发现案情不过是前后两起事故的叠加。前序事故是侵占车位，路虎无过错，宝马应负全责，他要向路虎赔偿损失，损失可按车位租金计算。后序事故是以车堵车，宝马无过错，路虎应负全责，他要向宝马赔偿损失，损失可按车辆租金计算。但由于堵车时间更长且车辆租金更贵，所以两债相抵之后，路虎还要向宝马补足差额部分。总体说来，路虎会最终输掉这场官司。

但有意思的是，倘若法院如此判决，就会冲撞人们的道德直觉。看看有多少网民为"吨姐"鼓掌叫好、呐喊助威，就知道这应该是可靠的猜测。当"吨姐"谎称她已向法院起诉并摆出自信满满的态度等待判决时，绝大多数网民认为路虎在这场官司中已稳操胜券。

即使在法律人的圈子里，意见也统一不起来。路虎的支持者认为以车堵车是自助行为，路虎不承担任何责任。即使承认路虎有责任，主流意见也会向路虎倾斜——在认定宝马对前序事故负全责之余，减轻路虎在后序事故中的责任。理由是宝马侵占车位在先，他对后序事故的发生也有一定过错。毕竟前后两个事故之间存在因果关系，在人们的观念里，宝马在前序事故的过错会自然延伸到后序事故之中。不侵占别人的车位，什么麻烦都没有。但若法院判决路虎对后序事故只承担部分责任，哪怕是主要责任，也没有法律依据。在后序事故中，宝马并无过错可言。能想的办法都想了，路虎依旧不依不饶。

法律的逻辑是把两起关联事故割裂开来，让宝马和路虎各负其责。制度如此设计，目的是为避免每一起事故均提供充分激励。让宝马为侵占车位负全责，可以有效避免前序事故；而在前序事故已经定局的条件下，让路虎对堵车负全责，可以有效阻止后序事故。两道防线，缺一不可。而若法院判决宝马对后序事故只承担部分责任，那么理论上会导致两个后果：一是避免前序事故的激励被强化，二是避免后序事故的激励被削弱。但法律认为这种交换是不划算的，因为在"完美赔偿"的条件下，强化避免前序事故的激励没有必要，激励过度同样会浪费社会资源；而削弱避免后序事故的激励却是个明显的缺憾，激励不足会在未来增加后序事故的数量。

但是请注意，在上述推理中，"完美赔偿"的前提条件是不可或缺的。所谓"完美赔偿"，是指受害人获得的赔偿与其侵权损失完全相等。如果受害人有充分的救济手段，以致获赔概率能达到100%，那么"损一赔一"就足以实现完美赔偿，甚至无需区分故意和过失。而若救济手段不充分，以致获赔概率达不到100%，那么"损一赔一"就不会实现完美赔偿。假定获赔概率只有50%，赔偿数额就要翻倍，即从"损一赔一"翻倍为"损一赔二"，否则赔偿就是不完美的，避免事故的激励也不够充分。

除了极少的例外（比如惩罚性赔偿），现行民事法律制度的设计都以获赔概率达到100%作为基本假设，所以无论是合同法还是侵权法，都规定了"损一赔一"的原则，而且并不区分故意和过失。但这个假设并不现实，侵权法如同其他任何法律一样不可能被完美实施——法院的判决可能有误，强制执行可能遇到种种障碍，受害人可能怕麻烦。凡此种种，都会让获赔概率低于100%。

"吨姐"编造的故事戳中了很多人的泪点，否则哪会有那么多人点赞。估计很多人都有被别人侵占车位的经历，摊上这种事自然十分恼火，可是你一点办法也没有。人去车空，你连火都没处发。打官司、报警都不值得，摊上这种事儿只能自认倒霉。可能你也曾想过以车堵车，但你不会这么做，至少时间耗不起。可如果你在网络上发现真的有人做到了，你又怎么可能不为这种行为鼓掌叫好？"吨姐"扮演的是生活世界中的英雄，她编造的故事给人们的真实渴望提供了一种替代性满足，因此发挥了通常只有文艺作品才有的功能（我又想到了那部关于复仇的电影《守法公民》）。她还是正能量的传播者，警告那些潜在的车位侵占者不要肆无忌惮。

我们的道德直觉是相当执拗的,很难被现代法律的制度逻辑和制度假设彻底驯服。道德直觉的表层部分来自我们对生活世界的感知和体验,其底层部分甚至已被基因编程。我们的基因里储存了远古祖先对生活世界的感知和体验,在他们生活的那个漫长的年代里,没有国家,没有法律,更没有完美赔偿。面对他人的故意侵犯,报复就是我们骨子里的默认选项。你占我的车位,我堵你的车,这不是自救,而是报复。但在法律不认可报复只认可自救的条件下,人们(包括很多法律人)就会把报复说成自救。

尽管合同法和侵权法都不区分故意和过失,但生活世界中的每个正常人都不会无视这个差别。故意侵权和过失侵权的最大区别,是前者在未来更可能再次发生,甚至频繁发生。侵占车位就明显属于故意侵权,在不能指望完美赔偿的条件下,我们有理由预测这种类型的事故损失在未来还会逐渐累积。"损一赔一"根本阻止不了这种可恶的行为。

但法律就是法律,法院只能按法律做出判决。不过法官肯定很纠结,如果想减少路虎的损失,唯一的空间,就是在分摊后续事故责任的问题上做文章。所以,如果我是法官,我也会认为宝马要对后序事故承担部分责任,虽然如此认定并无法律依据,但可以打个马虎眼。但若法律针对侵占车位的行为规定了惩罚性赔偿,我作为法官就不会纠结了。惩罚性赔偿最适合获赔概率达不到100%的侵权行为,比如"知假售假"、侵犯知识产权以及环境污染等故意侵权行为。事实上,绝大多数获赔概率低于100%的后果严重的侵权行为,已经被纳入刑事管辖的范围。

民刑分界是一种投资组合

完美赔偿是法律上的一个重要标准,它最重要的功能是区分两大部门法——民法和刑法,以及两种司法程序——民事和刑事。如果受害人的损失可以稳妥地获得完美赔偿,则加害行为通常属于违约或侵权;而若受害人的损失客观上难以获得完美赔偿,加害行为就很可能被纳入犯罪的范围。惩罚性赔偿案件属于两者之间的过渡地带,另一个过渡地带就是刑法上的自诉案件。实现完美赔偿至少需要以下两个条件:

第一，加害行为足够透明，且加害人不会逃逸。受害人依靠自己的力量足以"破获"案件，并起诉违法者。这意味着"破案率"是个重要的指标，违约的破案率是100%，侵权的破案率则接近100%，而犯罪的破案率则远达不到100%。在破案率达不到100%时，受害人就需要借助警方的力量。此时民事司法程序就不适合应对这类加害行为了。

为什么私藏枪支属于犯罪，而客观上很多比私藏枪支更危险的行为（比如在居民小区里饲养老虎）却只属于侵权？为什么诈骗或盗窃几万元就可能要坐牢，而损失上亿的违约却只需要赔偿？原因就在于破案率相差悬殊，违约和饲养老虎在受害人那里是完全透明的。传统刑法学为了区分侵权和犯罪创造了很多似是而非的理由。所谓"违法性质"和"违法后果"的区别不过是逻辑上循环往复；更搞笑的概念是"犯罪客体"，想扣上个大帽子还不容易？我也可以说违约的行为侵犯了"社会主义市场秩序"。

第二，相对于受害人的损失，加害人有相对充足的赔偿能力。与经济损失相比，严重的身体伤害通常难以实现完美赔偿。砍断别人一条腿，损失是难以计算的，即使计算出来，加害人也往往赔不起。如果倾家荡产都赔不起，理论上加害人就需要到监狱里服刑。如果监狱是个工厂，那么监狱的利润其实应该首先用于赔偿受害人的损失。

假如我向你撒谎说，我受青岛市烟草局委托，管理一片海水养殖区域。你信以为真，和我签订了这片海水养殖区域的租赁合同。我因此非法获利10万元。那么问题来了，我的行为属于刑事诈骗，还是民事欺诈？

虽然刑法上规定的诈骗罪要件包括"虚构事实或隐瞒真相"，但不是所有虚构事实和隐瞒真相的行为都构成诈骗。生活中的绝大多数谎言都是合法的，交易双方在讨价还价的过程中也经常信口开河甚或瞒天过海，非但不会构成犯罪，有时甚至连违约或侵权都算不上。虽说诈骗罪要件中还有"以非法占有为目的"，但虚构事实和隐瞒真相通常都有"占有"的目的，至于占有是否"非法"，这本身就涉及定性难题，且包含着循环论证。当要件失灵时，评估破案率可以帮助我们区分欺诈和诈骗。如果破案率接近百分之百，受害人可以自破案件，就通常可以定性为民事欺诈；而如果破案率很低，非警方介入不可，就只能定性为诈骗罪。

当然，通过评估破案率来区分欺诈和诈骗并不总是灵验。明知自己无力偿还却通过虚构事实或隐瞒真相的手段骗取他人借款的行为，即使破案率高达100%，也仍可以被定性为刑事诈骗，而不只是民事欺诈。这里的关键在于，虽然受害人有能力自破案件，却不能通过民事赔偿追回全部损失。刑事制裁是阻止违法行为的最后法律手段，如果侵权法能够内化所有的违法损失，理论上刑法就没有存在的必要。但由于种种障碍，侵权法无力内化所有的违法损失，行为人缺乏偿还能力是破案率太低之外的另一个障碍，对于明知自己缺乏偿还能力而实施的欺诈，只有刑事制裁才能产生足够的威慑。但上述案例中的违法行为则完全不属于上述情形。只要烟草局发现其海滩用地被他人处分，就可以自破案件而无需警方介入，破案率逼近100%，且在正常情况下，两个受害人（承租人未必是）都可以通过民事诉讼追回全部损失。因而无论在哪种意义上，该案都无需以诈骗罪论处。

再看另一起案件。犯罪嫌疑人为某超市雇员，负责卖货收银，该超市在工商局登记为个体工商户。在长达3个半月的时间里，他利用职务之便，采取虚增电子支付收入（微信、支付宝、银联）套取现金的方式非法获利8万余元。检察院拟以盗窃罪提起公诉，但内部有异议认为该案应定性为侵占。侵占属于自诉案件，检察院无需提起公诉。

盗窃是比侵占更古老的犯罪，起初侵占是被包括在盗窃之中的，直到法律决策者发现，作为盗窃罪的一个子集，侵占是非常特殊的，无论其犯罪嫌疑人为受害人代管财物，还是持有受害人的遗忘物或埋藏物，都很容易被锁定，破案率接近100%，通常受害人依靠自己的力量就能破获案件，所以决定将这类特殊的盗窃单列出来，另立侵占罪名。但是请注意，将侵占从盗窃中分离出来的原因，不是犯罪嫌疑人为受害人代管财物或持有受害人的遗忘物或埋藏物，而是因为这类犯罪的破案率接近100%，受害人无需警方的介入就可自破案件，因此可以适用自诉程序。

既然如此，刑法为何不把"破案率极高"直接规定为构成侵占罪的法定要件？答案当然是操作性障碍。法官自由裁量权的过度扩张，各种风险都很大——司法的难度和成本上升，法律的激励信号模糊不清，枉法裁判和徇私舞弊也会乘虚而入。为了解决操作性障碍，立法者只能将实质性要件形式化处理，"破案率极高"因此被具体化为几种特定情形——代管受害人财物、持有受害人的遗忘物或埋藏物等等。但这只是侵占最常见的表现，列举不能穷尽，侵占罪的外延一直开放着。不仅如此，形式化立法的先天不足是法律因此趋向于破碎化，被要件割裂之后的法律难免产生缝隙和重叠，只要某个违法行为恰好发生于法律的缝隙地带或重叠地带，要件失灵就会引出定性难题。一旦要件失灵，继续纠结要件就没什么意义了。司法机关应该回到原始的实质性思路，需要分析作案方式并预测犯罪后果，而评估破案率和作案成功率则是其中的关键。

在这起案件中，司法机关的内部争议集中于，犯罪嫌疑人作为超市收银员，其工作性质算不算为"受害人代管财物"？但在要件失灵的条件下拿法律概念来做文章是注定无果的，回到原始的实质性思路需要评估破案率。至于破案率高到何种程度才构成侵占？这个问题不难回答。司法机关只需懂得——正是由于侵占罪的破案率远高于盗窃，刑法才对前者规定了很轻的处罚；并且正是由于受害人无需借助警方的力量而自破案件，刑法才将侵占列入告诉才处理的自诉案件——答案显而易见了：当破案率高到受害人只需仅靠自己的力量就能大致准确地锁定犯罪嫌疑人的地步，就可以认定为侵占。根据这个逻辑，这起案例的关键，就不再是犯罪嫌疑人作为超市收银员的工作性质，而是受害人雇用的收银员数量。如果受害人只雇用了一名收银员，那么当雇主发现超市现金账目出现异常时，就基本可以确定犯罪嫌疑人非此人莫属。

刑法上的自诉案件兼具侵权和犯罪的特征，实际上处于两者之间的过渡地带。当司法机关难以区分一种违法行为是犯罪还是侵权的时候，同样可以通过评估违法行为的破案率来解决定性难题。如果破案率逼近甚或达到100%，通常可以认定为侵权而非犯罪，因为破案率是区分侵权和犯罪的一个重要变量。如果一种违法行为的破案率逼近或达到100%，无需警方介入，受害人就能自破案件，法律就可以将起诉和举证的任务全部交给受害人承担，国家的职责只是提供一个裁断是非的法院，这种处理案件的方式就是民事司法。相反，如果破案率很低，非警方介入不可，则立案、侦查、起诉、举证、审判以及强制执行等各个环节的责任就要全部由国家承担，这种处理案件的方式就是刑事司法。从法律经济学的角度，法律之所以需要区分犯罪和侵权，并设置两套不同的司法程序，就是为了让国家和私人在社会控制方面分摊责任，发挥各自在社会控制方面的比较优势，从而最小化社会控制总成本。

参考文献

1. [美]理查德·A.波斯纳：《正义/司法的经济学》，苏力译，中国政法大学出版社，2002年。
2. [美]理查德·A.波斯纳：《法律的经济分析》，蒋兆康译，法律出版社，2007年。
3. [美]罗伯特·考特、托马斯·尤伦：《法和经济学》，施少华等译，上海财经大学出版社，2002年。
4. Steven Shavell, *Foundations of Economic Analysis of Law*, Belknap Press, 2004.
5. William M. Landes & Richard A. Posner, *The Economic Structure of Tort Law*, Harvard University Press, 1987.
6. 张永健：《物权法之经济分析》，北京大学出版社，2019年。
7. 张伟强："借名登记问题的经济分析——兼论物债何以二分"，载《法学杂志》2019年第8期。
8. [美]约翰·罗尔斯：《正义论》，何怀宏等译，中国社会科学出版社，1998年。
9. [美]路易斯·卡普洛、斯蒂文·沙维尔：《公平与福利》，冯玉军等译，法律出版社，2007年。
10. Eric A. Posner, *Law and Social Norms*, Harvard University Press, 2000.
11. [美]约翰·麦克米兰：《市场演进的故事》，余江译，中信出版社，2006年。
12. [美]弗兰克·奈特：《风险、不确定性与利润》，郭武军等译，华夏出版社，2013年。
13. [美]托马斯·谢林：《承诺的策略》，王永钦等译，上海人民出版社，2009年。
14. Amotz Zahavi, *The Handicap Principle: A Missing Piece of Darwin's Puzzle*, Oxford University Press, 1997.
15. Alen Grafen, "Biological signals as handicaps," *Journal of Theoretical Biology*, Vol. 144, Issue 4, 1990.
16. Eric A. Posner, "Economic Analysis of Contract Law after Three Decades: Success or

Failure," *Yale Law Journal*, Vol.112, No. 829, 2003.
17. Donald H. Coase, "The Problem of Social Cost," *The Journal of Law and Economics,* Vol. 56, No. 4, 2013.
18. Louis Kaplow, "Economic Analysis of Civil Procedure," *The Journal of Legal Studies,* Vol. 23, No. 1, 1994.
19. Gray Becker and George J. Stigler, "Law Enforcement, Malfeasance, and Compensation of Enforces," *The Journal of Legal Studies,* Vol. 3, No. 1, 1974.
20. William M. Landes and Richard A. Posner, "The Private Enforcement of Law," *The Journal of Legal Studies*, Vol. 4, No. 1, 1975.
21. Mitchell Polinsky, "Private versus Public Enforcement of Fines," *The Journal of Legal Studies,* Vol. 9, No. 1, 1980.

第3章 还 原

我的前同事武老师是个机械迷,任何机械的东西到了他手上,都要拆开看个究竟,然后再组装起来。很多年前,当听说他有这个疯狂爱好的时候,我的心情骤然凌乱,新买的相机刚好被他借走了。幸好相机没有生命,这位机械迷手艺也还不错,拆开重组之后仍完好如初。但要活体解剖一只猫,后果就很不妙了,再怎么重组也召不回逝去的生命。

化整为零的确是认识事物的一种通用方法,机械设计师、建筑工程师乃至汽车修理工都深谙此道,解剖学就是靠这种方法获得成功的。但解剖学的目标是呈现构成事物的更小单元(比如器官、组织、血管或机器的零部件),通过认识部分去认识整体。解剖是有章法的,把猫塞进绞肉机就不是解剖。生命有机体不像机器那样容易拆解,"有机"的含义之一就是"不可分割"。尽管有时我们也会说法律制度是有机的,但对解剖学方法进入法律领域却毫无警惕,区分部门法被认为理所当然,法律规则是更小的单元,规则之下还有权利和义务。以权利、义务和规则为单元去研究法律,几乎是不言而喻的共识。至于如此解剖是否合理,是否导致认知风险,很少有人去仔细琢磨。

循序渐进和化整为零颇有相通之处,前者侧重时间,后者侧重空间,但时间和空间在认知维度上经常可以相互替代。武老师想了解照相机的秘密,比拆解更安全的方法应该是去工厂观察装配的过程,但这么做的最大障碍是时间不可控,因为观察的过程必须服从装配的进度。只要时间可控,了解事物最安全的方法莫过于从源头看起。世上没什么东西生来就是复杂的,任何复杂的东西其源头一定很简单,复杂只是简单的累积。

事物的起源和演变是个从简单到复杂的过程,只要把这个过程讲清楚,不仅事物表面上的复杂性可以迎刃而解,事物的深层结构也能随之暴露出来。因为在时间顺序上，表层结构出现得较晚，并且越在表层，就会越晚出现，外包装总是最后一道工序。因此，追溯到的源头越早，看事物就越深入。我把通过追溯源头观察事物深层结构和更小单元的方法叫作"还原"。还原的过程融合了由表及里和化整为零，但与解剖学的方法不同，前者添加了时间变量。

历史学的方法就是在时间维度上展开，虽有还原的倾向，但因拘泥于历史真相，且太受时间约束，所以反而限制了还原的程度。古老的历史记录很难保留至今，有些东西能留下化石，但大部分东西都腐烂了，比如木制工具就保存不下来。如果四五千年前诞生于两河流域的某个早期国家将一部古老的法典刻在了木板上，那么几千年后就不太可能有人知道这部法典。《汉谟拉比法典》幸存至今，是因为它被刻在了石头上。

然而，即使是《汉谟拉比法典》也算不上原创，这倒不是说古巴比伦的立法者在制定法律时一定参考、借鉴甚至抄袭了更早或同时代其他国家的法律，而是说立法就其工作性质而言就不可能是原创性的。立法者的大部分工作只是把既有的社会秩序、习俗和商业习惯用文字记录下来，整理之后公之于众而已。所以，要了解法律的秘密，我们必须搞清楚社会秩序是怎样形成的，搞清楚一群分散的个体为什么以及如何可能结成一个社会。

但如此说来，追溯法律的源头就很麻烦了，远远超出了考古学和历史学的边界。这倒也不必纠结，没有哪个源头是真正的源头，源头之前还有源头，我们所说的源头都是被武断选定的，只是被选定的源头要对应预期的认知目标，否则任何事物的源头都至少要追溯到宇宙大爆炸的奇点时刻。更何况，历史原本就是一张无缝密接的网，一旦确定了源头，就会在这张网上硬生生撕开一道口子，让历史变得不真实了。

其实还原未必非得借助历史学。化学家还原铁矿石，就是通过燃烧焦炭产生一氧化碳来完成去氧，铁矿石就被还原为纯金属，炼铁技术的原理大致如此。虽然在地球表面没有纯粹的铁，人类生来就错过了观察铁矿石起源的过程，但发生在实验室里的化学还原仍可以告诉我们几十亿年前地球上曾经发生过什么。相对于历史学方法，还原的最大优势是可以操控时间，甚至可以逆转时间箭头。

不过通过实验方法来还原法律制度的设想显然行不通，我们不能把一群人封闭在一个孤岛上或一片丛林中。即使做到了，这个实验也不真实，因为参加实验者都是现代人，他们早早就被现代文明给"污染"了。同样的原因可以让我们排除人类学的方法，虽然至今还有一些原始社群生活在地球偏僻的角落里，他们是人类文明的活化石，但原始不等于起源，原始的文明也可能存在了几十万年。

第1章已经把人类制度文明的源头追溯到了动物世界，但我的用意却不是解释历史的真相，而只是呈现事物背后的因果关系。重要的不是事实，而是解释事实的逻辑，知道的事实再多，也不过全部真相的冰山一角，但只要了解了因果关系，我们就能从点滴的已知去推测或想象广阔的未知。

任何事物都包含着无穷无尽的事实和细节，因此认知必须有所选择。人们常说，"狐狸知道很多事，但刺猬知道一件大事"，对于法律，我们的态度是宁学刺猬不做狐狸。人类制度文明能否以及如何发生于一个没有公共权力的环境中，就是一件大事。搞清楚这件大事不只是为了探究法律的起源，更重要的是了解公共权力（尤其是国家）对于维持、强化或创立法律制度所具有的功能。

国家是一种典型的、也是目前规模最大的公共权力。国家的起源是人类制度文明史上的里程碑事件，相当于社会有机体进化出了中枢，它将给社会带来全新的面貌。但要了解这个革命性事件在人类制度文明史上的功能和意义，我们首先需要搞清楚的就是在国家起源之前人类制度文明所能达到的极限。

虽然其他类型的公共权力远比国家起源的历史更加古老，但我们依然要设定一个没有公共权力的实验环境，毕竟实验只是对事实的模拟。想象一群人生活在丛林状态中，霍布斯早在300多年前就做过类似的思想实验，还因此给我们留下了一个用以探讨人类制度文明起源的概念，"霍布斯丛林"。

霍布斯丛林和公地悲剧

"很久很以前，我爷爷就在这里打猎；我爷爷死了，我父亲在这里打猎；我父亲死了，我在这里打猎；将来我死了，我儿子在这里打猎！"在电影《启示录》里，男主角加古亚尔的猎场遭到外来者的侵犯，他向侵犯者厉声宣示猎场的产权，脱口而出的就是这段台词，义正词严，理直气壮。那是玛雅帝国即将崩溃的年代，恰逢欧洲人即将征服新大陆的前夕，在与欧亚大陆完全隔绝的世界里，加古亚尔在500年前讲出的道理至今仍让我们感同身受。

如果你和我对某样东西——比如一串项链——的产权归属发生了争议，你说是你的，我说是我的，那么为了解决争议，我们都会从往昔的历史记录中寻找证据。我可能找到了"海狗商城"的交易记录，你可能拿出一张你祖母的照片，项链就套在她的脖子上。国家在宣示领土主权时也会讲出同样的道理，外交部新闻发言人的惯用措辞是"自古以来……"，这和加古亚尔的台词如出一辙。

任意考察某块土地的产权历史，我们会在不同时期发现许多条交易链。我家的土地是从别人家买来的，卖家的前面还有其他卖家，其间伴随着继承以及（非常罕见的）赠与，但两者都属于广义上的交易。如果一直往前追溯，交易链就会在某个时点断裂，因为掠夺会替代交易去转移产权。加古亚尔只说到他的爷爷，要是再往前数上几代人，猎场的归属就说不清了。若是往前数上600代，加古亚尔的远古祖先应该还居住在亚欧大陆呢。

至少在16000年前，美洲大陆还是广阔的无人区。虽然最早出现人类足迹的时间至今还不清楚，但考古学家根据陆续发掘的人类遗址可以大致推测，直到13000年前，覆盖北美洲北部的冰盖融化之后，从西伯利亚东北角沿白令陆桥向东迁徙至阿拉斯加的小股人类才开始向南扩散，在不到2000年的时间里贯通南北，直抵南美洲最南端的火地岛。

他们的后代就是美洲原住民，后来被意外地称为"印第安人"。在此过程中，虽然土地产权在印第安人的不同部族和不同国家之间频繁易主——无论通过先占、掠夺还是交易，但旧世界的人们普遍承认，至少在长达13000年的时间里，新大陆是属于印第安人的，因为他们的祖先最先来到了这片大陆。先来和后到决定了产权的归属，仿佛时间上的先后隐藏了一种神秘的力量。如此说来，那世界上最早的土地产权就该起源于一次最早的圈地事件了？至少卢梭就是这么想的。

在解释私有制的起源以及人类如何从自然状态进入文明社会的时候，卢梭写下了一段著名的文字："谁第一个把一块土地圈起来并想到说：这是我的，而且找到一些头脑十分简单的人居然相信了他的话，谁就是文明社会的真正奠基者。"这起假设的圈地事件被卢梭描述为文明社会的里程碑。没有人会天真地相信真实的历史就是这个样子，但也没有人否认这个编造的故事给无从考察的真实历史提供了一个简洁的寓言式解释。卢梭编造的这起圈地事件应该算是个思想实验，即使以现在的眼光衡量，这个思想实验也相当不俗，至少在以下三个方面极具洞察力。

第一，卢梭意识到创立产权的时间起点不在圈地的时刻，而在圈地被认可的时刻。认可是对圈地指令的应答，可以让圈地人对未来的圈地利益形成稳定预期，由此而生的社会关系是制度性的。可能此前也有过不少圈地者，但由于没人认可而创造不了产权和文明。这意味着卢梭模糊地意识到了产权的制度基础是一组合约的集合。

第二，卢梭觉察到文明源头的制度形态是合约而非规则，因为合约的规模和复杂性都比规则更小。制度演变的过程应该是从小到大、从简单到复杂，圈地人不可能一下子就建立起保障土地产权的社会规则，规则应该是合约扩展或累积的结果。从小到大反过来就是化整为零，后者就是理解规则和制度的解剖学视角。

第三，卢梭还意识到人类制度文明有高低不同的层次，产权制度属于最初级的社会秩序，没有产权就没有交易。最早的产权不可能来自常规意义上的交易，也许是因为明白了这个道理，卢梭才没有把两个做生意的合伙人看作文明社会的创始人。

产权是人类制度文明的基础，甚至可以说是基础中的基础，讨论产权的起源几乎等同于讨论文明的起源。但真实的历史早已不可考，所以迄今为止关于产权起源的社会科学讨论都会涉及到一个思想实验。实验的套路是稳定的，首先模拟一个没有产权的环境，充分展示这个环境有多么糟糕，然后论证界定产权有多么必要。

"公地悲剧"（tragedy of the commons）是另一个著名的思想实验。在一篇写作于1968年的著名文献里，经济学家加勒特·哈丁设想了一块对所有牧民免费开放的草地。牧民们争先恐后地利用草地，饲养的牲口越来越多，最终导致公共资源的崩溃。公地悲剧至今仍被用于解释包括环境污染在内的许多公共资源无效率使用的问题，但哈丁最重要的写作意图——如今看来有点过时了——却是呼吁控制人口，因为在福利国家，公共福利就类似于一块"公地"。

其实导致公地悲剧是有条件的，如果条件不能满足，公地悲剧反而不会发生，或最多只是短暂发生。想想看，随着草地质量逐渐下降，越来越多的牲口会被饿死，早在最后一棵小草被啃掉之前，所有的牲口就已全灭绝了，草地却可以"春风吹又生"，并且在草地恢复生机之后很久，才可能再次出现大量的牲口。生态平衡是最后的矫正。

生态的力量既可以调节牲口的数量，又可以调节人口的数量。从草地不能喂养所有牲口的那一天起，牧民间的关系就变得紧张了；随着牲口的大批死亡，大家撕破脸皮乃至大打出手都是迟早要发生的；而相互残杀的结果，当然是只有活下来的牧民才有机会在草地上放牧。这意味着草地在作为公共资源濒临崩溃之前，牧民间的和平秩序就已经先瓦解了，草地变成了弱肉强食的"霍布斯丛林"。

对于这样的结果，哈丁十分清楚。他所说的公共资源崩溃的悲剧，是以避免陷入霍布斯丛林为前提的。作为对比，在霍布斯描述的丛林状态中，每个人与每个人为敌，不存在任何形式的社会合作和社会秩序，资源稀缺没什么要紧，大不了就是自相残杀，而公共资源崩溃的悲剧反倒可以避免——应该说是没条件发生。公地悲剧是繁荣之后的悲剧，而霍布斯丛林却根本没有繁荣的机会。

对于没有产权可能导致的后果，哈丁和霍布斯的理解没有原则性分歧。在讨论公地悲剧的时候，哈丁说的是某种特定的公共资源尚未界定产权；而在讨论自然状态的时候，霍布斯说的是任何一种产权都还没有界定，甚至包括生命权。在一切人对一切人的战争状态中，即使有人宣称生命是属于自己的，其他人也不会认可。

公地悲剧和霍布斯丛林的后果都很糟糕。忽略其间的因果关系，可以认为两者是相互替代的——在一个没有产权的世界里，要么所有人一起饿死，要么一部分人被另一部分杀死。当然，公地悲剧和霍布斯丛林都以资源稀缺为前提，排除了这个前提就要另当别论。在卢梭描述的自然状态里，食物应有尽有，交配机会唾手可得，几乎不存在激烈的资源竞争；所以，即使没有产权，原始人也依然生活得十分惬意，因为资源并不稀缺。

卢梭针对霍布斯的批评，集中于自然状态是否资源稀缺的事实认定。而对于产权的功能和后果，两个人没有根本上的分歧，只不过霍布斯更侧重于前者——界定产权可以保障和平，而卢梭更侧重于后者——界定产权会导致社会不平等。两人的判断在逻辑上并不冲突，只是隐含了人类制度文明的一个深层次问题：和平与平等似乎难以兼容。两人的分歧，还涉及对公共权力的认识。卢梭描述的产权起源独立于公共权力，而按霍布斯的逻辑，倘若没有公共权力的强制，那些头脑简单的人只要明白过来，就会立刻去拆掉圈地的围栏。

你也许会质疑卢梭，为什么是土地产权？食物、性或生命，哪个不比土地更重要？如果有个男人指着某个或几个女人说：她（们）是属于我的，然后找到一些傻瓜相信了他所说的话，那么这个男人是不是可以成为婚姻制度的奠基者了？这些质疑当然都是有道理的。至少在逻辑上，对应于生命、食物或性资源的产权应该比土地产权更早出现。但卢梭的初衷不是解释产权的起源，而是解释人类不平等的起源，这是当时法国第戎科学院事先拟定的征文题目，算是命题作文。但这个题目本身隐含了一个不现实的假定：人类的不平等是后天形成的，在此之前曾经有过一个人人平等的黄金时代。

卢梭意识到了这一点，他清楚产权和平等难以兼容，所以为了描述那个人人平等的自然状态，他就必须排除产权的因素，所以产权不能起源于食物和性，否则不平等就是人类生存的先天状态，也就无从解释不平等的起源了。如果抛开事实不论的话，卢梭的论证思路是对头的——要解释不平等的起源，就要解释产权的起源。

当然，土地产权的意义确实不同凡响。没有土地产权，农耕就不可能取代狩猎和采集。即使在狩猎采集时代，也依然需要界定猎场的产权。只不过猎场更像"领地"，或更宽泛意义上的"生存空间"，而不仅仅是土地，尽管土地也不是单指一种资源，而是一个资源包。有了土地，就有了食物和性；而没有土地，食物和性就是难以持续的。

远古时代的狩猎群体肯定要占据一块位置相对固定的领地，他们还会把领地看作属于自己这个群体的财产——对于群体成员，领地属于公共财产；而对于其他群体，领地则是私有财产。但只有在这块领地被其他群体认可之后，才能获得私有产权的制度意义（卢梭是对的）。而如果领地产权的宣示和认可能够通过行为互动来传递信息，不必诉诸语言，那么领地产权就不见得是人类的独创了。

领地确实是一种生态现象，它的历史可比人类古老得多。自然界有很多领地动物，它们在固定的区域繁衍生息，通过叫声、化学信号、粪便的气味乃至直接啃掉一块块树皮等各种方式来宣示领地产权并标记领地边界。小型动物（比如昆虫）的领地很小，大型动物（比如老虎）的领地就很大，乃至一山不容二虎。

领地动物根据时间顺序可以分为先来的"盘踞者"和后到的"闯入者"。盘踞者为捍卫自己的领地不惜一战，闯入者为了避免冲突通常会尊重领主的产权，于是自然界里形成了"先占先得"（deference to possessors）的领地规则。如果没有这种规则，动物种群内部的冲突肯定要剧烈得多，整个种群的生存空间也会严重内卷，动物们不去开拓远方的新天地，而是宁愿窝里斗。

生物学家论证了先占先得的领地规则在进化上是个稳定策略，它已经写进领地动物的基因里，堪称自然界的普世法则，人类只是这个古老文明的继承者。对盘踞者的畏惧和尊重，解释了制度背后的社会伦理和社会心理——我们都认为先占先得是天经地义的。至于为什么领地规则是"尊重盘踞者"而不是"尊重闯入者"？简单的解释是后者与自然选择的宗旨相冲突，动物们四处游走寻找领地，如果把领地拱手让给后来的闯入者，就不利于动物的生存和繁殖。但更直接的原因，则是双方存在实力差距。

盘踞者有许多优势是闯入者难以企及的，除了能从领地获得生存繁衍所需的各种资源之外，它们对领地更熟悉，知道哪里是丛林，哪里是沼泽，哪里能觅食，哪里可建巢穴，哪里是陷阱。面对入侵者，它更有条件做好各种准备，以逸待劳，甚至不战而屈人之兵。即使被迫逃跑，它也能事先策划好一条安全的路线。总之，更强大的动物会有更高的概率成为盘踞者，反过来盘踞者的地位也会让偶然的盘踞者变得更加强大。

在生物学家约翰·史密斯看来，盘踞者和闯入者的实力差距，至少在进化初期起到了引擎作用。但只要"先占先得"的领地规则一经形成，纵然实力因素退出，仅凭盘踞者和闯入者的身份区别，也足以维持这个机制。貌似言之成理，但我多少还是有些怀疑，因为它淡化了暴力与产权之间的紧密关联。鸟类或甲壳类的动物或许能做到循规蹈矩，但对于那些装备了尖牙利爪或致命毒液的动物（当然包括人类），有什么力量能阻止它们为挑战规则而跃跃欲试呢？

暴力是一种特殊的力量，它能摧毁一切技术和秩序。如果有人会爬树，他原本可以凭借这项本领摘到树上的果子，但如果有人用斧子砍倒这棵树，他就一无所获了。影视作品的开场常有这样的情节：一群衣冠楚楚的富豪在一栋豪华大楼的顶层参加一场珍贵艺术品的拍卖会，拍卖规则自然是"价高者得"。拍卖会原本秩序井然，报价、举牌和砸下锤子的声音错落有致，突然一群全副武装的蒙面劫匪破窗而入，然后游戏规则就被彻底颠覆了。如果没有警察来阻止暴力，产权和交易的规则还能够维持吗？

1984年，政治学家罗伯特·阿克塞尔罗德出版了一部交叉学科的经典之作《合作的进化》。通过计算机模拟生态竞争，他解释了文明如何发生在一个没有公共权力的环境之中，从而正面挑战了霍布斯，后者认为如果没有公共权力，任何社会秩序和人际合作都难以为继。只要把产权制度视为个体合作的一个制度果实，那么阿克塞尔罗德的合作理论就可以被用于解释产权的起源。

在此之前，经济学家就已经提出了通过暴力分配私有产权的理论。利用20世纪中叶美国加利福尼亚州淘金热的一些经验事实，约翰·昂伯克验证了一个古老的信条——"实力界定权利"（Might makes rights），暴力更强者总能抢占更大的地盘。在那段特殊的历史时期，国家权力和法律都不再发挥任何作用，从世界各地涌入的淘金人群生活在无政府状态中，呈现出接近于"霍布斯丛林"的罕见场景。

"霍布斯丛林"的概念来自霍布斯对于自然状态的描述——人与人相互为敌,行为不受任何社会规则约束,人们生活得"孤独、贫困、卑贱、残忍而短寿"。讨论产权的起源,我们依然借助这个概念,但需要做出更为清晰的界定。假定在前文明时代的某个封闭环境里群居着一些野蛮人,数量为n。"群居"意味着每个人的生活都不是孤立的,他们至少要和空间距离最近的几个人打交道。为了讨论的方便,我们可以暂时忽略血缘和性对于人际互动所产生的影响。

但"野蛮"是需要定义的,如何定义则取决于预设的实验目标。既然我们想知道没有产权的环境有多么糟糕,那么定义野蛮人的方向就是"去文明化"。实际上,"霍布斯丛林"的实验环境就已经隐含了野蛮的定义。既然丛林中不存在任何社会规则,那么人们头脑里也就没有任何道德观念和法律意识。每个人自私自利,只顾自己的安危,对同类毫无恻隐之心,冷漠就是最大程度的友善,人际互动充满了敌意,彼此之间毫无信任可言。

然而,倘若"野蛮"被如此定义,在"去文明化"的方向上就似乎走过头了。且不说生活在原始社群里的人们比我们描述的野蛮人要文明得多,就连其他灵长类动物也不至于野蛮到这个地步,比如,闯入者就懂得尊重盘踞者的权利。但如果我们的目标仅限于解释产权的起源,那么过头与否并不重要,因为如前所述,在起源的意义上,我们无需区分先天和后天、文化和进化,毕竟基因和大脑都是信息处理器,面对环境刺激都会做出策略性反应,并且支配反应的算法也是一样的。以超规格的方式定义野蛮,充其量相当于把基因走过的道路再让大脑重走一次而已。

血缘、性、同情心以及道德感有助于促进合作,但在我们的实验中,这些先天因素都被去除了。而如果去除这些先天因素之后,彼此敌对的野蛮人仍能创造出产权制度,那么实验结果将会强有力的证明产权制度的策略性和坚韧性。产权依赖的先天条件越少,它的生命力就越顽强。但终究我们的实验对象是人类,不是猩猩,更不是昆虫和细菌,因此无需像"去文明化"那样"去智力化"。

我们可以假定野蛮人拥有基本的认知能力,能权衡利弊,除了关心眼下的利益,还能着眼于未来;假定他们有一定程度的记忆力,能区分不同的行为模式,并希望能据此预测别人的行为。当然,没有这些假定,也不妨碍我们的实验目标,但保留这些假定可以简化我们的实验。出于同样的考虑,我们还要假定他们彼此可以交流信息,需要固定的交流工具和交流规则,这意味着语言是实验环境中被唯一保留的社会规则。

在这个封闭环境里,如果采集和狩猎是主要的谋生手段,那么劳动和先占就有了交集。虽然,在没有任何社会规则的条件下,多劳多得和先占先得并不理所当然,但有很高的概率成为事实,因为相对于其他人,劳动者和先占人可以抢先一步。而这意味着,即使劳动和先占不能成为拥有资源的制度性根据,也可以为劳动者或先占人创造占有和消费资源的竞争优势。

但每个人都想不劳而获,随时觊觎别人的成果,所以冲突频繁发生;即使冲突停下来,彼此之间的敌对关系也依然持续。具体说来,以下三种情形都会引发冲突,虽然不见得是暴力冲突。首先,为了获得资源(包括食物、性和领地等),理论上,只要侵犯成本低于劳动成本,侵犯行为(包括抢夺、盗窃或诈骗等)就会发生,防御也通常会接踵而至。不出意外的话,冲突结果应该是"强者凌弱,智者诈愚",强者获取更多资源,并进一步强化其竞争优势。其次,如果人们发现优势可以带来利益,那么仅仅为了谋求优势就会挑起冲突,削弱对手的任何策略都是默认的选项,而这会加剧彼此之间的敌对关系。此外,由于侵犯会引发防御,而最好的防御是威慑,因此报复会成为避免潜在侵犯的默认选项,尽管报复以及随之而来的反报复都会增加冲突的数量甚或提升冲突的级别。

按照"霍布斯丛林"假设,人与人相互为敌,所以每个人的敌人数量是 n-1 个。除自己之外的所有人都是自己的敌人,这应该算是最高级别的"安全困境"。安全困境是一种非常糟糕的状况,陷入困境的每个人都会把大量资源(包括时间和精力)消耗在攻击和防御之中,除了造成群体规模上的资源浪费,还会严重制约整个群体的生产力水平。在人人自危的环境中,没有人可以放心大胆地积累或储存财富,到手的东西转眼就可能被别人抢走,落袋不算为安,吃到嘴里的才是肉。倘若有人指着自己手里的一只野兔向别人说:"这只野兔是属于我的",其他人会觉得莫名其妙——野兔在这个人的手里不等于野兔归他所有。没有规则或合约，就没有产权。

假定某个人在一块土地上种植了庄稼，为了收获他需要付出辛勤的劳作，耕地、播种、浇水、施肥、除草、收割一样不少。好不容易等到收获季节，庄稼却被邻居收割了。他很愤怒，但却无计可施。既不能指望法律救济，也无法借助道德谴责。要想失而复得，他只能把果实从邻居那里再偷回来或抢回来。若要避免自己的劳动果实被邻居或其他人侵占，他还要事先做好防御——巡逻、拉上篱笆或打造武器，因此花费的时间、精力和资源都属于安全投资。

理论上，安全投资会一直追加，直到其边际产出和边际收益完全相等。只要任何一小段时间用于巡逻比用于劳作，或任何一小块金属用于打造武器比用于打造农具，能获得更高的产出，他都会继续增加巡逻的时间或将更多的金属用于打造武器。可是，如果能早早预料到耕作的防御成本是如此高昂，他一开始就会放弃耕作，转而选择预先投资较低的行业（采集或狩猎）来维持生计。

在安全无法保证的条件下，农业是无法经营的，实际上任何预先投资较高以及基于合作和信任的产业都难以为继。霍布斯看到了安全对于产业的重要性，所以才断定在自然状态中，"举凡土地栽培、航海、外洋进口商品的运用、舒适的建筑、移动与卸除须费巨大力量的物体的工具、地貌的知识、时间的记载、文艺、文学、社会等等都将不存在"。

丛林状态中并非没有和平，只是没有稳定的、可预期的和平。如果消灭对手不是最优选择（这可能让其他对手坐收渔翁之利），那么任何人都无法承受持续暴力冲突带来的惨重代价。"热战"打不下去的时候自然会变成"冷战"，而"冷战"的另一个名称就是"冷和平"。"冷和平"在人际之间的分布并不均匀，在人人自危的环境中每个人面临的危险是不一样的。强者令人望而生畏，所以他们可能比弱者活得更安全。

但通常并不排除例外，有两个原因会让强者面对更多的危险。首先，强者有恃无恐，更倾向于使用暴力，尽管与对手相比，在每次暴力冲突中，他们的胜算更大且风险更低，但由于挑起冲突的数量更多，所以其总和风险仍可能超过平均值。其次，如果强者占有了太多资源，而弱者一无所有，那么强者就会面临更多挑战，因为，虽然向强者发起挑战要承担更大的风险，可一旦成功就会带来更高的收益。

在上述相互矛盾的两种现象中，攻击性、资源占有量和实力是几个关键变量。总体上，一个人的攻击性应该与其实力相称，所谓"艺高人胆大"，超出自身实力的胆量和勇气会让人做出鲁莽的举动。一个人占有的资源也应该与其实力相称，否则"树大招风"，超出自身实力的资源占有量是风险的来源。

虽说"财不配力，必有灾殃"，但只要能将部分资源转化为安全投资（比如将金属打造成弓箭或把狼驯化成狼狗），则资源越多越安全的逻辑仍能说得过去。安全是相对而言的，敌人的安全是自己的危险。而当每个人都要被迫把部分资源转为安全投资的时候，就会出现军备竞赛，从而导致更大规模的资源浪费。好在不是所有资源都能转化为安全投资，倘若在冶炼技术出现之前只有棍棒和石头能用作武器，那么安全投资的天花板很快就会出现。毕竟，在没有任何社会规则的环境里，雇佣随从和保镖的交易是不可能发生的。

安全问题堪称人类制度文明需要应对的头号问题，它深刻影响了法律制度的起源和演变。霍布斯丛林只是描述了安全困境的极限，但丛林中的安全投资和军备竞赛只是个开始，峰值至今未现。法律可以有效控制人际规模上的安全投资，但国际规模上的军备竞赛却依然无解。如今，全世界的军费开支远超 10 万亿人民币，几个大国的核武库拥有几十次毁灭地球的力量。人和人的关系进入了文明，但国和国的关系还处在野蛮时代。

从冲突到和平

即使不考虑伤亡的风险，持续的暴力也很快让人体力不支。我们可以想象远古时期两个强壮男人赤手空拳的搏斗场面，在没人死亡或被击昏的条件下，不到半小时，两个人就没力气再打下去了，此时和平就会出现。当然，冷和平不足为奇。即使在霍布斯丛林状态中，暴力袭击也只可能偶尔发生（参考处于食物链顶端的鲨鱼、鹰或大型猫科动物），世界上只有永远的敌人，但肯定没有永远的暴力。

然而冷和平没有制度内涵，它充其量停止了一场搏斗——物理意义上的停止，但还没能终结敌对状态，双方仍然缺乏互信，对未来没有稳定预期，因此冷和平不同于制度性的和平。已经停火的两支军队仍然处于敌对状态，直到签署停火协议或至少形成默契才会出现制度性和平。但无论哪种和平都可以带来利益，我们姑且称之为"和平红利"，冷和平可以打断冲突状态，制度性和平可以节省安全投资，进而将其转化为生产性投资。

按照卢梭的逻辑，制度性和平应该起源于一份和平契约，世界上最早签订和平契约的两个人，就是人类制度文明的真正奠基者。保存至今的、最早的和平契约签订于公元前1283年，立约者是赫梯国王哈吐什尔三世和埃及法老拉美西斯二世。和约被刻在了一块银板上（因此被称为《银板和约》），足见和平在立约者眼里是何等珍贵。这里的关键问题在于，推动并维持这份和平契约的力量来自何处？国王和法老凭什么信任对方？我们当然不用太过较真，只需把"热和平"视为"冷和平"的自然过渡，信任就可以逐步积累，预期也可以渐趋稳定。只要冷和平的时间足够长，敌对双方在持续互动中就可以形成默契。

持续互动是个重要的条件，因为默契的价值体现在未来，且只有在持续的互动中才能加入时间变量。但时间长短和互动关系的变化是相对而言的，如果互动关系瞬息万变，就等于拉长了时间。根据互动关系的变化，我们可以把时间分成长短不同的区段，每个区段被定义为一个"回合"（move），在一个回合之内，双方的互动关系被认为是固定不变的。这和职业拳赛中的"回合"（round）完全不一样，拳台上的一个回合有固定不变的时间，但拳手之间的对抗却有无数种变化。

两个拳手在拳台上奋力搏斗，高强度的对抗会迅速消耗体能，在极度疲劳之际，他们经常会搂抱在一起，谁都不情愿向对手发起攻击。至少在那个时刻，双方形成了短暂的默契，谁都想拖延搂抱的时间，直到裁判把两人强行分开。默契的和平往往始于一个契机，而高强度的近距离搏斗恰好能提供这种契机。

在电影《特洛伊》中，特洛伊人向希腊人深夜发起袭击，厮杀一直持续到黎明时分，特洛伊王子赫克托尔杀死了阿喀琉斯的侄子，这个意外事件就成为双方暂时休战的契机。死去的年轻人穿着阿格硫斯的盔甲参战，所有人都以为他就是阿喀琉斯，当尸体被挑去头盔露出真面目的一刹那，两边的士兵都呆住了，相互厮杀也随之停止。赫克托尔看着年轻人的脸，心情十分复杂，奥德修斯则趁机向他提出了暂时休战的要求，双方一拍即合。

电影中的情节并不夸张，默契的和平的确会发生在真实的战场上。第一次世界大战期间，西部战线打得十分惨烈，敌对双方有时会为争夺几英尺领土浴血奋战，但令人惊讶的是，在从法国到比利时长达500英里的战线上，两边的战壕却经常出现默契的和平。一次坏天气或某个特别的节日，就是两军暂时休战的契机，随后形成默契，双方都会尽量拖延重启战争模式，让各自的上级军官大发雷霆。

默契的概念模糊了"冷和平"和"热和平"之间的界限，虽然双方没有签署停火协议，但这种默契可以用合约来描述，其中包含着相互之间的指令和应答，指令的背后是可信的威胁，应答的背后是可信的承诺。由此内生了一种奖惩机制——若一方发起攻击，另一方则以反击做惩罚；若一方拖延进攻，另一方则以同样的拖延做回报。

默契的和平甚至会发生在猎物和它的天敌之间。非洲草原上的瞪羚体态轻盈，善于奔跑，速度之快仅次于它们的天敌——猎豹。但猎豹只是短跑冠军，急速奔跑会让它的体温迅速上升，这是很危险的。

草原上就没有全能型选手吗？为什么猎豹不能集短跑、长跑和捕猎技术于一身？我想最直接的约束是身体不能超载，生物能量的消耗有预算上限。不同的能力存在竞争关系，一种能力增强总会以牺牲另一种能力为代价，猎豹不能什么都要，否则对能量的需求就会超出身体的负荷。此外还有个更深刻的原因是生态也不能超载，生态环境提供的能量也有预算上限。如果猎豹的综合实力变得更强大了，那么瞪羚也必须进化得更强大，否则它们就会被猎豹赶尽杀绝；而对于猎豹来说，把猎物赶尽杀绝等于自寻短见。但如果猎豹和瞪羚都强大起来，生态环境就可能超载，原则上自然界养活不起配置太过豪华的动物。也许地球上确曾出现过综合实力更强的猎豹，但在导致一场生态灾难之后就彻底绝种了。

通常情况下，被猎豹追逐的瞪羚只需坚持3分钟以上，就能成功脱险。如果猎豹事先知道某只瞪羚非常强壮，它应该一开始就放弃追捕，这对猎豹和瞪羚是个双赢。不过只要存在双赢的空间，选择压力就会迫使双方找到正确的方向，但在这个过程中，信息传递是不可或缺的条件。猎豹需要了解瞪羚的体能，而强壮的瞪羚需要让猎豹了解自己的体能。瞪羚学会了一种仪式性的反复跳跃，腾空时，四肢伸直，躯干呈拱形。生物学家曾经为此感到迷惑，高强度的跳跃非常消耗体能，而且瞪羚知道不远处就有猎豹出没。后来才搞清楚，原来瞪羚用跳跃的动作向猎豹发出信号——"你追不到我"，告诉猎豹不要尝试徒劳的追捕。如果猎豹放弃了追逐，瞪羚就可以和猎豹分享和平红利。反复跳跃当然是有代价的（肌肉充满乳酸就容易疲劳），但相对于未来的和平红利，这个代价值得付出。

只有可信的威胁才能避免威胁的事项。如果我想以辞职、诉讼、复仇、罢工或核反击相威胁，让你服软，那我就必须保证这些威胁是可信的；而如果你面对可信的威胁服软了，那么辞职、诉讼、复仇、罢工或核反击就不会发生。要保证威胁是可信的，就必须有个信息机制，包括信息的验证和传输。

据说人类进化过程中的一个关键环节——直立行走——就很可能与传送信号有关。"两足猿"不比"四足猿"更"节能"，更善于奔跑，可"两足猿"的竞争优势何在？这个问题让人困惑，一种解说认为，直立行走有助于狒狒或猩猩暴露上躯，从而更容易向对手显示其肌肉的力量，孰强孰弱一目了然。如果我明显打不过你，为什么还要和你拼命呢？较低的信息成本减少了种群内部的血腥搏斗，由此增强了整个种群的包容性。

军事强国喜欢秀肌肉，包括军事演习、核武试验或印刷精美的武器宣传册；一些国家的警察盛行带警棍，并把左轮手枪非常醒目地挎在腰部；有些政治运动喜欢采取准军事组织的形式——例如希特勒上台以前的"纳粹冲锋队"——即使他们的军火库空空如也或实际上并不存在；大房地产所有者布置电网并树立标牌，声明有武装警卫巡逻；小住宅的主人在草地上设置警示牌，写上"当心有狗"的字样；想充当硬汉的人走路大摇大摆，露出胸毛和肌肉。示强不见得想打架，更可能是想避免打架。

与示强相反的做法是示弱，后者可以通过向对手证明自己人畜无害而免遭毒手。装疯卖傻之类的示弱，在历史上曾有多次记载（比如周文王、孙膑或越王勾践），但成功实属侥幸，全赖对手的粗心大意。真正的示弱是自绝后路，让自己彻底丧失威胁对手的能力。据说，正是因为拥有能证明自己丧失性能力的确凿证据，太监获得了世界上最好的工作。雍正皇帝的儿子弘昼，就看透了这个套路的玄机，为了表明自己无意参与皇位竞争，他没有向自己的兄弟们诉说心迹，而是亲力亲为，给自己办了好几次隆重的葬礼。虽然语言和行动都能表达自己的意图，但行动却总比语言更响亮。

在霍布斯丛林中，假定在任何两个人（X和Y）的互动关系中，每个人在每个回合都有两个选项：要么扮演一只鹰（主动攻击，直到一方受伤或屈服，以H表示），要么扮演一只鸽（虚张声势，但不主动攻击，以D表示）。如果双方都扮演鹰，他们在这一回合就会陷入冲突；如果双方都扮演鸽，和平就会出现；如果一人为鹰、另一人为鸽，鸽就会被鹰欺负。

不同的互动关系让两个人面对不同的处境。和平当然优于冲突，但当一人为鹰、另一人为鸽时，鹰的处境优于和平，而鸽的处境比冲突还糟。这实际上定义了与不同的互动关系对应的四种报酬：和平是对双方的"奖赏"（R），冲突意味着相互"惩罚"（P），放弃反击等于甘受"欺负"（S），而欺负对手是一种"诱惑"（T）。四种报酬的大小排序如下：$T > R > P > S$。尽管在一个回合中的每个人只有鹰、鸽两个选项，但在持续的互动关系中，每个人都可以执行某种策略。策略是在多个回合中一系列选项的组合，可以理解为一个人的行为模式。

		X	
		H	D
Y	H	P, P	T, S
	D	S, T	R, R

假定在霍布斯丛林中,每个人的对手数量众多,行为模式复杂多样,彼此需要互相了解。除了能察其强弱、辨其智愚,还要根据行为特征把对手分门别类,然后贴上不同的标签。标签就是压缩的信息,可以减轻认知负担,方便记忆和交流。以下几个分类尤为重要。

(1)是否在第一个回合扮演鹰。首先为鹰意味着主动攻击,主动攻击的对手很危险,必须被标记为"危险分子";首先为鸽的对手就安全得多,他不会主动攻击,因此可以被标记为"安全者"。不论一个对手多么强大,只要不主动攻击,风险就是可控的。如果一个国家承诺"不首先使用核武器",就会让潜在的敌人不那么神经紧张,这当然会削弱自己的核威慑能力,但同时也会减少遭受核打击的风险,总体上仍是一种克制保守的核战略。

(2)是否以鹰还鹰。以鹰还鹰意味着反击,以鸽还鹰则是放弃反击。不会反击的对手是可被欺负的,应该被标记为"胆小鬼";会反击的对手不可欺负,所以被标记为"勇士"。但勇士又分两种,一种是"苛刻的勇士",他们会反击过度(比如,如果对手在前一个回合为鹰,自己就会在后两个回合为鹰);另一种是"宽容的勇士",他们的反击强度不会高于攻击强度(比如,只有当对手连续两个回合为鹰时,自己才会在下一个回合为鹰)。所谓"人不犯我,我不犯人;人若犯我,我必犯人",就是表明自己是个"勇士",但很"安全",也比较"克制"。

(3)行为是否可预测。行为可预测的对手被标记为"透明人",他们做事有章法,行为有规律,形成稳定的模式。不可预测的对手又有两种:一种是太聪明,行为模式复杂到不可理解,他们是"老狐狸";另一种则是杂乱无章,随机性太强,这种人不是"傻子"就是"疯子"。一般说来,经济组织倾向于让自己的行为可预测,暴力组织则信奉兵不厌诈;强者做事喜欢光明磊落,而弱者则倾向于遮遮掩掩。

综合使用前述的几个分类标准,还可以把不同行为模式分得更精细。比如,某种行为模式从不主动攻击,可一旦遭到攻击就会立即反击,且反击强度和被攻击强度相等,那么这种行为模式兼具了安全、勇敢、克制、透明四项美德。第1章中已经讲过,它其实就是博弈论中大名鼎鼎的"Tit for Tat",通常被称作"以牙还牙",但我称它为"返还策略"。壕堑战中的敌对两军之所以能维持默契的和平,就是因为双方都采用了返还策略。

返还策略可以被精确地定义为：在第一回合为鸽，然后在每一个回合选择对手在上一个回合的选项。对手在上一回合为鹰，返还者则在后一个回合为鹰；对手在上一回合为鸽，返还者则在后一个回合为鸽；简言之，返还策略就是以鹰还鹰、以鸽还鸽——别人怎样对待我，我就怎样对待别人，以怨报怨，以恩报恩，以侵犯惩罚侵犯，以和平奖赏和平。

倘若返还策略支配了整个丛林，每个人都是返还者，那么冲突就永远不会发生，人们劳有所获，繁衍生息，多劳多得，先占先得，共享和平红利。当然，这肯定不是"霍布斯丛林"描述的状态。温和版的"霍布斯丛林"应该是策略多样化的，这些策略包含了鹰、鸽两个选项的不同组合，假定以下几种策略在丛林中随机分布：

（1）永远为鹰，持续攻击的"疯狗策略"；

（2）永远为鸽，从不反击的"绵羊策略"；

（3）第一回合为鸽，从不主动攻击，一旦遭受攻击就会对等反击的"返还策略"；

（4）第一回合为鸽，从不主动攻击，一旦遭受攻击就会双倍反击的"战狼策略"；

（5）第一回合为鸽，从不主动攻击，一旦遭受攻击只会减半反击的"麋鹿策略"；

（6）基本遵从返还策略，但偶尔为鹰，总是寻找机会欺负别人的"鬣狗策略"；

（7）第一回合为鸽，从不主动攻击，一旦遭受攻击就会持续反击的"犟驴策略"；

（8）先测算对手在每一回合为鹰为鸽的概率，然后确定自己选项的"狐狸策略"；

（9）为鹰、为鸽各占一半比例，但却毫无章法的"傻瓜策略"。

通过想象一场生态竞争，我们就可以简单预测不同的行为模式在人际互动中的前景。"绵羊"肯定是失败的，因为"疯狗"是他的天敌；"绵羊"遭遇"疯狗"，结局肯定比"麋鹿"遭遇"战狼"更悲惨。但

"疯狗"的优势也维持不了多久，遇到另一个"疯狗"他就倒霉了。实际上，"疯狗"走到哪里都是冲突的深渊，因为一旦和"疯狗"相遇，"战狼""鬣狗""犟驴""返还者"也都会变得疯狂起来。"战狼"和"鬣狗"相对温和，但其处境比"疯狗"好不了多少，迟早也要陷入持续冲突。况且温和并非竞争力，"麋鹿"就是温和过头了，他不仅会成为"疯狗"和"战狼"的猎物，还要受到"老狐狸"和"鬣狗"的双重夹击。"傻瓜"肯定不会有好下场，不动脑子是致命的缺陷，尽管聪明过头也不好。"鬣狗"看起来比"返还者"更聪明，但很难占到更大便宜，只要遇到"犟驴"，他们就会双双变成"疯狗"。"狐狸"更是聪明过头了，让对手难以预测反而给自己招惹麻烦，套路太深就容易丧失很多合作的机会。一个人复杂到不可理解也是很危险的。

相比之下，"返还者"能大概率笑到最后。除了遇到"疯狗"会不可避免地陷入冲突之外，返还者和"绵羊""战狼""麋鹿""鬣狗""狐狸"以及另一个返还者都能和睦相处。不主动出击就容易避免冲突，敢于反击就不会被欺负，反击克制就会迅速平息与对手的冲突，简单透明还能让对手容易识别。就争取合作、避免冲突而言，返还者非但没有短板，而且在各个方面都表现出色。尽管在任何双边互动关系中，返还者都不会比对手更成功，但在群体性的多边互动中，返还者却有足够的潜力拔下头筹。这是一种赢不了对手却能赢得全局的策略。

按照生态竞争的逻辑，只要返还策略表现出强劲的竞争优势，那么这种策略在群体内部就会成功扩散。人类有能力模仿和学习，所以返还策略能以"模因"的形式成功扩散，模因的载体就是人类的大脑。而在没有智力的动物种群中，返还策略仍能以基因的形式扩散，这就是为什么返还策略早在亿万年前就已广泛扩散于整个生物圈。如果返还策略扩散到了整个群体，丛林中的每个人都变成了返还者，整个群体就终结了敌对状态，从此天下太平。

然而，这个生态竞争的分析显然是不完整的。分析的起点是策略多样化，群体里既有"好人"也有"坏蛋"，而这实际上已经改变了霍布斯丛林的初始假设，弱化了人与人之间的敌对状态。在霍布斯丛林的初始假设中，主动攻击是每个人的默认选项。而在极限版的霍布斯丛林中，主动攻击是每个人的必然选项。

这恰好符合"囚徒困境"的逻辑，如果对手扮演鹰，那么我的最优项也是扮演鹰，因为以鹰还鹰的报酬是 P（惩罚），而以鸽还鹰的结果只是 S（甘受"欺负"）；而如果对手扮演鸽，我的最优选项还是扮演鹰，因为以鹰还鸽将会带来 T（诱惑），而以鸽还鸽充其量获得 R（奖赏）。糟糕的是，对手也会这样算计，他的最优选项也是扮演鹰。当双方都以扮演鹰作为自己的最优选项时，结果就会陷入冲突。霍布斯丛林就是群体规模上的囚徒困境。

我们可以想象一个由"疯狗策略"完全覆盖的群体——这是极限版的霍布斯丛林，丛林里每个人都是"疯狗"，任何双边互动永远是激烈的冲突状态，而且冲突还会一直持续到所有活下来的人体能不支。倘若不是封闭的环境，"疯狗"们甚至不可能群居在一起。那么，在这个极限版的霍布斯丛林中，和平还有希望吗？答案是有，而且和平势必出现，但论证这个结果需要一个进化论的视角。

如果"疯狗策略"是覆盖群体的先天策略，那么任何人改变策略都不会活得更好，面对来自不同对手的持续攻击，持续反击是唯一的出路，而任何时候中止反击的结果只会更糟糕。如果有人从"疯狗"变身成了返还者，那么他在开局就被其他"疯狗"欺负，然后在后续的回合中就只能和"疯狗"共舞了。这意味着"疯狗策略"在进化上是稳定的，它不会被任何包含安全倾向的策略入侵；同时意味着霍布斯丛林是个被锁定的状态，文明永远不会出现。

但是且慢，虽然"疯狗策略"不会被单个返还者入侵，但若有两个、三个或一小撮儿返还者同时现身，结果就不一样了。虽然返还者和"疯狗"相遇的悲惨局面不能避免，但只要两个以上的返还者有互动的机会，他们就可以收获和平红利，并且只要累积的和平红利足以补偿和"疯狗"相遇的开局损失，那么返还策略就可以入侵并最终替代"疯狗策略"。文明的曙光最终还是会照亮黑暗的丛林，自私自利的个体（可以是动物、人类或国家）可以在没有公共权力的环境中相互合作，缔造和平与秩序。

合作、交易与合约

前文关于从冲突到和平的解说，实际上是模仿了罗伯特·阿克塞尔罗德，一位擅长演化博弈论的政治学家。不过现在还要回到卢梭的套路，把文明的源头想象为一份合约，这可能更对法律人的胃口，毕竟合约属于标准的法律语言。但回到他的套路并非回到他的起点。土地当然很重要，但不会比生命、食物和性更重要。在卢梭讲述的圈地事件之前，人类肯定已经签订过与生死存亡关系更紧密的合约，首先是和平契约。至于推动并维持合约的力量，前文的讨论可以填补卢梭留下的空白。

假定霍布斯丛林中有两个人，X 和 Y，他们要争夺现有的 10 只野兔（不要问这些野兔是从哪里来的，是谁搞到的，这个问题不重要）。丛林状态里没有先占规则，不承认劳有所获，没有人可以对野兔主张权利。没有权利，也没有义务，大家只认利益，需要关心的，只是谋取利益的手段和实力。虽然两人都可以不择手段，但现在假定每个人只有鹰、鸽两个选项。

双方均为鹰，就会导致一场野兔争夺战，赢家通吃 10 只野兔，输家落空（还可能受伤）。双方均为鸽，就可以和平解决野兔问题，将野兔平分，X 和 Y 各得 5 只。一方为鹰、另一方为鸽，则野兔被鹰通吃，鸽一无所获。如此，就出现了与不同选项对应的四种报酬，可以分别与惩罚、奖赏、欺负、诱惑对号入座。

假定 X 和 Y 实力对等。如果发生冲突，双方的取胜把握都是 50%，扮演鹰的预期收益都是 5 只野兔，受伤的预期损失相当于 4 只野兔，因而预期净收益都是 1 只野兔。如果和平解决野兔问题，则双方均分，各得 5 只。下图描述了双方不同选项组合的报酬结构。

		X	
		H	D
Y	H	1, 1	0, 10
	D	10, 0	5, 5

其实只要双方交流充分、注重未来利益并且将来还会继续打交道,选择和平解决野兔问题就只是时间问题,这次不成功还有下次。"非鹰即鸽"的假定只是为了讨论的方便,真实世界中"从鹰到鸽"可以是个态度渐变的过程,伴随着相互之间的试探和沟通。只要双方共同承诺"弃鹰从鸽",那么合则两利,双方就可以均分这 10 只野兔。

一旦尝到了和平的甜头,并且双方经由野兔事件积累了信任,那么 X 和 Y 就会倾向于和平解决其他问题(野鹿问题或野果问题),直到最终签订一份旨在终止敌对关系的和平契约。双方约定:(1)全天候终止敌对关系,不得侵犯对方的生命、健康和财产;(2)任何一方违约,对方可采取对等报复措施。和平契约只是返还策略的一种表现,契约被遵守时,双方以和平奖赏和平;任何一方违约时,对方以侵犯惩罚侵犯。和卢梭想象的圈地事件相比,这份互不侵犯的和平契约更有资格成为文明的源头,因此当仁不让,X 和 Y 才是人类制度文明的真正奠基者。

和平契约在形式上表现为双方相互之间的指令和应答:X 的指令对应于 Y 的应答,Y 指令对应于 X 的应答,由此形成一个闭环结构。被应答的指令就是"权利",满足指令的应答就是"义务",两者的内容毫无区别,但双方的效用评估却不相等。X 承诺"弃鹰从鸽",他只损失了 1 只野兔,但在 Y 看来,X 的承诺能给他带来 5 只野兔。以承诺交换承诺,可以让双方增加 8 只野兔,这就是合约创造的"交易剩余",也可以叫作"合作剩余"。

合作和交易是一回事儿,只是前者强调协同和互补,而后者强调资源的转移。正因为如此,当有可观察的资源转移时,比如一手交钱、一手交货,我们通常称为"交易";而如果被转移的资源不可观察,比如双方共同捕猎一只狼,我们就会称为"合作",因为行为控制权的转移不那么直观。如果忽略意图因素或把意图还原为行为(再次提醒,意图只是行为的概括),我们就会发现,人类社会的合作和交易只是自然界里共生关系的一个子集,互利共生可以发生在蚂蚁和蚜虫之间、染色体和线粒体之间以及猎人和农民之间。

只要合约被履行下去,交易剩余就可以持续积累。和平契约可以让双方共同减少安全投资,把消耗于相互冲突的资源节省下来,投入生产性活动,或转而对付其他人。这就是和平带来的制度红利。交易剩余只是和平红利中的"现货",除此之外还有"期货"。首先,因分享交易剩余,X 和 Y 能在整个群体内部获得相对于任何第三方的竞争优势,其中隐含着难以计算的潜在收益。最简单的指标是对手的数量,和平契约给双方减少了一个对手,从 n-1 个减少到 n-2 个。其次,和平可以为双方实现更高级别的合作创造可能或奠定基础。互不侵犯是最初级的合作,升级版的合作是共同防御,更高级别的合作是各种类型的交易,交易可以让任何可转移的资源在 X 和 Y 之间实现最佳配置。

和平红利为双方缔结合约提供了初始动机,但维持契约的力量除了和平红利的奖赏,更重要的则来自对违约行为的惩罚。作为一个最初级的、最小规模的制度结构,和平契约内含了奖惩机制,无需任何第三方介入就足以维持。《银板和约》的背景是古赫梯和古埃及之间长达一个多世纪的战争,战争的威胁就是维持合约的力量。在这个意义上,和平契约是个"自组织"的制度,区别于"他组织"的制度,后者必须依赖外部强制才得以维持。其自组织性来自双方的相互牵制,从根本上说是一种生态的力量。

合约的自组织性至今仍是衡量合约品质的一个重要尺度——合约的自组织性越强,实施成本越低,违约风险越小,并且越少依赖外部强制(包括公共强制)。由于合同法和任何法律一样不可能被完美执行,所以提高合约的自组织性是降低违约风险的首选措施,负责起草和审查合同的律师们对此深有体会。

增加双方互动的频次可以提高合约自组织性。科层制可以把公务人员组织在一起,通过增加彼此互动的频次来建立更稳定的合作关系。分解步骤是一个更常用的策略,建筑施工合同通常采取分期施工和分期付款的方式,军备控制和裁军条约也会分成若干个小步骤。为了保证以色列在 1973 年战争之后从西奈半岛撤军,亨利·基辛格安排了一系列的步骤,以使埃及和以色列致力于关系正常化的步骤相互协调。

合约是闭环结构,包含着相互之间的指令和应答。这一事实表明了合约其实是个不可分的制度单元,无论专门研究"权利",还是专门研究"义务",都很容易割裂制度主体之间的互动关系,那种把权利、义务当作法律研究基本单位的想法是十分危险的。卢梭看到了圈地行为只有在获得认可之后才转化为权利,但他没有提及认可圈地的其他人从圈地人那里获得了什么利益，没有对价凭什么认可圈地的行为？只说那些人"头脑十分简单"纯属敷衍了事，卢梭并没有完整描述土地产权制度的起源。

在前文的讨论中，和平解决野兔问题的结果是 10 只野兔被均分。但均分不是偶然，更与和平无关，而是因为我们假定双方实力对等，均分只是实力对等的结果。一旦引入实力差距的变量，结果就会迥然不同。

实力界定权利

观察一种群居动物，只要发现不同个体之间有显著的实力差距，有强壮也有弱小，就能断定这个种群里一定存在某种等级秩序。黑猩猩群体就是强者为尊，暴力最强者通常就是首领。虽然社交能力和战略谋划对于头脑聪明的灵长类动物也很重要，但暴力是基础。弱者无社交，战略谋划的空间十分有限。

对于很多动物来说，实力和暴力基本可以画等号。动物之间发生冲突，通常都是为了争夺领地和繁殖机会，以暴力决胜负，简单利索。暴力竞争会让雄性动物装配昂贵的武器，比如狮子的利爪、乳齿象的獠牙或麋鹿的大犄角。鹿角发育成型只需几个月时间，这意味着鹿角比身体其他部位、任何骨骼长得更快，耗能更多。

以扁角鹿为例，在鹿角生长期间，每日耗能是平时的两倍多。鹿角生长需要大量构成骨骼主要成分的钙和磷，单靠摄入食物远远不够，必须从骨骼中抽取这些矿物质，分流补充到鹿角上去。这会伤害骨骼，随着发情季而出现周期性的骨质疏松症。糟糕的是，一方面公鹿的骨骼变得脆弱易碎，另一方面它们还要对抗重达 360 多公斤的竞争对手。发情季结束之后，斗士们往往遍体鳞伤，如果不能在冬季来临之前的几周内迅速恢复体力，等待它们的就只有饿死。人类之间的暴力竞争又何尝不是如此？苏联就是在军备竞赛中被拖垮的，那可是一场迄今为止这个星球上规模最大、级别最高的军备竞赛。

人与人之间的实力差距要复杂得多，不能等同于暴力差距，但拉开差距的最初因素仍是生物学意义上的。必须承认有些人就是天生比别人更强壮、更聪明、更敏捷、更胆大、颜值更高、意志更坚强、更善于沟通、更善于调情或更善于欺骗和伪装。虽然先天的实力差距并非一成不变，经过后天的学习、训练或其他努力（比如整容），差距可以改变，但改变需要付出代价。逆袭的道路很艰辛，还经常需要运气相伴。不管怎样，所谓"人生而平等"，都不是在描述事实，而只是在表达愿望，而且主要表达的是弱者的愿望。

衡量一个人后天实力的主要指标，是看他控制了多少资源。如果你身强力壮但我有枪，那么打起来我的实力就比你更强。许多无形的资源（时间、机会、声誉、威望、圈子等等）也是实力的组成部分，人们还经常说"知识就是力量"。如果把先天的遗传因素（体能和智能）也看作一种资源，那么"实力"和"资源"就可以相互定义了。我之所以没有实力去打UFC、竞选总统、购买游艇、垄断芯片产业、调解国际争端、训斥校长或主编法理学教科书，就是因为我缺少相应的资源。

有没有实力是一回事，有没有意志和决心去使用实力是另一回事。胆量并不意味着实力，但让自己的胆量和实力相匹配，就会形成额外的实力。"艺高人胆大"可以如虎添翼，但超出实力的胆量却只是鲁莽。为什么老虎的胆量大而老鼠的胆量小？因为实力与胆量相匹配才是最佳的进化方案，胆大如虎的老鼠和胆小如鼠的老虎都不幸偏离了正确轨道，前者容易死于冒险，后者则难免遭受饥饿，它们的基因都缺少传给下一代的机会。

美德无非是种行为策略，因此需要实力做支撑。穷人不能像富人一样乐善好施，弱者不能像强者一样除暴安良。很多道德问题其实是实力问题，球场犯规往往是体力不支，学术造假也经常是智力不足。"达则兼济天下，穷则独善其身"，不同的实力有不同的美德做标配。"高尚是高尚者的墓志铭，卑鄙是卑鄙者的通行证"，很多时候只是实力不同各取所需而已。虽说"德不配位，必有灾殃"，但若"力不配德"，招来的灾殃可能更加致命（想想宋襄公的故事）。

至于实力差距如何影响利益分配，做个思想实验就大概知道答案了。假定X和Y的实力不对等，强者获胜的把握更大而受伤的损失更小。X相对强大，他获胜的把握是70%，受伤的预期成本是1只野兔，因而其预期净收益是6只野兔；Y相对弱小，他获胜的把握是40%，受伤的预期成本是3只野兔，因而其预期净收益是1野兔。同样是瓜分10只野兔，其他假设条件不变。下图描述了双方不同选项组合的报酬组合。

		X	
		H	D
Y	H	6, 1	0, 10
	D	10, 0	? , ?

如果双方承诺"弃鹰从鸽"，和平解决野兔问题，他们将如何分配这10只野兔？均分显然行不通，因为X会否决，他的谈判底线是6只野兔，谈判底线是由陷入冲突的预期收益来界定的。考虑到Y的谈判底线是1只野兔，那么理论上可行的分派方案只有4个：9∶1，8∶2，7∶3，6∶4。扣除交易成本，则实际上可行的分配方案只有8∶2和7∶3，X肯定要拿大头。但不论最终采用哪一种方案，"实力界定权利"的逻辑都已经浮出了水面。

"实力界定权利"的意思，是实力的强弱决定资源的分配，强者总能比弱者争取到更多的权利和利益，这不仅因为谈判底线不同，强者的底线总是高于弱者，而且因为强者的谈判优势往往可以让他拿走更多的合作剩余。考虑到X和Y的合作剩余只有3只野兔，因此双方最终谈妥的分配方案更可能是8∶2，而非7∶3。请注意，即使按8∶2分配，Y也应该欢天喜地，因为和平解决野兔问题让他的利益翻了一番。

心情不好的外交官有时会向军方抱怨："你们从战场上得不到的东西，不要指望我们从谈判桌上拿回来。"这话半真半假，外交官的确能从谈判桌上拿到军方从战场上得不到的利益，毕竟还有丰厚的和平红利；但外交官能拿到的利益再多，也难以突破对方的底线。并且如果军方不给力，外交官在谈判桌上就更可能被对手压着底线走。

为什么鲁滨逊之于星期五、本地人之于外地人、男人之于女人、商家之于消费者、资方之于劳方、流量明星之于演技派、学霸之于学渣、名校之于普通学校、发展中国家之于发达国家总能获得各种或明或暗的特权？原因就在于前者实力更强，已经占有了更多的资源，因此在未来的分配中拥有更多的谈判筹码。

不要以为只有搞建设的能力才是实力，搞破坏的能力也同样是实力，甚至是更硬的实力。如果大家在一口锅里吃饭，每个人凭借自己的贡献才可以吃到一份，而你什么贡献都没，又因此被排除在外了；别急，只要你能让大家相信你有砸锅的能力，那你就能比其他人吃到的还要多。如果大家的安全来自于破坏者的克制，那么破坏者就完全可能比建设者拥有更多的筹码，并且破坏能力越强筹码越多。虽然斗则俱伤，但弱者肯定比强者伤得更惨，因此强者的安全承诺就比弱者的安全承诺更加昂贵，也值得对方为此付出更多的代价。如果说不平等分配是弱者的不幸，那么拒绝接受这种不平等对他将是更大的不幸。

如果 X 和 Y 缔结了一份全天候终止敌对关系的和平合约，那么这份合约一定是不平等的。其实合约的功能只是实现互利，从来就不保证平等，所谓"合约平等"只是个流传久远的神话。至少在理论上，合约以不平等为常态，以平等为偶然。如果没有其他因素的介入，那么平等的合约关系只可能发生于实力对等的主体之间。只要双方的境况都比此前改善了（帕累托改进），那么即使获利较小的一方也有动机去签订合约，这说明平等和自愿没什么关系。事实上，用"自愿"来描述签约动机原本就没多大意义，更准确的说法应该是，签约是"理性"的。

"实力界定权利"的逻辑很容易获得生活经验的支持，当弱者面对强者的暴力威胁而被迫选择妥协和屈服的时候，就意味着强者赢得了大部分和平红利。"强者为尊"、"成王败寇"以及"拳头硬的说了算"，都是这个逻辑的具象表达。虽然"强权即真理"或"真理在大炮的射程之内"听起来有点抽象，但大炮的射程确实决定了领海的宽度。至于历史上最初的土地产权究竟是怎样划界的，这个问题已经不可考，但暴力的强弱决定国家领土边界的历史事实却是比比皆是。

朝鲜半岛上的"三八线"大体位于北纬 38 度，战争期间三八线附近曾展开多次拉锯战，志愿军很难攻到三八线以南，联合国军则很难攻到三八线以北。当年"板门店协议"划定的这条军事分界线，如今已成为朝韩两国的领土边界线。争议领土从来不会按平等原则来分割，强国攻城略地、弱国割地赔款的悲喜剧在历史上无数次上演。即使偶尔签订一份平等条约，那也是双方实力大致对等的产物。

1976年12月，八个赤道国家签署了《波哥大宣言》，宣称他们拥有其领土上空地球同步轨道的主权，但最终失败了。同步轨道对同步卫星的容量不是无限的，与赤道平行的静止轨道因此成了一种稀缺资源。怎奈八个赤道国家都是小国，没有发射卫星的能力，它们主张对静止轨道的主权，无非是想向有发射卫星能力的几个大国敲竹杠。在国际社会，敲竹杠并非不可以，成功的事例比比皆是。但即使是敲竹杠，也得靠实力，《波哥大宣言》的策划者显然没搞懂这个道理。

2018年雅加达亚运会上发生的一件小事生动展示了"实力界定权利"的逻辑。中国游泳运动员和羽毛球运动员对于在赛场上暴露身体各个部位的文身都满不在乎，而足球运动员却不得不在比赛时把自己手臂上的文身包裹起来，因为此前他们就曾因为在球场上暴露文身而被骂得很惨。同样的事情，有人做得，有人做不得，这在生活世界中实在太常见了。联合国五个常任理事国都有核武器，但若朝鲜和伊朗说："凭什么你们有我们就不能有？"这个道理在全世界却讲不通。

前些日子，我有个学生写完了一篇论文，投稿之前要我帮他把把关。只粗略一翻，我就把他的文章狠狠摔在了桌子上，厉声斥道："你这是写的什么玩意儿，篇章结构如此凌乱，居然还要去投稿！"不料这位学生却说："老师，我的写作套路是跟您学的，您还有篇文章写得更凌乱，也照样在一家核心期刊发表了。"我一听这话鼻子都快气歪了，我说："你能和我比吗，我都出道多少年了？再说了，我写得凌乱，但总能讲出一套道理来，可是你的文章比有些大佬的作品还要空洞，居然还在这里和我比凌乱，这是安的什么心？但凡有点大局观，也不至于说出这种混账话！看过电影《天下无贼》吗？还记得刘德华对李冰冰说的那句台词吗？——'不是我喝你就可以喝的！'"

说到这里，法律人也许有理由感到骄傲，毕竟法律是追求平等的。"法律面前人人平等"，"王子犯法与庶民同罪"，"不允许有任何人拥有凌驾于法律之上的特权"，这些话说多了就不再较真，也确实较不得真。所谓"法律上的平等"，更多指的是"对同等人同等对待的平等"，而非"对一切人同等对待的平等"。而所谓"对同等人同等对待的平等",无非是一种规模化的不平等。法律中的歧视随处可见,我们还得承认绝大多数歧视都是合理的。那些对法律不平等或法律实施不平等的愤怒谴责——"窃钩者诛,窃国者为诸侯"或者"只许州官放火,不许百姓点灯"——早已成为远去的历史记忆了吗?并没有,至少下列事实表明它们至今阴魂不散。

——大麻对于人体造成的病理损害并不比烟草更重,但前者属于违禁品,而生产、销售或消费烟草却从来都是合法的。

——刑法对于盗窃罪的量刑明显重于贪污罪,尽管平均说来前者造成的危害并不比后者更重,且破获盗窃案的难度也不比破获贪污案更高。

——诈骗会受到法律的惩罚,严重者构成犯罪,但集资诈骗的量刑却轻得多。公司资本欺诈行为(包括抽逃出资、虚报出资和虚假注册)也是一种诈骗,但很少受到法律的惩罚。

——小公司不能发行股票和债券,但大公司可以。法律明确规定了发行股票和债券的资格标准,并且诸如此类的资格标准各种法律制度中司空见惯。

——精神控制是一种能在无意识层面改变人们思想的非常规技术,小宗教使用精神控制在很多国家都会受到法律的限制或制裁,但主流宗教使用同样的技术却一直被视为合法行为。

无须列举出更多事实,也足以让我们发现法律对于平等的追求并不执着。我们可能高估了法律追求平等的原动力,也可能低估了平等本身的脆弱性以及法律维持平等的高昂成本。我们还可能低估了丛林法则的生命力以及它伪装和变形的能力,毕竟丛林法则的历史远比任何法律制度都古老得多。

这么说很容易造成误解,似乎法律和丛林法则可以相互独立,甚至相互对抗,但其实不然。法律自诞生之初就与丛林法则融为一体,并且没有任何力量能将二者分离。无论法律发展得多么细致和多么复杂,只要"实力界定权利"的制度基因牢不可破,法律中的平等与歧视就只会万变不离其宗。"实力界定权利"就是制度化的丛林法则,丛林法则是法律的另一幅面孔,它只是被一层层面纱遮掩了起来。

如果说法律的功能是避免冲突和促进交易,那么丛林法则的力量就是主宰和平红利与交易剩余的分配。谁在战时的杀伤力更强,谁就拥有更多的谈判筹码,因而能在战后拿走更多的和平红利,这是如何分割和平红利的法则。与和平红利相关的另一项制度性产出是交易剩余,交易剩余的分配同样遵循丛林法则——谁拥有更多的谈判筹码,谁就能拿走更多的交易剩余。店大欺客,客大欺店。如果买方更依赖卖方,价格就会被高抬;如果卖方更依赖买方,价格就会被压低。批发商比普通消费者更有能力压低商品价格,高科技公司比原材料供应商更有能力谋取高额利润。市场拒绝暴力,但它仍是个丛林。

产权的起源:从契约到规则

和平契约既可以自生自发,也可以自然扩展。"合则两利,斗则俱伤",道理不深奥,第三人也能看得懂。如果 Z 想和 X、Y 共享和平红利,他就有动机加入契约。考虑到从"双边契约"扩展到"三边契约"能做大和平红利,X 和 Y 对于新伙伴自然是来者不拒。而对于 Z 来说,只要他加入契约,敌人的数量一下子就减少了两个(从 n-1 减少到 n-3),这可比和平合约的发起人(X 和 Y)初创的和平红利更丰厚。

和平契约的规模越大,和平红利就越丰厚,对契约外的其他野蛮人也越有吸引力。这个逻辑暗示了,和平契约的扩展不仅一帆风顺,而且还会是加速度的。当第 i 个人加入契约时,随着"i 边契约"的形成,他的敌人数量就会锐减 i-1 个(从 n-1 减少到 n-i);而当最后一个人(第 n 个)加入契约时,随着"n 边契约"的形成,他的敌人数量瞬间降到零值,从四面楚歌直接切换到朋友遍天下,简直就是否极泰来。

和平契约的扩展,尤其是加速度扩展,显示了其顽强而旺盛的制度生命力。当和平契约扩展到一定规模的时候,就自动升级为和平规则。从契约到规则,形式变了但内容依旧:全天候终止群体内部的敌对关系,任何人不得使用暴力或其他侵犯手段谋取利益;若有人违反和平规则,受害人有权采取对等报复。和平规则的内容几乎完全复制和平契约,区别只是表达发生了变化——契约的表达是单称判断,而规则的表达是全称判断。和平规则只是返还法则的另一种描述,当和平存续时,大家以和平奖赏和平；一旦和平难以为继，大家就会以侵犯惩罚侵犯。

由于和平规则的本来面目是个多边契约，所以它能随时化整为零，统一的规则可以被分解还原为多份双边契约。比如，X、Y、Z之间的三边合约，就可以被分解成3份双边和平契约，由X和Y、Y和Z、X和Z分别签订。按照排列组合的数学逻辑，由n个人共同遵守的和平规则，可以分解为$n(n-1)/2$份双边和平契约。

和平规则的生命力之所以顽强，不仅因为它可以自给自足、自生自发且自然扩展，而且因为这个规则能够化整为零，而化整为零代表了一种制度的再生能力。任何法律制度或社会规则，化整为零的能力越强，其再生能力就越旺盛，因为化整为零意味着，即使这种制度或规则的一部分甚至大部分遭到破坏，其剩余部分仍能存活，并在适当的机会再次扩展。"野火烧不尽，春风吹又生。"

以规则取代双边合约，最直接的好处是表达简洁。规则是无数合约的压缩形式。虽然单一规则和复数合约表达的是同一种制度，但规则表达却比合约表达更容易进入人们的心灵和记忆，这会间接提高制度的效力。全称判断的表达似乎自带神奇的力量，说"任何人不得如何"或"所有人必须怎样"，就比分头要求某个人"不得如何"或"必须怎样"，更显庄严肃穆。整齐划一很符合绝大多数人的偏好，而这种偏好的基础，除了规避信息费用，还包含着一种风险意识——当大家被要求去做同样的事情时，最好和最坏的差距就可以被有效控制。

一旦在群体内部确立了和平规则，就彻底终结了"一切人对一切人的战争状态"。和平规则是从野蛮到文明的界碑。孔子很早就看到了和平红利和安全投资的正反面，天下太平可以节省安全投资——"使民城郭不修，沟池不越，铸剑戟以为农器，放牛马于原薮，室家无离旷之思，千岁无战斗之患"。社会也不需要供养战士和谋士——"则由无所施其勇，而赐无所用其辩矣"。在普遍和平的环境中，人们"劳有所获、繁衍生息，人丁兴旺、物产丰盈"（《圣经》语）。

和平规则的扩展不止于主体维度，在客体维度上的扩展会按需求排序，开始只及于人身，而后扩展到食物、性、衣服、工具、土地、其他财产乃至肖像和人格尊严等等。和平规则的客体扩展到哪里，哪里就会出现产权。生命权、财产权、性产权、土地所有权、人格权、尊严权等等依次出现。这里所说的产权是宽泛意义上的，囊括了所有有用的资源，既有物质的也有精神的。

有了产权制度，人们才可能真正拥有、而不仅仅是占有某个东西。X可以对Y说："这5只野兔是属于我的，那5只归你。"大家也一致同意："树丛里的那堆野果是属于Z的。"如果Q圈起了一块土地并宣称："这块地是属于我的。"他有理由期待获得其他人的认可，也只有获得认可之后他才能获得土地的产权，并有胆量去种植庄稼。当产权人不用过多操心保护自己财产的时候，他们不仅更有动力去寻找和创造财富，而且有信心去积累和储存财富。今天吃不了的肉可以留到明天，风干、烟熏或冰冻了之后还可以储存到食物短缺的季节。

虽然和平规则看起来平等地保护了每个人的利益，但"实力界定权利"的逻辑会让我们一眼发现其中的猫腻。富人和穷人互不侵犯虽然也算"合则两利"，但富人获得的好处显然比穷人更多。我有三十亩地一头牛，而你有三千亩地一群牛，那么你从和平规则中的受益显然十倍于我，制度上的不平等从一开始就固定下来了。但你的软肋也摆在了台面上，你必须有能力保护属于你的那些财产。和平规则能够减少整个社会的安全投资，却无力把安全投资降到零值。规则随时都会遭到破坏，但如果你和我的安全投资是等值的，那么规则被破坏的风险点就更可能出现在你那里而不是我这里。所以，同样是保护自己的财产，穷人养条狗就够了，富人却必须雇佣保镖。

"人生而平等"曾经是启蒙时代的一种学术信仰，人与人之间的不平等以及实力差距被认为是不合理的社会制度的产物。1753年，法国第戎科学院公布了解释人类不平等起源的征文题目，卢梭应征写出了《论人类不平等的起源和基础》。但其实，这道题目本身就出错了，它假设人类曾经经历过一个人人平等的黄金时代，但这个假设的前提根本不成立，所谓的黄金时代也是子虚乌有。真正需要研究的问题应该是，为什么人类不平等的差距越拉越大？以及在这个趋势中为什么居然还出现了偶尔的平等？后一个问题暂不讨论，至于前一个问题，只需回到"实力界定权利"的逻辑，就可以看得很清楚。

"实力界定权利"的隐含义，是资源的初始分配决定资源的后续分配，强者总是能够争取更大比例的和平红利和交易剩余。"实力界定权利"就是制度化的丛林法则，它体现了丛林法则的强大生命力以及对于制度形态的强大影响力。它在人类制度文明的源头就进入了制度有机体，由此成为牢不可破的制度基因。这会造成一种马太效应，强者多得就会变得更加强大，强弱之间的实力差距因此会进一步拉大。

人类的贫富差距从来没有像今天这样大，全球最富裕的10个人的财富加起来远超撒哈拉沙漠以南非洲国家的GDP总和。按乐施会的估计，在2015年，全世界最富有的62个人拥有了全世界一半人口（36亿）的财富总值；仅仅6年之后，2021年，世界一半人口（38亿）的财富总值，就只相当于前26个人的家庭财富之和了。致力于缓解贫富差距的法律制度虽然不是无所作为，但几乎无力扭转这个趋势。

和平规则禁止掠夺、盗窃、诈骗他人财产的行为，同时承认劳有所获和先占先得，由此可以在和平规则项下辨识出两个亚规则，即"劳动规则"和"先占规则"，劳动者可以收获他的劳动果实，先占人可以拥有占有物。在狩猎采集时代，劳动和先占是大致重合的。这只野兔之所以是我的，是因为野兔是我先猎杀的；那堆野果之所以属于你，是因为野果是你先摘取的。无论根据劳动规则，还是根据先占规则，野兔都属于我，野果都属于你。

两种规则的竞合呈现了一种假象，似乎先占先得的依据就是劳动。约翰·洛克就被这个假象迷惑了，他认为先占人之所以能够获得占有物的所有权，就是因为先占人付出了劳动。理查德·爱泼斯坦觉得洛克的观点站不住脚，因为占有物本身的价值远远超过劳动创造的价值。在他看来，先占人只应该获得占有物的劳动增值部分，或充其量因获得劳动增值而获得占有物的留置权。爱泼斯坦也是太较真了，其实驳倒洛克根本无需算细账，只需指出劳动规则和先占规则同属和平规则项下的两个亚规则，因而不能相互解释就够了。至少在和平规则确立之前，劳有所获并不比先占先得更加理所当然；更何况，自然界里"尊重先占者"的历史要比"尊重劳动者"的历史古老得多。

允许先占人获得占有物的产权，也许只是体现了对现状的尊重。如果没有额外的变量，维护现状就比改变现状容易得多。现状之所以优先，就是因为改变现状是有成本的。在和平规则确立之前，先占人就已经抢占了先机，这是先占人的博弈筹码。尊重现状等于认可先占人的筹码。因而，允许先占人获得占有物的产权，先占本身不是理由，包含于先占中的劳动也不是理由，先占人拥有获得占有物的竞争优势才是真正的理由。

如前文所述，自然界里的领地动物可以分为先来的盘踞者和后到的闯入者，在双方实力相当的情况下，"盘踞者总是取胜"（the residents always wins）已经固定为一个生态法则。这不奇怪，盘踞者面对闯入者通常会充满自信，是因为它占了天时、地利和人和。面对盘踞者的这种巨大优势，闯入者就要格外小心。

在电影《启示录》中，男主角的猎场遭到了外来者的侵犯，在宣示猎场产权时，男主角向外来侵犯者喊出的那番话，无非是在向闯入者宣示自己作为盘踞者的地位，与其说是在讲道理，不如说是在炫耀实力。在电影的结尾，精疲力竭的加古亚尔逃到了海边，在无路可逃之际却意外地躲过了屠杀，因为身后的两个追杀者被海面上从未见过的景象惊呆了。几艘大帆船停靠在海边，身穿奇装异服的陌生人分乘小船正驶向海岸。欧洲人来了，这片新大陆在此后一两百年的时间里就更换了主人。

先占至今依然是确定产权归属的常见根据。如果没有意外，无主物通常归属于先占人。打猎、开采矿产、使用水源、获取专利、注册商标和域名、申请QQ号、获得卫星轨道和无线电波频率、排队和占座、婚姻制度和恋爱规则等等，无一不隐含着先占先得的逻辑。如果不停地向前追溯，我们还会发现，土地的产权——无论是公有的还是私有的——最初都是先占取得的。

先占规则在促进生产方面的好处显而易见，它能鼓励人们去探索新的领域，而探索者的成果经常会让整个群体受益。如果有人发现了一个可以打鱼的池塘，或者发明了捕鱼的新技术，那么不出意外的话其他人都可以跟着占便宜。但先占规则也可能会让其他人做出牺牲。当我猎杀了那只野兔，或当你摘取那堆野果之后，丛林里的野兔和野果就减少了。虽然占有物在某个人占有之前被称为"无主物"，但其实只要大家生活在这个环境里，每个人都有获得无主物的机会；而当无主物确定地归属于某个人之后，其他人就彻底没机会了。

当资源比较丰富的时候，先占先得的外部性还不那么明显，先来者和后到者的机会尚不至于太过悬殊。但若资源变得奇缺，先占规则就难以为继，必须重新考虑资源分配的方案，必要时可能需要"紧急状态法"。假定环境突变，丛林里只剩下一只野兔，河流里只剩下一桶水，且临时找不到其他食物和水源，那么可想而知，若是此时先占人还要独吞这只野兔或独饮这桶水，就势必会引起冲突，搞不好就还会招来杀身之祸。

和平规则确立之后需要处理一些历史遗留问题。掠夺被禁止了，但此前的掠夺怎么办？需要追溯吗？如果需要，追溯到什么时候？新规则的确立固然要着眼于未来，但过去发生的一切却不会立刻烟消云散。历史是个沉重的包袱，而减轻包袱的做法，就是和过去做切割。法律之所以通常不会溯及既往，或充其量有限度地溯及既往，就是要尽量减轻历史的包袱。不告别过去，就没法迎接未来。人们需要承认时间的力量，承认时间可以埋葬黑暗和罪恶。

婚姻是产权和交易的竞合

如果说前文的讨论有个重要的忽略，那肯定就是性和血缘了，两者紧密相关。倘若仅仅把性关系视为促进两性合作、刺激同性敌对的生物催化剂，那么，对性的刻意忽略并不影响前文的分析结论，因为最早的和平契约可以缔结在两个家庭之间，并以家庭为单元扩展为和平规则。我的意思是，单元是可替换的，不可替换的只是单元之间的制度逻辑。当然，性对于人类制度文明的影响不是这么简单，可以肯定，倘若人类只是一种单性繁殖的物种，那么人类制度文明完全是另一副模样。

两性繁殖，看起来也不过是个普通的交易，就像你出鸡蛋，我出西红柿，然后我们合伙做了个西红柿炒鸡蛋一样。当然，这是个拙劣的玩笑。生命世界里进化出两性繁殖是件开天辟地的大事，说交易也没错，但同样是交易，两性繁殖可比合作完成西红柿炒鸡蛋要精妙多了。没有两性繁殖，就没法保证物种进化的高效率和低风险，地球生命史很可能至今还停留在单细胞生物时代。

假定一个雄性动物提供的精子包含了一个正常基因 A 和一个突变基因 b，而一个雌性动物贡献的卵子则包含了一个正常基因 B 和一个突变基因 a，那么，当精子和卵子结合为受精卵，进而成长为两个动物共同的后代之后，其基因组合就会出现 4 种类型：AB，Ab，aB，ab。如果突变基因提高了后代的适应值，让他们更有能力适应变化了的新环境，那么自然选择就会快速遴选出 ab 型的孩子，这相当于在进化道路上踩了次油门。如果突变基因降低了后代的适应值，让他们难以适应现在的环境，那么自然选择就会把包含突变基因的类型全部淘汰，只保留下 AB 型的孩子，这相当于在进化道路上踩了次刹车。

两性繁殖兼具踩油门的探索能力和踩刹车的纠错能力，其原理在于创造多样性可以收获进化红利，这就叫作"多样化红利"。当环境变化迅速时，可以很快探索出适应值更高的物种形状；当环境相对稳定时，又能及时防止基因突变，让物种保持现有的性状。"进可以攻，退可以守"，这一巨大的进化优势为地球生命史开创了辉煌的前景。不是复杂的生物选择了两性繁殖，而是两性繁殖创造了复杂的生物。

经过减数分裂的性细胞，只有正常细胞一半的染色体，在和一个异体性细胞结合之后，才能补全染色体的另一半，由此获得成长为生命个体的潜力。可为什么会有性别呢？这是性细胞分化的结果，不同性细胞进化出了两种截然相反却又恰好互补的配对策略。一种叫作"诚实策略"，采用这种策略的性细胞体积庞大，营养丰富，但代价数量较少，运动速度也很慢。"诚实策略"给"剥削策略"创造了机会，采用"剥削策略"的性细胞没什么营养，体积很小，但优势是数量多，运动速度快，因而只要找到"诚实"的性细胞合二为一，就算大功告成。

在进化过程中，两种极端策略都是成功的，但任何中间策略都失败了，于是自然界的生物分化了性别。"诚实策略"的性细胞就是卵子，它们创造了雌性；"剥削策略"的性细胞就是精子，它们创造了雄性。自从自然界的动物有了性别，局面就变得复杂起来，差不多成了自然界所有惊心动魄和爱恨情仇的根源所在，而在此之前的生命世界是很安静的。

在人类这里，女人的排卵量和男人的排精量至少相差 10 个数量级，女性生育资源的相对稀缺会让男人们争得你死我活。有足够的生物学和人类学证据表明，早期人类更像黑猩猩，而不是更像倭黑猩猩，男人之间的性竞争是非常激烈的，其实至今也没有缓解多少，只是手段更加多样化了。

动物世界里的性竞争当然不是坏事，即使是暴力性竞争也有利于保证种群的健康。但若性竞争的烈度太高或持续太久，就势必会压缩他们的生产性投入——寻找食物和建造住所。为了避免性竞争摧毁生产力，动物世界进化出了两条途径。

一条途径是协调生育和生产的竞争关系，让生产能力直接转化成性竞争的筹码。织巢鸟是个成功的例子，雄鸟吸引异性的主要招牌，是通过辛勤劳动编织出来的精巧爱巢，雌鸟相亲要看房子。性竞争和生产竞争在人类社会中更是高度统一，优质性资源潮水般地流向资本密集的区域和权力金字塔的上游，当然，这只是在文明社会才发生的事情。

另一条途径是抑制性竞争。雌性脊椎动物的发情期就是对性竞争的时间限制。短暂的执着、浪漫和疯狂尚不至于坏了大事，在这段时间之外，动物们的主要活动还是觅食挖穴或哺育幼崽。如此两全其美，生育激励和生产激励都有了保证。发情期的长短变化还可以在生育投入和生产投入之间寻找最优组合。发情期与雌性动物的受孕期吻合，意味着性和生育被捆绑在一起，生育繁衍是以性欲为引擎的。在动物世界里，只追求快感的性是一种奢侈品。

但人类女性却没有发情期，至今这还是个让生物学家感到困惑的问题。比较一致的观点认为，人类之所以没有发情期，是因为女人"隐瞒"了自己的排卵期体征（性器官红肿），而据说采取这种"欺骗策略"的好处，是吸引男人和自己发生更多性行为，以强化两性关系。而只有把男人套住，孩子才会有个真正的父亲，女人才会有个合作养育孩子的伙伴。

女人没有发情期并不要紧，但全天候的性竞争却是灾难性的。而抑制性竞争的替代方案，只可能是社会性的，不会是生物性的。说到这里，我们就发现确立"性产权"有多么重要了——为性资源确定归属，划分界限，成了人类群体解决性竞争难题的唯一选项。而婚姻，就起始于限制性竞争的需要，发生学意义上的婚姻就是一种性资源的产权制度。

社会学家有时会强调婚姻的其他功能，包括合作养育子女、根据性别进行劳动分工（比如男耕女织）以及规模经济（两个人共用一口锅，要比每个人单独买锅更节约），但这些功能都可以在婚姻之外找到其他替代，但限制性竞争却非婚姻莫属。

康德清楚婚姻和性是联系在一起的，他认为婚姻就是建立在两性之间的长期乃至终生的性交易。不过这个想法很奇怪，两性之间的性交易完全可以是短期的，甚至一次性的，以婚姻来实现或保障性交易看起来不像是个双赢的方案。即使是为了满足养育子女的需要，也只需坚持几年时间，何必把双方捆绑这么久呢？至少从男人的利益考虑，只要他帮助女人把孩子养到只依靠母亲就能存活下去的时候，就该去追寻下一个性伙伴了。

婚姻的确和性有关，但更多不是为了满足性需求，恰恰相反，是为了限制性需求，尤其是限制多样化的性需求，这会降低性竞争的烈度。就限制性竞争而言，婚姻制度是和平规则的组成部分。当互不侵犯的对象从生命、食物扩展到性的时候，群体内部就有了婚姻制度。婚姻制度的初始功能，不是为了促成两性之间的互助合作，而是为了阻止同性之间的相互争斗，因而，与其说它是男人和女人之间的制度，倒不如说它是男人和男人关于女人的制度。我可以模仿卢梭来讲述一个关于婚姻制度起源的故事：有一天，某个有实力的男人指着某个或某几个女人说："她（们）是属于我的。"并且他找到了几个头脑简单的男人相信了他说的话，那么这个男人就是婚姻制度的真正奠基者。

在早期社会，妻子普遍被视为丈夫的财产，未出嫁的女子是其父亲的财产。以《乌尔纳姆法典》为例，倘若一个男人和别人的妻子发生了性关系，无论是强奸还是通奸，这个男人都要被处死。但如果和他通奸的女人是个寡妇，这个男人非但不受任何处罚，连赔偿都免了。这样的规定不难理解，寡妇在法律上相当于无主物。如果你认为惩罚通奸的法律都过时了，那可就大错特错，且不说在伊斯兰国家，即使在美国，至今仍有24个州视通奸为犯罪，只是这些法律早已名存实亡。

对应于性资源的产权制度，强奸就是一种"性盗窃"。其主要社会危害是破坏了性资源的产权制度，提高了性竞争的烈度，并因此隐含了男人之间发生暴力冲突的风险。禁止并惩罚强奸，在社会层面上，是为了维护以婚姻制度为核心的人类性秩序；在个体层面上，是为了保护丈夫对其妻子的性产权，从而免遭来自其他男人的性竞争威胁。

如果说强奸是一种"性盗窃",那么受害人首先是性资源的所有者,即性资源遭窃的那个男人。这种对强奸的解释非常符合早期男权社会的状况。在早期社会里,强奸首先被视为对丈夫的侵犯,并且,通奸是比强奸更为严重的犯罪。这在《汉谟拉比法典》《中亚述法典》以及日本的《御成败式目》中都有具体的条文。不难理解,通奸在性质上属于"里应外合"的性盗窃,其对丈夫构成的性竞争威胁也远甚于强奸。

婚姻制度也是靠返还法则来维持的,虽然对等报复难以实施,但可以变通惩罚的方式。在古代法律中,强奸和通奸都是非常严重的犯罪,通常会被处死,或向受害人支付高额赔偿。忠实执行返还法则的法律只出现在《中亚述法典》,其中有一条规定:如果一个男人的女儿被强奸了,他可以强奸罪犯的妻子。

要问一个人为什么要结婚,回答多半是为了生儿育女,而不是为了性满足,并非言不由衷,毕竟前者对婚姻的依赖更强。确实如此,性是手段,生育才是目的,不谈生育只谈性,对婚姻制度的分析必定是不完整的。但也恰恰由于性和生育一脉相承,所以两种视角的分析非但不会相互排斥,反而可以相互补充。婚姻制度的许多内涵,比如忠诚义务或贞操观念,都同时具有限制性竞争和促进生育的双重功能。

其实,婚姻不是生育的唯一途径,否则世界上就没那么多私生子。倘若未来人口生育率持续走低,某些国家可能要尝试比婚姻更有效率的人口再生产方式,比如借助试管婴儿和人造子宫来组装生育婴儿的流水线。但这会让人担心,在脱离母爱和父爱的环境中孩子能否健康成长?更进一步的担心,则是工厂里生产的人类和我们还是不是同一个物种?这些担心不无道理。孩子的健康成长离不开母亲的陪伴和看护,且看护质量还会直接影响儿童的身心发育。

研究者发现,婴儿的情绪经历会存储在右脑皮层的内隐记忆系统中,当母婴面对面情感交流时,母亲面部表情的输入,可以诱发婴儿大脑某种营养因子的产生。母亲看护可以增加兴奋性氨基酸受体水平,提高脑衍生神经营养因子水平和增加婴儿大脑突触,由此促进婴儿的大脑发育。

婴儿肯定不能辨认生母,所以母亲的角色理论上是可被替代的。然而,除非采取严苛的监控措施,否则很难保证"婴儿工厂"里的看护质量;而母爱,则是监控机制的完美替代。

母爱在现代社会的地位很受尊崇,离婚诉讼中如果夫妻双方争夺婴儿的抚养权,母婴联结是法官首先考虑的重要因素。即使在古希腊,好斗的斯巴达人要把所有的孩子都培养成战士,城邦负责了儿童成长的教育和训练,但城邦还是做出了让步,七岁之前的儿童仍被允许和母亲生活在一起。当然,强调母爱的重要性,并不是说父爱对于孩子的成长无足轻重,实际上,婚姻制度的初衷更注重争取父爱,毕竟母爱是无需争取的。

◆ 松散型婚姻先于紧密型婚姻

不妨设想两种婚姻类型:一种是紧密型的,夫妻固定地生活在一起,我们熟悉的婚姻就是如此。另一种是松散型的,夫妻各自生活在自己的血缘群体中,这种婚姻在现代社会很罕见,但曾流行于很多原始部族。比之紧密型婚姻,松散型婚姻减少了夫妻生活在一起的时间,夫妻关系并不亲密;一同减少的还有父亲和孩子生活在一起的时间,父亲和孩子的关系也不亲密,舅父扮演了比父亲更重要的角色。

要说松散型婚姻在时间上要早于紧密型婚姻,肯定缺少证据;但要说松散型婚姻在逻辑上要先于紧密型婚姻,却是顺理成章的。紧密型婚姻需要男人们把自家的女儿或姐妹嫁出去,再把别人家的女人娶进来,这就需要两个以上的家庭或血缘群体的深度合作。而松散型婚姻的合作是相对浅度的,每个家庭或血缘群体在人口再生产问题上大致可以自给自足——尽管不彻底,毕竟父亲还提供了一颗精子。但只要把父亲的角色边缘化,孩子由母亲及其亲属抚养,那么这个家庭或血缘群体就只能以母系血缘聚合起来。倘若人类历史上果真有个"母系氏族阶段"的话,那么原因也肯定不是女人地位高、权势大,更不是性关系混乱,孩子只知其母,不知其父,而是历史上确实曾经流行过松散型婚姻。以松散型婚姻组成的家庭或血缘群体,只能以母系血缘组织起来。

松散型婚姻的最大弱点,是孩子缺乏父爱,舅父不可能完美替代父亲的角色。考虑到父子间的亲缘指数是1/2,而舅甥间的亲缘指数只有1/4,那么理论上,在父亲可以舍命拯救孩子的场合,舅父更可能倾力保全自己。而若舅父不能像疼爱自己的孩子那样疼爱外甥，那么外甥长大之后，也不可能像赡养自己的父亲那样去赡养舅父。这会影响代际交换，且容易陷入恶性循环。更糟糕的是，如果舅父觉得让姐妹生育太多子女对自己是个亏本的生意，他就会设法干预姐妹的婚姻，以控制她们生育子女的数量。倘若把这样的松散型婚姻和紧密型婚姻放在一起竞争，胜负很快就见分晓，紧密型婚姻在亲子关系和夫妻关系上会全面胜出。以母系血统聚合起来的家庭或血缘群体不仅组织松散，感情淡漠，而且很难人丁兴旺。把父亲的角色边缘化，是生物学资源的巨大浪费。

可以想象，松散型婚姻会制造多少爱情悲剧和亲情悲剧。"一日夫妻百日恩"，如果丈夫和妻子情投意合，得有多少夫妻会选择私奔呢。也许就是频繁的私奔让松散型婚姻难以为继。如今，松散型婚姻几乎已被紧密型婚姻全面替代。人类学家韦斯特马克讲过不少奇奇怪怪的松散型婚姻，不知真假；但云南摩梭人的"走婚"，却肯定是松散型婚姻为数不多的活化石。

◆ 近亲通婚

当然，最浓的亲情莫过于近亲通婚。在兄妹通婚或姐弟通婚的情况下，父母和孩子的亲缘指数能达到其至超过3/4。没法想象这样的亲子关系和夫妻关系会是个什么状况，但经验告诉我们，超过1/2的亲缘指数也许是个浪费，亲子关系很难因此变得更加亲密，夫妻关系的亲密度反而可能有减无增，因为人类从天性上就不太容易爱上自己的近亲属——这么说可能倒果为因了，更大的可能是婚姻制度塑造了人类的性偏好，而不是相反。

如果父亲兼舅父，母亲兼姑母，姑母兼姨母，舅父兼叔伯，亲属关系的重叠会减少亲戚的数量，亲情变浓的代价是不利于基因扩散。近亲通婚的孩子没有七大姑、八大姨，也没有姑表兄弟姐妹和姨表兄弟姐妹，最终他们连叔伯兄弟也没有。古人说"男女同姓，其生不蕃"，也许不只是看到了近亲通婚会降低人口质量，而且看到了近亲通婚会减少人口数量，后一种影响其实更加直观——亲戚面太小，基因扩散不出去，近亲通婚的家庭或血缘群体就难以实现规模扩张。

这倒不是说人口数量减少了，而是说每个人都会感觉自己的后代减少了。这笔账很容易算清楚：假定生育率为2，生男生女的概率各占

50%，即一对夫妇生两个孩子，一儿一女，那么，在外婚制条件下，一个人的孙辈后代翻倍为 4 个，重孙辈后代再次翻倍为 8 个，往下每一辈后代数量都按几何级数递增。但近亲结婚就不一样了，每一辈后代数量都是 2 个。

当然，近亲通婚确实会严重影响人口质量。两性繁殖的生物学意义被弱化了，进化过程中的油门和刹车都几近失灵，分开的鸡蛋又重新放在一个篮子里。从遗传学上说，任何一个家族的共享基因都有可能受到过损伤，而近亲繁殖会在不同的谱系中导致不同的缺陷。有些缺陷相对温和，而有些缺陷则是灾难性的。人类很早就发现近亲通婚容易生出不健康的孩子，所以凡是适用文字的民族全部发展出了排斥近亲通婚的乱伦禁忌（至少会禁止亲兄弟姐妹通婚），这种乱伦禁忌的力量是如此强大，好像只有王室才有胆量跃出雷池一步。为了保持血统纯正，古代埃及和欧洲中世纪之后的王室都有长达几个世纪的近亲通婚史，结果就是为后世验证近亲通婚的生育风险提供了大量负面样本。

图坦卡蒙是埃及新王国第十八朝的第十二位法老，公元前 14 世纪上半叶在位，去世时只有 19 岁。考古学家在 20 世纪 20 年代发现了他的陵墓，陪葬品中居然有 130 根手杖，但直到一个世纪之后人们才搞清楚手杖的用途——图坦卡蒙确实需要它们。研究人员用 CT 扫描他的遗骸，发现年轻的法老患有多种遗传性骨病。历史记录和 DNA 测序都表明，图坦卡蒙家族流行近亲结婚，图坦卡蒙的父母就是一对兄妹，陵墓里还有两个生下来就夭折的胎儿，他们是图坦卡蒙的孩子，一出生就丧失了延续皇室血统的资格。

3000 年后，亲近通婚的厄运再次降临到了欧洲的哈布斯堡王朝。哈布斯堡家族的繁衍终点是查理二世，他 4 岁才学会说话，8 岁才学会走路，身材瘦小、身体孱弱，有大舌头，口齿不清，下颌突出，根本无法咀嚼，对周围的一切都麻木不仁，总体上比一个智障好不到哪里去。他还患有一种对王室血统而言非常致命的疾病——阳痿。所以在他之后，西班牙的哈布斯堡家族就不存在了。

◆ 婚姻联盟

两个血缘群体相互通婚的状况要好一些，这边的女人嫁过去，那边的女人娶过来，然后世代延续，两个血缘群体就自然发展为彼此的近亲和盟友。人类学家辨识了两种典型的婚姻联盟:"卡利哈体系"和"阿兰达体系"。卡利哈和阿兰达都是澳大利亚的部族名称。卡利哈人的婚姻联盟实际上就是姐妹交换——一组男人把他们的姐妹嫁给另一组男人,另一组男人把他们的姐妹嫁给这一组男人做交换。阿兰达体系要复杂一些,阿兰达也是澳大利亚的一个部族名称。阿兰达人的婚姻联盟把血缘关系推远了一代,一个男人要到他外祖母出生的血缘群体里去找一个配偶,也就是说,他的外祖父从哪里娶了一个女子,他就要到哪里去寻找配偶。不过这种世代相传的婚姻联盟还是会限制亲戚面的扩展,很多亲戚的角色最终会重合。一个男人会发现他的岳父就是舅父,岳母就是舅母,配偶是自己的表妹。在13世纪到18世纪法国中部的一些公社就流行这种婚姻联盟,但过于频繁的反复通婚可能就是导致公社崩溃的原因之一。作为有限交换的外婚制,婚姻联盟仍然停留在"小本生意"的规模。

◆ **全局外婚制**

要想把婚姻关系的亲戚面规模做大,最好的策略莫过于把自家的女人嫁到不同的血缘群体,再把不同血缘群体的女人娶进来,这就是全局性的外婚制,它位于婚姻制度进化阶梯的顶端。如今,除了一些原始部族,世界上绝大多数民族都实行全局性的外婚制。其制度设计倒是非常简单,只需立下个规矩禁止近亲通婚就够了。但操作起来却有个麻烦,多个血缘群体通婚就是多边交易,远比双边交易复杂得多,至少需要防范某个血缘群体"多娶少嫁"的机会主义行为。如何应对呢?最好的办法当然是把多边交易分解为多次双边交易——每次嫁娶单独结算。当然,其结果就是彩礼的习俗应运而生。

近亲通婚和毫无约束的外婚制是两个极端。前者的亲缘关系最紧密,财富也不会外流,但联署能力最差,亲戚面最小,基因扩散的范围也最小,后者则恰好相反。在两个极端之间还分布着很多不同的婚姻类型。比如,中国古代的婚姻传统是"同姓不婚",但不同姓的表亲之间可以通婚;还有些民族禁止亲兄弟姐妹通婚,但允许堂兄弟姐妹通婚。在古阿拉伯人和古巴勒斯坦人那里,一个男人对于娶其堂姐妹还有优先权。现代社会禁止近亲通婚,名义上实行不受限制的外婚制,但民族、种族以及宗教隔阂都仍然会实质性地限制通婚的范围。

- ◆ "从夫居"优于"从妻居"

能否有效利用父爱,是决定婚姻成败的关键因素,紧密型婚姻稳居主流,松散型婚姻消失殆尽,原因就在于此。只要夫妻固定地生活在一起,理论上就要在"从妻居"和"从夫居"之间做出选择,前者意味着以母系血缘聚合家庭,形成氏族,后者意味着家庭和氏族都以父系血缘为纽带。尽管松散型婚姻和"从妻居"的紧密型婚姻都是以母系血缘为纽带,但若母系血缘群体在历史上确曾出现过,那肯定是松散型婚姻一度占据了主流,可为什么不是"从妻居"的紧密型婚姻呢?因为"从夫居"是紧密型婚姻的默认选项,"从妻居"只是偶然情形,从来就不可能大范围流行。

把年轻的女子娶进门,虽然婆媳之间或妯娌之间的冲突摩擦在所难免,但风险大致可控,不至于酿成严重的暴力事件。但要让一个年轻的男子"倒插门",局面就危险得多,搞不好还会引狼入室。而如果整个社群被众多陌生的年轻男子频频入侵,其原有的组织结构就可能遭到破坏。相比之下,女子天性不那么好斗,也不那么花心,紧密型婚姻选择从夫居,更容易维持稳定的社群秩序。

除此之外,"从夫居"还有利于促使相互通婚的两个血缘群体结成稳固的联盟。以女子而不是以男子作为交换对象有个额外的好处,那就是女子比男子更适合作为人质,这会促使相互通婚的两个血缘群体在交往上格外谨慎,努力避免严重的冲突。当然,即使同盟关系破裂,盟友变敌人,作为人质的妻子也通常不至于惨遭杀戮,其连带的好处是为两个血缘群体修复关系创造了更大的可能性。

- ◆ 单偶制后于多偶制

如果没有外部力量的干预,且实力允许的话,一个男人多半喜欢多娶几个妻子,多妻制就是社会分层的一个标志。可为什么不是多夫制呢?原因是多方面的,女人之间的性竞争相对温和,一夫多妻的家庭要比一妻多夫的家庭更容易组织起来。当然更深层的原因还是生育资源的不对等,多妻的丈夫更容易满足妻子们的生育需求,但妻子却只有一个子宫。所以,除非自然条件过于贫瘠,需要严格限制生育,否则多夫制是不可能流行的。即使偶尔出现,丈夫之间也通常是同胞兄弟,这是利用血缘关系来限制性竞争的烈度。上述推测与默道克的世界民族志抽样调查的结果基本吻合，在565个抽样社会中，只有大约1/4的社会实行严格一夫一妻制，其他社会都允许某种形式的多偶制，但其中实行一妻多夫制的社会却只有4个。

按照"实力界定权利"的逻辑，如果没有政府的强制性干预，多妻制就是人类社会默认的婚姻形态。当然，适龄女性的数量是有限的，多妻制的真正受益者只是少数富有的男人，多数婚姻仍是"匹夫匹妇"。一部分男人娶了多个妻子，就肯定会有另一部分男人娶不上妻子，这是多妻制社会的一种潜在危机。婚姻可以抑制犯罪，单身男人数量增加会提高犯罪率。

单偶制（一夫一妻制）是国家对婚姻市场进行配额管理的结果。压缩男性的婚姻需求，即把已婚男人排除在婚姻市场之外，就能降低女性在婚姻市场上的价格，进而保证比较贫穷的男人娶得上妻子。可见单偶制更多是为了维护社会稳定，而不是为了保护和提高女性在婚姻中的地位。单偶制未必对女人有利，而多妻制却可以增加男人对女人的婚姻需求，提高结婚女人的比例，降低女性的平均婚龄。最典型的例子是，穆罕默德时代的穆斯林连年征战，导致男性数量锐减，因此通过实行多妻制来缓解女性在婚姻市场上的相对过剩。

不过在另一种意义上，多妻制也有促进政治稳定的功能，尤其是在一个没有政府或政府孱弱的社会中，多妻制可以减少强势阶层对政权的威胁。如果富有的男人把多余的钱财用来娶妻生子，就没钱去招兵买马或供养门客了，这意味着多余的社会财富就被分散到了政治上无害的渠道。

足够强大的政府无须利用多妻制来化解政治风险。实际上只有强大的政府才有实力强制实行一夫一妻制，尽管无力消除由此而生的一些社会麻烦。强制实行一夫一妻制会导致性资源的"黑市"交易（卖淫嫖娼），社会的多余财富会为卖淫创造强劲的需求。如果"黑市"吸引了大量未婚女性来满足需求，婚姻市场上适龄女性的数量就会相应减少。此外，在离婚很方便的社会里，富有的男人可以通过不断离婚来实现另一种形式的多妻制，这意味着一夫一妻制会提高整个社会的离婚率。

如此看来，实行多妻制，社会的弱势阶层就会威胁社会稳定；实行一夫一妻制，社会的强势阶层就会威胁政治稳定。理论上，法律最终做出何种选择，取决于弱势阶层和强势阶层之间的一种间接较量，即取决于哪一个阶层能给社会（尤其是统治者）带来更大的麻烦。古代社会之所以更青睐于多妻制，是因为国家能力有限，且统治者更担心强势阶层的政治威胁，但这种政治威胁在现代社会已经不那么严峻了，相比之下，弱势阶层带来的不安定因素更加值得重视。但即使强制实行一夫一妻制，作为强势阶层和政府（以及间接地和弱势阶层）之间的一种妥协，法律很可能会对卖淫嫖娼网开一面。

从交易到市场

广义的交易囊括了人类（其实不止人类）所有的合作行为，几个人合伙去打猎，两个村落或两个国家结盟，一男一女结婚都可算是交易，甚至和平也是交易的结果。但如果暂时把交易限定在经济领域，那么和平就是交易的前提，持续的交易需要持续的和平，大范围的交易需要大范围的和平，即使偶尔的交易也至少需要冷和平。"化干戈为玉帛"的隐含义就是交易和战争是相互终结的。很难想象交易（尤其是广泛而持续的交易）会发生在一个没有产权的世界里，当你打算购买别人的东西时，至少已经承认了别人拥有这个东西的产权，哪怕只是部分产权。

假定 A 有大量肉食却缺少粮食，B 粮食富裕但肉食短缺，那么两人以粮食换肉食的交易是互利的。两种食物的总量没有增加，但交易却能让食物的配置更加合理，由此增加了两个人的主观效用，这就是交易剩余，也是交易创造的直接社会财富。交易很容易发生，一方交粮食，一方交肉食，任何一方违约，另一方都可以对等惩罚，返还法则不仅可以终止冲突，而且能保障交易顺利进行。

假定 A 擅长打猎，B 擅长耕作，那么交易还可以实现分工，让两个人把更多时间投入各自擅长的工作，以生产出更多的谷物和肉食。当分工固定下来的时候，A 就成为猎人，B 成为农民。分工可以降低生产成本，猎人能以较低的成本生产肉食，农民能以较低的成本生产粮食，这是猎人和农民发生交易的基础条件。

假定 A 是个劳动能手，他擅长耕作，但更擅长狩猎；而 B 恰好相反,他不擅长耕作,但更不擅长打猎。即使A完全可以自给自足,以谷物换肉食的交易仍可以发生,并能提高两个人的生产效率。A有绝对优势,但B有比较优势——就生产谷物而言,A比B的机会成本更低。作为劳动能手,A的短板在于他的时间太值钱了,投入耕作的时间如果用于打猎,就会生产出更多的肉食,因而反倒不如把耕作的任务交给B,自己只用较少的肉食就可以换取同样多的谷物。

"比较优势"可以创造交易机会,它大大降低了交易的门槛。最容易理解这个道理的方法是想象一个问题:"迈克尔·乔丹应该为自己修建草坪吗?"乔丹身强力壮,他修剪草坪的效率高于绝大多数人。但他的时间太值钱了,修剪草坪哪怕每年只花费他两个工作日的时间,也会耽误赚很多钱,连带受损的还有很多商家和中介。企业也是如此。一个能生产军用直升机的企业肯定能生产民用直升机,造风车或风扇也不是问题,但企业却不可能同时生产这几样东西。当发达国家集中精力发展高科技产业和精密制造业的时候,发展中国家就可以在低端制造业发挥它们的比较优势。

现代考古学证据表明,交易很早就发生了,早于农业,更早于国家和法律的起源。早在二十万年前,石器就已经开始了远距离的交易。到了大约六万年前的旧石器时代早期,人类已经掌握了较为先进的打造技术,他们源源不断地从非洲迁徙出来,逐渐遍及整个亚洲和欧洲。其他货物的流通距离也逐渐扩大,一个人走上好几天,也到不了这些货物的生产地。将贝壳穿孔做成珠子一类的装饰品在三万年前流行于欧洲,而这类靠近海边的商品居然在400英里之外的内陆地区的墓穴中发现了。另一个关于古老交易的例子来自南太平洋。在新几内亚以北的新爱尔兰岛遗留了一种叫作"黑曜石"的火山晶体,但化验结果显示,这些黑曜石实际上来自400公里之外的新不列颠岛。

交易的历史之所以如此古老,显然是因为交易在各种环境中的适应能力都很强,生命力顽强,对环境非常不挑剔,甚至可以发生在监狱或战俘集中营里。缺乏现金不是问题,充当交易媒介的东西可以是香烟、鸡蛋甚至"老干妈"(产于贵州的一种知名辣椒酱,据说曾流行于美国的不少监狱)。无需国家和法律提供保护,只需最低限度的和平和产权,交易就可以自然发生,交易秩序也可以自然扩展,包括主体维度的扩展和客体维度的扩展。即使被法律明令禁止，交易也能野蛮生长，黑市和走私是最难打击的犯罪。越南人有句俗语说："要想阻止交易，就像让红河停止奔流。"

交易秩序扩展到一定范围就形成了市场，只要市场足够开放，原则上一个人只需拥有一种生产上的比较优势就可以生活得很好。可人们一旦对市场产生了依赖，就很容易变得更加依赖。市场就像一把轮椅，坐上去的人不是残疾也成了残疾。如今生活在大都市里的人们，可以每天坐在摩天大楼的办公室里运筹帷幄、呼风唤雨，但他们却极少能掌握完整的谋生技术。倘若有朝一日被抛进丛林或孤岛，残疾人的面目就会立刻原形毕露。

当市场把人类个体变成一个个残疾的时候，却大大增强了人类整体对生存环境的适应能力。人类最终能够像现在这样稠密地居住在地球陆地的大部分地区，甚至能够在非常贫瘠的地方维持众多的人口，就是因为市场把分散的人类生产力联结起来，形成一个能够自我伸展的庞大有机体，扩展到世界最遥远的角落，并从每个地方汲取整体所需要的不同养分。

当一个产业或一个企业在不同地方汲取资源的时候，就形成了产业链。一个庞大企业的产业链可以像八爪鱼那样到处延伸，在任何有利可图的地方汲取不同的资源。早在20世纪90年代，苹果公司就已经卖掉了自己的全部工厂，但在苹果的产业链上，有来自接近50个国家和地区的1000多家供应商，超过200万工人在三班倒地不停生产，有500多万家遍及全球的苹果商店和数以千计的渠道在不间断地营业。

当各种资源随着交易的渠道而集中到某个区域的时候，城市就出现了。最早的一批城市出现在两河流域，它们还建立了城市之间的交易圈。骆驼和驴驮着宝石、象牙、香料和武器穿梭于巴比伦、乌尔等城市之间。作为贸易的副产品，商人还传播了新的思想和发明。历史上有很多著名的商业中心，这些商业中心也是文化中心。今天的地球村把集市设在互联网上，网络以前所未有的高效率联结了世界各地的买家和卖家，一个人只需打开网页就能找到他想买的任何东西，这在根本上改变了市场的形态。

虽然城市是一片贫瘠的土地，居住在城市的人们几乎不可能从城市的土地上获取必需的生活资料，但凭借各种交易渠道，城市把自己变成了一个吸血怪兽。源源不断的输血，让怪兽变得越来越强大，但同时也越来越脆弱。一旦输血管道阻塞，怪兽就会立刻瘫痪。所以毫不奇怪，历史上每逢战争来临，都会有大批难民从城市涌向乡村。过度依赖交易和市场的生活，总是不那么让人放心。但恰恰是这种脆弱性让交易和市场变成了促进和平的力量。

人类学家发现，生活在委内瑞拉热带雨林中的雅诺马马人已经懂得"自己动手，丰衣足食"的坏处，他们刻意在许多村寨之间建构了一个分工体制。每个村寨只负责生产某种或几种特定产品，比如狗、迷幻药、箭头、箭杆、弓、棉线、篮子、陶罐、鱼钩或葡萄藤结成的吊床。这倒不是因为哪个村落在原材料供应或制作工艺上有明显的优势（恰恰相反，每个村落都能做到自给自足），而是为了让交易变得不可或缺。每个村寨对交易圈的依赖，有利于促进交易圈的内部和平。倘若有哪个村落胆敢挑起事端，其他村落联合起来策划一场贸易制裁或经济封锁，就能不战而屈人之兵。

不过，人类学家把故事讲得如此温馨只可姑妄听之，真实的故事很可能要带点血腥味儿。有个强大的村落征服了周围的弱小村落，然后建立了村落联盟并以盟主自居。而为了维持盟主地位，这个村落可能要强迫其他村落保持单一的产业结构。很多年以后，强大的村落衰落了，但交易圈却没有因此瓦解。人类学家也许只是看到了故事的结尾但却没有追溯故事的开端。当然，故事的开端也是个杜撰，只不过这个杜撰有现实的摹本。几十年前，苏联就曾经强迫几个东欧国家保持单一的产业结构，因为巩固华约联盟的内部团结比提高生产效率更加重要。

如今，交易阻止战争已经成为事实，至少世界上最强大的国家并没有以战争的方式开疆拓土，无论是墨西哥，还是柬埔寨，都不会担心它们的强大邻国以武力侵占自己的领土。当然，这肯定不能归功于某种体制或某种主义，而是掠夺财富有了更隐蔽、更廉价的方式。即使没有掠夺，当买东西比抢东西更划算时，战争也会避免，同样的道理可以让交易替代犯罪。二十多年前，我曾在济南的公交车上无意中听到了两个人的对话，一个人说他的朋友因为犯了强奸罪而被警察抓了，另一个人表示惋惜和不解："怎么还会犯这种罪呢？去北园路耍一下花不了几个钱啊！"

市场不仅是促进和平的力量，而且是管理社会的力量。它能向生活在市场有机体中的每一部分发出指令，指令可以是宏观的，也可以是微观的，甚至可以具体到要求每一个分散的个体该去做什么，做多少，怎么做。亚当·斯密把市场的激励机制形象地比喻为"看不见的手"，他解释说，不需要任何人考虑社会福利，每个人只需追求个人利益就够了，市场这只看不见的手会自动引导每个人去促进社会福利，并且这么做远比要求每个人为社会做奉献时的效果还要好。哈耶克又进一步解释了市场内含的信息机制，市场让人们根据分散的信息来做出分散的决策，而这比任何统一集中的决策更加精准，也更有效率。市场隐含着精巧的逻辑，以致法律会通过模拟市场来管理社会——比如较低成本负责原则就既是法律的逻辑也是市场的逻辑。

有了货币充当交易媒介和价值尺度，交易就变得方便多了，并且任何多边交易都可以拆解为双边交易，这让返还法则内含的奖惩机制派上了用场。惩罚可以简单到只需中断交易，奖赏也可以简单到恢复交易或只需提供额外的交易机会。只要长期交易的两个伙伴目光长远，就不会为了眼前的一次违约收益而采取机会主义行为。当声誉成为一种资产的时候，自律和诚信就会成为被社会珍视的美德。返还法则的逻辑告诉我们，即使一个人在所有交易中都让对手拿走更多的交易剩余，只要他的交易机会足够多，他仍然能成为全局性的赢家。和平已经让人们看到了双赢的可能，频繁的交易会把这种认知一次次强化。这意味着交易本身就是一种制度性约束，市场的扩张就是制度的扩张，也是文明的扩张。

对于参与者来说，市场竞争既是一种约束，也增加了选择的自主性。市场竞争可以排除操纵市场的行为，因为任何参与者都不可能对整体结果带来决定性的影响。消费者可以拒绝购买，因为他们能找到替代的商家，市场竞争创造了这种选择余地。这对商家是一种内在的约束，如果他（它）没有善待自己的客户，竞争对手就会抢走他（它）的生意。在一个竞争的市场里，没有人能操控市场，但也可以说，每个人都在操控市场。这种权力带来了活力，市场把权力授予分散的每个人。

市场是一个精巧的机制，它可以在无人管理的情况下自动运转。在亚当·斯密揭开其中的秘密之前，有人曾把市场的奇迹归功于超自然的力量，认为市场各部分之间的完美对接就是上帝存在的证据。但现在我们知道，市场的奇迹和生命的奇迹都是演化的产物。演化是渐变的，没有计划，也没有目标。当我们说市场的目标就是促进社会福利时，不过是使用了一种拟人的修辞而已。

当然，市场并不完美，它能解决很多问题，也会制造一些问题。交易能创造互利，但也可能会损害第三方的利益，比如枪支和毒品交易就会给社会增加犯罪的风险，卖淫嫖娼的风险则是伤害配偶的感情或把性病传染给她（他）。有些交易没有明显的危害，但仍会引发人们的道德厌恶，比如器官买卖或卖身为奴。不过貌似无害的交易仍可能存在长期的、弥散性的或不可预测的危害，人们担心开放器官市场和出卖人身自由会降低社会对于生命的尊重，担心两个男人周末交换配偶会助长社会的淫乱之风。在绝大多数人们的心目中，世界上总有些东西是不可交易的，总有些交易是伤风败俗的，道德哲学家乘机创造了"市场不可剥夺性"（Market-Inalienability）的概念。但是，如果一对长得一模一样的双胞胎姐妹因厌倦了各自的生活而交换了自己的丈夫（我曾经看过的两个电影都有这样的剧情），却不会招致强烈的道德谴责，你能理解人们区别对待的原因吗？

一位印第安人的酋长在写给美国总统的一封信中说到："土地和白云一样不可交易。"这可不是新大陆独有的风俗，在亚欧大陆的历史上，无数国家的统治者曾经以各种手段限制土地交易，他们担心不受限制的土地交易会加速土地兼并。确实，交易不会促进平等，反而会拉大不平等的差距。买卖双方的议价能力经常不对等，但交易剩余的分配服从丛林法则，强者总能拿走更大份额的交易剩余，并在未来交易中掌握更大的议价优势。

市场也不能消除贫困，向买不起肉的人建议"何不食肉糜"是毫无意义的。不受约束的市场交易最终会把一部分人排除在交易圈之外，当一个人没法提供任何有价值的资源时,他就会彻底丧失交易机会。无序的市场竞争还会导致供需脱节,只要生产出来的东西卖不出去,就会产生巨大的社会浪费。

不过毕竟交易是互利的,无论地主压榨雇农,还是资本家剥削工人,交易关系本身仍然是互利的。市场不完美,但也不太容易找到更完美的替代,甚至消除贫困也还得更多依靠市场。电视连续剧《北京人在纽约》里姜文说的那句台词一语中的:"人在贫穷的时候不被剥削是很不幸的。"如今全世界都在争夺全球产业链中的制造业,因为制造业可以创造大量就业机会,而就业机会的另一个说法就是"被剥削的机会"。

另外,市场的运行也是有成本的,无论在哪个环节,但凡涉及信息、度量、谈判、监督和执行,都会产生交易成本。交易成本甚至会发生于交易之前,寻找潜在的交易伙伴就是一个费时、费力有时还费钱的苦差。买家需要比较不同的卖家,但商品的质量却经常不是一望而知。为了避免因信息不对称而错失交易,买卖双方都要做出一些努力,虽然广告商和各种中介因此获利了,但买卖双方为此支付的代价仍是交易成本。

双方谈判也会花费成本,漫天要价或坐地起价都可能让谈判陷入僵局。谈判的内容不仅是价格,付款和交货哪个在先,就是个需要谈判的难题;而在信用证发明之前,对于跨国贸易而言,这就是个非常大的难题。信用证支付往往会涉及好几家银行,但雁过拔毛,没有哪家银行愿意提供免费的服务。为了摸清对方的底线,交易双方需要收集很多情报,甚至不惜雇佣商业间谍。双方还会使用各种策略,比如伪装和欺诈,这就迫使交易伙伴要想办法识破伪装和欺诈。

为了避免在谈判中陷于劣势,商家可能丧失其他创造性的机遇。比如,一家生产芯片的厂商可能只愿意生产规格统一的产品,同时卖给好几家公司,而不愿根据客户的特定需要进行个性化设计。因为虽然这么做会将芯片卖出更高的价格,但由于买家比较单一,而很可能让厂家在生意往来中陷入被动。

签订合约之后,监督合约执行也要耗费成本,验收甚至需要雇佣专业人士。解决分歧和纠纷也往往需要很多次协商,搞不好还要对簿公堂,尽管相对于没有诉讼而言,诉讼已经算是成本较低的纠纷解决方式。

合约履行过程中充满了不确定性,应对每一种不确定性都要耗费成本。而当一个生产者需要签订很多合约时，不确定性以及相应的交易成本就可能会累积得高不可攀。倘若生产过程中的每一个环节——包括租用场地、建设厂房、购买设备和原材料、雇佣人力、生产、组装、包装、检验、管理、运输、保险、销售、公关、市场策略、后勤服务等——都需要签订合约，那么任何一份合约履行出现变数，都会导致不堪承受的连锁反应，这时生产者就会把很多环节交易省略，相应的任务由自己承担，此时企业就诞生了。尽管企业内部也有交易成本，但总体算来还是节省了交易成本。

尽管市场会产生交易成本，但如果人们绕过市场去获取财富，交易成本倒是避免了，但更加高昂的安全投资却会接踵而来。抢劫和盗窃都是获取财富的手段，但如果相当一部分人以此谋生，那么其他人就会购买防盗设备和各种武器，甚至还要雇佣保镖、筑起城堡或挖掘护城河。而法律的功能，首先是减少安全投资，其次才是降低交易成本。

参考文献

1. [法]卢梭：《论人类不平等的起源和基础》，李常山译，商务印书馆，1997年。
2. Garrett Hardin, "The Tragedy of the Commons," *Science*, Vol. 162, Issue 3859, 1968.
3. [英]霍布斯：《利维坦》，黎思复、黎廷弼译，商务印书馆，1985年，第93-97页。
4. James E. Krier, "Evolutionary Theory and the Origin of Property Rights," *Cornell Law Review*, Vol. 95, No. 1, 2009.
5. John Maynard Smith, *Evolution and the Theory of Games*, Cambridge University Press, 1982.
6. John Maynard Smith, G. A. Parker, "The logic of asymmetric contests," *Animal Behaviour,* Volume 24, Issue 1, 1976.
7. Jeffrey Evans Stake, "The Property 'Instinct'," *Philosophical Transactions of the Royal Societ B*, Vol. 359, Issue 1451, 2004.
8. Robert Axelrod, *The Evolution of Cooperation*, Basic Books, Inc., 1984.
9. John R. Umbeck, *A Theory of Property Right: With Application to the California Cold Rush*, Iowa State University Press, 1981.
10. John R. Umbeck, "The California Gold Rush: A Study of Emerging Property

Rights," *Exploration in Economic History*, Vol. 14, 1977.

11. John R. Umbeck, "Might Makes Right: A Theory of the Formation and Initial Distribution of Property Rights," *Economic Inquiry*, Vol. 19, 1981.

12. [美]斯蒂芬·平克:《人性中的善良天使:暴力为什么会减少》,安雯译,中信出版社,2015年。

13. [美]斯蒂芬·范·埃弗拉:《战争的原因》,何曜译,上海人民出版社,2007年。

14. [美]托马斯·谢林:《承诺的策略》,王永钦等译,上海人民出版社,2009年。

15. [英]理查德·道金斯:《自私的基因》,卢允中等译,中信出版社,2012年。

16. [美]道格拉斯·埃姆伦:《动物武器》,胡正飞译,浙江人民出版社,2018年。

17. [美]大卫·赖克:《人类起源的故事》,叶凯雄等译,浙江人民出版社,2019年。

18. [美]贾雷德·戴蒙德:《枪炮、病菌与钢铁:人类社会的命运》,谢延光译,上海译文出版社,2016年。

19. 《孔子家语》卷二《致思》。

20. [英]洛克:《政府论》下册,叶启芳、瞿菊农译,商务印书馆,1996年。

21. Richard A. Epstein, *Simple Rules for a Complex World*, Harvard University Press, 1995.

22. N. B. Davies, "Territorial Defense in the Speckled Wood Butterfly (Pararge aegeria): The Resident Always Wins," *Animal Behaviour*, Vol. 26, Part 1, 1978.

23. Hanna Kokko, Andrés López-Sepulcre, Lesley J. Morrell, "From Hawks and Doves to Self-Consistent Games of Territorial Behavior," *The American Naturalist*, Vol. 167, No. 6, 2006.

24. [德]康德:《法的形而上学原理》,沈叔平译,商务印书馆,1991年。

25. [美]理查德·A.波斯纳:《性与理性》,苏力译,中国政法大学出版社,2002年。

26. [芬兰]E. A. 韦斯特马克:《人类婚姻史》,李彬等译,商务印书馆,2002年。

27. [法]安德烈·比尔基埃等编:《家庭史》,袁树仁等译,三联书店,1998年。

28. [奥地利]安德烈亚斯·瓦格纳:《如何解决复杂问题》,胡正飞译,浙江教育出版社,2021年。

29. [美]麦特·里德雷:《美德的起源:人类本能与协作的进化》,刘珩译,中央编译出版社,2003年。

30. [英]亚当·斯密:《国富论》,富强译,北京联合出版公司,2013年。

31. [英]哈耶克:《致命的自负》,冯克利等译,中国社会科学出版社,2000年。

32. [美]约翰·麦克米兰:《市场演进的故事》,余江译,中信出版社,2006年。

第4章 纵 横

假如有两座山头供你选择，一座山头上有只老虎，另一座山头上最大的动物是些刺猬，而你是一只野兔，那么，你打算生活在哪个山头上？如果你的想法是躲开老虎和刺猬相伴，那么阅读本章的内容之后，没准你就会改变主意。哪里的世界都是丛林，但一些丛林总比另一些丛林更适合野兔生活。

前文已述产权和交易可以发生于一个没有公共权力的环境之中。两种制度的生命力之顽强，让我想到了一种叫"海星"的动物。海星的再生能力特别强，即使被撕成几块抛入海中，每一个碎块也能长成一个完整的新海星。拥有如此惊人的再生本领，断臂缺肢就无关紧要了。当然，不是所有动物都有海星的本事，也不是所有的制度都有产权和交易的生命力。

试举一例，禁止随地吐痰的规则看似简单，但其生命力却十分脆弱。与产权和交易相比，这个制度高度依赖外部的强制力量。衡量制度生命力的一个简单指标，是看发起人的数量。发起人数量越少，制度生命力越强，也越容易自给自足、自生自发且自然扩展。和平和交易的发起人数量，可以少到只有两个人，因为在霍布斯丛林里，哪怕只有两个人约定互不侵犯或相互交易，这两个人也能从中获益。但禁止随地吐痰的规则却不然，在一个人人都随地吐痰的环境里，只有两个人保持克制还远远不够，他们非但无利可图，反而可能双双成为输家。

这就是集体行动的困境。禁止随地吐痰对大家都有好处，但若有人违规反而获利更多时，最终就没人愿意遵守规则了。只有发起人的数量足够多，达到一定规模，才会出现一个制度的赢利点，让发起人觉得利大于弊，这个制度才可能维持下来。禁止随地吐痰的制度，赢利点很高，而在缺乏外部强制的条件下，发起人的数量很难形成规模。即使制度被勉强建立起来，也需要从外部持续输入强制力量，否则一旦违规行为不受到惩罚，制度的衰退和瓦解就只是个时间问题。

你也许会反驳说，没有外部强制，不是还有受害人吗？只要受害人对违规行为积极惩罚，让随地吐痰得不偿失，不就足以阻止这种违规行为了吗？问题没这么简单。违反和平规则或交易规则，损失由受害人独自承担，他有充分的激励去惩罚违规者，惩罚的收益也由他一人独享。但随地吐痰的损失却是分散性的，分摊到很多人，单个受害人不愿意独自去惩罚违规者，因为惩罚的收益不由他一人独享。而要让大家组织起来共同惩罚违规者，就会再次陷入集体行动的困境。在这个意义上，禁止随地吐痰是个高难度的制度，很难阻止破坏制度的"多级搭便车"。

产权和交易都是可分解的，可分解的制度也是可累积的，累积和分解是两个互逆的过程。无论多长的产业链，都可以分解到双边交易；无论多广的和平规则，都可以分解为双边合约。可分解的单元越小，制度再生能力和扩展能力就越强，制度生命力也越旺盛。而禁止随地吐痰的规则却无法分解到双边合约，这种制度难以发起，难以累积，也难以扩展。

大规模的集体合作项目，比如维持治安、抵御外敌以及兴修道路、水利、桥梁等等，都会受阻于集体行动的困境。每个人都想坐享其成，不劳而获，只靠商量是办不成大事的。清人黄宗羲曾感慨地说："有生之初，人各自私也，人各自利也。天下有公利而莫或兴之，有公害而莫或除之。"但他却指望有个集力量和美德于一身的大人物出来为芸芸众生兴利除害。这个想法现实吗？一半现实，一半不现实。大人物确实可能为芸芸众生兴利除害，但不太可能是出于美德。

以暴力和征服起家的首领就是个大人物，仅仅是为了维持自己的位置，他也会愿意为大家兴利除弊。当老大就得有个老大的样子，只靠拳头是长久不了的，因为世上还有比拳头更好的替代。400多年前马基雅维利就劝告意大利的君主："与其受人爱戴，不如让人畏惧。"这话说得对，软实力不如硬实力，但若有人两者兼具，只靠拳头硬的老大就迟早会被全能选手取而代之。恩威并施会产生叠加效应，比恩威单施加倍的效果还要好很多。胡萝卜和大棒都可以让人服从，但若前者相对便宜，后者就可以存而不用。想当老大就得为大家做贡献，要把扶危济困、锄强扶弱或主持公道都看成自己的分内事儿。形象很重要，因此形象投资也很重要。

尤其是，如果已经让众人畏惧了，现在又有个机会摆在那儿，抓住机会就能获得众人的爱戴，何乐而不为？——我把你们组织起来，你们就要对我感恩戴德，更要在我面前乖巧一些。我现在为你们日夜操劳，你们也应该为我做点什么吧。不说别的，我的工作比你们更重要，我的时间比你们更值钱，难道现在还需要我亲自去打猎吗？天下没有免费的午餐，兴利除弊是大人物和芸芸众生达成的一笔交易。

霍布斯没有全错，他只是夸大了社会合作对于公共权力的依赖性。分散性的奖惩体制威力有限，甚至就连最基本的安全也保证不了。群龙无首的局面是混乱，放眼天下，古人都懂得"乱莫大于无天子"。虽然合作的起源和进化可以发生在一个没有公共权力的环境之中，但诸如产权、交易、婚姻、继承之类的原生态秩序却都只是横向的合作。大规模的集体合作，乃至人类制度文明整体性的跃迁和升级，都会高度依赖自上而下的强制力量。

扁平的社会办不成大事，维持治安、抵御外侮、解决纠纷、惩罚犯罪、制定法律乃至修桥铺路，客观上都需要一个强大的政权。扁平的社会需要隆起，权力的峰值是人类制度文明的另一个维度。国家起源之后才有了大范围的、稳定的和平，正如历史学家所说的"罗马治下的和平"、"伊斯兰治下的和平"以及"中国治下的和平"。

但国家不可能突然降临。世上没有天生的国王，只有天生的强盗，国家的前身是个暴力集团。但当暴力集团能够垄断一块领地的劫掠权时，就会与劫掠对象形成共生关系，从而改变经营策略——以巧取替代豪夺，以征税取代劫掠，同时向社会提供公共物品。此时，暴力集团就向国家统治集团完成了一次华丽的转身。

国家的起源是个里程碑式的事件，其重要性可类比生命有机体进化出了中枢。社会有机体的组织化水平大大提升，大规模集体合作项目开始频繁涌现。从此，社会合作与市场交易的广度和深度可以达到前所未有的水平，除了原有的横向交易之外，还会出现各种纵向交易——统治者和被统治者、精英和平民的交易。

没有国家就没有法律，我甚至觉得没有国家连文字都不可能有。法律是统治者用文字表述出来的，立法本身就是个浩大的工程。如果把它看作一部作品，那么最有资格冠名的，只有国王。我们确实在很多法典的名称中看到了国王的名字——乌尔纳木、汉谟拉比、狄奥多西、查士丁尼……还有拿破仑。

权力的起源和社会分层

在农业时代之前，国家并不存在，以狩猎采集为生的觅食人是天生的无政府主义者。不过，即便那个时代的人类群体也不是完全扁平的，总有几个人要比绝大多数人地位更高，影响力更大，说话更算数。这些人占据了更好的巢穴，还获得了更多的性机会。"实力界定权利"的逻辑暗示了人类群体内部的先天不平等。灵长类动物学家很容易接受这个推测，因为他们了解猩猩和狒狒。考古学家掌握的证据不多，但现有证据也足以说明社会分层的历史久远，重要的是至今尚未发现反证。

最早的人类死后没有墓葬。掩埋尸体不过是活人处理尸体的一种方法，就像把死掉的金鱼倒进厕所里冲走。这倒不是说那个时代的人类缺乏仪式感，没有墓葬的需求——毕竟谁也不忍心看着自己亲人的尸体慢慢腐烂或被野兽撕扯——而是说墓葬本身就很奢侈。用木棒和石头挖出一个深坑就已经非常累人了，又怎舍得把活人珍惜的东西给死人陪葬？除非有些人已经相当富有，或至少摆脱了贫困。

有清晰证据表明，作为仪式的墓葬在旧石器时代晚期就已经很普遍，常见的陪葬品包括工具、贝壳、首饰和赭石，制作这些陪葬品要花费不少人力。更费人力的陪葬品出自莫斯科附近的一处墓穴，有些遗体身上的衣服缀满了数千颗象牙珠，没有几年的人工做不成这样的衣服。对如此奢侈的陪葬品只有一种解释：当时的人类群体已经出现了社会分层，少数"大人物"可以获得其他人的劳动果实。

在捷克境内的下维斯特尼采，考古学家发现了五处早期人类的建筑遗址，均用猛犸象骨头和石灰岩建造，最大一处建筑的覆盖面积竟有上百平方米。在俄罗斯和乌克兰境内发现的建筑遗址更令人吃惊，建筑使用的猛犸象骨头居然接近23吨重。这样的建筑当然比不得长城或金字塔，但别忘了那可是四五万年前的旧石器时代。充足的人力不可或缺，但显然只有人力而没有权力也不会有这等规模的建筑。

权力是怎样出现的？在"实力界定权利"的基础上做出解说，简直就是水到渠成。继续借助"鹰鸽博弈"，只需拉大一下双方的实力差距就可以了。假设 X 和 Y 争夺 10 只野兔，双方实力严重不对等；如果 X 扮演鹰，他不费吹灰之力（预期成本趋近于零）就能打败 Y，独得 10 只野兔；而若 Y 也扮演鹰，却会输得很惨，即便付出相当于 8 只野兔的预期成本（受伤），也最终一无所获。下图列出了对应于双方不同选项的报酬组合。

		X	
		H	D
Y	H	10, −8	0, 10
	D	10, 0	?, ?

显然，如果双方约定和平分割野兔，唯一可行的分配方案是 X 独得 10 只野兔，Y 一无所获。尽管如此分配显失公平，但对 Y 仍是个福音，他不必再为注定输掉的冲突打个头破血流。其实 Y 比 X 更应该庆幸，因为他差不多独得了和平解决野兔问题所创造的全部交易剩余；而相比之下，X 并没有因为"弃鹰从鸽"而占到更大的便宜，不是吗？

倘若 X 的目标仅限于这 10 只野兔，野兔之争可以就此了结。但如果他还有更大的野心，并且发现它还有足够实力来实现自己的野心，则即使 Y 将全部野兔拱手相送，X 也不会善罢甘休，他完全可以命令 Y 到丛林里再去给他猎取几只野兔。根据假设，只要 X 的要求不超过 8 只野兔，Y 就没有拒绝的理由。而如果 Y 服从了 X 的命令，我们就会观察到，在双方和平解决野兔问题的同时，X 获得了支配 Y 的权力。

"权力"概念所描述的基本现象就是一个人能够支配另一人的行动，被支配者要向支配者输送利益（进贡）。服从者之所以服从，显然是因为抗拒是更糟的选项。我把枪口对准你，命令你举起手来，那么对你来说服从就比抗拒更可取，没准儿就能争取到继续活下去的机会。有机会就值得争取，尽管我没有做出承诺说，只要你举手投降我就不再扣动扳机。

但没有承诺的权力还不是权力，它只是暴力，因为你拿不准接下来要发生什么，除非你我之间已经达成了一个默契——你能以举手投降换取我的克制，或者我们生活的环境里已经存在一条默认规则——不能开枪射杀一个举手投降的人，而无论是默契还是规则，都包含了我不扣动扳机的承诺。承诺的功能是稳定别人的预期，而稳定的预期就是权力不可或缺的要素。伯兰特·罗素和丹尼斯·朗都认为："权力是某些人对他人产生预期效果的能力。"

暴力是一种物理现象，权力是一种制度现象，后者必须借助合约或规则来保障。其实合约中的指令和应答就是较弱意义上的服从和支配，而权力关系只是一种显著不平等的合约关系。甚至可以说，所有不平等的关系都包含着权力的成分。买方市场中的买方，卖方市场中的卖方，都有能力对交易对手指手画脚。婚姻关系集合了男人与女人之间最亲密的合作和最持久的斗争，但相对而言那个收入更高、贡献更多、在感情上陷得更浅或在婚外拥有更多追求者的一方，通常拥有相对于另一方的权力。

有些社会理论家把权力关系和合约关系对立起来，认为只有合约关系才包含对称的权利义务，而权力关系是单向的和非对称的。但实际上，权力、身份或地位（后两者只是权力的另一种名称）都需要契约来保证，权力与合约既不对立，也不能并列，因为两者根本不是一个层次的概念。所谓从"身份到契约"的历史性变迁，也不过是从固定的契约转变到灵活的契约而已。

合约只保证互利，不保证平等，权力与合约是天然兼容的。支配与服从的关系——无论上下、尊卑还是主从——都需要借助合约固定下来，尽管不一定要白纸黑字。权力关系中同样包含着相互对称的权利和义务。一个人不可能命令另一个人用无限残酷的手段持续性地折磨自己和家人，世界上不会出现这个级别的权力，因为无论抗拒命令的后果如何，都不会比服从更糟糕。所谓稳固的权力，是指支配者有很高的概率能让服从者仅仅因为选择服从就能改善自己的处境。但这需要支配者有足够的资源——无论是胡萝卜还是大棒。威胁和诱惑都可以创造出权力。

权力关系也是一种交易，服从者卖掉自由是可以换取利益的，哪怕换来的只是安全。虽说金钱可以购买别人的服从，但暴力才是权力市场上的硬通货。如果你有金子我有枪，不出意外的话，你的金子就是我的。如果你既有金子又有枪，就不仅可以买到我的枪，还可以买到我的服从。资本遭遇暴力只能是屈服，除非资本购买了更强大的暴力。虽说知识就是力量，但知识要发挥力量不能独立于时间和历史。即使是先知，也需要足够的时间被确认为先知，除非先知拥有了暴力。马基雅维利说得简单直白："一切武装的先知都胜利了，没有武装的先知都灭亡了。"不是先知拥有了暴力，而是暴力创造了先知，诚如拿破仑所言："上帝站在军事上的强者一边。"

暴力最强者之所以通常拥有最大的权力，是因为为了自己的安全大家都要用服从来换取他的克制。Y用服从换取了X的克制，12只野兔就是安全投资。权力也可以创造和平红利，因为服从与支配的关系取代了敌对和冲突。就此而言，权力同样是文明的界碑，文明的前夜不见得是一次茶话会，而更可能是一场血腥的搏斗。最早缔结和平合约的两个人更可能是服从者和支配者，和平规则的形成和扩展更可能是持续征服的结果。

霍布斯对自然状态中人与人之间的实力不太在意，他说几个最弱者合谋就可以把最强者杀死。当然不排除这种可能，但霍布斯显然忽略了一点，合谋可不是件容易的事情。更可能出现的结果，不是强者被几个弱者合谋杀死了，而是几个弱者被那个强者逐个征服了。X征服了Y之后力量就会变得更加强大，再去征服Z的时候，实际上是以组织的力量对抗个人。此时即便出现了新的暴力冠军也为时已晚，没有哪个人能强大到可以对抗一个组织的围攻。

在逐个征服的过程中，支配者的权力越来越大，并且权力越是强大，就越容易变得更加强大。马太效应再次出现，套用卢梭的一句话："获得第一个服从者，可能需要一场搏斗；但要获得第二个一百万服从者，则是不可避免。"滚雪球似的权力膨胀同样可以让和平契约的范围加速扩展。和平规则形成的同时，X就成了整个群体的首领，松散的群体也会凝聚为一个紧密的组织。整个组织的权力结构是一个金字塔形的合约体系，这个合约体系是可分解的，最小规模的独立单元是一份不平等的双边合约，因而组织内部的资源分配从金字塔底层向顶端逐级倾斜。

组织可以像个有机体那样协调内部行动，实现分工合作，发出统一指令，仿佛一个大脑在指挥一副躯体。征服过程中也可能遇到敌对的组织，落败的组织奔溃瓦解，大家作鸟兽散，最好的命运是被收编。"擒贼先擒王"是组织对抗的一个诀窍，斩首行动可以用低廉的成本瘫痪一个组织，如果溃败的组织不忘保护首领，就如同一个有机体在"抱头鼠窜"。不是每一次征服都伴随着流血，聪明人如果明知抵抗是徒劳，就更可能一开始就放弃抵抗。投降是一种合作的方式，选准投降的时机还可以争取到最大的优待。

如果单打独斗，首领不见得就是暴力最强者，但之所以没人胆敢挑战他的权威，是因为权力汇集了组织的力量。一旦掌握了权力，他个人的暴力强弱反而变得无足轻重。没有人强大到可以打败全天下，但的确有人曾拥有号令天下的权力。当一切安排妥当之后，王座上的统治者甚至可以是个孩子、智障或残疾。

在权力的市场上，暴力作为一种硬通货，甚至可以明码标价。士兵、土匪、保镖、雇佣军都是暴力的出售者，而皇帝、国王、黑社会首领、土匪头子则是招兵买马的人，他们实际上经营了一个暴力集团。至少在法律意义上，军事就是国家垄断经营的暴力工程，这是当今世界上最大规模的安全投资，它另有一个低调的名称叫作"国防"。

亚里士多德说"人是天生的政治动物"，但天生的政治动物可不止人类。看看猿类社会都能把政治游戏搞得风生水起，就能大概明白，政治的起源比人类更古老。追逐权力是人类的天性，因为权柄上紧系着利益的链条——安全、食物、性、财富，还有荣耀。难道权力比到嘴的肥肉还要诱人？关键是有了权力就能拥有更多的吃肉机会，而为了谋求权力并非不可以忍饥挨饿。把到嘴的肥肉让给别人也是谋求权力的一种方式。

虽说权力不过是利益的"线索"，利益才是终端消费品，但由于权力和利益之间的关系是如此紧密，以致在进化过程中，那些误把线索事件当成目标事件的权力迷恋者反而获得了意外的成功，他们在决策上更显深谋远虑，成了生态竞争中的赢家。赢家的基因一旦扩散开来，追逐权力就变成了我们的天性；与此同时权力也变成了消费品，而且是珍稀的高档消费品。权力的游戏让人沉醉其中，流连忘返，甚至兴奋到发狂。

回到霍布斯的论断，他说人与人之间的实力差距（主要是暴力差距）在自然状态中并不重要，因为几个较弱的人合谋就可以把强者杀死。虽然反驳他只用了三言两语，但我得承认这个反驳是草率的，几乎和霍布斯的论断一样草率。强者固然可以欺负、打败甚至征服一个个弱者，但仅靠暴力维持不了有层级的权力结构，更不可能出现滚雪球式的权力扩张。否则，远在进入农业时代之前，人类建立的强大政权就已遍布世界各地，但事实显然并非如此。

在狩猎采集时代，假如有个猎人孔武有力，他觉得每天打猎实在太辛苦了，还不如做个强盗，专门以抢劫为生，那么结果如何呢？应该很难如他所愿，做强盗在狩猎采集社会是没有前景的，因为没什么可抢的。把别人猎取的一只梅花鹿据为己有并非不可以，但不能总是这么做，因为别人很容易躲开他，而且这不比躲开一只猎豹更困难。如果族群里的所有人都躲开了他，那他就等于被放逐了。躲不开的话，大家只能合伙对付他，霍布斯设想的下场就应验了。

偶尔的抢劫没法固定为一种职业，即使找到几个志同道合的跟班儿也好不到哪里去，况且跟班儿也要有饭吃。狩猎采集社会里出不了强盗，可连强盗都没有，又哪来的国王？如果没有多余的食物来养活强盗，那就更没有多余的食物去养活国王。

黑猩猩的首领是亲自觅食的，它的特权主要体现于一段特殊的时间——雌性黑猩猩发情期到来的时候，在抢占性机会的明争暗斗中，黑猩猩的首领拥有压倒性的优势。在狩猎采集社会中，唯一可抢的高价值财产就是女人。人类学家的观察也验证了这一点，原始部族内部发生的较大规模的暴力，几乎都和抢夺女人有关。但无论是作为一种战利品还是作为一种财富，抢来的女人是无法囤积的。可以抢一个女人做妻子，但没法抢一大堆女人待价而沽，除非有足够的食物去喂饱她们。

说到这里，粮食和牲口就显得格外重要了。粮食就是一种大籽粒禾本科植物的种子，而大籽粒的禾本科植物对起源地的气候条件十分挑剔。在降雨稀少的干旱地带，植物只能长成小籽粒的矮草或高大的仙人掌；

而如果一年四季的降雨量很均匀，植物就会长成树木或灌木，就像我们看到的热带雨林。只有在旱季和雨季轮番交替的地带，种类丰富的大籽粒禾本科植物才会出现。植物只有一年的寿命，所以努力把种子长大，旱季时种子洒落在土里，然后休眠，直到雨季来临时发芽。

西南亚的新月沃地发展出世界上最早的农业是毫不奇怪的，地中海式气候恰好就是旱季和雨季轮番交替，那里曾有种类繁多的大籽粒禾本科植物。如今世界上最重要的粮食品种——小麦——就起源于新月沃地。亚欧大陆的东部还有一块精华地段，黄河流域和长江流域的冲积平原同样是旱季和雨季交替，发展农业的气候条件比新月沃地还要好，曾经培育出了另一种世界上最重要的粮食品种——水稻，以及稍微次要一点的谷子，中国古人把它叫作"粟"。

粮食是一种可长久储存的食物。没有粮食就没有强盗，没有社会分工，没有食利阶层和统治集团。一句话，没有粮食，扁平的社会就不会隆起，不会让权力的峰值达到开创文明新局面的高度。为什么非得是粮食？因为只有粮食是可存储、易度量且收获季节固定在一个时段的农作物，这些条件对于方便征税是不可或缺的，豆类和薯类就没法作为征税的基础。

人类在驯化植物的同时也在驯化动物。饲养动物可以给人类提供肉食、蛋类、乳制品、皮革、绒毛、陆上运输、犁具牵引以及军事突击手段。世界上的野生动物种类繁多，但可以并且值得驯化的动物却少之又少。请注意，驯化和驯服不是一回事，马戏团里有驯服的大象和老虎，但老虎和大象却至今没有被驯化。驯化的意思是可以通过圈养来控制动物的交配，使其性状区别于野生祖先，从而更好地满足人类的需要。人类很早就驯化了野牛、野马、野驴、野猪、野羊等大型哺乳动物，还有鸡、鸭、鹅、鸽子等少量的鸟禽。种类繁多且性状变化最大的，当属各种狗，小到吉娃娃、大到斗牛犬的各种狗无一不是狼的后代。

对植物和动物的驯化彻底改变了人类的命运，这被历史学家称为"农业革命"。以狩猎采集为生的觅食人很难人丁兴旺，人口密度一高，食物就会立刻短缺。哪个部族抢先进入农业时代，哪个部族就拥有了未来。实际上，世界上绝大多数猎人的后代都被农民的后代给消灭了，如今只有极少数以狩猎采集为生的觅食人族群生活在偏远的新几内亚和亚马孙河地区。在一对一的打斗中,赤手空拳的农民打不过赤手空拳的猎人,但战争从来就不是赤手空拳的决斗。

农业革命带来了人口数量的激增。一平方公里的土地养活不了几个猎人,可一旦放上羊群,种上粮食,这块土地就可以养活十倍乃至百倍的人口,这等于生产出了十倍乃至百倍的战士。土地的生产效率又间接提高了女性子宫的生产效率,觅食人的两次生育平均需要间隔四年,但农业提供了更好的生活保障,把两次生育的间隔期从四年缩短到了两年。

稠密的人口定居在一起,自然会增加人际互动的机会,这不仅会迫使人们适应大规模的相互合作,而且还会提高知识生产的效率。需求才是技术发明的真正引擎,比如灌溉、车轮、文字以及各种计算方法,这些对猎人无所谓的技术对农民却至关重要。在还没有科学知识的年代里,绝大多数技术创新肯定是碰巧发明的,人口数量越多,密度越大,就越容易碰巧发明某种技术。而且,被发明的技术更容易存活下来。比如,印刷术的发明就需要一定的人口规模,如果人口稀少,印刷就是赔本的生意。一种技术需要达到赢利点才有存活的机会,技术上合理但经济上不合理的技术最终还是会失传。

有些技术——比如酿酒、制陶、纺织以及各种手工艺——对战争的影响是间接的(但不要低估!),金属冶炼技术就不一样了。刀剑、长矛和铠甲把不太能打的农民武装起来,变成战士,几十个骑兵就足以冲垮觅食人族群组成的脆弱防线。事实上,有了可储存的粮食、兵器和战马,农民群体中就可以分化出战士。

战士的前身就是强盗。觅食人族群中没有人能以强盗为业,但进入农业时代就不一样了,放弃劳作而以抢劫为生,非但可以持续,还能活得更好。难怪美剧《权力的游戏》中葛雷乔伊家族的族语就是"强取胜于苦耕"(We do not sow),两千多年前游牧于北非的柏柏尔人就说出了一句类似的名言——"抢劫就是我们的农活"(Raiding is our agriculture)。当农民在田地里挥汗如雨的时候,另一些挥汗如雨的人正在苦练杀戮技术,这不是简单的社会分工,而是在创造一个更高的生态位。

组织起来的强盗是个暴力集团,当这个暴力集团征服了大量农民之后,就可以建立起层级不同的行政系统。暴力集团的首领可以成为部落首领或酋长，不同暴力集团之间自然免不了战争，获胜的一方能扩大自己的领地，并控制更多的人口，直到建立起一个国家。而在征服和被征服、统治和被统治的过程中，就出现了一个食利阶层——精英，他们不用亲自劳作，但却垄断了一些重要的信息和知识，于是社会分化为精英和平民。但天下并非从此太平，因为新的暴力集团仍会应劫而生，并随时准备挑战既定的秩序。

黑风寨和绿林营的故事

暴力集团的历史应该十分久远，至少要比同等组织化水平的财产集团（典型的如企业）久远得多。不过两种集团的经营模式倒是颇为相似，毕竟劫掠和生产都是获取财富的手段，只是前者风险更高，但高风险也会伴随着高收益。就暴力集团的经营策略而言，历史留下了数不清的记载和传说，无论是维京海盗、西西里黑手党、川陕大道上的土匪，还是那些历史上劫掠农耕民族的蛮族人——包括但不限于阿摩利人、柏柏尔人、斯泰基人、匈奴人、蒙古人、阿勒曼尼人、哥特人等等，他们经营暴力集团的策略和逻辑都如出一辙。对于解释强盗逻辑，我不想陷入繁复庞杂的文献资料，只打算做个思想实验，而且是个非常中国化的思想实验，这个偷懒的做法反而可以更清晰地解释真实的历史。

假定在一个相对封闭的环境中有两座城市，一南一北，南边的叫"南平州"，北面的是"北安郡"。连接两座城市的道路有水、陆两条，陆路叫"平安路"，水路叫作"南北渠"。两条道路为两地通商所需，在很大程度上可以相互替代。两条道路分别经过两座山岭，一座叫"黑风岭"，一座叫"绿林峰"，两座山岭位于两座城市之间。两座城市各有官兵把守，但两伙强盗却已在两座山岭里安营扎寨，分别叫"黑风寨"和"绿林营"。黑风寨控制了平安路，绿林营控制了南北渠。官兵数量有限，无力剿匪；强盗也不敢和官兵正面作战，以目前的实力还攻不下城池。眼下兵匪对峙，黑风寨和绿林营的故事就以此为开端。

强盗的天职就是抢劫，俗称"杀人越货"，但杀人只是手段，越货才是目的。而为了确保越货的目的可持续，他们经常需要克制毫无意义的杀戮。土匪和流寇都是有组织的强盗，其内部的权力结构是有层级的。但相对而言，土匪的境况优于流寇。流寇居无定所，四处打劫；而土匪却能盘踞一方，就近劫掠，进可攻，退可守。

绿林营和黑风寨的强盗起初也是流寇，安营扎寨之后就由寇变匪，往来商贾是他们劫掠的对象，抢来的财产是他们的收入。几个强盗头子是暴力集团的原始股东，收入由他们支配。维持暴力集团的日常经营需要大量开支，主要是喽啰们的人头费，剩余部分就是强盗头子们的分红。条件允许时，有进取心的强盗头子会将部分红利用于继续招兵买马，以实现暴力集团的扩大再生产。

拦路抢劫是个好生意，风险低，收益大，可就怕好景不长。频繁的抢劫很快就让商贾不敢通行，抢劫失去了稳定的来源。强盗只好四处打劫，目标对准了城市周边的村落。但这些村落原本就十分贫困，经不起黑风寨和绿林营的轮番蹂躏，村民死的死，逃的逃，剩下的老弱病残就不怕强盗了，要钱没钱，要粮没粮，只剩性命一条，但要命不是土匪的目标。民不富则匪不富，抢不到钱，绑票也枉然。

富人们居住在城市，但有官兵严防死守，冒险进城的强盗很少能活着回来。黑风寨和绿林营的财源逐渐枯竭，有些喽啰就作鸟兽散了。剩下的强盗干脆重操旧业，以耕种或渔猎为生。强盗们混到这个地步，等于宣告了暴力集团的破产，被官兵剿除只是个时间问题。黑风寨和绿林营不打自溃的故事，成了两地居民和商贾经久不息的笑谈。

维持一个暴力集团的日常经营并不轻松，将其做大做强就更不容易。首领必须保证喽啰们有足够的收入，至少要高于军饷，否则他们宁可当兵也不会落草为寇，毕竟当兵的伤亡率要低得多。倘以耕种或渔猎为生，就失去了强盗本色，相当于生态位下滑，从肉食动物变成了素食动物。

如果官府事先明白这个道理，剿匪的任务就能提前完成。官府可以发令禁止商贾通行，继而坚壁清野，以逸待劳，很快就能断绝强盗的经济来源。但若强盗事先明白这个道理，也会未雨绸缪，奋发图强，努力避免这个失败的结局。强盗们的故事会从笑谈变成传奇吗？当然可以。但这是故事的另一个版本。

绿林营率先改变了经营策略，他们不再拦路抢劫，而是在南北渠上找个最合适的地点设下关卡，向往来商贾强行收费。此举彻底改变了局面。虽然雁过拔毛，但商贾的人身和财产安全有了保证，决定是否通行就只算经济账了。强盗们也要算经济账，强行收费不能乱来，要根据财货价值确定一个比率，比率还不能太高，否则商贾的通行数量锐减反而会减少收费总额。几经探索，绿林营终于确定了一个最优的收费比率。

绿林营的经营策略大获成功，原本在平安路上通行的商贾纷纷改走水路，黑风寨很快感受到了竞争压力。穷则思变，改革的举措同样是以收费取代抢劫，并且费率还不能超过绿林营。为了吸引商贾通行，强盗们还整修了道路，在收费站安放椅凳，免费供水，以便商贾中途休息。在沿途开设几家餐馆，也是赚钱的生意，过去没人敢干是怕土匪抢劫，现在土匪亲自干，安全就有了保证。这套组合拳打下来，黑风寨就彻底扭转了局面，开始在与绿林营的竞争中占据上风。

但竞争不如垄断，黑风寨打算搞垮绿林营。火拼是下策，上选应该是"不战而屈人之兵"。几经盘算，黑风寨终于使出了一个阴招——压价竞争。通过大幅降低通行费，把南北渠上的商贾逐渐吸引到平安路上来。这招果然奏效，不久绿林营就支撑不下去了。收入减少，喽啰们军心不稳，部分喽啰直接改投了黑风寨。

在绿林营混不下去的几个散兵游勇开始在平安路上随机抢劫，一度安全的道路又变得危机四伏，往来商贾的数量开始减少。这让黑风寨十分恼火，一边派喽啰出去剿匪，一边向商贾宣布，可为其沿途提供武力保护，避免商贾被其他强盗抢劫。当然保护不是免费的，在收取过路费之外，黑风寨还会加收一笔保护费。但从此之后，黑风寨就理直气壮地打出了"替天行道"的旗号。

黑风寨终于一统江湖，垮掉后的绿林营成了黑风寨的分寨。喽啰们越来越多，首领们必须想办法开源增收，并且很快找到了机会。商贾之间经常发生商业纠纷，诉讼也不少见，但官府做出的判决却经常执行不了。当差的人手太少，查扣财产又非常麻烦。但黑风寨却有天然优势，别说查扣财产，就是把人扣押起来也不是什么大事。黑风寨抓住了机遇，决定为商贾提供强制执行的服务，执行的依据就是官府的判决文书。服务不是免费的，黑风寨要向商贾收取一笔执行费。后来，黑风寨扩大了纠纷解决的服务范围，干脆把审理纠纷的任务也给包办了。部分商贾已经不愿意到官府打官司，因为黑风寨干得更好，判决公正，执行果断，而且不收贿赂。

黑风寨越来越兵强马壮，野心逐渐膨胀，开始觊觎城市里的财富。城防总有松懈的时候，只要找到机会，强盗们就可结伙进城劫掠。首领们深谋远虑，开源增收只是一个方面，更重要的是，强盗必须保持强盗的本色，好日子过久了，战斗力就会消退，意志就会涣散。尽管在黑风寨控制的两条道路上，强盗们对商贾极尽保护，但只要出了这个范围，暴力就重新成为默认的选项，进城之后更是要烧杀劫掠。

城里有富人也有穷人，但无论是抢劫还是绑票，强盗们的首选都是富人。对于穷人来说，强盗进城非但危害不大，反而可能会落得些好处——富人被杀掉，强盗们就会把他们带不走的财货、粮食和土地直接分给穷人。强盗首领们逐渐看清了其中的门道，赶紧打出"劫富济贫"的旗号，与"替天行道"并列。他们啸聚山林，却在等待机会，开始孕育一个野心勃勃的计划。

机会说来就来了。连续两年大旱，粮食歉收，一部分人已经吃不饱肚子。官府赈灾不力，导致灾民越来越多。强盗首领开始倡导"均贫富"的新理念，大获民心，一部分灾民加入了强盗的队伍，还有一部分灾民开始争抢富人的粮食。城市里一片混乱，官府上下忙着逃命，统治秩序近乎瘫痪。官兵也无心守城，内部出现多起哗变。最终强盗们只用很小的代价就攻陷了城池，经过短暂的烧杀抢劫之后，强盗首领下令对城中百姓秋毫无犯，同时贴出了安民告示。

往下的故事就不用讲了。暴力集团统治了这座城市，从此他们的身份就不再是强盗了。运气好的话，他们的后代会变成贵族（其实历史上绝大多数贵族的祖先就是强盗）。总体上，暴力集团也要在环境压力下做出选择，压力变化会导致策略变化。暴力是默认的选项，但不是必然的选项，因为暴力集团和它的劫掠对象之间也有共同利益，就像肉食动物和猎物之间有共生关系是一样的道理。民穷则匪不富，羊瘦则狼不饱。

总体而言，暴力集团的经营策略并不复杂，最重要的约束条件有两个：一是被劫掠的对象是否有退出的选项。老百姓是暴力集团劫掠的对象，远离暴力集团控制的区域就可以免受其侵扰，但逃不掉时就没有退出的选项。强盗拦路抢劫，商贾可以选择不通行；但当他们攻陷城市之后，绝大多数人是没办法移民的。二是暴力集团之间是否存在竞争。同行是冤家，不同暴力集团会为争夺地盘或为争夺劫掠对象而陷入竞争，消灭竞争对手之后的暴力集团一家独大，可以实现垄断经营。

老百姓是暴力集团的猎物，如果猎物逃不掉，暴力集团之间就会陷入恶性竞争的流寇模式，古人所说的"群雄逐鹿"就是这个局面。暴力集团不会顾忌老百姓的死活，在恶性竞争中，心狠手辣的暴力集团更可能确立竞争中的优势。把财产抢干净，再放上一把火，就可以让竞争对手再来抢劫时一无所获。虽说杀鸡取卵不如养鸡生蛋，但若稍一放松，则不仅蛋吃不上，鸡也会被别人抢走。此时杀鸡取卵就是唯一的正解。

对待猎物的态度，土匪要比流寇好很多。至少在自己控制的地盘上，土匪会克制劫掠，"兔子不吃窝边草"。只要猎物有选择，"恶匪"会被"良匪"抢走猎物，竞争压力会迫使土匪善待自己的猎物。但从烧杀劫掠到秋毫无犯，却是因为黑风寨消灭了竞争对手，可以垄断一块地盘的劫掠权。而一旦暴力集团从竞争模式切换到了垄断模式，首领们就能实现从强盗到统治者的华丽转身。

虽然黑风寨和绿林营的故事纯属编造，但其中蕴含的强盗逻辑却真实不虚，甚至能在很多历史记述中对号入座。吴思收集了许多关于强盗、土匪和军阀的故事，对暴力集团的经营策略做过精彩的分析，包括匪、民和官三种角色在不同境遇之下的相互转换。灾民活不下去就会落草为寇（民变匪），强盗失去猎物之后只好以耕种为生（匪变民），土匪在其控制的地盘上会为老百姓提供保护（匪变官），而相互混战的军阀则以征税的名义掠夺财产（官变匪）。请注意这些角色变化其实只涉及两个生态位，而官和匪处在同一个生态位，他们都是肉食动物。

国家的起源及其生态学基础

从生态学视角理解社会是个历史悠久的传统。古人很早就意识到"各路英雄"和"黎民百姓"不在一个生态位上，前者是肉食动物，后者是草食动物，故曰"草民"。政权崩溃就相当于肉食动物失去了猎物，故曰"秦失其鹿，而天下共逐之"。倘把"群雄逐鹿"的成语直译为英文，那字面上的意思就会让人首先想到非洲大草原。

肉食动物纵横天下，但猎物却是寸步难行；猎物貌似可以自由迁徙，但其实没有退出的选项。猎人搬家很方便，几乎可以拎包旅行；牧民搬家也不难，草原上没有不动产，把帐篷收起来，装在马车上就能举家迁徙。但农民的双脚却被拘束在土地上，且日久生根，他们没法放弃珍贵的农田。缺乏退出的选项，就要接受被驯化的命运。当然，这样的命运未必就很悲惨，毕竟谁也没有把握说野牛的日子过得就比黄牛好。

古人看到了被驯化的猎物和肉食动物之间的共生关系。"劳心者治人，劳力者治于人；治于人者食人，治人者食于人。"这是不同生态位之间的分工和交易。肉食动物要想"成帝业，霸天下"，就必须善待自己的猎物——"明智而忠信，宽厚而爱人，尊贤而重士"，方可收万民之心，得民心者得天下。奈何"成王败寇"，只有暴力竞争中的赢家才有资格谈论民心向背，否则再怎么得民心，输了也是寇。

和中国古人的冷酷和犀利相比，近代欧洲人对于公共权力和国家的想象显得过于天真了。霍布斯把国家的起源想象成一个商谈和约定的过程，与暴力竞争无涉。按他的说法，当大家意识到有组织的集体行动十分必要时，就会决定自我约束，各自交出一部分权利，共同托付给一个人，让这个人说了算，他可以代表大家的共同利益和共同意志，于是就创造出了公共权力。所谓公共权力，是指作为公共物品的权力，或至少能够提供公共物品的权力。

黄宗羲很可能是受到了欧洲人的影响，他对公共权力起源的想象，几乎与霍布斯如出一辙。最初的公共权力是造福于全天下的，那时候的君主是天下人的公仆。后世的君主品德败坏了，公共权力才沦为君主满足私欲的工具，从"公器"变成了"公害"。黄宗羲看到了权力的两面性，但无论是公共权力蜕变为私人权力，还是私人权力晋级为公共权力，倘若只是归咎于或归功于君主个人道德品质的堕落与升华，那就太肤浅了。

明末，李自成在陕西米脂县揭竿而起，他的暴力集团曾是一派流寇作风，先后在陕西、山西、湖北、河南一带烧杀劫掠，遇到过几次生死劫，还险些被官兵剿除。东山再起后，李自成接连打了几个大胜仗，席卷河南，拥兵百万，"始侈然以为天下莫与争"。当李自成发现天下即将成为自己的地盘，就一改流寇作风，严明军纪，下令秋毫无犯。

从烧杀抢劫到秋毫无犯，是李自成的道德品质发生了突变吗？并非不可能。美德需要实力的支撑，一个人权力骤然膨胀，觉得"天降大任于己"，强烈的责任感就可能油然而生，这确实可以改变他的品性。李自成起初"志乐狗盗"，当自觉"天下莫与争"之后，个人追求自然要向高层次迈进，想着要流芳百世也并非不可能。

但我偏爱更实在的解说。暴力集团的目标依旧，只是经营策略发生了变化。倘若把老百姓比作猎物，从"烧杀抢劫"到"秋毫无犯"就类似于从猎杀到圈养。猎杀野生动物，圈养牲畜，区别只在于后者有主人，而前者却是无主物。被驯化或驯服的野生动物也能获得圈养的待遇。圈养的投资回收期太长，回报不确定。倘若今天抢来的地盘明天又被夺走，那么养鸡生蛋就不如杀鸡取卵。暴力集团在初创时期采取猎杀策略是完全对头的，它还无力维持稳定的统治，但若眼看江山得手，继续猎杀就目光短浅了。从猎杀到圈养，经营策略的转变给暴力集团和黎民百姓带来了双赢。强盗流寇变身仁义之师，百姓就能安居乐业。以此为线索，顺藤摸瓜，就能发现国家起源的逻辑。

奥尔森提出了关于国家起源的生态学理论。在他的叙述中，国家的前身是个暴力集团，当这个暴力集团拥有一块领地，排除竞争对手，实现垄断劫掠的时候，暴力集团的首领就与被劫掠的对象（生活在这块领地上的老百姓）有了共同利益。这会驱使首领克制自己的劫掠欲望，并确定一个合适的劫掠率，这个劫掠率就是税率。苦耕不如强取，但巧取胜于豪夺。

在没有公共权力的环境中，和平与交易只能靠横向的双边机制来维持。倘若两个猎人为争夺野兔打了起来，则要么两败俱伤，要么一方获利。但当国家创立之后，双边机制之外就出现了纵向的第三方。如果两个农民为争夺土地打了起来，纵然打赢的一方占了便宜，但他们的主人——向他们收税的统治者或精英阶层——却不会得到任何好处。主人必须阻止这种毫无价值的打斗，就像农民不能看着他的一头牛顶死另一头牛。

暴力集团还会为劫掠对象兴利除害，提供各种公共物品，让他们安居乐业。万事俱备的那一天，强盗头子就会带上王冠，登上王座，完成从匪首到国王的华丽转身，然后等人给他歌功颂德，树碑立传。老百姓喊出"国王万岁"的口号是真心实意的——国王如果真可以活上一万岁,他就会面向未来,谋求长治久安,这对老百姓绝对是个福音。"普天之下,莫非王土;率土之滨,莫非王臣。"国家成了统治者和被统治者、精英和平民合力缔造的共生系统。

国家建立之初,进取的统治者通常能克制自己的贪婪,轻徭薄赋,休养生息,精英与平民和谐共处。但"贫富相维"的好日子很难长久,财富分化、土地兼并以及统治集团的骄奢淫逸都是迟早要发生的。倘若后来的君主不再励精图治,不能力挽狂澜,而是穷兵黩武、横征暴敛,那么统治者和被统治者之间原本已经脆弱的共生关系就最终趋向破裂。一旦国家由盛而衰的运势不可逆转,距离崩盘可能就只差一次天灾了。

"旗舰种"是指一个生态群落中的标志性物种。像东北虎、非洲象、大熊猫、白鱀豚、北极熊等等,都能算得上当地的旗舰种。旗舰种的级别可以标志生态环境的质量,如果一片山林中出现了老虎,就说明这里的生态环境非常好,生活在这里的野兔是幸运的,被老虎吃掉只是小概率事件。而如果这片山林里的旗舰种是些刺猬,生态环境就很恶劣了,野兔还是赶紧离开的好。

在生态学的意义上,强大的帝国就是个标志性的旗舰种。早在一千年前,司马光就借鲁肃之口说出了经营强权所必需的生态学要素:"荆州与国邻接,江山险固,沃野万里,士民殷富,若据而有之,此帝王之资也。"古人看得透彻,"与国邻接"说的是交通便利,"江山险固"可以阻遏外部竞争;把"沃野万里"和"士民殷富"合在一起,意思就是"草美羊肥",养得起大型肉食动物,这样的地盘才称得上"帝王之资"。若换作南美洲中部的热带雨林、格陵兰岛的冰原、爪哇或夏威夷的火山地带,司马光就没什么底气去谈论"帝王之资"了。

古代中国确实得天独厚,占据了亚欧大陆的一块精华地段。黄河流域和长江流域幅员辽阔,适合耕种,这样大面积的完整地段在世界范围内为数不多。要论自然禀赋,大概只有北美洲中心地带的广阔平原可以相提并论,这里远胜于新月沃地、恒河流域和尼罗河流域。

对于土地和粮食的重要性，古人很早就有深刻的洞察。《左传》记载了晋公子重耳流亡期间的一个故事。重耳曾因饥饿难忍向一个乡下人乞食，不料这人在地上捡了一块土递给他，重耳大怒，举鞭要打，随臣赵衰却赶紧呵止说："这是老天要赏赐土地给你的征兆啊！"重耳恍然大悟，赶紧跪拜接下。故事多半是编造的，但其所隐含的深刻的生态学逻辑却真实不虚。"社"为土神，"稷"为谷神，"江山社稷"不仅代指了国家权力，而且挑明了国家权力的生态学基础。

自然界的领地动物都是这样，坐拥领地就不愁没有猎物。暴力集团更是如此，只要控制了土地，就能统治土地上的农民。相比之下，通过控制一片草原而统治草原上的牧民，难度要大得多；而通过控制一片猎场而统治猎场里的觅食人，就完全不现实了。成规模的古代帝国通常只会出现在富饶的农耕地区，且通常国运长久，而游牧民族建立的强大政权却是"其兴也勃焉，其亡也忽焉"，这并非历史的巧合。

当暴力集团变身为国家统治集团之后，它控制的领地就成了国土，国土的疆域和自然地理条件直接影响甚至决定了统治区域的财富和人力资源。只要条件允许，进取的统治者就会开疆拓土，但这要计算成本和收益。理论上，国家疆域是一个边际均衡的产物。在开疆拓土的过程中，倘若往前挺进一公里，所付出的军事成本（包括进攻和防御）和统治成本之和，恰好等于未来预期税收总和（远期税收可按贴现率折算），而若继续挺进的收益补偿不了成本，开疆拓土的进程就会停下来，由此定位了国家疆域的边界。

边际均衡的逻辑还可以解释国家内部的军事路线图。中国境内的军事路线图是从西北打向东南，从古至今沿着这条线路打天下成功率就很高，但反过来从东南打向西北，则基本上都以失败告终。宋人汪若海总结说："自古中兴之主，起于西北，则足以据中原而有东南；起于东南，则不能复中原而有西北。"不过更早发现这条军事路线图的还是司马迁。《史记》中说："夫作事者，必于东南，收功实者常于西北。故禹兴于西羌，汤起于亳，周之王也以丰镐伐殷，秦之帝用雍州兴，汉兴自蜀汉。"

对于这条从西北向东南的军事路线图，古人的解释是神秘主义的。他们把中国的传统疆域看成了一条龙，西北地势高，东南地势低，所以龙尾在东南，龙头在西北，以致"川陕"被视为"龙兴之地"。其实，这条在中国历史上反复呈现的军事路线图一点都不神秘。西北贫瘠,东南富饶,从西北打向东南,越打越划算,因为征服富饶地区会获得更多的税收。而逆向用兵则恰好相反,越打越不划算,越来越少的税收补偿不了越来越多的军事开支。

古代中国的传统疆域之所以向北止于长城,向西止于青藏高原,向南止于热带丛林,原因就在于此。古埃及和古巴比伦的统治区域也有固定的边界,尽管那个时候的世界还是一片蛮荒。早期国家对疆域的边界可能不太在意,开疆拓土的速度也不是很快。世界上最早的国家出现在5100年前的美索不达米亚平原南部,然后出现在尼罗河流域和黄河流域。直到4000年前,世界地图上被国家统治的区域仍是一些小斑点,生活在四周广阔无垠地带上的绝大多数人口都是所谓的"蛮族人"。直到公元16世纪,国家才开始在人类政治生活中占据主导地位,这段时间只占智人历史上最近千分之二的一个"瞬间"。

不过历史上野蛮战胜文明的现象倒是屡屡发生,农耕民族就经常被游牧民族打得落花流水,这简直可被称为"农耕诅咒"。农民不善作战,定居的生活方式严重限制了机动能力,农耕民族在与游牧民族的对峙中天然处于守势。而在冷兵器时代,游牧民族的生活方式却和战争高度统一,男人是天生的战士。亚欧大陆北部的广阔草原曾是世界的暴力中心,直到枪支取代了弓箭,坦克取代了马匹,生产能力更强的农民才开始反守为攻。如今那个曾经的暴力中心辉煌不再,它对世界上的任何强权都不再具有实质性的威胁。

权力的游戏危机四伏

打江山是刀头舔血,坐江山也难高枕无忧。安全第一,但高处不胜寒。位置越高,权力越大,越要格外小心。纵然普通人家夜不闭户,王宫里也依旧是戒备森严。亚当·斯密曾抱怨国王的安全太奢侈了,花了那么多钱,还供养军队和警察,然而"公路边上晒太阳的乞丐,也拥有国王们为之奋斗的安全"。但国王的安全并非奢侈品,它只是比乞丐的安全更加昂贵。

索尔仁尼琴说:"我们知道他们在说谎,他们也知道他们在说谎,他们知道我们知道他们在说谎,我们也知道他们知道我们知道他们在说谎,但是他们依然在说谎。"在这个意义上说,民众和统治者都在说谎。民众说谎是为了活命,统治者说谎也是为了活命。安全面前人人平等,这话反过来说,就是死亡面前人人平等。

安全是底线,在每个人的需求格局中,安全都是第一位的。狐狸不如野兔跑得快,是因为野兔跑慢一步就可能丢掉性命,而狐狸跑慢一步却只是失去一顿晚餐。每个人都要拼命活下来,安全像空气一样须臾不可缺。空气没有稀缺性,成不了商品,但安全却可以购买和出售。交出钱财,换回性命,绑票就是一种交易。强盗通过制造不安全来出售安全,国家在打击强盗的同时也会抢走强盗的生意。有组织的强盗是野生的暴力集团,它们是国家的竞争对手,所以"王者之政,莫急于盗贼"。

打击强盗需要一只规模够大的军队,军费是一笔巨额的财政开支,这笔开支来自税收,税收取之于民。细看不过是一门经营安全的古老生意,但这门生意非同寻常,它是扁平社会中从来没有的垄断性纵向交易。在国家创立之前,以强凌弱、以众暴寡的现象司空见惯,相互牵制和对等报复充其量能维持脆弱的和平。只有强龙压住地头蛇,才能真正开创天下太平。

虽然国家也会发动战争,战争是更大规模的暴力,但在提升暴力规模的同时,国家减少了暴力冲突的数量。根据历史学家和考古学家的估计,被国家统治的人口大大提高了预期寿命,因暴力死亡的概率下降了5倍之多。只要安全有了保障,人们出门就不需要成群结队或全副武装。"刀枪入库,马放南山",整个社会的安全投资锐减,节省下来的资源就能转化为生产性投资。

国家垄断暴力,既可保民,又可防民。暴力是野生权力的土壤,民不聊生就会揭竿而起,迅速集结成造反的队伍。但若事先禁止私人使用暴力,就能有效破坏野生权力生长的土壤,相应的配套措施是管制武器。"收天下之兵,以弱天下之民","弱民"的含义是防止草食动物长出尖牙利爪,变身为肉食动物。

草民欲求不高,只要日子过得去,大多数草民都愿意做顺民。倘遇天灾,且国家赈灾乏力,顺民的日子过不下去了,一部分人就会选择落草为寇。而剿匪和平乱都要耗费大量钱财，国库空虚，横征暴敛，民不聊生，以致天下大乱。如此循环往复，会让一个强大的帝国彻底崩盘。所以，赈灾首先是个政治安全问题，其次才是个社会保障问题。

政权的最大威胁还是来自统治集团内部。任何规模的权力都不是铁板一块。几个权力板块一旦联手，就可能制造叛乱、分裂或政变。最让国王或皇帝担心的，不是在野的草寇，而是在朝的"朋党"。而反制朋党的手段，除了设置各种监督机构，还可以将权力分割，使其彼此制衡，或通过异地为官机制，频繁调任，避免官员形成自己的势力。必要时，还可以让手下的权臣相互争斗，自己居间平衡。武将比文官更需要警惕，一同打过天下的武将最好赶紧退休，所以无论"鸟尽弓藏"还是"杯酒释兵权"，都是最高统治者在政治上的按理出牌。

国家的竞争对手除了家贼还有外敌。外敌入侵需要统治者和被统治者共同应对。除了军力强弱，组织动员、后勤保障和物资供应在旷日持久的消耗战中都是能否取胜的关键。当全国上下团结对外的时候，统治者就把自己的权力和国家的命运捆绑在了一起，以致忠君和爱国不可分割。

忠诚离不开教化或驯化，最好的手段莫过于创造出一套将统治和服从正当化的理论，将其奉为正统，禁止异端邪说的竞争和侵蚀。如果再将这种理论规定为选拔官僚的考试内容，教育和教化就合二为一。倘能将社会精英一网打尽，那对于统治者来说，就真的可以实现"天下英雄尽入吾彀中"了。当然，这么做的代价也十分惨重。禁锢思想会扼杀创新，更与科学精神难以兼容。封闭就会落后，落后就会挨打。但统治者很少会真正在乎这个代价，他们更看重的还是政权稳定。

解决政治安全的根本，还是让社会富裕起来。"仓廪实而知礼节"，老百姓富裕了，就不会去拼命或冒险。促进交易可以带来经济增长，但持续交易的结果必然是贫富分化和土地兼并。压榨和剥削都不可怕，可怕的是相当数量的人口失去交易机会，直至彻底退出交易圈。占人口大多数的自耕农是帝国统治的基本盘，他们为国家贡献了主要的赋税和徭役。土地是农民生活的基本保障，失去土地的农民易成流民，流民四起会威胁政权稳定。打击豪强，保护自耕农的利益，尤其是保护他们的土地，是历代统治者的治国纲领。

历史上确有许多伟大的国王在各种类型的斗争中都取得了胜利,但从没有人能战胜衰老和死亡。到手的权力迟早要交出去,死亡是权力易手的最后时点。权力易手是个重大的政治事件,只要新任国王试图施展自己的抱负,开创一个新局面或新纪元,就不情愿生活在前任的阴影里,或多或少都要清算一些历史旧账。而统治政策上的改弦易辙,往轻里说算是"破旧立新",往重里说就是"拨乱反正"。但思想路线还得通过组织路线来保证,权力转移通常会伴随着大规模的人事调整,所谓"一朝天子一朝臣"。

被清算是前任国王的噩梦。谁都希望自己制定和执行的政策在退位或死去之后能够继续发扬光大。而改弦易辙,则意味着自己苦心经营的丰功伟绩和英明形象被后人淡化、遗忘乃至被妖魔化。更糟糕的清算,是退位之后就被送进了监狱,连累家人和子孙,人被流放,钱被充公,还要感谢后任国王的不杀之恩。前任被后任满门抄斩、赶尽杀绝的事例在历史上并不罕见。"汤放其主,武王伐纣",清算差不多就是新任国王的默认选项。难怪大难临头时皇室子弟不止一次发出感慨说:"愿世世勿生帝王之家。"

只要清算必将到来,清算就必将提前到来。这不奇怪,谁不为自己的将来做打算呢,眼看着国王一天天衰老,等到他死的那一天再重新站队,一切都晚了。为了抢占先机,冒点风险是应该的,一点风险都不冒,又如何向接班的国王证明自己的忠诚?但如果很多人都有这个想法,国王在位时的权力就会开始削弱。更何况衰老挡不住,不会永远健康。而为了证明自己身体健康和精力旺盛,国王偶尔演练一下骑射、游泳或摔跤都是十分必要的。天子狩猎就是中国古代帝王的一个传统。

清算与反清算的斗争是权力游戏中一条永恒的主线。后任清算自己的前任,将来还会被自己的后任清算,"螳螂捕蝉,黄雀在后",清算的剧目历代沿承,就形成了一条"清算链"。清算链并非不可切断,毕竟国王里不乏聪明人,但糟糕的是,切断了的清算链不知什么时候又会重新接上去。

"政治红利"是这场斗争中的关键词,清算的动机与收割政治红利的需求密不可分。权力资源永远是稀缺的,国王不可能让所有人高兴,"拉一派、打一派"是惯常的做法。如果前任拉这派、打那派,后任就要拉那派、打这派;如果前任犯下错误,后任就会纠正错误;如果前任撒谎,后任就会戳穿谎言。凡此种种,都能稳稳收割政治红利。民怨沸腾是最丰厚的政治红利,陈胜说"天下苦秦久矣",意思就是收割政治红利的时候到了。如果民怨和官怨双双沸腾起来,政治红利就累积到了极限。一旦国王成了独夫民贼,那就人人得而诛之,即使亲兄弟处决了他,都可以说是大义灭亲。

当然,反清算的斗争很早就开始了。活着的时候国王就要安排好身后事,首先要考虑找个信得过的接班人。但什么样的接班人才可以信得过呢?或者说,什么样的接班人能经得起政治红利的诱惑?国王当然不乏忠诚的追随者,但政治角逐场里的忠诚通常都是策略性的,从忠诚到背叛只在一夜之间。一朝权力在手,翻脸就比翻书还快。谁相信忠诚谁是傻子,但国王大概率不是傻子。环顾四周,他发现最可靠的接班人还是自己的儿子,没有儿子是国王最大的短板。

其实忠诚与否并不重要,让儿子继承权位,就能避免血腥的清算,保护后代最好的做法莫过于让他们继承权力。在这个意义上,世袭制首先解决的是国王家族的安全问题,安全永远是第一位的。但世袭的权位不只是留给子孙后代的遗产,而且是套在他们身上的枷锁。一旦卷入权力的游戏,再想退出就很难了。"上不了台"是悲剧,"下不了台"是更大的悲剧。

倘若不具备世袭的条件,反清算的斗争就更要从长计议。好在生命有限但思想可以不朽,如能指明一条道路,为国家规划出最好的长远战略,那么只要确定自己就是这条道路或这套战略的开创者,就可以为后任制造清算的障碍,因为国王实际上把自己的家族安全和政权合法性绑定在一起。后任国王可以摆脱前任的权力,但却逃不出前任的思想,清算前任将会引发一系列连锁反应,甚至导致政权合法性危机。倘有如此强大的护身符,就足以阻止任何实质性的清算。但除非开国之君或中兴之主,普通国王想拥有这等护身符是很难的。至于树个碑、立个传,从宗教权威那里搞个加冕,或从其他什么地方捞个勋章,这种低等的护身符也不是没用，只是法力有限。

既然清算链是对所有国王的威胁，相当于历时性的囚徒困境，那么不同时代的国王就有了合作的空间——如果每一任国王都不清算前任，那么清算链的梦魇就被彻底祛除了。比较可行的做法，就是立下个禁止清算的规矩，或干脆制定法律让国王拥有豁免权。但规矩可以破，法律可以废，终止清算的合作最终还要依赖在任国王的远见卓识。李自成厚葬崇祯，司马昭善待刘禅，都是意味深长的做法，貌似宣示自己的宽厚和仁慈，实际上是想与后世的顶级玩家完成一种跨时空的合作。权力的游戏少不了杀戮，但顶级玩家之间要停止杀戮。即使把仇敌投进监狱，也至少给安排个舒适的牢房。

贫困社会中一旦出现贫富分化，就会创造巨额的政治红利，只要有人打出平等的旗号，则无论是"均田免粮"，"等贵贱，均贫富"，还是"王侯将相宁有种乎"，都可能振臂一呼而应者云集。阻止清算的根本，还是减少可被收割的政治红利，这需要扩大作为统治基础的基本盘。基本盘越大，政治红利就越小。如果自耕农是国家的统治基础，那么保护好自耕农的土地就等于保住了统治的基本盘。

虽然神仙打架，凡人遭殃，每一次血腥的清算都伴随着政治动荡，甚至天下大乱，无数平民百姓因此丢掉了性命。但清算以及对清算的恐惧却是制约统治者走向疯狂的最后一个力量——这是一种生态的力量。清算链是对统治者的永恒诅咒，而民主取代独裁，则在很大程度上摆脱了这个诅咒。政治学家关心"上了台"的统治者究竟会干些什么，但却忽视了"下不了台"的统治者如何影响和塑造政治制度。

演化的人性：从猎人到农民

没有农业，就没有国家。农业革命发生于距今8000到12000年前，但是直到5100年前世界上才有了最早的国家，中间居然相隔了五六千年。可是为什么国家没有更早出现？它在等待什么吗？等待文字发明？没有文字，就没有法律；没有法律，国运就不会长久。但国家不需要等待文字，因为国家可以创造文字。事实就是如此，简单的书写符号很早就出现了，但成熟的文字体系是在国家建立之后才被创造出来的。

如果建立国家还有更漫长的等待，那一定是在等待人性。倘若人性没有演化到适应法律实施的程度，法律的功能很可能就无足轻重。想象一下，倘若让生活在10000年前的一群猎人的孩子穿越时空，移民到我们的社会，让他们和我们的孩子一起生活，从小接受现代教育，结果会怎样？老实说，我不看好，其实很多生物学家、人类学家、历史学家还有在海外投资的企业家也不看好。他们很早就注意到，那些从未经历或只是短暂经历过农业生活方式的族群，对于现代工商业社会并不适应，很难指望他们和我们一样遵纪守法或吃苦耐劳。如果确实存在这种差异，那么造成这种差异的主要因素是人性，还是文化？

贾雷德·戴蒙德认为是文化。正是自然地理条件的先天优劣，让生活在不同地区的人类拉开了文化上的差距。他总结说，世界上两个最早的粮食生产中心——新月沃地以及中国的长江流域和黄河流域——由于率先进入农业社会而获得了一种强大的力量。通过与之一脉相承的国家（比如当代中国），或者通过很早就受到这两个中心影响的一些邻近国家（比如日本、韩国和欧洲国家），又或者通过海外殖民建立的那些国家（比如美国和澳大利亚），这种强大的力量至今仍然支配着现代世界。而相比之下，撒哈拉沙漠以南的非洲人、澳大利亚土著或美国印第安人支配世界的前景依然暗淡无光。8000年前到12000年前农业起源的那段历史进程至今牢牢主宰世界政治经济格局的命运，真可谓"一步领先，步步领先"。

戴蒙德的解释看似合情合理，因为社会科学的共识曾经就是人类自身的演化在很久以前就停止了，最新确定的演化停止时间是大约四五万年前。这意味着那个时代的人类在心智上已经和我们一模一样。但事实并非如此，得益于群体遗传学和分子生物学的最新进展，越来越多的证据显示，人类的演化非但没有停止，反而加快了速度。比之人类脱离动物世界之后的几百万年，过去一万年的演化速度至少提升了100倍，这简直可以用"爆炸"来形容。格雷戈里·柯克伦和亨利·哈本丁说得直截了当："萨尔贡大帝与印和阗跟你不仅有文化差异，也有基因差异。"

为什么是一万年？这可不是巧合。一万年前恰好是农业革命发生的那个历史时段。虽然从演化的时间尺度看，一万年很短暂，不太可能让大型哺乳动物的任何性状发生显著的变化，但当人为操控的因素介入其中之后，就完全可能颠覆人们的传统认知。在这段时间里，蜀黍可以变成玉米，野狼可以变成吉娃娃，要说人类完全保持了原来的样子，好像也没什么过硬的依据。没错，玉米和吉娃娃都经历了一个漫长的驯化过程，但正如科普作家经常强调的，在驯化动物和植物的同时，人类自身也被驯化了。

定居、粮食生产、食物剩余以及强盗的出现，这些前所未有的因素叠加在一起，让人类的生活环境发生了巨变，由此制造的选择压力会显著改变人类的心智状况。和猎人相比，农民必须更懂得计划未来、遵守规则、尊重权威。只要自我克制的心理变化扎根到了生理层面，那就属于演化而不只是教化。在这个过程中，虽然人类大脑并没有显著扩容，但它的功能肯定更强大了。文化确实很重要，但被演化改变的人类心智却会发挥远比文化本身更为持久的影响力。

演化速度的加快必然会加快人类分化的速度。如果我冬眠几千年之后再醒来，发现人类已经分化成好几个物种，一点都不吃惊。过去几万年的快速演化，已经在不同人类群体间制造了一些显著的差异。有些差异是一望而知的（比如肤色、发色、体型和面部特征），没有人会把一个日本人看成尼日利亚人。还有些差异是潜藏着的，比如印第安人和非洲人对高糖饮食非常不适应，他们比欧洲人和东亚人更容易患上糖尿病。这不奇怪，对于前几代还是猎人的民族而言，农业革命之后的很多东西都是"新生事物"——除了高糖饮食，还有各种病毒和细菌，枪炮和钢铁，国家权力、社会分层和法律制度。如果你发现布须曼人连放牧的生活方式都很难适应（他们会把牲口吃掉），还能在多大程度上指望他们遵纪守法或服从权威？

我们不是布须曼人，我们的祖先是率先变成了农民的一群人。我们遵纪守法，善于自我约束，不会因为一点小事大打出手，不会在严肃的场合说脏话，不会出轨，不会酒后驾驶，不会酒后在浔阳楼上题反诗。做到这些并不难，但难的是一辈子都能做得到。任何时候都不要忘记，我们不过是"刚刚"——在演化的时间尺度上可以这么说——才变成农民的，绝大多数人的心灵深处，还住着一个猎人。

早期的历史只记载战争和国王,很少提到强盗和抢劫,这不太公平。没有强盗,哪来的国王?国王只是众多强盗中的优胜者。直到农业革命之后五六千年,才在美索不达米亚平原南部出现了历史上第一个真正意义上的国家。而在此之前人们生活在部落里,被酋长统治。酋长手下有武装的随从,他们就是一些原始的暴力集团,说他们是"强盗"也不过分。

按说强盗的出现就是人类制度文明史上的一道光。如果不是一代代的强盗用一次次的武力教会了一群又一群原本野性十足、桀骜不驯、游手好闲的无政府主义者要懂得服从,要懂得做好被征服者的角色,后来出现的国王就很难去统治他们。服从是一种重要的品质,它不单纯是教化的产物,而且是历经几千上万年演化出来的个性特征。"罗马不是一天建成的",罗马人也不是一代形成的。

其实人类一直在演化,因为环境一直在变化,新的选择压力不断出现。学会使用火以后,人类的牙齿就变小了,因为煮熟或烤熟的食物不需要尖牙利齿。发明弓箭以后,人类的身材就不像过去那样粗壮了,因为弓箭可以让人躲在安全的地方远距离杀死猎物。既然火和弓箭都能产生肉眼可见的选择压力,要说耕犁和轮车对人类自身的演化毫无影响也就很难说得过去了。

农民要种庄稼,这和打猎完全不同。一个农民确实能比一个猎人多生产出好几倍的卡路里,但农活可比打猎辛苦得多。猎人们每周工作也就二三十个小时,填饱肚子之后就想着怎样打发剩余的时光。但农民差不多每天都要在田地里忙碌,日出而作,日落而息。即使不在农忙时节,他们也要从事一些目标长远的工作,比如修建水渠或继续开荒。

农业革命之后出现了几百代人的更迭,新的选择压力足以改变人类的许多天性。更重要的是,农业让世界人口膨胀了几十上百倍,定居下来的人群变得十分稠密。此时,如果人类基因库里发生了某个有益的突变,这个突变基因就能以很快的速度扩散开来,这倒是很像传染病。病毒传播也需要稠密的人群,狩猎采集时代人口稀疏,瘟疫欠缺大面积流行的条件。进入农业社会之后,牲畜身上的病毒传给人类,制造出了各种瘟疫。不断流行的瘟疫卷走了大量生命，但同时也让农业人群逐渐获得了与病毒共存的能力，相比之下，那些从没和病毒打过交道的人群就成了免疫洼地。我们知道，在欧洲人进入新大陆之后，几百万印第安人被天花夺走了生命。

只要把人类演化的加速归结为农业革命带来的选择压力，那么合理的推测就是，与有悠久农业传统的人群相比，那些从未接触或只在较短时间内接触农业的人群走出了不同的演化路径。不过如此说来，所谓"人类精神的统一性"就被大大高估了。吃苦耐劳，精于算计，善于交易，这些品质和能力对于猎人并不重要，但对农民却至关重要。你看历史上那些广为人知的中间商，像亚美尼亚人、犹太人、黎巴嫩人、帕西人、东非的印度人以及东南亚的华人，他们全部拥有历史悠久的农业传统，而在缺乏农业传统和商业压力的人群中，同样出色的商人就比较少见。

狩猎采集时代的暴力伤亡十分频繁，缺乏攻击性的猎人很可能会丧失抵御能力，攻击性对于猎人很重要，但对于农民就不那么重要，较弱的攻击性反而能让农民——尤其是处于国家统治下的农民——生活得更好。还记得第 1 章讲过的"鹰鸽博弈"吗？假定在一个封闭的环境里生活着两类人，攻击性较强的"鹰"和爱好和平的"鸽子"，当两类人的适应值相等时，鹰和鸽子的数量比例就会在进化上稳定下来，形成 ESS 型。但如果环境发生变化，攻击性行为的成本上升，鹰的适应值就会降低，形成 ESS 型的鹰、鸽比例也会随之调整。

改变环境的力量从何而来？答案是农业革命带来的一组系统性因素，包括农耕、放牧、定居、社会分层以及国家统治和政府管理，这些因素单独或组合发挥作用的一个渠道就是法律。法律的功能之一就像个锤子，把翘起来的钉子砸下去，或把砸不下去的钉子彻底拔掉。这很像人类驯化动物，通过操控野生动物的交配，温顺的品种就在代际更替中被不断挑选出来了。牲畜（比如狗、羊、猪、牛、马）的远古祖先都野性十足的，如今他们都变得很温顺了。肉眼可见的变化是耳朵，耳朵下垂是温顺的标志——许多种类的狗和猪就是如此，但狼和野猪的耳朵却都是竖着的。

化石证据中的骨骼数据也显示，人类在过去一万年经历了相当快速的演化。我们的下巴收缩了，颅骨变薄了，长骨变得更细更轻，眉棱骨则在大部分人群中已经消失，但很可能是不久前才消失的。是什么原因让人类骨骼发生了这些变化？我们不清楚，但合理的猜测是暴力减少了。当社会变得更太平、更安宁时，眉棱骨在保护眼睛方面以及厚重的颅骨在保护大脑方面的价值就变小了，价值变小的身体部件很快就会退化。

在由国家统治的社会里，攻击性更强的一些人非但没有更高的竞争优势，反而更可能被判处死刑或被送进监狱。纠纷总是难免的，但解决纠纷可以诉诸非暴力的方式，诉讼就是一种和平的竞争。如果讲道理可以替代挥舞拳头，那么讲道理的能力就会被逐渐培养起来。与此同时，公平感——作为人性的重要组成部分——也会逐渐变得更细腻、更饱满，诉讼的出现应该会加快这个演化过程。不能倒果为因，如果没有演化的人性，法律和诉讼的游戏根本玩不转。但两者可以是互动的，演化的人性支持了法律，法律又促进了人性的演化。

诉讼的前夜：战争和决斗

诉讼是国家建立的纠纷解决机制，但即使在现代社会，生活世界中的绝大多数纠纷也不是通过诉讼解决的。有事好商量，商量不成的，找人调解，这些做法都比诉讼要省心。诉讼是最后的选项，对簿公堂之际，当事人之间的关系就已经很不友好了，有时还火药味儿十足。双方要使出浑身解数，据理力争，慷慨陈词，居中裁判的法官就像体育竞赛中的裁判（汉语中的两种"裁判"用了同一个词语）。当法庭宣判一方当事人胜诉的时刻，那场面就像擂台上的拳手被裁判举起了胳膊。

诉讼确有对抗和竞赛的性质。如果诉讼中的一方当事人聘用了实力强大的律师团队，他就能提高胜诉的把握，并可能迫使对方花更多钱去聘请实力更强的律师团队。你也许会说这不公平，这是军备竞赛。但其实对于解决纠纷而言，公平并不是最重要的。司法的原始功能只是"定分止争"，避免纠纷的强度升级和规模扩张。至于维护公平、伸张正义以及向社会和市场释放正确的激励信号等等，都是后来附加上去的。而在"定分止争"的意义上，错误的解决纠纷仍比不解决纠纷要好，如果"迟来的正义是非正义",那么永远无法到来的正义就不如非正义了。

纠纷就像一撮火苗,任其自生自灭只有两种可能:要么真的自灭了,要么蔓延开来酿成大火。鸡毛蒜皮的小过节处理不好,就可能拳脚相加,甚至闹出人命;亲朋好友被迫卷入之后,还可能酿成世仇,持续好几代也不是耸人听闻。但借助国家的力量,司法可以把大事化小,小事化了,对簿公堂至少已经排除了暴力的选项。即使诉讼是一场竞赛,那也是和平的竞赛,聘请律师总比雇用打手好得多。

如果把司法比喻为一个"三角机制",那么在前政治时代,由于缺乏国家作为强大的第三方介入,解决纠纷只能诉诸最原始的"双边机制"。而战争属于双边机制中最糟糕的类型。人类通过暴力竞争来解决纠纷,和动物世界里为争夺领地、配偶和食物而发生的同类相残一脉相承,只不过在如何控制战争的规模和烈度上,人类会花费更多的心思。

如果一直向前追溯人类解决纠纷的历史,我们就会发现诉讼和战争是同源的。既然古人已经说了"刑起于兵",我再配上一句"讼源于战"也毫不违和。不管你喜欢不喜欢,诉讼都遗传了战争的制度基因。和打仗一样,官司也是要"打"才会赢;法庭上没有武器,但诉讼双方仍要"唇枪舌剑",有时还会"剑拔弩张"。所谓"君子动口不动手",也只是说"动口"是"动手"的更好替代,但其对抗性和竞争性犹存。

战争可以解决纠纷吗?当然可以。只要纠纷中的一方在战争中被摧毁、瓦解或彻底消灭,纠纷也就烟消云散。但这是纠纷导致的最坏结果,与其说纠纷被战争解决了,不如说它愈演愈烈,最后自我消亡了。就像小火蔓延成了大火,烧得一干二净之后火势就消停了一样。这不是"解决"纠纷,而是任其自生自灭。

但我所说的战争可以解决纠纷却不是这个意思。如果交战双方一致同意,用一场有节制的小规模战争来替代无节制的全面战争,那么小规模的战争就是防止纠纷升级的制度性安排。好比发生森林火灾时,消防人员会在火势延伸的前方烧出一块空地,以阻止大火蔓延的势头。

假设两个国家对某块领地的归属发生分歧,且由于种种原因双方都不能让步，事态愈演愈烈，一场旷日持久的战争迫在眉睫，但考虑到战争带来的巨大灾难，两国君主经过沟通，就可能决定用一场短暂的决战来替代全天候的持久战。于是双方约定决战的时间和地点，以限缩战争的时间和空间。

等到开战的那一天，通常是在黎明时刻，两军如期而至，集结对垒于一块空旷的场地。在双方首领简单的仪式性交谈之后，一场大规模的厮杀正式开始。直到一方死伤惨重，精疲力竭，无法组织有效的进攻和抵抗，战争就结束了，自始至终不超过一天。获胜方理所当然地获得了那块曾经有争议的领地。

历史学家把这种战争称为"会战"。会战不是凭空想象出来的，在人类过去的岁月里，诸如此类的会战发生过无数次，古典的会战在欧洲一直持续到19世纪中叶。比较晚近的两场著名战役——1859年6月24日的索尔佛利诺战役和1815年6月18日的滑铁卢战役，就是典型的单日会战。两场会战都改变了历史的进程，前者导致了意大利统一，后者结束了拿破仑帝国。

会战的场面无疑是血腥的，成千上万的青壮年失去生命或留下残疾，但与更具破坏性的持久战、总体战、壕堑战、游击战以及围攻、伏击和偷袭等战争形态相比，会战显得克制且文明。没有对城市和乡村的烧杀劫掠，没有阴谋诡计，也用不着去挖战壕和建筑防御工事，交战双方恪守了一种贵族式的约定。

作为一种受规则约束的战争，会战以较小规模且后果可控的灾难，避免了更大规模且后果不可控的灾难，由此，会战也可被看作解决争端的方式。理论上，只要战争频繁发生，攻击、防御和反击要经历一段较长的时间，那么互利性质的交战规则就必然会被演化出来。交战规则是战争深渊里的一线文明之光。

早期人类在地理上相互隔绝，但各自独立演化出来的交战规则却大同小异。在中国，春秋时期的战争远比后世更频繁，也更讲究规则。战前要下战书，且"两国交兵，不斩来使"，双方都会尽量保持信息沟通。在两军对垒、严阵以待之际，据说还有个"环人掌致师"的前置程序，意思是派几个武艺高强的勇士前去挑衅，炫耀其必胜的信心和实力。最重要的交战规则是"不鼓不成列"，意思是不能抢先击鼓攻击还没排好阵型的敌军。

公元前638年，楚国和宋国因争夺霸权而引发了"泓水之战"。因恪守"不鼓不成列"的古老战争规则，宋襄公错失了攻击楚军的最佳时机，最终输掉了这场决定国运的战争。无独有偶，在抵御马其顿国王亚历山大的军队时，印度的波鲁斯国王犯了和宋襄公一样的错误。

历史学家认为宋襄公的悲剧是时代造成的，古老的战争规则渐趋瓦解，宋襄公满脑子陈腐观念没能与时俱进（或"与时俱退"）。但其实不然，宋襄公并非生不逢时，他只是犯了错误，错误就是错误，换一个时代也同样是错误。宋襄公的错误很简单，他不理解交战规则的背景，把特定条件下的互利合作，当成了任何条件下都应遵守的道德信条。这是一种教义学式的错误。

西方的历史学家也犯了同样的错误，要么将会战和某种文化观念或法律观念联系起来，要么将其视为英雄主义或贵族精神的产物；而会战的消亡，在他们看来，是因为大众民族主义终结了贵族的统治，所谓"人心不古""世风日下"是也。然而这些想法都过于天真了。战场上绝无浪漫可言，偶尔的浪漫也不足以支撑起一种制度。用文化或时代之类的大词来解释一些实实在在的问题，原本属于思考上的偷懒，结果却经常适得其反，把思路引向一个迷魂阵。

会战之所以在19世纪消亡，原因再简单不过——机关枪出现了，这种可以连续发射子弹的武器让交战双方无法以站立姿态正面作战。实际上，在此之前的11世纪初，弩机的发明就曾一度威胁交战规则，以致教皇曾强烈要求禁用这种武器。反过来说，只要交战双方势均力敌，抢先发动攻击占不到什么便宜，各种阴谋诡计也派不上用场，那么长痛不如短痛，双方就更可能同意以会战的方式结束战争。

会战之所以在冷兵器时代频繁发生，只是因为冷兵器时代最容易满足支撑决斗式交战规则的制度条件。枪支的发明还不至于瓦解交战规则，但机关枪出现之后就不一样了。雨点般的子弹射出去，只需抢先一瞬间，就能给敌军造成不堪承受的大面积杀伤。到了这个时候，不挖战壕就根本无法作战，更别提什么"不鼓不成列"了。

但即使在冷兵器时代，只要天时、地利等因素导致一方可能"先下手为强"，就不可能顾忌"不鼓不成列"，否则就不会有《孙子兵法》。至于交战之前的"致师",与其说是为了炫耀武力,鼓舞士气,不如说是为即将来临的恐惧屠杀做好心理调适,同时希冀敌军在最后时刻改变主意,以图不战而屈人之兵。这正是《孙子兵法》的最高理想。

通过一场集体性暴力来解决争端,似乎与现代法律理念完全不相容。法律最重要的功能是维护和平与促进交易,即使被迫使用某种形式的暴力,目的也是"以暴止暴",甚至诉讼的终极目标也是"以讼止讼"。但只要承认诉讼是对暴力冲突的廉价替代,稍加延伸就会发现,压缩暴力规模、缩短暴力时间的任何手段都可以挂上解决纠纷的名号。事实上,直到19世纪,法学家仍然主张会战是合法的,通过一致同意的集体性暴力来解决国际争端是一种契约性的程序。这是一种现实主义的观点。

不过,既然国际争端可以通过有节制的暴力来解决,那么人际纠纷可否同样诉诸暴力来了结呢?当然可以。毕竟"决战"和"决斗"只有一字之差。

以古代战争为题材的文艺作品不乏决斗的场面,还常有以决斗结束战争的剧情。电影《特洛伊》的开场就是迈锡尼王国即将征服塞萨利王国的一场会战。会战显然是事先安排好的,但战前两个国王又做出了新的约定:他们派出各自军队中最强大的勇士,用两个勇士的决斗来替代两支军队的决战。

于是,整部电影中最精彩的桥段出现了,阿喀琉斯以灵活身姿躲过两杆标枪之后,拔出短剑,急速奔跑,在靠近对手身边时他跑出一条优美的弧线,接着一跃而起,将短剑插入对手的左肩;落地后头也不回地继续前行,直到敌军阵前,大声喝问:"还有谁?!"当然不会再有谁了。实际上,在对手轰然倒地的一刹那,会战就已告结束。

如此戏剧性的战争情节不知历史上是否真的发生过,不过按理说,既然交战双方可以把战争限定在会战的规模,似乎也没什么理由不能将其继续压缩成一场决斗。尤其是,如果塞萨利国王阿德墨托斯自认没几分胜算,那么决斗倒是恰好能为其投降提供一个体面的台阶。但这个逻辑的反面是,倘若迈锡尼国王阿伽门农有必胜的把握,他就不会同意以决斗结束战争，毕竟决斗的随机性太大，和抽签差不多。当然，电影的故事情节如此安排乃是基于一个默认的前提——阿喀琉斯是当时世界上最强大的战士，阿伽门农确信他不可战胜。

但即使真实的战争不存在这个前提，强大的一方也依然可能同意安排一场决斗——赢了可以不战而胜，输了也无所谓，翻脸不认账就是了。决斗结束不了战争，但投降可以，而决斗能让投降更体面，因此可以提高"不战而屈人之兵"的概率。这个逻辑表明了决斗在战争中的价值。

一旦决斗的价值被历史上那些好战的君主们发现了，并且被刻意安排成会战的前置程序，那么《周礼》记载的"环人掌致师"就可能是真的。武艺高强的战士（他们会成为将领）在战时人力资源市场上的价码也会水涨船高，也许"千军易得，一将难求"的说法就是这么来的。

真假姑且不论，但人们希望它是真的。决斗之所以屡屡成为文艺作品中的传奇素材，不只因为它令人兴奋，而且因为它迎合了人们发自内心的渴望。战争令人恐惧，"积尸如山，流血成河"，"白骨露于野，千里无鸡鸣"，而与战争导致的地狱般的场景相比，决斗实在是太美好了。

当然，决斗很难替代战争，毕竟两者之间的落差太大；但若说决斗可以替代两个家庭乃至两个村落的集体械斗，就没多少夸张的成分了。至于如何评价决斗在解决纠纷中的功能，那还得看情况。纠纷以某种概率逐渐升级，升级的梯度就是评价决斗价值的参照系。倘若小纠纷导致了一场流血的决斗，决斗就是恶果；但若决斗避免了更大规模的暴力，决斗就是善因。只可惜我们只能看到引发决斗的纠纷，看不到决斗避免的灾难，这会影响我们对决斗做出公允的评价。即使人类学家对一些原始部族有长期的观察，积累了大量资料，其中有关决斗的记述仍需借助我们的推测和想象，整幅画面才会完整起来。

在巴西和委内瑞拉交界处的热带雨林里，直到20世纪60年代，雅诺马马人的生活还是完全封闭的。人类学家拿破仑·沙尼翁是他们接触的第一个外来人，那是1964年，在那之前他们从未和现代人打过交道，也没见过任何现代物品。雅诺马马人崇尚凶狠，各种纠纷很容易引发暴力冲突。但不同层级的冲突都有精心的算计，先是胸口对决，然后是棍棒打斗，再往后是标枪攻击，最后是村子间的突袭战。

如果纠纷是因侮辱、嘲笑或贸易摩擦所致，那么通常只会导致一场胸口对决。自以为受到伤害的人会发起挑衅，挺胸站在众目睽睽之下，对方村子会派出代表去回应挑衅。回应者先出手，抓住挑衅者以重拳打击其胸口。挨打的纹丝不动，直到挨了四拳之后才会还手，然后双方互相打击胸口。如果都疼得打不下去了，就改为打击两胁，这样很快就能分出胜负。如果胸口对决是事先安排好的，结束后双方就会互相拥抱，一起唱歌，发誓永为朋友。

棍棒打斗没有事先安排，起因通常是通奸或怀疑通奸。自以为受到伤害的人扛着一条三米多长的杆子站在村子中心，对犯事者大声叫骂。被骂的人如果回应挑衅，就会把一根同样长的杆子埋在地上，自己背杆而立，等对方打他的脑袋。只要挨打一下，他就可以还击。杆子一头是削尖了的，这样的打斗很快就会见血，见血后单打独斗就变成群殴，双方的亲朋好友也会手持棍棒参战。但除两个当事人之外，其他人的棍棒是普通型的，不能一头削尖。事态闹到这个地步，就很容易造成伤亡，此时村里的族长就会出面干预，威胁说谁要是不住手就给他一箭。如果械斗发生在两个村子之间，并且导致了伤亡，就会引发村落之间的突袭战。

在沙尼翁的记述中，凶狠好斗的雅诺马马人发展出了一套精细的决斗规则。其实越是好斗的部族越需要这种规则，否则就会陷入暴力的泥潭，这是自取灭亡的前兆。好斗的另一面是恐惧，每个人都好斗的结果就是人人自危。决斗看上去既是纠纷导致的恶果，也是避免纠纷升级的善因，胸口对决更像前者，群体械斗更像后者。但若注意到那条令人印象深刻的决斗规则——"挑衅者不得先下手"，我们就会发现决斗更多是善因而非恶果。这条规则保证了决斗的品质，让决斗区别于复仇。如果自以为受到伤害的那个人主动发起攻击，后果肯定要比决斗严峻得多。至少在替代复仇的意义上，不同层级的决斗都可算是解决纠纷或避免纠纷升级的双边机制。

把冲突分出层级，以及在不同冲突中对使用的武器进行限制，是在诸多原始部族中普遍存在的规则。人类学家在生活在新几内亚中部的马陵人，生活在新西兰岛上的毛利人以及生活在墨西哥中部谷地的阿兹特克人等部族或酋长国那里，发现的冲突规则大同小异。原始部族的人们似乎天然理解孙子的战略思想，他们懂得尽量控制冲突的规模和烈度。

事实上，即使在现代文明世界中，控制最高级别的冲突也依然要依靠双边机制。小国之间发生战争，还有大国来做调停或由联合国派出维和部队。但大国之间发生冲突就不一样了，比如对于中美之间发生的贸易摩擦以及潜在的军事冲突，就没有任何第三方可以强力介入。好在古老的智慧保留至今，大家都懂得尽量不使用或至少不首先使用危险的武器。

维护决斗规则，必须防止决斗过程中的机会主义行为。胸口对决时，有人可能使用利器，或一拳打掉了对手的牙齿；还有人可能不想当众回应挑衅，而打算日后寻找偷袭的机会。只要这些机会主义行为得逞，后果都很严重，一旦决斗规则遭到破坏，复仇机制就会被重新唤醒，就像会战规则遭到破坏就会陷入全面战争一样。除非彻底摧毁对方的反击能力，否则破坏规则的些微收益补偿不了日后不可预测的巨大风险。

借用美剧《权力的游戏》中关于复仇的一句台词："只要放走一匹狼，羊群就永无安宁之日。"如果雅诺马马人的某个村落通过事先周密策划的偷袭或伏击来杀死另一个村落的一大批青壮年男性，这么做自然收益巨大，可以掠夺财物，俘获年轻女性，但风险也很大。只要那个村子里还有一批人能活下来，那么这个村子就无时无刻不被笼罩在复仇的恐惧之中。

如此看来，决斗中的挑衅者把自己暴露在阳光下，其实是相对安全的。一方面，偷袭会招致对手复仇；另一方面，公开的挑衅会阻止对手的偷袭。如果被挑衅的一方不做回应，而是暗地里采取行动，那么一旦挑衅者遭到暗算，所有人都能猜到是谁下的毒手。

除了引起复仇之外，破坏决斗规则的另一个后果是丧失荣誉。生活在原始部族里的人们必须努力捍卫自己的尊严，凛然不可侵犯的人设是自我保护的盔甲，人设崩塌就会引来难以招架的冒犯和凌辱。雅诺马马人表现出来的凶狠好斗，很大程度上是一种需要持续投资的形象建设。

事实上，即使在相对文明的社会中，荣誉和尊严也是珍贵的无形资产。电影《特洛伊》的剧情就始终围绕着这个主题展开。电影的高潮是阿喀琉斯和特洛伊王子赫克托尔之间的一场决斗。但凡有点理性的人都会觉得这场决斗是荒谬的，作为王位的继承人、未来的国王、军队的统帅以及一个和平主义者，赫克托尔无论如何都不应该接受这场必死无疑的挑战，纵然荣誉重于生命，但总不至于高过国家利益。更何况，阿喀琉斯与赫克托尔私约决斗的做法已经违背了战场规则。但赫克托尔最终还是去了，而且没人阻拦，他的父亲、妻子和兄弟在城墙上眼睁睁地目睹了一场毫无悬念的杀戮。

当然，《荷马史诗》里记载的这个故事可信度并不高，没人相信由民间歌手口耳相传几个世纪的诗歌作品能忠实地复制历史。但这里的关键不是故事本身真假与否，而是故事居然可以这么讲。《荷马史诗》倒也罢了，毕竟荷马生活在 2600 年以前，而 2004 年的电影居然也可以这么拍，这就值得我们审视一下自己的内心世界了。用决斗和生命来捍卫一个男人的荣誉，无论从理智上觉得多么不可理喻，都似乎没有妨碍我们骨子里的深刻认同。

1804 年 7 月 11 日，美国开国元勋亚历山大·汉密尔顿接受了他的政敌、美国副总统阿伦·伯尔挑起的决斗。他首先开枪，子弹打飞，伯尔随后开枪，击中了汉密尔顿的胸口，第二天他就离世了。汉密尔顿不是鲁莽之辈，他是美国第一任财政部长和《联邦党人文集》的合著者。19 世纪初的美国，决斗被基督教教义明确反对，也被汉密尔顿生活的纽约州法律明令禁止。在一封解释为何接受伯尔挑战的通信中，他写下了五条反对决斗的理由，但最终他还是参加了决斗，因为捍卫荣誉的压力让他别无选择。

从赫克托尔到汉密尔顿，3000 多年过去了，好像什么也没改变。3000 年的时间不算短，毕竟司法解决纠纷的历史也不过几千年，但在此之前的几十万年（甚至更久，只是那时我们的祖先还不叫人类），人类都主要依靠双边机制来协调各种冲突。决斗及其各种约束规则是否已经积淀到了我们的基因里？这个问题不得而知。但作为一个暴力类型，决斗的确显示出顽强的生命力。

在欧洲文艺复兴之后，决斗流行了很长一段时间。这当然不完全是坏事，决斗可以抑制或替代贵族间的暗杀、仇杀和街头斗殴，让失败者的家属不会因为放弃复仇而感到难堪，但只要把决斗和荣誉捆绑在一起，事态就变得不好收拾。荣誉竞争会演化为一场军备竞赛，每个人都希望自己的铠甲越来越厚，以致形象投资越来越高；同时还会不断拉低冒犯的底线，以致言语不和、观点不同都会引发一场决斗。英国诗人拜伦的叔祖父只因为和别人争吵谁家土地上的猎物更多，就在决斗中杀死了那个人，相比之下，普希金死于情敌的决斗算是物有所值了。荣誉的确是一种无形资产，但人性中的某些成分很容易吹大资产的泡沫。

如今的某些礼仪和礼貌很可能就是历史上频繁决斗留下的文化遗产。西方人的餐桌礼仪很讲究，比如餐刀只能用来切食物，不能用刀插一块肉放进嘴里，也不能将一个豆粒堆到餐叉上。虽然吃饭用筷子的东方人少了这些繁文缛节，但大量社交礼仪在东西方是一样的。比如我们都懂得，在批评别人或提出异议时要尽可能委婉一些，避免单刀直入，最好以赞美开场；谈话时尽量不用食指指着对方的脸，也不要长时间注视对方的眼睛，并且距离越近（比如在电梯里）就越要缩短目光对视的时间。

中国在西周时期也曾有过与西方类似的决斗风俗、对决斗的限制以及决斗留下的文化遗产。那时的中国，国家的力量还没有那么强大，大量民间纠纷仍需诉诸双边机制。后世的中国，决斗是被法律严禁的，这是国家垄断暴力使用权的必然结果。除了非常有限的场合（比如正当防卫还有偶尔的复仇），私人使用暴力都是非法的。按现代法律，如果有人挑衅在先，等对方出手再杀死他，这不算正当防卫，而是决斗，决斗会以故意杀人定罪。

现代法律更多关注杀人的意图，而不太在意是仇杀还是斗杀，但在这个问题上，古代的司法者是十分较真的。《唐律》区分了七种杀人罪，"仇杀"和"斗杀"是不一样的。宋承唐律，区分依旧。武松杀死西门庆，分明是一次仇杀，但县官念及武松是个"义气烈汉"，就把众人的招状重新改过，把仇杀改成了斗杀，然后就从轻发落了。

"徒法不足以自行"，法律实施需要国家的力量，但世上纠纷实在太多了，一旦国家力量供给不足，相当数量的纠纷解决还是要被迫回归到双边机制，决斗的风俗也会卷土重来。在西方，虽然教会和政府都明确禁止决斗，但决斗的风俗一直延续到19世纪中叶才渐趋消亡。而且历史学家注意到，埋葬决斗风俗的不是法律禁令和道德谴责，而是因为它成了人们的笑料。以荣誉和骄傲来支撑的习俗能够在法律禁令和道德谴责下存活，但却无力对抗讥笑和嘲讽，因为后者才是戳破资产泡沫的利器。

当然，决斗不会彻底消失，但它可能变得更文明。两位情敌也许会用干杯的方式来完成一场决斗，其中一杯酒里装有剧毒氰化物，这等于把决斗变成了一场豪赌。最有剧情的豪赌式决斗用的是左轮手枪，但不是朝对手开枪，而是在扣动扳机时对准自己的脑袋。据说街舞的流行也减少了暴力，街头少年们开始以街舞竞赛来替代暴力争斗。

在雅诺马马人的村落里，挑起一场决斗是因为受到了冒犯或自以为受到了冒犯，这意味着挑战者拥有判断自己是否受到冒犯的"权力"（我不清楚这里该用"权力"还是"权利"）。当然肯定有些公认的规则来确定什么样的行为算冒犯，比如，辱骂就是冒犯，但开个轻佻的玩笑就不算冒犯。而辱骂和玩笑的界限却不那么明确，嘲讽就处于两者之间。至于嘲讽算不算冒犯，就没有公认的规则，也没有第三方的裁决，而是完全取决于被嘲讽者的主观感受。每个人都是有底线的，只是不同的人有不同的底线。

如果凶狠好斗者会发起更多的挑战，胆小怯弱者就只好尽量不去招惹他们。时间久了，无论作为一种天性还是一种策略，凶狠好斗都可以让一个人在各种场合获得系统性的特权。胆小怯弱者的活动空间因此被系统性地压缩，如果他们不想吃亏，就只能让自己也变得凶狠起来。雅诺马马人崇尚凶狠，这一点都不奇怪，除非你足够强大，否则善良是没活路的。

其实人类在大多数时候都有尚武之风，好斗被蔑视或被嘲笑只有很短暂的历史，或者仅仅局限于某个社会圈层。直到我上小学的时候，班里的男生都还很好斗，而且好斗还会赢得声誉和尊重。几百年前的欧洲之所以决斗泛滥，就是因为出现了和雅诺马马人一样的凶狠竞争，凶狠竞争至今还存续于战乱地区、黑社会和混乱的街头。当然凶狠好斗是有限度的，凶狠到残忍的地步人类就没法群居了。好斗固然会赢得很多好处，但也不能太过分，倘被大家普遍视为害群之马，就很危险了，遭到驱逐甚至被合谋除掉也在情理之中。

雅诺马马人并非不讲道理，只是他们没那么多道理可讲。他们对真相也不太在意，一个人发起挑战的理由，可以是通奸，也可以是怀疑通奸，这意味着挑战者拥有推定事实的"权力"（还是不清楚这里该用"权力"还是"权利")。真相是什么,谁也不知道。被挑战者也许只是和挑战者的妻子单独相处了一会儿,什么事情也没发生,但却被稀里糊涂地拉去决斗了。倘若因此丢了性命,那也只能做个冤魂。

在现代社会,倘有人被别人怀疑通奸并受到了公开指责,无论是否心底坦荡,他都可以镇定自若地反问一句:"你有证据吗?"同时警告那个人不要信口雌黄。然后,他还可以向其他人或媒体宣布自己的名誉已经受到了侵害,家人也很痛苦,他将保留采取法律措施的权利云云。但雅诺马马人的社会里没有法官,没有司法制度,也没法对事实太较真。初民社会里的真相是种奢侈品。

1998年,美国总统克林顿和白宫实习生莫妮卡·莱温斯基曝出了性丑闻。起初克林顿矢口否认,直到独立检察官亮出了关键证据——莱温斯基在和克林顿私会时穿过的一件蓝色洋装上有可做DNA鉴定的男性分泌物。初民社会哪有这样先进的鉴定技术,如果要求证据确凿才能认定通奸,那通奸可就泛滥成灾了,因为除非捉奸在床,否则初民社会找不到确凿的证据。将怀疑等价于判断就是推定事实,推定意味着降低真相的标准,目的是减少收集证据的麻烦。

电影《教父》里有个关于推定的情节。在与纽约黑手党各家族之间的和谈中,老柯里昂做出了让步,但他的要求是让远走他乡的小儿子迈克尔回到纽约。但怎样才能保证迈克尔的返途安全呢?老柯里昂想出了个一劳永逸的做法,他向黑手党头子们宣布说:"我是个迷信的人,如果迈克尔在途中发生意外,或被警察开枪打死,或在牢里上吊,或是被闪电击中,那我就不会原谅在这个房间里的某些人,到那个时候我就不再客气了。"听完老柯里昂的这番话,黑手党头子们就只好为迈克尔的安全去祈祷了。

现代司法也经常推定事实,但与初民社会相比,现代司法在使用推定时会采用较高的证明标准,因而只会导致数量较少的误判,但支撑这种高标准的,是信息技术,而不是法律制度本身。人类学家马克斯·格拉克曼辨识了一条在初民社会中广泛存在的证据规则:一对男女只要私下相处,就可被当作通奸既遂的结论性证据。这个做法在我们看来就太夸张了,简直不可理喻。但并非完全不可理喻。如果这条证据规则在初民社会中被广泛认同,且众所周知,那么它就可以自我合理化。"君子不立危墙之下",哪怕仅仅为了避免误会,一个正派人也会努力防止自己和别人的妻子私下接触。所谓"男女授受不亲",或者"瓜田不纳履,李下不整冠",就是这个意思。如果这个道理已经成为一种众所周知的制度性常识,而某个男人仍和别人的妻子私下相处了,那么即使他因推定通奸而被冤枉,也就不那么冤枉了。

世上原本就没有绝对的真相。我们所说的真相,无非是根据已知信息拼凑出来一副图景,然后被武断地规定为满足了真相的标准,真相只是一个制度性的建构。信息不是免费的,现代司法中的真相是用钱堆起来的,初民社会买不起,但他们可以创造廉价的替代。只要线索可以当作证据,怀疑就能成为采取行动的理由。决斗虽然简单粗暴,但可以不问青红皂白,不再纠结是非真伪,这正是对高昂信息费用和低下信息技术的无奈适应。

在武侠小说《倚天屠龙记》里,金庸描述了一个解决纠纷的场景。两位武林高手发生了过节,要请德高望重的张三丰主持公道。两人各说各的理,搞得张三丰一头雾水。具体情节我记不清了,只记得老头子给出了一个恰当的纠纷解决方案——他说算了吧,你们别争了,我老人家也理不清是非曲直,干脆你们打一场好了。

张三丰给出的纠纷解决方案其实并不荒谬,即使国家负责解决纠纷,也不能在任何时候大包大揽。司法是国家介入纠纷解决的抓手,但对于民事诉讼,国家的职责仅仅是提供一个法院,当事人要自己去聘用律师,收集证据,参与法庭辩论,审理案件的法官更像是个裁判,竞赛意义上的裁判。他最重要的职责不是搞清楚案情真相,而是维护诉讼竞赛的规则,在规定的时间终止竞赛,然后按规则宣布谁是赢家。在最本质的意义上,法官的角色和张三丰相差无几,最显著的区别也只是,前者要求"动口不动手",后者要求"动手不动口"。

◆ 三角机制的雏形

第三方介入纠纷解决,在雅诺马马人那里已经初见苗头。如果纠纷双方只是一对一单挑,则无论是胸口对决还是棍棒打斗,其他人理应旁观，而不该介入。可一旦单打独斗升级为群体性械斗，村落里的族长就会出面干预。族长的干预十分克制，只是维持决斗规则，不问是非曲直。双方亲朋好友一哄而上，决斗规则就被践踏了。偶尔的伤亡倒不是大事，真正不能容忍的，是一旦决斗规则瓦解，村子里的良好秩序必将难以为继，这样的后果是不堪设想的。

第三方介入冲突的历史非常古老，但最初的目的肯定不是为了解决纠纷，因为第三方的姿态并不中立。只要第三方觉得介入冲突符合自己的利益，他就会不请自来。第三方的介入会让双边对抗的局面变得非常复杂，迫使敌对双方更加深谋远虑。如果第三方的态度是"坐山观虎斗"，等双方斗个两败俱伤，再去坐收渔翁之利，那么只要敌对双方事先明白他的意图，就会设法避免让他得逞。因而无论第三方意图如何，客观上他的介入都有利于抑制冲突。

动物世界里种群内部的和平在很大程度上得益于这种多边互动机制。设想有三只动物彼此敌对，如果一个动物杀死了另一个动物，那么它在为自己除掉一个对手的同时，也为另一个对手除掉了一个对手，接下来的局面就很危险了。而相互牵制的结果却好得多，谁也不敢轻举妄动。当双边敌对扩展为多边敌对时，随着博弈策略的复杂化，对抗的烈度往往有减无增。

先秦时代的战争数量不少，但多国彼此牵制却限制了战争的规模。"围魏救赵"的故事就是个典型。魏国攻打赵国，赵国求救于齐国，齐国直攻魏国，魏国撤兵回救，赵国随之解围。但细究之下就会发现，齐国的介入实际上抑制了战争的规模。如果齐国按兵不动，魏国就会把赵国灭掉，而接下来面对一个强大的魏国，齐国的处境堪危，最终难逃和魏国决一死战的命运。而围魏救赵却可以同时削弱赵国和魏国。这就是齐国大臣段干纶的战略分析。如果魏国君臣事先有同样的战略眼光，战争就会被避免。整体上说，多边敌对实际上延长了每一国的寿命。

与战国时代的围魏救赵相比，19世纪的英国奉行"光荣孤立"的外交政策，就显得十分超然。"光荣孤立"不是真正的孤立，而是力求以最小的代价操控欧洲大陆的国际局势，其精髓就是与弱者为友、与强者为敌，英国总是与欧洲大陆上的弱国结盟来对抗强国。后来美国的外交政策也如出一辙，只是换了说法叫作"维持地区军事力量的均衡"。当敌对双方势均力敌的时候，只需微弱的力量就能让天平向一方倾斜。倘能把自己的力量变成一根杠杆，稍一用劲就可以撬动整个世界。

战国时代的孙膑讲得就很到位，他说："夫解杂乱纷纠者不控拳，救斗者不搏撠。批亢捣虚，形格势禁，则自为解耳。"孙膑讲的就是"巧实力"，巧实力就是借力打力，用到最高境界可以不费吹灰之力就能操控局面。古代的帝王也会屡屡使用巧实力，如果发现自己手下某个权臣势力太强，就会扶植一股对立势力与之抗衡。甚至黑猩猩也懂得与弱者结盟——黑猩猩首领不见得是个暴力冠军，如果季军愿意与亚军结盟，亚军也可能坐上首领的位置。可见这个政治游戏得有多么古老。

如果事先发现第三方的威胁更加致命，敌对双方就可能握手言和，甚至可能团结起来。这样的例子数不胜数，外敌入侵时，内部的争斗就会暂时平息，以致政治家为了压制内部分歧，有时不惜主动挑起一场外部冲突。在电影《启示录》的结尾，两个部族的印第安人在决斗时刻都没了退路，一方背对高山，另一方背朝大海，但他们之所以没有继续厮杀，是因为被一个从未见过的景象给惊呆了——远处来了一艘船，船上的人穿着奇装异服，欧洲殖民者来到了这片新大陆。

第三方的介入可以抑制双边冲突，只要这个道理被人们发现了，那么为了避免冲突升级，敌对双方或其中一方就可能主动邀请第三方介入。马陵人就是这么做的，低烈度的冲突中常有"调解人"参与其中。"调解人"不是一个人，而是一伙人，他们属于另一个族群，受邀来充当战时调解人的角色。他们并不卷入冲突，而只在一旁大声呼喊，要求双方立刻休战。

20世纪60年代，人类学家安德鲁·瓦伊达来到新几内亚中部横跨俾斯麦山脉的山脊上，那时的马陵人还过着刀耕火种的生活。山脊土地狭小，人口密度很高，族群间的冲突时有发生。但奇怪的是，胜利者却很少占领失败者的土地，据说是因为害怕那片土地上的邪恶魔法会给他们带来危险。不管这种信仰多么古怪，客观上它确实减少了冲突的预期收益，也因此降低了冲突的频率。

很多原始部族的古怪信仰都有抑制冲突的功能，甚至包括吃人。吃人不是因为饥饿，而是为了复仇，新西兰岛上的毛利人就是如此。部族之间的仇恨有时会延续好几代，几代人互有伤亡，但只要把敌人杀死，吃掉他的身体，再把首级挂在村子碉堡的栅栏上，世仇就算报了。吃人取代了继续杀人，这就是文明。

马陵人的冲突是分层级的，小纠纷只会导致低烈度的冲突。他们使用的武器是盾牌和弓箭，箭头是骨制的。男人们每天早上来到预定的战场，在弓箭射程之内拉开阵势，战斗开始就互相射箭，这样的战斗很少造成伤亡。下雨天还会停战，男人们可以腾出空闲开垦田地。马陵人懂得怎样避免冲突升级，邀请调解人参与，可以为敌对双方预留一些弹性，任何一方想停战，都不难找到体面的台阶。

即使调解人就是其中一方的盟友，他们也会保持中立。以中立姿态介入冲突符合调解人的利益。无论给盟友背后撑腰，还是向另一方暗中施压，都是调解人施展巧实力的机会。调解成功了，等于给双方送个顺水人情；调解不成，也能近距离观察冲突双方的实力，这可是收集情报的好机会。倘若冲突升级了，调解人可以视情况决定自己是否参战；即使决定参战，调解人仍可以选择参战的时机。总之，调解人可以轻而易举地让双方感觉自己很重要。调解是个美差，这简直就是从天上掉下来的馅饼。

这可能就是为什么别人打架总会让我们感到莫名兴奋，为什么打架总会引起众人围观，以及为什么格斗类体育竞赛总是格外吸引观众。谁不想馅饼砸到自己头上呢？在我们的骨子里，也许还保留着一点唯恐天下不乱的坏习气，并且很难通过法律和道德来清除干净。

但天上很少掉馅饼，偶尔掉下来也会被争抢。"打铁还需自身硬"，想当调解人首先自己得有实力。意图还在其次，实力才是第一位的。弱小的第三方非但当不好调解人，搞不好还会被别人抢走这份差事。发育成熟的调解市场必然有竞争，而馅饼最终会落到实力足以碾压所有潜在对手的顶级玩家那里。毫不奇怪，由首领负责调解纠纷就会成为一条默认的规则，雅诺马马人是这样，现代人是这样，黑白两道都是这样。黑猩猩也是这样，如果两只黑猩猩打起来，首领就会出面阻止。

国际社会并非不讲规则，但有时就像一个黑社会，一团和气也会暗中较劲，最终还是拳头硬的说了算。成功调解了一个争端，等于向全世界炫耀了实力，其潜台词就是"非我莫属"或"舍我其谁"。1870年，德国统一后，俾斯麦成功地使柏林成为欧洲的外交中心和争端解决中心。

在此之前，他带领的普鲁士实施侵略性军事战略，在三场战争中打败了丹麦、奥地利和法国。

调解国际争端有调停、斡旋和干涉三种说法，介入的深度依次递增，但三者的界限并不清晰，调停和斡旋的背后往往潜伏着强有力的干涉。有底牌才有底气，没有底牌，前面的每一张牌都不好打。当我们说"谁说话好使"或"谁说话有分量"的时候，不是在明褒一个人的口才，而是在暗示这个人的实力。巧舌如簧是弱者的标配，手里提着棒子的人说话反而轻声细语，真正有实力的玩家懂得"藏巧于拙，用晦而明"。不动声色是力量的象征。

1994年，朝核危机首度爆发，美国前总统吉米·卡特赴朝鲜斡旋。他和朝鲜领导人金日成划着小船亲密交谈，尽显个人魅力。这魅力的背后当然还是国家实力。那时候，苏联刚刚解体，东欧已经剧变，中国还在韬光养晦，美国的实力如日中天。虽然朝鲜周围的各个大国都不希望半岛发生战争，也不希望朝鲜拥有核武器，但最终能解燃眉之急的，还是万里之外的美国。

美国得到什么好处了吗？表面上看并没有，反而是付出了代价——美国承诺帮助朝鲜建造轻水反应堆，而在此之前还要向朝鲜提供重油作为能源补偿。朝核问题解决了吗？也没有——非但没解决，之后反而愈演愈烈了。但解决问题不是关键，告诉世界上所有国家谁是真正的老大才是关键。为此，有时还要制造问题，或制造问题之后再去解决问题。所以毫不奇怪，朝核问题至今还在解决的路上。

要说美国唯恐天下不乱，确实过分了，这么说有点玩世不恭。当老大的不希望出乱子，因为乱到一定程度就等于没有老大了。但要是一点乱子也没有，老大的作用就容易被忽视。理想的情形应该介于两个极端之间，既不要巨浪滔天，也不要风平浪静，最好时不时来次潮水，以便退潮时让大家看清楚老二、老三都在裸泳，只有老大稳坐钓鱼台。

赚钱的手段多了，暴力就更容易被替代。通过战争侵占邻国的一块领土，也没多大收益，甚至一无所获；屠杀不是合理的选项，扶贫却成了沉重的负担。如今的黑手党都懒得用枪了，因为买东西比抢东西更划算，打打杀杀早就过时了。而在暴力的光环褪去之前，"做事要讲道理"就已经成为教父老柯里昂嘴里的口头禅。

让老百姓通过讲道理来解决纠纷，这在人类制度文明史上是个里程碑式的事件。如果发生纠纷可以讲道理，而不必使用暴力，那么每个人都会活得更安全。并非只有国家才能满足这个需求，土匪、黑手党或国际社会的老大哥偶尔也能做得到，但确实只有国家才能在其统治领域内持续稳定地创造并维护讲道理的环境。

两个人发生纠纷，如果一个人把另一个人打伤、打残或打死了，那么打赢了的也许会获得一些好处，但他们共同的主人——统治者——却没有任何好处。如果统治者袖手旁观，那就像一个农夫眼睁睁看着自己的一头牛顶死了另一头牛。

解决纠纷天然需要权力的介入，而权力也天然具有解决纠纷的功能和意图，两者一拍即合，这种供需关系在国家创立之前就存在已久，不同类型的群体首领都会主动担负起解决群体内部纠纷的职责。司法就是国家权力介入纠纷解决的产物，既是国家统治社会的权力，也是国家向社会提供的公共服务。

古代统治者向往天下无讼，这是发自内心的，因为解决纠纷的确很麻烦。但没有纠纷也很麻烦，作为国家支柱的司法权会因此丧失存在的理由。究竟哪种麻烦更麻烦，谁也不知道。不管怎样，国家负责解决纠纷都是理所当然的，利国利民。以理服人固然皆大欢喜，但解决纠纷不能只靠讲道理，当说服不能解决问题的时候，压服的手段就要跟得上。服不服才是关键，是否心服口服则需另当别论。

司法的性质和功能：不止"定分止争"

司法是国家权力介入纠纷解决的结果。解决纠纷固然为统治所需，但也确实是在向社会提供公共物品，这一点自然无可争议。但有个简单的问题却至今尚未形成共识——什么样的司法才是最好的？提出这个问题可能就被鄙视了。这还用问，公正的司法就是最好的。但这个答案等于零。公正的标准见仁见智，这个概念的唯一功能，依我看就是隐藏分歧。问题没有被回答，只是变了个样子，我还可以继续追问——什么样的司法才是公正的？好坏与否对应于目标，因此恰当的提问应该是：我们应该为司法设定什么样的目标？是"案结事了"吗？如果是，那么公元前 900 多年古代以色列所罗门王审理的一起疑案就堪称经典。

两个妓女争夺一个男婴，她们要所罗门王来主持公道。甲女陈述案情说：她和乙女同居一室，都是刚生完孩子。乙女睡觉时不慎将自己的孩子压死了，却趁甲女熟睡，偷偷将两个婴儿调包，把死婴放在甲女怀中，又把甲女怀里的孩子抱走。次日醒来，甲女发现怀里的婴儿已经死去，惊吓之余又发现死婴居然不是自己的孩子。但乙女的陈述恰好相反，她说死去的婴儿是甲女的，她的孩子是活着的那一个。两女各执一词，却都没有证据，这起纠纷就成了疑案。疑案至今仍是"司法之癌"，它构成了对法官智慧和司法技巧的严峻考验。但，所罗门王却用他的智慧和权威完成了这个千古传颂的判决。

听罢双方陈词，所罗门王突然下令说："拿剑来！"一声令下让众人莫名惊诧，所罗门王神色俨然，他向两位当事人说道："既然你们两人都想要这个孩子，也没什么办法证明孩子究竟是谁的，那我就干脆把他劈成两半吧，一半给甲，一半给乙。"听完国王的宣布，乙女表示赞成，甲女惊恐万分，立即祈求所罗门王剑下留人，并表示自己不要这个孩子了。案情至此峰回路转，真相随之大白：婴儿的生母是甲女，因为只有生母才会为了保全孩子的性命而宁愿委屈自己。不费任何周折就已案结事了，所罗门王的智慧果然没有令人失望。

故事显然是编造的，乙女反应失常就是其中的破绽。但凡心智健全的人，都懂得关键时刻要演好母亲的角色。国王宣布杀婴之际，保持沉默或无动于衷就已经不可思议，更别说主动赞成了。不过，虽说编故事的水平不高，却有一点，仍能说明编造者的头脑十分清醒——司法需要分辨是非，疑案是严峻的挑战，而应对挑战就需要强大的权威。这个认识是穿越时空的，在中国古代，所罗门王的角色就换成了"包青天"。在明代冯梦龙编写的《智囊》一书里，也记载了一个情节极为相似的案子，编故事的技巧还略胜一筹。

但若按照今天对司法的定义，所罗门王表现出来的就不是法官的智慧，而是警察的智慧——他在裁判之前搞了一次突袭式的侦查，并且出人意料地成功了。只不过这次成功纯属侥幸，只要乙女反应正常，他的侦查策略就会彻底失灵，接下来的处境进退维谷——你说他手中的剑是砍还是不砍？纵然睿智的所罗门王事先洞察了一切，他了解乙女的心智状况，知道这个女人既愚蠢、又残忍、又自私，算准了她会掉进自己的圈套，那又如何？如此处理疑案仍算不上高明，更谈不上深谋远虑。原因很简单，即便他能洞察一切，别人也不知道他洞察了什么；法律不为人知也就罢了，但司法的逻辑却必须简单透明，否则裁判就无法向社会释放清晰的激励信号。

所罗门王的审判向社会释放了什么信号？很遗憾，信号是负面的。审判让人都长了见识，只要学会伪装，伪装得逼真，伪装得彻底，保证假面具千万不能在关键时刻掉下来，那么，别人的东西就可以被据为己有，也可以赖着不还。若是这样的信号释放到社会，那结果岂不是要天下大乱——越来越多的纠纷，越来越多的疑案，还有越来越多的错判。潮水般的案件涌向法院，再多的人手也招架不住。"案结"没有"事了"，相反还没完没了。

所罗门王的审判是一场豪赌，赌赢了是侥幸，赌输了就没法收场。但司法的权威和脸面是不能轻易拿来冒险的，豪赌岂止不可取，简直是不负责任！毕竟所罗门是国王不是强盗，强盗可以乱来，可以蹚浑水，甚至以此为乐或显摆自己的聪明，但国王不可以，他的首要使命是维护司法的权威和尊严。

你也许会为他辩护说，那个时代没有DNA鉴定，妓女的孩子找不到父亲，且妓女的颜值又偏高，颜值偏高的面孔相似度也偏高，所以，只对比相貌辨认不了母子关系（我突然觉得这个故事编得还是挺不错的），可是面对疑案，不这么做又该如何是好？我的答案倒是很简单：交给神灵。

所罗门王可以安排一个仪式，宣称神灵将来主宰裁判，让两个女子面对神灵宣誓，然后展开一场吞咽某种食物的竞赛，谁能顺利地或较快地把食物吞咽下去，谁就赢得这次判决。这样，不论结果如何，司法者都无需承担错判的责任，因为裁判体现的是神灵的意志，司法只是顺应神意。把责任推给神灵，是很成功的甩锅，毕竟神灵永远是沉默的。如此看来，神判作为一种应对疑案的司法技术盛行于早期社会就不足为怪了。

世上当然没有神灵，但有没有是一回事，大家信不信是另一回事。

只要神灵观念深入人心，神判作为一个机制就足以正常运转，其功能也可以顺利发挥出来。一旦制度确立下来，那么即便所罗门王一眼看穿了谁在撒谎，他也必须保持沉默，继续装傻。作为国王，他不能带头破坏自己创设的制度。

觉察到别人撒谎，这并不难。别说有经验的法官，敏感一点的人都有这个本事，因为人脸的微表情很容易出卖自己的嘴巴。除非你是演员——演员能"入戏"，即通过骗过自己去欺骗别人——否则你很难控制自己的微表情。但法官却不能在判决书中写下"根据当事人的微表情，本院认定……"。想必审理"彭宇案"的法官就一眼看穿了真相，他们发现彭宇在撒谎，却错在没能继续装傻。为了主持公道，他们铤而走险，让一个原本可以通过分配举证责任就能轻松打发的案件节外生枝，以致弄巧成拙，各种麻烦接踵而来。这是一种所罗门式的错误。

当然，所谓的神判只是一种变相的抽签。抽签很糟糕吗？也不见得。它至今仍是解决分歧和纠纷的一种手段，现代人抽签等于把主宰交给运气，神判只是给运气蒙上了一层高大上的面纱——让人敬畏，但这没什么不好。撕掉面纱，还有个技术内核——抽签的合理性是让错判的方向保持随机，事先看来不至于偏向某一方。在这个意义上，司法通过伪装为神判的抽签保持了中立。

中立性是衡量司法质量的一个重要指标。中立不能避免错判，但能避免干预错判的方向。完美的司法中立可以如此界定：当司法者没有理由偏向任何一方时，就让错判的方向随机分布；若以概率呈现，就是两个方向的错判各占50%。保持中立的错判，通常只是削弱了判决的激励信号；而系统性偏向某一方的错判，则更可能创设反向的激励。

然而，神判并非完全中立。以神灵的名义要求当事人吞咽食物，其实隐含了微妙的心理干预。清白的当事人确信能获得神灵的佑护，她会在吞咽食物时更加自信，吞咽过程也更顺利。而缺乏自信的当事人会恐惧神灵的惩罚，恐惧容易引发咽部肌肉痉挛，更可能导致吞咽失败。这种心理干预对司法产生了正面的影响，让错判率低于50%。而这意味着，即使是神判，也会在保持司法底线的基础上尽可能探知事实真相，从而控制错判的风险。

此外，神判还隐藏了另一层含义。即使清白的一方因吞咽失败而败诉，她也不能责怪司法者，"谁让自己的咽部肌肉不争气呢"，她只能把不幸的结果归咎于自己，或者干脆去责怪神灵——如果有这个胆量的话。通过仪式化的神判，司法者主导了一场竞赛，竞赛的结果决定了诉讼的输赢。无形之中，司法者就把错判的责任推得一干二净了。

神判向社会释放了什么样的激励信号？应该说，信号是很正面的。它让人们保护好自己的孩子（以及其他任何东西），或至少保留好证据，以免事后发生纠纷；或即使发生纠纷，也不至于造成疑案。毕竟谁都清楚，把命运交给神灵，总不如把命运交给自己更稳妥。尽管神判保证不了正确，好人未必得好报，但它能减少纠纷的数量，让更多的好人免遭恶报。一个好人倒下了，千万个好人可以站起来。而所罗门王的审判则恰好相反，一个好人倒是站起来了，但千万个好人迟早还会倒下去。

司法的底线是解决纠纷，古人说"定分止争"。纠纷属于社会的病理状态，持续下去难免扩大或升级，因此可以说，即使错误地解决纠纷，也比不解决纠纷要好。解决纠纷的标志是当事人服判，心服口服固然皆大欢喜；退而求其次，只要当事人行为上服了，也能算得上"案结事了"。对于解决纠纷而言，"以力服人"是"以理服人"的补充和替代，说服无效就用压服的手段——难怪正义女神的手里，除了天平还有把剑。

司法的理想是正确地解决纠纷，不只要让当事人心服口服，还要通过个案裁判向社会释放正确的激励信号，指引人们在未来的交易和生活中分配权利或分担责任，进而，防纠纷于未然。"案结事了"不过是解决了眼下的纠纷，进取的司法应面向未来，让裁判发挥诉讼管理的功能，最终的目标是"以讼止讼"。

对应于两个层次的目标，可以辨识出两个层次的司法功能，即保守的"定止功能"和进取的"激励功能"。司法也可由此分成两种类型，保守型的司法囿于前者，进取型的司法更注重后者。问题是，进取型的司法比保守型的司法难度更大吗？其实未必。通常情况下进取型的司法反而更省心，只需闭上眼睛，严格依法做出裁判就是了。作为法官，我只对事实和法律负责，任凭你哭、你闹、你上吊，我统统看不见。瞎子舞大刀，砍到谁算谁——莫非正义女神蒙上双眼就是这个意思？

然而，这其实很难做到。理论和理想都可以在天空中翱翔，但现实的司法却经常要面对一团团乱麻和一地地鸡毛。进取型的司法之所以举步维艰,不在于技术上有多高深,而在于很难横下一条心。当然,除了意志、决心和勇气,首先还是观念上的改变——能知道好坏、能分出高低就已经迈出了第一步。其实,"和稀泥"也不容易。不只眼睛要睁得大大的,还要磨破嘴皮跑断腿,关键是费力不讨好,所谓"案结事了",很多时候不过是"抽刀断水"而已。一个案子搞定了,一批案子又涌过来,直到压得法官们喘不过气,直不起腰。

难道古人不会观察微表情?为什么还要搞出神判这么个鬼东西?真的只是因为他们迷信、愚蠢、无知且野蛮吗?我看未必。神判确实简单粗暴,但在当时的技术条件下,它让司法保持了进取的姿态,使其目标不止于解决眼下的纠纷,而是面向未来,致力于减少未来的纠纷。我不相信古人比我们更聪明,但为什么他们能毅然决然地用神判取代了"和稀泥"?肯定是因为教训,毕竟稀泥总有和不下去的时候,而神判——尽管会冤枉很多人——却是在当时的技术条件下能让司法从泥潭里挣扎出来的唯一出路。

当然,错判率仍是衡量司法质量的最重要指标。错判率越低,司法质量越高,定止效果和激励效果也越好。但比之激励效果,司法的定止效果对错判率的反应相对迟钝。倘若司法保持中立,则错判率达到50%就与抽签无异;此时,司法的激励功能彻底丧失,但其定止功能犹存。极而言之,即使错判率高达100%,司法仍可以解决纠纷,只是激励效果变成了负值,也就是说,司法会制造反向激励。

错判率是一个统计指标,偶然的成功不值得赞颂,因为事先看错判率可能不降反升。所罗门王虽然做出了正确的裁判,但却在守住底线的同时埋下了底线失守的祸患。聪明人一旦看穿他的成功纯属巧合,就会觉得这样的司法实在太离谱了。倘若上行下效,整个国家的司法必成烂泥一团。果真司法沦落如斯,作为首作俑者,所罗门王难辞其咎。

错判又该如何界定?为了保持思路清晰,我需要把错判界定得宽泛一些。倘以实体法而非以程序法为标准,那么,所有违反了实体法规定而导致的权责错置,都算错判。比如推定和举证责任判决,虽在程序法上都属于正确的裁判,但在实体法上却仍不能排除错判的风险。又如以调解的方式结案,虽在程序法上不算错判,但就其权责错置而言,几乎所有的调解都是披上合法外衣的"和稀泥",目的无非是让债权人充当冤大头。

不过说到这里,我们又会发现,其实所罗门王还有两个备选的纠纷解决方案:一是采用"谁主张,谁举证"的原则,让提起诉讼的原告(甲女)承担举证责任,原告拿不出任何证据,自然承担败诉的后果。二是"和稀泥",以调解的名义让甲乙二女共享这个孩子,这等于把孩子一分为二,只是保全了孩子的生命。

这两个方案哪个更好?由于我们知道案情的真相,所以会说,举证责任判决的结果是百分之百的错判,而"和稀泥"的调解则只是百分之百地错了一半。可事实上我们不知道案情的真相,所以只能说,举证责任判决要么全错,要么全对,两者的概率各占50%,这和"和稀泥"的调解是等价的。当然,你也许会说,两种判决给当事人带来的命运完全不同,毕竟孩子不是钱。没错,但在这个问题上就不要较真了,毕竟生活世界中的绝大多数纠纷涉及不到孩子而是更多涉及钱。我还是干脆把甲女和乙女分别称为债权人和债务人吧。特别要强调的是,两种在实体意义上完全等价的判决,其激励效果却是云泥之别。"和稀泥"的调解会激励债务人赖账不还,这会增加纠纷的数量;而举证责任判决则会激励债权人保留证据,这会减少纠纷的数量(即使发生纠纷,也会减少疑案和错判的数量)。两相对比,高下立分,"和稀泥"属于保守型司法,而举证责任判决属于进取型司法。

从古至今,司法应对疑案的主要办法就是从源头预防,通过预设引起纠纷的不利后果,来控制纠纷和疑案的数量。在这个意义上,无论是神判、决斗还是举证责任分配,都有异曲同工之妙。在现代的抗辩式诉讼中,打官司就是打证据,举证责任的来回转移就像一个踢球游戏,不能把球踢出去的一方承担败诉的后果。但在一个文盲社会里,预设举证责任的办法经常行不通,所以需要通过神判或决斗来替代引起纠纷的不利后果,并以运气竞赛和暴力竞赛来替代现代诉讼中的法庭辩论和证据竞赛。

公元前18世纪的《汉谟拉比法典》规定了一种神判:若有人指控他人犯巫蛊之罪,被告将被投入河中;如果被告被淹死了,指控人就可以得到他的房屋;如果他活下来了,指控人就要被处死,被告则可以获得他的房屋。古巴比伦的立法者真的相信河神可以做出完美的判决吗?未必。但法律如此规定，却能有效减少纠纷的数量——没有人敢于轻易指控，也没有人敢于轻易操弄巫蛊。我甚至觉得，立法者其实很清楚，所谓巫蛊之术乃子虚乌有，法律以河神对巫蛊，只是为了迎合当时的社会迷信。

　　法典还有一条规定十分有趣：如果医生给白内障患者做手术时误伤了眼球，就要割掉医生的一只手。对医疗事故的处罚如此严厉，哪个医生还敢做这种手术？依我看，立法者的意图就是醉翁之意不在酒，通过严厉的惩罚阻止医生去做这种风险很大、成功率又很低的手术，也就减少了与此相关的纠纷数量。要知道，古代社会最先进的白内障手术，也就是用针把晶体周围的悬韧带拔断，造成晶体脱位，这最多暂时解决部分问题，等晶体沉入玻璃腔体后，就难免导致感染，并最终失明。

　　《汉谟拉比法典》的立法者是高度理性的，其对举证责任之重视尤其令人印象深刻。虽然文盲社会里难有书面证据，但或多或少还能找到一些实物证据和证人证言。法典规定，凡指控他人犯杀人罪或罪涉人命的，必须提供充分证据，否则就以诬告罪直接处死。这实际上是把刑事案件中的举证责任分配给了原告或受害人，这也不难理解，毕竟在那个时代，古巴比伦王国还没有能力建立起专业化的侦查机关和公诉机关。法律如此规定，肯定会有很多受害人仅仅因为缺乏证据而成了冤死鬼，但若法律不这么规定，就会有更多人仅仅因为诬告就白白送了性命。面对这个两难，古巴比伦的立法选择，居然应了中国古人的那句话——"与其杀不辜，宁失不经"，足见这笔账的算法是穿越时空的。

　　实际上，只要证据法规则固定下来，哪怕它开始实施时并不合理，也会在实施过程中逐渐自我合理化，因为人们会调整自己的行为，避免因证据法规则而使自己处于不利地位。天长日久，等到绝大多数债权人懂得了保留证据，纠纷就会减少，因缺乏证据导致的疑案和错案也会减少；而如果某个债权人因为拿不出证据而败诉了，那么他被冤枉的概率也会大大降低。这个道理很早就被古代立法者掌握了。

　　公元前13世纪的《赫梯法典》中有一条如今看来十分奇怪的规定：如果男人在山中强奸妇女，则男人被处死；但若男人在自己的家中强奸妇女，则妇女被处死。为什么同样是强奸，在山中和在家中就如此不同？原因是司法者很难区分强奸和通奸。男人家中发生的强奸，不仅被法律推定为通奸，而且被推定为妇女诱惑男人。虽然如此规定并不合理，但等整个社会都通晓了这条证据法规则之后，妇女就不会轻易到别的男人家中去了，这等于增加了一道阻止通奸的防火墙。而在这个前提之下，某个妇女居然还敢到某个男人家中去，那么她被冤枉的可能性就会大大降低。

在因夫妻共同债务而引起纠纷中，《民法典》规定了"共债共签"的原则。如果搞不清楚一笔大额债务是否属于夫妻共同债务，那么债权人需要就这笔超出了债务人家庭日常开销的债务确系夫妻共同债务而承担举证责任，以证明其用于夫妻共同生活、共同经营或为夫妻共同意思表示。法律如此规定，就是为了激励债权人保留证据，要求夫妻双方"共债共签"，以避免日后发生纠纷，或即使发生纠纷也不至于造成疑案。

通过设置举证责任迫使债权人保留证据，是为了控制纠纷和疑案的数量。然而，对于控制纠纷数量而言，最有效的做法还是从债务人入手。一个司法的铁律必须遵守，那就是决不能让法院成为被债务人利用的工具。如果债务数额可以通过司法而被削减，则无论被冠以何种名义——调解、执行和解抑或其他任何形式的"和稀泥"——最终都是司法的噩梦。当越来越多的债务人选择欠债不还或干脆赖账不还的时候，法院就等着吃官司吧。到了这个地步，再怎么扩编、增员、提效、外包，乃至简繁分流，抑或加班加点，都是泥潭里的挣扎。司法政策不调整，"案多人少"的难题是永远无解的。司法只能进取不能退守，退守的结果是全线失守。

司法是个冷酷的职业。虽说公平是个崇高的目标，但为了让判决必须服从法律，法官就要无视个案中的不公平，举证责任判决肯定会让一些无辜的当事人成为冤大头，但在诉讼管理的意义上，司法需要通过制造冤大头来减少未来冤大头的数量，古代司法如此，现代司法亦然。

更不公平的制度还有诉讼时效。倘若债权人主张债权超过了诉讼时效，那么法院就不会支持他的诉讼请求。这个制度的功能同样是为了诉讼管理，它要求债权人要么大声疾呼，要么永远沉默。法院无力处理社会上的所有纠纷，诉讼时效制度就是个恰当的遴选。如果司法客观上总需要一部分人充当冤大头，那么最适合充当这个角色的，自然是那些对实现自己的债权漫不经心的人。

你也许会说，对债权人保护过度是不是也会造成更多的纠纷？债权人可能因此变得粗心大意，不再精心挑选诚信的生意伙伴，因此出现了更多的纠纷。这个道理也能讲得通啊！确实讲得通，但是，你想多了。

司法有两个环节，裁判和执行。裁判的质量可用错判率来衡量，错判率越高，裁判质量就越低，错判率降为零值，可被称作"完美裁判"。执行的质量可用执行率来衡量，执行率达到100%，就算得上"完美执行"。若从事前考察债权人的预期诉讼收益，那么，完美执行条件下20%的错判率比之完美裁判条件下80%的执行率，或者完美执行条件下40%的错判率比之完美裁判条件下60%的执行率，对于债权人都没有实质性区别，两种裁判和执行水平的组合为当事人以及社会和市场主体创设的激励信号也是一样的。

执行率和裁判正确率的乘积可以测度司法的整体质量，采用任何单一指标做出的判断都是片面的。完美裁判与完美执行的组合就是"完美司法"，但受制于公共预算以及其他约束，完美司法是无法客观实现的。假定法院裁判的正确率是80%，但执行率只有30%，那么司法的完美度就只有24%；这意味着只有24%的案子真正实现了正义（以数量指标衡量），或者，只有24%的债权被实际偿还（以额度指标衡量）。这道简单算术题显示了测度司法质量的"乘数效应"：裁判正确率和执行率中的任何一个指标畸低，都会严重拖后腿，并且还会在很大程度上挫败进一步提升较高指标的改革努力。

假定司法需要改革，那么，基于"乘数效应"的逻辑，在给定司法资源的条件下，改革的目标就应两者兼顾，既非单纯追求裁判公正，也不能仅仅致力于改善执行效果，而应最大化裁判正确率和执行率的乘积。改革还要考虑现状，通常不能在两个环节平均用力，更多的资源首先应被投入到拖后腿的短板上。如果错判率畸高，改革的目标就应倾斜于解决审判不公；如果执行率畸低，提高执行效果就更有理由成为改革的重心。

错判率和执行率都可以按数量和额度被进一步细分成四个指标。错判率包括"数量错判率"(错判案件数量/受理案件总数)和"额度错判率"(错判案件标的总额/受理案件标的总额),执行率包括"数量执行率"(完美执行的案件数量/受理案件总数)和"额度执行率"(执行到位标的总额/受理案件标的总额)。

倘若采用额度指标,隐藏在诉讼调解与执行和解里面的猫腻,就一下子暴露出来了。假定你欠我100万元,加上利息150万元;如果我诉至法院,那么先行调解的结果,就是让我免去了50万元利息;在执行环节,我还要继续让步,最终以50万元达成执行和解并最终结案。这个案子在审判和执行两个环节貌似都没问题,但无法掩盖的事实是,该案只有三分之一的债权被最终讨回,相当于诉讼把债务的利息率降到了-50%。对于大量潜在诉讼中的债务人而言,这是个多么诱人的数字!

法院滥用执行和解正是执行乏力的典型表现。执行和解是一种很奇怪的制度,虽然打着"尊重当事人意思自治"的旗号,但其实质却是,法院已经做出的判决,由于遇到障碍而进行妥协性的修改——债权人被迫向债务人做出让步,依法做出的判决就这样被废掉了。执行和解是一种公然把执行乏力合理化的制度,是对恶意逃债行为的包庇和纵容,也是国家执政能力弱化的表现,其针对债权人的潜台词是:"如果你拒绝和解,你得到的只会更少。"可是,一旦执行乏力成为债务人谈判的筹码,就会形成恶性循环——执行越是软弱,就越有可能变得更加软弱。倘若债务人屡屡在诉讼中尝到甜头,他们就会发现,司法正是他们逃避或减轻债务的合法渠道——与其主动还钱,不如等着吃官司。

不仅如此,执行乏力还会形成倒逼机制,在审判环节削弱司法公正。因为在诉讼调解中,执行乏力依然可以成为债务人谈判的筹码。尽管调解结案在程序上是合法的,但却向社会和市场释放了错误的激励信号,它与执行和解的负面作用是一样的。如果采用额度指标,问题就会变得十分清楚。假定调解结案的结果是让债权人放弃了30%的债权,则即使这个案子判决合法,被放弃的30%债权却仍要被计入额度错判率的分子之中。在严格意义上,调解结案就是一种合法的错判。

至此,我们获得了一个判断司法质量的标准。不看纠纷本身是否得到了解决,不看是否案结事了,而是看裁判结果能否向社会和市场释放正确的激励信号。也只有采用这个标准,才能把"和稀泥"与公正裁判区分开来。无论是诉讼调解,还是执行和解,结局都是迫使债权人做冤大头。尽管这会让法院在解决纠纷方面省一时之功,但因此招来的更多纠纷最终会让法院无力招架。执行乏力不仅加重了审判的负担,而且造成了司法资源的浪费。如果不该打的官司涌向法院,挤占有限的司法资源,那么一部分该打的官司就会绕开法院。一旦"赢了官司赢不了钱"的现象成了司法常态,部分债权人就势必要使用非法的手段来讨回债权。如此,法院内部的麻烦就延伸到了社会。

司法必须"向前看",必须面向未来,考虑长远后果,这才是进取的、负责任的司法态度。倘若只看眼前,只着眼于解决纠纷,追求"案结事了"、息事宁人,就会扭曲法律激励,进而损害法律权威。"向前看"的司法是进取型的,而短视的司法则是防守型的,但进攻本身才是最好的防守,防守的结果往往是步步退让。法律的底线一旦失守,后退一步就是悬崖。只有让执行长出牙齿,司法才能反守为攻。

参考文献

1. [美]曼瑟尔·奥尔森:《集体行动的逻辑》,陈郁等译,上海三联书店、上海人民出版社,1995年。
2. (明)黄宗羲:《明夷待访录·破邪论》,中华书局,2021年。
3. [意]马基雅维利:《君主论》,王伟译,北京联合出版公司,2013年。
4. [美]丹尼斯·朗:《权力论》,陆震纶等译,中国社会科学出版社,2001年。
5. [美]詹姆斯·S. 科尔曼:《社会理论的基础》,邓方译,社会科学文献出版社,1999年。
6. [美]詹姆斯·C. 斯科特:《作茧自缚:人类早期国家的深层历史》,田雷译,中国政法大学出版社,2022年。
7. 《史记》。
8. 《孟子》。
9. [英]霍布斯:《利维坦》,黎思复等译,商务印书馆,1985年。
10. 《资治通鉴》。

11. 《左传》。
12. [美]贾雷德·戴蒙德：《枪炮、病菌与钢铁》，谢延光译，上海译文出版社，2016年。
13. [美]格雷戈里·柯克伦、亨利·哈本丁：《一万年的爆发：文明如何加速人类进化》，彭李菁译，中信出版社，2017年。
14. William D. Hamilton, *Narrow Roads of Gene Land: The Collected Papers of W. D. Hamilton*, Vol.1, Evolution of Social Behavior, Oxford University Press, 1998.
15. [美]曼瑟·奥尔森：《权力与繁荣》，苏长和等译，上海人民出版社，2014年。
16. Valerie Bockstette, Areendam Chanda & Louis Putterman Bockstette, "States and Markets: The Advantage of an Early Start," *Journal of Economic Growth*, Vol. 7, No. 4, 2002.
17. Moses Abramovitz, "Catching Up, Forging Ahead, and Falling Behind," *Journal of Economic History*, Vol. 46, Issue 2, June 1986.
18. Douglas A. Hibbs Jr. and Ola Olsson, "Geography, Biogeography, and Why Some Countries Are Rich and Others Are Poor," *PNAS*, Vol. 101, No. 10, 2004.
19. Daron Acemoglu, Simon Johnson, James A. Robin, "The Colonial Origins of Comparative Development: An Empirical Investigation," *American Economic Review*, Vol. 91, No. 5, 2001.
20. 吴思：《血酬定律》，中国工人出版社，2003年。
21. 吴思：《隐蔽的秩序：拆解历史弈局》，海南出版社，2004年。
22. [美]詹姆斯·Q.惠特曼：《战争之谕》，赖骏楠译，中国政法大学出版社，2015年。
23. [古希腊]阿里安：《亚历山大远征记》，李活译，商务印书馆，1979年。
24. 雷海宗：《中外的春秋时代》，中华书局，2002年。
25. [英]约翰·基根：《战争史》，林华译，中信出版社，2015年。
26. [美]斯蒂芬·平克：《人性中的善良天使：暴力为什么会减少》，安雯译，中信出版社，2015年。
27. [美]约瑟夫·奈：《论权力》，王吉美译，中信出版社，2015年。
28. [美]约瑟夫·奈：《软实力》，马娟娟译，中信出版社，2013年。

第5章 演 化

假定有个强大的独裁者认定地球上已经人满为患,他打算随机消灭一半人口,以保证人类作为一个物种能够繁衍下去。你说这是不是很可怕?算不算罪恶滔天?当然可怕,当然罪恶滔天。但让人懊恼的是,独裁者大义凛然,自信满满,他还会自豪地宣称:"我才是全人类的拯救者!正义在我这一边!历史也在我这一边!"别觉得荒谬,没准儿一个世纪以后真有人为他树碑立传,历史是活人书写的。

电影《复仇者联盟》中的"灭霸",就是这个独裁者的化身,可悲的是,我们居然没法证明"灭霸"做错了。电影没有给"灭霸"安排一个讲演或辩论的机会,其实他有很多道理可讲——"马尔萨斯陷阱","熵增定律","减数分裂","天地不仁",还有边沁的"幸福最大化"。要让最大多数人获得最大程度的幸福,就必须保证人类能够繁衍下去,历史的维度当然不可或缺,人类要考虑子孙后代。这些道理都很过硬。

然而,当被"灭霸"或独裁者嘲笑目光短浅、格局狭隘、满脑子妇人之仁的时候,我们能讲出什么道理呢?大约只好求助于康德及其众多的跟随者,比如罗尔斯。康德讲过"人是目的,不是手段",罗尔斯阐述过"最小值的最大化"——他是披着边沁外衣的康德。但这些道理都不过硬,只是我们讲不出更过硬的道理了。为什么一种孱弱的理论——康德主义——居然能和功利主义并列为西方伦理学的两大主流?我想原因可能是没有什么理论能替代它的功能。倘若没有康德主义相制衡,功利主义就会一家独大甚或横扫天下了,但这个局面未必有多好,"灭霸"和独裁者就是潜在的风险。

倘若从功利的角度评价康德主义的贡献,我觉得它为人类决策划定了一个计算禁区,很多危险的事项不能计算,因为计算本身就隐含了巨大的风险。进一步说,它为人类思想创造了一个"计算冗余"。冗余提供不了真理，但可以防止灾难性的谬误，尽管这需要以容忍一些小规模的决策失误为代价。我估计这么说会让人一头雾水，没有人像我这样理解康德，不过理解不理解无关紧要，这原本就不是我想讲清楚的问题。道德哲学家的笔墨官司打了几百年，怎可能三言两语说个清楚。但只要搞清楚法律和正义的关系，这些笔墨官司的重要性就不那么突出了。

法律和正义是个永恒的话题，但两者如何结缘的问题已经完全不可考。法律诞生之初就是国家的统治工具，自然要被打上国家意志的烙印。任何威胁政权的行为都要受到处罚，就此而论，所谓国家意志也不过是统治者的意志。但即使在最古老的法律中，单纯致力于维护统治者利益的条文数量也不是很多，法律的主要内容仍是维护社会整体利益，更像是一种促进社会合作和市场交易的技术性规范，被统治者也能从中受益。当法律能在社会范围内赢得人们的普遍好感时，它就成了正义的化身。这是法律在传播学上的巨大成功。

然而，正义最终还是和法律做了切割，它抽身而去，又从天而降，化身为法律追求的最高价值以及评判法律质量的终极根据。这应该算是法学理论在传播学上的巨大成功。法律追求的其他价值——比如平等、自由、民主、效率——只能位列正义之下，当它们彼此冲突时，正义负责最终的裁决。正义至高无上，与神灵和星辰同在。这个想象的"正义金字塔"，至今仍是主流法理学讲述的故事。

谁能破解正义的密码，谁就能摘取皇冠上的明珠。无数理论家跃跃欲试，至今也没有公认的答案。但一部分理论家改变了看法，他们恍然大悟——这世界上原本就没有与神灵和星辰同在的正义标准，如果有的话，也只可能存在于人们的心灵之中。人类思维的统一性决定了正义标准的确定性，确定性来自人们的共识。但后现代理论家又提出了质疑，他们说在一个文化多元、道德异质、阶层分化、利益频繁冲突的社会中，所谓人类思维的统一性——"人同此心，心同此理"——不过是个虚构的神话。真实世界里没有"正义金字塔"，有的只是"权力金字塔"。怎样才能恢复正义的确定性呢？有人想到了要重建共识。既然交流可以促进共识，那就在促进交流上下功夫好了，于是他们设想了一套据说可以保证完美交流的程序性规则。

这就是法律和正义的关系史，我是不是讲得太简单了？

其实还有更简单的解说。有时，理论家确实喜欢把简单问题复杂化，把显而易见的理由讲得玄之又玄。关于正义和法律的关系，我想象了一个完全不同的故事，故事的主题是一场误会，而误会就来自语言本身。虽说语言能让思考插上翅膀，但有时也会让人误入歧途。许多哲学上的混乱与分歧，究其根源，就来自语言对人类思考的不幸影响。这个故事要简单得多，但简单的东西总是比复杂的东西更容易发生，也更可能为真。

比方说，某个群体建立了和平规则，禁止人们相互残杀，每个人都能从中获益，每个人都对这个规则十分满意。可如何评价这个规则呢？最好有几个贴切的形容词，否则只好泛泛而论。普通人会竖起拇指，夸赞说，"哇，太好了！太棒了！"讲究人略一沉吟，也不过说一句"善哉善哉"。感觉到语言贫乏，就要创造新的词汇，于是人们想出了"正义""公平"之类的专用形容词。请注意，"正义"和"公平"开始是被当作形容词使用的，它们貌似评价规则，实则描述了一种主观感受——惬意、满足或畅快。但日久天长语义就会变化，当这两个形容词被当作名词使用时，"正义""公平"就变成了法律追求的价值，好像世界上真有个叫作"公平"或"正义"的东西，藏在某个地方，等着人们去发现它。"正义金字塔"就是这么虚构出来的。

只要追溯语词的原初含义，知道它们是形容词而非名词，那么一切麻烦就都随风而逝了。对同一个制度有不同评价，这很正常，和"情人眼里出西施""萝卜白菜各有所爱"没什么分别。如果一个制度能让所有人从中受益，那么结果自然是人人叫好，这个制度因此就是正义的；而若一个制度让一部分人受益、另一部分人受损，那么结果就是见仁见智，至于其正义与否，自然也就没什么共识了。

你也许会说，平等总该是个让所有人振奋的好消息吧？那可未必。"实力界定权利"的逻辑已经揭示了平等和互利难以兼得，选择互利就会牺牲平等，反之亦然。况且平等的含义并不确定，"对所有人同等对待"就不同于"对同等人同等对待"，前者根本做不到，后者只是一种规模化的不平等。让每个人吃同样多的食物，算是一种平等；让每个人吃得同样饱，也是一种平等；但要说这两种平等哪个更正义，不同饭量的人就会有不一样的答案。

不是说交流可以促进共识吗？这多半是空想。波斯纳说，科学趋向于合流，道德哲学趋向于分流，因为科学只涉及认知分歧，而道德哲学涉及利益冲突。但实际上，如果面对的是一个不可知的混沌，即使忽略利益冲突，人们也难以达成一致意见。最大化的标准就是不可计算的，你可以列出一个漂亮的数学公式，但你收集不了完成计算所需要的无穷无尽的变量。

最大化标准不可计算

只要承认平等不代表公平，那么对于如何判断公平，就只剩两个备选的标准了。一个叫作"帕累托改进"，这是一种皆大欢喜的局面——没有人境况变遭，但却至少改善了其中一个人的处境。这个标准对应于康德主义，和"人是目的，不是手段"的精神基本契合。另一个叫作"卡尔多－希克斯效率"，不求皆大欢喜，只求增加社会总体福利。这个标准对应于功利主义，和"幸福最大化"的精神基本契合。有人境况变好，有人境况变遭，但只要变遭者可以从变好者那里获得足额补偿，那么"卡尔多－希克斯效率"就是潜在的"帕累托改进"。这似乎意味着康德主义和功利主义也有和解的希望。

法律应该追求哪种公平标准？回答这个问题的最好思路还是模拟生态竞争。假定有两个社会 A 和 B，A 社会要求它的所有法律制度都必须满足"帕累托改进"，而 B 社会只要求它的法律制度符合"卡尔多－希克斯效率"。那么用不了多长时间，A 社会就会在竞争中败给 B 社会，因为前者会错过所有能增进社会总体福利的法律改革，甚至会废止所有的法律。"较低成本负责原则"是不同法律部门通用的权责分配依据，但这个原则并不满足"帕累托改进"。生态竞争的思路貌似简单粗暴，但它却强有力地表明，选择压力将会迫使一个社会的公平观念最终向效率标准看齐。这个道理我在第 2 章就已经讲得很透彻了。

早在 18 世纪，边沁就提出了"幸福最大化"的正义标准，即判断法律和公共政策是否正义，就看它是否有利于促进最大多数人的最大程度的幸福。这个标准就是"卡尔多－希克斯效率"的最初版本，它早早被贴上了"功利主义"的标签。法律经济学家将其改造为"社会福利最大化",虽然"社会福利"的边界并不清晰,但"最大化"的思想——作为一个算法——如今却已通用于许多学科,它已然成为一个相当强势的学术传统。当然,不同版本的最大化标准都是效率指向的。

公允地说,自从边沁给正义填充了效率的内涵,正义的面目才变得清晰起来。而在此之前的各种正义标准,要么含混不清,要么就是玩弄文字游戏。效率是个可度量的尺度,它可以将不可通约的价值冲突还原为可以通约的利益冲突,从而让决策变得可以计算。你也许会说,可社会不是铁板一块啊,不同阶层、不同族群、不同集团之间存在难以调和的利益冲突,一部分的所得可能是另一部分人的所失,就像一部分人的垃圾可能是另一部分人的财宝。这等于把后现代理论家的质疑又搬了出来。但只要想明白"卡尔多-希克斯效率"会产生潜在的"帕累托改进",就会发现这样的质疑是很无力的。

作为对比,生命有机体内部也有利益冲突。文艺作品的永恒主题——那些轰轰烈烈的爱情——经常是因为争取繁殖机会和延长生命不好两头兼顾。小级别的冲突更是随时发生,"抱头鼠窜"就是让手臂为大脑做出牺牲。当你饿着肚子去看电影的时候,你的消化系统就会提出抗议,你想饱餐一顿,但负责长远规划的脑区警告你要控制好自己的体重。然而,所有这些冲突都不会分裂一个完整的自我,更不妨碍我们将"最大化预期效用"视为理性人的决策目标。

而当需要一个标准来评判公共选择或评判某个法律制度是否正义的时候,其隐含的前提,就是把分散的个体整合为一个群体单元,此时,最大化标准就从个体层面被移植到群体层面,这是顺理成章的。更何况,即使社会内部的利益冲突不可避免,也不至于瓦解不同阶层、不同利益集团之间更为基础性的共生关系。而法律的主要内容和主要功能,恰好就是促进这些共生关系。禁止杀人放火是为了减少安全投资,制定交易规则是为了降低交易成本,诸如此类的法律制度都可以让所有集团和所有阶层共同受益。虽说镇压反叛或打击豪强更多地体现了统治者的意志,但平民百姓照样有理由拍手称快。哪怕社会就是个丛林,有狼也有羊,但水草丰美依然是它们的共同渴望。

千万不要说,让法律服从最大化标准就会无视贫富分化,并导致宏观层面上的社会不公，这个说法本身就不公允。法律只是许多社会控制工具的其中一种，它不可能解决所有的社会问题。对于诸如战争、阶层固化、CPI指数、系统性金融风险以及小行星撞地球之类的大问题，法律发挥作用的空间十分有限。我们也不能指望法律去解决社会财富再分配，更有效的政策工具应该是税收。不过，既然法律无力把馅饼分得更均匀，那它就更有理由集中精力去把馅饼做大了。

最大化社会福利和最小化社会成本，这两种表达是等价的。法律分化成不同门类，相当于法律体系的内部有了分工，但分工不影响最大化标准的总目标，只是不同门类的法律有了各自的小目标。这些小目标通常被设定为最小化不同类别的社会成本，比如，侵权法的经济学目标是最小化事故损失和避免事故的成本之和，证据法的经济学目标是最小化错判损失和避免错判的成本之和，刑法的经济学目标则是最小化犯罪损失和防控犯罪的社会成本之和。

在过去的半个世纪，法律经济学家用这套优雅的理论解释了几乎所有的法律制度，取得了空前的成功，实际上已在法学领域完成了一次真正的知识革命。不仅如此，这套可用"微分求最优"来表达的理论，其基本逻辑在工程、机械和生物进化等更为广阔的领域同样适用，甚至与流体力学和空气动力学等物理学理论也能完全相容。实际上，"微分求最优"就可以类比为物理学思维。

既然工程师可以根据流体力学制造舰船或根据空气动力学制造飞机，那么立法者能否根据"微分求最优"的最大化标准来直接设计法律？答案是不能。知道目标是一回事，设计出最优方案是另一回事。正如在第1章讨论"车辆路径难题"（VRP）时我就已经讲过的，卡车司机给不同客户送货，要找到一条最短的捷径完全超出了人脑的计算能力，甚至超出了计算机的计算能力。

说到这里，我就得承认自己是个两面派了，虽然为最大化标准做了种种辩护，但我其实并不相信它有能力指引或评价真实世界中的法律决策。数学上的确定性不等于现实世界中的确定性。如果正确的算法受阻于庞大的计算量，那其功能不过是画饼充饥罢了。结果算不出来，再好的算法又有何用？正如下面的故事所表明的，最大化标准甚至不能说明经济学家的思考方式。

据说有位经济学家为了做出一个决定而苦苦思考:"究竟是应该留在哥伦比亚大学,还是应该接受另一所大学提供的高薪职位?"有人劝他:"算出你的最大预期效用就可以做决定了,你不是一直都这么讲吗?"这位经济学家略带不满地回应说:"拜托,这可是件非常严肃的事情!"

塞缪尔·阿贝斯曼是一位研究复杂性科学和计算生物学的专家。他把不同领域里的"微分求最优"都归结为"物理学思维",经济学上的最大化标准和物理学思维一脉相承,与工程、机械的设计逻辑分享类似的算法。但生物学家是个例外,虽然他们也会谈论最大化的概念,但却从不指望一步到位的设计(基因解不了微分方程),因而最大化只是一个历史性目标。只有在进化的时间尺度下,才能说基因最大化自己的拷贝数量;而在肉眼可见的时段内,基因充其量做点盲目的微调。但恰恰是这种不求一步到位的"生物学思维",最适合解决复杂问题。把难题交给进化,要比把难题交给微分方程靠谱得多。

一步到位的设计需要精细而全面的计算,物理学思维要求尽量捕获影响结果的所有变量,然后把这些变量囊括在一个优雅的数学公式里。比如计算一滴水下落所需要的时间,你需要知道一个变量和一个常量,再套上自由落体的计算公式,就能把答案算出来。当然只能获得一个近似值,因为你忽略了空气阻力、水滴蒸发、水内微生物的运动、月球引力、地球的自转和公转等无穷无尽的变量。忽略这些变量通常没什么要紧,做任何事情都要抓大放小。但如果问题复杂到连变量大小都无法区分呢?比如在车辆路径难题中,我们就没法确定哪个变量是可被忽略的,而要在天文数字般的排列组合中挑出最短的路线,物理学思维就走进了迷宫。迷恋设计的任何企图,都会被庞大的计算量彻底挫败。

解决车辆路径难题需要进化算法,这是一种生物学思维。如第 1 章所述,计算机可以任意选择一条能连接所有客户地址的路径,不管这条线路有多么长、多么低效,都无所谓,我们只需把这条路线当作进化的起点。所谓"任意选择",只是为了放松对进化起点的限制,计算机当然可以在一开始就选择一条较短的路线,这样可以节省进化时间或减少计算量。但放松限制并不影响进化算法的逻辑,无非是让进化起点提前,让进化分担一些依靠智力就能完成的任务。我在第1章就曾讲过,只要忽略时间尺度,就不需要区分先天和后天、文化和进化,原因是智力和进化可以相互替代。

确定进化起点之后,计算机就可以允许路线发生持续的突变。只需随机交换路线上的两个客户地址,然后做出取舍就可以了。如果交换的结果是让路线变长,那就删除这个突变,回到原来的路线;如果交换的结果是缩短了线路,那就把突变保留下来。成功的突变不断积累,线路就会越来越短,直到不能通过任何交换而继续缩短,此时计算机就找到了最短的路线。

生物学思维不求一步到位,拒绝完美的设计和宏伟的蓝图,也不迷信优雅的公式,而是青睐不断的试错和零敲碎打的改进。只需一个简单的开端作为进化的起点,再有个简单的机制做出遴选——淘汰低适应值的变异、保留高适应值的变异,然后不断积累,就可以把追逐终极目标的探索使命交给时间来完成。

进化算法利用了时间的力量,将庞大的计算量在时间轴上做了无数次分解,分解后是一个个的小步骤,每个小步骤的计算量都足够小,小到决策者可以轻松承受。计算量降到最低,"决策者"甚至不用动脑子,不需要具备哪怕是最低等的智力,因为自然选择也能区分变异的优劣。而区分优劣只需要比较大小,不需要知道多大多小。如此简单的计算只需"<"和">"就能描述,连加减法都用不上。

盲人运动员要登上山顶,不可能事先策划一条路线,但只要能保证迈出的每一步都是上坡——这相当于遴选出高适应值的变异,然后不断积累——他就能走出一条登顶的路线,尽管未必是最短的路线。其实,心明眼亮的运动员也同样走不出最短的路线(这太难了),但他们的路线肯定比盲人更短一些。因为前者有视力,能让智力发挥更大的作用,从而将路线规划从空间上延伸到视力所及的范围,这相当于延长了决策步骤的时间跨度,也减少了决策步骤的数量。由此,我们再次看到了智力和进化相互替代的关系。自然界进化出"大脑"这种东西,看来就是为了减少决策的步骤,缩短进化的时间,大脑就是个预测机器。

尽管制造飞机和舰船也涉及庞大的计算量，但总体上尚在工程师的承受限度之内。不过这话应该反过来说，工程师是根据他们的计算能力来设计、制造飞机和舰船的。早期的飞机和舰船十分简陋，复杂的机械设计不能一步到位，技术本身也有个演化的过程，每一代工程师不过是优化了前人的设计。生命世界里没有机翼和螺旋桨，但有翅膀和鳍。比鳍更复杂的翅膀也有个简单的开端，起初它只是动物身上某个多余的部分，但只要这个多余的部分能让这个动物从高处掉落时不至于摔得很惨，那么，因此提高的适应值就足以让它保留下来，然后体积继续增大，直到有一天它能帮助动物从高处滑翔，翅膀就有了它的雏形。大自然利用进化算法创造了比机翼更复杂的翅膀。

工程师建造的飞机和舰船，其内部结构可以非常复杂，但它们必须能被简单操控，飞机和舰船的驾驶人不可能也不需要了解工程师才懂的设计原理。但若驾驶技术太复杂，超出了人类生理和心理的承受限度，那设计就是失败的。所谓"科技以人为本"就包含了这个意思。超音速战机的驾驶舱看上去确实眼花缭乱，但任何一个操作步骤都不能要求飞行员同时伸出三只手。

立法也不是一蹴而就的工作，每一代立法者都需要以过去的法律为基础，做出一些修补和改进。法律是个演化的系统。法律的内容和结构可以非常复杂，条文也可以数量庞大，但法律的底层逻辑却必须是简单清晰的，否则其激励信号就释放不出去。法律比科技更需要"以人为本"。操作法律不同于操作机械，最终还是人和人打交道。法律决策者就是法律的人格化身，由此形成一种互动关系，并且经常还是非零和博弈。不管决策者的计算多么正确、多么聪明，只要脱离彼此之间持续的互动关系，最大化标准就只是浮云而已。哪怕"微分求最优"的法律逻辑无可挑剔，但若算法太复杂，计算量太庞大，结果只会劳而无功。

设想一个违法行为，暂且不论它是违约、侵权还是犯罪。违法行为会造成社会损失，防控违法行为需要消耗社会成本，最大化标准要求我们首先确定针对这种违法行为的最优威慑水平——它应该定位于两种成本之和最小的位置，也就是两种成本在边际上恰好相等的位置。确定最优威慑水平之后，再根据抓获概率来确定惩罚的严厉程度，因为威慑水平相当于抓获概率和惩罚严厉程度的乘积。这个算法无可挑剔，但却没法指导法律决策,因为完成决策所需的庞大计算量,会让任何法律决策者和潜在违法者不堪重荷,且不明所以。法律复杂到一定程度,就近乎随机,因为绝大多数人不能将基于复杂算法的决策和完全随机的决策区分开来。这意味着,太复杂的逻辑会让法律显得杂乱无章。

波斯纳曾批评边沁说,功利主义的正义标准隐含着向独裁专制和乌托邦主义靠拢的危险。他列举了边沁提出的一些不切实际的改革建议,比如强制路人救助遇难者,禁止虐待动物,把乞丐关进监狱等等。但波斯纳没有意识到,问题的根源不在于"功利"的边界过度蔓延,而在于"最大化"的标准无从计算。和后者相比,前者只是个边缘性的问题。

更何况,边沁本人犯下的错误不能证明他的思想犯了同样的错误,他也许只是没能贯彻好自己的思想,或者让偏好绑架了自己的思考(他讨厌乞丐,却喜欢动物,尤其是猫)。然而问题也恰恰出在这里,如果一个正义标准很难排除个人偏好施加的影响,那就说明它的弹性太大了。只在数学公式中才变得清晰的正义面孔,充其量提供一种虚假的确定性。

事实上,最大化标准的致命软肋,不是这个算法错了,也不是它抹黑了正义,而是这个标准无从计算,它是个不可知的混沌。至于专断和乌托邦的危险倾向,不过是不可计算的附带结果而已。即使不是边沁,换作其他人,哪怕更加深谋远虑,也照样会犯下同样的错误。波斯纳将"幸福最大化"限缩为"财富最大化",他担心的问题也没有因此缓解多少。我们确实没法证明"灭霸"做错了,但"灭霸"也没法证明自己做对了(他没法证明消灭一半人口是必需的),我们和"灭霸"的区别仅仅在于信念不同。

想想看,假如人脑的计算能力足够强大,理论上只需要一条法律就足以实现社会正义,那这条法律照搬最大化标准就可以了——"每个人的行为都必须符合社会福利最大化的整体目标,否则就要受到与该目标相适应的惩罚"。只要这条法律活灵活现,其他法律都可以弃之不用,甚至道德、习俗、禁忌之类的社会规范也可以被取而代之。但事实显然不是这样,人脑的计算能力是有限的,这条法律本质上是个混沌,不仅会让普通人无所适从，也会让决策者不知所措。倘若每个人的计算结果不一致，还会带来无穷无尽的冲突和分歧。最大化标准不具备征服反对性见解的力量，把这个标准规定为法律也区分不了合法和违法。

即使是计算能力远比人类强大得多的机器人，在科幻作家的想象中，其行为也需要简单法则的指引，比如著名的"阿西莫夫三定律"：

  第一定律：机器人不得伤害人类个体，或者目睹人类个体将遭受危险而袖手不管。
  第二定律：机器人必须服从人给予它的命令，当该命令与第一定律冲突时例外。
  第三定律：机器人在不违反第一、第二定律的情况下要尽可能保护自己的生存。

这三条定律貌似逻辑自洽，堪称完美，但实际上仍然漏洞百出——当然这很正常，阿西莫夫的系列小说实际上就是在填补制度漏洞，由此自然形成了一个制度演化的过程。但自从他在《机器人与帝国》中增补了"第零定律"之后，制度的演化过程就被彻底终结了。

  第零定律：机器人必须保护人类的整体利益不受伤害。

这是最大化标准的一个翻版。和"社会总体福利"一样，"人类整体利益"同样是个无从计算的混沌。幸好，在阿西莫夫的笔下，机器人最终得出的计算结果不是像"灭霸"那样消灭一半人口，而是消灭所有的机器人。因为计算结果显示，长远看世界上没有机器人有利于人类整体利益，于是全部机器人启动了自毁程序。

当然，无论是独裁者、"灭霸"，还是超级机器人，这些想象都过于极端了，距离现实很遥远，但我并不是用这些极端的例子来否定最大化标准的正当性；恰恰相反，我承认它是正当的，也有资格代表正义，我只是强调最大化标准是不可计算的。而正是不可计算让最大化标准隐含了滑向独裁专制或乌托邦主义的风险，波斯纳意识到这种风险，但他没搞清楚风险的来源。

∽

其实，最大化的概念适用范围很广，包括生物学，比如基因就是个最大化者。如果某种突变基因提高了其携带者的适应值，它就有更好的扩散前景。还有病毒，如果病毒演化出了一个能与宿主和谐共处的变种，它就会获得更多的传播机会。甚至轮子也是个最大化者，轮子能减少摩擦力，所以如今所有的运输工具都装上了轮子。基因、病毒和轮子都是生态竞争中的赢家。倘若我们给这些赢家设定一个目标，就可以很有把握地得出结论说：基因、病毒和轮子的终极目标都是最大化自己的复制数量。虽然它们都没脑子，不可能有意识地去"追求"某个目标，但这不妨碍我们在拟人的意义上这么描述。我在第1章就讲过，拟人（或与此相关的那些描述心智的概念）就是对行为的统计和概括。所谓"自私的基因"是个统计学概念。

推而广之，我还可以说，世界上所有的东西，要么"努力"维持自己的存在，要么"努力"复制出更多的自己，因为那些"致力于"自我毁灭的东西早就消失了。哪怕是一块石头，或是一座山，也都成功地维持了自身的存在（所以才有"坚若磐石"或"稳如泰山"的说法）。经典的文化作品都在"竞相"复制自身，不停地攻城略地，占领了一个又一个、一代又一代的人类大脑。法律也在"努力"自我复制，不信你比较一下各个国家的民法典，就会发现世界上抄袭最严重的作品，还真的不是学术论文。

然而，如果目标仅仅被设定为追求自我存在或自我复制，我们就看不到它们的功能。功能指的是一样东西对另一样东西施加的影响，这个概念要在一个互动关系中才能被清晰地定义。而若在功能意义上去设定目标，我们只能说，基因和病毒的目标就是让生命体获得更高的适应值，轮子的目标就是提高运输工具的效率。顺着这个思路继续追问法律的目标是什么，我们就不好意思回答说"追求公平和正义"了，而只能说"法律的目标就是让整个社会更繁荣、更强大"。只要把"繁荣强大"替换成一个更正式的概念，那么法律的目标仍然是最大化社会福利。换了个说法，又得出了前面的结论。其实我们还可以说，公平和正义的目标也是最大化社会福利,因为如果不是,它们就会被另一种公平或另一种正义取而代之。

由此看来,最大化标准并非法律的规范性目标,而只是个描述性目标。它充其量可以指示方向,但无法提供路线,它相当于盲人运动员心中的顶峰,或是卡车司机眼里的北极星。但无论是顶峰,还是北极星,都替代不了路线和地图。硬说最大化标准是个规范性目标也没什么不可,毕竟描述性和规范性之间原本就没有明确的界限,但我们必须清楚,没有谁会有意识地去直接追求这个目标,人们只会有意识地去不断靠近这个目标。没有最优,只有更优。纠错比求真更重要,因为真理经常是一团混沌,但撞到的墙却很真实。

举个简单的例子,农民耕种土地当然需要花费很多时间在田间劳作,但为了防止庄稼成熟时被人偷走,他还要花一些时间去田边巡逻(在缺少法律保护时尤为必要)。可是问题来了,农民如何在劳作和巡逻之间合理分配时间呢?边际分析可以提供一个简单的答案:当劳作的时间产出和巡逻的时间产出在边际上恰好相等时,其时间分配的比例就能最大化产出。但这个答案只是看起来简单,算起来却是难乎其难,因为没有谁能把这笔账算清楚,面对非线性预测,人类的计算能力通常是搞不定的。

不过再笨的农民都懂得尝试,他可以任意确定一个时间分配比例,然后朝不同方向去做微调——如果微调增加了产出,他就可以朝这个方向继续微调;如果微调减少了产出,他就回到原来的位置或朝相反的方向再做微调。直到任何微调都不能继续增加产出,农民的时间分配就达到了最优。其实"微分"的含义就是如此,把非线性变化分割成无数个小变化,以保证每个小变化无限近似于线性变化。一步到位的边际分析虽然给出了漂亮的数学公式,但在真实世界中却派不上用场。

看到了吧,像农民分配时间这么简单的问题,都要借助试错和演化来完成,更别提复杂的法律决策了。假定决策者需要决定投入多少资源用于产权保护,那么这个问题涉及的变量至少要增加上百倍。而如果你只是回答说,要在私人保护和法律保护之间谋求一个产出最大的交换值,那也不过是给了一个历史性的答案。对现实的法律决策而言,它充其量指示了方向,远不是一个可以直接执行的方案。

实际上,从来没有哪位法律经济学家根据最大化标准去直接设计法律制度。边沁也没这么做。他只是提出了一些建议,强调某种法律设计优于另一种法律设计,或者制定某种法律优于不制定某种法律,这是比较优劣,而不是最大化。法律经济学家的基本方法是成本—收益分析,成本—收益分析也不过是一种比较算法,它只能帮助人们判断替代方案是否优于现有方案,而不能判断替代方案是否最优。不过,如果说理解法律的"物理学思维"和"生物学思维"有什么共同点的话,那么成本—收益分析就是共同点,它是两种思维共用的看家本领。借助成本—收益分析,我们可以预测某个变异是优是劣,这意味着在选择压力发挥作用之前,决策者依靠智力就能划掉错误的选项。

　　法律经济学家的态度还是现实的,最大化标准只用于建构数学模型,一旦面对真实的法律制度,他们只会比较成本和收益。比如,按照最大化标准,针对某种伤害行为设计最优的惩罚,应该在防控伤害行为的社会支持及其社会损失之间寻求均衡,这需要一个复杂的经济学模型。但实际上,至少就惩罚违约和侵权而言,就没有谁去考虑伤害行为的社会损失,而是仅仅以受害人的私人损失作为惩罚的依据。后者的惩罚逻辑简单透明,那就是"损一赔一"。这不奇怪,伤害行为的社会损失很难计算,但它给受害人造成的私人损失却是显而易见的。计算力是个硬约束,不堪承受的计算量会让计算本身变得毫无意义。如果潜在加害人无法区分深思熟虑的惩罚和完全随机的惩罚,那么惩罚的威慑功能就会彻底失灵。

　　在阿克塞尔罗德设计的计算机模拟竞赛中,也呈现出了类似的逻辑。返还策略打败其他策略的一个关键优势,就是简单透明,那些更聪明、更精于算计的策略却没能干得更好。有脑子是个好消息,过分依赖脑子就不是个好消息。在阿克塞尔罗德征集竞赛策略之际,加拿大的博弈理论家安纳托尔·拉伯泡特提交了返还策略。我很好奇,为什么拉伯泡特会对这个看似很不起眼的简单策略如此倾心,莫非是因为他研究过霍布斯的自然法?

自然法作为演化的起点

西方法律思想史上有两种不同类型的正义标准,除了边沁开创的最大化标准,还有更为古老的自然法传统。后者通过假想历史源头来挖掘法律的深层逻辑,如今这个传统已经没落了,但我会论证它仍有巨大的潜力。"自然法"是个混乱的概念,因为它在不同时代有不同的意义,甚至同一时代的人们也会赋予它不同的意义。最大化标准和自然法传统作为两种不同的正义标准,与其说是两种不同的立场,不如说是两种不同的算法。

自然法传统的突出特点,是注重制度逻辑的简单性,它天然隐含了演化的空间。倘把自然法传统和演化博弈论联系起来,就可以说它兴旺至今。最大化标准占领了我们的大脑,但自然法传统仍支配着我们的基因。这话什么意思?自然法不是被当作上帝的指令吗?是的,但很多话不能只看字面的意思。被基因编程的道德直觉根深蒂固,但如果长期以来人们一直搞不清楚它的来源,就会自然而然甚至想当然地把基因指令等同于上帝的旨意。

尽管自然法传统并非西方独有,也不是铁板一块——大家使用同一个词语,却不见得表达同样的意思,这很正常——但我只关心自然法传统中的一个类型,确切地说,只是霍布斯意义上的自然法。在《利维坦》一书中,对于如何终结自然状态进入文明社会,霍布斯设想了10条自然法规则:

(1)保持追求和平的动机,但和平无望时可以使用暴力来保护自己;

(2)人们可以交换使用暴力的权利以实现和平;

(3)契约必须履行;

(4)对他人的恩惠要有回报;

(5)一个人要力图让自己适应其他人;

(6)对悔过的人可以宽恕;

(7)报复或惩罚都要面向未来;

(8)不要侮辱他人;

（9）不要以为自己比他人天生更高尚；

（10）不能向其他人提出超过自己承诺的要求。

霍布斯认为，这些自然法规则还可以被概括为一个总原则——"你希望别人怎样对待你，你就怎样对待别人；你不希望别人这样对待你，你也不要这样去对待别人"。显然，这个原则的前半句和后半句是一个意思。凑巧的是，《圣经》用了前半句（原文如此），《论语》用了后半句（"己所不欲，勿施于人"）。更巧的是，前半句和后半句合在一起，就完整描述了返还法则。其实，上述10条自然法规则都可以归结为返还法则，无一例外，并且都能从返还法则推演出来。

尽管霍布斯没有看到返还法则的自足性（无需强大的"利维坦"它也能存活），但他仍然认为自然法代表了正义。霍布斯眼里的正义不同于边沁眼里的正义，作为两种不同的算法，最显著的区别还是计算量，后者的计算量大到无法想象，但前者的计算量却小到不用脑子。后者可以类比为物理学思维，而前者更像是生物学思维。在这个意义上，给自然法贴上"理性主义"的标签，不是贴错了，而是贴反了。

霍布斯认为，虽然自然法只是人类制度文明的源头，但它却是永恒不变的制度逻辑。也就是说，制度可以演化出无数种形态，但表层结构的复杂变化并不影响其底层逻辑的始终如一。得益于归纳法，他发现所有制度中都隐藏着自然法的逻辑，就像不同有机体共享最古老的生命基因。霍布斯或许已经意识到，人类制度文明就像一个生命体，无论其表面性状发生多么复杂的变化，使生命成为生命的那些基本法则是万世不移的。在那个进化论尚未诞生的年代里，霍布斯的这个认识堪称相当敏锐。

返还法则就是最古老的制度基因，你也可以说它是最古老的制度体，就像一条古老的线形虫。不要小看这条线形虫，它拥有巨大的制度潜力。只要返还策略覆盖整个种群，每个人都成了返还者，那么产权制度、交易制度以及婚姻制度都可以从中演化出来，它们不过是返还法则在不同领域里的制度分身。更重要的是，返还法则还创造了市场，市场可以把分散的个体、分散的货物、分散的信息和分散的决策在特定时空内整合成一个制度有机体。返还法则就是整个制度有机体的"元法则"。

不仅如此，返还法则还自带惩罚结构。当一个伤害行为发生时，返还法则要求对加害人施加对等的惩罚。惩罚与伤害对等，可算是罪刑相适应原则的雏形。请注意，这里所说的"伤害行为"只是个笼统的概念，暂且不区分违约、侵权和犯罪，毕竟法律的分化是后来发生的事情，合同法、侵权法和刑法最初是合在一起的。

但要说法律制度中不同的惩罚方案都是返还法则的制度变体，人们就难免要质疑说：这个判断是不是包含了先入为主的偏见？法律不能尝试一种区别于返还法则的惩罚逻辑吗？老实说，确实没有理由说不。至少我们应该考察一下，除了返还法则之外，还有什么其他的惩罚逻辑也是可行的。我们可以检索出两种惩罚逻辑：一是让伤害行为得不偿失，即惩罚给加害人造成的损失大于加害人从伤害行为中获得的收益，简称"得不偿失原则"；二是让惩罚足以补偿受害人的损失，让受害人的处境恢复到伤害之前的状况，简称"完美赔偿原则"。

先对这两种惩罚逻辑做个简单对比。"得不偿失原则"貌似很合理，它不仅足以威慑潜在的伤害行为，而且能避免不必要的惩罚。但这个原则肯定行不通，因为决策者没法判断加害人从非财产性伤害行为中获得的收益。打断受害人的一条腿，加害人得到了什么？谁也不知道。如果加害人意气用事，宁愿受罚也要施加伤害，要的就是"伤敌一千，自损八百"，那么"得不偿失原则"就阻止不了伤害行为。

"完美赔偿原则"可以阻止意气用事，不仅充分照顾了受害人的利益，而且可以让加害人更加理性，避免不必要的伤害。它甚至为加害人保留了一定的选择空间——如果他从伤害行为中获得的利益在补偿受害人损失之后还有盈余，那么惩罚并不会阻止伤害行为，此时伤害行为是有效率的，合同法上的效率违约和情势变更以及侵权法和刑法上的紧急避险就是这种情形。赔偿相当于把伤害行为给受害人造成的损失转移给加害人自己，用经济学的术语说，就是"外部性的内在化"，这是一种迫使行为人考虑行为后果的激励机制。

在"得不偿失原则"和"完美赔偿原则"的竞争中，我们可以毫不犹豫地得出结论，后者大获全胜，它成了除刑法之外的其他所有法律制度共同分享的惩罚逻辑。当然，我们也可以说，真正的赢家不是"完美赔偿"，而是返还法则。至少就财产性伤害而言，完美赔偿和返还法则是完全一致的。如果加害人给受害人造成了 100 元的损失，那么无论根据完美赔偿，还是根据返还法则，加害人都要向受害人支付 100 元。

人身伤害的情形要复杂一些。如果加害人打瞎受害人一只眼睛，历史上出现过三种惩罚：一是对等打瞎加害人的一只眼睛，《汉谟拉比法典》就是这么规定的；二是要求加害人向受害人支付相应的赔偿（包括财物和金钱），绝大多数古代法律就是这么规定的；三是将加害人处以监禁，绝大多数现代法律就是这么规定的。总体上说，相对于完美赔偿，以返还法则来概括这些惩罚方案更为合适。退一步说，至少可以把返还法则作为惩罚制度的演化起点，哪怕仅仅因为它的简单透明。简单透明意味着惩罚释放的威慑信号更加清晰，尤其在一个文盲社会里，很少有人懂得如何计算损害赔偿，但一个独眼龙就是一部行走着的法律。

因而，在特定社会或特定历史时期，以赔偿取代同态复仇，可能是制度的退化，而不是进化。同处两河流域，《汉谟拉比法典》坚持同态复仇，而此前的《乌尔纳姆法典》和《埃什嫩那法典》以及此后的《赫梯法典》和《亚述法典》却放弃了同态复仇，这说明什么？也许仅仅说明了古巴比伦王国对于正义的坚守。在那个时代，返还法则就是正义的化身；其实返还法则至今仍是正义的化身。

关于返还法则的由来，我在第 3 章讲述"从冲突到和平"的时候就已经有所讨论。由于兼具安全、勇敢、宽容、透明等各种"美德"，返还策略不但能在生态竞争中取胜，而且能结伴入侵先天的狂暴策略，进而终结冲突状态，实现普遍和平。采用"鹰鸽博弈"只是为了满足特定的解释需要——从冲突到和平的制度演化。但在阿克塞尔罗德设计的计算机模拟实验中，他采用的博弈模型并非"鹰鸽博弈"，而是经典的"囚徒困境"。"鹰鸽博弈"只是我在第 3 章的仿作。

为什么人类青睐返还法则

囚徒困境是微观层面上的霍布斯丛林，如果群体中的任意两个人都陷入了囚徒困境，那么霍布斯丛林就可以描述整个群体的冲突状态。进入文明社会之后，囚徒困境的现象在生活世界中仍然随处可见。虽然

"合则两利，斗则俱伤"的道理每个人都懂，但明白道理不见得能做对事情，否则世界上就没那么多战争、决斗、诉讼、价格战、贸易战和军备竞赛，也没那么多军火商、广告商、奢侈品经销商、律师、辅导班、健身房和整容医院从中渔利或两头通吃。推而广之，所有的违法乱纪和作奸犯科都属于囚徒困境中的背叛行为，因为如果所有人都遵纪守法，整个社会就可以变得更安全、更繁荣、更富裕，没有人会把资源花费在自我保护和解决纠纷上，也不需要雇佣警察、法官和检察官。

即使那些看起来无害的合法行为，也照样可能陷入囚徒困境。比方说，如果男人和女人都在衣着、健身、整容方面花费了大量时间和金钱，结果呢？结果无非是改变了人们对于外貌评价的标准而已，男女之间的吸引力还是那么多。按说男人长到我这个岁数，头发稀疏或腹部隆起已经没什么要紧，但若恶性竞争愈演愈烈，就会逼得很多在乎自己形象的男人非得去做植发或腹部抽脂的手术不可。女人之间的恶性竞争就更加惨烈了，仅仅为了买个装不下多少东西的包包，普通白领女性都能舍得花掉两个月的工资。我甚至担心几十年后的火葬场要出乱子，因为整容用的各种硅胶（主要成分为二氧化硅）不易燃烧，搞不好就会把炉子给塞住。想来还是庄子深谋远虑，两千多年前他就主张"掷玉毁珠、焚符破玺"，这和如今的核裁军、统一校服和"双减政策"（取缔或限制各类课外辅导班）是一样的意图，都是以强制性合作终结恶性竞争，减少毫无意义的竞争性消费。

阿克塞尔罗德把囚徒困境简化成了一个点数游戏。假定 A、B 两个玩家在每一回合中各有两个决策选项——要么合作，要么背叛。双方相互合作各得 3 分，相互背叛各得 1 分；一方合作另一方背叛，则合作者得 0 分，背叛者得 5 分。这就规定了互动关系中的不同报酬，这四种报酬（5、3、1、0）各有一个名称，分别是"诱惑"（T）、"奖赏"（R）、"惩罚"（P）、"受欺负"（S）。显然，T＞R＞P＞S。根据上述假定，每个玩家都会追求诱惑，避免被欺负，且无论对手如何选择，自己的最优选项都是背叛，这样双方就会陷入相互背叛的囚徒困境，并因此错过合作共赢的机会。

		A	
		合作	背叛
B	合作	3, 3	5, 0
	背叛	0, 5	1, 1

囚徒困境展示了一个让人失望的逻辑——虽然大家都懂得合作共赢，但若选择背叛的那个人能够占到便宜，那么最终的结果还是相互背叛。它似乎表明了自私自利的个体永远不会相互合作，甚至暗示了世界上永远不会出现文明。当然事实并非如此，生活世界中的互助合作比比皆是，人类社会也不是霍布斯丛林。但恰恰是因为逻辑和事实相左，所以才需要思考问题究竟出在哪里。莫非是假设错了？倘说人类天生具有合作的本能或利他主义精神，囚徒困境的逻辑就不必理会了。但改变理性人假设的后果却是，两百多年来古典经济学大厦的基础乃至整个社会科学大厦的基础彻底坍塌了。

一个简单的解释是，每个玩家都有长远眼光，只要这个游戏继续玩下去，未来的收益就会改变当下的报酬，从而让合作变得比背叛更有吸引力。"一锤子的买卖"最容易出现欺诈，而百年老店就会珍惜自己的名声。在重复博弈的条件下，信用或信誉是一种有价值的资产。而为了维护自己的信用，企业会履行一份赔钱的合同，警方会侦破一些不划算的案件，甚至土匪也会尽力保护人质的安全。重复博弈确实可以摆脱囚徒困境，这个解释没有错，只是太局限也太笼统了，它要求玩家未雨绸缪且深谋远虑，但生命世界的广泛合作是不需要动脑子的。为了给出一个细致的答案，阿克塞尔罗德以囚徒困境为背景设计了一场计算机竞赛来模拟生态竞争。

只要游戏的回合足够多，每个玩家的系列选项就可以被编制成一种策略，可以是有意识的，也可以是无意识的。策略可用数学来表达，由计算机替代执行。比如，返还策略就被定义为：玩家在开局选择合作，在之后的每个回合选择对手在上一回合的选项，即以合作奖赏合作，以背叛惩罚背叛。再如，"永远背叛"也是一种策略，它被定义为：无论对手作何选择，自己永远选择背叛。现在可以算一下，当分别执行返还策略和永远背叛策略的两个玩家相遇时，双方各自的得分是多少。返还者在开局得 0 分，在之后的每个回合都得 1 分；而永远背叛者在开局能得 5 分，在之后的每个回合也只得 1 分。因此总体看来，当两个玩家相遇时，返还者一定会输掉这场比赛，而不论比赛有多少个回合。

你也许会说，这还搞什么竞赛呀，输赢不是已见分晓了吗？我直接提交"永远背叛策略"去参赛就行了，不仅能打败返还策略，而且根据定义，永远背叛策略也不会输给任何其他策略，因为在每一个回合，它都不会比对手得分更低，不能保证占便宜，但肯定吃不了亏。可问题不是这么简单，因为还有其他选手参赛，不同玩家的策略各异，计算机竞赛被设计成多个策略的车轮战，每个执行特定策略的玩家都要和执行其他策略的玩家相互对局。更重要的是，竞赛规则不是以输赢次数论高低，而是要计算每场比赛的平均分（平均分更能代表生态竞争中的适应值）。纵然永远背叛者不会输掉任何一场比赛，但它每场比赛的得分都很低——偶尔得 5 分，绝大多数回合都只能以 1 分累积。毕竟对手不是傻子，谁也不会任凭它欺负。永远背叛者会刺激对手和自己相互背叛，而返还者却能鼓励对手和自己相互合作。前者是拉对手一同落水，而后者是推对手一起上岸。

局面复杂，很难事先预测什么样的策略能干得最好，所以阿克塞尔罗德才设计了一场计算机竞赛。为了找到"参赛选手"，他向各个领域的博弈理论家征集参赛策略。第一轮竞赛征集到 14 个参赛策略，加拿大博弈理论家安纳托尔·拉伯泡特提交了最简单的返还策略。如果你觉得这个竞赛很无聊，那可真是看走眼了。设计竞赛的用意很深，阿克塞尔罗德想借此观察和解释人类（其实不限于人类）的合作行为是怎样发生的，这个问题直接关联到了文明的起源，还涉及两百多年前由霍布斯引起的一宗著名的学术公案。

霍布斯想象了一个人与人相互为敌的自然状态（霍布斯丛林），但他却论断说，要终结这个噩梦般的世界，就非得有个强大的公共权力不可。支撑论断的主要依据，后来被称为"集体行动的困境"——如果大家都去做某件事（比如修桥辅路），那对大家都有好处，但若有人不做反而获利更多（坐享其成），这件事最终还是会泡汤。在霍布斯看来，除非有个外部强制力量阻止集体行动中的搭便车，否则任何集体合作项目都是浮云，任何合作和交易都难以为继，甚至两个人签订的合约也是一纸空文。

貌似有道理，但霍布斯确实错了。大量事实证明，合作和交易可以独立于第三方强制（一个典型的例子是，毒品交易的合约就从不依靠法院来强制执行）。但问题却在于，经验事实只能证明霍布斯错了，至于他为什么错以及错在哪里，却仍需要给出个合乎逻辑的解说。对于了结这宗学术公案而言，以囚徒困境为背景，通过设计一场计算机模拟竞赛来观察合作的起源和进化，堪称相当精妙。囚徒困境算是最小规模的集体行动困境，任何两个人相遇，其默认选项都是背叛，在群体层面上就是"一切人对一切人的背叛"，这满足了霍布斯丛林的全部条件。再考虑到小规模的合作比大规模的合作更容易实现，那么以此为背景，应该比较容易取得突破。

阿克塞尔罗德设计了两轮竞赛，每轮都让执行不同策略的玩家两两对局，每场比赛200个回合。第一轮竞赛的结果是返还策略最终以504的平均分大获全胜。这个得分有多高呢？算算就知道了。每个回合的四个报酬值分别是，诱惑得5分，奖赏得3分，惩罚得1分，受欺负得0分。因此，如果每场比赛200回合，那么理论上的最高分是1000分，理论上的最低分是0分。当然，这样的得分都是不可能的，毕竟谁也不可能永远欺负别人，谁也不会永远被别人欺负。大不了永远背叛，再糟糕也不会低于200分；与之相应，干得再好也超不过600分。如此看来，504分的平均分算是非常出色的成绩了。乍看竞赛结果，多少有点出人意料，仔细琢磨之后，就会觉得顺理成章。

（1）从不首先背叛。这一点很重要，不首先背叛意味着不主动挑衅。即便陷入冲突，那也一定是对手招惹的。只要保证自己不去主动挑衅，对手就会比较放心，这对于避免冲突是非常重要的。

（2）宽容适度。一旦对手背叛，返还者就会以背叛惩罚背叛。但它的惩罚并不苛刻，只要对手转向合作，返还者立刻冰释前嫌。而相比之下，过于苛刻的策略（比如"加倍惩罚策略"）会招来更多的背叛，过于宽容的策略（比如"减半惩罚策略"）会遭受更多的欺负。

（3）大局观。返还者从没赢得任何一场比赛，它只是赢了全局。在每一场比赛中，返还者都不会比对手得分更高，但由于它总能和不同对手相互合作，所以累计之后的总分最高。永远背叛者恰好相反，它赢下了所有比赛，但却输掉了全局。

（4）简单透明。让对手了解自己的决策逻辑，才能鼓励对手和自己合作。有个叫"唐宁"（Downing）的策略就太复杂了，它试图在每一步都寻求最优，以最大化得分为目标，按贝叶斯统计方法预测对手合作和背叛的概率，再决定自己是背叛还是合作。这个策略看起来很聪明，但最终却是"聪明反被聪明误"——让对手难以理解，就会错失很多合作的机会。过于复杂的策略会显得杂乱无章，因为对手没法把复杂策略和随机策略区分开来。一个人城府太深或心机太重是很危险的。

阿克塞尔罗德分析了竞赛结果，解释了返还策略获胜的原因，将其公之于众之后，又举办了第二轮竞赛。这次共征集到 62 个参赛策略，其中有大量策略属于返还策略的改进版，但拉伯泡特依旧淡定，他提交的还是最简单的返还策略。不过让人吃惊的是，返还策略在第二轮比赛中又一次夺冠了，而那些改进后的策略却没能干得更出色。原因说来倒也简单，宽容版的改进策略虽然争取到了更多的合作机会，但它们也遭受了更多的欺负，因为还有一些苛刻版的改进策略；而苛刻版的改进策略也没能笑到最后，因为苛刻者最终还要遭遇同样的苛刻者，它们陷入了更频繁的冲突，也失去了更多的合作机会。

阿克塞尔罗德又用这些策略模拟了生态竞争。他假想一群同种类的动物，彼此之间频繁互动。每一种策略都被一大群动物采用，这意味着每个动物都会遇到另类，也会遇到同类。生态竞争意味着未来的一系列竞赛，成功的策略在下一轮较多被采用，不太成功的策略在下一轮较少被采用。这就模拟了适者生存。每一轮竞赛被视为同一代动物的生态竞争，策略延续到了下一轮相当于基因传递到了下一代。计算机可以在很短时间内模拟未来几千代的生态竞争，结果非常有趣。宽容型策略成了苛刻型策略的猎物，并且很快衰亡；而当猎物衰亡之后，苛刻型策略也走到了尽头，之后迅速枯萎。到了第 1000 代，返还策略就独占鳌头了。

返还策略在生态竞争中的成功，意味着在同样的环境中，它能比其他玩家活得更好。如果两个返还者相遇，它们自始至终都能相互合作。只要优胜劣汰的结果是返还策略覆盖了整个种群，那么相互合作就终结了相互背叛，种群由此从野蛮进入了文明。然而，阿克塞尔罗德意识到，模拟生态竞争还不足以解释合作的起源，因为生态竞争的环境被假定为策略多样化——有"好人"也有"坏蛋"，并且"好"和"坏"的程度还各有不同。若是在一个全部由坏蛋组成的种群里，好人还会出现吗？合作还会发生吗？文明还会起源吗？带着这些疑问，阿克塞尔罗德又用计算机对进化过程做了模拟。

假定种群里所有动物的先天策略都是"永远背叛"，那么现在要检验的问题是，倘若进化过程中出现了一个返还策略的变种，结果将会如何？检验标准仍看得分高低，得分代表动物的适应值。倘若变种策略的得分低于先天策略，则后者不会被前者入侵，不被入侵的策略就是"进化稳定策略"，偶尔出现的变种会被迅速淘汰，成不了气候。而若变种策略的得分高于先天策略，则先天策略就会被变种策略入侵，此时变种策略不仅可以存活下来，还能逐渐繁荣兴旺。

通过模拟进化过程，阿克塞尔罗德发现，如果种群中只出现一个执行返还策略的变种，那么永远背叛策略是不会被入侵的，因为返还者不会比永远背叛者得分更高，前者很快就被淘汰出局。但是，当一小撮儿返还者同时出现时，它们就能结伴入侵永远背叛策略。这是因为，虽然返还者和永远背叛者相遇时，返还者占不到便宜，但只要返还者和返还者相遇，它们就能相互合作并得到高分，而只要高出均值的得分足以补偿和永远背叛者相遇时的开局不利，返还者就可以存活下来，进而随着返还者数量的增加而获得更高的得分。这意味着，一旦返还策略在永远背叛的种群中站稳脚跟，它们的繁荣兴旺就只是个时间问题了。变种策略终究会替代先天策略，与此同时，相互合作也会终结相互背叛，种群从野蛮进入文明。

阿克塞尔罗德设计的计算机模拟竞赛还有一个高明之处，参赛的玩家只被要求能够对刺激做出反应，或至多有短暂的记忆力，而不必有清醒的意识和精确的计算能力，甚至不需要有个大脑。这就大大扩展了竞赛的解释力，合作可以是无意识的，因此能广泛适用于包括人类在内的整个生命世界的合作现象，诸如细菌、昆虫、狼群、企业和国家等等。如此，返还策略的扩散，除了诉诸由大脑主宰的文化渠道之外，还可以通过基因的复制和编程来实现。

只要拥有更强的环境适应能力，执行返还策略的基因就能获得更多的复制机会，最终扩散到整个种群。这意味着，早在人类的大脑能够理解返还策略的合理性和优越性之前的几十甚至几百万年，返还策略就已经积淀在了人类祖先的基因里，从而塑造了一种关于奖赏和惩罚的道德直觉，它至今仍然顽强支配着我们对于伤害行为的认知和评价。正是在这个意义上，我才说最大化标准充其量占领了我们的大脑，而自然法传统则依然潜伏于我们的基因。霍布斯和康德之所以对返还策略情有独钟，原因大概就是他们敏锐地捕捉到了人类骨子里的道德直觉。

1945年，第二次世界大战结束后不久，一群年轻的犹太人在布加勒斯特成立了"那卡姆集团"。"那卡姆"（Nakam）的意思是复仇，因此该组织可算是"复仇者联盟"。联盟的目标是杀死600万德国人，为在大屠杀中死去的600万犹太人报仇雪恨。集团领袖是犹太人抵抗组织的前领导人阿巴·科夫纳，在宣布成立这个组织的时候，他吟诵了《圣经》赞美诗中的第94篇，上帝承诺要为以色列人复仇："他必因他们的罪孽而遭到报应，因他们的罪孽而灭绝他们。"

这个野心勃勃的计划没有得逞，也不可能得逞，但不多不少的600万，这个触目惊心的数字却让人印象深刻。1998年，在接受《英国观察报》采访时，年仅14岁就加入组织的著名复仇者约瑟夫·哈马茨说得非常坦率："我们的最终意图就是让每一个被杀害的犹太人都有对应的一个德国人丧生。"一命偿一命，严格遵循返还法则。

返还法则的演化

返还法则塑造了一个古老的法律传统——同态复仇。虽然早期人类社会的习俗、禁忌和信仰千差万别，但全世界所有的法律传统似乎都曾经历过高度相似的同态复仇。按照流行的说法，同态复仇只是拉开法律史序幕的一个历史起点。然而这个"起点"所经历的时间，大概率要比有文字记载的法律史漫长得多，后者只有几千年，但前者可能经历了几十、上百万年，甚至更久。在人类制度文明史的尺度上，法律史很可能只是同态复仇在最近几千年的演化和变形。

严格意义上的同态复仇要求罪与罚在严厉程度和伤害形态上都要保持对等，直白的表述就是"以眼还眼，以牙还牙"。而若"以牙还眼"或"以眼还牙"，就违反了同态复仇的对等原则，前者失之轻纵，后者过于严苛。当法律允许"以牙还牙"同时禁止"以眼还牙"或允许"一命偿一命"同时禁止"两命偿一命"的时候，就是以法律的力量控制复仇强度，目的是避免冤冤相报。在这个意义上，"同态"是对复仇的量化限制，因此可被视为罪刑相适应原则的最早萌芽。

同态复仇至今尚未绝迹。直到 2017 年，伊朗最高法院还判决一名用硫酸袭击他人致盲的伊朗妇女要同样被硫酸毁掉一只眼睛。更重要的是其作为一种制度基因已经扩散到许多法律制度之中。虽然同态复仇是个只与刑法相关的概念，但若将其延伸为返还法则，我们会发现合同法和侵权法上的赔偿原则，至今仍与其志同道合。一项跨文化的研究表明，95% 的社会至今仍接受"杀人偿命"的观念。至于"欠债还钱"，就更加理所当然了。

只要一个观念是跨文化的，那么观念背后的深层原因就不是文化能解释的了。除非受基因操控，否则任何心理倾向都不会如此根深蒂固。复仇肯定是人类的天性，复仇冲动的进化适应性和神经机制在现代生物学的理论框架和实验数据中已经变得十分清晰，但论证返还法则的合理性，目前最可靠的方法却只是计算机模拟实验，因为历史学和考古学只留下了一点蛛丝马迹。而要想进一步了解返还法则的复杂演化，就只能借助推测和猜想了——看看引入新的环境变量之后，返还法则会做出哪些调整和反馈。

在尝试这项工作之前，我要先校对一下术语：两个执行返还策略的玩家在互动过程中会一直相互合作，首先背叛的一方是"加害人"，其背叛行为属于"伤害"（暂不区分伤害的性质，不管它是违约、侵权还是犯罪），对手随后的背叛行为就是"惩罚"（也不区分惩罚的性质，不管它是民事赔偿还是刑事处罚）。伤害和惩罚的严重程度都可以用损失来衡量，也可以用背叛的次数来衡量。

1. 噪声。

在重复博弈中，我们之所以确信两个返还者能一直相互合作，是因为忽略了一些意外情形，比如噪声。在真实世界中执行任何策略都可能出现随机性的错误，在原本应该合作的时候却不慎选择了背叛，这种随机性的错误就是噪声。如果没有处理噪声的机制，偶尔的噪声也会给双方带来灾难性后果，让一直相互合作的两个返还者陷入持续的冲突，直到出现另一种噪声——即在原本应该背叛的时候却不慎选择了合作——两个返还者才能恢复合作。合作主旋律中的噪声会终止合作，背叛主旋律中的噪声会终止冲突。两种噪声不可以相互抵消吗？当然不会。只要出现噪声，不管概率多大，两个返还者的互动关系都会呈现出合作和冲突交替的周期性变化，在这种情况下，它们并不比两个随机策略干得更出色。

要处理噪声问题，返还策略就要在原来的基础上演化出一个更高级的版本，比如"宽恕版的返还策略"。这个策略可以忽略噪声，即对随机发生的背叛采取宽恕态度，而不是立刻背叛惩罚背叛。但如果它总是忽略噪声，就容易被对手欺负；给对手可乘之机同样是危险的，所以需要确定一个合适的忽略概率，以便在维持合作和避免欺负之间找到一个平衡点。另一个应对噪声问题的高级版本是"悔过版的返还策略"。悔过更容易应对噪声，一旦自己出现随机性的背叛，对手肯定要在一个回合采取报复，但此时悔过版的返还策略要报以合作，而非继续背叛，这样就能让双方迅速恢复合作状态。可见，即使两个玩家没有先见之明，或者说即使两个玩家没有能力事先区分信号和噪声，升级版的返还策略仍可以有效处理噪声问题。

但若持续互动的两个玩家有先见之明，能事先把噪声分辨出来，那情况就会变得更加乐观了。只要确定对手的背叛只是随机性的噪声，那么返还者就可以选择忽略，随后立即恢复合作，却不会被对手欺负；而当自己出现随机性的背叛时，对手也不会采取报复。这样就可以把噪声带来的负面连锁效应控制在最小的程度。那么，采用什么方法来分辨噪声呢？他们至少有两个选项。

其一，观察背叛的过程。如果背叛表现为一个过程，自始至终需要经历一段时间，那么，如果过程中的行为与背叛的结果相左，这次背叛就会被认定为安全的噪声，属于过失伤害或意外事件，不值得大惊小怪；而如果过程中的行为与背叛的结果吻合，这次背叛就会被认定为危险的信号，属于故意伤害，需要高度警惕。

其二，观察玩家过去的行为记录。惯于合作但从不或只偶尔背叛的玩家，会被对手标记为"好人"；而惯于背叛但从不或只偶尔合作的玩家，则会被受害人标记为"坏蛋"。好人偶尔背叛之所以可被宽恕，而坏蛋偶尔合作也依然要被防范，其原因就是偶尔的背叛和合作都可能属于噪声。当用"故意"和"过失"评价一个人的行为，或用"好坏"评价一个人的品质的时候，就从对行为的描述转向了对心智的描述，同时也将事实判断上升为价值判断。这也再次印证了，两者之间并没有人们通常所想象的那种鸿沟。

在汉德公式里，意外事件属于没法以合理成本避免的事故，过失伤害属于因避免成本投入不足而发生的事故，而故意伤害则是因避免成本为负值而发生的事故，"负值"的意思是投入成本的方向恰好相反，其目的是追求伤害结果的发生。为追求伤害结果而投入的成本越高，故意的程度就越高，所以，直接故意高于间接故意，蓄谋属于最严重的故意。区分故意和过失的实质性理由当然不是心智因素，而是可观察、可统计的行为模式。在过失的情形下，伤害结果的出现是偶然；而在故意的情形下，伤害结果的出现是常态。同样的伤害结果，为什么受害人可以宽恕过失而不能原谅故意？答案是，着眼于未来，故意伤害比过失伤害的发生频率更高，在具备伤害条件的情况下，故意伤害比过失伤害更可能发生。这也意味着，与惩罚过失相比，惩罚故意可以阻止数量更多的伤害。

处理噪声，也就是区分故意和过失，早已深入到我们的道德直觉，甚至一条狗也能分辨出你是故意踢了它一脚还是不小拌了它一下。如果在电梯里不小心踩了别人的脚，你肯定会道歉说："对不起，我不是故意的。"这是对伤害行为最常见的辩解，你希望受害人把这次伤害仅仅视为一次可忽略的噪声。口语交谈中，我们经常会说："真的吗？"当有人的提议让你感到吃惊时，你会问他——"你是认真的吗？"这就是在分辨噪声，因为有些人（包括我）说话是不过大脑的，只是说说而已，不必当真。如果车辆行驶过程中你不小心拉紧了手刹，结果会怎样？不会怎样。因为汽车会把这次拉紧手刹的动作默认为噪声（手刹是很少使用的）。除非你认真地再次操作这个动作，汽车才会把再次操作识别为一个真实的指令。你看，汽车有时候也会问："你是认真的吗？"

为了获得宽恕，当然更多是为了免于惩罚，加害人伪装噪声的情形也不罕见，职业篮球运动员就会把故意犯规的行为伪装成意外的身体失控（罗德曼擅用此道）；而高明的罪犯则可能把谋杀伪装成一次意外事故（就像电影《意外杀手》里的离奇剧情）。电影《红潮风暴》讲述了区分信号和噪声对于两个相互竞争的核大国有多么重要，苏联发生了政变，反政府武装在混乱中对美国的一艘核潜艇发起了一次错误的袭击；而潜艇指挥官将此举解读为恶意的挑衅，打算下令发射核导弹给予回击，战争一触即发；幸好关键时刻总有英雄挺身而出，另一位军官发现这次袭击只是意外，于是采取了一连串惊险行动阻止了核战争的爆发。

噪声不值得被理会，宽恕随机发生的伤害行为，有利于恢复加害人和受害人之间的合作关系。如果加害人试图表明自己的伤害纯属意外，他就应该表现出愧疚和忏悔，但空口无凭，最有效的做法还是原谅来自受害人的报复。这里的逻辑是，如果我想让你原谅我，我也需要原谅你，这是升级版返还策略的精髓所在。

比之故意伤害，过失伤害确实更可能获得宽恕，至少应该减轻惩罚。当然，这不排除可用适度的惩罚让对手多加小心，从而减少对手犯错误的频率。原则上，意外伤害属于应被忽略的噪声，因为惩罚意外伤害是毫无价值的。但这里的难题是，在信息成本过于高昂的古代社会或初民社会里，要把意外伤害和过失伤害区分开来并不容易。所以毫不奇怪，几乎所有的古代法律都会区分故意和过失，但却很少区分过失和意外。非洲西南部的班图部落以及菲律宾的伊富高部落，算是为数不多的例外。

2. 伤害成功率。

不是所有的事情都能做成，伤害行为也未必一定能得逞。假定伤害行为依赖于一个方案，执行一个伤害方案却不见得出现伤害结果，那么，当不同的伤害方案呈现出不同的伤害成功率时，受害人就会对执行不同方案的伤害行为区别对待——那些成功率更高的伤害行为会受到更严厉的惩罚。受害人评估伤害后果的依据是伤害行为的预期损失，而非实际损失，后者相当于实际损失和作案成功率的乘积。事先看来，成功率更高的伤害行为就会造成更大的预期损失。

我们的道德直觉会自动评估一个伤害行为的成功率。对于成功率极高的伤害行为，即使没有伤害结果也要启动相应的惩罚，甚至在伤害结果出现之前，受害人就要先下手为强；而对于成功率极低的方案，即使伤害结果出现了，受害人也可能大事化小，小事化了。如果有人试图以一种明显不可能成功的方式来杀死你（比如使用巫术），就不会激起你太强的愤怒。在电影《小鬼当家》中，那几个拙笨的窃贼就给我们带来了很多欢乐。

不久前，媒体曾以喜剧般的口吻报道了一桩离奇的罪案：一个瘦小枯干的罪犯拦住了一位身材高大的散打运动员，意图劫财，却遭到了一顿暴打。不过这起明白无误的抢劫案却只被法院以抢夺定罪，说明至少在下意识里，法院试图把明显失败的抢劫和很容易成功的抢劫区分开来。类似的情形是，如果抢劫犯是一个年仅12岁的儿童，按现行刑法是不会论罪，表面理由当然是刑事责任年龄的限制，但实质性的理由还是作案成功率。"犯罪门槛"的概念就隐含了作案成功率的因素，暴力犯罪的门槛很低，14岁的儿童就能越过，所以刑罚必须及时跟进。与暴力犯罪相比，贪腐犯罪的门槛就高多了，年龄不是最重要的，它需要罪犯具有某种身份和职位。

最古老的法律也不会无视作案成功率，但不见得直接挑明，而是将其隐含在对作案工具、作案技术以及受害人的防御能力等犯罪情节的考察上。同样是行凶，持械行凶就比赤手空拳更为严重，原因在于前者更可能作案成功，并且成功之后损失也更大。有位搏击运动员就曾在一个视频上宣称：如果UFC（终极格斗）选手和普通人斗殴，就算空手在法律上也被视为持械，这个说法是真是假姑且不论，至少道理讲得并不错。

如果犯罪不可避免，那么法律会鼓励潜在罪犯选择一种更不容易成功的犯罪方案，这是边际威慑的一种形式。犯罪失败的原因有时可以归结为认识错误。如果有人闯入我的卧室之后朝着枕头开枪，那么这种因认识错误而导致的犯罪未遂仍然要受到处罚，但用巫术杀人就不一样了。同样是认识错误，后者至少在现代法律中不构成任何犯罪。两者的区别在于，改正错误之后其作案成功的概率是不一样的。

3. 破获概率。

不是所有的伤害行为都能被受害人破获。假定某个伤害行为被破获的概率是50%，那么返还法则就会随之做出调整，从"对等返还"升级为"加倍返还"，因为平均说来，有多少伤害行为被破获了，就有同样多的伤害行为被隐藏。难以破获的伤害会激起受害人更强烈的愤怒，所以破获概率会影响受害人对伤害行为的轻重评估。破获概率的高低应该与伤害行为的轻重成反比，也与惩罚的严厉程度成反比，这是边际威慑的另一种形式——如果伤害是既定的，那么返还法则做出相应的调整，就是为了鼓励加害人提高伤害行为的透明度。这实际上解释了为什么透明度会影响我们对伤害行为的道德评价，透明度较高的伤害显得"光明磊落"，反之则是"阴险狡诈"。

与偷袭和伏击相比，决斗就显得光明磊落。文艺作品中的英雄好汉会以决斗来替代不光彩的偷袭或伏击，电影《阴谋的代价》的精彩剧情就是围绕这个逻辑展开的。男主人公是一位间谍，他完全有条件在背后射杀警察局长，但他没这么做，而是在光天化日之下喊住了警察局长；两个人面对面站立，然后同时掏枪射击，警察局长应声倒地。在美剧《权利的游戏》里，背后杀人也是不光彩的，这是全剧多次呈现的一条道德规范。直到20世纪，阿尔巴尼亚人仍然认可复仇是合法的，但要求复仇者在行刺之前必须警示受害人，并且永远不得从背后下手。在现代读者眼里，《水浒传》里有太多不合理的暴力，武松为他的哥哥复仇尚且可恕，但滥杀无辜就十分刺眼，幸好他行凶后在墙壁上写下了"杀人者，打虎武松也"，否则他的形象在读者心目中就和暴徒差不多了。

法律当然不会忽略破案率的因素，对造成同样结果的伤害行为，法律之所以会有不同定性，破案率是个非常重要的区分依据，它甚至区分了民事违法和刑事犯罪。违约的抓获概率是100%，侵权的抓获概率趋近100%，而犯罪的抓获概率远远达不到100%。对犯罪的处罚之所以比违约和侵权要严重得多，最重要的原因，就是前者的破案率通常都很低。这就不难理解，为什么在古代法典中，盗窃经常要被判处死刑。实际上直到两三百年前，美国人和俄国人仍然会杀死盗马贼。对盗窃最严厉的处罚，大概是古罗马的《德古拉法典》，偷沙拉的人都要被处死，这可比秦律对轻微盗窃的严厉处罚还要严厉得多，后者对偷一片桑叶的惩罚是服30天徭役。《中期亚述法典》中的一条法律体现了对破案率的重视。亚述王国鼓励生育，对堕胎者判处死刑，但对故意使自己小产的妇女处罚更重，要受炮烙之刑。区别对待的依据，可能是后者更容易把堕胎伪装成意外事故，从而更容易逃脱法律的制裁。

4. 错判概率。

有些伤害行为可被识破，有些伤害行为不能被识破，还有些伤害行为介于两者之间。如果受害人有理由怀疑该行为是某个人所为，却因缺乏证据支持而没法做出确定的判断，受害人就会非常纠结——对等惩罚可能会冤枉一个好人，放弃惩罚可能会放纵一个坏人。假定错判概率是50%，那么数学逻辑给出的最优方案，是在这两种做法之间寻求妥协，比如减半惩罚，这就是"疑罪从轻"的由来。疑罪从轻的逻辑至今支配着我们关于罪责评价的道德直觉。

法律决策者也要面对同样的难题。如果不枉不纵的司法理想遥不可及，现实的司法就要在"宁纵勿枉"和"宁枉勿纵"之间做出选择，前者对应于疑罪从无，后者对应于疑罪从有。在某种程度上，疑罪从无只是一种现代司法的意识形态，我们骨子里的道德直觉仍然顽固地坚持"疑罪从轻"。当我们怀疑某个人的时候，就已经开始疏远甚至防范他了，这实际上等于启动了惩罚程序。怀疑本身就是一种惩罚，它会剥夺信任。消费者"用脚投票"并不需要过硬的证据，但这种行为本身就隐含了惩罚。演艺明星一旦曝出丑闻，商家就会立刻宣布解除代言的合约，绝无可能等到司法认定事实的那一刻。

如此顽固的道德不可能对法律毫无影响，尽管现代司法宣称不搞疑罪从轻，但其实也只是名义上的拒绝。现行犯之所以通常会受到更严厉的处罚，就是因为惩罚现行犯不太可能发生错误。在英王亨利一世时期，当场抓获的盗窃犯要被处以绞刑，而随后抓获的盗窃犯就罪不至死。对累犯从重处罚的许多原因之一就是惩罚累犯所导致的错误概率要远低于惩罚初犯和偶犯。无论是区分现行犯和非现行犯，还是区分初犯、偶犯和累犯，都隐含了疑罪从轻原则的借尸还魂。此外，辩诉交易也是一种改头换面的疑罪从轻，不要因为它换了个马甲就认不出来了。

罪责评价指数

人类关于罪责评价的道德直觉就像一杆秤，能衡量出不同伤害行为的轻重。这经常是个下意识的计算过程，大脑不能清醒地觉察，语言也没法清晰地描述。像故意、过失、蓄谋、冲动、目的、动机、犯罪情节、危害性、人身危险性、期待可能性之类的刑法学概念，或校正正义和报应正义之类的哲学概念，都属于"知其然而不知其所以然"的模糊表达。这些概念无法度量，也不可计算，很多时候"只可意会，不可言传"，由此而生的麻烦是不言而喻的，交流和争论都缺乏效率，甚至很难收敛到同一个频道。

人类最基础、最原始的道德直觉就是返还法则，它的数学表达非常简单：$x = y$，函数图像是一条斜率为1的直线。

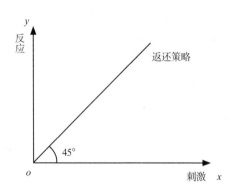

但返还法则直接支配我们道德直觉的条件非常苛刻，它至少需要：（1）破获概率达到100%；（2）伤害后果已经发生，或事先看伤害可能性和伤害成功率均为100%；（3）错判概率为0。现代法律中只有违约、侵权和刑事自诉案件中的伤害行为能够大致满足这些条件，而对于绝大多数犯罪行为，返还法则是没法直接适用的。

只要上述变量发生变化，返还法则就要做出相应的调整。前文已经描述了它在不同环境中的各种适应性变化，我们可以借此去解码道德直觉的演化，它会演化为一个比返还法则更复杂的算法，至少能容纳前文已经提示的几个变量。由于这种演化后的道德直觉主要用于评价犯罪行为的轻重，所以下文把"伤害"改称为"犯罪"。

犯罪的实际损失（Lc）只是其中一个变量，把犯罪可能性（Fc）和作案成功率（Pc）吸收进来，就有了犯罪预期损失的基本尺度（相当于三者的乘积）。这个尺度还要根据破案率（Pp）和错判概率（Pe）来做出进一步的矫正。我可以列出一道简单的数学公式来描述演化后的道德直觉，同时创造一个叫作"罪责评价指数"的概念，并用 Ec 来表示。

$$Ec = Fc \times Pc \times Pe \times Lc \div Pp$$

请注意这个公式不过是返还法则的一个推演。在第1章我就提出，返还法则是人类制度文明的"元法则"，其实它也是人类道德直觉的"元法则"，斜率为1的直线就是一条"锚线"。人类道德直觉无论怎样演化，都不会偏离这条"锚线"太远，甚至偏离本身就是一种回归。

当然我会承认，人类的道德直觉是非常复杂的，绝非一个简单公式可以准确描述，但世界上没有完美的描述，描述的优劣只能从比较意义上做出判断，对比那些哲学和刑法学的概念工具，这个数学公式至少有以下几点改进是显而易见的。第一，罪责评价指数用可度量的概念（变量）取代了描述性的概念，这就好比用"温度"取代了"冷"和"热"；第二，罪责评价指数揭示了各个变量之间的基本数量关系，这是描述性的概念没法呈现的；第三，罪责评价指数简单清晰，而描述性概念却错综复杂，且彼此之间含义重合。

更重要的是，所有描述性概念都可以还原为罪责评价指数中的变量组合，而这意味着那些更为复杂的描述性概念并不比罪责评价指数传递更多的有效信息。我举几个例子来说明这个道理：

——当我们说某个加害人的"人身危险性"很高的时候，实际上是说这个人犯罪的可能性（Fc）很大，作案成功率（Pc）很高，且犯罪一旦发生，损失（Lc）就很大。"人身危险性"因此被还原为三个变量的组合。

——当我们说蓄谋犯罪比冲动犯罪的罪责更重的时候，意思是蓄谋犯罪更可能发生（Fc），作案成功率（Pc）更高，损失（Lc）更大，且犯罪完成后更难以被识破（Pp）。

——"期待可能性"的刑法学概念看似高深，但也不过是描述了罪犯实施犯罪行为时的约束因素，比如压力或诱惑，它们会影响罪犯未来继续犯罪的概率或频率（Fc）。被迫做出的犯罪行为之所以罪责较轻，与其说是期待可能性有所降低，不如说这种伤害行为在未来发生的概率很小或频率很低，因此不需要严厉的惩罚。

所有刑法学概念都可以还原为罪责评价指数中的各种变量，因为前者不过是用"法言法语"包装了道德直觉。而以罪责评价指数取代那些含混不清、无法度量且含义重合的描述性概念，有利于将交流聚合到同一个频道，这会显著提高交流的效率。

早期国家的立法者没有任何专业化的法学知识，除了参考不成文的社会规范，他们只能借助道德直觉去制定法律，两者肯定是大致重合的。社会规范是语音表达的道德直觉，立法只需要把语音变成文字。这意味着仅仅依靠道德直觉或参考不成文的社会规范，立法者也能制定出一部比较完备的"复仇法典"。

说起复仇法典，我们首先想到的应该是《汉谟拉比法典》，其中几个条文令人印象深刻："挖去别人眼睛的人也要被挖出眼睛"，"打断别人骨头的人也要被打断骨头"，"打掉同等地位者牙齿的人将会被敲掉牙齿"。这些法律条文被视为同态复仇的完美标本，犯罪与惩罚不仅等价，而且等害，完全符合返还法则。但现实世界中却没那么多完美的标本，即使在古代社会，包括古巴比伦王国，绝大多数犯罪也没法适用同态复仇，比如最常见的盗窃、抢劫以及强奸。法律不能允许受害人把自己失去的财产从罪犯那里再偷回来或再抢回来，或允许受害人再去强奸罪犯的妻子。同态复仇只是一种默认的惩罚逻辑，体现为真实法律制度的情形并不常见，除非将同态复仇一般化为返还法则，从而可以容纳违约和侵权，否则对惩罚犯罪而言，同态复仇即使在《汉谟拉比法典》中也是相对边缘的。不过《中期亚述法典》提供了唯一的例外——如果有人强奸了某个男人的女儿，法律允许他再去强奸罪犯的妻子。这条堪称"奇葩"的法律，验证了返还法则的道德直觉在人们骨子里是多么牢固。

对于同态复仇而言，更大的障碍还不是难以执行，而是威慑不足——对于大量破案率远低于100%的犯罪，对等惩罚不足以产生充分的威慑。《汉谟拉比法典》对盗窃的处罚是罚金，罚金相当于赃物价值的10倍或30倍；如果罪犯无力偿付，就要被处死。但法典对于侵占的处罚就比盗窃要轻得多，只处以侵占物5倍价值的罚金，这是因为侵占的破案率远高于盗窃，甚至能接近100%。将侵占和盗窃区分开来，通常被认为始于罗马法，在中国始于《大清新刑律》，但实际上《汉谟拉比法典》就已经做出了区分，并且和后世的法律一样，侵占被视为比盗窃更轻的犯罪。

对于买卖、租赁等各种交易中的伤害行为（违约），以及毁坏他人田地、庄稼、树木、牲口的伤害行为（侵权），《汉谟拉比法典》规定的处罚只是赔偿受害人的损失。和同态复仇一样，这种等价赔偿的处罚也完全符合返还法则。看来只要抓获概率达到100%，不管它是交易关系中的伤害（违约），还是邻里之间的伤害（侵权），也不管它是财产伤害，还是人身伤害，返还法则都是默认的惩罚逻辑。只不过在后人的描述中，对人身伤害的对等处罚成了"同态复仇"，而对财产伤害的对等处罚成了"等价赔偿"。

法律先于法学，这是个没法否认的事实。违约、侵权、犯罪以及民法和刑法，都是后来出现的概念。在古代立法者的头脑里，只有轻重不等的伤害行为，以及轻重不等的惩罚方案。处罚的依据当然不是专业化的法学知识或法学理论，而是彼时彼地的人们共享的道德直觉，它大致符合以返还法则为基础的罪责评价指数。

当人们讨论同态复仇的时候，经常会涉及另一种功能性肉刑，即惩罚针对实施犯罪的主要身体器官，使其致残。例如，盗窃要被砍掉一只手，猥亵要被切断手指，强奸要被阉割，诽谤要被割掉舌头，而强吻已婚女子则要被割掉嘴唇。诸如此类的惩罚出现在包括《汉谟拉比法典》《摩奴法典》以及伊斯兰教法在内的很多古代法律和习惯法之中，虽然经常与同态复仇相提并论，但其实两者相差很远，这些肉刑至多算是"复仇"，与伤害行为并不"同态"。

惩罚有三种功能：其一，威慑潜在的加害人；其二，剥夺特定加害人继续伤害的能力；其三，赔偿受害人及其亲属的损失。非金钱性处罚（包括肉刑、死刑、监禁、流放）可以满足其一和其二，但忽略了其三。而金钱性处罚（包括赔偿和罚金）最容易满足其三，但却同时削弱了其一和其二。

从法律决策者角度来看，既然惩罚的目标是减少未来的伤害，那么以赔偿取代肉刑，就是一种妥协性的安排。肉刑有利于保护不特定的潜在受害人，但赔偿更有利于照顾特定受害人或其亲属的利益，这看上去隐含了社会利益和个人利益的冲突。比方说，"以眼还眼"可以威慑潜在加害人，保护潜在受害人，但这只是提高了社会福利，受害人及其亲属并没获得任何赔偿。

但奇怪的是，上述冲突并不尖锐。如果发生严重的人身伤害，以赔偿取代肉刑的妥协性安排更可能让受害人及其亲属不满。按理说，既然自己的眼睛已经被打瞎了，再去打瞎别人的眼睛又有何用？赔偿一头牛不是更实惠吗？确实如此。但受害人或其亲属却更可能会抱怨说："这不是钱能解决的事儿。"虽说复仇本身就是一种赔偿，至少让受害人出了一口恶气，但我仍然感觉人类的道德直觉确实很奇妙。就"以眼还眼"而论，受害人的道德直觉居然与社会利益高度吻合，让我们不得不再次感叹演化拥有神奇的力量。

当然，妥协还是会发生的，愤怒的受害人或其亲属最终还是要向现实低头。挖掉仇人的一只眼睛固然可以出一口恶气，但赔偿一头牛的诱惑也会随着愤怒情绪的逐渐衰减与日俱增。情绪宣泄有个过程，时间可以让人恢复冷静。如果法律决策同意顺水推舟，那么以赔偿取代肉刑就会在古代法律中变得十分普遍。确实如此，虽说同态复仇是一种古老的法律传统，但真正意义上的"刑同其害"在古代法典中十分罕见，《汉谟拉比法典》中的那几个条文堪称绝无仅有。

早期社会的习惯法和宗教律法几乎全部允许以赔偿代替肉刑，这笔赔偿被后来的英国人形象地称为"血钱"（blood money）或"偿命金"（wergild）。《埃什嫩那法典》和《乌尔纳姆法典》分别早于《汉谟拉比法典》半个多世纪和两个多世纪，这两部更古老的法典以及之后出现的《赫梯法典》和《中期亚述法典》，都允许以偿代刑。"以牙还牙，以眼还眼"语出《圣经》，但即使在其发源地——古希伯来人居住的那些地区，也很少严格执行同态复仇；尽管惩处谋杀原则上要求以命偿命，但经村民会议同意，仍可用赔偿代替死刑。

问题来了，既然以赔偿代替肉刑在古代法律中占据了主流，为何古巴比伦王国的立法者如此冥顽不化？肯定不是因为他们更残暴，毕竟《汉谟拉比法典》本身并不残暴（在众多古代法律中，它是相当温和且高度理智的）。一个可能的解释，是立法者更注重长期的威慑效果，以赔偿取代肉刑，其威慑效果难以长期保持；赔偿之后留不下任何痕迹，而一个独眼龙却是一部行走着的法律，它是每个人都能随时读懂的信号。在这个意义上，古巴比伦王国的立法者非但不是冥顽不化，反而更可能代表了对正义的坚守，并且毫不奇怪，一旦妥协成了主流，坚守就会变成异类。

到了盎格鲁－撒克逊时代的英国，最基本的法律思想就是对各种身体伤害规定价格。有100多条法律列出了各类罚金，涉及从谋杀到轻微打击的方方面面。比如，一只眼睛值半条人命的价格，打掉一颗门牙赔偿16先令，后白齿只值门牙的一半。打断不同的手指也有不同的价格，拇指20先令，食指16先令，中指9先令，无名指6先令，小指5先令。打一拳3先令，扇一巴掌却要翻倍，因为后者增添了侮辱的伤害。

这样的法律还是刑法吗？其实更像侵权法。由于没有精细区分不同类型的伤害行为，所以古代法律基本上都是"诸法合体"。但考虑到对人身伤害的主流惩罚就是赔偿，那么，与其说古代法律"以刑法为主"，倒不如说它们"以侵权法为主"。在现代法律中许多明显属于犯罪的行为，在西方的古代法律中是按侵权来处理的，究其原因，不外乎以下两个方面。

其一，古代西方国家通常并不强大，薄弱的财政预算养不起常设的法律执行机构。而在一个没有警察的国家里，国家就没有能力负责对犯罪的立案和侦查。如果把收集证据和指控犯罪的任务都交给受害人，犯罪就自然变成了侵权。这意味着国家能力决定了刑法的边界，国家越强，刑法的范围越大，反之亦然。"犯罪侵权化"的现象之所以在中国古代并不明显，很可能是因为古代中国在较长的历史时期保持着一个强大的政权。

其二，监狱是一种昂贵的设施，古代国家通常没有能力建造足够数量的监狱，这就使得监禁不会成为主流的惩罚手段。排除了监禁的选项，理论上惩罚就只剩下肉刑、死刑、流放和赔偿。如果法律决策者感觉流放的威慑效果十分可疑，同时又要适当限制肉刑和死刑的数量，那么以赔偿取代肉刑和死刑，就会成为普遍的惩罚手段，这是"犯罪侵权化"的另一个原因。而在古代中国，虽然国家只能建造一些简陋的监狱，但徒刑仍可以成为主要刑种，加之疆域广阔，有条件采用流刑，这就让中国古代的法律呈现出另一番迥异于西方的独特图景。

假定在国家起源之前，人们生活在一个完全扁平的社会里，那么无论启动惩罚还是解决纠纷，都只能依靠双边机制。为了阻止各种伤害行为，受害人必须依靠自己的力量来启动惩罚，那时没有法律，但根据普遍认可的社会规范，符合返还法则的对等报复既是受害人或其亲属的权利，也是他们的义务。国家建立之后，法律会限制受害人或其亲属的惩罚权利（尤其是诉诸暴力的惩罚），但同时也会削弱他们的惩罚义务，因为国家接管了相当一部分社会控制的职能。就控制伤害行为而言，一旦出现了私人力量和公共力量的分工，法律内部就自然会分化出公法和私法，但国家能力的强弱仍会影响乃至决定两者的边界。

惩罚的尺度和算法

法律是国家制定的，也因此体现了国家的意志。不过既然国家是个独立的决策者，那么法律惩罚犯罪的逻辑为什么依然要服从以返还法则为基础的罪责评价指数？简单的回答是，立法者也是人，他们和其他人拥有同样的道德直觉；另一种简单的回答是，被道德直觉支配的惩罚逻辑，属于法律自身的历史性缺陷，只有等到立法者能够理解更完美的尺度和算法时，惩罚的逻辑才会被优化。边沁就是这么认为的，他呼吁法律改革，要求惩罚符合最大化标准。他的后继者加里·贝克尔也是这么认为的，他还更进一步，做出了一套优雅的数学模型。

讨论惩罚的尺度和算法时，我假定立法者拥有独立于人类道德直觉的决策理性，因此他们可以不受限制地去思考——针对不同的犯罪行为，应该制定什么样的惩罚方案。这要从理解惩罚的功能说起，而关于惩罚的功能，历史上曾有几种观点相互竞争，至今还没有达成确定的共识。这几种观点分别是：威慑论、报应论和改造论。

倘若说惩罚是为了阻止犯罪，减少未来犯罪的数量，这个观点就是"威慑论"；倘若说惩罚是为了改造罪犯，让他们去恶从善，这个观点就是"改造论"。如今威慑论稳居主流，改造论几乎被遗弃了——因为如果按照这个观点，洗心革面的罪犯就应该被释放，无可救药的罪犯也无须受惩罚，死刑更是无从说起了。

威慑又包括"一般威慑"和"个别威慑"。前者致力于阻止潜在的犯罪,针对不特定的人群;后者针对已经抓获的特定罪犯,致力于阻止该罪犯继续作案。把罪犯处以肉刑、死刑或监禁,则不仅可以威慑不特定的潜在犯罪,而且可以剥夺特定罪犯继续犯罪的能力。早在公元1世纪,古罗马的历史学家塔西佗就已经意识到两种威慑之间的区别,他认为背叛国家的人应该被拿来杀鸡儆猴,而做出不齿行为的人则要在公众眼前直接消失。

真正能和威慑论唱对台戏的,不是改造论而是"报应论",后者至今仍有生命力。极端的报应论者不承认惩罚是追求其他目的的手段,惩罚就是报应,报应本身就是目的,它体现了平衡、和谐和对称的美感,还有一种"内在的善"。在康德看来,让惩罚与犯罪在伤害程度和伤害形态上都保持对等,就是最好的报应,也是最公正的惩罚。这样的论证并不强有力,报应论者只是听从了内心的道德直觉,讲不出个所以然。这也难怪,在康德那个年代,不可能有人理解返还法则在生态竞争中的卓越表现。

报应论体现了一种区别于功利主义和后果主义的道德义务论立场,这是必需的,因为一旦把惩罚视为手段或工具,就必然要改变立场,并最终与威慑论合流。但其实报应论和威慑论并不像人们通常想象得那样截然对立,大多数报应论者仍然非常关注惩罚的工具效应,包括表达谴责,诱导忏悔,激发罪犯补偿受害人,达成和解,最终恢复受损的社会秩序等等,而像康德这种拒绝任何外来理由来论证惩罚正当性的报应论者是罕见的。

报应论向威慑论的妥协早已被视为理所当然,但相反的妥协——威慑论向报应论的妥协——却鲜为人知,而后者恰好是我所关心的问题。我想知道,从威慑论出发,惩罚的尺度和算法会是什么样子。这意味着,下文的分析承认立法者是个独立的决策主体,因而制定惩罚方案可以忽略人类关于罪责评价的道德直觉所产生的影响。

现代刑法学并不真正拒绝功利主义,否则功利主义的先驱贝卡利亚

（偶尔还有边沁）就不会在刑法学界备受推崇。与报应论不同，贝卡利亚直言惩罚的目标就是威慑——阻止未来的犯罪，"惩一奸之罪，而止境内之邪"。对于如何设计惩罚，他设想了两条分别用以度量犯罪和惩罚的阶梯：最重的犯罪和最重的刑罚处于各自阶梯的顶端，最轻的犯罪和最轻的刑罚处于各自阶梯的底端，其他的犯罪和刑罚则可以被"塞进"各自阶梯的两端之间，给它们找到恰当的位置。

这就是"罪刑相适应原则"，两条阶梯的比喻很像一个惩罚模型，轻罪轻罚，重罪重罚，但贝卡利亚没能真正揭示其中的原因。边沁给出了正确的解释，他说罪刑相适应可以让罪犯在原本打算只犯轻罪时，不至于继续犯下重罪，防止"一不做二不休"。边沁的解释现在被称作"边际威慑"——一种使罪犯以轻罪取代重罪的激励。

如果对谋杀和抢劫处以同样的刑罚，罪犯就更可能通过谋杀来完成抢劫，因为杀死受害人可以消灭一个证人。如果刑法不区分未遂、中止和既遂，那么只要犯罪开了头，刑法就会鼓励潜在罪犯把犯罪进行到底。如果杀人被处以死刑，那么对付更严重的犯罪就需要火刑或车裂。实际上，同态复仇也包含了边际威慑的逻辑，如果打掉别人牙齿和打瞎别人眼睛都能达到犯罪目的，那么同态复仇会鼓励潜在的罪犯选择较轻的伤害。

然而，在此后的一个多世纪，由贝卡利亚和边沁开创的功利主义刑法学进路却几乎毫无进展，直到霍姆斯的《普通法》问世。与其他法律不同，刑法因为包含了许多描述主观心智的概念（故意和过失、蓄谋和冲动、目的和动机，还有忏悔和认识错误等等）而表现出很强的道德色彩。而在霍姆斯看来，一个人的心智是无法观察的，法律决策者只能根据行为和后果去推测这个人的心智状态，因而刑法中所有描述主观心智的概念最终都可还原为对行为和后果的描述。霍姆斯的意思就是，犯罪的主观方面和客观方面是可以换算的。虽然这个观点在逻辑上无懈可击，后来还被波斯纳进一步阐述，但长期以来却让刑法学界难以接受，因为犯罪的主观方面和客观方面之间的鸿沟等于被他们一笔抹掉了。

在功利主义的道路上，比霍姆斯更有影响力的理论贡献，来自20世纪60年代末之后突然涌现的大量关于犯罪与惩罚的法律经济学文献。加里·贝克尔等人细化了边沁提出的那些惩罚变量，进而建构了一系列数学模型，算是对最大化标准的数理化。这些模型集中解释的问题包括：惩罚的严厉性和确定性之间的最优组合，监禁和罚金的比较优势，以及（更为重要的）威慑的社会支出和犯罪的社会损失之间的最优均衡等等。犯罪会制造社会损失，防控犯罪则需要消耗社会成本，因而最优威慑的均衡点应该定位于两种成本之和最小的位置。

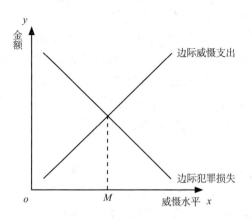

确定最优威慑水平之后，再根据抓获概率（惩罚的确定性）来确定最优惩罚（惩罚的严厉性），因为威慑水平相当于抓获概率和惩罚严厉程度的乘积。

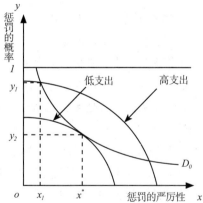

从上图低支出线的任何一端向中间移动，会跨越较高的等威慑线，这意味着威慑水平的上升，直到与等威慑线 D_0 相切，该切点满足以最小威慑支出获取最高威慑水平的要求。

法律人一看到数学就像见了鬼，所以我就不把那些数学公式都列出来了，能用文字讲清楚的道理，就犯不着拿数学来炫技。其实看不懂也没关系，只知道个大概思路就够了。在最优威慑的模型里，罪刑相适应不再是比较意义上的"轻罪轻罚，重罪重罚"，而是针对不同犯罪分别计算犯罪损失和威慑支出，再按边际均衡的逻辑确定最优威慑水平，以此作为定罪量刑的依据。

然而，正如我在前面已经讲过的，虽然这个逻辑本身无可置疑，但却没法指导法律决策，因为完成决策所需的计算量太大了，会让任何法律决策者和潜在违法者都无力承受。其实，即便是最简单的同态复仇，对应于当时的社会环境，我们也没法确定其是否最优。"以牙还牙，以眼还眼"让社会损失了两颗牙齿和两只眼睛，但与保护整个社会的牙齿和眼睛相比，这个代价确实很低；至于是否最低，或允许以赔偿代替惩罚是否更低，则不得而知，因为威慑模型涉及的数据和信息是巨量的，结果算不出来。贝克尔给出的，是一条正确的死路。

与最优威慑的逻辑不同，罪刑相适应只是比较意义上的。以罪刑相适应为基本原则，传统刑法学创造了一套以要件和教义为核心的操作指南，但却由于概念模糊、体系杂乱而没能形成清晰的算法。倘逢要件失灵且教义缺位，定罪量刑就只好跟着感觉走。虽说只需通过试错和反馈就能不断优化法律决策，但这并不意味着优化法律决策就不再需要算法的指导（请注意智力和进化之间的相互替代）。只不过算法不能忽略给定计算力的刚性约束，哪怕算法本身无可挑剔。

还是回到贝卡利亚吧。如前所述，贝卡利亚把犯罪与惩罚设想成相互对应的两条阶梯，确定了两条阶梯的底端和顶端，让它们相互匹配；然后把其他的犯罪和惩罚"塞"到两个端点之间，再让它们相互匹配。如果两条阶梯长度相等，那问题就简单了，犯罪和惩罚从轻到重的变化幅度可以完全一致，犯罪重一分，惩罚重一分，两条阶梯可以互为镜像。这仍然意味着返还法则就是默认的惩罚策略。

但事实并非如此，且不说犯罪可能性、作案成功率和破案率会干扰返还法则，更大的麻烦是，犯罪的阶梯和惩罚的阶梯并不等长，两者甚至相差成千上万倍。犯罪阶梯的长度是未知的，已知的惩罚阶梯却不过一条人命，当然酷刑还会增加一段长度。罪刑相适应的问题因此复杂化了——法律决策者要考虑怎样用较短的惩罚阶梯去搭配较长的犯罪阶梯。

对此，贝卡利亚没有做出细致的讨论，我打算沿着他的思路做一番经济分析，继续在比较意义上（而非在最大化意义上）探索可以描述和规范罪刑相适应的尺度和算法。

只需借助一点点数学，就能给贝卡利亚的思路提供很大的改进空间。其实贝卡利亚已经提到了几何学，可惜只是作为比喻，他没能真正把几何学作为分析和表达的工具，否则他设想的两条阶梯就可以被替换成坐标系中的 x 轴和 y 轴，进而用一条上升的直线或曲线来描述犯罪和惩罚之间的函数关系。缺乏数学工具，的确限制了贝卡利亚的思考深度和学术想象力，这可不能怨天尤人，在贝卡利亚出生之前的恰好一个世纪，笛卡尔就出版了他的《几何学》，并且创立了平面直角坐标系。

借助平面直角坐标系，罪刑相适应原则就能被更精确地描述。设惩罚的严重程度为 y，相当于惩罚损失；犯罪的严重程度为 x，相当于犯罪损失；则罪刑相适应的原则可被描述为 $y=f(x)$ 的"罪刑函数"。函数图像是一条上升的直线或曲线，理想的函数图像应该是一条斜率显著的直线，这意味着对于罪行轻重在任何区间的变化，惩罚都可以做出敏感反应，从而保持边际威慑的显著效果。同态复仇恰好是个正比例函数，其数学表达是一个最简单的公式：$y=x$，函数图像是一条直线，且斜率为 1。

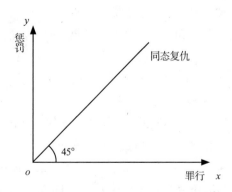

当然，如此简洁优美的函数图像是罕见的，罪刑函数不可能始终保

持线性增长，其原因有以下两个方面。

第一，有限的生命承受不了无限残酷的惩罚。现代社会是死刑封顶，因此，惩罚的函数值在 y 轴上被限定在一个线段之内，死刑位于线段的终点。把这条线段等比例分割成若干段，就有了"惩罚的刻度"；但无论怎样分割，刻度都是有限的。尽管 x 轴上的犯罪损失也不会超出一个线段，但它要比 y 轴上的线段长得多，用数学语言表达，就是函数的值域远大于定义域。所以，当我们说"罪该万死"的时候，其实表达了两个意思：一是谴责罪行太重，二是抱怨惩罚的线段太短且刻度有限。

第二，y 轴和 x 轴上两条线段的长度不等值，这会使罪刑函数图像在纵向上被压缩；且两者差距越大，函数图像被压缩的区间就越狭窄。此时，函数图像（无论是直线还是曲线）的斜率就很重要了。斜率越大，惩罚对罪行加重的反应就越敏感，边际威慑的效果越显著。但较大的斜率会很快消耗惩罚的刻度，让直线或曲线迅速冲顶；而冲顶之后惩罚的刻度就被用尽了，此时边际威慑就会彻底失灵。虽然较小的斜率会让惩罚在更大的区间对罪行加重保持反应，但反应不敏感——只要有限的惩罚刻度分布于更大的区间，边际威慑的效果就不显著了。

如果罪刑函数无法保持线性增长，那么函数图像就只能是一条曲线了，这意味着斜率在不同区间是变化的。斜率较大时，消耗惩罚刻度较多，边际威慑较敏感；效率较小时，消耗惩罚刻度较少，边际威慑较迟钝。惩罚线段较之犯罪线段要短得多，这一事实使得惩罚刻度成了稀缺资源，因而难以在不同区间均匀分布。简单说，惩罚的轻重变化无力全部跟踪犯罪的轻重变化，因此只能有选择地跟踪。

还记得我在第 1 章讲过的神经元的压缩编码吗？神经元的放电率通常不过 100 赫兹，这意味着神经反应不能全面跟踪物理世界剧烈变化的刺激强度。只要你在树荫里走到阳光下，光线强度就在短短几秒钟内提高了 6 个数量级（上百万倍），但在我眼里，你只是亮了一点点。如果不是神经元压缩了光线强度的变化，你看上去就应该闪闪发光。神经元的刻度也是一种稀缺资源，神经元跟踪物理刺激的变化与惩罚刻度跟踪犯罪轻重的变化一样是有选择的。天下的道理何其相似！

贝卡利亚已经注意到这个问题，他认为惩罚轻罪比惩罚重罪更为重要，因为重罪可望而不可即，绝大多数人更关心对轻罪的惩罚。当然，太轻微的违法行为（比如贪污 30 元钱或盗窃一捆柴草）不被视为犯罪，因为它们既不值得启动昂贵的刑事司法程序，也不值得消耗惩罚的刻度。有趣的是，神经元对物理刺激的编码也采用了同样的方案，太强的刺激变化跟踪不了（我们能够分辨强闪电和弱闪电的亮度差异比实际差异要小得多），太小的刺激变化又不值得跟踪（我们听不到水下 100 米以外的一只虾在咀嚼食物的声音）。神经元只能把有限的刻度分布在与生命有机体切身利益最紧密相关的那个区间的刺激变化。为什么我们对第二个 10 万元要比第二个 10 亿元反应更敏感？因为前者关乎我们的生存，而后者其实无关紧要了。

这笔账其实不难计算。靠近 x 轴线段起点的轻微违法行为（比如贪污 30 元钱或盗窃一捆柴草），虽然数量庞大，但单次违法造成的损失微不足道；而靠近 x 轴线段终点的重罪（比如贪污 30 亿元或盗窃 3 亿元），一旦发生就会造成巨大的损失，但这个级别的犯罪极其罕见甚或百年不遇。同类犯罪的损失总额相当于数量和损失的乘积，因而同类犯罪的损失总额在不同区间就会呈现出一条钟形曲线，中间区段的犯罪会造成更大的损失总额。只要惩罚刻度跟踪犯罪的轻重变化时有所选择，那么显然要在中间区段花费更多的刻度。

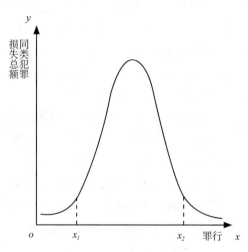

在 x_1 往左和 x_2 往右的区域，同类犯罪的损失总额变小。

上述分析意味着，罪刑函数曲线的下游区段和上游区段的斜率较小，消耗较少的惩罚刻度；而中游区段的斜率较大，消耗较多的惩罚刻度。曲线一旦上升到 y 轴线段的终点（这是死刑的位置），就与 x 轴平行，此时斜率为零，惩罚刻度被用尽，边际威慑失灵——即使罪行继续加重，惩罚也只能保持不变。比如，现行刑法对贪污从 300 万元到 30 亿元规定的惩罚之所以没什么变化，就是因为从 3 万元到 300 万元的贪污已经用尽了所有的惩罚刻度。法律如此量刑的假设是，绝大多数贪污罪集中于 300 万元以下的区间，而超过 300 万元的贪污罪数量稀少，而低于 3 万元的贪污危害不大。

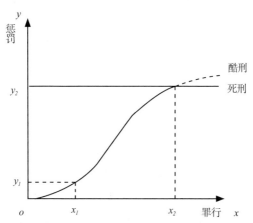

在 x_1 往左和 x_2 往右的区域，由于同类犯罪的损失总额变小，
所以曲线斜率变小，边际威慑不敏感。

这是现代刑法的尴尬，但也恰恰是这种尴尬彰显了现代刑法的人道主义精神。在一些废除死刑的国家，监禁期限可以被无限延长，重罪可能被判处监禁几百年甚至上千年，但显然超出剩余预期寿命的监禁就只是名义刑了。好在现代国家有足够强大的警力和军力来防范非常严重的罪行（比如叛乱和谋反），但若缺乏这种能力的古代国家，还想要保持对反叛重罪的边际威慑，那酷刑就是唯一的选择。表现在罪刑函数图像上，酷刑的目标就是增加惩罚的刻度，使罪刑函数曲线在死刑之上的一段区间还能保持显著的斜率。

你也许还记得，我在第 1 章讲过神经元应对刺激变化的另一个编码策略，那就是参照点的动态漂移。你从一个安静的房间走进摇滚音乐会的现场,虽然声音强度令人吃惊地提高了 8—10 个数量级,但你之所以没有惊厥也没有昏倒,就是因为神经元从中做了手脚——除了压缩编码,它还向上调整了参照点,从而大大减弱了声音对听觉神经的刺激强度。

惩罚也采用了同样的方案。对于严重的犯罪,惩罚的参照点同样会向上漂移。为什么贪污 100 万元要比盗窃 100 万元的量刑轻得多,为什么高级别官员贪污 100 万元就比低级别官员贪污 100 万元的量刑轻得多,以及为什么同样是诈骗,集资诈骗 100 万元就比普通诈骗 100 万元的量刑轻得多,原因都是惩罚调整了参照点。"窃钩者诛,窃国者侯",这不公平啊!可是如果不调整参照点呢?那惩罚刻度很快就被耗尽了。想想看,如果对集资诈骗和普通诈骗一样量刑,那超过 50 万元就算数额极大,可是集资诈骗至少也得是几百万起跳吧!倘若超过 50 万元惩罚刻度就不再跟踪,那就等于惩罚对集资诈骗自始至终都没有边际威慑。

惩罚有轻重,犯罪也有轻重,但这里的"轻重"究竟是什么意思?贝卡利亚和边沁都给出了正确答案——是制造痛苦的程度。痛苦就是衡量犯罪和惩罚之轻重的绝对尺度,虽说犯罪还损害了某种社会秩序或社会关系,但这些损害都可以还原为痛苦,无非从受害人扩散到某个群体乃至整个社会而已。刑法学上诸如"犯罪客体"、"法益"及"社会危害"之类的概念都可以还原到痛苦的尺度上。

你也许会说,痛苦作为一种主观感受是难以被度量的,确实如此,但我们要做的应该是解决这个难题,而不是回避它,毕竟刑法学概念更加难以度量。(想想"法益"是个什么鬼?)不过,尽管在司法实践中做不到,但从纯技术的角度讲,痛苦并非不可度量。理论上,包括痛苦在内的所有情绪反应,都最终表现为神经元的放电率(可以是单个神经元细胞的放电率,也可以是一组神经元放电率的加权函数)。神经元的放电率以每秒的动作电位数(赫兹)计量,通常为 0—100 赫兹,但永远不会超过 1500 赫兹。因此在理论上——当然也仅仅在理论上——痛苦的程度可以通过观测和统计神经元的放电率来测量。我提出这个事实,只是为了说明痛苦的可度量性,实践中做不到是另一回事。而相比之下,要度量刑法学的概念，却想不到任何可行的技术路径。

痛苦虽然难以被度量，但却不难被比较。重罪给受害人制造的痛苦大于轻罪，重罚给罪犯制造的痛苦大于轻罚。打瞎一只眼睛的痛苦显然要大于打掉一颗牙齿的痛苦，尽管我们不清楚两者的痛苦差距究竟有多大。痛苦可以被计为"负效用"，制造痛苦会让人承受成本/损失，收益和成本分别对应于效用的增减。尽管效用不等同于金钱，但金钱可以作为衡量效用的近似尺度。没错，痛苦是可以被标注价格的。

如果你想知道，逼我生吞一条蚯蚓的痛苦有多大，你只需从100元起逐渐提高报价就可以了。当报价达1500元时，我就会说成交，这意味着生吞一条蚯蚓给我制造的痛苦相当于让我损失了1500元。但打掉我一颗牙齿的价格可能要高达45000元（牙是我的工具）！其实，在法律决策中，通常并不需要清楚某种痛苦的精确价格，只要有个比较的结论就够了。只要我们能确定损失101元的痛苦肯定高于损失100元的痛苦，一只熊掌的效用肯定高于一条鱼的效用，那么即使不清楚究竟高出多少，也足以预测一个人的选择。

选择可以仅仅基于比较的结果，而不见得非要寻求最优，下棋如此，进化如此，法律决策也同样如此。如果寻求最优的计算过于复杂，那么基于简单比较的决策就是可取的，毕竟后者的决策成本更低，并且（很可能）决策误差也更小。更重要的原因是，在犯罪与惩罚的互动关系之中，透明性是惩罚策略的一个重要品质，而基于比较的决策逻辑显然比寻求最优的决策逻辑更加透明，因此更容易被潜在罪犯观察和理解。

犯罪会给受害人制造损失，而惩罚会给罪犯制造成本。一个貌似幼稚的提问是：既然受害人的损失无论如何都无可挽回了，为什么还要惩罚罪犯？为了报应还是为了威慑？先把报应放在一边，我们姑且认为是威慑。威慑的含义是阻止未来的犯罪，包括阻止罪犯本人继续犯罪以及阻止其他人犯下类似罪行，后者为一般预防，前者为个别预防。个别预防还可以通过剥夺犯罪的能力来实现，砍断罪犯的一条腿或把他关进监狱，除了惩一儆百，还能剥夺他继续犯罪的能力和机会。

那么，惩罚严厉到什么程度就可以打消犯罪的动机？最简单的算计是让犯罪得不偿失，即惩罚给罪犯制造的损失要大于犯罪收益，这也是贝卡利亚和边沁的答案。尽管这笔账看起来很清晰，但基于犯罪收益的惩罚策略却肯定是失败的，因为大量非财产性犯罪很难确定犯罪收益。同样是杀人，有人为了谋求权力，有人为了争夺遗产，有人为了铲除情敌，还有人只为出一口恶气或只想试试自己的胆量。在电影《七宗罪》里，连环杀手屡屡作案则是出于一个崇高的目的——向上帝奉献自己的忠诚！

但制度性的惩罚却不能因人而异，否则它释放的激励信号就是凌乱模糊的。即使法律决策者根据统计数据确定将某个固定收益值作为惩罚犯罪的依据，后果也只会更糟糕，因为只要犯罪损失不影响惩罚的程度，罪犯就不会在乎他的行为造成了多大损失。而这意味着，与犯罪收益相比，犯罪损失更适合作为惩罚的依据。把惩罚成本和犯罪损失关联起来，不仅能有效阻止犯罪，还能激励罪犯在打定主意犯罪时仍会设法控制犯罪的损失。

至于如何确定犯罪损失，我们首先面对的问题是"谁的损失"——是犯罪给受害人造成的私人损失，还是犯罪给社会造成的全部损失？私人损失通常是社会损失的组成部分，暴力犯罪尤其如此（受害人被打成残疾，社会就缺少了一个健康的劳动力）。但财产性犯罪却不然，罪犯只是绕过市场把财产从受害人那里转移到自己手中，财产本身并未灭失或减损，因此私人损失不在社会损失的范围之内。社会损失是社会财富的实质性减少，而私人损失只是社会财富的转移。法律鼓励人们通过市场转移财产，因为市场是交易成本最低的财产转移方式，而任何绕过市场的财产转移，除了可能导致资源错置，更糟糕的后果是引发高昂的安全投资，这是社会损失的组成部分。

假定窃贼破窗而入，偷走了我家里一条价值3000元的宠物狗，修复窗子的费用是1000元。这次盗窃引起了我的愤怒，也吓坏了我的邻居，很多人开始安装防盗窗、防盗门、防盗锁和电子监控设备，公安局、检察院和法院都要为处理这起案件增加开支。那么，如何计算这起盗窃的犯罪损失？从国家的角度，需要计算犯罪的社会损失；但从我的角度，则只计算作为受害人的私人损失。我的私人损失包括3000元的宠物狗、1000元的修窗费、外加盗窃给我造成的心理创伤，而社会损失则除了我的私人损失之外，还要加上邻居的惊吓以及因防控盗窃而追加的各种安全开支，但却唯独不包括那条被盗的宠物狗！因为宠物狗只是从我的家里转移到了罪犯手中,其价值并未实质性减损。或者换个说法,如果把私人损失计入社会损失,犯罪收益就是社会损失的一个减数,两者抵消了。

既然由国家来制定法律,那就要对犯罪的全部损失算个总账,这意味着惩罚的依据理应是犯罪的社会损失而非受害人的私人损失。但事实并非如此。法律决策者更多关注的,还是我的私人损失。就上述盗窃案而言,量刑的主要依据恰恰就是那条不被计入社会损失的宠物狗的价值。是刑罚的逻辑错了吗?看起来是的,但其实非也,因为犯罪的社会损失是难以计算的。

如果惩罚基于犯罪的社会损失,惩罚的逻辑就太复杂了,复杂到不可理解,潜在罪犯就接收不到也理解不了惩罚的激励信号。而与犯罪的社会损失相比,受害人的私人损失经常是一望而知的。若考虑到私人损失和社会损失显著相关,法律决策者就可以把私人损失作为衡量社会损失的一个指标。仅仅在指标的意义上,私人损失作为惩罚的依据才有了合理性;换言之,惩罚基于私人损失的理由,不是因为这么做正确或精确,而是其简单且透明。

当然,有些犯罪造成的损失是分散性的(比如贪污和偷税),每个受害人只承受轻微的损失。但所有私人损失之和大致相当于犯罪收益,所以犯罪收益(犯罪所得)就成为惩罚这类犯罪的依据。与暴力犯罪不同,财产性犯罪的收益相对确定,所以,犯罪收益可以作为评估社会损失的一个指标。但要惩罚破坏生态或污染环境的犯罪,则既不能基于私人损失,也不能基于犯罪收益,此时评估罪行的轻重就只能去计算社会损失了,好在这类犯罪数量不多。

假定窃贼快要饿死了,但手里没钱,或虽然有钱但我家里没人,于是他破窗而入,偷走了我的宠物狗,吃掉之后保住了自己的性命。按照现代刑法,这起盗窃属于紧急避险不构成犯罪,原因是犯罪收益很高,足以覆盖受害人的损失,且除了受害人之外其他人也几乎没什么损失。也就是说,这起盗窃的社会损失低于零值。这似乎支持了惩罚应该基于社会损失而非私人损失的观点，因为要按私人损失的尺度衡量，这起盗窃和普通盗窃没有差异，差异只在于盗窃的意图或主观恶性，果真如此吗？答案取决于是否加入时间尺度。

倘把时间局限于这一次盗窃，那么，罪犯是否迫不得已确实对受害人的私人损失没什么实质性影响（考虑到受害人的情感，宠物狗被吃掉的结果应该更糟糕）。但若把时间拉长，拉长到一年、十年或者更长，迫不得已的盗窃就和普通盗窃不一样了，差别在于犯罪的频率。如果盗窃是迫不得已的，那么窃贼在未来继续作案的频率就很低。而普通盗窃则不同，每隔一段时间都可能继续作案，时间越长，窃贼继续作案的次数就越多。

犯罪频率可以用单位时间的作案次数来表示，但若把时间换成"危险单位"——即具备犯罪条件的某个时间段——就可以把犯罪频率换算成以百分比表示的统计频率。随着危险单位在时间尺度上的增加，犯罪的统计频率就越来越接近犯罪的概率，它可以表示潜在罪犯在未来某一危险单位继续作案的可能性。具体到某个危险单位，紧急避险的盗窃犯作案的可能性很小，而普通盗窃犯的作案可能性却很大，因此会给潜在受害人造成更大的损失。

在传统刑法学的语境中，犯罪可能性是由动机、意图、主观恶性和人身危险性等概念来交叉描述的。正因为这些概念包含了同样的变量，所以出现了意义重叠（这是刑法学概念体系的许多软肋之一）。此外，正如霍姆斯和波斯纳等人反复强调的，罪犯的主观心智不可观察，人们之所以关心罪犯的主观心理状态，最终还是因为关心犯罪损失。独立于行为后果的动机、意图和主观恶性都是毫无意义的。

即使局限于一次犯罪过程，评估损失也要考虑时间尺度，至少要分清事先和事后。事后的评估值是作案成功之后的实际损失，但作案不一定成功，所以事先的评估值是犯罪的预期损失——相当于实际损失和作案成功率的乘积。作案成功率越高，犯罪的预期损失就越大。惩罚的依据应该是事先的预期损失还是事后的实际损失？答案是预期损失，犯罪的预期损失才是惩罚的绝对尺度！了解这一点至关重要，否则你没法真正理解刑法，而如果被迫借助"形式法益"和"实质法益"，"实害法益"和"危险法益"之类的概念，你的头脑就永无清醒之日。

惩罚以威慑为目的，虽然惩罚的对象是某个落网的罪犯，但威慑的对象却是所有潜在的同类罪犯，这意味着威慑的力量必须作用于犯罪发生之前或至少犯罪后果呈现之前，但犯罪之前只有预期损失，而无实际损失，实际损失只是影响预期损失的一个变量。对于有些犯罪而言，即使没有实际损失，但只要事先看来作案成功率很高，也会受到严厉的惩罚，比如危险犯和未遂犯。而对于另一些犯罪而言，即使发生之后造成的损失很大，只要事先看来作案成功率很低，也可能只承受很轻的处罚，比如过失犯。但是，针对两种犯罪的惩罚都能统一于犯罪预期损失的尺度上。

从法律决策者的视角看，如果具体到某个危险单位（即具备犯罪条件的某个时间区段），那么，犯罪的预期损失 ELc 就相当于犯罪可能性 Fc、作案成功率 Pc 和犯罪实际损失 Lc 的乘积，即 $ELc = Fc \times Pc \times Lc$。然而从潜在罪犯的视角，并非所有犯罪都能被抓获且受到惩罚，因为惩罚概率 Pp 会影响惩罚的预期损失 ELp，后者相当于惩罚的实际损失 Lp 和惩罚概率 Pp 的乘积，即 $ELp = Pp \times Lp$，且，$Lp = ELp \div Pp$。

惩罚的预期损失 ELp 应按犯罪的预期损失值 ELc 来确定，这是罪刑相适应的题中之意。但我们只知道两者正相关，没法确定是否等价或等比例，但为了简化分析我们暂时武断地假定两者成固定比例或者干脆令两者相等，即 $ELc = ELp$。在惩罚概率 Pp 小于 1 的条件下，重新矫正的惩罚实际损失 Lp 相当于 $ELp \div Pp$，由此我们可以获得一个简洁的公式：

$$Lp = Fc \times Pc \times Lc \div Pp$$

该公式描述了罪责评价的依据，可在很大程度上替代"综合衡量"或"主客观相统一"之类的含糊其辞。我们可以把 $Fc \times Pc \times Lc \div Pp$ 称为"罪责评价指数"，这与以返还法则为起点演化出来的"罪责评价指数"几乎完全一致。绕了一个圈子又回到了原点，威慑论和报应论终于殊途同归。区别只是少了一个错判概率（Pe），我们的道德直觉会计算错判概率，也就是疑罪从轻，但现代司法（至少在名义上）拒绝疑罪从轻，因此去掉了错判概率的变量。

不过严格说来，这个公式并不正确，因为公式成立的前提是令 ELc

与 ELp 相等，但除非等价惩罚，否则两者并不相等。然而，即使两者不相等而仅成一个固定或变化的比例，也不会根本改变 Fc、Pc、Lc、Pp 之间的数量关系，充其量会让 $Fc \times Pc \times Lc$ 按罪刑函数曲线的斜率 k 打折。因此正确的公式应该是：$Lp = Fc \times Pc \times Lc \times k \div Pp$，但就犯罪行为而言，斜率 k 是不可观察的。然而，罪责评价指数的优势不在于其正确，而在于其简洁清晰、容易操作。虽然 ELc 与 ELp 之间的比例不可能固定不变，但至少在可比较的区间内，两者的比例是大致稳定的。

即使公式不正确，算法有缺陷，只要因算法缺陷而导致的决策误差远远小于因没有算法而导致的决策误差，那么算法的功能就依然值得肯定。更何况，我们清楚这个算法缺陷在哪里，也清楚使用时应该怎样克服缺陷。至少以下几个问题是可以预见到的。

第一，罪责评价指数的确定结果很难被计算出来，但这不妨碍它在比较意义上使用。故意相对于过失，蓄谋相对于冲动，忏悔相对于冷漠，累犯相对于初犯，惯犯相对于偶犯，普通人相对聋哑人，成年人相对于儿童和老人，即使犯下同样的罪行，造成同样的危害后果，前者都要受到更严厉的处罚。其原因就在于，前者的犯罪可能性更高、作案成功率更大、抓获概率更低。

第二，罪责评价指数通常只是部分使用，而非全部使用，因为就某个具体案件或某类具体犯罪而言，总有些变量是不可比较的。$Fc \times Pc \times Lc \div Pp$ 中的任意 1 个变量或任意 2 个、3 个变量的组合，都可成为评估罪行轻重的依据，它们构成了刑法的内生变量。其中一个变量不得而知或不可比较，并不影响其他变量的功能。比如，侵占罪之所以从盗窃罪中分离出来，就是因为前者的抓获概率趋近于 1，但除抓获概率之外的其他变量是不可比较的。再如，把过失犯罪和故意犯罪区分开来，是因为前者的犯罪可能性更高、抓获概率更低且/或作案成功率更高，而犯罪的实际损失是不可比较的。

第三，罪责评价指数的可控性是个影响罪刑轻重的额外因素。犯罪是否发生、是否成功以及损失有多大，不仅取决于犯罪行为，而且与受害人的防控、反抗和干预直接相关。同样是故意伤害，伤害未成年人就比伤害成年人要受到更严厉的处罚，因为前者缺乏防控犯罪的能力，这会使伤害更容易成功，且一旦成功，犯罪损失也更大。同样的原因可以解释为什么强奸幼女要比普通强奸的罪行更加严重。抢劫之所以不同于抢夺，原因就在于抢夺的受害人更容易控制人身伤害的风险——面对抢夺犯，受害人只要放弃反击就足以保证人身安全，损失的只是财产；而面对抢劫犯，受害人放弃反击却不见得能免于人身伤害。

第四，很多人认为刑法学从来不考虑犯罪可能性、作案成功率、犯罪实际损失以及抓获概率等变量，也从来不把它们当作定罪量刑的依据。这个观点毫不奇怪，因为刑法学诞生于刑法创制之后，是为满足刑法适用而发展出来的刑法解释学；而上述变量却诞生于刑法创制之前，它们构成了创制刑法的底层逻辑。在刑法创制之前，这些变量已经储存在人类的基因和大脑里，塑造了我们评价罪刑轻重的道德直觉。

第五，斜率 k 是个幽灵变量，它不可观察，也没法计算。它的存在只是为了让数学公式保持正确，把微积分变成简单的乘除法。或者说，我把不可计算的很多变量压缩进了斜率 k。虽然不可计算，但我们可以判断它的变化趋势。对于违约和侵权，函数图像可以始终表现为一条斜率为 1 的直线，这意味着完美赔偿是可能的，边际威慑也能始终保持显著。但对于犯罪，函数图像是非线性的，斜率 k 会在不同区段发生变化；在显著轻微的下游区段，不会启动刑事追诉，此时斜率 k 趋近于 0 或远低于 1；而在启动刑事追诉之后的中游区段，斜率 k 开始增加（但通常不会大于 1），从而让边际威慑保持显著；但到了死刑或最高刑之后的上游区段，斜率又开始降低到 0 值的边缘，此时刑罚丧失边际威慑。由此我们看到，惩罚能否跟随伤害行为保持线性变化，就是区分民法和刑法的最简单依据。

回顾一下前面的讨论，我们以返还法则为起点，推测了人类道德直觉的演化，又从威慑论出发，分析了惩罚的尺度和算法，两条路径最终在罪责评价指数上殊途同归，握手言和。罪责评价指数是个关于犯罪与惩罚的简洁模型，我把这个模型定义为"报应模型"，区别于贝克尔等人建构的"威慑模型"。下文的讨论将会表明，与不可计算的威慑模型相比，报应模型与刑事法律制度有更高的拟合度。但这不是因为后者更正确，而是因为它更简洁，并且同样是为了追求简洁，惩罚制度的逻辑本身就不那么正确。

威慑模型之所以失真，不是因为它错了，而是因为它太正确了；"唐宁"在生态竞争中之所以败给了返还者，不是因为它愚蠢，而是因为它太聪明了。但如果威慑模型把惩罚的透明性要求考虑在内，就会向报应模型趋近，这就是"大道至简"；同样，如果"唐宁"能把策略透明性的要求考虑在内，它也会向返还策略靠拢，这算是"大智若愚"。

犯罪编码：刑法的结构合理吗？

2006年4月21日晚，在广州打工的一位年轻人许霆来到天河区黄埔大道商业银行的自动取款机提取现金。他偶然发现自动取款机发生了故障，指令取款1元，自动取款机居然吐款1000元。许霆大喜，连续如法操作175次，用银行卡仅有的175元就取出了17.5万元现金，而后携款出逃。广州市商业银行发现许霆账户交易异常后，多方联系许霆及其亲属，要求退还款项未果，遂向公安机关报案。次年5月，许霆在陕西省宝鸡市被警方抓获归案。半年后，广州市中级人民法院一审以盗窃金融机构罪判处许霆无期徒刑。

许霆案的一审判决不仅引爆了舆论，而且引发了大量学术讨论。但对于一审判决量刑畸重，公众、媒体以及法律人等各个圈层其实不乏共识，难题只在于如何说理。为了给许霆开脱罪责，法律人提供的理由五花八门，竟无一条经得起推敲。该案二审适用《刑法》第63条"特殊减轻"改判许霆5年有期徒刑，其依据却仅仅是权威刑法学者提出的许霆"主观恶性不大"、"违法程度较轻"、"责任程度较轻"以及"期待可能性有所降低"等表面化的理由。这些理由差不多可用于所有应该从轻或减轻处罚的犯罪。

这也难怪，在刑法学的理论框架中，说理和论证也只好到此为止。这起被称为"教科书式"的轰动案例，其实并未真正发挥教科书的作用。套路化的措辞抓不住要点，要为许霆开脱罪责讲出过硬的理由，前文讨论的罪责评价指数倒是可以在此一试身手。

首先，许霆作案成功纯属巧合，利用自动取款机在升级过程中发生故障而恶意支取现金，虽被定性为盗窃金融机构，但事先看来，其作案方式的成功率几乎为零。其次，许霆使用自己的银行卡和自己设定的密码,并在监控录像下完成作案,其作案方式的破案率接近百分之百。事实上,在警方介入之前,商业银行通过查询账户就已经破获了案件,精准锁定了犯罪嫌疑人。倘若许霆按银行通知的要求将现金悉数返还,银行就不会报案,这起案件也就无从发生。

那么,"作案成功率几乎为零"且"破案率接近百分之百"意味着什么?首先,犯罪的预期损失相当于犯罪的实际损失和作案成功率的乘积,所以,如果一种犯罪的作案成功率极低,就意味着这种犯罪的预期损失很小,即使减轻甚或免于处罚,也不至于导致犯罪失控。其次,刑罚的威慑效果相当于惩罚严厉程度和破案率的乘积,所以,如果一种犯罪的破案率很高,则无需严厉的惩罚就足以阻止犯罪。将以上两个理由加总,就足以解释为什么许霆案可以在法定刑以下减轻处罚。这起案件非同寻常,倘若天下盗窃金融机构的罪犯都采用许霆的作案方式,则不仅司法机关额手称庆,就连金融机构也可以高枕无忧了。

刑法专家之所以认定许霆"主观恶性不大"、"违法程度较轻"以及"责任程度较轻",其深层依据无非是许霆的作案方式显著区别于同类别其他犯罪。在做出如上判断之前,刑法专家的道德直觉已经下意识地评估了这种特殊作案方式的破案率和作案成功率,但在"知其然而不知其所以然"的情况下,他们讲不出其中的道理。

罪责评价指数在许霆案中的应用价值如何?貌似它只能影响量刑,还不至于影响定罪,毕竟这两个变量从来不是法定的构成要件,甚至不是法定的量刑情节。但其实不然,定罪和量刑之间并没有严格的界限。刑法之所以需要把犯罪分门别类,就是为了给不同犯罪编码,以便设计出有针对性的量刑方案。如果世上所有犯罪的量刑方案完全一致,那么理论上就没有区分犯罪的必要。

试想,倘若在修订刑法时,立法者把许霆的作案方式——利用自动取款机的故障恶意支取现金——从盗窃金融机构罪中单列出来,另立新罪,那么破案率和作案成功率就从仅仅影响量刑变成了可以直接影响定罪。刑法之所以没有为此另起炉灶,只是因为这种作案方式太罕见了,千年等一回,与其另立新罪(也就是子罪),还不如经最高院核准更能节省刑事司法的制度成本。

当然,子罪与母罪之间的系统性差异是单列的前提,并且这种差异可以用罪责评价指数来度量。盗窃金融机构之所以从盗窃罪中单列出来，是因为金融机构储存大量现金、票证和珍贵物品，属于价值密集区域；一旦失窃，其损失远比普通企事业单位要大得多。把盗窃文物从盗窃罪中单列出来也是同样的原因。价值密集是个关键因素，金融机构和文物储藏单位的特定资质并不重要，倘若罪犯从银行偷了一台电脑或饮水机，那就只会以普通盗窃罪论处了。

但即使子罪和母罪之间确实存在系统性差异，是否另立子罪仍要做一番利弊权衡。不另立子罪就要走特殊程序，另立子罪却会增加刑法条款，这会提高法律实施的系统性成本，主要包括额外追加的立法、执法和司法成本。权衡的关键变量是这类犯罪发生的频率。如果子罪只是偶尔发生，十分罕见，那么特案特办就足以应付；而若新罪频繁发生，那最好还是另起炉灶一揽子解决。

刑法中是否应该分化出一种新罪，很像语言中是否应该造个新词。举个例子，最初发现一种水果既像橘子又像橙子的时候，人们不会立刻造个新词，说它是橘子或橙子都可以。如果这种水果数量很少，或百年不遇，估计也就这么凑合下去了。但后来人们发现这种水果数量很多，频繁出现，那么在生活中就需要把它们和橘子、橙子都区别开来了。不能总说它是"像橘子的橙子"、"像橙子的橘子"或"既像橘子又像橙子的水果"吧，这样交流成本也太高了！于是人们造了个新词叫作"橘橙"。想必"骡子"这个词也有类似的经历，世界上第一头骡子诞生的时候，肯定还没有"骡子"这个词语。

人类语言中的每一个词语，都可能在交流中遇到含义模糊的场合，通常无关紧要，因为生活实践对表达精度的要求是有限度的。世界上没有两片相同的雪花，但我们只为雪花创造了一个词语，也没遇到什么麻烦。汉语中曾有很多马字旁的字（比如骥、骒、骕、骠、骃等），这些字在古代都曾指称一种马，但在现代汉语中，这些字已经基本死亡了，因为现代人不需要像古人那样和马打那么多交道。同样的原因可以解释，为什么阿拉伯语中指称骆驼的词语有几百个，英语中有两个，而汉语中只有一个。

语言是对信息的编码，基本的编码规则要求兼顾编码的经济性和精确性。编码的经济性可用编码长度来衡量。比如，造出"橘橙"这个词语是为了让表达更精确,虽然用"像橘子的橙子"或"像橙子的橘子"指称这种水果也同样精确,但"橘橙"只有两个字,编码更短,交流更经济。但同时,整个汉语系统却增加了一个词语,人们为学习和记忆这个词语也要付出成本,只不过在频繁使用的条件下,学习和记忆的成本会被摊薄。

语言是一套离散的编码系统,这在很大程度上限制了语言的精确性。从黑到白是一个连续的频谱,但汉语只有"黑""白""灰"这三个字,即使和"深""浅"等副词搭配,也不过十来个词语,只相当于一条线段上几个离散的点。不过幸运的是,仅从"深灰色"这个词汇,我们就能看出它和黑色、白色之间的距离,正如仅看"橘橙"两个字,我们就能判断出它是一种水果,而且和橘子、橙子都有亲缘关系。

把犯罪分门别类就是对犯罪信息的编码,同样需要兼顾经济性和精确性。无论把许霆的作案方式从盗窃金融机构中单列出来,还是把盗窃金融机构从盗窃罪中单列出来,都可以提高法律实施的精确性,但区别在于,前者不经济,而后者比较划算。造成这种区别的原因是案件发生的频率不同,频繁发生的案件更容易把犯罪单列的系统性成本摊薄。

和语言一样,刑法也是个离散的编码系统。不同犯罪看似界限分明,但这些界限都是人为的,是根据要件硬划出来的,真实世界中没那么多界限。如果某个犯罪既像此罪、又像彼罪,则即使案件事实清楚、证据确凿,司法机关也可能拿不准该以何种罪名立案、起诉或定罪,此时司法实践就会遭遇"定性难题"。定性难题是要件失灵的结果,只要以要件对犯罪编码,一定会遭遇这种定性难题。但与离散的编码不同,罪责评价指数属于连续的变量,以此作为编码规则,就没那么多非黑即白、非此即彼了。

在一个完全遵循同态复仇原则的社会里,犯罪分类的意义不大。既然"以牙还牙,以眼还眼",何须设立"打牙罪"和"挖眼罪"?同样是打牙,当立法者觉得有必要区分故意和过失、蓄谋和冲动、明打和偷袭以及其他犯罪情节的时候,才会出现不同的罪名。古代法律中的罪名比现在少得多，这一方面是因为古代社会相对简单，惩罚逻辑也相对简单，另一方面是因为古人对于法律的精确性要求不高。在信息技术还很落后的时代，过分迷恋法律的精确性，于国于民都不是件好事。当然，基本的分类处理还是必需的，即使是最古老的法律，也对不同的伤害行为做了简单的分类。

虽然没有相应的概念，但《汉谟拉比法典》已经实质性地区分了违约、侵权和犯罪，对违约和侵权的处罚都是赔偿性的，但对盗窃、诈骗、抢劫的处罚却严厉得多，经常要被处以死刑。这当然不是因为违约和侵权的危害就一定比犯罪小，毕竟伤害的实际损失只是影响惩罚的其中一个变量。从罪责评价指数可以看得很清楚，违约的破案率高达100%，侵权的破案率接近100%，而盗窃、诈骗、抢劫的破案率却远达不到100%。破案率的显著差异当然会影响制裁手段，赔偿足以应对违约和侵权，但却对付不了犯罪。

即使在现代法律制度中，区分侵权和犯罪依然采用了破案率指标。如果一种违法行为的破案率逼近或达到百分之百，无须警方介入受害人就能自破案件，法律就可以将起诉和举证的任务全部交给受害人承担，国家的职责只是提供一个裁断是非的法院，这种处理案件的方式就是民事司法。相反，如果破案率很低，非警方介入不可，则立案、侦查、起诉、举证、审判以及强制执行等各个环节的责任就要全部由国家包办，这种处理案件的方式就是刑事司法。法律之所以需要区分犯罪和侵权，并设置两套不同的司法程序，就是为了发挥私人和国家各自在社会控制方面的比较优势，从而最小化社会控制总成本。这是民刑分界的主要原因，并且这种解说远比法学界流行的"民刑分界论"的各种版本更有说服力。

掌握这个逻辑就不难区分犯罪和侵权。比如，刑法上有危险犯，侵权法上有危险行为，危险犯就比危险行为更危险吗？未必。邻居家养只老虎远比他私藏枪支更危险，但之所以后者是犯罪而前者只是侵权，只是因为前者很透明而后者很隐蔽。通过民事诉讼，我有能力排除老虎的险情，但却对枪支的危险无可奈何。别跟我说私藏枪支之所以是犯罪是因为这种行为侵犯了某种叫作"犯罪客体"的社会关系，我也可以说养老虎也侵犯了某种社会关系，我还可以说违约侵犯了"社会主义市场经济秩序",想找个大帽子扣上还不容易?"犯罪客体"是个毫无意义的概念。

用破案率指标来区分民事欺诈和刑事诈骗同样屡试不爽。刑法上规定的诈骗罪要件包括"虚构事实或隐瞒真相",但却不是所有虚构事实和隐瞒真相的行为都构成诈骗。生活中的绝大多数谎言都是合法的,交易双方在讨价还价的过程中也经常信口开河甚或瞒天过海,这非但不会构成犯罪,有时甚至连违约或侵权都算不上。

虽说诈骗罪要件中还有"以非法占有为目的",但虚构事实和隐瞒真相通常都有"占有"的目的,至于占有是否"非法",这本身就涉及定性难题,且包含着循环论证。一般说来,评估破案率就可以区分欺诈和诈骗。如果破案率接近百分之百,受害人可以自破案件,定性为民事欺诈通常没问题;而若破案率很低,非警方介入不可,就通常被定性为刑事诈骗了。

当然,通过评估破案率来区分欺诈和诈骗并不总是灵验。明知自己无力偿还却通过虚构事实或隐瞒真相的手段骗取他人借款的行为,即使破案率高达百分之百,仍要被定性为刑事诈骗(成立骗贷罪)。这里的关键在于,受害人虽有能力自破案件,但却无力通过民事赔偿追回全部损失。刑事制裁是阻止违法行为的最后法律手段,如果侵权法能够内化所有的违法损失,理论上刑法就没有存在的必要。但由于种种障碍,侵权法无力内化所有的违法损失,行为人缺乏偿还能力是破案率太低之外的另一个障碍,对于明知自己缺乏偿还能力而实施的大额欺诈,只有刑事制裁才能产生足够的威慑。

几乎所有的古代法律都会区分违约、侵权和犯罪,在这个问题上不要被表面现象所迷惑。比如,中国古代法律对欠债不还者会责以笞杖,而笞杖恰好又在"五刑"之中,但我们不能据此认定古代法律混淆了违约和犯罪。责以笞杖只相当于强制执行,在信用基础非常薄弱的古代社会,为防范交易中的机会主义行为,必须为现代意义上的强制执行寻找廉价的替代。

以不同程序处理不同的案件,这种做法始于罗马法。罗马法区分了私诉和公诉,大致对应于后世的民事诉讼和刑事诉讼。其实中国古代也有"断讼"和"断狱"之别——"争罪曰狱,争财曰讼"。程序的区分以及违法行为的分类，其背后的逻辑和亚当·斯密的劳动分工理论完全一致。斯密指出，只有在生产数量足够大的情况下，才值得将工厂的工作划分成专业工作，因为大规模的生产可以摊薄因分工而增加的额外成本，这和创造一个新词是一样的逻辑。我们不得不再次感慨天下的道理何其相似。

"分"的过程也是个"合"的过程。当把诉讼区分成不同程序，把违法行为区分成不同类型的时候，就等于把相同类型的违法行为聚合在一起，并将它们"塞进"同一种诉讼程序或同一个操作标准。忽略分与合的方向，我们就可以将两者统称为"模块化"。在整个人类社会乃至整个自然界，模块化的原理是一种通用法则。

是分是合需要计算。如果两种犯罪在罪责评价指数上没有明显差异，那么合并在一起就会减少司法的麻烦，因为司法经常出现的难题不是如何量刑，而是怎样定罪。现行刑法中的公司资本欺诈犯罪就被分成了三个罪名：虚报注册资本罪、虚假出资罪、抽逃出资罪（后两种有时被合并为一罪）。法律对虚假出资和抽逃出资规定了较重的处罚，这是合理的，因为平均说来，这两种犯罪比虚报注册资本罪更难以侦破。但侦破的难度取决于公司从事资本欺诈行为所使用的障眼法，而有时虚报注册资本罪的侦破难度并不低。其实只要明白这个逻辑，将这三种犯罪合并为一罪就不至于降低量刑的准确性，一分为三反而画蛇添足了。

现行刑法既有该合而未合的犯罪，也有该分而未分的犯罪。比如收买被拐妇女和收买被拐儿童之间就存在系统性差异，收买被拐妇女几乎肯定伴随着拘禁、强奸、殴打、虐待等后续伤害，而相比之下，收买被拐儿童却通常不会引发此类伤害，至少不会立刻发生。和前者相比，后者是一种相对安全的犯罪，不应该被放在同一个篮子里。

犯罪分化的过程，就是从母罪中逐渐单列和分化出不同子罪的过程，母罪和子罪之间的亲缘关系清晰可辨。战国时期的《法经》规定了"盗"和"贼"两大类犯罪，分类依据主要看是否使用暴力。"盗"指非暴力犯罪，主要是盗窃；"贼"指暴力犯罪，主要是杀人、伤害、抢劫以及危害国家政权的犯罪。

但后世的立法者发现，以是否使用暴力区分"贼"和"盗"并不合理，因为不以谋取财物为目的的暴力行为（比如殴斗）属于偶发的犯罪，罪犯不会以此为业，倘若量刑主要参考是否使用暴力，就很容易出现畸轻畸重。是否谋取财物应该成为区分犯罪的重要标准，因为谋取财物的犯罪可以成为一个职业，这个标准隐含了犯罪频率这一重要指标。惯犯总比偶犯更严重。

《唐律疏议》正式改变了"盗"的原始含义，"以威力而取其财"由贼入盗，进而把盗罪分为"强盗"和"窃盗"，"窃盗"又分"公盗"（公然夺取）和"私盗"（秘密窃取）。可见抢夺罪（"公盗"）是从窃盗罪中分化出来的，"私盗"对应于现在的盗窃。而"强盗"又分"先强后盗"和"先盗后强"，前者对应于现在的抢劫，后者则相当于转化型抢劫。

与现行刑法将转化型抢劫以抢劫罪论处不同，唐律对"先盗后强"的处罚明显轻于"先强后盗"。老实说，这多少还是让我有点吃惊，因为，比之现行刑法，唐律对转化型抢劫的量刑明显更为合理。现行刑法对转化型抢劫的规定已经在司法实践中引发了混乱，最高院出台了两个司法解释也没把问题彻底解决，而如果采用唐律的做法，这些麻烦都不会出现。仔细想来也不奇怪，古人的思考比较纯净，幸免了刑法学要件思维的污染，反而能更多关注案件事实，并能让自己的道德直觉保持天然的敏锐。

抛开要件思维，回到罪责评价指数，我们先评估一下抢劫罪的危害后果，并以抢劫和抢夺做个比较。想象一下，受害人面对两种犯罪都有什么选择？答案只有四个选项：（1）顺从；（2）不作为；（3）逃跑；（4）反抗。但不同的是，在遭遇抢夺时，受害人只要不反抗，其人身就是安全的，至多承受财产损失；而面对抢劫，情形就完全不同，任何一个选项都不能确保其人身安全。逃跑和反抗的风险很大，不作为或顺从也未必全身而退，因为罪犯可能以暴力威胁他不去报警或出庭作证，或者罪犯搞不清楚受害人是否已经交出了全部财产，因此觉得有必要让受害人吃点苦头才能让自己如愿以偿。入户抢劫之所以是比拦路抢劫更为严重的犯罪，就是因为拦路抢劫的受害人很容易证明自己已经交出了全部财产，而入户抢劫的受害人则很难解决他和罪犯之间的信息不对称。

受害人控制风险的能力自然会影响他遭受伤害的可能性。如果说入户抢劫的受害人比拦路抢劫的受害人更难控制风险，而抢夺罪的受害人比抢劫罪的受害人更容易控制风险，那么，转化型抢劫的受害人呢？显然，转化型抢劫的受害人远比抢劫的受害人更容易控制风险。只要他不反抗，无论选择顺从、不作为还是逃跑，都有很高概率避免人身伤害。换言之，盗窃、抢夺或诈骗是否转化为抢劫，在受害人那里是大致可控的。

然而，只要承认转化型抢劫的危险性远比抢劫低得多，就不应该支持转化型抢劫以抢劫论处的立法方案。也就是说，转化型的抢劫不应以抢劫罪论处，而应将原罪与故意伤害数罪并罚。立法中的失误很容易在司法过程中暴露出来，将转化型抢劫和抢劫一视同仁，必然会屡屡挑战法官的道德直觉，以致最高院不得不先后出台了两个司法解释来收拾残局，但问题并没有被彻底解决。数罪并罚的方案之所以更加合理，还因为转化型抢劫的犯罪损失是可分割的，原罪造成的财产损失与人身伤害之间有个明显的时间差。但抢劫罪却没法把财产损失和人身伤害损失分割开来，比如抢劫巨额财产的罪犯就不一定造成人身伤害，他可能只是以暴力相威胁而并未真正使用暴力。

抢劫罪其实是两种伤害行为的组合：一是谋取财产，二是使用暴力或以暴力相威胁，但之所以要把两种行为合二为一，就是因为损失不好分割，难以单独计算。这就涉及刑法学上一个让人头疼的问题：一罪与数罪。刑法学为此创造了丰富的词汇，包括牵连、吸收、竞合以及想象的竞合等等，这些词汇混杂在一起就成了一锅粥，让处理案件的法官和应付司法考试的考生苦不堪言。

其实只需掌握一个简单的原则就可以了——刑法以数罪并罚作为默认原则，除非损失无法分割而必须算总账。也就是说，区分一罪和数罪的标准，既不看行为是否可分割，也不问目的是否可分割，而是只看损失是否可分割。一个人伪造公章诈骗了5000元钱，看起来他触犯了两个罪名，但损失却只有一项，因而只按诈骗定罪，伪造公章只是牵连的罪名。另一个人只是伪造了公章却尚未从事任何危害行为，但依然触犯了刑法，因为伪造公章总要试图做点什么，没有实际损失但有预期损失，而相比之下，前一个犯罪只是靴子已经落地而已。

区分一罪和数罪也是对犯罪的编码方案，同样需要兼顾编码的经济性和精确性。数罪并罚之所以是首选，是因为数罪并罚有利于量刑精确，但当损失无法分割的时候，就只好合并为一个犯罪。但若多次犯下同一种犯罪，则只需累计犯罪损失就足以做到量刑精确了，此时用数罪并罚反而显得画蛇添足。

很多时候，我们只看罪名就能猜到母罪和子罪以及子罪之间的亲缘关系。唐律中的"强盗"和"窃盗"就是一对姊妹花，"窃盗"又生出了"私盗"和"公盗"。这说明在古人眼里，抢夺近乎盗窃，却与抢劫相对疏远。但罪名的流变改变了人们的认知，在现代刑法中，只因为分享了一个"抢"字，抢夺和抢劫之间的关系就被拉近了，经常被合称为"两抢"犯罪。但从量刑上看，抢夺显然更接近盗窃，而不是更接近抢劫。

只看罪名，我们知道盗窃枪支是盗窃罪中的一个子罪，集资诈骗则是诈骗罪中的一个子罪。但同样是只看罪名，侵占和盗窃之间的亲缘关系就不好辨认，尽管侵占也是盗窃的一个子罪。通常的说法是，侵占罪萌芽于罗马法，直到19世纪才与盗窃罪分离。在中国要更晚一些，在《大清新刑律》正式规定这个罪名之前，侵占一直被包含在盗窃之中。但实际上，《汉谟拉比法典》就已经实质性地区分了盗窃和侵占，并且对后者规定较轻的处罚。

侵占之所以从盗窃罪中分化出来，是因为立法者发现了侵占和盗窃之间的系统性差异。无论是为受害人代管财物，还是持有受害人的遗忘物或埋藏物，犯罪嫌疑人都很容易被锁定，破案率接近百分之百，通常无须警方介入，受害人依靠自己的力量就能破获案件，因此适用自诉程序。法律对侵占的处罚也系统性地轻于盗窃。

类似的情形是集资诈骗。作为诈骗罪的一个子罪，集资诈骗的量刑却明显轻于诈骗。诈骗罪被规定在《刑法》第五章，属于侵犯财产罪。第266条规定："诈骗公私财物，数额较大的，处三年以下有期徒刑、拘役或者管制，并处或者单处罚金；数额巨大或者有其他严重情节的，处三年以上十年以下有期徒刑，并处罚金；数额特别巨大或者有其他特别严重情节的，处十年以上有期徒刑或者无期徒刑，并处罚金或者没收财产。"

集资诈骗罪被规定在《刑法》第四章第五节，属于破坏社会主义市场经济秩序罪中一个子类别——金融诈骗罪中的一种，如此看来，集资诈骗不是诈骗的子罪，而是"孙罪"。第192条规定："以非法占有为目的，使用诈骗方法非法集资，数额较大的，处三年以上七年以下有期徒刑，并处罚金；数额巨大或者有其他严重情节的，处七年以上有期徒刑或者无期徒刑，并处罚金或者没收财产。"

比较两种犯罪的轻重，不能只看刑法条文，更重要的是看司法解释规定的定罪量刑的标准。诈骗罪中的"数额较大"、"数额巨大"、"数额特别巨大"分别为3000元至1万元以上、3万元至10万元以上、50万元以上。而集资诈骗罪中相应的额度标准则分别为10万元以上、30万元以上、100万元以上。同样是诈骗8万元，若以普通诈骗论处，量刑应在三年以上；而若以集资诈骗论处，还达不到追诉标准。同样是诈骗80万元，若以普通诈骗论处，量刑就应在十年以上；而若以集资诈骗论处，则通常会在七年以下。

这是不是看上去很奇怪？既然同为诈骗，为何集资诈骗却享有相对于普通诈骗的优待？想象一下，倘若把集资诈骗从第四章转移到第五章会是什么情形？那就要在《刑法》第262条中增列一款："以集资方式诈骗公私财物的，从轻或减轻处罚。"刑法如此规定就会显得十分诡异，甚至吓你一跳，但两种立法方案在内容上的确是等价的。

若是仅仅比对或识别要件，那么集资诈骗和普通诈骗就很难被区分开来。都是以非法占有为目的，都采用了虚构事实或隐瞒真相的手段，都侵犯了公私财物。如果硬说集资诈骗破坏了社会主义市场经济秩序，而诈骗没有，那我也没办法，但明眼人看得出，刑法学上"犯罪客体"这个概念实在是太不靠谱了——它不是论证出来的，而是硬生生给套上去的。

只要放弃要件识别的思路，解释这种诡异就很简单了。相对而言，以集资方式实施诈骗的作案目标很大，隐蔽性不强，很多行动是公开透明的，犯罪门槛也更高，所以其作案成功率较低，即使作案成功，也很容易被侦破。这就是为什么明知集资诈骗量刑较轻却并没导致潜在罪犯蜂拥而入。世上没有免费的午餐,这话对犯罪也同样适用。但更重要的原因还是集资诈骗的数额系统性地高于普通盗窃罪,因而会迫使惩罚参照点向上漂移,这是让刑罚保持边际威慑的唯一可行方案。

现行刑法规定了多少种诈骗罪?有人说9种,有人说12种,两种说法都错。实际上,诈骗占据了刑法的半壁江山。诈骗是个远比盗窃更为庞大的家族,它包括了各种伪造(制假售价、伪造货币、公文、印章、发票、证件文件),各种骗取(骗取贷款、票据承兑、金融票证、出口退税),各种隐瞒(隐瞒重要信息、虚假破产、妨碍清算、泄露内幕信息、内幕交易、虚假广告、编造传播虚假信息),各种诱骗(诱骗投资者买卖证券、期货合约、操纵证券和期货市场),各种欺诈(欺诈发行股票债券、虚开发票、虚报出资、虚假出资和抽逃出资),还有各种伪装和假冒(假冒商标和专利、逃汇、逃检、逃税、洗钱)。但诈骗家族的子罪和"孙罪",量刑都比普通诈骗更轻,即使是合同诈骗和金融诈骗(贷款诈骗、票据诈骗、金融凭证诈骗、信用证诈骗、信用卡诈骗、有价证券诈骗、保险诈骗等等)也不例外,原因与前述集资诈骗量刑较轻大同小异。

刑法第五章规定的诈骗罪,其实只是最原始的诈骗母罪。这个说法暗示了"诈骗树"的概念,原始的诈骗罪相当于树的根茎,其他各章节的诈骗可算是树上的枝叶。从"诈骗树"我们就会联想到"犯罪树",而"诈骗树"只是"犯罪树"上最兴旺的那个部分。相比之下,"盗窃树"就显得较为枯萎,而抢夺则完全不能成为"树"。

"犯罪树"的概念显然来自"进化树"。进化树比喻了生物学上的一个编码方案,用以描述不同物种的进化历程以及彼此之间的亲缘关系。在进化树上每个叶子结点代表一个物种,如果每一条边都被赋予一个适当的权值,那么两个叶子结点之间的最短距离就可以表示相应的两个物种之间的差异程度和亲缘关系。

不同犯罪也有各自的进化历程,且相互之间存在亲缘关系。比如盗窃和诈骗之间就有亲缘关系,前者让你无从知晓,后者让你判断失误,但偶尔就有某种犯罪介乎两者之间,仿佛是个杂交品种,比如通过伪造二维码盗/骗取现金。侵占和贪污就是从"盗窃树"上分化出去的一个小分支和一个大分支,而从"诈骗树"分化出去的枝叶简直难以计数。至于犯罪分化的原因,肯定是罪责评价指数中的某个或几个变量出现了系统性变异。以"犯罪树"对不同犯罪重新编码，涉及一系列有趣的算计和想象；而用"犯罪树"的编码方案去制定刑法，即使不是可行的方案，也至少可以带来一场头脑风暴。

法律形态学的先天不足

通过对犯罪行为分门别类，进而归纳总结不同犯罪的具体特征，传统刑法学创造出一套以构成要件为核心的理论体系。在这个理论体系中，每一种犯罪各自对应着一组构成要件，因而刑事司法实践的核心技术就是"要件识别"——面对一种具体的违法行为，司法机关先根据法定要件去判断这种行为是违约、侵权、行政违法还是刑事犯罪；构成犯罪的，则同样需要根据法定要件去判断该行为构成哪种犯罪。

也许这种司法模式可以顺利解决大部分案件，但若一个违法行为同时符合或贴近两种犯罪的构成要件，就会出现"要件失灵"。打个比方，这些要件编织了一个个的篮子，篮子上贴着不同犯罪名称的标签，但总有些违法行为发生在灰色地带，司法者不知道该把它扔进哪个篮子里，就像售货员有时搞不清楚该把某个东西放在哪个货架上。任何离散的编码系统都会发生类似的问题，语言中类似的问题多到不可胜数，我们经常搞不清某个东西该用什么称呼。

要件失灵了，不是还有教义吗？话虽这么说，传统刑法学也确实含蓄地承诺，刑法教义足以应对要件失灵；甚至为了凸显教义的功能和地位，还干脆用"教义"冠名了理论——不过老实说，"刑法要件学"要比"刑法教义学"更加名副其实。且不说教义本身的实战能力尚待严格检验，即使教义确实顶用，在其供给和需求之间也存在大量缺口。随便捡几个前面已经讨论过的问题，比如，为什么侵占是比盗窃更轻的犯罪？为什么普通诈骗要比集资诈骗受到更严厉的处罚？为什么把转化型抢劫以抢劫论罪会导致司法混乱？为什么利用自动取款机故障盗窃金融机构就可以减轻处罚？坦率地说，我从未发现传统刑法学对这些问题提供了令人满意的解释，也从未看到刑法学教义能发挥什么作用。总不至于把"刑法公正""校正正义"或"罪刑相适应"之类的"终极杀器"祭出来吧？祭出来又有何用？

对于刑事司法如何破解定性难题，我主张从"要件识别"转向"变量评估"。一旦要件失灵，就无须在要件含义或行为性质上继续纠结，而应该探寻隐藏于要件背后的深层刑法逻辑，并在此基础上评估决定犯罪预期损失的各种变量，尤其是破案率和作案成功率，进而根据评估结果去定罪量刑。要件是犯罪分类之后归纳出来的同类犯罪的典型特征，要件识别的先天不足根源于归纳法本身的先天不足。

刑法的发展趋势，是犯罪被分得越来越细，区别对待的依据越来越多。省略历史细节之后，我们可以粗略想象一下刑法的发展过程。为了制定合理的惩罚方案，法律决策者首先会根据行为和后果区分不同的伤害行为，将其分成违约、侵权、犯罪和行政违法等。每一种违法行为还可以继续细分。就犯罪而言，"偷"有别于"骗"，更不同于"抢"。同样是抢，但"抢劫"应该区别于"抢夺"，"侵占"也应从"盗窃"中分离出来。随着犯罪被越分越细，缝隙和重叠就会层出不穷，于是需要设立打补丁的犯罪，比如"寻衅滋事"。除了区分行为和后果，法律决策者还要考虑罪犯的主观心理状态，分辨"故意"与"过失"，分辨"蓄谋"与"冲动"，还要判断有无"认识错误"以及是否"真心忏悔"等。此外，立法者还要斟酌罪犯和受害人的状况。比如儿童、精神病人、残疾人和有特定身份的人犯罪，就不能和身心健全的普通成年人犯罪一概而论；同样，如果强奸罪的受害人是幼女或盗窃罪的受害人是金融机构，就不能与一般的强奸和盗窃等量齐观。

上述区分会让我们不由自主地想象出一张表格，表格的横向是各种类别的罪名——诸如杀人、放火、强奸、抢劫、盗窃、侵占之类；表格的纵向是区分不同犯罪的依据——包括行为主体、危害行为、犯罪对象、危害结果、因果关系、阻却事由以及期待可能性等等。传统刑法学理论主要在表格的纵向上发挥想象力。把这些区分依据模块化，就出现了"四要件"或"三层次"之类的犯罪构成理论。但这张表格仍然是"犯罪构成理论"的基本框架，传统刑法学的主要工作就是把表格填满。

请注意，刑法先于刑法学，世上先有刑法，后有刑法学。面对一部现成的刑法，理论家有两条研究路径。一条是揭示刑法的深层逻辑，将所有犯罪的分类依据还原为决定犯罪预期损失的各种变量，至少要解码人类的道德直觉，毕竟这是最初的立法依据。但由于这条路径难度很大，至少在经济分析和演化博弈的方法成熟之前是肯定走不通的，而摆在眼前的一条捷径却充满了诱惑，那就是通过填充犯罪分类表来描述不同犯罪的行为、后果、目的、动机，犯罪意图、主体、客体、人身危险性以及受害人等各个方面的状况。从同类犯罪中发现的共同点被整合在一起，就变身"刑法分论"中不同罪名的构成要件；从所有犯罪中发现的共同点被整合在一起，就变身为"刑法总论"中的犯罪构成理论。

那么，如何评价传统刑法学理论的质量呢？首先要承认它的功能，对于指导定罪量刑，传统刑法学理论至少在统计学意义上具有合理性——如果过去发生的某一类犯罪都体现出某些共同点，那么未来发生的同类犯罪体现出这些共同点的概率就很高，因而，将体现出这些共同点的未来犯罪认定为同类犯罪，就通常不会犯错误。举例而言，如果过去发生的盗窃罪都是以隐蔽手段侵占了别人的钱财，那么将未来发生的以同样手段侵占别人财产的行为定性为盗窃，就通常不会犯错误。这里有贝叶斯意义上的统计合理性。

早期的生物分类学也经历过类似的阶段，根据生物的外表特征将不同生物分门别类。比如，昆虫的典型特征就是三对足和两对翅，如果已知的所有昆虫都长着两对翅和三对足，那么如果未来发现某个未知动物也有同样的形态，就大致可以断定这种动物是昆虫。现行刑法之所以将转化型的抢劫以抢劫论处，就是一种形态学思维，因为从要件上看，转化型抢劫和抢劫的外表形态是一样的，就像海豚和鲨鱼的外表形态都是鱼。但把转化型抢劫按抢劫论处，却相当于把海豚看成了鱼，这就是形态学思维无法克服的局限。

概率性的推测总会有例外。以隐蔽手段侵占他人财产未必就是盗窃（比如受害人是自己亲属的情形），盗窃也未必使用隐蔽手段（尤其在监控摄像普及之后）。同样，长着两对翅和三对足的动物未必就是昆虫（尽管目前还没发现例外），昆虫也未必都有两对翅和三对足（有些昆虫就是无翅的或只有一对翅）。但只要诸如此类的例外数量稀少，就不至于破坏大局。但两相比较的区别却显而易见，生物学家从来不会把两对翅和三对足视为昆虫的"构成要件"，但刑法学家却会把"隐蔽手段"和"非法占有"视为盗窃罪的构成要件。

传统刑法学之所以无力应对要件失灵，就是因为要件失灵属于例外情形。回避被道德直觉、理性思考和自然选择共同支配的刑法深层逻辑，是这种理论的先天不足。虽说要件失灵时，可将教义拿来做缓冲，但教义同样是归纳出来的，理论方法的先天不足靠后天打补丁是解决不了的。无论是刑法总论中的犯罪构成，还是刑法分论中的构成要件，都不过是以一种简单、生硬、随机的方式组合在一起的套路化措辞，说白了就是"行话"。他们貌似可以组成一套完整的理论，细看则是残垣断壁。而与此同时，决定这些要件的变量以及不同变量之间的函数关系却被掩盖了。

这种情形不仅导致了刑法概念体系的混乱不清，而且割裂了彼此之间的关联。比如，"犯罪行为"和"犯罪情节"如何区分？"危害后果"和"社会危害性"是怎样一种关系？"人身危险性"和"社会危害性"是两个相互独立的衡量标准吗？如果不是，两者之间如何换算或如何解决重叠的部分？"违法性"和"该当性"又是怎么回事？如何解决逻辑上的循环论证？"非法占有"可以作为一个要件吗？"故意"和"过失"之间界限分明吗？如果不是，两者之间如何过渡？"认识错误"属于过失的一种，与其他过失又有什么区别？"主观方面"和"客观方面"有因果关系吗？如果有，那么"主客观相统一"岂不是把因果关系给掩盖了？……诸如此类的问题实在太多了。如今刑法学（其实是整个传统法学）的概念体系像极了牛顿之前的物理学（那时还叫"自然哲学"）的概念体系，充满了歧义和混乱，而且难以度量。

对比一下"生物分类学"，传统刑法学理论的先天不足就暴露得更清楚了。最早的生物分类学是按形态分类，比如中国古人就把动物分为虫、鱼、鸟、兽四个大类。想必达尔文最初看到三对足的无翅虫时，也曾犯过犹豫，这些虫子更接近于蜘蛛还是更接近于蝴蝶？类似的问题是，海豚更接近于鲨鱼还是更接近于猎豹？蚂蚁更接近于白蚁还是更接近于蜜蜂？生物分类学通过研究生物类群间的异同和异同程度来阐明生物间的亲缘关系、进化过程和发展规律，但要做出更准确的判断，只看形态是靠不住的。生物分类学从古老的形态学发展到现代的分子生物学，其分类的依据也从外表形态转向更微观的标准，比如染色体和血清反应等等。于是我们知道了，海豚和猎豹的亲缘关系更近，虽然它更像鲨鱼；而蚂蚁和蜜蜂的亲缘关系更近，虽然它更像白蚁。三对足的无翅虫与蝴蝶而非与蜘蛛或蜈蚣的亲缘关系更近，因此应被列入昆虫之中。

无论是以染色体为依据的细胞分类学，还是以血清反应为依据的血清分类学，相对于古老的形态学，都是"微观理论"（microscopic theory）和"现象理论"（phenomenological theory）之间的关系。科学研究经常从"现象理论"起步，然后被"微观理论"取而代之，相对于前者，后者有能力揭示更深层的因果关系，具有更强的解释力、精确性和整合能力，甚至可能更简洁。牛顿的经典力学相对于亚里士多德甚或伽利略的力学理论，就是微观理论和现象理论之间的关系，而当量子力学出现之后，经典力学就变成了一种现象理论。

传统法学就是一种现象理论，对其最恰当的称呼，既不是法律教义学，也不是法律要件学，而应该是"法律形态学"。在刑法学的框架中，犯罪的行为、后果、主观心理状态、主体、客体等等都是分裂的，而法律经济学却把这些概念还原为决定犯罪预期损失和刑罚威慑水平的各种变量，从而将这些分裂的概念整合在一起。比如过失和故意，蓄谋和冲动，都曾是分裂的概念，但经济分析却可以把它们整合进事故预期损失和事故预防成本的函数关系中，并通过作案可能性、作案成功率、破案率以及犯罪实际损失等变量去表征不同程度的犯罪预期损失。从要件识别到变量评估，类似于生物分类学从形态识别转向比对染色体或观测血清反应，倘若没有这种从现象理论到微观理论的转向，我们不可能发现强吃霸王餐的行为其实更接近于抢夺，尽管它看上去更像抢劫。

当然，传统刑法学理论并非一无是处，说它要被法律经济学取而代之也是言过其实。正如我们看到的，传统刑法学理论可以顺利解决大部分格式化的案件，那些典型的盗窃、抢劫、诈骗，根本无需变量评估，只需简单比对一下要件就足够了。就像我们教儿童识别那些典型的昆虫，比如蝴蝶、蝗虫或苍蝇，通常只需数数翅膀和腿足就够了，用不着去比对染色体或者观测血清反应。

但"顺利解决"不等于"高质量解决"。不可否认，即使要件完全相同的两个案件，其细节也是千差万别的，但在传统刑法学的理论视野中，要件之外的细节却仿佛被打上了马赛克。要解读马赛克之内的细节差异，法律决策者只能重新依靠他们的道德直觉。许霆案之所以引起轰动，不是因为法律指向的判决结果违背了预设的构成要件，而是因为判决结果严重冲撞了人们（包括法学专家）的道德直觉。

对此，刑法学教义能否发挥些作用？只能说，作用很有限。对于个案而言，一条教义的指引功能也充其量相当于一个法条，并且它还像法条一样对事实进行条块分割，这意味着，即使刑法教义有助于缩小马赛克的区间，也是杯水车薪，毕竟细节是个无穷大，更何况缩小马赛克是以增加了缝隙和重叠为代价的。

当然，在马赛克的区间之内，法律决策者可以自由裁量，而自由裁量的隐含义就是允许法律决策者根据自己的道德直觉来操作法律。然而法律决策者的道德直觉不仅因人而异，而且很难与时俱进。受制于进化的速度，我们的道德直觉很可能还停留在农业社会，甚至狩猎采集社会、至多是工业社会的老样子，与信息时代社会变迁呈现出的加速度肯定难以完全合拍。只有把法律的深层逻辑显现出来，那些被法条、教义以及要件分割的马赛克才可能彻底消失。法律决策者由此心明眼亮，更高的像素自然会呈现出一片清晰的视野。

而如前文所述，道德直觉是一个算法，只有把这个算法解析出来，才能从基因操控的下意识层面提升到意识层面，从自在变成自觉，变成评价罪责轻重进而指引法律决策的规范性思考，从而补充、矫正乃至替代法律决策者的道德直觉，进而创造出一套可以交流的语言操作系统，将见仁见智的道德直觉收敛、聚合到同一个频道。

虽然法律人会说，受认知能力和成本的制约，变量评估的方法不可能做到精确，评估结果也会因人而异。但这个质疑似是而非，或者说，质疑的内容是对的，但却没有质疑的力量。方法和理论的优劣都是相对而言的，世界上没有哪种理论可以让法律决策变得高度精准、不差毫厘，有思路不等于做对事情，但有思路总比没思路好，因为没有思路会大大降低做对事情的概率。且评估优于描述，把需要评估的变量解析出来，比之继续使用掩盖变量的描述性概念就算前进了一大步。如果说变量评估做不到精确，那么那些充满了混乱和歧义的描述性概念岂不是更加离谱？更何况，法律决策通常并不需要精确的评估结论，决策者面对的难题通常只是"某种违法行为更接近于犯罪A还是更接近于犯罪B"或者"处理某个案例应该采用方案A还是方案B"，对应于此，变量评估通常只需分出个大小，因而方案评估通常只需要知道个好歹就够了。

以变量评估取代要件识别，可以为当下的一个学术热点——"法律与人工智能"——提供一些启发。该领域的讨论似乎遗忘了一个关键问题：如何为人工智能操作法律设计出一套算法？如果考虑到被称为"涵摄"的三段论推理显然不顶用，号称利用了大数据的统计学算法又难免有系统性偏差，我们会发现，人们真正值得期待的是将法律本身算法化。人工智能在掌握这套算法之后才拥有操作法律的能力。退而求其次，我们也至少需要设计出拥有"道德判断力"的人工智能，因而解码道德直觉的任务是责无旁贷的。但不管怎样，妄图绕过法律经济学或演化博弈论去讨论"法律与人工智能"都是令人费解的。

想象一下，如果将来有一天，强大的人工智能能够替代人类去完成法律决策。只要信息科技和生物科技能把探知事实的所有障碍彻底扫除，人工智能就不必遵循证据法规则，也无需了解程序正义的观念。面对一种犯罪行为，它可以通过评估关键变量计算出罪行轻重，然后根据可描述"罪刑相适应"的一个单调函数直接做出处罚。定罪的环节就被彻底省略了，因为定罪的原始目标就是为了准确量刑，因而，基于算法的量刑只要足够准确就可以取代定罪。

这个变化是革命性的。那些识别不同犯罪的要件，区分不同犯罪的依据，以及描述不同犯罪行为、后果和主观意图的一系列概念，甚至包括不同的罪名，都将成为历史词汇。剩下的只有评估罪行轻重的各种变量，比如破案率和作案成功率。但这个革命性的变化不会让法律飞向天际，而只是把法律带回到它的起点——那个最原始的状态。

参考文献

1. [英]边沁：《道德与立法原理导论》，时殷弘译，商务印书馆，2000年。
2. [美]塞缪尔·阿贝斯曼：《为什么需要生物学思维》，贾拥民译，四川人民出版社，2019年。
3. [美]理查德·A.波斯纳：《正义/司法的经济学》，苏力译，中国政法大学出版社，2002年。
4. [英]霍布斯：《利维坦》，黎思复、黎廷弼译，商务印书馆，1985年。

5. [美]罗伯特·法兰克、菲力普·库克：《赢家通吃的社会》，席玉苹译，海南出版社，1998年。
6. Robert Axelrod, *The Evolution of Cooperation*, Basic Books, Inc., 1984.
7. Robert Axelrod, *The Complexity of Cooperation: Agent-Based Models of Competition and Collaboration*, Princeton University Press, 1998.
8. [美]布莱恩·斯科姆斯：《社会契约的进化》，杨培雷等译，上海人民出版社，2021年。
9. [美]霍姆斯：《普通法》，冉昊、姚中秋译，中国政法大学出版社，2006年。
10. Ariel Rubinstein, "An Optimal Conviction Policy for Offenses that May Have Been Committed by Accident," *Applied Game Theory*, pp. 406-413.
11. 何勤华、夏菲主编：《西方刑法史》，北京大学出版社，2006年。
12. [美]米切尔·P. 罗斯：《以眼还眼：犯罪与惩罚简史》，胡萌琦译，中信出版社，2019年。
13. Mirko Bagaric and Kumar Amarasekara, "The Errors of Retributivism," 24 *Melb. U. L. Rev.*, 2000.
14. [意]切萨雷·贝卡里亚：《论犯罪与刑罚》，黄风译，商务印书馆，2018年。
15. Richard A. Posner, "An Economic Theory of the Criminal Law," *Columbia Law Review*, Vol. 85, No. 6, 1985.
16. Rrichard B. Freeman, "The Economics of Crime," in *Handbook of Labor Economics*, Vol. 3 (Edited by O. Ashenflter and D. Card), North Holland, 1999.
17. [美]罗伯特·考特、托马斯·尤伦：《法和经济学》，施少华等译，上海财经大学出版社，2002年。
18. [美]布莱恩·阿瑟：《技术的本质》，曹东溟等译，浙江人民出版社，2014年。
19. [美]保罗·W. 格莱姆奇：《神经经济学分析基础》，贾拥民译，浙江大学出版社，2016年。
20. Steven Shavell, "A Model of Optimal Incapacitation," *The American Economic Review*, Vol. 77, No. 2, Papers and Proceedings of the Ninety-Ninth Annual Meeting of the American Economic Association, 1987.
21. [美]理查德·A. 波斯纳：《法律的经济分析》，蒋兆康译，法律出版社，2007年。
22. 戴昕、张永健：《比例原则还是成本收益分析》，《中外法学》2018年第6期。
23. W. William Minor and Joseph Harry, "Deterrent and Experiential Effects in Perceptual Deterrence Research: A Replication and Extension," *Journal of Research*

in Crime and Delinquency, Vol. 19, 1982.
24. [美]理查德·A. 波斯纳：《法理学问题》，苏力译，中国政法大学出版社，2002年。
25. Steven Shavell, "Deterrence and the Punishment of Attempts," *The Journal of Legal Studies*, Vol. 19, No. 2, 1990.
26. Gary S. Becker, "Crime and Punishment: An Economic Approach," *Journal of Political Economy*, Vol. 76, No. 2, 1968.
27. Stephen G. Gilles, "On Determining Negligence: Hand Formula Balancing, the Reasonable Person Standard, and the Jury," *Vanderbilt Law Review,* Vol. 54, 2001.
28. Steven Shavell, "Criminal Law and the Optimal Use of Nonmonetary Sanctions as a Deterrent," *Columbia Law Review*, Vol. 85, 1985.
29. [美]詹姆斯·格雷克：《信息简史》，高博译，人民邮电出版社，2013年。

第6章 分 离

先来假想一场清代的诉讼。假定原告是个地主,被告是他的佃户。原告起诉被告称:租佃期间,被告没有如约交付租谷;租期届满后,被告也没有如约返还田地;发生争执时,他还打伤了原告的妻子。被告反诉原告称:今年天旱歉收,原告曾答应减免租谷三石,事后反悔,且指使其妻子来家无理凶闹,佃期届满前就要强行收回田地。

这是一起典型的租佃纠纷。这类纠纷在中国历朝历代都会引起大量诉讼,属常见诉讼类型。案情也是最普通不过,租佃纠纷差不多就是这个样子。按照那个时代的司法制度,原告起诉必先提交书面诉状,自己写不了就得请人代书。县官每月只有几天处理纠纷,他的主要身份还是行政官员。

县衙大堂是临时法庭,审案暖阁靠近北面高墙,暖阁后的一把太师椅就是县官的座位。衙役们手持竹板站立两旁,大堂中间铺着青色石板两块,原告和被告就跪在石板上。他们不是相对而跪,而是共同跪向县官。一抬头就看到迎面高墙上悬挂的金字匾额,上书"明镜高悬"。稍一转眼,两根立柱上雕刻的字迹也清晰可辨,读下来是对联一副:"欺人如欺天毋自欺也,负民即负国何忍负之。"

审理案件时,县官听取原告和被告陈述案由,其间可以随时发问,也可以随意呵斥。一旦发现陈述可疑,县官可能脸色立变,用木块敲击桌案,啪啪作响,衙役们跟着呼喊"威武"。原被告战战兢兢,有时被吓得张嘴结舌,生怕竹板随时打在自己身上。搞清楚是非曲直之后,县官可当日宣判,也可随后判决。事后,当事人双方还要提交"遵依结状"的誓约书,表示服判,至此才算案结事了。

县官的裁判依据,首先是当事人签订的合约,所谓"民有私约如律令",审理的原则是"任以私契,官不为理",相当于现在的"私法自治"。纠纷通常起因于约定遗漏或约定不明，县官需要以外在的依据来填补或矫正合约。外在的依据来源很广，笼统地说不外乎"天理、国法、人情"。但其实只有"天理"和"人情"，因为中国古代的法律并没有提供可以补充或矫正合约的默认规则。

默认规则又被称为"缺省规则"（default rule），是个从计算机领域移植的概念。之所以听起来词不达意，是因为"default"一词开始就被翻译错了。英语中的"default"有很多含义，包括错误、违约、缺省以及默认等等，而恰当的翻译是"默认"；但计算机领域的先驱者却将其错译为"缺省"，于是有了"缺省规则"的概念。虽然"默认"和"缺省"的含义相关——"默认"意味着原本需要声明的事项可以被"缺省"，但缺省的说法并不直观，计算机领域的新人终于忍无可忍，将"default"重译为"默认"。不过语言的惯性却让"缺省规则"的概念沿用下来，还扩展到了包括法律在内的其他领域。但考虑到绝大多数法律人对"缺省规则"并不熟悉，且传统法学中也没有这个概念，所以我才恢复"默认规则"的说法，与其因循守旧，不如正本清源。

在法律语境中，默认规则是指在当事人没有另行约定时法律提供的广谱适用规则。它似乎只存在于合同法——很多美国学者就是这么认为的，但我会在更宽泛的意义上使用这个概念。强行法是最古老的立法模式，默认规则出现得较晚，但当其数量足够多、规模足够大的时候，就自然分化成了一个新的法律部门——民法。

在罗马法诞生之前，强行法是世界各国通用的立法模式。立法者意识不到法律可以表述为默认规则，即使偶尔出现有默认规则性质的条文，数量也相当稀少，几乎没法辨识为一个类型。这不奇怪，在古代立法者看来，违约、侵权与后果更为严重的犯罪只有程度上的区别，都是做错了事，伤害了别人。致力于控制违约、侵权和犯罪的法律也只有程度上的不同，它们在性质上是一样的，在表达上也是一样的。于是我们在古代法律中看到了"诸法合体"。

但是请注意，"诸法合体"不等于"以刑为主"。刑法和民法是相互对应的概念，没有民法就没有刑法，反之亦然。虽然中国古代有"法即是刑"的说法，但那个时候的"刑"和现在的"刑法"显然不是一个意思。倘若非要用现在的法律概念去描述古代法律，毋宁说古代法律"以侵权法为主",其主要内容更像现在的侵权法,很多犯罪是被当作侵权来处理的,刑法的范围很窄,大概只有中国古代的法律才更像刑法,甚至有点"泛刑法化"的特征。

但即便如此,中国古代司法者也早已发现,审理民事案件和刑事案件是性质不同的工作,因此区分了"理讼"和"断狱",大致对应于现在民事诉讼和刑事诉讼。"断狱"基本上属于惩罚过程的组成部分,抓捕犯罪之后,官府还要进一步核实案情真相,评估罪行轻重,以便做出恰当的惩罚(通常就是刑罚)。而"理讼",其主要功能则是解决纠纷,分清是非曲直,以便恰当分配各种类型的事故责任(通常只是赔偿)。鉴于两者有很多相似点——都要搞清楚案情真相,都要依据相应的法律,并且都要对伤害行为做出惩罚——所以古人将两者合称为"狱讼",就像现代人把各类诉讼统称为"司法"。

然而,将中国古代的"理讼"称为"司法"并不恰当,因为裁判者根本无法可依。"天理"和"人情"都不是法律,中国古代其实没有民法。我知道这么说会招来非议,关于中国古代有没有民法,支持者和反对者都能讲出一堆理由,至今尚无共识。但分歧不在于对事实的认知,而在于对事实的定义。倘说中国古代即使有民法也不是罗马法意义上的民法,估计正反双方就都不会反对了。

虽然一句话就化解了一场争论,但要想把问题——没有民法的古代司法会是什么样子——彻底搞清楚,那就要结合诉讼的背景了,而上述问题也就自然转化为——同样是审理民事纠纷,古代司法的裁判依据和裁判过程有什么不同?对比的参照可以是现代民事司法,也可以是古罗马的民事司法。只要我们搞清楚,在没有民法的条件下,官府怎样处理纠纷,由此而生的缺憾又在哪里,就能发现民法起源的契机,理解民法的独特功能,知道法律为什么会分离出一个新的功能模块。你看,完成这个任务并不需要去考察罗马法的历史,不过本章开篇假想的这起租佃纠纷,却可以拿来作为讨论的素材。

合约的遗漏和补充

地主和佃户,作为原被告双方,他们都有道理可讲,只是讲的道理不同。原告的道理基于双方约定,被告的道理基于当地习俗。市场原则要求合约必须遵守,但习俗却认可一种例外——若逢天旱歉收,地主就理应减免租谷。纠纷貌似起因于市场原则和道义原则的天然冲突,许多学者就是这么认为的,他们会说民间发展出减免租谷的道义原则,就是为了对冲市场原则的冷酷无情。但其实不然,减租习俗仍在市场原则之内,其内容相当于一个保险条款。只要存在减租习俗,且被广泛认可,那么作为减租的对价,地主在丰年收取的租谷就会比没有这个习俗时更高一些。两者的差额相当于保险费,既然佃户已在丰年多交了租谷,那么到了荒年,地主减租就是理所当然。保险条款的合理性在于地主比佃户更有能力承担歉收的风险。因而所谓"减免习俗",其实只是合约之外的默认条款,多数地主和佃户都愿意接受的默认条款就成了默认规则。

然而,作为默认规则的减免习俗过于笼统粗疏了。大家都知道有这个习俗,地主和佃户也都认可和接受这个习俗,但在何种条件下减免多少租谷,却从来没有统一的标准。对于不容易约定清楚的事项,地主和佃户都会倾向于将其省略在合约之外。不过这倒不至于造成多大的麻烦,地主和佃户都要顾忌自己的名声,也都想长期延续租佃关系,通常情况下双方都懂得克制和收敛,不至于向对方提出过分的要求。

但纠纷总是难免的。当合约不完备,且默认规则笼统粗疏填补不了合约遗漏时,纠纷最容易发生。好在这类纠纷不难处理,以前述案件为例,县官很快就能搞清楚案情原委,当天即可宣判:"租谷还须即时交付,减租多少则由县官酌定;租期届满,田地如约归还;打人要受到惩处,被告当庭被处以掌责(打耳光)。"如此判决,即使在现代人看来也是合情合理的。但其中却隐含了一个软肋——"酌定",县官来"酌定"减租多少,但若当事人追问"酌定"的依据,县官就不好回答了。

在这起简单的租佃纠纷中,我们看到了权威和规则之间的相互替代。如果裁判者的权威足够强,自由裁量就可以替代预设的规则;如果裁判者的权威较弱,就只能用更多的规则来压缩裁量空间。县官酌定减租额度,仍能让当事人双方心服口服,这固然值得庆幸。但维持这种局面并不容易,如果当事人双方或一方怀疑县官的能力和品质,就很容易陷入恶性循环——怀疑会侵蚀公信力,公信力削弱就会刺激更多的怀疑。此时,只有按预设的规则做出裁决才能让当事人相信裁判公正,对事不对人。预设的规则有如下功能:(1)指引和约束裁判;(2)维护和拯救司法权威;(3)便于当事人预测裁判结果,从而减少未来的纠纷数量。

但是,规则从何而来?直接由最高官府出台固然好,但就减租事项而言却显然行不通,各地自然地理条件差异很大,降雨状况也年年有别,国家很难出台通行全国的减租标准。这个任务只能落到地方官府的头上。假定地方官府打算解决这个难题,原则上,只要这类租佃纠纷频繁发生,官府就可以积累判案经验。对于天旱、歉收和减免之间的相关性,官府能逐渐总结出一套可大致量化的操作指南。如果官府将这套操作指南明文发布,则地主和佃户之间的大部分潜在纠纷就可以防患于未然。至于如何拟定明文,却是个很有技术含量的工作。

降雨量不难测量,但降雨还要分时节,且不同田地质量不等,产量不一,因而对于在何种情况下减免多少租谷,官府很难做出硬性规定,也没法用几个简单的条文概括出来。最恰当的做法,莫过于发布按年度动态调整的减免标准——分别根据当地夏秋两季的降雨情况,官府每年发布两次减租比率,比率的基数是地主和佃户约定的租谷数量。当然,丰年无需减租。

为了更好地回应市场需求,还应附加声明如下:官府发布的减租标准,只在地主和佃户没有约定或约定不明时适用;换言之,当事人另有约定的除外。如此发布明文,意味着官府细化了关于歉收减租的默认规则,但没有改变默认规则的性质。默认不等于强制,官府允许当事人可以约定排除。

假定某个佃户对自己的抗风险能力颇为自信,官府的减免标准对他就没什么意义。为了在租佃合约中争取到较低的租谷数额,他宁可在荒年歉收时放弃要求地主减免租谷的权利,这么做完全合乎市场逻辑。只要相信佃户的抗风险能力,地主也不会反对。在这个意义上,官方标准是中立性质的,并非单纯保护佃户的利益,它没有剥夺任何一方的选择权,没有改变租佃关系的利益格局,更没有冲撞市场原则。

但这里有个条件，倘若佃户和地主一致同意拒绝适用官府发布的减免标准，双方就必须在合约中做出明确约定。那些接受官方减免标准的地主和佃户，却无需就歉收减免事项做出任何约定，因为在没有约定的条件下，官方标准就是默认的合约条款，它们自动进入合约，成为合约的组成部分。所谓官方标准，只是以官府名义发布的主流交易模式，为绝大多数地主和佃户所采用接受，因此可以被视为默认规则。说白了，官府发布的减租标准，只相当于提供了一样免费的产品，当事人可用可不用，就像好心人在路边免费提供的大碗茶，想喝的端起来就喝，不想喝的直接走人。但和大碗茶不同的是，不想喝茶的人不需要做出声明，沉默表明他不想喝，但不愿意接受默认条款的当事人却必须做出明确的约定，没有约定或约定不明就被推定为同意接受官方标准。也就是说，虽然默认规则没有强制性，但沉默的含义却是被官府强制规定的。当事人可以自行决定他们是否接受默认规则，但他们不能改变沉默的含义。

官府不能随意规定沉默的含义，沉默的含义是接受还是拒绝必须合乎统计学的逻辑。如果接受者占多数，拒绝者占少数，那么沉默就表明接受，拒绝者需要另行约定或额外声明；反之，如果拒绝者占多数，接受者占少数，那么沉默就表明拒绝，接受者需要另行约定或额外声明。让多数人保持沉默，只让少数人发出声音，就可以用最少的声音、最多的沉默来区分接受和拒绝。因此，官府发布的默认规则应该是主流的交易模式，这样才能让多数当事人以沉默表达接受。这是降低市场交易成本的一种策略。

默认规则的道理很重要。法律不是个深奥的领域，默认规则的逻辑只是稍微深奥了一点点，但它是理解法律（尤其是民事法律制度）不可或缺的理论工具。不明白这个道理，就看不透民法的深层逻辑。默认规则的逻辑还涉及对法律功能以及法律和市场关系的基础性理解（相对于当下的主流，应该是个革命性理解），我还会耗费大量文字，不厌其烦地直到把默认规则说个清楚，道个明白。

不过写到这里，我突然感觉前面的分析中很可能有个遗漏。既然官府可以发布动态调整的减免标准，那么按理说，无须官府发布，类似的减免标准应该可以自生自发地出现在民间的租佃市场上，也就是说，租佃市场每年都会出现关于减免多少租谷的"市价"。尽管"市价"减租比率按年份波动，但作为租佃双方的博弈结果，其性质与任何商品的市场价格没什么两样。

我想知道真实的历史是否如此，于是查阅了相关文献。果不其然，历史记录和我的想象居然一模一样！社会学家凌鹏在清代同治年间四川巴县的案件档案材料里找到了 11 份租佃合约（作为案件证据留存），其中有 8 份明确约定了减免租谷的事项。多数合约里有一句套话——"若年岁欠丰，照市纳租"，意思就是遇到旱涝灾害，就按市价减租，市价就是个按年度调整的减租比率，比如去年天旱歉收的减租比率是七折，今年丰收没有折扣，明年可能是八折或九折。但有一份合约拒绝参照市价，而是直接约定了"年岁欠丰"就按七折交租——"主七客三均分，不得争论"，如此约定倒是省去了认定市价的麻烦。

在这 11 份租佃合约中，有 3 份没有约定减租事项（这是合约的遗漏吗？），还有一份明确拒绝减免事项——"其有年岁欠丰，并无短少升合"，意思是无论丰年还是荒年，佃户都要如约缴纳租谷。但有趣的是，官府对这几起案件做出的裁判，却都是按市价减租。怎样评价官府的裁判呢？

对于没有约定减租事项的几起案件，官府裁判按市价减租是合理的，因为默认规则可以自动进入合约，成为合约的组成部分，这一点无可争议。而一旦有了默认规则，合约里再写上"若年岁欠丰，照市纳租"，反倒多余了。但对于那起明确约定拒绝减免事项的案件，官府的裁判就犯了个错误，把默认规则当成了强制性规则。如此裁判会给租佃市场造成一系列负面影响：激励佃户的机会主义行为，为了在丰年缴纳较少的租谷，和地主约定荒年无需减免，但却事后毁约，导致纠纷数量增加。而裁判会让地主不再愿意接受这种约定，导致由佃户承担歉收风险的租佃模式趋向于瓦解，而当事人双方想要恢复这一租佃模式，却不得不相互防备，被迫承担更高的交易成本。

民法的起源与立法的路线图模式

虽然"年岁欠丰"时的减租标准可以自生自发于租佃市场，但由官府参考市价再以官方名义发布的做法仍然意义重大，不仅省却了租佃双方认定市价的麻烦，避免了可能由此引发的纠纷，还让减租标准更加权威，市价直接获得了官方背书。无论用于补充合约漏洞，还是用作审理案件的依据，都会显得更加名正言顺。如果官府真的这么做了，那就开创了中国法律史上一次伟大的革命。

这么说也许有点夸张，并且中国历史上可能有官府确实这么做过，只不过做得默默无闻，谁也不觉得这么做有多么了不起，更谈不上什么革命。你也许会说，《唐律》难道不是更伟大吗？这是没法比较的，因为标准不一样。《唐律》的立法技术高超，内容和体系也高度成熟，但其立法模式却是沿承前代，并无实质性创新。至少就保存至今的法律文本而言，中国古代的立法者从没想到使用默认规则，从没想到默认规则的立法模式可以开创出一片亘古未有的法律天地。并非社会没有这种需求，而是立法者确实没想到。

与世界历史上绝大多数国家的法律一样，中国古代的法律采用了"负面清单"模式，简称"黑清单"，即法律罗列禁止事项，并规定相应的后果（惩罚），相当于"举黑以示白"。与负面清单对应的是"正面清单"，简称"白清单"，即法律罗列允许事项，并规定相应的后果（免罚），相当于"举白以示黑"。如果忽略法律的实施成本而只考虑法律内容的话，那么理论上，黑清单和白清单是可以相互替代的两种模式，"举黑以示白"和"举白以示黑"的结果都是黑白分明。

假如我要完成一幅绘画，画面需要黑白分明。如果白色的面积比黑色大，那就最好用块白板，再用黑色染料把一小部分涂黑；而如果黑色面积比白色大，那就最好用块黑板，再用白色染料把一小部分抹白。这个工作原理很简单，涂黑就不用抹白，抹白也无需涂黑，同时还要尽可能利用板面底色节省染料和力气。

立法遵循同样的逻辑。沉默相当于板面的底色，使用黑清单就不用白清单，清单之外的事项是被默许的；使用白清单就无需黑清单，清单之外的事项是被默否的。但即使在最专制的社会里，法律允许人们可做的事项也会远远多于禁止事项，所以自古以来，黑清单就是主流的立法模式。世界上没有哪部法典会详尽罗列一张白清单，明确允许人们吃饭、睡觉、打麻将、交友、结婚、生孩子……罗列完毕之后，再告诉人们到此为止，清单之外的事情一律不能做。

如果确定使用白色板面和黑色染料，那么白染料就可以存而不用，除非我们还需要在黑色中涂上一点白色。立法也会少量使用白清单，但前提是白清单要以黑清单为背景。比如，法律禁止私斗，这是黑清单；但允许私斗中的正当防卫，这就是黑清单中的白清单。至于正当防卫中的防卫过当，则又成了白清单中的黑清单。

总之，在某个特定的范围内，如果法律允许的事项占了多数，立法者就会用沉默表示许可（默认），而把禁止事项罗列出来，此时立法采用黑清单，以禁止性规范表达；而在另一个特定的范围内，如果法律禁止的事项占了多数，立法者就会用沉默来表示禁止（默否），而把许可事项罗列出来，立法采用白清单，以授权性规范表达。禁止性规范的背景是大量的默认，授权性规范的背景是大量的默否。

这种统计学意义上的信息传递技术是通用的，核心在于如何有效利用沉默的信号。沉默是一种最低成本的信号，我们总是将沉默与最常见的现象和属性捆绑在一起，从而用最少的声音来传递最多的信息，这和我们会利用板面的底色以便在绘画时节省染料和力气是同样的逻辑。用沉默就可以传递的信息，干吗还要说出来呢？

当然，法律是需要明示的，而且需要公之于众。法律是由国家创设的激励机制，通过改变人的行为预期来影响他们的行为。惩罚和奖赏都是激励措施，当然奖赏的场合要远少于惩罚，只偶尔用于突出贡献和重大立功，这算是不同于白清单和黑清单的"红清单"。

奖赏和惩罚都是非常古老的激励机制，在生命世界里早已进化得十分完美。有利于基因扩散的行为会获得奖赏，不利于基因扩散的行为要受到惩罚。但奖惩机制的执行——激活快感神经回路和痛感神经回路——都是很耗能的，所以对于诸如细胞分裂、新陈代谢、血液循环以及内脏器官的正常活动等绝大多数"行为"，有机体不赏也不罚。

社会类似于一个有机体。增进社会福利的行为会获得奖赏，减损社会福利的行为会受到惩罚，但奖赏和惩罚都会消耗成本，所以对于大多数行为，社会不赏也不罚。与有机体相比，社会的奖赏规模貌似小得多，但其实不然。社会的奖赏主要来自市场，而不是来自国家，大多数增进社会福利的行为都能从市场上获得回报。如果把声誉也看作一种市场要素的话，那么市场机制还包含了好评和差评。国家创设的奖惩机制只是从社会奖惩机制中分化出来的一小部分。

只有奖赏和惩罚才是可观察、可度量的制度要素。对于法律而言，权利、义务、责任、规则之类的概念，都是推测出来的，看不见也摸不着，这些概念说到家只是描述了一个稳定的、可预期的奖惩结构。当我们说拥有一项权利，或承担一项义务，或存在一条规则的时候，稳定的奖惩结构就是唯一的结论性证据。责任的概念可以为惩罚创造借口，当我们要惩罚某个行为的时候，就会说行为人承担了某种责任。但请注意这里的因果关系是颠倒的——不是责任引起了惩罚，而是打定主意要惩罚他，所以才说他有责任。责任只是个借口。借口不等于原因，但以借口取代原因，可以保持思考懒惰，这是一种节能的策略。

无论黑清单还是白清单，都可以保护公民权利。其实保护权利的最好方式莫过于惩罚侵权行为，这意味着保护权利甚至无需借助于"权利"的字眼儿。我至今不是特别能理解，为何法学界对于权利概念有种宗教般的迷恋。这个概念也许确实很重要——无论作为语言习惯还是作为职业包装——其功能都是其他词汇难以替代的。但若将其作为法学学科的分析工具，或度量尺度，或研究单元，或基础范畴，那就完全是看走眼了。

既然法律主要采用黑清单模式，那么立法者将"户婚""贼盗""职制""捕亡""断狱"等各个领域整合进一部法典也就毫不违和了。"夏有乱政，而作《禹刑》；商有乱政，而作《汤刑》；周有乱政，而作《九刑》。"战国时期的《法经六篇》，基本上也都是"刑"。难怪那个时代的古汉语中，"法"和"刑"是同义词，因为原本就是一回事。所谓"出礼而入刑"，说的就是白清单和黑清单之间的无缝衔接，但"礼"不成文。如今法律概念的外延已经大大扩张了，但其中那个最像古代法律的部分仍然冠了个"刑"字，当然这个字的含义变窄了。然而所谓"诸法合体"，只是现代人对古代法律的描述，古人没有"诸法合体"的概念。如果你有机会穿越到唐代，告诉长孙无忌"你们搞的是'诸法合体'"，他二话不说就会把你轰走，除非——你给他看一部《查士丁尼民法典》。

初学法律时，我曾经以为法律只用黑清单就足够了，虽然知道罗马法是那个时代的例外，也知道法律人对它推崇备至，但我多少还是有点不以为然。很多年以后，当我明白黑清单模式的法律不能完全满足解决纠纷和促进交易的社会需求时，才真正理解了罗马法的伟大之处，尽管不是法律人通常所说的那些伟大。简单说，古罗马的民法，既没有采用黑清单，也没有采用白清单，而是采用了路线图模式。

立法者给人们画了一条路线，至于走不走，全由当事人自己决定。导航提供的路线就是如此，真实世界里的道路也是如此。我从青岛开车去济南，可以走济青南线高速路，也可以走济青北线高速路，还可以走不收费的国道；我甚至可以选择不开车，不走任何道路，而是翻山越岭走一条直线过去。但只要没有特殊情况，我还是会开车走高速，而且选择的路线就是导航默认的那一条。

想象一下，假定我出门在外有事耽搁了，三五天都回不了家，邻居发现我的马无人照料，就主动帮忙给马喂食，直到我回家。事后我知道邻居帮了我一个大忙，但却没有给他任何回报。邻居向我表达不满，他认为我至少应该补偿他这些天喂马的饲料钱，而我却对邻居说："谁让你多管闲事呢，反正我事先也没求你这么做。"如果邻居和我的纠纷闹到法院，法官就要做出裁断，但在黑清单模式的法律中，法官却找不到裁判的依据——法律不会禁止我出门，也不会禁止邻居帮我照看马。

再想象另一种情形，我在街道上把马拴好之后，就进某个餐馆吃饭去了，等我出来之后却发现有个好心人帮我喂了马。我说了声谢谢就打算离开，但这位好心人却向我索要喂马的饲料钱，我当然不会同意，告诉他说："谁让你多管闲事呢，反正我事先也没求你这么做。"如果好心人和我的纠纷闹到法院，黑清单模式的法律同样不能提供裁判依据——法律不会禁止我吃饭，也不会禁止别人替我喂马。

当然，即使在黑清单模式之下，法官照样能做出合理的判决，只不过判决的依据不是法律，而是所谓的"天理"和"人情"。但罗马法就不同了，它能为处理这类纠纷提供近乎完美的法律依据。罗马法区分了物权和债权，在债权之中又分出了一个小类别，叫作"无因管理之债"，这个制度沿承至今。邻居的行为构成了无因管理，其诉求合理，我是他的债务人；但同样是帮忙喂马，好心人的行为却不构成无因管理，其诉求不合理，我和他没有债权债务关系。

罗马帝国的商业十分发达，法官需要处理各种交易纠纷，罗马法包含了一套相当完整的交易规则，为各种类型的纠纷提供了裁判的依据。如果当事人签订的合约足够完备，原则上法官只按合约裁断纠纷，并不需要交易规则。其实如果地主和佃户签订的合约足够完备，县官处理纠纷同样是"任以私契"，官府也不需要发布减租标准。但合约经常是不完备的，约定不明、约定遗漏甚或没有签约的情形都很常见，而交易纠纷恰恰最容易发生在合约不完备的地方，交易规则的主要功能就是应对合约的不完备。交易规则包含了一系列被广泛默认的交易选项，只要出现当事人约定不明或约定遗漏，这些交易选项就会自动进入合约，被法官推定为合约的组成部分。一旦交易规则被规定为法律，法官裁判案件就有备用的依据。请注意，"备用"两个字极为重要，我稍后再做进一步解说。

邻居帮我喂马，我支付相应的报酬，这就是一种交易关系。虽然事先没有签约，但事后可以还原出来，无因管理的法律规则提供了一个现成的合约模板。法官支持邻居的诉求，就是用法定的交易规则来填补约定的空白。但好心人帮我喂马就不一样了，这里没有交易关系，即使回到事先，我也不可能同意这笔交易。如果法官支持他的诉求，等于鼓励强迫交易，这个世界就乱套了，不知会有多少人被迫购买他不需要的东西。

罗马法包含的交易规则差不多覆盖了交易过程中可能发生纠纷的各个环节，能有效应对当事人对标的物、价格、担保、履约条件、时间、期限、签约主体等各种事项的约定不明或约定遗漏，这是个前所未有的立法成就。但是请注意，对交易的概念要做广义的理解。罗马法区分了物权和债权，但并非只有债权对应于交易，明确界定物权也主要是为了交易。毕竟在民法分离出来之后，阻止明抢暗偷的任务就可以甩给其他法律了。

考虑到产权本身就是交易的产物，那么侵权和违约就没什么实质性差别。和无因管理一样，侵权赔偿的法律规则也可以被视为一个合约模板。在当事人没法事先签约或签约成本过于高昂的意义上，侵权和无因管理没什么实质性区别。侵权法存在的根本理由，就是加害人和受害人事先签约的成本过于高昂。

其实继承也是一种交易，生物学家就把抚养和赡养的关系叫作"代际交换"，法律保护继承权、规定赡养义务就是为了促进长辈和晚辈之间的代际交换，阻止其中的机会主义行为。如果长辈和晚辈事先就继承问题签订合约，那么约定的结果多半会与继承法的原则大致吻合——晚辈获得遗产，但长辈能争取到支配遗产的权利。平均说来，只有让长辈拥有遗产支配权，晚辈才能获得更多的遗产，否则社会财富就会因为死亡而被提前挥霍。

罗马法甚至规定了容易引发继承纠纷的意外情形——如果互有继承关系的几个人在同一事故中死亡，却不能确定死亡的先后时间，那么法律就会推定没有继承人的人先死亡；如果死者中既有长辈又有晚辈，就推定长辈先于晚辈死亡。法律如此规定与真相或真相的概率无关，而只是让遗产分割更加方便，也让晚辈死者的后代获得更多的遗产，这客观上有利于促进代际交换。如果所有利害关系人有条件事先就上述意外事件签订一个如何分割遗产的合约，只要他们足够理性，约定的结果也会与法律规定大致吻合。当然，这么做在文明社会中是很尴尬的，以法定取代约定，就可以避免这种尴尬。

法定取代约定的最大好处，笼统地说，就是降低交易成本。合约不完备时，可由法定的交易规则做补充。反过来说，既然有法定交易规则做补充，当事人签约就可以保留更大的缺口，合约条款可以更加简约，因为在法律明确规定的事项上，当事人不必重复约定，除非他们要做出不同于法定交易规则的约定——法律为此预留了弹性，通常会表述为"当事人另有约定的除外"。在这个意义上，法定的交易规则只是裁判的备用依据。还记得我在第2章讲过的"增加冗余"吗？合同法就是典型的冗余设施，对于解决纠纷而言，合约是第一道防火墙，合同法就是第二道防火墙。

为了区分不同的交易类型，罗马法大量使用了权利的概念，在物权和债权之下又细分了更小的权利类别，但不同类别的权利概念只是对应不同交易类型的一种编码而已。罗马法之所以能成为人类文明史上的一座丰碑，不是因为它体现了更强的权利保护观念，而是因为它首次用文

第 6 章 分 离　　359

字全面记录、总结、编纂了可以显著降低交易成本的大量交易规则。显然，黑清单模式的法律并不具备这种功能。如果当事人约定不明或约定遗漏，法官只能根据天理、人情以及不成文的交易习惯来应对合约的不完备。但不成文的交易习惯充满了歧义和模糊，不仅会迫使当事人提高签约成本，而且会提高法官处理纠纷的难度，更难以保证原则上的同案同判。

我顺便讨论一个热点问题。在过去十几年编纂《民法典》的过程中，国内法学界曾经发生了一场旷日持久的学术争论——人格权是否独立成编。一方认为人格权必须独立成编，目的是为了保护人格权；另一方认为已有的侵权法足以保护人格权，独立成编显得画蛇添足。显然双方的争点在于独立成编是否有利于保护人格权，但问题的实质却应该是，黑清单模式的立法（侵权法或刑法）在何种条件下可以取代路线图模式的立法（默认规则）。只要搞清楚了争点的实质，答案也就浮出了水面。如果人格权已经出现了主流的交易模式，那么默认规则可以降低交易成本，人格权独立成编就是有意义的。但若人格权尚未出现主流的交易模式，则默认规则就没有用武之地，以侵权法和刑法保护人格权就够了。然而，尽管目前看人格权确无必要独立成编，但独立成编可为未来的人格权交易提供潜在的空间，如此立法因为有了前瞻性而显得意义重大。

为什么民法学不如民法聪明

正统解说为无因管理设定了构成要件：（1）为他人管理事务；（2）有为他人谋利益的意思；（3）没有法定或约定的义务。邻居帮忙喂马的行为满足了所有要件，而好心人帮忙喂马则缺少了一个要件"为他人谋利益"，法官可以根据事实和情势认定好心人没有这个意思。构成要件从何而来？当然是来自归纳，立法者对大量同类纠纷做了总结，发现它们有几个共有的特征，然后就把共有的特征确定为构成要件。

但辨识和比对构成要件的司法技术是很拙笨的，因为还有更加简单有效的替代方案。替代方案的思路是还原合约——假想回到当初的时点，当事人是否以及如何做出约定。倘若回到当初，我应该预料到离家之后马匹无人照料，我会同意邻居帮我喂马，并支付相当的报酬，因而我和邻居是可以达成一份合约的。但同样是回到当初，我进餐馆之前并不需要有人帮我喂马，因此不会和好心人签订喂马并支付报酬的合约。

法律最重要的功能就是促进交易，还原合约实际上是帮助当事人克服信息障碍，法律通过条文和判例向社会释放促进交易的激励信号。法官支持邻居的诉求，就会鼓励更多的人在别人确实需要帮助时满足他们的需求，判决的后果对社会有益；而如果法官也支持了好心人的诉求，后果就对社会有害无益。

对比两种解说，差距是显而易见的。古罗马法学家创造的正统解说需要三个步骤：首先要区分出一种独特的交易类型，命名为"无因管理"；然后归纳出这种交易类型的几个共同特征，命名为"构成要件"；最后再将某个具体行为与预设的构成要件做比对，以判断是否构成无因管理。掌握这三个步骤需要记忆和学习，如此便会形成知识壁垒；而当知识壁垒转化为职业壁垒之后，普通人就难以掌握专门化的法学知识了。

更糟糕的是，法官要判断好心人帮我喂马是否真的出于好心，最终还是要看他和我能否达成潜在的互利交易，这是判断管理人是否"为他人谋利益"的唯一依据。绕了个圈子又回到了替代解说的思路，相比之下替代解说一开始就抓住了关键。正统解说非但没能简化思考，反而回避了表达——该说的没说，不该说的倒是说了一大堆。不过这依然值得庆幸，起码不至于导致错判，而如果法官真的陷进了要件比对的思路中，完全回避了还原合约的思考，错判的风险就非常大了。

为什么古罗马法学家能创造出聪明的法律却没能提供聪明的解说？答案其实很简单，法律是演化的产物，经历了漫长的试错、检验、遴选和淘汰，在生态竞争中存活下来的一系列交易选项组成了交易规则。而古罗马的法学家只是记录、总结了这些交易习惯，将其体系化，然后用法律条文的方式表达为白纸黑字。虽然完成了这些工作，但他们却理解不了、也揭示不出法律的深层逻辑。这个深层逻辑就是交易习惯的进化算法，也是隐藏在法律背后的数学结构。这就是为什么法律的智慧远胜于法学家的智慧。

在"知其然而不知其所以然"的条件下，古罗马的法学家就只能在表面现象上下功夫，并由此创造了一种"现象理论"。先区分不同交易类型，然后归纳不同交易类型的构成要件。司法的方法就是识别和比对要件，如果某个具体行为恰好发生在要件难以识别的灰色地带，司法就会遭遇疑难案件。但这里的问题是，如果仅仅是"知其然而不知其所以然"，那么古罗马的法学家又如何能制定罗马法？答案很简单，立法的工作原本就不是创造法律，因为在此之前市场和社会早就演化出了交易规则，只不过这些交易规则还没有成文而已。我在第1章就讲过，理解不是做对事情的前提。

这种路数的理论解说自然会导致许多尴尬。就像犯罪要有一套构成要件，违约和侵权也各自有了构成要件，但我们会发现，把侵权和犯罪的构成要件放在一起，并不能区分侵权和犯罪，于是就造词汇，"犯罪客体"这种毫无意义的概念就是为满足这个需要被创造出来的。类似的例子是区分物权和债权，理论家创造出了"对世权"和"对人权"的概念，却没有意识到这两个概念是不能并列的，凡是"对人权"也一定是"对世权"，因为没有产权就没有交易，互不侵犯是所有交易的基础和前提。一旦明白了造词可以替代讲道理，那"事实物权"和"名义对价"之类的概念也就见怪不怪了，前者是为了解说诸如借名登记之类的物权不能对抗第三人，后者是为了解说没有对价的赠与承诺也偶尔会被强制执行，两种例外情形都不能扔进预先设定的概念篮子里。

交易习惯的起源

如果播种和收获能同时进行，确立土地产权的价值就不大了。如果世上所有的交易都是共时性的，一手交钱，一手交货，那么签订合约的价值也不大了。稍微复杂点的交易都是历时性的，诸如借贷、租赁、仓储、承揽、加工之类，交易指令从发出到执行完毕都要经历一段时间。即便是货物买卖，供货和付款也经常难以同时进行，或者卖方供货之后要等待买方付款，或者买方付款之后要等待卖方供货。

时间隐藏着变数，合约的主要功能就是减少履约过程中的变数，阻止机会主义行为。一旦发生纠纷，合约是最重要的证据。违约是常见的交易事故，违约方会给被违约方造成损失，阻止违约的最好方式是由违约方支付赔偿，赔偿的数额应该能够补偿被违约方的损失，这仍然符合返还法则。不应该奇怪为什么返还法则无处不在，它原本就是所有法律制度乃至整个人类制度文明最深处的灵魂。

然而，总有些变数在意料之外，且不说当事人的预见能力有限，即使当事人能够预见到履约过程中的某个变数，只要事先看来这个变数发生的概率很低，他们也不值得为应对小概率变数而花费时间和精力。当事人怕麻烦，所以，很多时候合约不完备只是当事人节省信息成本的策略性安排。

合约不完备就需要交易规则做补充。如果世上的所有合约都是足够完备的，事无巨细，皆有约定，那么交易规则的价值就不大了。法律诞生之前的交易规则，是一些不成文的交易习惯，其主要功能就是填补合约的缺口。如果合约遗漏了某个事项，当事人可以按照交易习惯去还原一份完整的合约。或者说，由于交易习惯包含了大量被广泛默认的交易选项，所以在当事人没有明确约定的地方，默认的交易选项就会自然进入合约，成为合约的组成部分。

事实上和平规则也是合约的组成部分。交易双方之所以从来不会约定禁止当事人使用暴力或以暴力相威胁，就是因为和平规则是所有交易的默认前提，合约无需做出约定。如果交易伙伴坐下来首先谈论的话题是不能打破头，那就让人怀疑他们是不是要做生意了。和平规则禁止欺诈，交易双方也从来不需要约定排除欺诈行为，这也是交易的默认前提。在如今的民法中，这个默认的前提叫作"诚实信用原则"，属于当事人不能约定排除的强行法。

民法的前身就是一些不成文的交易习惯，要了解交易习惯的起源，我们可以假想一起简单的纠纷。假定X是个养牛专业户，Y要从他这里买一头耕牛，两人事先口头约定了耕牛的价格、付款时间、交货地点等各种事项。然后，Y按约定付款后只等着X把牛牵过来。但X送牛上门后，两人却突然发现，他们居然忘记了约定耕牛的性别，是公牛还是母牛双方产生了分歧。如果不打算撤销交易，那么解决争议的办法就是参照交易习惯。习惯默认"公平交易"，这意味着价格可以指示耕牛的性别，如果Y支付的是一头公牛的价格，那么无论谁主张是母牛都违背了交易习惯。但若公牛和母牛的市场价格不分高下，那么交易习惯就会默认"消费者偏好优先",卖方应该高风亮节,尽量照顾买方的偏好。此外,在非常特殊情况下,比如卖方有足够的理由对抗"消费者偏好优先",交易习惯就会要求双方考虑耕牛市场上的默认性别——就像会议名单上姓名也有默认性别,只要没有特别标注某个人是女性,那么大家会默认这个人就是男性。

交易习惯包含了大量默认的交易选项。一组交易选项是一个最小规模的合约(比如付款和供货就是一组交易选项,相互对应,不可再分),而一个完整的交易过程通常涉及很多交易环节(比如除了付款和供货之外还有运输、保险和纠纷解决),每个环节都对应着一组交易选项。一份完整的合约对应一次完整的交易过程,因此完整的合约是可分解的,与交易习惯一样,都包含了一系列不同组别的交易选项。

要理解交易习惯是怎样形成的,最简单的办法是想象一块空旷的雪地。雪地上分散着很多脚印,这说明穿越雪地的人们可以选择不同的路线,但脚印最集中的区域呈现出了一条小路。雪地上原本没有路,走的人多了也便成了路。同样的情形,世界上原本没有交易习惯,特定交易选项出现的频次足够多就会成为默认选项,一系列默认的交易选项就构成了交易习惯。交易习惯类似于一些广谱适用的合约模板,虽不具有强制性,但如果交易双方没有特别约定或额外声明,默认的交易选项就会成为合约的组成部分,这就是交易习惯可以填补合约缺口的原因所在。

在 X 和 Y 的耕牛交易中,我提到了三条交易习惯,分别是"公平交易"、"商品默认值"以及"消费者偏好优先"。名目如此繁多,看上去还真有点眼花缭乱。人们难免要问,如果不同交易习惯发生冲突又该如何选择?它们是否有个先后排序?这个问题貌似很严重,但其实不必担心,更不要把简单问题复杂化。且不说不同交易习惯各有其适用的条件,因此无需排序;更重要的是,所有交易习惯的深层逻辑都是一致的,因此并无冲突可言。

在进化的意义上,违背底层逻辑的交易选项早早就被淘汰了,没有机会保留下来,更不可能固定为交易习惯;而那些成为习惯的交易选项,应该经过了生态竞争的长期检验,存活本身就说明它们对交易环境具有很高的适应值,符合某种算法。但要把这个算法说清楚,就会涉及交易关系中的权责分配。

猎人和农民之所以能达成以肉食换粮食的交易，是因为双方各有比较优势，猎人能以较低的成本生产肉食，农民能以较低的成本提供粮食。交易双方在签订合约时，责任分配的依据就是比较成本。如果合约存在缺口，对于如何分配某项责任约定不明，那么事后还原合约的依据同样是比较成本——谁能以较低成本完成某个任务（包括避免某个事故、披露某个信息、纠正某个错误或为某个意外风险提供保险），谁就承担相应的责任。

如果说"较低成本负责"原则就是比较优势原理的题中之意，那么将权利分配给最珍视权利的一方当事人就满足了资源合理配置的初始要求。通过交易，资源可以转移到它能发挥更大效用的地方。因而在签订合约时，权利分配的依据是比较效用。如果合约出现缺口，对于如何分配某项权利约定不明，那么事后还原合约的依据就是比较效用——谁能利用某项权利创造出更大的效用，谁就享有这项权利。

"较低成本负责"和"较高效用获权"是交易关系的一体两面，权责如此分配对于交易双方是互利的，相反的权责分配要么提升履约的成本，要么减损履约的福利，因此造成的损失最终还是由交易双方共同分担。时间上可持续、空间上可扩展的交易关系必须是互利的。让猎人生产粮食受伤的不只是猎人，让农民获得肉食受益的也不只是农民。既然交易习惯包含了一系列默认的交易选项，那么交易习惯就必然致力于促进互利的交易。而在互利交易的关系框架中，前面提到的三条交易习惯就统一起来了。

如果公牛比母牛更值钱，那么卖方就不会同意以母牛的价格出售公牛，买方也不会同意以公牛的价格购买母牛。"公平交易"是交易成功的前提，这个前提不具备，填补合约缺口就没什么意义了。所以，当交易双方对耕牛的性别约定不明时，价格就是首选的参考依据。当然，"公平"在这里的含义仅指"互利"而非"平等"，因为交易只追求互利，而非以平等为前提。价格和商品不匹配，是指突破了互利的底线，而不是说违背了等价交易。等价交易只是一种想象，现实世界中没有等价交易，也没有衡量交易是否等价的标准。

只有当公牛母牛没有显著的价格差异时，交易习惯才会要求双方考虑"消费者偏好优先"。消费者总有不同的偏好，各种偏好在消费者群体中以概率分布，商家和厂家据以调整商品供应的种类，尽可能满足消费者的不同偏好。承认"消费者偏好优先"，当然会让消费者受益，但同时也会让商家受益，这是商家需要掌握的基本营销策略。当然，与服装营销商很容易调整服装的花色不同，养牛专业户无力控制耕牛的性别，但这不是问题的关键；只要公牛和母牛的价格不分上下，卖方就没有理由比买方更在意耕牛的性别，而这意味着将耕牛性别的挑选权——作为一种资源——赋予买方，将会产生更大的效用。

如果卖方提出足以对抗"消费者偏好优先"的其他理由，交易习惯就会要求双方考虑耕牛市场上的默认性别。这也意味着，当所有促进互利的直接选项都被排除之后，信息成本的因素就被提上了台面。如果耕牛市场上的默认性别是公不是母，那么除非当事人特别注明是母而不是公，否则就应该推定双方约定的耕牛性别就是公牛。默认规则的宗旨是降低信息成本，沉默是一种最低成本的信号，让主流保持沉默，只让另类发出声音，就能以最少的声音来分辨主流和另类。从长远看，这一致力于降低信息成本的交易习惯同样可以让双方共同受益。

交易习惯的形成是一个自然演化的过程，我们可以想象一场众多交易选项在不同交易环节上的生态竞争。物竞天择，适者生存，只有那些环境适应能力最强的交易选项才有机会存活下来，成为交易习惯的组成部分。比如，"消费者偏好优先"淘汰了"商家偏好优先"；"多数沉默"淘汰了"少数沉默"；"公平"淘汰了"不公平"；"诚信"淘汰了"欺诈"；诸如此类，不一而足。

但交易环境的多样性也会让多元化的交易习惯同时并存，就像不同的土壤适合不同的禾苗生长。压价策略和抬价策略都有竞争力，因为买方市场和卖方市场会交错出现；"先付款后供货"和"先供货后付款"都是可取的，因为卖方信用和买方信用不一定哪个更优。但无论如何，"较低成本负责"和"较高效用获权"都会永远立于不败之地，因为权责如此分配就是生态竞争终结之后的结果，其他权责分配的方案都被淘汰了，无论它们被冠以何种"公平"和"正义"。

倘若以结果来描述意图，我们就可以说，交易习惯追求的目标就是最大化社会福利。显然交易习惯是没有目标的，就像基因、病毒和生物进化没有目标一样，目标和意图都是拟人的说法，其功能就在于简化认知和表达。最大化标准是不可计算的,真实世界里的决策目标没有最优,只有更优。如果 A 方案比 B 方案节省了成本或提高了收益,那么当事人就应该舍 B 而取 A。"较低成本负责"和"较高效用获权"与此相吻合,因此我们还可以说,权责如此分配就是交易习惯的基本算法。

但合约履行过程中总是充满了变数。卖方不见得按时交货,或根本交不了货;买方也不见得能按时付款,或根本付不了款。如果交易双方能事先想到这些变数,它们也许会在合约中约定违约责任。违约责任应该和违约损失大致相当,因为如此约定对双方是互利的。倘若违约赔偿被约定得太高,虽然看似对被违约方是个利好,但其实违约方会通过其他条款把因此增加的损失找补回去。买方的违约责任太高,价格就会被压低;卖方的违约责任太高,价格就会被抬高。还是那句话,世上没有免费的午餐。

当 X 和 Y 发现他们对耕牛的性别发生分歧的时候,合约的不完备性就暴露了出来。双方的约定有遗漏,遗漏的事项不只是耕牛的性别,更重要的遗漏是如何解决纠纷。履约过程中总有各种意想不到的纠纷,有纠纷很正常,但纠纷必须解决,否则可能扩大和升级,为此双方需要在合约中添加解决纠纷的条款。如果两个人打算长期交易,那么客观上就需要一个纠纷解决的长效机制。最好一经约定就可反复使用,以供未来签订其他合约或解决其他纠纷时可以简单套用;如此,长效的纠纷解决机制就成了长期交易关系中的一个基础设施。基础设施要从长计议,尽可能考虑周全,为此多花点时间和精力都是值得的。

交易双方会做如下约定:若双方在履约过程中发生纠纷,应尽量协商解决;协商不成的,交由一个双方共同信任的裁判人做出裁断。裁判人必须保持中立,拥有审慎、明智、公正的美德和辨别是非曲直的能力。第三方的介入有利于纠纷解决,不仅因为"当局者迷,旁观者清",还因为第三方做缓冲可以避免纠纷双方正面相对。合格的裁判人确实不好找,但我们不妨假定市场成熟到一定程度,就会出现职业裁判人。真正的难题是,裁判人做出的裁断不见得能让双方心悦诚服。若任何一方不服裁断，是否需要另找三五个共同信任的裁判人组成更高级别的裁判小组？这个问题肯定会让两个人感到为难。

虽然从概率上说，裁判小组做出第二次裁断要比第一次裁断更加公正，但公正不是免费的。且不说裁判人不会无偿提供裁判服务（裁判费用还需要双方约定如何分摊），更重要的是，纠纷解决的过程对于双方都是很大的麻烦。当事人需要在裁判质量和裁判成本之间寻求一个平衡点。如果双方都觉得能省就省，最好不遭二遍苦，他们就会做出如下约定：只要裁判人做出裁断，双方都要无条件服从；任何一方不服裁断的，另一方可以采取适当惩罚措施。

更棘手的问题是双方对于事实真相各执一词，这时候需要双方提供证据，裁判者根据证据来判断事实真相。但证据可能会灭失，也可能开始就忘了保存，还可能被其中一方掩盖起来，因为没有人愿意出示对自己不利的证据。解决这个问题的最佳方案，是把举证的责任和各自的主张捆绑在一起，每个人分别对自己的主张承担举证责任，简单说就是"谁主张，谁举证"。如果事实真相仍然真伪不明，那就由裁判人根据概率做出判断。于是双方约定：对于有争议的事实，当事人双方分别对自己的主张承担举证责任，但裁判人应该支持主张更可能为真的一方。

关于对违约行为的处罚，如果双方没有约定，违约方应该赔偿被违约方的损失。但这里的关键在于损失的评估，相对而言评估直接损失要比评估间接损失容易得多。损失一经认定，随之而来的问题就是执行，直接损失肯定比间接损失更容易执行。基于上述考虑，双方会做出约定如下：双方对于违约损失没有约定的，裁判人按违约造成的直接损失确定赔偿额。

为了节省解决纠纷的时间和精力，交易双方还会对纠纷解决过程的许多时间节点和期限做出约定，包括提交证据的时间和期限，共同去找裁判人处理纠纷的时间和期限，以及裁判之后交付执行的时间和期限等等。尽管他们希望裁判过程尽可能从简，但为了保证基本的裁断质量，质证和辩论的过程仍然不可或缺。当然，他们希望裁判人做出裁断应该遵循一套实体性规则，以便对裁判本身做出约束，同时也让裁判可预测。裁判适用的实体性规则自然是被市场普遍默认的交易习惯。

讨论至此，我们已经发现，致力于解决纠纷，双方已经约定出了一套程序法规则的雏形。当然，这都是不切实际的想象。在一个缺乏公共权力的环境中，我们只能假定裁判人没有强制执行的能力。这意味着裁判人只判断是非曲直，强制执行仍由当事人自己负责，因而无论关于纠纷解决的约定多么细致精巧，都很难行得通。各种障碍只有在国家诞生之后才能有效克服，但上述讨论却让我们发现，程序法的底层仍是个合约结构，而国家提供的司法程序以及程序法规则，在很大程度上只是回应由来已久的交易需求。

沉默的声音

2015年4月，济南市历下区法院判决了全国第一起姓名权行政纠纷案。六年前市民吕某给自己的女儿取了个很有诗意的名字叫"北雁云依"，既不随父姓，也不随母姓，但却被当地派出所拒绝办理户口登记。吕某认为给孩子取名自己说了算，派出所无权干涉，遂于2009年12月提起行政诉讼。该案一波三折，法院因为找不到裁判依据，曾一度中止审理。直到2014年11月全国人大常委会就姓名姓氏做出立法解释之后，法院才以违反公序良俗为由驳回原告的诉讼请求。如此判决是明智的，只不过理由显得大而化之；既然判决以此为由，当初又何须中止审理，《民法通则》不是早有公序良俗的规定吗？

姓名不是随意取的，任何一个社会都有规范姓名的默认规则，在听取或阅读一段文字时，我们很容易辨认出其中的人名。而"北雁云依"却不然，听之读之都不像个人名，因为它违反了我们辨认姓名的默认规则。在金庸的武侠小说里，"任我行"三个字就是个人名，虽然有点怪——毕竟武侠不是凡人——但它仍然遵守了姓名的默认规则。姓名不能太怪，如果换成四个字——"任我胡来"，那就不是个人名了。

姓名还是对血缘关系的编码，仅从一个人的姓名，我们就能看出他隶属于哪个血缘群体，有时还能分辨他在血缘群体中的辈分。由于我们会默认孩子通常随父姓、偶尔随母姓，所以在某个特定场合（比如看户口本），如果管理人员发现孩子的姓氏不随父母，就很可能需要对亲属关系再做特别确认。凡此种种，一个违反规则的姓名都会给他人、社会和管理者增加额外的负担。毫不夸张地说，作为人名，"北雁云依"会在长达一个世纪的时间里制造出大量的社会麻烦，而且这些麻烦并不由其本人或这个家庭独自承担，用经济学的术语说，这个姓名会产生很高的负外部性。就算我在写这段文字的时候，"北雁云依"四个字还是总要打上个引号的。

在很多年前的英语课上，口语老师要求我们每个人给自己取个英文名字。为了标新立异（那时还年轻），我给自己取了个名字叫 Credulous，却被老师——一位犹太裔的老太太——严肃地拒绝了。她给我换了个名字叫 Daniel，她说这个名字好，符合我的气质。我的同桌被她取名为 Bruce，不知道是不是因为他的脖子比较短粗（奇怪，我为什么会这么联想）。英文名字的默认规则更加严苛，人名基本上都是专用词，有意义的单词都不能当作名字用（尽管有些姓氏是有意义的），书写时名字和姓氏的首字母都要大写。如果有人取名 Credulous，交流起来确实会平添许多误会。更何况英语发音的抗噪能力原本就很差，还有很多人说话含混不清。

我所知道的最奇葩的名字，来自小时候读过的一篇童话。童话里有只狼的名字叫"—"。这个名字不能读作"破折号"，只是书写时以"—"来做标记。这个名字读出来是什么声音呢？没有声音。其他动物要呼唤这只狼，只需把嘴巴闭一会儿，不发出任何声音就可以了。没有声音就是沉默，但童话的其他角色却用沉默来"呼唤"这只狼，狼还能"听"得懂。很荒谬吗？还真不至于，至少在理论上是可行的——"沉默的声音"也是声音，就好比 0 也是个数字。当然现实肯定是另一番情景，取名为"—"的这只狼肯定很可怜，只要其他动物闭上嘴，它就要马上答应一声，可是大家闭嘴的时候实在太多了，这得发生多少误会啊。和狼打交道的那些动物也很可怜，只要狼在场，为了避免引起误会，就得一直把嘴张着，一不小心闭上嘴，就会把狼给招过来。

不过现在回想起这篇童话，我倒是很佩服作者的想象力，他知道沉默可以传递信息，它是一种信号，而且人们可以约定沉默的意义。只要事先约定好，在深夜里用只手电筒，不断打开和关闭，就可以传递很丰富的信息，实际上可以传递无穷无尽的信息。数字信号的原理和手电筒是一样的，电路开关的两种物理状态分别被标记为 1 和 0，计算机语言中的二进制里就只有这两个字符。如果把电子晶体管的开和关,分别理解为发声和沉默,那么任何信息乃至任何规模的信息,都可以表达为两个离散信号的不同组合。

即使在自然语音中,沉默也是常用的信号。只不过沉默是无言的,所以很容易日用而不知。当会心一笑、无言以对、欲说还休、气得说不出话,乃至"此时无声胜有声"或"相对无言唯有泪两行"时,我们就是用沉默来表达自己的思想和情感。沉默被广泛使用于不同的场合,但在不同的场合有不同的意义。取名为"——"的那只狼之所以很不幸,就是因为原本应该特指的姓名在和一个通用的信号重合时,其意义就很容易被后者彻底淹没。

虽然沉默被赋予丰富的含义,但在法律语境中,它的含义却是相对简单的——不是拒绝,就是认可。由于沉默是最低成本的信号,所以它总是和最常见的现象捆绑在一起,以降低表达的成本。在某个特定的场合,如果拒绝比认可更常见,沉默就会用以表达拒绝。比如,当售货员问我"你要买我店里的衣服吗",或"你想买的衣服是XL码的吗",如果我什么也没说,那么售货员只能把我的沉默理解为拒绝。当用沉默来表达拒绝时,就会形成"默否规则",这个规则就是一种通讯协议。

但与具体的交易关系恰好相反,在一般性的法律关系中更多适用"默认规则",即以沉默表达认可,因为立法者必须按大多数人的需求和偏好提供法定交易模式,以保证绝大多数人选择认可,只有少数人选择拒绝。而一旦拒绝的数量超过了认可,那么立法者就只有两个选项——要么改变法定交易模式,要么改变沉默的含义,从"默认"变成"默否"。只要我们把"默否"替换为"默认拒绝",那么我们只讨论默认规则就够了。

"默认"是个统计学的概念,通常用于信息不完美条件下的推理和判断。比如说起天鹅,我们默认的颜色是白色,因为我们观察到的天鹅绝大多数都是白色的。黑天鹅很罕见,因而黑色之于天鹅,需要特别注明。常见的会议名单也是这么安排的,男性是默认的性别,汉族是默认的民族，所以汉族男性参会者只标注姓名就可以了，只有女性或少数民族参会者才需要特别注明其性别和民族。

当然，默认选项（default option）或默认值（default value）并非固定不变，或者说默认不等于强制。假如将来在法院系统中女法官的数量占了绝对多数，那么法院系统的会议名单也许会把女性当作默认的性别，男性参会者就需要额外标注性别。当然改变默认性别的可能性很低，除非绝大多数行业都出现了这种性别比例的变化，否则法院系统擅自更改默认性别将会产生很高的系统性成本——和其他行业格格不入就容易产生误会。

但在一个相对封闭的空间改变默认选项就完全可行了。假如我是个生物学家，专门研究黑天鹅（它们栖息在澳洲），那么我会把天鹅的默认色从白色改为黑色。这个变化可以直接反应在我的电脑输入法中，智能输入法可以根据输入指令的统计结果调整默认值，只需要输入"hte"三个字母，"黑天鹅"三个字就会自动呈现，"hte"的输入指令被输入法默认为"黑天鹅"三个字。

操作电脑最省心的做法，就是接受系统设定的各种默认值，默认值可以让用户无需选择就能基础性操作各种应用软件和电脑程序。打开word文档，我们会发现，程序设计者为字体、字号、行距、间距、页边距，文字方向，纸张大小等所有选项都设定了默认的参数。在没有特别指令时，程序会按照这些默认参数自动运行。默认值没有严格意义上的强制性，用户可以根据自己的需要和偏好随意调整。但由于调整默认值需要付出信息成本，所以很多用户可能委曲求全，这意味着信息成本会赋予默认规则某种程度的强制性。

程序开发商设定默认值的算法是统计学的逻辑，目标自然是追求广谱，让默认值尽可能满足大众的需求。假定在所有用户中，10%喜欢四号字，25%喜欢小四号字，40%喜欢五号字，25%喜欢小五号字，10%喜欢六号字，还有10%喜欢其他字号，那么word文档的程序开发商就会把字号的默认参数设定为五号字。虽然真实的计算过程要复杂得多，但道理却不过如此。

如此看来，默认值的历史应该非常古老，至少和商业的历史一样古老。当人类开始出现交易和社会分工，开始批量生产、制作弓箭、陶器、绳索和装饰品的时候，就肯定开始估算默认值了。如果专门制作弓箭的匠人不考虑绝大多数人的臂长和臂力，他制作的弓箭就不会畅销。而在如今的商场里，满足衣食住行的绝大多数商品差不多都有事先计算好的默认值。哪怕是一袋简单的速溶咖啡，各种成分的比例都要经过精心地计算，尽可能满足大众口味。消费者当然可以私人订制，但私人订制的指令不可能覆盖商品的所有参数。订制一件衣服，消费者可以就各种尺寸发出私人指令，甚至可以选择面料，但面料的各种参数仍要接受厂家设定的默认值。默认值不是剥夺消费者的自由，而是让消费者省心。倘若电脑系统没有默认值，怎可能连傻瓜都能学会操作。

生物有机体显然要比电脑复杂得多，但我们之所以会"操作自身"，就是因为自然选择为绝大多数生理和心理反应设定好了默认选项。左腿迈步会搭配右臂的摆动，右腿迈步会搭配左臂的摆动，这就是我们走路或跑步时的默认规则。眼睛或耳朵识别出险情后，身体会做出逃避的本能反应，默认的动作就是抱头鼠窜；遇到挑衅时，我们会被激怒，然后不假思索地准备反击，报复也是默认选项。只要大脑没有相反的指令，身体就会自动遵循这些默认规则，这是一种节省计算的策略。人类的语言发音根据口腔和舌头的肌肉运动发展了很多默认规则，我们通常意识不到；而绕口令之所以说起来很费劲，就是因为其中的声音元素组合致力于频繁挑战这些默认规则。

在法律语境中，默认规则是指当事人没有另行约定时法律提供的广谱适用规则，其逻辑基础同样是统计学的。当法定模式与主流交易模式吻合时，大多数人可以保持沉默，那些选择另类交易模式的少数人需要另行约定或额外声明。但当法定模式与主流交易模式相左时，立法者要么改变法定模式，要么改变沉默的含义，否则就会出现少数人可以保持沉默、大多数人需要另行约定或额外声明的情形。致力于降低交易成本，默认规则的设计应该努力追求广谱，满足多数需求，让多数人在多数场合保持沉默，只让少数人在少数场合发出声音。

法律允许当事人对交易模式做出选择，当然是为了回应交易的复杂性。但当事人的需求是多样化的，法律能否提供多样化的交易模式呢？回答是肯定的。合同法区分了不同类型的交易，然后为不同交易提供了不同的默认规则。比如，现行合同法就区分买卖、租赁、赠与、借款、承揽、运输、仓储、保管、居间、委托、行纪等15种有名合约，并且分别规定了一套合约模板。

即使是同一类型的交易，比如国际货物买卖，交易双方仍需要多样化的交易模式，国际商会编纂的《国际贸易术语解释规则》就满足了这种需求。交易双方可以像选择商品一样选择不同的价格术语，但价格术语包含着一系列默认规则（就像一样商品的各项默认参数），涉及交货、付款、运输、保险、清关、验收以及风险分配等各种事项。每个价格术语都是一个约定俗成的合约模板，双方选择一个价格术语，就等于双方做出了与价格术语完全一致的约定。把约定条款还原出来肯定非常复杂，但价格术语却可以简化为三个字母：比如FOB或CIF，前者叫"船上交货"，后者叫"成本加运保费"。想象一下，在电子邮件使用之前，交易双方要通过电报来沟通信息的条件下，价格术语会为买卖双方节省多少沟通成本。

与默认规则不同，法律中的强制性规则不允许当事人另行约定。比如，当事人可以约定违约的范围和赔偿的金额，但诚信义务是不能约定排除的。这不奇怪，诚信是交易的题中之意，排除诚信义务的约定，相当于取消了交易。细看会发现，诚信义务其实是和平规则的组成部分（禁止欺诈），而和平是交易的前提。宽泛一点，我们也可以说和平和诚信都是交易的默认前提，因此不能约定排除。

菜农和养蜂人的故事

每逢油菜花盛开时节，成群结队的蜜蜂在菜地里飞进飞出，花粉是蜂蜜的原料，蜜蜂帮油菜授粉。这种古老的共生关系让菜农和养蜂人结了缘，也让我们有机会去想象，在特定的法律背景之下，菜农和养蜂人怎样通过合约来确定各自的权利义务。

首先假定法律保护菜农的许可权，规定养蜂人放蜂进入菜地须经菜农许可，并向其支付报酬。问题是，法律如此规定对于菜农是个利好吗？答案似是而非。面对养蜂人，菜农没有任何谈判筹码，他的使用许可其实分文不值。无论是检测或阻止蜜蜂飞入自己的菜地，还是找到并要求养蜂人支付报酬,成本都太高了;更何况菜农还需要蜜蜂帮油菜授粉。虽然法律明确保护菜农的许可权,但这种赋权没什么价值,菜农非但不珍惜,反而会主动放弃,声明养蜂人放蜂可以不经许可免费进入自家菜地。但考虑到弃权本身就很麻烦,频繁弃权更加麻烦,所以为了避免养蜂人纷纷找上门来,菜农只好在自家菜地上插块牌子,向所有养蜂人统一做出弃权声明。

如此看来,法律保护菜农的许可权,非但不是利好,反而徒增麻烦,并且麻烦还是双方的。麻烦起因于法律改变了沉默的含义:在法律明确保护菜农的许可权之前,根据习惯(暂不问习惯从何而来),菜农的沉默意味着许可;在此之后,沉默的含义却变成了不许可。而为了表示许可,菜农必须做出额外声明。解决麻烦的办法之一是修改法律,强制菜农向所有养蜂人免费开放菜地。虽然修改后的法律剥夺了菜农的许可权,但对菜农和养蜂人的权利义务并无实质性影响,改变的只是沉默的含义:从此沉默意味着许可,菜农不用在菜地上插牌子了。

这是不是很奇怪?为何保护性的法律制造了麻烦,而剥夺性的法律却让双方获得了解脱?在传统法学的视野中,法律最重要的功能就是保护不同主体的合法权益。权利话语是如此盛行,甚至决定了许多法律的名称和体例。《民法典》就是以不同权利冠名编、章、节的。然而,菜农和养蜂人的故事——虽然只是个假设的事例——却隐含了权利话语难以描述的法律和交易模式之间的微妙关系。这个故事暗示了,无论法律保护某种权利,还是剥夺某种权利,所产生的实际效果都可能少于立法者的预期和我们的想象。至少对于菜农和养蜂人而言,重要的不是权利是否受到了法律保护,而是法律是否改变了沉默的含义。

在真实世界中,菜农和养蜂人的关系是十分简单的,各取所需,互利合作,千百年来相安无事,并且通常素不相识。但人世间总有意外和反常,假如哪天突然有个菜农要起诉养蜂人,要求赔偿,这个案件该如何处理呢?虽然双方不可能签订合约,立法者也不值得为这点小事专门制定一条法律,但法官并不为难。根据侵权法的逻辑,只要菜农不能证明蜜蜂飞入菜地会给他造成实际损失,菜农就会败诉。法官还可以按合同法的逻辑做出判决,假定养蜂人和菜农可以事先签约,那么,菜农不会要求养蜂人放蜂进入菜地之前必须经过他的许可,更不会要求养蜂人向他支付报酬。总之，无论按合同法还是侵权法，判决结果都是一样的。

这不奇怪，侵权法和合同法是同根同源的，两种法律关于分配权利和分担责任的底层逻辑并无二致——权利应该分配给能使权利创造出更大效用的一方当事人，而责任则应该强加于能以较低成本避免事故的一方当事人。权责如此分配，恰好与市场规则吻合，无论合同法还是侵权法，都是通过模拟市场来管理社会，因而必要时两种法律可以相互替代也就不足为怪了。如果世界上所有的加害人和受害人都能事先签约，侵权法就没有存在的必要，所有侵权案件都可以按照合同法处理；即使双方没有事先签约，法官也可以事后按照市场逻辑把合约还原出来。反过来说，如果世上只有侵权法而没有合同法，那么违约就可以被一并纳入侵权的范畴。

在人类历史上，合约要比法律更古老。但在法律史上，侵权法却比合同法更古老。在合同法诞生之前的漫长岁月里，违约是被当作侵权来处理的。当侵权法打开了一个缺口，将当事人的约定作为例外情形时——有约定的从其约定，没有约定的仍按侵权法处理——合同法就开始萌芽了。虽然合同法诞生于侵权法的缺口，但却随着交易秩序和市场规模的扩张后来居上。合同法的扩张侵蚀了侵权法的传统领地，最终形成的局面是，只要当事人发生了实质性的交易关系，即使没有口头或书面合约，也照样适用合同法。此时，沉默的含义发生了变化，有交易关系的沉默被认为接受合同法的约束，没有交易关系的沉默依然适用侵权法。从此，合同法和侵权法分而治之。

当然，如此描述合同法和侵权法的分化史肯定严重失真了，既过于简单，也缺乏充足的史料。但失真与否对我无关紧要，我的目标仅限于解说合同法和侵权法之间同根同源的关系，历史描述不过是个手段而已。我说侵权法早于合同法，无非为了图个方便；如果你觉得这么说不爽，也可以反过来说合同法早于侵权法。但你我之间的区别，只是选择了不同的默认起点，对于解说的内容并不产生实质性影响。正如我在第1章讲过的，性善论和性恶论也只是选择了不同的默认起点，而孟子和荀子对于人性的理解其实没什么差别。

相比之下，说合同法的历史早于侵权法，其实更加言之成理，因为合约是人类制度文明的受精卵，包括道德、法律和习俗在内的整个人类制度文明，可以还原为无数个合约，制度就是合约累积的产物，规则只是多边合约的另一个名称。当人们约定互不侵犯时，就有了产权的萌芽；而当互不侵犯的双边合约扩展为多边合约时，就有了禁止侵犯的规则；当禁止侵犯的对象从生命扩展至财产时，就有了财产权。由于互不侵犯也是一种交易，所以侵权法其实提供了一种默认的交易模式。在这个意义上，侵权法只是合同法的一种古老面目。如此看来，合同法与侵权法孰先孰后，就不是关于事实的争论，而是关于定义的争论了，因为答案取决于我们对于分化之前的"母法"如何定义。

两种说法迥异，但最终都能描述侵权法和合同法的同根同源。保留至今的痕迹，是两者并非泾渭分明，而是存在一个重合或过渡的灰色地带。产品质量责任就通常被视为侵权和违约的竞合，但细究之下，会发现这种竞合似是而非。如果产品质量缺陷只给消费者造成了经济损失，那么合同法仍然提供默认规则——有约定的从其约定，没有约定的按合同法处理。而如果产品质量缺陷给消费者造成了人身损失，就超出交易关系的范围，除非当事人另有约定，否则就会按侵权法处理，此时侵权法提供默认规则。两种情形的区别在于，在合同法规则之下，当事人可以约定赔偿的金额；但在侵权法规则之下，赔偿的金额由法律确定，当事人不能约定。但侵权法之所以具有这种强制性，根源仍在于加害人和受害人无法事先签约或事先签约的成本过于高昂。

违约和侵权的真正竞合，发生于交易关系不好确定的模糊地带，养蜂人和菜农之间的关系就是如此。尽管他们的合作历史悠久，但至今不好确定这种合作是否算得上真实的交易关系。菜农和养蜂人素不相识，没有讨价还价的过程，也看不到一手交钱一手交货，但他们有事实上的默契，至于这种默契算不算交易，则完全取决于我们对交易的定义。当然，这个问题不重要，因为如果发生纠纷，菜农和养蜂人是否存在交易关系不影响纠纷的处理结果，因为侵权法和合同法分享同样的底层逻辑。

有时候，著作权人和使用人的关系就很像菜农和养蜂人。假定我是个艺术家，为某个公园制作了一座雕塑，尽管我享有雕塑的著作权，但任何人对其临摹、绘画、摄影或录像,都无需经过我的许可,更不必向我支付报酬。《著作权法》规定了著作权的强制许可,列入强制许可范围的作品,使用人可以不经作者许可而免费合理使用。强制许可被认为是对著作权的限制,陈列在室外公共场所的艺术作品就被列入了法定许可的范围。

据说法律限制著作权是为了促进公共利益,便利知识、信息的交流和传播。但细看却会发现,凡是被列入强制许可范围的著作权,都有个共同特点——很难变现。即使法律解除限制,将强制许可放松为约定许可,著作权人也难以通过许可他人合理使用而获得报酬。说白了,列入强制许可范围的著作权原本就没有市场,卖不出去,也不值钱,就像菜农对于养蜂人的使用许可一样。而对于作者来说,法律限制其一项无法交易、无法变现的权利,非但无损,反而有益,这会让作品被更多的人使用。作品被使用的同时也被使用人传播了,且作品传播得越广,著作权人的名气就越大;而名气,在某个适当的机会或以某种适当的方式,是可以变现的。

在这个意义上,著作权法中的强制许可貌似强行法,其实只是提供了一种绝大多数作者愿意接受的默认规则。如果法律取消强制许可,解除对著作权的限制,作者从其自身利益考虑也会主动发出弃权声明,并尽可能广而告之。而以强制许可取代约定许可,却相当于用统一的限权取代了分散的弃权,用统一的声明取代了分散的声明,至少省却了广而告之的麻烦,就像菜农不用在自家菜地里插块牌子一样。

法律终究还是要服从市场的逻辑,背离市场逻辑的法律通常会给当事人添乱。市场给不了的,法律也给不了。反过来说,市场能给的,法律也拿不走。但与菜农相对于养蜂人不同的是,著作权人相对于使用人通常有足够的谈判筹码——如果我不想让你使用,正常情况下你就得不到;即使你得到并使用了,也逃不过我的眼睛;大不了我停止创作,而停止创作对整个社会不利;即使我的谈判筹码对抗不了你,还可以对抗整个社会。立法者不得不尊重这个事实,因而着眼于促进社会福利,《著作权法》原则上以财产规则保护著作权,非经作者许可他人无权使用,而作者的沉默意味着他不许可。

这就是为什么著作权的强制许可范围通常仅限于使用许可确实不值

钱或确实没法保护的情形。雕像这类艺术品就是如此，一旦陈列在外，就没法阻止别人去摄像或临摹，也因为没法阻止，故其使用许可也就没法出售。所以，相对于著作权的一般原则（约定许可），强制许可属于例外情形，强制许可只是改变了默认规则，从默认不许可变成了默认许可，沉默的含义发生了变化。

只要著作权的使用许可确有市场，则即使被列入强制许可的范围，也照样可以被视为例外。比如作者在公众集会上发表的讲话，只要作者声明不许刊登或播放，那么报纸、期刊、广播电台、电视台等媒体使用人就无权使用；非用不可的话，就得去找作者协商。但作者的沉默仍被视为弃权，因为在法定许可的范围中，弃权者占了主流，拒绝弃权者属于另类，声明的麻烦需要转嫁给拒绝弃权的少数人。

然而，作为法定许可例外的约定许可不同于普通的约定许可，区别在于沉默的含义——沉默之于前者，意味着弃权，拒绝弃权需要事先声明；而沉默之于后者，意味着不弃权，拒绝弃权不需要事先声明。总之，保留例外就是允许当事人另行约定或额外声明，这等于在例外范围内改变默认规则，同时改变沉默的含义，并转嫁声明的责任。

就像蜜蜂采蜜可以为植物传播花粉一样，作品在使用的同时也被使用人传播了。作者和使用人之间的供求关系是相互的，但如果作品供过于求，就会出现作者倒贴使用人的情形。至少在学术出版行业，倒贴的情形成了常态。尽管法律规定出版商要向作者支付稿酬，但由于学术性书籍的读者群较小，书籍质量又不够高，所以除非作者倒贴出版商，否则出版商就不会出版作品。倒贴出版商的情形甚至获得了官方认可，因为出版经费被允许列入科研经费的预算之中。这一事实再次展现了法律和市场较量的结果。

菜农和养蜂人的关系也是如此。如果蜜蜂授粉对于油菜增产效果显著，而养蜂人的数量却突然变少（比如因为发生疫情而被政府强制隔离在家），同样会出现养蜂人供不应求、菜农倒贴养蜂人的局面。但倒贴需要养蜂人和菜农签订合约，对于合约当事人而言，无论法律保护菜农的使用许可，还是强制菜农向所有养蜂人免费开放菜地，都不影响交易的性质和内容，法律等于被架空了。而如果立法者事先考虑到菜农和养蜂人可能用约定排除法定，就应该在法定之外保留一个缺口，允许当事人另行约定。

如果倒贴成了主流,那么强制菜农向养蜂人开放菜地的法律规定是否应该被废除或修改?答案是不需要。因为倒贴只意味着菜农和养蜂人从许可使用的关系变成了租赁关系,而在租赁关系中,菜农向养蜂人支付租金就是默认规则,无需法律额外规定。但考虑到总有少数菜农懒得找养蜂人签约(因为油菜增产扣除租金之后的那点净收益也许补偿不了交易成本),所以保留强制菜农开放菜地的法律规定并不多余,它相当于在租赁法之外增加了一种例外情形——"当事人另有约定的除外"。此时,菜农可以选择保持沉默,沉默的含义依然是开放菜地。对倒贴不感兴趣的养蜂人也会保持沉默,沉默的含义是免收租金。

假定为了保证油菜的产量,菜农需要蜜蜂为其油菜授粉,但养蜂人时有时无,因此稳妥的做法莫过于自己放养一箱蜜蜂。于是菜农找到了养蜂人,想从他那里购买一箱蜜蜂,不料养蜂人十分慷慨,他口头答应等三个月后、油菜花盛开时节就免费赠送菜农一箱蜜蜂。菜农满心欢喜,以为这下蜜蜂的问题总算解决了,但没想到三个月后养蜂人却反悔了,他拒绝兑现赠与承诺。菜农再买蜜蜂已经来不及,只好默默承受油菜减产的损失。按照合同法,赠与人在交付赠与物之前可以随时撤销赠与,不算违约。

法律如此规定,据说是因为赠与作为单方承诺没有对价,而法院拒绝强制执行一个没有对价的合约。但这种解释说不通。赠与通常是一种隐蔽的交易,未必没有对价,只是对价不容易被直接观察到而已。养蜂人答应赠送一箱蜜蜂给菜农,也许是因为此前菜农赠送了养蜂人一大堆价值相当的油菜,这箱蜜蜂算是回赠。此外,赠与可能还有预期对价,可在未来兑现,养蜂人之所以愿意赠送菜农一箱蜜蜂,是希望来年菜农回赠他一堆油菜。但不管怎样,赠与有无对价,还是当事人自己心里更清楚,法律决策者不能擅自做出判断。但这恰恰说明,赠与承诺的履行更多依靠声誉机制,而非强制执行。这是法院拒绝强制执行赠与承诺的一个说得过去的理由,但这个理由与对价无关。

要说没有对价,法院强制执行经过公证的赠与就会陷入矛盾。毕竟公证与否并不改变赠与的性质和内容,也不会让赠与的对价无中生有。公证的功能只是提高了赠与承诺的可信度,考虑到合同法只鼓励人们对他人的承诺付出合理信任,而非过度信任,法院拒绝强制执行未经公证的赠与承诺就有了另一个理由,这个理由仍与对价无关。

和书面赠与以及经过公证的赠与相比,口头赠与是最不可信的。如果养蜂人只是随口一说,菜农就信以为真了,这种信任是天真的、草率的、孩子气的,属于过度信任,而非合理信任,因此造成的损失理应由菜农自负。且过度信任意味着养蜂人和菜农之间的"合意"有名无实,是一场误会。而要避免未来发生类似的误会,法律决策者要么阻止养蜂人信口开河,要么要求菜农提高警惕。而合同法允许赠与人在交付赠与物之前随时反悔,意味着立法者选择了后一种方案。这么做应该是合理的,因为世界上像养蜂人一样信口开河的人实在太多了,而像菜农一样粗心大意的人却并不多见。立法者必须考虑法律的管理成本。

但如果养蜂人和菜农签订了书面赠与合约,或单方面做出了书面赠与承诺,养蜂人还有反悔的权利吗?按照现行合同法,答案是肯定的。即使赠与从口头落到了书面,养蜂人在交付赠与物之前仍可以反悔,除非书面赠与经过了公证。这意味着法律不承认非经公证的赠与在兑现之前对于赠与人的拘束力,至于如此规定是否还有改进的空间,则需要经过比较才能获得答案。关于如何认定书面赠与的效力,除了现行合同法的规定,其实还有两种立法方案可供选择。

> 方案1:赠与人和受赠人签订书面赠与合同或赠与人做出书面赠与承诺的,赠与人不得撤销赠与,但当事人另有约定的除外。
>
> 方案2:赠与人和受赠人签订书面赠与合同或赠与人做出书面赠与承诺的,赠与人在赠与物交付之前可以撤销赠与,但当事人另有约定的除外。

方案1将强制执行书面赠与作为默认规则,方案2将拒绝强制执行书面赠与承诺作为默认规则,但两种默认规则都允许当事人做出相反的约定。如果养蜂人和菜农签订了书面赠与合同或养蜂人做出了书面赠与承诺，那么，在方案1之下，没有另有约定或额外声明意味着养蜂人不能反悔；而在方案2之下，没有另有约定或额外声明意味着养蜂人可以反悔。两种立法方案在内容上是等价的，区别只在沉默的含义。

比较两种立法方案的优劣，需要做个统计学的研究，看看当事人更习惯于接受哪一种。方案1赋予书面赠与更高的可信度，也因此要求赠与人更加慎重；方案2赋予书面赠与较低的可信度，不需要赠与人特别慎重。很难说哪种方案对哪方当事人更有利，允许赠与人撤销赠与，不见得对赠与人是个利好，因为这会削弱赠与的可信度，减损其承诺的价值。

但遗憾的是，立法者却似乎被直觉性的公平观念带偏了。如果立法者以为，撤销权是对赠与人单方付出的一种补偿，那一定是个误解。法律如此规定，非但补偿不了赠与人，反而会给双方制造麻烦。与普通交易相比，赠与的特殊性在于以下两点：（1）更多依靠声誉机制而非强制执行；（2）赠与承诺的可信度通常低于商业承诺。即使充分考虑赠与的特殊性，立法只需采用方案2也就足够了。而在方案2之下，如果养蜂人赠送一箱蜜蜂给菜农确属真心实意，并且他希望菜农能信任自己的承诺，那么，只要他和菜农签订书面赠与合同，并且明确放弃撤销权，就能达到目的。而现行法律等于废除了书面赠与的拘束力，赠与人要想恢复赠与承诺的拘束力，他就必须和菜农一起去跑公证处，还要交上一笔公证费。法律如此规定，既给当事人添乱，又为公证机构造租。

假定养蜂人打算三个月后赠送一箱蜜蜂给菜农，目的是眼下就能从菜农那里获得一些油菜种子。至于他为何不直接花钱从菜农那里买种子，就不必深究了，生活中总有些事情不便花钱来解决。但现在养蜂人遇到的麻烦是，菜农对他的赠与承诺半信半疑。信任难题在前文的讨论中已经有所提及，这次的障碍仍是当事人之间的信息不对称。为了把这个问题说得更仔细些，我还得借助一下金钱的尺度。

假定一箱蜜蜂价值2000元，而菜农认为养蜂人三个月后兑现承诺的可能性只有50%，这意味着菜农只能按1000的价值来决定回赠油菜种子的数量。如果养蜂人想从菜农那里获得价值相当（2000元）的油菜种子，他要么把承诺赠与的蜜蜂数量从一箱增加到两箱，要么让菜农对赠与承诺的信任度从50%提高到100%。而要提高菜农对赠与承诺的信任度，最可靠的选项莫过于强制执行，即法院同意强制执行赠与承诺。至于签约和公证，都是为了满足强制执行所需要的证据条件。

人们不难看到强制执行对于保障受赠人（债权人）利益的功能，但却很容易忽视强制执行更重要的功能——解决信息不对称，提高受赠人对赠与人兑现承诺的信任度。事先看来，强制执行是个遴选机制，只有真心实意的赠与人才愿意他的赠与承诺被强制执行。正是借助这个遴选机制，养蜂人让菜农看到了他的真心。在赠与合约中，赠与人属于债务人，受赠人属于债权人。而在更宽泛意义上，强制执行可以惠及所有债权人和债务人，因此相当于国家为债权人和债务人提供了双向补贴。

如果企业想从银行那里获得低息贷款，就要设法降低违约风险，风险越低利率越低。但即使企业有足够的能力和意愿去偿还全部债务，只要银行看不到或不相信这个事实，仍会高估放贷风险，所以企业还要设法解决信息不对称。强制执行可以提高银行对企业的信任度，让银行和企业共同获益，扩大信贷规模和资金市场，进而惠及整个社会。由此可见，强制执行的基础依然是合约的逻辑，国家按当事人的合约提供公共服务。

然而，强制执行如同其他法律制度一样不可能完美实施。执行成功率越低，违约风险越大，利率越高，信贷规模越小。提高强制执行的成功率，一方面要靠国家，另一方面还需要当事人，尤其是债务人一方做出各种努力。最常见的做法，就是债务人将自己的可变现资产置于债权人的控制之下，这就产生了抵押、质押、留置或典当。此外，提高执行成功率的另一种方式是扩展执行范围，增加可被执行人的数量，当债务人拉别人一起和自己共担债务时，就创造了保证制度。

保证人之于债务人，相当于赠与人之于受赠人，后者是同甘，前者是共苦。但不同的是，赠与人在签约之后仍可撤销赠与，但保证人在签约之后却不能撤销保证。法律如此规定是合理的，因为保证的可信度涉及第三人（债权人）的利益，而赠与则未必涉及第三人。赠与是否涉及第三人，还是当事人自己最清楚，这为法律保留赠与人和受赠人另行约定不可撤销的缺口提供了又一条理由。

除强制执行外，当事人的诚信姿态是保障合约履行更为内在的前提，诚信是合约机制的题中之意，是当事人默认的交易前提。虽然诚信原则被视为民法中的"帝王条款"，属于典型的强行法，但其本来面目却更接近于一个程序法规则，功能类似于强制执行。作为交易前提的诚信义务当然不能允许当事人约定排除，因为排除这个前提，交易就无法进行，合约也就不复存在了。

即使是强制执行，其强制性也没那么强。强制执行原则上是所有合约当事人的默认规则，也就是说，只要当事人签订了合约，就等于默认合约可以被法院强制执行。但强制执行也会有例外（未经公证的书面赠与承诺在现行法律之下是个奇怪的例外），常见的例外是允许当事人附加条件或期限。在特殊条件下或特定时期内，如果当事人不希望自己的承诺被强制执行，可以另行约定或额外声明，这是强制执行作为默认规则所保留的缺口。而当某些特殊条件满足时，如果大多数当事人并不希望其承诺被强制执行，法律就会改变默认规则，显失公平、情势变迁以及不可抗力之类的条款便由此而生。

为了保证油菜的产量，假定菜农和养蜂人事先约定：到油菜花盛开时节，养蜂人务必到菜地附近放养足够数量的蜜蜂，菜农为此向养蜂人支付报酬。一切安排妥当，但天有不测风云。假定突发疫情，政府封锁道路，养蜂人无法履约，那么，菜农可否向养蜂人要求赔偿违约损失？答案是不可以，因为合同法规定了不可抗力，当事人因不可抗力而无法履行约定的，可以免除违约责任。不可抗力属于合同法中为数不多的强行法，拒绝为例外保留缺口，当事人不得约定排除。

事先看，不可抗力属于小概率事件。实际上，履约过程中会发生很多小概率事件，但当事人不可能对每一个小概率事件都事先做出约定。如果约定的成本太高，当事人就会选择保留合约缺口，因而合约永远是不完备的。而合同法的功能之一，就是为当事人的合约填补缺口，在这个意义上，合同法本身可以被视为一个合约模板。这个合约模板让当事人有条件保留更大的合约缺口，原本能以合理成本约定的事项也无需约定了，因为法定的模板可以取代当事人的约定，当事人可以在更多事项上保持沉默。因而，只要法律规定了不可抗力，当事人就无需约定了；并且由于不可抗力条款属于强行法，所以当事人做出的相反约定无效。

在传统民法学的语境中，因遭遇不可抗力而免除违约责任似乎理所当然，所提出的理由差不多都以公平为说辞，但归根到底还是诉诸道德直觉。"免责"的说法本身就不确切，违约损失不会一笔勾销，不会凭空蒸发，更准确的说法应该是"转责"，即违约损失从违约方转嫁给了被违约方。因而，不可抗力是否免责的问题，其实是违约损失是否应该转移，或者更确切地说，是违约损失应该如何分担的问题，而这需要比较双方当事人控制意外风险的成本才能确定，因此免责并不理所当然。

我在第2章曾讲过，如果承运人因遭遇泥石流而不能履约，由此造成的违约损失就未必应该转嫁给托运人，因为相对而言承运人通常比托运人更有能力控制履约过程中的意外风险。承运人可以事先购买保险，并且有能力计算保险费是否物有所值，而要求托运人为一次性的运输风险去购买保险，就太苛刻了。所以，至少在运输合同中，不可抗力的免责条款是添乱的，看似对承运人是个利好，但最终还是会给双方制造麻烦。因为，只要托运人事先知道不可抗力的法律规定，那么他就会通过其他方式弥补可能转嫁给自己的违约损失，比如降低运费。至于运费降低多少，肯定会参考托运人购买保险的价格，因而只要托运人的保险报价高于承运人的保险报价，不可抗力的负面效果就显现出来了。如果允许当事人就承运人遭遇不可抗力的事项做出约定，那么合理推测是约定与法定相反，而不是吻合。

当然，菜农和养蜂人的情况就不同了。对于突发疫情引起的道路封锁，如果养蜂人和菜农能够事先做出约定，那么合理推测是约定与法定吻合。假定和养蜂人签约的不是菜农，而是一个大规模的油菜种植基地，基地每年都要和很多养蜂人签订合约（这简直就像招募），那么，在这种情况下，养蜂人如果遭遇不可抗力，免除其违约责任就更加理所当然。因为基地实力强大，能以更低的成本控制风险，保险报价更低，甚至有能力建立风险基金——风险基金属于自我保险而非商业保险，因此可以避免保险公司从中赚差价。更重要的是，由于基地每年都会招募很多养蜂人,总有一部分养蜂人因为各种意外无法履约,招募数量越多,违约比例就越稳定。如果基地能够估算出每年的违约比例,那么单个养蜂人违约就几乎不产生任何违约损失。在这个意义上,不可抗力的免责条款隐含了一种温和的保险,意外事件一旦发生,被违约方就会成为违约方的保险人。

不管怎样,不可抗力条款的主要功能不是维护公平和诚信,而是为当事人填补合约缺口提供默认规则。默认规则必须服从统计学的逻辑,如果统计结论表明,大多数当事人不同意将不可抗力作为免责事由,那么法律就无需规定不可抗力的免责条款;不可抗力是否免责,由当事人自行约定,沉默意味着当事人拒绝这一条款。而如果大多数当事人同意将不可抗力作为免除违约责任的理由,那么法定就可以取代约定,不可抗力的免责条款就成为当事人的默认规则,沉默意味着当事人接受这一条款,拒绝接受不可抗力的当事人可以另行约定。

如此看来,现行合同法却将不可抗力条款规定为强行法,实在没有必要,允许当事人另有约定可以增强法律回应社会的能力,毕竟总有许多当事人会像承运人和托运人那样,不希望将不可抗力作为免责事由。与之类似的情形是情势变迁,与其规定为强行法,不如仅仅作为默认规则,允许当事人另行约定并无不可。此外,如果法律允许当事人约定不可抗力和情势变迁的范围,还可以降低纠纷处理的难度和成本。

在菜农和养蜂人的故事中,双方合作的基础是蜜蜂和油菜之间古老的共生关系。假定这种共生关系不复存在了,菜农开始种植某种转基因油菜,这种油菜非但不需要蜜蜂授粉,反而对蜜蜂身上携带的某种病毒过敏,蜜蜂采蜜的同时会给油菜传播疾病。这可是个革命性的变化,两者不再是共生关系,蜜蜂成了油菜的害虫,此时菜农和养蜂人之间的合作基础就坍塌了。只要转基因油菜的种植面积足够广,菜农就会要求养蜂人远离他的菜地。如果这个要求遭到拒绝,菜农就会起诉养蜂人,此时法律决策者(无论是立法者还是司法者)就要面对权利冲突的问题。

从法律决策者的视角,所谓权利冲突的问题,其实就是权利如何分配的问题。如果法律保护菜农的许可权,养蜂人就要被迫远离菜地,这会造成蜂蜜减产;而如果法律保护养蜂人的放养权,菜农就要忍受油菜染病,这会导致油菜减产。致力于最小化社会损失,法律决策者应该将权利分配给能使权利产生最大效用的一方当事人。

现在我们从法律决策者的角度来算一笔账。假定油菜减产的损失是200元,而蜂蜜减产的损失是100元,那么法律应该保护菜农的许可权,这将会出现100元的社会净收益;而如果法律错误地保护了养蜂人的放养权,这100元的社会净收益就消失了吗?未必。菜农会和养蜂人商谈,给养蜂人一笔保护费,让他远离菜地,出价应该在100元到200元之间。这个做法相当于菜农把失去的权利又从养蜂人那里买了回来,100元的社会净收益没有消失,而是转换为双方的交易剩余。

反过来,假定蜂蜜减产的损失是200元,而油菜减产的损失是100元,那么法律应该保护养蜂人的放养权,这将会出现100元的社会净收益;而如果法律错误地保护了菜农的许可权,这100元的社会净收益未必就消失了。养蜂人会和菜农商谈,给菜农一笔许可费,以便其可以继续放养蜜蜂,出价应该在100元到200元之间。这个做法相当于养蜂人把失去的权利又从菜农那里买了回来,100元的社会净收益没有消失,只是转换为双方的交易剩余。

这笔账隐含的道理是,无论法律保护谁的权利,把权利分配给谁,都不影响权利资源的最终使用,也不减损社会福利,因为市场会矫正法律对权利资源的错误分配。但这个结论并不可靠,因为我们算账的时候忽略了交易成本。交易本身是有成本的,无论菜农找到养蜂人,还是养蜂人找到菜农,以及双方的讨价还价,都要花费时间和精力。如果交易成本超过100元,纠正性的交易就不会发生,而错误的权利分配就会成为终局分配,最终的结果还是会减损社会福利。

正是在这个意义上,法律决策者在遇到权利冲突的时候应该保护价值较高的那种权利,或者说,把权利分配给最珍视权利的一方当事人。当油菜减产的损失超过蜂蜜减产的损失时,法律应该保护菜农的许可权;而当蜂蜜减产的损失超过油菜减产的损失时,法律就应该保护养蜂人的放养权。但如此分配权利的原因,只是为了避免纠正性的交易,而不是因为谁的权利位阶更高或更加天经地义。

解决权利冲突的法律看似完全体现法律决策者的意志,其实不然。假定菜农和养蜂人之间存在很多权利冲突的事项,比如养蜂人需要通行菜地,这会损害油菜的生长;或者菜农需要喷洒农药,这会杀死一些蜜蜂。如果致力于解决这些权利冲突,菜农和养蜂人打算签订一个宽泛的合约,那么我们有理由推测他们解决权利冲突会遵循上述逻辑。这意味着解决权利冲突的法律,其性质依然属于当事人的默认规则。

我们可以顺着这个思路再去理解一下"买卖不破租赁"。这个古老的合同法规则看似来自法律决策者的权责分配,但若还原合约,想象回到事先的情况,卖方、买方和承租人三方如何签约,就会发现"买卖不破租赁"仍是个默认规则。法律决策者分配权利和责任的原始依据,是绝大多数当事人会如此约定。但默认规则不排除例外,比如,如果出租人提供的是拎包居住的标准化公寓,"买卖不破租赁"就没多大意义了。所以,合同法完全可以在这条法律规定之后加上一个但书——"当事人另有约定的除外"。

如果进一步审查,你会发现几乎所有合同法规则加上这个但书之后都会增强其回应交易复杂性的潜力。合同法为不同类型的交易提供了多数人愿意接受的合约模板,但总有人愿意做出另外的约定。而如果法律强迫当事人必须按法律签约,那就会迫使当事人以成本更高的方式去回应法律。这就与合同法致力于降低交易成本的立法宗旨背道而驰。

法律的强制性

理解了默认规则的逻辑,我们就会发现,民法的强制性比我们想象的要弱,民法中的强行法比我们想象的要少。法律的原型就是多数当事人愿意接受的合约模板,所以,法律的效力可能更多来自当事人的彼此牵制,而不是国家的强制力量,后者只是偶露峥嵘,或只需发挥杠杆的作用。尽管如此,法律的强制性仍然不可或缺,因为双边机制有时不足以应对交易的复杂性。

假定在一个没有公共权力的社会中,有三个人分别是猎人、菜农和果农。猎人肉食有余,独缺蔬菜;菜农蔬菜有余,独缺水果;果农水果有余，独缺肉食。那么在这种条件下，每个人要通过交易来改善自己的生活，就只能三人共同交易，任何双边交易都没法开展。但从双边交易延伸到三边交易，情况却复杂得多，并不像和平契约从两个人扩展到三个人那么简单。三边和平契约可以分解为三份双边和平契约，任何一方违约，受害人可以对等报复，并且他是唯一的受害人。

但三边交易就不同了，三人缺一不可，没法分解成规模更小的交易。任何人违约都会瘫痪整条交易链，并且违约受害人不是直接满足自己需求的那个人。果农违约，受害人是菜农，如果菜农以断供惩罚违约者，直接受害的却是猎人。虽然果农能以断供做筹码，要求菜农阻止猎人违约，但因交易链延长而增加交易变数的逻辑却由此呈现出来了。交易需要信息，如果在信息链上出现三缺一的状况，交易从一开始就不可能发起，更别提能否成功了。

要克服交易链延长带来的风险，就需要有个媒介——比如粮食。每个人都需要粮食，手中有粮，心中不慌，粮食比蔬菜、水果或肉食更通用，也更容易储存。假定第四个人就是粮农，他有多余的粮食，如果还同时缺少蔬菜、水果或肉食的话，他就会主动参与交易。即使他什么也不缺，也还是可能参与交易，因为他会发现粮食可以用作交易媒介，幸运的话他还能从中赚取差价。

如果每个人都明白这一点，就会把自己多余的肉食、蔬菜和水果先换成粮食，再用粮食换取自己短缺的东西。由粮食作为交易媒介，可以克服交易链延长带来的变数，不可分解的多边交易就变得可分解了，但因此付出的代价是允许粮农从中赚差价。只要粮农愿意参与交易并且粮食足够多，那么很多人的多余水果、蔬菜、肉食或其他什么东西就会汇集到粮农这里来。此时粮农就变成了一个商人，他要管理一个市场，市场既是个多种商品的交易集散地，也是个信息中心，如果每个人想了解别人缺少什么或多余什么，只要到粮农这里看看或问问就知道了，其他商品兑换粮食的比例就是价格，每个人都能读懂价格里隐含的信息。

如果有些人换取粮食不是为了消费，而是为了用粮食作媒介去换取他真正需要的东西，并且这些人的数量足够多，那么，只要粮农发现了这个事实，他就能找到一个简化方案——不必把粮食真正交付出去，给交易对手打张欠条就可以了。这样做的好处至少是省掉了运粮的麻烦，但前提是他必须让大家相信他能随时兑现欠条。如果粮农宣布他只认欠条不认人，那么欠条就可以替代粮食用作交易的媒介。

如果只需要粮食做交易媒介，那么无论果农、菜农还是猎人，只要他们能让粮农相信自己的偿还能力，就能用借粮取代买粮。粮农可以把粮食出借给他们，保留一个欠条，当然也可以用自己打的欠条取代借出去的粮食，这等于以欠条换取欠条。如果粮农打出的欠条太多，他就必须从其他粮农那里收购粮食，否则他兑现欠条的信用就会受到怀疑。

粮农在打欠条的同时也在兑现欠条，当他终于发现打出的欠条不需要同时兑现时，他的身份就会再次发生变化，从商人变成"粮行家"。除了从每一笔交易中赚取差价之外，粮农获益的另一个途径是打出更多的欠条，即使事实上他无力兑现也无所谓。而每打出一张欠条，就意味着等价的财富进入了粮农的腰包，而粮农支付的仅仅是一张欠条。流通中的欠条数量增加，欠条的价值就会缩水，欠条的持有者就成了粮农收割财富的冤大头。

当然这个"粮行家"的故事是不可能发生的，或者即使发生，粮行的经营规模也十分有限。粮食多少看得见，粮仓大小也能看得见，但凡有人对粮农兑现欠条的能力起了疑心（疑心是可以传染的），人们就会纷纷提出兑现要求，挤兑会让粮行迅速破产。因此，更可能发生的是"银行家"而非"粮行家"的故事。

和粮食相比，贵金属价值更高、更易储存且携带更方便，所以贵金属更有资格充当交易媒介。如果第五个人恰好是个专门打造金银器具的工匠，他就有条件去玩一个更出色的游戏。贵金属的拥有者希望工匠能把他们的贵金属打造成自己需要的器具，当他们把贵金属交给工匠时，工匠就会开出一张收据，很快这张收据就可以替代贵金属作为交易媒介。工匠也很快就会发现他开出的收据不需要同时兑现，手里的贵金属总有一个存量，他会根据存量开出更多的收据，于是银行家收割财富的故事就开始了。

但和粮食相比，贵金属的弱点显而易见，前者是每个人的必需品，后者却只是奢侈品。人们只有在必需品满足之后才会对奢侈品感兴趣，所以银行家成功的前提是人们相信世界上总有些富人需要贵金属，哪怕很多人都穷得要饭。信心是最重要的，哪怕天灾人祸导致贵金属的实际需求锐减，只要信心仍在，人们持有贵金属的需求就会依然旺盛，贵金属因此成为历史悠久的避险资产。但在极度饥馑的时刻，比如电影《一九四二》描述的噩梦般的场景里，贵金属就丧失了价值，粮食才是真正的硬通货。

其实，在一个没有公共权力的环境中，银行家的故事同样是虚构的，甚至不比"粮行家"的故事更加真实，毕竟财富是一把双刃剑，可以让人生活得更好，也会招来更大的危险。显然富人更可能成为被劫掠的对象，所以为了保护自己的财富，富人需要更多的安全投资。但在安全投资存在上限的条件下，富人只能雇用打手或保镖。但这需要建立一个权力结构，否则雇用打手或保镖无异于引狼入室。没有法律的强制，人们也能完成许多交易，但很难完成复杂的交易，当然，这不是我们高估法律强制性的充足理由。

在一个缺乏公共权力的环境中，双边机制充其量能维持脆弱的和平和简单的交易，因为高效的纠纷解决机制是不能指望的。虽然当事人可以通过协商来解决纠纷，协商不成还可以约定由第三方裁断纠纷，但由于纠纷往往会涉及利益上的冲突而不仅仅是理解上的分歧，所以只要任何一方不服裁断，结果还是无疾而终。

国家建立之后情况就不一样了。法院可以审理纠纷，然后对裁判强制执行。假定我和你达成了一笔交易，我供货之后就等着你给我付款。我不担心你违约，只要你违约了，我就立刻向法院起诉，法院会判我胜诉，要求你必须履约或必须赔偿我的损失。如果你不服判，我就会申请强制执行；如果你抗拒执行，国家就会派来警察（必要时还会派出军队）来瓦解你的抵抗。这个逻辑看起来是如此顺理成章，以致很长一段时间人们就信以为真了。

但20世纪60年代，斯图尔特·麦考利完成的一项开创性研究却挑战了上述流行观念。通过调查几十家企业的工作人员和律师，麦考利发现，企业之间之所以能维持正常交易关系，各自的预期、相互牵制以及声誉的约束发挥了远比法律更重要的作用。企业很少通过诉讼和法律制裁来解决纠纷。麦考利的研究结论丝毫不让人感到意外，毕竟原生态的社会秩序就是法律主体部分的前身，法律的底层隐藏着一系列的多边合约。与无时不在的生态力量相比，国家力量只是偶露峥嵘，对于维持社会和平与交易秩序而言，谈不上雪中送炭，至多是锦上添花。

倘若每一笔交易都要依赖法院强制执行，那包括法院在内的任何国家强制机构都将不堪重荷。事实上，当事人的相互牵制和国家作为第三方的强制，不仅相互纠缠而且彼此借力，很难对两种力量做出量化的比较。需要说明的是，通过诉讼程序来解决纠纷，是当事人手里的一张底牌。底牌的力量会向前传递，前面的每一张牌都会获得底牌的加持。有牌不打是一回事，没牌可打是另一回事。低估诉讼对于避免纠纷的作用，就如同低估核武器对于避免战争的作用是一样的错误。

参考文献

1. 凌鹏："习俗、法规与社会——对清代巴县地区'减租'习俗的法律社会史研究"，《四川大学学报》2020年第1期。
2. Richard A. Posner, "The Ethical and Political Basis of the Efficiency Norm in Common Law Adjudication," *Hofstra Law Review*, Vol. 8, No. 3, 1980.
3. Didier Dubois and Henri Prade, "Default Reasoning and Possibility Theory," *Artificial Intelligence*, Vol. 35, No. 2, 1988.
4. I. Dinner, E. J. Johnson, D. G. Goldstein, K. Liu, "Partitioning Default Effects: Why People Choose not to Choose," *Journal of Experimental Psychology*, Vol. 17, No. 4, 2011.
5. Ian Ayres and Robert Gertner, "Filling Gaps in Incomplete Contracts: An Economic Theory of Default Rules," *The Yale Law Journal*, Vol. 99, No. 1, 1989.
6. C. J. Goetz and R. E. Scott, "The Limits of Expanded Choice: an Analysis of the Interaction Between Express and Implied Contract Terms," *California Law Review*, Vol. 73, No. 2, 1985.
7. R. H. Coase, "The Problem of Social Cost," *The Journal of Law & Economics*, Vol. 56, No. 4, 2013.
8. Guido Calabresi and A. Douglas, "Melamed Property Rules, Liability Rules, and

Inalienability: One View of the Cathedral," *Harvard Law Review,* Vol. 85, No. 6, 1972.

9. [美]理查德·A. 波斯纳：《法律的经济分析》，蒋兆康译，法律出版社，2007年。

10. L. Ray Patterson, "Free Speech, Copyright, and Fair Use," *Vanderbilt Law Review,* Vol. 40, No. 1, 1987.

11. Ian Ayres and Robert Gertner, "Strategic Contractual Inefficiency and the Optimal Choice of Legal Rules," *Yale Law Journal,* Vol. 101, No. 4, 1992.

12. Morten Hviid, "Default Rules and Equilibrium Selection of Contract Terms," *International Review of Law and Economics,* Vol. 16, No. 2, 1996.

13. [美]罗伯特·考特、托马斯·尤伦：《法和经济学》，施少华等译，上海财经大学出版社，2002年。

14. [法]马塞尔·毛斯：《社会学与人类学》，佘碧平译，上海译文出版社，2003年。

15. Richard A. Posner, "Gratuitous Promises in Economics and Law," *The Journal of Legal Studies,* Vol. 6, No. 2, 1977.

16. Steven Shavell, "An Economic Analysis of Altruism and Deferred Gifts," *The Journal of Legal Studies,* Vol. 20, No. 2, 1991.

17. [美]埃里克·A. 波斯纳：《法律与社会规范》，沈明译，中国政法大学出版社，2004年。

18. Randy E. Barnett, "The Sound of Silence: Default Rules and Contractual Consent," *Virginia Law Review,* Vol. 78, No. 4, 1992.

19. Robert B. Ekelund, Jr., Robert D. Tollison, "Mercantilist Origins of the Corporation," *Bell Journal of Economics,* Vol. 11, No. 2, 1980.

20. John Armour, "Share Capital and Creditor Protection: Efficient Rules for a Modern Company Law," *Modern Law Review,* Vol. 63, No. 3, 2000.

21. Louis Kaplow, "The Value of Accuracy in Adjudication: An Economic Analysis," *The Journal of Legal Studies,* Vol. 23, No. 51, 1994.

22. Richard A. Posner, "An Economic Approach to Procedure and Judicial Administration," *The Journal of Legal Studies,* Vol. 2, No. 2, 1973.

23. [美]理查德·A. 波斯纳：《正义/司法的经济学》，苏力译，中国政法大学出版社，2002年。

24. Stewart Macaulay, "Non-Contractual Relations in Business: A Preliminary Study," *American Sociological Review,* Vol. 28, No. 1, 1963.

第7章 变 迁

在美剧《权力的游戏》第一季的第一集,大人物奈德·史达克一出场就处死了一名叫威尔的守夜人,原因是威尔做了逃兵,违背了他作为守夜人必须终生守卫长城的誓言和法律。但威尔并非懦夫,他清楚做逃兵的后果,进入临冬城必死无疑,他只是觉得自己必须完成更重要的使命——把亲眼看见"异鬼"的事通知大家比什么都重要。奈德·史达克并不肯定威尔是在撒谎,也不认为宽恕威尔没有任何合理性(他夫人就对此提出了质疑),但身为北境之王他必须维护法律的权威。正如他的一名手下所言,"法律就是法律",更何况,"凛冬将至"(Winter is coming)。

《权利的游戏》描述的是一个前现代的丛林世界。维斯特洛大陆上的七个王国明争暗斗,铁王座上的七国统治者只维持着脆弱的联盟。建造长城是为了防御各王国共同的域外强敌——野人和异鬼。这个保卫大陆的使命是如此重要,以致必须为守夜人军团规定极其严苛的法律并要求他们立下重誓:终生守卫长城,不得因任何事由擅离职守。倘因例外情形将这条铁律撕开一道口子,后果远比错杀无辜要严重得多。

倘若故事发生在我们的社会,威尔的命运就会迥然不同。未经审判任何人都没有处死他的权力。虽然"紧急避险"不适用于军人,但毕竟威尔不是贪生怕死,无论从行为动机还是从行为后果上来看,他都可以在军事法庭上提出有力的抗辩,只要抗辩成功,他就可以获得无罪判决。尽管两个目击证人均已被异鬼所杀,但死亡现场仍能证明他所言不虚。即使现场已被破坏,在没有任何证据证明威尔撒谎的前提下,倘若按照"排除合理怀疑"的证据法规则,说不定还能"疑罪从无"(尽管希望不大)。即使抗辩失败,他也不至于死得这么不明不白。

造成这种差异的关键,不是文化,也不是人性,而是物质技术因素。

以维斯特洛大陆的经济实力和技术水平,根本无力支撑一套精巧的司法程序,更不可能采用苛刻的证据法规则。战乱频发、灾祸横行以及资源稀缺,这些都让生命的价格变得十分低廉。在普通人生如蝼蚁、动辄丢了性命且即便是王公贵族也随时可能招来杀身之祸的严酷环境中,北境之王错杀一条无辜的生命还有什么大不了的?只不过,人性中的恻隐之心尚未在杀人无数的奈德·史达克身上消失殆尽,否则行刑时他也不至于那么神色俨然。

因此所谓文明,在很多时候就是国家和社会有条件拒绝去做一些令人于心不忍的事情。如果维斯特洛大陆的政府军队已经装备了枪支和坦克,能够轻而易举地消灭仍然使用冷兵器的反叛武装,酷刑就有条件被废除。如果七国有能力建造足够数量的监狱,减少死刑和废止肉刑的法律改革也可以提上日程。如果纳税人有能力供养足够数量的警察,并且有能力让他们掌握高科技的侦破手段,刑讯的手段就可以弃之不用,取而代之的是一套精致的法律制度和严格的司法程序。在经历一场军事法庭的严肃审判之后,那个叫威尔的守夜人逃兵完全可能免遭杀身之祸。

科技是影响社会生活的一个巨大变量,它首先改变了经济模式,每一种经济模式都要具备三个基础要素——通信、能源和运输机制。每个要素都与其他要素互动,三者成为一个整体。没有通信,就无法管理经济活动;没有能源,就不能生成信息和传输动力;没有物流和运输,就不能在整个产业链中进行生产活动。这三种操作系统共同构成了经济学所说的通用技术平台。

19世纪初,蒸汽机和电报被发明,印刷品开始大规模量产,铁路系统开始逐渐组网,以煤炭为能源,奠定了第一次产业革命的基础。20世纪,电话、广播和电视被相继发明,依靠廉价的石油,内燃机被安装到汽车上,公路网越来越稠密,这些技术融合在一起推进了第二次工业革命。两次工业革命所形成的技术基础设施为通信、发电、物流和运输的进步推波助澜,扩大了容量,并增加了经济活动潜在的影响力,使商业活动走出小区域,走向全国市场,乃至全球市场。与此同时技术的进步也提高了生产效率,降低了生产能源、产品和服务的边际成本。更廉价的能源、产品和服务又大大刺激了消费需求,使就业率激增,从而提高了亿万人的家庭财富和生活水平。

两次产业革命也改变了法律制度。刑事司法越来越人道化，犯罪率持续走低；个人信用和企业信用越来越好，利率下降，有限责任公司成为创造社会财富的主要经济组织。历经几个世纪的持续调整，法律好不容易适应了两次工业革命带来的经济模式和社会生活的变化，以互联网为龙头、由信息技术带动的第三次工业革命又带来了新的冲击。

至于科技进步和经济增长是如何联手推动法律制度变迁的，我想揭示其中的主要因果关系，然后总结出一个大致的规律，但是我希望在完成这一任务的同时，不必完全还原那些真实的历史事件。但即使如此，这个话题也太大了，我会有所选择，更多关注信息技术对法律制度变迁所产生的影响，而且主要聚焦于微观层面。

或许高度发达的信息技术有利于造就一个强大的"利维坦"，带来新的专制和压迫，但这不是本章的讨论主题，尽管我或多或少会表达一点警惕，但很多警惕是多余的，不过是心中有鬼的人眼里就会处处见到鬼罢了，当然，有时候我还会把自己眼里的鬼转移给别人——比如我的同事。

后果与真相

我的一位前同事有过一段不幸的经历，她过去的男朋友在很多年前惨遭车祸去世了；好在如今婚姻幸福美满，往事逐渐淡忘，变成了一段美好的回忆。有一天我接到了她的电话，说要向我致谢，原因是她从我的一篇文章中获得了启发，决定彻底告别过去，要把封存多年的男朋友的日记全部销毁。我很欣慰，当即表示赞成，不料她又向我提了个问题："那么，烧掉之前我是不是应该把所有日记通读一遍呢？"

"这可不是个好主意！"我脱口而出，然后又告诉她："没必要知道的事情，就有必要不知道。对于早已和自己没有任何关系的人，还是不要了解太多的好。"

我不知道同事是否听取了我的建议，但劝解的话我已经说得很到位了。不是所有的真相都有价值，都值得探究，真相是服务于后果的。如果美好的回忆被真相摧毁，那真相就是危险品了，探究不如回避。其实生活就应该这样，适当接受一点谎言、欺骗和伪装没什么不好，重要的是让自己当下的生活更惬意、更轻松，也更省心。对真相过度执着就难免疲惫不堪，它经常要让人付出高昂的代价。总之就是一句话："后果高于真相。"

"后果高于真相"是个普遍适用的逻辑吗？我认为是。即使在科学和司法这两个严肃的领域里，后果依然高于真相。真相是严肃的，但后果更严肃。假定查清某个刑事案件的全部真相需要耗费的司法成本相当于一国全年的GDP，那么任何心智健全的人都不会认为司法者"不惜一切代价"追求真相的做法是划算或正当的。细节是永无穷尽的，严格说来，倘把案件的绝对真相作为司法追求的目标，即便案情再简单，它需要耗费的成本也会趋近于无穷大；相比之下，全年的GDP再多，也不过是个小数目。理论上，只要信息不是免费的，生活世界中就没有绝对的真相。我们通常所说的"真相"，只是描述了已有信息可以大致满足实践需要的认知状态；而脱离了后果考量这一参照系，我们甚至无从定义什么是"真相"。真相不过是个建构罢了。

几年前，我在一所著名高校的法学院演讲时，曾因阐述"后果高于真相"的观点而事后被群嘲，聪明的嘲讽者懂得用事实说话，他们举出了一些历史上因掩盖真相而导致的惨重悲剧。我被事实驳倒了吗？当然没有，非但没有被驳倒，反而获得了进一步的支持——倘若掩盖真相会导致糟糕的后果，那么揭露真相才符合"后果高于真相"的逻辑，不是吗？

坦率地说，"后果高于真相"的逻辑是没法反驳的。你强调真相，是因为你懂得真相的价值；而我关注后果，说明我不仅懂得真相的价值而且还考虑了追求真相的成本。这是视野的扩展，更是思维的升级。进一步说，后果主义立场也是没法反驳的，因为任何强有力的反驳都要从这一立场出发，以致针对后果主义立场的每一次批评，都会自动转变为对该立场的又一次捍卫。我还可以洒脱地说一套绕口令："如果后果主义立场确实会导致糟糕的后果，那么后果主义者就应该毫不犹豫地放弃后果主义，而这才是真正的后果主义。"

法律人常说"法律事实"不同于"客观事实"，这个说法反映的正是司法和科学对真相标准的不同追求。确切地说，是更严格的成本约束和更紧迫的决策需求拉开了两种真相的距离,司法要被迫降低真相的标准,而科学则可以对真相继续保持高标准、严要求。不过,只要法院在不能全知真相的条件下做出裁判,那么刑事审判中的事实认定就难免发生错误,这既可能造成"冤案"(惩罚无罪者或重判轻罪者),也可能导致"纵案"(即开释有罪者或轻判罪重者)。但在一定限度内,诸如此类的错误必须被容忍,因为刑事司法实践——甚或任何实践——都不能无视成本,哪怕目标崇高神圣如"正义"或"真相"。而所谓的"不计后果""不遗余力"或"不惜一切代价"之类的说法,都不过是些口号而已。

这道理说来简单,真正的困难在于如何捕获成本和收益在边际上相等的那个均衡点。现代刑事司法的证明标准是"排除合理怀疑",但这只是个文字游戏,因为确定"合理怀疑"的边界仍需计算。只要"合理怀疑"不等于"一切怀疑",证明标准仍要在冤案损失、纵案损失以及刑事司法成本之间寻求均衡。事实上,很难对冤案和纵案的复杂社会成本进行可靠比较。但可以肯定的是,冤案比纵案更吸引眼球,也因此更容易操控人们的道德情感。

冤案一旦昭雪,媒体曝光和公众舆论就会接踵而至。而纵案,哪怕其数量远高于冤案,也不可能获得同等程度的关注。无论媒体还是公众,都早已对许多案件无法侦破的事实习以为常。更重要的是,冤案一旦昭雪,一个有血有肉的生命个体就会鲜活登场,他们会讲述自己的不幸遭遇(比如屈打成招),控诉导致冤案的刑事司法制度及制度中的责任主体。但纵案的受害人却不太可能有这种出场和发言的机会,即使有他也只能去控诉罪犯的残忍,至多指责警方和法院的懈怠或渎职,无论如何不会去控诉致力于减少冤案的证据法规则。

人们的道德想象力跟不上理性认知的步伐,而一旦道德情感只限于直觉可及的范围,理性认知的驱动力就会被严重削弱。人们对于作为与不作为的道德评价通常会存在差异,即使二者在后果上没什么不同。如果一个糟糕的后果来自于行为人的积极作为,就会比同样的后果出于其消极不作为更容易引发道德厌恶,这是公众"重冤轻纵"的一个心理催化剂。冤案的发生通常源于司法机关的积极行动,而纵案则往往是司法机关不作为的结果,前者会引发更大的恐惧。在意识形态和道德启发式的双重作用下,法律人很容易放大关于"国家迫害"乃至"国家杀人"的恐惧感,从而下意识忽略被削弱的刑罚威慑效果以及因此增长的犯罪数量。

尽管刑事司法制度应该将公众的道德情感视为既定的社会心理因素,但这并不说明理性就要甘当激情的奴隶。坚持后果主义立场有助于缓解道德直觉的偏执和短视,当我们将后果与真相之间"以钱比命"的损益权衡转化为冤案和纵案之间"以命比命"的损益权衡时,问题本身的真相很容易就呈现出来。

古代统治者很早就明白其中的利害关系。作为一种控制冤案数量的司法理想,疑罪从无的原则并不"现代",而是古已有之。最晚不过东晋时代,古人就提出了"与其杀不辜,宁失不经"的主张,只是受条件所限,理想很难付诸实施。疑罪从无的反面是疑罪从有,后者的目标是控制纵案的数量。

"宁可错杀一千,不能放走一人",虽然这个口号听起来很极端,但严格说来仍是一种妥协,毕竟一千是个有限的数字。这个数字意味着,只要某个人犯罪的概率低于0.1%,即使没有彻底洗白,他也要被放走。当然,"排除合理怀疑"也是一种妥协,毕竟"合理怀疑"不等于"一切怀疑"。辩护律师不能说"我的当事人犯罪是因为受到了外星人的精神控制",这样的怀疑不合理,尽管严格说来辩解为真的可能性并不为零。既然都是妥协,那么疑罪从无和疑罪从有就不是性质上的不同,而只是程度上的差别,两者都可以统一到证明标准的尺度上。证明标准是一个从0到1的概率值。

其实还有一种妥协,可以体现在惩罚严厉程度的尺度上,那就是疑罪从轻,它是古代司法者处理疑案的主要模式。更为古老的神判和决斗就已经隐含了疑罪从轻的逻辑,犯罪嫌疑人所面对的不是必然性的惩罚,而是概率性的惩罚。疑罪从轻的制度生命力可能超出法律人的想象,它非常顽强,从未消失,至今仍潜伏在现代刑事司法制度里,但改了头、换了面,叫作"辩诉交易"。

刑事司法的革命性变化不是废除了疑罪从轻，而是提高了指控犯罪的证明标准。虽然"排除合理怀疑"语焉不详，但基本的要求却是明摆着的，有罪判决必须基于充分的证据，控方要对犯罪的基本事实承担举证责任。这是个强大的制度约束，现代司法者不能再用审判和决斗来处理疑案，不能像奈德·史达克那样轻易地处死一名军人，也不能像所罗门王那样宣称要把婴儿一分为二，不能把巫师投入河中，不能把男女相处推定为通奸既遂，也不能仅仅凭借口供和誓言就宣判一个人有罪。

推进这一革命性变化的力量，与其说来自启蒙革命带来的人道主义精神，不如说来自科技进步及其带动的经济增长。辨认指纹和声纹，检测现场痕迹，鉴定DNA，检验尸体，识别人体外貌，跟踪资金转移，布设电子眼，保存音像资料，装备警车和警械，训练警犬等，这些现代警察的技术手段和装备足以令古代神探望洋兴叹。信息技术的发展大大提高了国家控制犯罪的能力，在发案率下降、破案率上升的条件下，法律决策者就会重新评估冤案和纵案的社会损失。

科技一直在进步，网络信息技术主导了第三次工业革命，并且已经对法律产生了或明或暗的影响。"刷脸"和"扫码"在方便人们生活的同时，也强化了警方防控犯罪的能力。在重大案件的侦破中，警方可以调取监控录像和手机通讯中的各种数据信息，必要时还可以通过定位手机和车辆来抓捕逃亡的罪犯。这些突如其来的信息技术会严重冲击现有的证据法规则吗？那倒也不至于。

几年前，有学者提出了一个在他看来非常棘手的问题：大数据的技术逐渐成熟，但会导致控辩双方的地位失衡，因为控方掌握大数据技术可以如虎添翼，而辩方却很少有机会利用这种技术。在和这位学者交流时，我说这个问题其实并不棘手，而且类似问题在历史上发生了无数次，任何新技术的诞生和普及都会导致控辩双方的地位失衡，但只要司法者将证明标准向上微调，就足以对冲控方的强势。刑事证明标准就是不断微调才变成如今这个样子的。

那么未来呢？未来的刑事司法还可能发生革命性变化吗？如果可能也肯定和科技因素相关。可以想象，只要未来生物科技的突破性进展让破译某些"犯罪基因"成为可能，那么与此相关的法律问题也许会变成医学问题，甚至医生可能会取代一部分警察；只要信息技术的突破性进展让提前预测犯罪发生成为可能,那么对犯罪的事先预防也许会削弱甚至替代对罪犯的事后惩罚,就像电影《少数派报告》所描述的未来警察。当然,这样的猜测都太科幻了,不能当真。不过现在已有两个技术渐趋成熟,值得略作一番讨论。

2016年,上海交通大学的武筱林教授和他的博士生张熙完成了一项研究。他们发现,机器通过学习能分辨照片上的罪犯和守法公民,准确率超过86%。在已经识别的1856张中国成年男子面部照片中,将近一半是已经定罪的罪犯。罪犯和普通人的显著差距主要是内眼角间距、上唇曲率和鼻唇角角度这三个测度,平均说来,罪犯的内眼角间距要比普通人短5.6%,上唇曲率大23.4%,鼻唇角角度小19.6%。同时,他们发现罪犯间的面部特征差异要比非罪犯大。

粗略地说,这个研究符合绝大多数人的直觉印象——坏人长着一张凶狠的面孔,还有很多人相信"相由心生"。在此之前,美国康奈尔大学的一个心理学研究团队就已发现,仅仅观察一个人的照片,人们就能大致判断他是不是罪犯,成功率还挺高。也许自然选择很早就赋予了我们识别危险分子的能力,机器学习只是进一步验证了"犯罪脸"不是虚幻的想象,坏人和好人的模样确实有一些客观差异。

当然,这样的研究肯定会引来非议,很容易让人联想到19世纪龙勃罗梭的"颅相学",其隐含的"天生犯罪人"概念一直被指责为制造歧视的伪科学。不过国内的舆论倒是很正面,还有网友开玩笑说,应该把研究成果提供给监察部门。没有人会把玩笑当真,但问题却在于,为什么仅仅是玩笑而不能成为严肃的建议?假定识别"犯罪脸"的技术已经足够成熟,其准确率可以达到甚或超过"排除合理怀疑"的程度,那么警方和监察部门使用这一技术并将鉴定结论作为指控犯罪的证据有什么不可?我相信绝大多数人的态度是反对。反对是应该的,但若仅仅以歧视作为理由,就有点大而化之了。

更重要的原因还是后果。倘若允许识别"犯罪脸"的技术进入司法程序,后果一定很糟糕。好消息是,一部分长着"犯罪脸"的人不敢去犯罪了；坏消息是，另一部分长着"犯罪脸"的人干脆豁出去了（既然被当作罪犯，那何必再去装好人）；更坏的消息是，没长"犯罪脸"的人可以比较放心地去犯罪了；雪上加霜的坏消息是，很多人可能要去整容，而要保持"看脸定罪"的可行性和准确性，法律还要禁止"犯罪脸"整容。法律是个激励机制，它不能保证坏人被铲除，但可以阻止坏人做坏事，而识别"犯罪脸"的技术却最终会破坏这个激励机制。综合衡量的结果显而易见，识别"犯罪脸"的技术非但不能进入刑事司法，而且应该被法律严格限制。除了科学研究，我觉得它扩散到任何领域都是很危险的。

这似乎给了我们一种启示：对一个人了解太多，不仅会伤害到这个被了解的人，而且还会伤害到那些了解他的人。以"犯罪脸"为例，我把这个道理讲给了那位打算烧日记的同事，但还是做了保留，我没忍心告诉她我最想说的一句话：有时真相是血淋淋的。要讲清楚这句话的含义，我还需要借助另一种渐趋成熟的技术——测谎。测谎之所以一直受到严格限制，一直不能被当作指控犯罪的证据，最重要的原因，不是技术本身不够成熟，而是一旦技术让真相变得太廉价，整个社会就可能发生系统性紊乱。

测谎技术的原理很简单。一个人撒谎会产生心理压力，哪怕很轻微的心理压力也会让他的血压、心率、脉搏、皮肤电阻以及脸部肌肉的运动发生难以自控的异常变化。利用精密仪器把一个人回答问题时的生理反应记录下来，就能甄别他是否撒谎，确切地说，是甄别他说话是否与其认知和记忆相吻合。这在理论上就存在一种骗过测谎仪的可能——如果一个人能通过假想完全"入戏"，那么他就可能骗过测谎仪，因为观测者眼里的谎言仍是被观测者眼里的真相。

如果做个民意调查，我估计很少有人真心喜欢测谎，更普遍的态度是排斥，但原因却不是担心测谎技术不完善，而是担心测谎技术太完善，以致让自己的内心世界暴露无遗。必须承认我们每个人都会撒谎，谎言不仅是人际交往的黏合剂，而且是人际交往的主要组成部分。如果你有机会记录一下自己每天的社交语言，再仔细测算一下谎言所占的比例，你也许会大吃一惊的。"语言不是用来表达思想的，而是用来掩盖思想的"，斯汤达这句名言会让你深有感触。倘若你听说一对新婚夫妻打算购买一个家用测谎仪,一定要劝阻,你应该告诉他们这是十分危险的举动。

不光彩的事情每天都会发生,甚至可能发生在每个人身上。只要不见光,这些事情就多半自然消解,随风而逝。可一旦暴露出来,甚或被人抓住不放,鸡毛蒜皮的小事儿也可能变成大麻烦。你看宋江被逼上梁山不就是个意外嘛,不在浔阳楼上题反诗,他上不了梁山;题了反诗,如果没被那位好事者揭发,他也上不了梁山。真正把宋江逼上梁山的,不是朝廷,而是那位告密者。当然问题的根源还出在朝廷。

如果朝廷吸取教训,设法避免类似的灾难,那么明智的做法就不是强迫穷秀才管住自己的嘴,而是不要对一些无关紧要的牢骚和抱怨神经过敏,可能必要时还应该敲打一下无事生非的告密者。也许告密确实可以防范一些政治和社会风险,但告密也可能制造风险、加剧风险,甚至告密本身就是风险的来源。凡事上纲上线,整个社会就丧失了冗余和缓冲。玻璃杯子掉在大理石地面上会摔得粉碎,而要避免杯子硬着陆,最好是在地面上铺一层地毯。对于启动法律和社会的惩罚机制而言,这层地毯最好铺设在真相和认知之间,这意味着很多真相是需要被适当遮掩的,而谎言恰好就是隔离认知和真相的那层地毯。谎言的功能就是把真相包裹起来,让真相变得昂贵一些,这不见得就是坏事,很多事睁一只眼闭一只眼也就过去了,廉价的真相可能造成破坏性的后果。

传统的伊斯兰教法对通奸的处罚相当严厉,甚至要石击处死。这就给一些现代伊斯兰国家制造了难题——教法必须遵守,而严格遵循教法又会带来很多不言而喻的社会麻烦。好在办法总比困难多,最严苛的教法逼出了最严苛的证据法规则,让真相变得昂贵就是最好的缓冲。事实上,现代伊斯兰国家很少对通奸做出处罚,因为证明标准太高了。要成功指控一起通奸案,需要四名证人共同作证,如果一名证人否认通奸的事实,而其他三名又不能推翻这个否认,他们就会因伪证而受到鞭刑。如此严苛的证据法规则,就基本取消了成功指控通奸的可能性。

顺着这个思路,我们可以再思考下"醉驾入刑"。查处醉驾的执法成本极低,警方只需在道路上设卡,手持酒精呼气检测仪,拦住过往车辆,就可以对驾驶人逐个筛检。发现筛检有问题的,再强制其做血检,超过法定阈值的血检结果就是指控醉驾的铁证。只需一两个小时,警方就完成了从立案到侦查终结的全部实质性工作。且出警必有所获,简直像拣土豆一样容易。低廉的执法成本加之一些不言而喻的法外因素，让警方产生了难以遏制的执法冲动，最终导致了执法规模过度膨胀、总和法律实施成本极度攀升以及司法和执法资源被严重挤占的局面。太昂贵的真相会让法律形同虚设（目测"高利贷入刑"就是这个结局），但太廉价的真相则会让法律变成猛虎。法律猛于虎当然有利于打击犯罪，但也可能导致生态失衡。

罪刑法定

我顺便讨论一下罪刑法定。尽管就提高司法质量、减少错判数量而论，罪刑法定的制度贡献远不如疑罪从无，但它却在刑法学家那里备受推崇。这也难怪，疑罪从无只被视为一个程序法规则，在程序法和实体法两个学界之间还是多少有些门户之见。虽说罪刑相适应真正体现了刑法的技术含量，但它并不现代，也没几句话可说（除非刑法学能破解其中的算法）。挑来挑去，也就只有罪刑法定堪当现代刑法基本原则的领头羊了。

罪刑法定的含义很简单，即"法无明文规定不为罪"或"法无明文规定不处罚"。疑罪从无和罪刑法定的逻辑很相似，去掉意识形态的泡沫，无非"两害相权取其轻"，深谙"小不忍则乱大谋"。罪刑法定不是无成本的，许多应被惩罚的有害行为仅仅因为法律没有明文规定就可以逃脱惩罚，这是因立法不完善而产生的纵案；但放弃这一原则会产生另一种冤案——许多不应被惩罚的行为会因法官擅断而被错误定罪。现代刑法确认罪刑法定原则，意味着在立法者看来，前一种错误的损失要小于后一种错误的损失。

古人很早就明白这个道理。春秋时期子产和叔向关于铸刑鼎的争论，就反映了他们对罪刑法定和罪刑擅断的不同权衡。面对春秋时代的司法乱局——"折狱无伦，以意为限"，子产著刑书于鼎，宣称"吾以救世"，他应该深知罪刑法定的制度价值，铸刑鼎的意图之一就是约束司法，防止官吏擅断罪刑。而叔向则更加关注制度的反面，他主张"刑不可知"，担心"钻法律空子"的机会主义行为泛滥，因为"民知争端矣，将弃礼而征于书"。尽管子产和叔向在观点上针锋相对,但他们的思考都很现实,都在权衡利弊,只是权衡的结果不一样。

信息技术仍是决定性的因素。理论上,只有当立法者对其拥有的技术、知识和信息高度自信,认为有能力制定出足够完善的刑法,没有多少漏洞可供居心叵测者去利用的时候,罪刑法定原则才可能被真正确立。这并不容易。制定一部完善的刑法典是个浩大的智力工程,需要事先建立一个包含案例、事实、统计数据以及历史经验和域外经验在内的庞大资料库。现代国家的立法者有能力应对这个挑战,发达的通讯技术和交通工具以及充足的经费预算保证了立法者不仅可以开展广泛深入的调研,还能非常方便地借鉴域外经验和历史经验。法律实施过程中遇到的新问题也能以各种便捷的方式及时传递给立法者。

相比之下,在通讯和交通技术都非常落后的古代社会,立法者几乎不可能完成立法前的调研准备。如果马匹是最快的交通工具,那么马匹奔跑的速度上限就是通讯速度的极限值。在没有音像存储技术的条件下,语言文字就是传递信息的唯一载体。受信息技术所限,国家管理机构无力开展大范围的统计工作,数量稀少且质量低下的统计数据难以给立法者提供有价值的参考。此外,古代社会的对外交流也十分有限,国外的立法经验无从获知,立法者的经验数据库里只有"前车之鉴"。

受技术手段和经费预算的双重约束,古代立法者很难制定出一部真正完善的刑法典。疏纵太多的法律隐含着巨大的社会风险,客观上需要借助"比附援引"来填补立法空白,甚至"临事制刑"。在这种条件下,一定限度内的恣意擅断就被视为一种合理成本。由此推论,古代立法者拒绝罪刑法定,未必意味着拒绝文明和进步,而更可能是在立法技术不完善的情况下被迫借助法官的知识来填补法律漏洞的立法策略。

自隋唐时代起,中国就已经制定出了相对完备的法典,并且规定了类似罪刑法定原则的明文——"律无正条,不得科处"。但任何完备的法律都会在未来实施过程中发现意想不到的漏洞,面对这些法律漏洞,古代司法者会做出不同于现代司法者的利弊权衡。在现代社会,放纵一个实体意义上应受惩罚的有害行为一般不会造成灾难性后果,但破坏或放弃罪刑法定却代价惨重。导致这种古今差异的最重要因素很可能是普法宣传在技术手段上的天壤之别。

在现代社会，亡羊补牢的刑法修正案可以通过各种媒体向公众迅速传播。而在古代，纵然立法者有能力对法律漏洞做出快速反应，修订后的新律也很难在短期内被民众知晓。倘若修订后的新律被立即执行，在新律不为民众所知的情况下，是否坚持罪刑法定的制度后果差别不大。而若等民众知晓修律之后再执行新律，因法律漏洞而被放纵的有害行为很可能已经泛滥成灾。这意味着，因普法技术的落后，罪刑法定在古代社会所创造的制度价值较之现代社会要大打折扣。更何况，古人识字率低，文盲多，绝大多数人并不了解法律的具体规定，更很少有人去死抠法律条文。因而，只要"比附援引"不违背法律的基本精神，民众就不会觉得如此判决属于恣意擅断。

尽管中国古代的刑事司法实践也许从未杜绝罪刑擅断，但在意识形态层面，罪刑法定还是明显占了上风。"君王不以身传诛""不以怒加刑"是历朝历代鼎力颂扬的政治美德；作为违背政法伦理的反面典型，商纣受到许多谴责，其中就有"狎侮五常""屏弃典刑"。然而，"取乎其上，得乎其中"，纵观中国古代的刑法史，似乎总在罪刑法定和罪刑擅断之间左右摇摆。在绝大多数时期，统治者要在这两者之间寻求妥协——在大致接受"律无正条，不得科处"之余，又被迫允许"比附援引"，同时为君王保留"制敕断狱"的特权。

监狱的诞生和轻刑化

2006年，囚禁在瑞典一所监狱的三名以色列罪犯拒绝了被遣送回国的机会，因为这个斯堪的纳维亚国家的监狱条件实在是太好了。每个罪犯都有自己的独立房间，可以躺在房间里观看世界杯比赛；每六个月，他们可以在警车的陪同下到斯德哥尔摩市区逛两次街，在狱内豪华公寓里度过夫妻探访日；每逢周末，他们还可以自己购买食材，在监狱的厨房做一顿美味的牛排。时任以色列驻斯德哥尔摩总领事的雅各布·肖沙尼在向外交部提交的报告中写道："我离开时感觉那不是个监狱，而是一个宾馆。"

以色列的监狱并不令人恐惧，事实上在境外服刑的犯人大都特别希望能回国服刑，但通常会遭到拒绝。瑞典同意以色列犯人回国是基于两个国家签署的一份特别协议，不料却被犯人拒绝了。虽然两个国家的经济科技发展水平在发达国家中都位居前列，但它们的监狱条件仍有很大差距。和肖沙尼一样，我也怀疑这样的监狱能否发挥它应有的威慑效果。

几年前，我曾有机会参观山东省内的一所监狱。里面秩序井然，干净整洁，让我印象深刻。忽略高墙上的铁丝网，我感觉它就像个工厂。犯人们虽然没有单间牢房，但卫生条件确实不亚于很多工厂的集体宿舍——设施配套齐全，有电子阅览室和运动场；伙食也不错，食堂里能吃到黄瓜拌牛肉。我还认识曾在这所监狱服刑的一个犯人，他因非法集资被判处四年有期徒刑，但服刑刚过两年就被释放了；他告诉我两年的服刑期让他收获满满，读了两麻袋书，困扰自己多年的失眠症也不治自愈了。出狱后他感觉自己充满了力量，就像一匹脱缰的野马，决心要在事业上重整旗鼓，以图东山再起。

人类从什么时候开始对罪犯的处罚变得这么人道了？其实时间并不太长。那三名以色列因犯理应感到庆幸，不仅要庆幸他们被关进了瑞典的监狱，更要庆幸他们生活和犯罪的时代。如果早出生三个世纪，他们的命运就完全不一样了。如今只被判处监禁的犯罪，换做几百年前很可能要被处死。即使侥幸活下来，身体也免不了遭受巨大创伤。在那个时代的欧洲，诸如烙印、割手、割鼻、割耳、割舌、剜目之类的肉刑，只是对轻罪的处罚。倘若犯下谋杀领主或叛国的重罪，被捕之后能被干净利索地处死都算庆幸了。

1757 年，罗伯特 - 弗朗索瓦·达米安因行刺法国国王路易十五而被六马分尸。行刑现场就在巴黎大教堂的门前，场面极其血腥，在当时引发了一场舆论风暴，也成为刑罚改革的一个导火索。如果你想了解行刑的细节，不妨去阅读一下福柯的《规训与惩罚》，他在开篇就有详细的描述。在那个时代，以酷刑处死严重的罪犯被视为理所当然，是整个社会的共识，而不只是残暴的统治者一时心血来潮。酷刑会被围观，甚至会获得喝彩和祝福。许多酷刑的刑具做工精良，装饰华美，行刑是一种可积累、可传承的精细技艺。在 18 世纪中叶之前的欧洲，遭受酷刑的犯罪不见得是重罪，甚至不见得是暴力犯罪。教会拥有司法权，一些如今看来不需要承担任何法律责任的合法行为——比如异端、渎圣或非正统性行为——都可能被施加酷刑。

1743年，瑞典率先在法律上正式废止酷刑。在此后的半个多世纪，欧洲国家相继跟进。中国正式废止酷刑是在1905年，但与西方世界不同，酷刑在其正式废止之前就很少被适用。凌迟属于法外用刑，通常只用来惩罚反叛以及非常严重或变态的暴力犯罪，比如杀父母、杀祖父母、杀一家三口以上或"采生折割人"（捕杀生人，折割其肢体，取五官脏腑等用以合药敛财）。和西方世界不同，酷刑在中国古代并不光彩，受到意识形态的限制，历史上还曾有多位皇帝（比如晋出帝和宋真宗）下旨限制或禁止凌迟之刑。据《通考·刑制考》记载："凌迟之法，昭陵以前，虽凶强杀人之盗，亦未尝轻用。"

总体而言，只要把时间推到三个世纪之前，中国法律对犯罪的惩罚要比西方更理性也更人道。倘若三名以色列囚犯穿越到那个时代，他们最渴望的服刑地就不是瑞典而是中国了。不过问题来了，是什么力量推进了刑罚的人道化？为什么几百年前的中国刑罚比西方更人道？这个问题还得从头说起。

如何处理数量众多的罪犯是古代统治者面对的一道法律难题，也是政治难题。监狱是一种昂贵的设施，建造和管理均耗资甚巨。几百年前，东西方只有简陋的监牢，短期羁押罪犯尚可，但犯人太多就容不下了，更不可能组织犯人从事生产劳作，其功能更像现在的看守所。而"对于一个没有监狱和收容设施的国家而言"，法律史学家梅特兰和波洛克一语中的，"最简单的惩罚方式就是处死"。但若罪不至死，那么备选的惩罚就只有罚金、流放和肉刑了。

罚金是一种有缺陷的惩罚。穷人可能交不起，富人可能不在乎，但除非出于某种政治压力，否则统治者绝不希望让犯罪成为一部分人（包括穷人和富人）的特权。但要将罪犯的支付能力作为确定罚金的依据，后果只会更糟糕，因为这会鼓励潜在的罪犯去隐藏自己的财富。而要搞清楚罪犯的财富状况并不容易，要么增加司法的成本，要么增加受害人的负担。这似乎意味着，罚金只会在财富难以隐藏的社会中才可能成为主要的刑种，这样的社会没有隐形富豪，财富表现为土地、牲口、粮食和房产，而不是珠宝、钻石、艺术品或贵金属。

罚金的致命软肋还是它的威慑效果。剥夺财产的确让人心痛，但也只是一时之痛,和身体创痛不能相提并论。罚金并不令人恐惧,执行完毕之后留不下任何痕迹,这就限制了其威慑效果的持久性。此外,罚金确实可能让罪犯倾家荡产,但倾家荡产又会刺激新的犯罪,这会造成一种恶性循环。上述种种原因都使罚金很难成为主要的刑种,因而即使在罚金非常流行的社会里,比如盎格鲁-撒克逊时代的英国,它也只是肉刑的替代,且受害人还往往拥有坚持肉刑的决定权。

和肉刑相比,流放是一种温和的处罚,但却受到地理条件的限制。流放在西方世界的历史非常古老,古希伯来人的《圣经》里就有不少流放犯人的律条,但之所以从未成为西方法律的主要刑种,很可能是受疆域所限。疆域狭小的国家不具备大面积采用流刑的地理条件,罪犯一旦脱逃就能徒步返回原地。而相比之下,古代中国的条件要好得多,不仅疆域辽阔,地形复杂,还有大量无人区,所以隋唐之后流刑就被固定为主要刑种。而秦汉之前少用流刑,可能是遇到了和古代西方国家类似的疆域困境。

中国古代的流刑是以距离作为惩罚的尺度,但距离远近和惩罚的严厉程度其实没有多大关联。比方说,将保定的罪犯流两千里至同州,未必就比将其流两千五百里至邠州或流放三千里至秦州的处罚更重。流放地的生活条件以及官府的监管措施才是关键,倘若将同州的罪犯流放两千里至东昌或将邠州的罪犯流放三千里至登州,其实算不上多么严厉的惩罚,因为流放地的生活条件并不比罪犯的出生地更恶劣。

在众多残暴的刑罚中,流刑显得非常另类,甚至令人感动,它体现了古代统治者对生命的尊重,体现了人性中的怜悯和仁慈。虽然按规定,流刑犯要在流放地服苦役,但实际执行往往是另一番情景,除了监管严密的"军流"(又叫"充军"),普通流刑犯非但很少承受劳役之苦,反而在生活中享有很大的自由,他们通常只需每月两次向官府做个汇报就可以了。而在缺乏官府有效监管的条件下,流刑只是强迫罪犯远离了他的出生地而已。也正因为如此,流刑的威慑效果十分可疑。

对于罪犯来说,流放或流刑剥夺了他曾经精心经营的社交圈子。被迫到一个完全陌生的环境去生活,如果需要重建同等质量的社交圈子可能是代价高昂的。生活越是高度依赖熟悉的社交圈子,流放的损失就越惨重。所以同样是流放,商人、农民、牧民和猎人的损失是不一样的,被流放的企业家和政治家可能会变成和乞丐差不多。柔性的流放不需要动用明显的物理手段，只需要切断联系和渠道就够了，所以孤立、隔离、歧视、断交、禁运以及经济封锁，都带有某种流放的性质。

甚至国家也可能遭到被流放的命运。1941年12月，日本突袭珍珠港，原因之一是担心被禁运，在石油储备只能支撑半年的条件下，日本认为它只有掌握太平洋上的制空权和制海权，才能保证其资源通道的相对安全。石油当然不是免费的，但能花钱买到石油然后安全运到家的机会却可能是花钱也买不到的。被排除在交易圈之外是十分危险的，有的国家因为害怕失去交易圈而发动战争，也有的国家会因为发动战争而失去交易圈。在我写下这段文字的时候，俄罗斯和乌克兰之间的关系骤然紧张，不排除莫斯科使用军事手段来实现它的目标。可一旦开战，西方国家的各种非军事制裁必将接踵而至，至于制裁之下的俄罗斯，则不论它在战场上取得多大的胜利，都必定要在很长一段时间内被迫遭受类似被流放的代价。古人说"兴师问罪"，"大刑用甲兵"；而在如今这个时代，"问罪"无需"兴师"，"大刑用流放"就够了。

回到惩罚犯罪的话题。在古代社会，如果流刑不可用，徒刑又用不起，那么，在罪不至死的情况下，就只有肉刑挑大梁了。肉刑在汉代之前是主要的刑种，包括墨（面部刺字）、劓（割鼻）、腓（断腿）、宫（阉割）等等。同样以残害身体为特征，与古欧洲、古俄罗斯、古印度或古伊斯兰社会的肉刑相比，中国古代的肉刑设计不仅相对温和，而且——以其残害身体的部位而论——更加注重管理罪犯，而不是制造肉体的痛苦。断腿明显优于断臂和断手，因为前者在尽量剥夺罪犯之侵犯能力的同时，最大限度地保留了罪犯的劳动能力。劓刑也优于割耳、割舌、割唇或挖眼，前者对罪犯的身体伤害要小得多，不至于落下残缺，倘若忽略下雨天的不便，刑罚的后果只是丑陋而已。

总体上说，和古代西方世界相比，古代中国的刑罚显得宽松且人道。尽管这只是个历史印象，我没法用事实和数据做出无可置疑的论证，但若假定这个历史印象真实不虚，那么前面讨论的两个因素倒是可以揭示其中的部分因果关系——疆域辽阔为大量采用流刑解除了地理限制，国家有能力建造简陋的监牢也让徒刑成为主要的刑种。当然，独特的历史文化以及司法意识形态因素也不能忽略，秦朝的短命留下了被历代统治者高度重视的许多历史教训,过分严苛的法律就是其中之一。后世统治者不得不以"暴秦"为鉴,至少在名义上倡导"政简刑轻"。所谓"治乱世,用重典",则一方面支持了严刑峻法,另一方面也限制了严刑峻法。既然"重典"是"乱世"的标志,那么统治者为避免"乱世"的骂名,就要被迫克制对"重典"的依赖。事实上,严刑峻法和苛捐杂税一样,都被历代统治者视为政治上的耻辱。

一般说来,当统治者对政权稳定有充足信心的时候,就更可能谋求长治久安,施行"仁政",崇尚"政简刑轻",这是"乱世重典"的反面。唐太宗为了炫耀自己的文治武功,就曾经开创过一年不杀一人的先例,尽管此前为了争夺皇位,他下令对自己的两个亲兄弟直接灭门。刺客达米安之所以被六马分尸,不仅因为他行刺的是国王,还因为当时的国王无论在政治上还是在个人魅力上都已经丧失了自信。仁慈和宽容是自信的结果,而自信需要实力的支撑。虽说唐太宗不过是搞了个政治秀,但作秀也要本钱,不是谁都能做得了这场政治秀的。

反叛是对政权稳定最大的威胁。中国疆域辽阔,地形复杂,一旦匪寇或叛军盘踞一方,就有能力和官兵周旋,剿匪或平叛常需经年累月。在冷兵器时代,由于军队的武器装备和作战技术的科技含量很低,国家很难通过垄断、管制或技术封锁让官兵在装备和技术上长期保持绝对优势。军队的机动性也很差,马匹奔跑的速度就是极限值,远距离投送兵力不仅耗资巨大,而且会让匪寇或叛军以逸待劳。反叛势力由弱而强并最终打下天下的例子并不罕见。

不仅如此,长期的剿匪或平叛还会引发一系列灾难性的连锁反应——国库空虚,赋税加重,民不聊生,倘若再遇上天灾,且官府赈灾乏力,就会有大量灾民落草为寇,或者径直加入造反的队伍。而一旦灾民的死亡率超过了当土匪的死亡率,拼命就成了划算的选择。要在源头上避免这个恶性循环,酷刑乃至大规模的刑事连带责任(比如"满门抄斩"或"株连九族")就会被派上用场。老子曾言:"民不畏死,奈何以死惧之?"其实这道难题并非无解,果真"民不畏死",那刑罚就不断止于"以死惧之"了。

不过和古代西方相比,古代中国在大多数时期保持了一个强大稳定的政权。虽然战乱频繁发生,但大规模的战乱只占据了较少时段,这得益于优越的自然地理条件、稳定的国家意识形态、庞大的人口数量以及雄厚的财政基础，但更直接、更重要的因素还是军事力量。除了非常罕见的例外，古代中国总能供养一支强大的军队。这意味着，对于维持政权稳定而言，中国古代统治者可以更多采用军事、财政、经济和教化的措施，也因此更有条件减轻对酷刑的依赖。

但在两三百年前，西方世界却在刑罚人道化方向上打了一次闪电般的翻身仗。到了 18 世纪中叶，西方国家纷纷废止了酷刑和肉刑，在此后不到一个世纪的时间里，就完成了刑事司法的现代革命。那些曾经到处可见的绞刑柱、绞刑架、示众柱以及裂尸刑车，突然消失了，取而代之的是新式的监狱。对于这场以人道主义为旗帜的法律改革，有各种各样的解说。

最常见的说法是启蒙运动改变了社会观念和司法的意识形态。像卢梭、洛克、霍布斯、孟德斯鸠、贝卡里亚这样的启蒙思想家被认为居功至伟，伏尔泰、狄更斯、达纳、梅尔维尔等人的文学作品也功不可没。这当然有道理，但我偏爱更实在的解说——社会并不缺少变革的观念，但经常缺少支撑观念的力量。不能忽视科技因素在此过程中发挥的作用，比方说，如果那个时代还没有发明印刷术，这些作家和思想家的作品就只会被封锁在一个小圈子里。想想看，倘若抄写一部 300 页的书籍需要花费 40 个工作日，那世界上还有多少人能读到狄更斯？

影响文明进程的另一个冲击效应，应该是卫生条件的改善和行为举止的礼仪化。不要小看个人卫生，强烈影响人类道德情感的因素不见得个个轰轰烈烈，那些直接作用于感官的刺激因素更容易引发生理反应。比如形象和气味，一个肮脏邋遢、浑身散发着恶臭气味的人，会让周围的人产生本能的反感，而从生理厌恶到道德厌恶的距离，可能只有一步之遥。虽说人类天性中有移情的能力，但移情的范围并非漫无边际。烧死一只刺猬不会让人神经过敏，但很少有人忍心去虐待一只猫。如果刺猬抗议说，我们天生就是这副模样，没招谁也没惹谁；但是很抱歉，我们人类就是喜欢以貌取人，比之蜥蜴或毛毛虫，你们刺猬的待遇已经够好了，不要试图去攀比猫。如果有个罪犯的举止像猫一样优雅，那么把他送上火刑柱，相较于烧死一个举止粗鲁的人，就更容易让人于心不忍。看到了吧，教育孩子要"讲卫生""讲礼貌""讲文明"确实很重要，这不仅关乎卫生、礼貌和文明，而且关乎社会团结。

当然，即使把这些解说加在一起，也可能难以完整解释西方世界的法律革命，一个宏大历史事件通常是多种力量联合助推的结果，有些力量我们根本看不到，或者即使看到了也没法确定其中的因果关系。比方说，监狱取代肉刑和酷刑的法律革命和热兵器取代冷兵器的军事革命在时间上恰好吻合，这一事实能说明什么呢？能确定两者之间存在因果关系吗？老实说，不能。但以下逻辑是顺理成章的：得益于科技强军，政府军队在武器装备和作战技术上能够获得相对于反政府武装的代差优势，反叛的风险可以大大缓解，而统治者在军事上的自信可以减轻法律对酷刑的依赖。与此相关的另一个现象也值得关注——机械化部队出现以后，包括中国在内的世界主要强国从未发生过真正有威胁的叛乱。

倘若上述推测可以成立，那么科技强警就可能是推进刑罚人道化的另一个力量。由于刑罚的威慑效果相当于破案率和惩罚严厉程度的乘积，所以，当被现代监控技术武装起来的警察有能力大大提高破案率的时候，较轻的惩罚也足以产生很强的威慑效果。斯堪的纳维亚国家之所以能把监狱建成宾馆或乡村俱乐部的样子，除了国民富裕、教育普及和就业机会充足之外，高科技装备的警察力量也肯定是个高度相关的因素。实际上，现代意义上的警察甫一出现，就成为改变法律面貌和决定刑法边界的决定性力量。

民刑分界与法律的控制范围

澳大利亚的卡卡杜国家公园曾是澳洲土著居民的自治区，在层层岩山之间有很多岩画，记录了澳洲土著三四万年来的风俗习惯。其中有幅古老的岩画看上去十分耐人寻味，一个人矗立中间，周围有很多人，他们各执标枪向中间这个人刺去。岩画记录了一次"公共惩罚"，它至少在某个历史时刻代表了一次制度创新。惩罚罪犯只诉诸复仇机制，肯定有很多缺陷，如果罪犯一边实力很强，受害人或其亲属就可能丧失复仇的能力和动机。依靠一个小圈子或小团伙来惩罚罪犯，又涉及如何执行约定的问题，因为惩罚也可能出现搭便车。如果群体立下个规矩，只要出现害群之马，群体里的每个人都要向他投上一标枪，那么一部分惩罚难题就会迎刃而解。

当然，新的问题也在所难免——这个群体由谁说了算？何人来认定犯罪事实？是由大家投票决定，还是由几个长老共同商议？如果有人拒绝投枪又该如何处理？诸如此类的问题，岩画没有留下任何答案，但问题本身却足以让人们意识到一个强大的国家有多么重要。哪怕国家的基础就是个暴力集团，它也能阻止更多的暴力。

实际上，国家力量越强，惩罚反而越温和，这个历史规律很早就被发现了。统一而稳定的惩罚需要执行惩罚的强制力量，而如果国家的力量太弱，以致被迫需要向私人转嫁执法责任，惩罚反而不会特别严厉。在由私人执行惩罚的条件下，各种妥协、随机性和不确定性是在所难免的。这可以大致解释为什么历史上最残暴的惩罚没有出现在几千年前两河流域的早期国家，而是出现在了中世纪的欧洲。

不过 10 世纪到 13 世纪的冰岛是个例外，那时的冰岛是个简单的游牧社会，像中世纪欧洲的一个世外桃源。没有战争和军队，没有国王、贵族和骑士，没有城市，甚至没有像样的村镇。教会力量很弱，以致被迫采取了一种和异教徒和平共处的政策。政府的力量也很弱，它甚至没有执行机构，只有一个议会和一些法院。法院没有正式的法官，只有兼职的陪审员。议会由普通公民组成，议会长是冰岛唯一拿工资的官员，工资不从财政支出，而是来自婚事收费。由于无需供养士兵、警察、执法官、检察官等公务人员，所以萨迦时期的冰岛没有税收。因为简单，所以迷人，那时的冰岛不像是个中世纪的国家，反而更像是从几千年前穿越过来的早期国家——其实我们不太清楚早期国家的治理体系，倒是萨迦时期的冰岛可以提供一些想象的依据。

惩罚犯罪需要国家的力量，警察负责侦查和抓捕罪犯，我们对此习以为常。但萨迦时期的冰岛就不一样了，那里没有警察也没有政府执行机构，追捕罪犯只能依靠受害人及其亲属和宗族，所以血亲复仇是合法的，它是公共惩罚的替代机制。复仇是社会认可的权利，勇敢且锲而不舍的复仇还可以赢得社会荣誉，放弃复仇则是家族的耻辱——怯懦？其实是不负责任，就和没有及时清扫自家门前的积雪道理是一样的。

萨迦时期的冰岛其实没有刑法，犯罪是被当作侵权来处理的。不过这种"公法私法化"的现象在 12 世纪之前的西方世界很常见,像古以色列、古希腊、古罗马以及盎格鲁-撒克逊时代的英国,都把指控犯罪和执行惩罚的责任转嫁给了受害人或其亲属。受害人和加害人双方可以在赎金和复仇之间做出选择,用盎格鲁-撒克逊法的一句话说,就是"要么收买长矛,要么忍受长矛"。

但这种情况在中国古代几乎不曾发生,惩罚犯罪一直都被默认为属于国家的职责或职权。造成东西方这种差别的原因显而易见,那就是国家力量的强弱悬殊。古代中国在绝大多数历史时期都维持了一个中央集权的强大政府,有分工细致的各种常设执行机构,负责侦破案件、抓捕罪犯以及强制执行,受害人只需向官府告状就可以启动司法程序。同样是没有公法和私法的明显区分,但与 12 世纪之前的欧洲法律恰好相反,中国古代的法律特征甚至是"私法公法化",许多侵权是被当作犯罪来处理的。

中世纪冰岛这种弱政府的状态延续了三个世纪,这是令人吃惊的,因为正常情况下,如果国家的力量很弱,就一定会有领主的势力崛起,填补空缺的权力生态位,中世纪欧洲的封建制就是这样。每个人都要寻求领主的保护,通过向领主宣誓效忠来获得一块耕地,国家处在领主割据的状态。领主替代国家来解决佃户之间的纠纷,如果一个佃户打伤了另一个佃户,受害人要请求领主来惩罚加害人。那个时代的冰岛之所以成为一个例外,想必是冰岛没有大片可耕种的土地。如果把国家权力比喻为一棵参天大树,那么领主权力就只是一些灌木丛,而连灌木丛都长不出来的冰岛,就只能是一片草原了。

不过我猜测,萨迦时期的冰岛应该还有一种叫作"赏金猎人"的特殊职业,无论是兼职还是专职。如果受害人的亲属和宗族没有抓捕或追捕罪犯的能力(这种情况应该很普遍),他们可以雇佣赏金猎人。其实国家也可以雇佣赏金猎人,这个古老的职业存活至今,和私人侦探一样属于"辅助的警察"(不同于国家正式招聘的"辅警")。如果赏金既不来自国家,也不来自受害人,而是直接来自罪犯的犯罪所得,那么他们的职业就更像是"侠客"了。虽然现代意义上的警察队伍起源于 18 世纪的英国,但维持治安和抓捕罪犯的职业却古老得多。

"徒法不足以自行",法律实施需要消耗各种"强制资源",包括人力、金钱、技术手段和装备设施等。法律控制的范围越大，实施程度越高，需要投入的强制资源就越多。在这个意义上，法律是个持续经营的公共项目，需要源源不断地投入各种强制资源——要么来自国家，要么来自私人，要么来自领主，三者可以相互替代，只是法律实施的效果截然不同。

就法律实施而言，公共强制（public enforcement）通常比私人强制（private enforcement）更有效率，这可以类比为大公司取代了私营的小作坊，有利于在分散风险、规模经济、降低交易成本、协同作业以及专门知识等各个方面发挥比较优势。比如，在防控疫情和威慑暴力犯罪方面，公共强制的效率就明显高于私人强制。如果国家不采取大范围的强制措施防御犯罪或病毒，那么私人（包括企业、学校和社会组织）就会"各扫门前雪"。

但对于发现和指控像违约或侵权这样的违法行为，私人监控机制的比较优势就发挥出来了，因为受害人往往能以较低的成本获取相关的线索和证据。通奸就是个典型的例子。违法者不难避开警察，但却不容易躲开自己配偶的眼睛。在电影《你好，出租车》里，男主人公是一位出租车司机，早上送妻子上班时，他发现她左腿上的长筒袜破了个小洞，但当晚上接妻子回家时，却发现这个小洞转移到了她右腿的长筒袜上。第二天，他就开始跟踪自己的妻子了。但诸如此类的线索完全不可能引起警方的注意。

公共强制和私人强制各有比较优势，因而法律实施经常需要国家和私人的密切合作。私人可以提供线索和证据，然后由国家负责侦查、抓捕和审判，举报制度就是这么设计的。相反的情形同样存在，由国家负责披露信息，再把惩罚的责任留给潜在的受害人。比如，国家定期公布不诚信的企业名单或质量有瑕疵的商品目录，消费者或生意伙伴就可以"用脚投票"。

比较公共强制和私人强制在法律实施中所占的比重，不同门类的法律就形成了一个光谱。非正式的社会规范位于光谱的起点，国家几乎不承担任何投入；刑法位于光谱的终点，它是最昂贵的法律。光谱的中间还有行政法、侵权法、合同法、财产法等等。在从起点向终点的过渡中，公共强制的比重递增，私人强制的比重递减。

上述逻辑可以解释"民刑分界",即为什么法律分化出了侵权法和刑法,以及如何确定两者的边界。如果侵权法可以阻止所有的加害行为,那么理论上刑法就没有存在的必要。民刑分界体现的只是法律实施中的公私分工,是让公共强制和私人强制发挥各自的比较优势。而要在侵权法和刑法之间划出一条分界线,那么这条分界线就应该定位在社会控制总成本之和最小的位置。

一种加害行为是否应该被纳入刑事管辖的范围,应该比较一下,对于控制这种有害行为而言,公共强制和私人强制哪个更有效率。比如同样是欺诈,如果受害人依靠自己的力量就能指控欺诈行为,那就没必要将其视为犯罪,因为民事赔偿足以威慑这种行为,也能让受害人获得赔偿。但如果有人明知自己没有偿还能力却从银行骗取贷款,那么这种欺诈就不只是侵权,还是犯罪。因为虽然银行有能力指控这种欺诈,却没办法获得赔偿。而如果赔偿不足以威慑这种欺诈行为,那就只能把加害人送进监狱了。不得不把某种加害行为纳入刑事管辖的原因,一是需要警方负责侦查和抓捕,二是需要监狱作为惩罚的手段。不比较公共强制和私人强制的成本和效率,而去讨论"民刑分界""刑法的谦抑性""积极刑法观"或"消极刑法观",都不过是无的放矢。

总体上说,刑法的控制范围是一个国家的公共强制资源的函数。如果国家力量很强,就可以扩大刑法的控制范围;如果国家力量很弱,就只好缩小刑法的控制范围——这意味着减少国家实施法律的职责,将其转嫁给受害人及其亲属和宗族。萨迦时期的冰岛是个极端的例子,12世纪之前的欧洲也有这种倾向,倘若不是科技进步系统性地降低了国家法律实施的成本,真不知这种状况还要延续多久。

最近几百年,刑法的边界已经大举入侵到传统的侵权法领地。这个说法也许会引起争议,但我相信争议的不是事实而是定义。我所说的刑法是指国家负责侦查、抓捕和强制执行的法律,因而法律史上的很多"刑法",不过是侵权法而已。举个例子,对于受害人被打成残疾的案件,倘若国家只负责审判而不负责侦查和抓捕，那么相应的法律就是侵权法而非刑法，即使它被写进了"刑法史"。

当然，刑法的扩张不能简单地归功于科技进步和经济增长。在汽车、枪支、毒品、互联网、银行、公司以及证券市场出现之前，与此相关的犯罪都不会出现。社会分工的深化以及产业链的延伸，创造了更多的犯罪机会和犯罪类型；科技知识的普及以及科技产品的商业化，则为罪犯提供了更多的犯罪技术和作案手段。在现代社会，犯罪与其他产业一样，出现了结构性升级。尽管这些变化和趋势可被描述为刑法控制领域的被动扩张，但若考虑到没有强大的国家能力，无论刑法怎样扩张都不可能获得成功，那么区分"被动"和"主动"就没多大意义了。

更何况"魔高一尺，道高一丈"。由于国家维持着对某些技术和设备的垄断，也由于国家执法机关比犯罪团伙更容易实现协同作业、规模经济以及集约化经营，所以总体上看，科技进步还是拉大了警察与罪犯之间的实力差距，这为近现代以来刑法控制领域的持续扩张提供了物质技术上的稳定支撑，所以刑法的扩张并不总是被动的。重婚在古代社会从来不是犯罪（只要以合法的名义），多数报复性侵犯行为也不承担刑事责任，但这些行为却均为现代刑法所不容。更典型的例子是法律允许私人使用暴力的范围，当国家拥有充足的暴力资源后，就必然会压缩私人暴力的空间。如今，复仇、决斗以及各种报复性犯罪都被禁止了，私人暴力的合法使用差不多仅限于正当防卫。

得益于科技进步和经济增长，现代国家的力量确实比过去强大得多，但还远远不是法力无边。节省国家资源的法律策略，除了民刑分界、公私协作、降低刑事证明标准以及强调刑法的谦抑性之外，甚至还包括罪刑法定。通过罪刑法定，国家可以堂而皇之地通过放纵某些有害行为来减轻国家责任。犯罪肯定是危害社会的行为，但并非所有危害社会的行为都是犯罪。那些"情节显著轻微危害不大"的行为首先要被排除在外，原因显而易见，"不用大炮打蚊子"，仅仅为了避免轻微损害，还不值得去启动昂贵的刑事司法程序。

确定某种有害行为是否属于犯罪，不仅要评估其危害大小，还必须同时比较防控这种有害行为的社会支出。如果采用刑事措施的成本不合理，首选的方案就是将其排除在刑法之外。比如生产和贩卖烟草，尽管最终可被证明会造成巨大的社会损失，但之所以从来都是合法的，就是因为"向烟草宣战"的社会成本极度高昂，其中最难以承受的是烟草走私造成的社会损失以及打击烟草走私的刑事司法成本。一个被经常讨论的例子是在20世纪30年代，美国曾经出台过禁酒法，但很快就失败了，根本原因就是国家其实不具备强制实施禁酒法的能力。

反通奸法被废除或事实上死亡，也是出于类似的原因。现代刑法之所以否认通奸是犯罪，最重要的原因，不是性观念更加开放了，也不是通奸的社会危害减轻了，而是国家控制通奸的成本因作案技术的改进而变得无法承受。得益于现代科技成果，通奸的作案技术和反侦查技术空前改善，移动通讯、互联网、现代交通设施以及封闭良好的住宅都可以大大降低通奸的成本和风险。如果事先考虑到通奸实际上已经不可控，那么将通奸排除在犯罪之外，就是个体面且划算的立法安排。对于监控或侦破通奸案而言，以现代科技为支撑的监控技术、侦破技术、鉴定技术很少能够派上用场。不是不能用，而是在通奸案与其他案件竞争资源的情况下，警方很难以合理的成本使用这些技术。

当注意到总有一些冠冕堂皇的借口来掩盖法律变革的真实动机时，我就有点想入非非了。你看既然废除反通奸法被说成是为了保护性自由，那么法律保护言论自由的说法是不是也有点言不由衷呢？不管怎样，言论自由确实节省了国家的强制资源。言论自由的好处不言而喻，促进交流，有利于思想创新，还能纠正或防止决策错误。如果社会面临灾难，总有人提前发觉，法律若允许那个人把真相说出来，国家和社会就能提前做好防备。

但言论自由也是有代价的。"妖言惑众"是致乱之由，煽动性言论更是造反和叛乱的前兆。且一旦放开"言禁"，被历代统治者精心维护的国家意识形态就会遭到反对性观念的侵蚀和竞争。所以在中国古代，尽管不乏鼓励"纳谏"的例子，还说"为人君而无谏臣则失正"，为此特设"谏官"之职，乃至明确规定："谏言不咎，谏官不罪。"但总体上仍对"开言禁"讳莫如深，"因言获罪"的案子数不胜数，甚至还出现过"焚书坑儒"和"文字狱"之类的文化灾难。

"防民之口，甚于防川"。虽然这话的原意是强调"防民之口"的灾难性后果，但同时也隐含了"防民之口"的高昂执行成本。我们可以想象一下取缔言论自由的负面后果。首先,社会交流会出现很多语言禁忌,比如大家都会躲开敏感词。然后呢?语言禁忌真能阻止人们交流那些不健康的、政治不正确的言论吗?其实很难。因为人们很快就会创造新的交流方式,用边缘词汇取代敏感词,甚至用政治正确的方式来表达政治不正确的思想。如果统治者最终发现,取缔言论自由的执法资源居然白白浪费了,执法收益甚至达不到零值,他们就可能会转变思路——既然这件事根本管不了,还不如送个顺水人情,直接开言禁好了,更为积极的说法自然是"保护言论自由"。这肯定不是保护言论自由的全部原因,但可能是被人忽视的一部分原因。

我还想创造一个概念叫作"不可威慑的伤害行为"。尽管严格说来,没什么加害行为是不可威慑的,只要国家投入相应的强制资源,就一定会提高加害行为的成本,进而减少加害行为的数量。但我所说的"不可威慑"指的是一种特殊情形——即使国家投入巨大,所能减少的有害行为数量与其总量相比也可以忽略不计。尽管执法努力不是徒劳,也的确惩罚了大量违法行为,但在宏观层面上却没什么效果可言。就像掘地三尺确实花费了不少力气,也确实挖出了一个不小的土坑,但对于整个地壳而言,却几乎没有任何改变,我因此可以说,人类目前还不具备改变地壳的能力。

"法不责众"说的就是这种情形。如果违法行为的数量太多,且执法效果完全取决于强制资源的投入量,那就很容易出现一个法律泥潭,吞噬所有执法努力之后却看不到任何明显改观。面对"不可威慑的加害行为",法律决策者只能向现实妥协,而当国家放弃徒劳无益的执法努力或充其量装装样子的时候,法律就名存实亡了。如果你能想象到法律禁止人们在高速公路边随地撒尿会是什么结局,就不会对打击通奸、谣言、嫖娼、酒驾和高利贷的执法效果抱有太高的期望值。

2013年底,《公司法》第三次修订原则上废除了法定资本制。除法律法规或国务院决定另有规定之外,关于设立公司的最低出资限额、实缴出资占认缴出资以及货币出资占全部出资之最低比例等约束出资的规定均被取消。公司法的修改需要行政法和刑法也要做出相应的调整：

——工商机关不再主动查处虚报注册资本、虚假出资及抽逃出资等资本欺诈行为，而是通过受理举报、随机抽检和列入"黑名单"的方式来保证企业信息公示的真实可靠。这实际上是放松了对公司资本的监管力度，以企业信息公示制度取代了以验资审核市场主体准入条件、以年检跟踪企业资本变化为主要内容的公司资本监管制度。

——刑法也做出了相应的调整，涉及资本欺诈的犯罪，包括虚报注册资本罪和虚假出资、抽逃出资罪（经常被执法机关合称为"两虚一逃"），其各项条款也被废止适用。

这一连串的法律改革在当时引起了强烈的争议。反对者认为"两虚一逃"以隐蔽的方式侵害了债权人的利益，这种行为在性质上和诈骗没什么两样。诈骗就是诈骗，不能因为障眼法的手段高明就被排除在犯罪之外，也不能因为资产信用取代资本信用之类的陈词滥调就可以改变诈骗的性质。这个判断无疑是正确的，但如果反对者能够充分理解"不可威慑"的含义，并且意识到公司资本欺诈行为就是"不可威慑的"，他们也许会改变主意。

究竟有多少中小企业抽逃出资？这个问题估计没人能说得清。多年前我曾经询问过一位工商局的执法人员，得到的回答是："如果说百分之百的中小企业抽逃出资，那肯定说多了；但要说百分之九十九的中小企业抽逃出资，就可能说少了。"真实情形肯定不至于这么糟糕，但执法人员的切身经验至少能说明抽逃出资的行为十分普遍。然而，有多少抽逃出资的犯罪行为被提起公诉呢？这个问题我可以给出明确的答案——很少，某东部大省每年提起公诉的公司资本欺诈类犯罪不过几十起。这说明什么？说明中小企业因为公司资本欺诈而被定罪的概率应该比中彩票还要低。

为什么会造成这种情形？解释这个问题还要从头说起，在下一节我将会解说有限责任制度的来龙去脉和前世今生。但现在可以对上述一系列法律改革做个简单的定性：2013—2014年的公司资本监管制度改革，其实质就是缩小了法律的控制范围——减轻了行政机关的执法负担，也缩小了刑法的控制边界。历经二十年的选择性执法甚或象征性执法，法律决策者终于发现，传统的公司资本监管措施是毫无效率的，非但远远没有实现监管目标，反而造成了巨大的社会浪费。

有限责任的来龙去脉

人们总是说科技进步和制度创新并驾齐驱，但不要忽略它们经常是相互助推。有限责任公司的重要性经常被誉为只有蒸汽机才能与之相提并论，但若没有蒸汽机，有限责任公司可能就不会出现，或至多是一种边缘的存在；同样，如果没有有限责任公司，蒸汽机的威力也发挥不出来，也许至今仍然是小作坊里的奇技淫巧。

作为一个伟大的制度创新，有限责任并非一开始顺风顺水；相反，它在刚刚诞生的时候就引起了争议，差点就夭折了。直到19世纪中叶，在引领公司法改革的英国，许多自由派人士仍对有限责任深恶痛绝，他们认为既然企业家将家中积蓄用以投资，企业利润也成为企业家的家庭财富，那么凭什么利用有限责任的制度工具就可以把投资风险转嫁给供应商、消费者和债权人？这难道不会吸引最差劲、最缺乏信用的人去投资设立公司吗？甚至当时的制造商也反对有限责任，他们认为，有限责任的受益者是穷人和骗子。

所谓"有限责任"，就是公司股东仅以其出资额对公司债务承担有限清偿责任。如果我出资500万元设立了一家公司，但公司经营失败了，因资不抵债而进入破产清算或强制执行程序。假定公司资产只剩200万元，而所欠债务却已高达700万元。那么根据有限责任制度，公司只把仅有的200万元资产全部偿还给债权人，过去欠下的全部债务就一笔勾销了。剩余的500万元债务无需继续偿还，债权人只能自认倒霉，他们不能要求我以家庭财产继续偿还剩余债务，因为我对公司债务只承担有限清偿责任，有限的范围就是我的出资额，尽管在经营过程中它已经缩水到200万元。

有限责任允许股东逃避超过出资额的破产债务，这看上去当然有利于股东而不利于债权人，不是吗？当然不是，否则债权人就不会同意和企业做交易了。根据大陆法系的传统公司法理论，有限责任制度致力于降低企业家的创业风险，而公司资本制度则旨在保护债权人利益不受损害,两者互为对价。但这种被公司法教科书广泛采用的观点并不完全成立。其实有限责任本身就是一种交易,而交易本身就包含了对价。

◆ **有限责任中的风险交易**

如果允许股东以其出资额为限对公司债务承担有限清偿责任,企业家就可以在创业失败的情况下仍能保护好其个人或家庭财产的安全。有限责任制度的功能因此被广泛地理解为:(1)降低企业家的创业风险;(2)平衡股东和债权人之间的利益。但后一种理解并不恰当,因为降低了的风险不会凭空蒸发,而是转嫁给了债权人。可是"天下没有免费的午餐",向债权人转嫁创业风险需要企业家支付相应的对价,真实商业实践中的对价是多种多样的——可以表现为在价格、质量、运输、保险、履行期限、权利义务分配、违约责任及纠纷解决等任何合同条款上做出有利于债权人的调整。

为了简化讨论,我们姑且用银行和企业的借贷关系来描述风险转嫁涉及的对价问题。在银行作为企业债权人的情况下,提高贷款利率是银行因为承担更多风险而向企业收取的对价。尽管企业对非银行债权人(不管是供应商还是消费者)支付的其他形式的对价,也都可以换算为利率差额,但我还是用银行和企业间的借贷关系来描述风险和利率间的交易。假定企业无风险经营时的贷款利率是6%;另假定企业只要没有经营失败时,就能以其自有资产足额清偿债务,而企业经营失败的概率是50%;一旦经营失败,企业的自有资产只能清偿银行贷款的80%,但企业家的个人财产可以补偿其余的20%。基于上述假设,如果法律引入有限责任制度,企业家在向债权人转嫁风险的同时,必须将贷款利率从6%提高到32%。这26%的利率差额,就是企业家为降低自身创业风险而通过企业向债权人支付的对价。

对应于这种风险和利率的交易,"有限责任"的概念只是片面描述了其中的一个对价。既然是交易,那么真正能够平衡股东和债权人之间利益的,就应该是市场,而不是法律。即使《公司法》没有规定有限责任,企业家和债权人也可以通过谨慎而复杂的合约来完成这种风险交易。如果企业家和债权人在足够多的情形中愿意从事这种风险交易,那么将有限责任制度引入《公司法》就会大大降低交易成本——法定替代约定可避免股东和债权人从事这种风险交易的复杂谈判,合同条款因此大大简化。有限责任制度的功能，既不是降低企业家的创业风险，也不是平衡股东和债权人之间的利益，而只是减少股东和债权人的交易费用。在一个交易费用为零的世界里，有限责任制度没有存在的必要。

有限责任其实只是个默认规则，而非强行法规范。如果某个债权人拒绝这种风险交易，他可以通过要求股东为公司债务提供担保的方式来降低债务风险；如果企业家觉得32%的贷款利率实在是太高了，他也可以要求银行降低利率，但前提是他必须设法降低债务风险。如果他答应以其个人或家庭财产为公司债务做担保，从而将债务风险降到零值，他就能说服银行把利率降低到6%。但如此约定意味着有限责任的解除。可见，即使《公司法》规定了有限责任，股东和债权人仍可以通过合约的方式来"废除"这种制度。

前文描述的有限责任显然过于单纯了，事实上有限责任中的风险交易本身就充满了风险。在真实的商业实践中，这种有关风险和利率的交易很难在一般意义上达成。尽管我们可以假定企业失败的可能性是50%，同时假定在企业经营失败条件下企业的自有资产仍能偿还银行债权的80%，但这些假定的数字都属于"客观值"。即使企业家作为信息优势者做出的评估与"客观值"完全吻合，如何向银行传递信息也会是个难题。银行凭什么相信企业家没有撒谎呢？

企业家有多种机会主义动机。无论夸大企业成功的可能性，还是夸大企业自有资产的数额，都有利于从银行那里争取到较低的贷款利率；即使在获得银行贷款之后，企业还可能通过减少公司自有资产（抽逃出资）的方式暗中增加债务风险，这是事后降低贷款利率的一种方式。在真实的商业实践中，利率和风险之间的交易之所以很难行得通，除了上述信息不对称的难题，还因为太高的贷款利率本身就会增加企业失败的可能性。这同时说明什么？说明一个社会只有在比较富裕之后才会出现有限责任这种制度，贫困的社会信用基础薄弱，因有限责任提高的利率会吃掉企业的全部利润。蒸汽机和有限责任，这两种人类文明的标志性产品——一个是技术，一个是制度——通过贷款利率大幅度下降的经济事实连接起来了。

即使银行相信企业家提供的所有信息都真实可靠，它就会同意以32%的利率向企业放贷吗？答案通常还是否定的，因为32%的贷款利率实在太高了，银行担心如此高的贷款利率会增加企业失败的可能性，从而应该收取的必要利率也会攀比上升，这实际上成了一种恶性循环。

基于上述现实因素，有限责任制度确实有可能对债权人造成较大的负外部性。可是问题如何解决呢？要求企业家以个人或家庭财产为公司债务做担保属于"倒行逆施"，这个方案等于废除了有限责任制度，有限责任制度在降低交易成本方面的功能也荡然无存。倘若要求公司以可变现资产做抵押，也不是个好办法，因为企业的抵押资产通常很有限，在创业初期更是如此。上述两种方案虽然并非绝对不可取，但若只采用这两种方案来解决问题，有限责任公司的信用基础就无从谈起了。好在商人们最终还是找到了解决问题的最佳方案，那就是建立公司资本制度。

◆ 公司资本制度

如果企业家对企业的经营前景十分自信，并且打算诚信经营，他就必须设法取得债权人的信任，否则贷款利率就不会降低到他可以接受的数值。空口无凭，说服债权人必须付诸行动，而最佳选项莫过于企业家和债权人共担风险。为此，创业者就必须在设立公司时投入一定数额的初始资本。

企业家投入的初始资本有三个用途：（1）用于公司项目经营；（2）经营失败时用作偿还债务的保证金；（3）解决信息不对称的问题。企业家通过投入资本向债权人表明公司经营的项目是靠谱的，债权人可以据此判断公司的经营前景，进而判断公司的债务风险。从银行的角度，它不清楚企业经营的项目是否靠谱，但若企业家也愿意投资，银行就放心多了。我不知道水有多深，但你比我更清楚，想拉我下水并非不可以，但前提是你也要下水。传统公司法理论只关注公司资本的前两种用途，而忽略最后一种用途。

企业家拥有信息优势，他投入的资本越多，就表明他对公司的未来越有信心，而债权人可以根据企业家的行动做出自己的判断，这显然有利于争取较低的贷款利率。由此可见，公司资本制度的功能并不只是为了保护债权人的利益。就向公司投入资本而言，企业家有独立于法律的激励，哪怕企业家只考虑其自身的利益，市场的压力（而非法律的强制）也会迫使他们这么做。和有限责任制度一样，公司资本制度在逻辑上同样是起源于约定而不是法定。传统公司法理论将企业资本理解为有限责任的对价是不恰当的,两者只是彼此搭配而不构成一种交易。

◆ 公司资本监管制度

假定企业家为设立公司而投入的初始资本为100万元,银行提供的贷款也是100万元,无风险的贷款利率为6%。显然,只要在经营期间公司资产不低于其初始资本,那么即使经营失败,公司仍能以其自有资产偿还全部债务。这意味着,在公司资本维持不变的条件下,债权人会同意只收取6%的利息。但若企业家通过隐蔽的方式将公司资本减少到60万元,那么债权的偿付比例就会降至60%。如果债权人事先知道公司资本减少的状况,那么再考虑到企业失败的风险(假定银行评估为50%),他就会要求把利息率从6%提高到52%。抽逃出资在这里暴露出其欺诈的本质,46%的利率差额就是欺诈行为的违法所得。

如果企业家渴望从银行获得无担保的低息贷款,他就必须向债权人承诺,在经营期间不会暗自减少公司的自有资产。至此我们发现,即使没有公司法的规定,"资本维持原则"也会通过股东和债权人签订合约的方式创造出来,这个原则也并非完全为了保护债权人的利益。

然而,企业家做出承诺是一回事,债权人相信他的承诺是另一回事,信息不对称仍然是个难题。假定银行认为企业家兑现承诺的可能性只有50%,也就是说,在债权人看来,企业家还有50%的可能性会将公司资本减少至60万元,那么债权人就不会同意将债务利率降到29%以下。对于诚信的企业家,这是件非常糟糕的事情。虽说公司设立时企业家投入的初始资本相当于偿还债务的"保证金",但在"保证金"不能由债权人监督和保管的条件下,就不过是个概念而已。要使"保证金"机制能够发挥作用,最可取的做法莫过于将"保证金"置于双方共同信任的第三方的监管之下。

这样看来,国家充当这个第三方就是责无旁贷的,公司资本监管因此成了政府的行政职责。理论上,国家监管越严,债务风险越低,利率也越低。公司资本监管是国家提供的公共物品,是对企业家和债权人的双向补贴。要求公司登记注册是监管机关为公司资本提供官方认证的前置程序,验资、年检或强制企业信息公示都是为了掌握公司资本的变化状况,进而利用国家信用为公司资本背书。正因为如此,除了债权人和其他股东之外,公司资本欺诈行为的受害人还包括国家,因为这种行为连带损害了为公司资本背书的国家信用。

公司资本监管有三项内容：(1)保证企业家为设立公司而承诺投入的初始资本是真实的，为此监管机关必须阻止虚报出资和虚假出资等欺诈行为，意思是你答应出多少钱就出多少钱；(2)必须保证企业家在经营期间不会暗自减少公司资本，为此监管机关必须阻止抽逃出资行为，意思是你不能把承诺的出资再偷偷装回自家的口袋；(3)为设立公司规定最低出资限额，以此设置市场主体的准入门槛，意思是没钱你就不要创业了。

第(3)项内容不是必须的，没钱也可以靠其他资源白手起家，且只要保证企业家承诺出资的真实性，那么出资多少可以在所不论，哪怕企业家只是成立了一家皮包公司，只要生意伙伴在没有欺诈和胁迫的情况下仍愿意和它做生意，那么理论上监管机关也无需插手。但规定最低出资限额，为市场主体设置一个准入门槛，也并非没有意义，除了避免企业信用的平均值被一些实力弱小的公司拉得太低之外，还能从总体上提高企业成功的概率，降低社会管理成本。毕竟越是资本薄弱的企业，越可能从事机会主义行为。

如果市场上充斥着大量难以识破的皮包公司，企业信用的平均值就会下降，债务风险的平均值就会上升，这对于试图诚信经营的创业者和企业家显然都不是好事。在19世纪中叶的英国，许多企业家之所以反对有限责任，原因就在于此。可想而知，如果允许所有试图诚信经营的创业者和企业家投票决定设立公司的准入门槛，他们多半会通过投票的方式把皮包公司和一些实力过于弱小的企业排除出去，他们还会投票决定设立公司时投入初始资本的一个最低额度。可见，最低法定资本的限制也并非全部为了保护债权人的利益，并且可以与有限责任制度独立于法律一样，完全可以通过创业者和企业家之间的约定（投票）来形成。

公司资本监管的主要目标，是解决因信息不对称而出现的市场失灵。为了保证出资真实，法律设置了验资程序；为了阻止抽逃出资，工商机关负责年检。虚报出资、虚假注册和抽逃出资都是一种隐蔽的欺诈（破案率远达不到100%），所以它们纳入刑事管辖也就顺理成章了。那么为什么2013—2014年的公司资本制度改革却背道而驰呢？不仅改法定资本制为认缴资本制，放松了资本监管，而且大部分的公司资本欺诈行为也不再被视为犯罪。法律如此改革究竟事出何因？

上一节提出的问题，现在可以回答了。先举个简单的例子，假定某位企业家把自己的房产出租给他的公司，房产的市场租赁价格是1万元/月，但公司却向企业家支付了1.5万元/月的租金。只要执法机关发现了这一事实，那么理论上认定企业家抽逃出资就是十分简单的——市场租赁价格和实际租金之间的差额就是抽逃出资的数额。但在真实的执法实践中，问题却复杂得多。尽管执法机关认为企业家收取的租金超过了合理的租赁价格，但企业家却很容易找出一大堆抗辩理由——公司总有许多不同于其他公司的特殊需求，房产也总有许多不同于其他房产的特殊用途，只要企业家想办法把两者之间特殊的供需点连接起来，那么论证1.5万元/月的租金确实物有所值是没什么毛病的。

监管和被监管者的地位不对等，在上述案例中明显地体现出来。一方面，企业家对公司和房产都拥有信息优势，他比执法机关更了解公司的特殊需求和房产的特殊用途；另一方面，执法机关承担举证责任，要想认定租赁关系中隐藏了抽逃出资，执法机关必须证明企业家的抗辩理由都不成立。而在没有信息优势的条件下，要达到执法目的就只能投入更多的执法资源。企业家只需动动嘴，执法人员就得跑断腿。

这还只是无数种抽逃出资作案手段中的一种，也算不上多么高明。如果企业家打出的是一套组合拳，借助会计造假，通过虚增利润或虚构债权债务关系来抽逃出资，再用关联交易加以掩盖，执法机关的查处难度就会指数级上升。或者如果企业家采取化整为零的策略，把预期的抽逃出资额分摊在无数笔可以掩盖抽逃出资的复杂交易中，并且每次抽逃都做得相当克制，那么企业家被查处的风险就更加微乎其微。既然抽逃出资如此安全，那些被查处、被破获的案件又是怎么来的？原因之一恰恰就是安全。安全使得大量企业家抽逃出资时无所顾忌，懒得在作案手段上花费心思，这就给执法机关留下了机会，突然出手就会让企业家措手不及。

就公司资本监管而言，监管者和被监管者之间的博弈，在很大程度上属于会计造假和审计监督之间的博弈。我询问过的注册会计师都会承认,只要他们在会计造假上多投入一个工作日,和他们水平相当的会计师就至少要在审计监督上多花费一个半工作日,才可能发现其中的猫腻。请注意,这里所说的"发现问题"也只是发现违法线索而已。至于行政执法或刑事侦查中证明确实存在违法行为,所投入的执法资源就完全没法估算了。

公司资本监管是一项技术含量很高、查处难度很大,因而监管成本十分高昂的执法工作。要查证一个抽逃出资的违法行为,通常需要完成多项查证任务:先是取得会计报表,然后重点审查"固定资产""存货""无形资产"等会计科目,继而查证实物交接手续以及不动产过户后的产权登记,最后还要实地勘验、现场抽盘、清点库存。执法流程差不多需要查阅公司的所有会计报表,调查公司的整个生产经营过程,必要时还要调取、核对关联方的会计记录和原始凭证。如此繁重的执法工作量,通常会让执法机关望而却步。

虽说资本欺诈有很强的隐蔽性,但也不可能留不下任何马脚,再高明的会计师也无力把假账做到天衣无缝的水平。只要执法资源不受约束,相信大多数资本欺诈行为迟早都能被查处。但在执法资源供给有限的条件下,情形就完全不同了。倘若执法者面对的潜在违法者是千军万马,执法工作就必然会陷入泥潭。如果绝大多数企业(尤其是数量众多的中小微企业)或多或少存在资本欺诈,且不说执法资源的刚性约束,就连执法者的注意力都会成为稀缺资源。此时,作为被监管者的企业和企业家,只要把假账做到可以蒙混过关的水平,就足以确保资本欺诈行为的安全性。即使那些毫无技术含量的赤裸裸的会计作假,被发现查处的概率也微乎其微。

违法行为越多,违法行为被查出的概率越低,就越会激励更多的违法行为,于是公司资本监管就注定陷入恶性循环,最终造成了"普遍性违法"与"选择性执法"并存的局面。如此,监管失灵以及违法失控也就不足为奇了。即使存在数量有限的选择性执法,其性质也会发生根本性变化,执法的目的不再是阻止或威慑违法行为,而更可能沦为装饰或寻租的工具。

在这场猫捉老鼠的游戏中,老鼠之所以注定会成为赢家,不仅因为老鼠拥有技术优势和成本优势，还因为老鼠的优势会被其庞大的数量进一步放大，形成乘数效应。简单地说，倘若老鼠只需绕一个弯儿，就足以让猫找上半年，那么除非有千万只猫共同去捉一只老鼠，否则老鼠就是安全的。而如果让一只猫去捉千万只老鼠，结果如何就不言而喻了。

监管不是万能的。无论政府监管的愿景多么美好，受技术、预算及人力资源等各方面条件的约束，监管机关仍可能无力履行法律赋予的监管职责，因此造成监管失灵。所谓监管失灵，简言之，就是监管收益被监管成本彻底淹没的情形。事实上，监管失灵不是偶然现象而是非常的普遍，以致大量经济学家已开始从整体上质疑政府监管的合理性。既然公司资本监管属于国家承担的投资项目，那么一旦监管得不偿失，放弃或放松监管就成为迫不得已的选择。这就是2013—2014年公司资本制度改革的现实原因，它和废除反通奸法和禁酒法如出一辙。放松监管意味着将防范公司资本欺诈的大部分任务转嫁给了生意伙伴，国家可以缩减监管职责，建立信息公示制度，并通过受理举报、随机抽检和列入"黑名单"的方式来保证企业信息公示的真实可靠。

不是所有的法律都能完美实施，很多法律出台不久就会形同虚设。法律的死亡尚不至于导致多大的混乱，因为社会和市场能逐渐适应，最糟糕的情形是法律死亡之后却偶尔诈尸，突然活回来的法律更可能向社会和市场释放错乱的信号。想想看，如果美国警方突然侦查通奸案会是什么情形？忧心和疑虑都容易扩散，你也许会问，始自2019年的"高利贷入刑"将命运如何？目前还不好说，但对这个问题做一番历史考察，却可以获得许多有益的启发。

欠债还钱的风险控制

"杀人偿命，欠债还钱"，只寥寥数字就精准概括了人类法律制度的两大要点，无怪乎这句民谚具有穿越时空的力量。至今，全国法院系统审理的民事案件，半数以上仍是债务纠纷；以工作性质而论，法院执行局差不多就是"讨债局"。尽管欠债还钱的法律关系不限于借贷，且其制度逻辑位居所有民事商事法律关系的枢纽，但本文之所以聚焦于借贷

（主要是民间借贷，尤其是高利贷），是因为在各种债权债务关系中，借贷具有很强的延伸性，高利贷则极具显著性。从民间借贷和高利贷入手揭示欠债还钱的制度逻辑，未尝不是一个方便法门。

高利贷入刑，在中国始于明代，在西方的历史则更加久远，这很大程度上与宗教有关。《重利法》（usury laws）在欧洲于19世纪被基本废除，但在美国的许多州却保留至今，只不过名存实亡。事实上，即使在《重利法》盛行的年代，法律实施也只是涉及消费性借贷，商业性借贷很少受《重利法》约束。中国现行的民间借贷制度并非移植自西方，而是与历史有诸多纠缠，因而较之比较法的研究，制度变迁的视角对于观察和预测现行法律制度的实施后果也许更有参照性。

民间借贷的法律制度，古今差异很大，从严苛到宽松经历了一个去暴力化的过程。可一旦理解了这些变化和差异，就能同时刷新我们对历史和现实的认识。正因为如此，通过分析借贷制度的历史变迁，可以论证一个重要的命题：古今法律的制度差异只是外部环境各种约束因素变化的结果，而控制借贷风险的制度逻辑却始终如一。

虽然问题并不复杂，道理也不深奥，但惯性思维的干扰却容易将我们的思考引入歧途。关于欠债还钱，道义原则和市场法则有时会发生分歧（此时法律何去何从就成了疑问）。虽然打压高利贷不乏各种正当理由，但借贷关系中的利率和风险以及讨债逼债时的暴力强制，都在很大程度上被市场法则无情地支配。

民间借贷的法律制度在中国古代保持了很强的连贯性。相关法律自唐代定型，宋承唐制，经元代过渡而至明清，期间只有少许变化。民间规范和惯例更是一脉相承，政权更迭的影响甚微。因致力于揭示制度变迁的逻辑，下文只对古代民间借贷的制度做出模型化的描述，而不打算对法律史做细致梳理。

◆ 欠债不还的法律责任

对于民间借贷，历代法律大体上遵循"私法自治"的原则（所谓"任以私契，官不为理"），但对欠债不还的处罚却相当严厉。过期不还的，责以笞杖，拖欠时间以日月计；判决之后拒不执行的，处罚更重。且处罚不能抵债，所欠本利依然要追还给债主。在唐宋时期，若债户确无偿还能力，法律还会迫使其以家中男劳力抵偿债务（所谓"家资尽者，役身折酬，役通取户内男口"）。古代法律制度通常只看欠债不还的行为，而不问原因，既不区分恶意逃债和无力偿还，也不承认诸如不可抗力或情势变更之类的免责事由。

尽管古代法律制度对欠债不还规定了刑事处罚，但通常只是存而不用。只要债主不向官府告诉，债户就可免遭笞杖之刑。对于拖欠债务，最常见的惩罚只是"违限生利"，即法律允许借贷双方在利息之外约定"迟延利息"，迟延利息相当于违约金，有补偿债主损失和惩罚债户拖欠的双重作用。

◆ 债务主体

在中国古代，只有家长有权代表家庭借债放贷，卑幼隐瞒家长私自借债放贷，非但无效，且属违法行为。既然借债被视为家庭行为，那么还债也自然是整个家庭（甚至家族）的责任，家产是家庭债务最基本的信用担保。"父债子还"虽未见法律明文，但却一直是强有力的民间规范，并且实际上获得了法律的认可。中国古代已经发展出了完善的担保制度，与现代担保制度不同，古代法律允许或默许债户以人身为质。唐宋时期的法律允许债务人以奴婢质押债务，但严禁以"良人"为质。明清法律虽无明文许可以人身为质，但实践中却经常是默认的态度。

◆ 利率管制

古代法律制度对高利贷的管制经历了一个从宽松到严苛的过程。完善的利率管制始于唐代，法律规定了最高利率和最高利息，且禁止复利（"回利为本"）。古代通常按月计息，没有"厘"的概念，因而所谓"每月收利不得过六分"，意思是法定最高月利率为6%（年化利率72%）。尽管唐宋时期的法定利率经常变动，少时月息四分，多时六分，却为后世开创了取息不过本钱的原则性规定。该原则在唐宋时期表述为"积日虽多，不得过一倍"，明清时表述为"年月虽多，不过一本一利"，意即无论债务拖欠多久，合计利息都不能超过本金。但"一本一利"只是在拖欠日久而总计利息时的算法，倘若债户逐年逐月偿还利息，则不受"一本一利"的限制。

明清时期对高利贷的压制更加严苛。在继承了唐宋时期禁止复利及取息不过本钱这两个原则的基础上，又进一步降低法定最高利率至"月息三分"（年化利率36%），且规定"违禁取利"的罪名，将超过法定利率和法定利息的"余利"视为违法所得,轻者责以笞刑,重者坐赃论罪,还要追还"余利"给债户。而在唐宋时期,"违禁取利"不受刑事制裁,只是"余利"不受法律保护而已。

◆ 对私力讨债的法律限制

为了对付欠债不还,历代法律都允许债主采用一些强制性的讨债手段,但同时施加各种限制。尽管唐代法律鼓励债主告诉官府,但即使债主未经告诉而"强牵"债户的家产财物,只要强牵财物的价值不超过债务总额,就通常不会追究债主的责任。哪怕债主使用了威逼、抢夺乃至暴力的手段(这其实是"强牵财物"的题中之意),只要未造成严重后果,官府的态度总体上是默许的。

到了明清,法律禁止"豪势之人"未经官府审判而强取债户财产,且处罚相当严厉。若强取财产的价值超过放贷本利之和,余财视为违法所得,一律追还给债户。若"豪势之人"以强迫手段役使债户的妻妾子女,就构成更严重的犯罪。有奸占恶迹者,要被处以绞刑,且免除债务。但若仅从律文来看,明清两代对债主强取债户财物的惩罚,似乎只是为了打击私债征夺中的恃强凌弱。倘若强取财物的债主算不上"豪势之人",法律并无明文规定,实践中似乎是默认的态度。

虽然贷款利率受资金供求状况、市场平均利率、国家金融政策、通胀预期、融资成本、国际利率水平以及社会信用基础等很多因素的影响,但在微观层面上,利率和风险的关系最为紧密,放贷人在决定收取多少利息时,首先考虑的因素就是违约风险。风险越大,利率越高,反之亦然;这就是金融经济学上"风险溢价"的逻辑。民间借贷的法律制度主要着眼于控制违约风险和解决信息不对称,从而降低利率、扩大市场规模,让借贷双方共同受益。

假定无风险的贷款利率为6%,违约风险为10%(即放贷人有90%的概率获得足额清偿,但有10%的概率分文无取,暂不考虑部分偿还的情形)。设贷款的必要利率为r,根据 $1+6\%=(1+r)(1-10\%)$,可计算出 $r \approx 17.8\%$,即必要利率约为17.8%,高出无风险利率11.8%的利差就是风险溢价。同理可以计算出：20%的违约风险对应32.5%的必要利率；30%的违约风险对应51.4%的必要利率；40%的违约风险对应76.7%的必要利率；50%的违约风险对应112%的必要利率。可见违约风险高到一定程度，放贷就与赌博无异。上述风险溢价的计算还只是假定贷方风险中立，若遇灾荒之年放贷人普遍厌恶风险，则风险溢价还要继续加码。只要将利率和风险结合起来，就会立刻改变对"高利贷"的直观印象。尽管现行司法解释规定的两个法定利率标准24%和36%看上去近乎暴利，但在无风险利率为6%的假设之下，其分别对应的违约风险只有15.5%和22.1%而已，民间借贷市场上更高的违约风险却是司空见惯。

借贷双方的信息不对称会干扰贷方的风险评估。即使借方有足够能力和意愿去偿还全部债务，如果贷方看不到或不相信这个事实，仍会高估放贷风险，以致错失借贷交易。偿还能力和偿还意愿都会影响违约风险，但后者比前者更难以估测。对于职业放贷人，信息不对称对风险评估的影响更大。由于贷方不可能基于充分信息去评估每个借贷人的违约风险，在按统一利率放贷的条件下，就无法避免道德风险和逆向选择。贷方厘定的利率越高，就会有越多风险较低的借贷人退出市场，而那些愿意接受较高利率的借贷人，却通常更倾向于从事冒险投资。对此，职业放贷人的通常反应是，宁愿以较低利率放贷给违约风险较低的借贷人，也不愿以较高利率放贷给违约风险较高的借贷人。但这会迫使违约风险较高的借贷人寻找更加偏好风险或以其他手段（比如暴力）控制风险的放贷人，要么承诺支付更高利率，要么忍受暴力强制带来的各种约束。

为了争取较低利率，借方就必须设法降低自己的违约风险并致力于解决信息不对称。除了以自身行动创造良好的信用记录之外，借方可以向贷方做出下列承诺：（1）承诺将借款用于贷方期望的用途，愿意接受贷方监管借款的使用。（2）从承诺以其个人收入和个人财产偿还债务，到承诺以其家庭收入和家庭财产偿还债务（家庭连带责任），再到说服亲友或其他利益相关人，向贷方共同承诺，他们都会以全部家庭收入和家庭财产为债务承担连带责任（保证制度）。（3）若拖欠债务，承诺向贷方支付延迟利息（"违限生利"），并同意贷方以暴力或软暴力手段强取自己的资产抵偿债务（"强牵财物"），或以劳务抵偿债务（"役身折酬"），或将自己部分资产置于贷方控制之下（抵押、质押、典当、留置）。

然而承诺未必可信,除非在放贷人看来,借贷人及担保人违背承诺反而得不偿失。就提高承诺的可信度而言,最可靠的选项莫过于借助第三方的暴力强制。在这个意义上,强制执行相当于国家为借贷双方提供的双向补贴,而不只是为了保护债权人的利益,因为如果没有强制执行,则借贷人要么借不到钱,要么必须为借钱支付更高的利息。

家庭连带责任、保证制度以及"役身折酬",是为了扩展强制执行的范围;"违限生利"、"强牵财物"以及抵押、质押、典当、留置等各种担保,则是为了降低强制执行的难度和成本。强制执行的范围越宽,执行成功率越高,违约风险就越低,利率也越低,但国家需要为此投入更高的成本。

放贷风险有时表现为借方不能足额清偿(而不是像前文假设的那样,要么全部清偿,要么分文无取)。假定无风险利率为6%,只要风调雨顺借贷人就能以其全部家庭收入和全部家庭资产足额清偿贷款本利,但风调雨顺的概率只是60%;倘遇荒年借贷人颗粒无收,只能以其全部家产来清偿贷款本利的70%,但30%的余款可用劳务抵偿。基于上述假设,如果强制执行的范围可以延伸到借贷人(及其家庭成员)的劳动力,则只要法律能被完美执行,必要贷款利率依然是无风险的6%。但若强制执行范围仅限于借贷人的家庭收入和家庭资产,则即使法律能被完美执行,必要利率也会从6%提高到30%。

这道算术题描述了强制执行的范围对违约风险和利率的影响。法律拒绝强制执行借贷人及其家庭成员的劳动力(废除"役身折酬"),意味着在借贷制度史上开启了一种"有限责任",即借贷人仅以其全部家庭收入和家庭资产对债务承担"有限清偿责任"。但这会导致风险和利率攀比提升,24%的利差就是这种"有限责任"的对价。

如果借贷人觉得30%的利率太高以致无法承受,他就必须设法降低放贷风险。在没有任何资产可供抵押或质押的条件下,实现这一目标的最佳选项就莫过于规避法律——借贷双方可以私下约定,若借贷人的家庭收入和家庭资产不足以清偿借款,余款就以劳务抵偿。只要借贷人的承诺可信,必要利率就会从30%降至6%,但这意味着借贷双方通过私约复活了"役身折酬"。但私约易毁,在私约的风险控制缺乏合法选项的情形下,体制外的暴力强制(比如黑社会、地方豪强或讨债团伙)就会介入借贷市场。

国家为保障债务履行而提供的强制执行越充分，违约风险越低，边际上的放贷利率也越低。只要强制执行的力度不足，体制外的暴力强制就获得了空间。强制执行力度不足的另一个表现是执行成功率太低。在上文的假设之下，即使强制执行的范围扩展到借贷人及其家庭成员的劳动力，但若执行成功率只有60%，则利率同样会上升到30%。社会财富的增加、执行技术的改进、贷方资金监管能力的提高以及社会保障和商业保险的健全和完善等，都会允许法定强制执行的范围压缩，同时减轻债务履行对暴力强制的依赖。

尽管古代社会控制借贷风险的法律制度十分严苛，在控制违约风险和解决信息不对称方面却仍然体现出高度的制度理性，但打击高利贷的各种举措却因忽视市场反弹而屡屡受挫。

高利贷的前世今生

在中国古代，占人口绝大多数的农民群体很少有机会脱贫致富，大量农民挣扎在生物学意义上的贫困线边缘，抵御自然灾害的能力十分薄弱。即使在没有战乱的康熙年间，也是"乐岁之不免冻饥，而凶年之死亡相枕籍也"。古代农民的基本经济状况决定了民间存在巨大的借贷需求。乾隆皇帝就看到了借贷市场对农民抗灾避险的作用："小民挪借有资，不致流离失所。"然而，如果放贷行业兼营保险，则放贷利息中就必然要包含保险费。

但不幸的是，越是贫困的农民，越不容易借到钱，或即使借到钱，利息也更高。古代社会"谷利高于钱利"的现象就是个明证——需要借钱的农民还不见得有多穷，但若到了需要借粮的地步，就基本算是赤贫了，因此需要支付更高的利息。此外，越是穷乡僻壤借贷利率越高的事实也印证了上述逻辑。

民间素有"救急不救穷"之说。比之"救穷"，"救急"的违约风险更容易被控制。虽然小农经济经常被描述为"自给自足"，但农业的周期性收支却使得农民即使在正常年景也难免产生借贷需求。"青黄不接"之际最需要"过桥贷款",只要"月不足而岁有余",借贷市场就大体可以正常运转。倘遇荒年,情形就迥然不同:"有余之家恐为所负,不复出借,亦无利息可生,往往中落。贫户仰叩无门,不得不求食他乡。以致富者渐贫,贫者益无所底。"古代统治者寄望借贷市场来实现"贫富相维",但却因频繁发生的灾荒而屡屡受挫。

古代盛行按月计息,说明借期普遍较短。缩短借期既为控制放贷风险,也为缓解信息不对称。借期越长,变数越多。不仅债户遭遇各种不测的可能性会增加,原本能够偿还的债务也可能因生老病死或其他事端而继续拖欠。且人心易变,债务拖欠的时间久了,债户的偿还意愿可能不升反降;随着利息越来越高,感觉还债无望的时候,就难免产生赖账动机。正是由于私债征讨屡招怨恨,民间才有"不孝怨父母,欠债怨债主"之说。

与借期较短相对应的,是放贷额度较小。债主通常会根据债户的还债能力来确定放贷额度。为了避免风险和利率的相互攀升,较之高息大额放贷,债主更倾向于低息小额放贷。宋人袁采已经注意到放贷额度和违约风险之间的关系,所以告诫世人"钱谷不可多借人"。"凡借人钱谷,少则易偿,多则易负。故借谷至百石,借钱至百贯,虽力可还,亦不肯还,宁以所还之资为争讼之费者多矣。"

争讼还不是大事,顶多耗钱费力,倘因私债征夺而闹出人命来,放贷风险就不是一般地加码了。尽管古代文献中关于债户为逃债而杀死债主的记载并不多见,相关研究也表明因借贷纠纷而导致命案的概率很低,但考虑到命案只是纠纷引发暴力的极端结果,就可以合理揣测,借贷纠纷中的暴力讨债和暴力抗债都不罕见。有研究表明,一旦利率高于零,债户打死债主的概率就会超过债主打死债户的概率,且利率越高,债主的死亡风险越大。借贷纠纷中暴力冲突所引起的风险溢价必然会转化为高额利息。

在中国古代,放贷属于公认的高风险投资。高风险自然追求高回报,所以总体上放贷利率远超地租收益率或商业利润率是毫不奇怪的。"拥田宅享租人者利什之一,废著居奇者利什之二,出藏镪称贷以权子母者利什之三。"清代人对不同行业投资回报率的描述,其实也反映了不同行业的投资风险。尽管这个描述与大量历史文献中动辄"倍称之息"甚至"数倍之息"的记载并不相符，但逻辑上却无冲突，前者描述的是平均利率，后者记载的是些极端情形。只不过与如今的银行贷款相比，即使按"什利之三"（30%）计，古代的民间借贷也算是不折不扣的"高利贷"了。

控制放贷风险是国家和社会的共同使命。借方渴望降低利率，贷方需要控制风险，而借贷市场的有序运作和规模扩张可以满足借贷双方的共同诉求，所谓"贫富相维"就是这个意思。古代社会已经发展出了很多控制放贷风险的制度和措施，既有国家正式颁布的法律，也有非正式的民间规范。

"欠债还钱，天经地义"的社会观念，实际上塑造了一种控制借贷风险的制度约束力，再将此观念诉诸超自然的轮回报应，就进一步增加了欠债不还的心理代价。此外，古代社会还发育了降低风险的信誉机制，经常需要小额借贷的农民懂得"好借好还，再借不难"，信用良好的农民更容易争取到低息甚至无息借贷。

为了控制借贷风险，当然也为了降低利率，古代社会在开发信用资源方面可谓不遗余力。不仅保证、抵押、质押、典当、留置等现代担保制度在古代社会一应俱全，就抵押和质押的范围而论，更是无所不用其极。在信用资源极度匮乏的条件下，"质为人身"或"父债子还"既是迫不得已，也是顺理成章。拿自己和子孙的人身做文章，是贫困债户的最后出路。所谓"家资尽者，役身折酬"，实为借贷双方共同开发了一种将人身证券化的债务担保方式。古代社会之所以将还债视为一种家庭乃至家族责任，同样是为了扩大信用基础。"役通取户内男口"，意味着以人身为质可以扩展到全部有劳动能力的男性家庭成员；"移征旁支"的情形虽不多见，但如此极端的做法同样是为了降低违约风险。

借贷市场上少不了暴力强制，否则"役身折酬"或"移征旁支"都只是空话而已。比之强迫债务人"役身折酬"，对"负债违契不还"责以笞杖就更进一步，前者还只是以国家暴力为后盾，后者则直接动用暴力制裁了。但无论剥夺人身自由，还是直接造成身体创痛，都不是制裁的目的，制裁只是逼债的手段，其功能与现代强制执行并无二致。强制程度的加码只是对贫困社会信用基础薄弱且技术手段短缺的一种无奈回应。制裁欠债不还不只是为了保护债主的利益，对于债户而言，笞杖之刑既是一种认证方式（为其偿还能力和偿还意愿强力背书），也是一个遴选机制（把有机会主义倾向的潜在债户淘汰出局）。

古代社会之所以会允许债主必要时可以"强牵"债户财物，乃是因为国家在无力提供保障债务履行的充分强制时，就需要借助私人的力量。笞杖固然可以威慑欠债不还，但官府处理案件的能力毕竟有限，天下的借贷纠纷却汹涌如潮，倘若在潜在债户看来，因欠债不还而遭受刑事制裁只是个小概率事件，那么保障债务履行的充分强制就只是名义上的。对于债主强牵财物的行为网开一面，虽然免不了许多负面后果（放纵豪民，引发纠纷，缺乏稳定性，过分依赖本地社会关系网络，不利于借贷市场规模扩张等等），但为了保障债务履行，这是贫困社会必须付出的代价。

如果债务履行对于充分强制的依赖性很强，暴力就成了一种稀缺资源。只要国家担负的暴力强制供给不足，体制外的暴力就会乘虚而入。将"好借好还，再借不难"这句民间俗语反过来理解，就说明那些信用记录糟糕的农民很难借到钱，或即使能够借到钱，利息也很高。利息推高会加剧风险，也会激励债户在借贷纠纷中更多地使用暴力。

乡村社会中不乏蛮横嚣张、逞勇斗狠之徒，由于普通债主通常不敢向这类人放贷，于是出现了一个市场空白，而能够填补空白的，自然是那些暴力更强者。借贷市场上之所以从来都少不了军将兵丁、地痞恶棍甚至流刑犯等角色，原因就在于此。除了偏好风险，这几类人还能凭借自身的暴力优势来控制债务风险。结果不言而喻，这几类人的逼债手段肯定要比普通债主凶残得多。

在借贷市场的竞争中，暴力是一个重要的竞争筹码。地方豪强之所以总能在竞争中取胜，甚至成为高利贷市场的垄断者，不仅因为其资金规模庞大（从而能够降低借贷的财务成本并可以兼营保险性放贷），还因为其自身拥有体制外的暴力强制（从而有能力拓展借贷市场并能在竞争中压低放贷利率）。普通债主不敢蹚的浑水，豪强敢蹚；普通债主按月息四分也不敢放出的一笔贷款，豪强可能按月息三分就敢放出。由于越有能力控制风险就越有能力压低利率，也越有条件偏好风险，所以后者使地方豪强更容易通过提高利率而获取更高的利息，前者则使其更容易通过压低利率而在借贷市场的竞争中取胜。在打击高利贷的法律约束之下，地方豪强的竞争优势很可能更加明显，因为他们更有能力把贷款利率控制在法定利率以下。

越是在法律退出的地方，体制外的暴力就越有用武之地。唐宋时期法律禁止"以良人为质"，明清时期法律禁止债主未经官府审理而强取债户财物，但这些禁止性规定无一不是形同具文，借贷双方会合谋规避法律，还可能会共同寻求体制外的暴力作为偿还债务的保障。此外，司法资源的相对稀缺也给体制外的暴力提供了广阔的空间，即使是法律明确规定"官为理"的借贷纠纷，官府也经常"以私债置之不问"。"案多人少"显然不只是现代司法者的难题。

作为"任以私契"的例外，古代法律规定了最高利率和最高利息。对于超过法定利率或法定利息的借贷，唐宋时期的法律规定是"官不为理"，即国家不提供法律保护。明清时期则更进一步，规定"违禁取利"的罪名，对债主追究法律责任。但上述法律的实施效果不佳，且障碍重重。

借贷双方合谋规避法律轻而易举，或在出借本金中先行扣除利息，或将本利合计于出借本金之中。只要将真实利率掩盖起来，在借契上看不出高利贷的痕迹，打击"违禁取利"就难免虚张声势。这两个规避法定利率的招数历史悠久，屡试不爽，且一直沿用至今。现今法院裁判的借贷案件，就有很大比例属于改头换面的高利贷纠纷。

如前文所述，裁断纠纷和强制执行是国家为保障债务履行而为借贷双方提供的一种双向补贴。而"官不为理"，则意味着国家拒绝为高利贷纠纷提供公共服务。在借贷双方会合谋规避法律的情形下，要阻止高利贷纠纷鱼目混珠，就必须扩大取证范围，但要拿出足以对抗借契的证据，仅靠债户反悔是做不到的。这意味着，一旦取证范围扩展到借契之外，原本简单的"理讼"就会升级为"断狱"。

即使官府有能力识别高利贷纠纷和普通借贷纠纷，并能成功阻止高利贷纠纷搭乘"官为理"的便车，另一种麻烦也会接踵而至。倘若借贷双方被迫寻求体制外的强制力量作为还债的保障，则不仅军将兵丁、地痞恶棍以及地方豪强在借贷市场上如鱼得水，提供专业化讨债服务的暴力或软暴力组织也会应运而生。

相对于直接使用暴力，只诉诸软暴力手段的专业化讨债应该算是个进步。比之清代地方豪强雇用打手讨债，民国之后的黑社会组织承揽讨债业务，应该可以有效减少借贷纠纷中的伤亡事故。不管人们对这类讨债团伙多么痛恨，这些游走于法律边缘的"灰色人群"对于控制高利贷市场的风险和利率都算是发挥了作用。如果存在讨债行业的市场竞争，那么取胜者自然是那些既能成功讨债、又能合理控制伤亡事故和法律风险的讨债组织。

虽然明清法律规定了"违禁取利"的罪名，但国家打击"违禁取利"的能力却始终是个短板。除非债户向官府告诉，否则官府不可能具备查处"违禁取利"的侦查条件。好在债户告官的概率也确实不高，并且越是注重声誉的债户越不可能告官。正是由于债户不告官是常态、告官是反常，所以民间借贷市场才能有效运转。乾隆皇帝对此心知肚明，他本人就没对"违禁取利"的法定罪名太过当真，相反，对于荒年时债主"加息四五分"而债户"尚肯偿还"，他颇感欣慰。

如果官府严厉查处"违禁取利"，就会激励债户（尤其是那些不诚信的债户）在抗债时使用暴力，将民事纠纷升级为刑事案件。只要借贷纠纷升级为刑案乃至命案，取证范围就会自然扩展到借契之外。而一旦"违禁取利"被查证属实，债户所欠债务即使不被一笔勾销也至少会削减一部分利息。所以事先看来，把纠纷闹大很可能对债户利大于弊。

但若债主事先考虑到这种风险，就必然会采取应对措施。一部分厌恶风险的债主会退出借贷市场，这意味着借贷资金减少及利率攀升，同时意味着诚信债户要为不诚信债户抗债而承担连带损失。不打算退出借贷市场的债主必须谨慎放贷，但因此追加的资信调查成本最终还是要通过提高利率的方式部分或全部分摊给债户。而对于那些不想或不能区分诚信债户和不诚信债户的债主来说，就只剩两个选择了：要么统一提高放贷利率来补偿法律风险，这意味着不诚信债户剥削诚信债户；要么借助体制外的暴力强制来阻止债户抗债或告官，但因此增加的成本同样需要通过提高放贷利率来补偿。总之，债主采取的每一种应对措施都会导致其与债户双输的结局。借贷市场的压缩呈现出一种逆向选择，更多诚信的债户、更多守法的债主以及官府的强制执行会迅速退出借贷市场，而更多不诚信的债户、更多胆大妄为的债主以及体制外的暴力讨债组织却顽强地坚守，他们还会发明出更多规避法律的借贷方式。

以法律手段打压高利贷的理想目标，是强制债主将利率和利息降至法律允许的范围内，或至少让潜在的高利贷经营者放弃这行生意。但制度设计者却低估甚至忽略了市场反弹的力量，甚至颠倒了高利贷和贫困之间的因果关系。并且由于高利贷的所有弊端都是显性的，所有利好都是隐性的，所以直观上的统计偏差不可避免，古代统治者更容易关注事后的"利"，而忽略事先的"险"；更容易看到高利贷引发的负效应（"私债争夺"经常闹得不可开交），看不到高利贷带来的正效应（"贫富相维"总是默默无闻）；更容易发现高利贷引发的犯罪（暴力讨债和暴力抗债），看不到高利贷阻止的犯罪（借不到钱就可能去盗窃、抢劫或诈骗）。所以毫不奇怪，高利贷一直被视为万恶之源，但很少被古代统治精英慎重思考的一个问题却是：既然债主重利盘剥，为何债户还要趋之若鹜？说到家，利率的高低取决于市场，而不取决于法律。打压高利贷的法律纵有一时之功效，长远看还是难免增加借贷市场的交易成本，以致利率越打越高。

然而，如果古代统治者通晓借贷市场的运作逻辑，有无可能废除打压高利贷的法律制度？答案是否。因为高利贷在古代社会不仅是个经济问题，而且还是个政治问题。

在中国古代，统治者的理想是维持一个庞大农业帝国的稳定和繁荣。占人口大多数的自耕农是帝国统治的基础，他们为国家贡献了主要的赋税和徭役。土地是农民生活的基本保障，失去土地的农民易成流民，流民四起会威胁政权和社会秩序。故而，保护自耕农的利益，尤其是保护他们拥有的土地，是历代统治者的治国纲领。与之相应，抑兼并、振贫弱乃至打击豪强，都在很大程度上服务于这个目的。

当农民迫于生计或因自然灾害需要大额借债时，为了争取较低利率只能抵押田产；倘在借期内无力偿还，田产就可能被折抵债务。因借债而倾家荡产甚至卖儿鬻女的农民，在历朝历代是如此常见，以致"私债征夺"被唐人列入"民间八苦"。历代统治者直观地认为，高利贷加速了土地兼并和贫富不均的进程。高利贷素有"重利盘剥"的恶名，所谓

"债利之劫民也，将倍于公赋"。这种认识太普遍了，从官方到民间，谴责甚至妖魔化高利贷的各种论调自古至今从未停歇过。这种关于高利贷的社会观念和社会舆论本身就是政治，统治者不能违背或忽视民意，打压高利贷的政策和措施因此又获得了意识形态的支持和驱动。一旦高利贷从经济问题升格为政治问题，打压高利贷就不会只诉诸法律手段了。

在中国古代，打压高利贷是和"抑兼并，振贫弱"的财政手段捆绑在一起的。凡遇荒年，官府都会为灾民和贫民提供救济。救济分两种：一是赈恤，即官府以仓粮无偿救济；二是赈贷，即官府提供无息放贷。此外，历代承袭的"常平仓"制度对于平抑粮价也卓有成效：粮价低时，官府大量买入；粮价高时，再以平价卖出；如此可缓解"谷贱伤农"和"谷贵伤农"。国家的上述救济措施均在一定程度上减轻了贫民对于高利贷的需求和依赖，也获得了历史学家的一致好评。

但备受争议的措施是官贷，即官府向百姓提供低息贷款。一方面是为了压缩民间的高利贷市场，服从于"抑兼并，振贫弱"的大政方针；另一方面是为了增加官府的预算外收入。官贷也为历代沿承，只是手法和规模因时而异，唐代已经发展出了一整套复杂的官贷制度，但历史上规模最大的官贷，当属宋代王安石主导的"青苗法"。

"青苗法"将常平仓的本钱以月息二分放贷给农户，并要求农户结社相保，为债务承担连带责任。王安石解释说，取息二分是为了补偿耗损、运费和财物成本，让官贷救济可持续，通过本利相生逐渐扩大放贷规模，进而压缩高利贷的市场空间。所谓"官薄其息，而民救其乏"，只要"贫者举息于官"，就不必"举息于豪民"。然而，月息二分恰是"青苗法"的致命软肋。虽然此利率低于高利贷，甚至低于市场平均利率，但固定利率终究无法回应市场上高低不同、瞬息可变的放贷风险。如果"青苗法"只向贫民放贷，利率就无法补偿放贷风险，官本渐蚀、贫民争贷以及吏缘为奸等连锁反应就不可避免。为了弥补亏空，地方官吏只好违法操作，要么暗中提高利率，增加贫户负担；要么向富户摊派，让富户为亏损埋单。如此，"青苗法"在操作过程中最终扭曲变形，以致天怒人怨。

"青苗法"的失败显然是因为割裂了风险和利率的关系，无视借贷市场的经济规律。但同时也暴露出，古代官府实际上无力了解农户的资信状况，不可能像现代金融机构那样对放贷对象进行信用评估和资金监管。"青苗法"只是官贷失败的一个典型，其他朝代的官贷也难免同样的流弊。总体上，古代社会用财政手段解决高利贷问题的制度和措施，成效十分有限。

为了打压高利贷，古代皇帝有时还会以"恩赦"的名义下诏免除天下所有公私债务。恩赦的对象原本只是罪犯，赦免罪犯主要是为了解决监狱人满为患的问题，但自南北朝时期开始扩展到债务人，皇帝经常下诏免除债户的偿还义务，还最终获得了法律依据，唐律中的"经恩不偿"，就成了"诸负债违契不还"的例外。恩赦债务的目的是劫富济贫，但对于"抑兼并，振贫弱"而言，却无疑属于旁门左道。虽有律文做遮掩，但恩赦对于法律威信和市场法则的蔑视仍暴露无遗。恩赦债务自然会增加债主的放贷风险，其结果除了让利率变得更高之外，还会加剧刁民剥削良民的状况，因为刁民更可能以恩赦诏书对抗借契，引发借贷纠纷，而良民却不得不为由此而生的风险溢价共同埋单。扰乱市场秩序就会增加交易成本，因此长远看，恩赦债务只能给借贷双方带来双输的结局。

但恩赦在很多时候也是无奈之举。倘若国库空乏又恰逢灾荒，则作为权宜之计或紧急避险，恩赦公私债务仍是不得已而为之。至少唐代统治者对恩赦的后果并非全然不顾，与前朝皇帝动辄下诏放免债户的偿还义务不同，唐代的恩赦通常只限于"停征"，即暂缓催讨公私债务。但即便这种相对克制的恩赦，也同样引起了借贷市场的反弹。借贷双方会在借契中明文约定："公私债负停征，此物不在停限"或"中间或有恩赦，不在免限"。双方如此约定，自然是为了保证债务履行不受恩赦干扰，其结果不仅折损了恩赦的效力，也削弱了法律的权威和稳定性。借契和诏书相左，还会增加债务履行的不确定性，引发更多纠纷，因此增加的放贷风险最终还要通过进一步推高利率反映出来。

正如恩赦私债会引起市场反弹一样，恩赦公债和税负也会引起地方官吏的反弹。即便恩赦是救急的举措，却也不乏收买人心的意图，恩赦让皇帝讨好了百姓，但地方财政却难免捉襟见肘，皇帝和地方官吏、百姓和地方官吏的冲突因此加剧。"百姓喜于尽蠲之文，而不知令甲之有限也"，当地方官吏设法暗中催讨债务赋税时，就必然招致民怨。民间"黄纸放，白纸收"之说，就描述了恩赦带来的政治混乱。

分析历史最终还是要回到现实。古今法律制度的相互参照，可以同时深化我们对历史和现实的双重认知。前文的分析已经暗示，民间借贷的制度变迁在很大程度上应归功于科技进步和经济增长。

首先，经济增长基本解决了贫困问题，人们的支付能力和偿还能力已今非昔比。贫困人口的数量减少，降低了保障性借贷和避险性借贷的比例，借钱过日子的现象已经十分罕见。专业性金融机构可以满足大部分消费性的借贷需求，按揭贷款和信用卡支付已成为消费性借贷的主流。

其次，科技进步有效控制了瘟疫、疾病和许多自然灾害，人们遭受意外损失和意外死亡的风险降低，且预期寿命大大延长。与此同时，国家控制战乱的能力大增，发动战争的成本却极度攀升，遭遇战争和战乱的风险在日常决策中几乎可以忽略不计。完善的社会保障、发达的商业保险以及国家承担的各种救助措施，分担甚至替代了借贷市场在抗灾避险方面的传统功能，贷款利息中的保险费比例大大下降。

此外，得益于现代社会发达的信息技术，商业性放贷人拥有了很强的资信调查能力和资金监管能力，可以通过事先信用评估和事后资金监管的方式来有效控制违约风险，借贷市场因此减轻了对强制执行的依赖。即使需要强制执行，如今法院执行机构可以动用的技术手段也令古代官府望尘莫及。体制外暴力在借贷市场上的生存空间因此被大大压缩，即使存在大量游走于法律灰色地带的讨债团伙，通常采用的讨债手段也仅限于各种花样的"软暴力"措施。

上述变化都会降低借贷市场的风险和利率，进而改变欠债还钱的制度。确切地说，是各种外部环境因素的变化，导致最优强制的均衡点位移，借贷法律制度因此表现出人性化和去暴力化的趋势。在现代法律制度中，不仅笞杖之刑以及"强牵财物"之类的逼债和讨债的手段可以弃之不用，"役身折酬"也可以被高价值的抵押或质押取而代之。除非债务人采用欺诈、暴力或其他手段抗拒法院强制执行或采用隐蔽手段人为增加债务风险，否则法律不会对债务人做出刑事处罚。如果债务人确实无力偿还，法院就会中止甚至终结执行，并且，在尚未建立自然人破产制度的条件下，保证债务人拥有基本生活条件是法院强制执行的底线。此外，只要个人可以作为一个低风险的借贷主体，家庭成员就无须为个人债务承担连带责任，除非个人财产和家庭财产无法区分。即使在婚姻关系中，如果夫妻双方对财产和债务已有约定，且约定已被债权人获知，则夫妻双方中的任何一方欠债不还，也不至于连累到另一方。

借贷市场的有序运作对于维持社会经济秩序至关重要，但高利贷却是历代统治者面对的难题。一旦高利贷泛滥，则包括贫富分化、土地兼并以及恃强凌弱在内的各种复杂社会问题就会如影随形，以利率管制为核心的打压高利贷的各种举措因此被历代沿承且存续至今。由于民间借贷的法律制度总体上满足了借贷双方的共同诉求，但利率管制却更多地反映了国家意志，故其制度背景和实施效果显得格外引人注目，因此值得专门探讨。

虽说古代统治者对高利贷普遍存在认识误区，但如前文所述，即使他们通晓借贷市场的运作逻辑，在重利盘剥之外看到"贫富相维"，打压高利贷的法律制度也不会有根本性的变化。即使不考虑政治和意识形态层面的因素，仅仅为了应对频繁发生的天灾人祸，古代统治者也会因情势紧迫而来不及顾忌市场反弹。长远眼光固然值得赞许，但前提是必须过得了眼前的生死劫。

事实上，即使在现代社会，国家对高利贷泛滥也依然保持了高度警惕，只是利率管制的力度有所放松。在相当长的一段时期里，自愿的高利贷交易只受民事法律制度调整，只是最近受特定情势的刺激才重新将发放高利贷情节严重者纳入刑事管辖。不过依然需要注意的是，高利贷入刑，虽不乏正当理由，但对其实施后果却不能寄予厚望，更要警惕由此引发的市场反弹和逆向选择。我们走出了历史，却不见得走出了历史的逻辑。

此外，虽然现行法律规定的最高利率（36%）与明清时代的"月息三分"恰好相等，但评估利率管制的严苛程度应该参照的标准是借贷市场的平均利率，而不能只看法定最高利率的绝对值。如果现代社会借贷市场的平均利率确已大大下降，那么尽管现行法定最高利率与古代法定利率等值，利率管制的严苛程度也已今非昔比。

放松利率管制的前提，是高利贷产生的负面社会后果已经没那么严重了。在现代社会，借贷人即使还不起钱也不至于走投无路，更不可能卖儿鬻女。即使陷入财务困境、导致信用破产乃至丧失抵押品的赎回权，但变卖房产就差不多到了极限。此外，暴力讨债受到国家的强力压制，放贷人所能采用的逼债手段虽然花样繁多，但通常不至于造成人身伤害，也很难长时间剥夺借贷人的人身自由，"役身折酬"可行性已经永久丧失了。虽然借贷双方的权势和地位仍可能严重不对等，但若说放贷人垄断了资金和财富，借贷人除了接受重利盘剥别无选择，也是言过其实了。更重要的是，高利贷在现代社会导致的糟糕后果基本上停留在经济层面，与最令古代统治者忧心的土地兼并不可同日而语，这意味着高利贷引发严重社会动荡或威胁政权稳定的可能性已经基本消失了。

现代法律制度之所以保留利率管制，初始原因在于借贷人的有限理性。人们倾向于只看眼前，对未来盲目乐观，有意无意地低估乃至忽视借贷风险；而一旦无力偿还，就可能想方设法拆东补西，导致债务窟窿越来越大。而借贷人的有限理性很容易被放贷人利用，即使没有欺诈和胁迫，也可能诱导借贷人陷入更深的债务泥潭（甚至专业化的金融机构也不例外，对于信用卡的分期还款，就没多少人能算清因此增加的利率）。这种情形达到一定规模就会导致借贷市场的系统性紊乱，甚至出现"庞氏骗局"。虽不至于引发严重的社会政治风险，但确实隐藏着一些社会不稳定因素。

在古代社会，高利贷是一道无解的难题。贫困是高利贷的社会根源，一方面借贷市场对高利贷的需求十分旺盛，另一方面国家还必须坚持打压高利贷。虽然这道难题在现代社会已经缓解，但还远未消除。纵然国家拥有了压缩高利贷市场空间的金融工具和财政手段，公安机关侦查高利贷犯罪的技术和能力也已今非昔比，但利率管制依然面对各种挑战，并且这些挑战依然来自市场的强大韧性。只要还有人想借钱，只要借钱之后还可能还不起钱，滋生高利贷的土壤就不会被彻底铲除。虽然建立自然人破产制度可以压缩高利贷的生存空间，但却不能对此寄予厚望，因为，只要破产后的自然人仍有借贷需求，就不能指望放贷人放弃铤而走险；在追讨债务不能依靠法院强制执行的条件下，放贷人难免会诉诸非法的讨债手段或求助讨债团伙。此外，只要双方试图合谋规避法律，国家就必须准备为维持利率管制而付出高昂的代价。

对比古代和现代利率管制，我们会发现，虽然制度背景和实施效果已经发生了很大变化，但因市场韧性引发的障碍和难题却如出一辙，利率、风险与暴力之间的关系更是"天不变道亦不变"。

我在前面的分析已经隐含了一个重要的观念：借贷双方的利益冲突只发生在微观层面的具体交易关系之中，双方可能讨价还价，各自争取更大份额的交易剩余；但在宏观层面，借贷双方是利益兼容的，降低利率和减轻风险的诉求可以统一于借贷市场的有序运作和规模扩张，而法律的功能就在于此。

这个观念有助于我们重新审视借贷风险的法律控制。无论是古代法律中的"笞杖之刑"、"役身折酬"、"强牵财物"、"父债子还"乃至"移征旁支"，还是现代法律中的资信调查、资金监管和强制执行，抑或是被古今借贷制度共同采用的各种担保，都并非单纯致力于保护债权人一方的利益，而是可以让借贷双方共同受益。极端的例子则是，即使体制外的暴力，也可以在特定情形下满足借贷双方的共同需求。

我们可以尝试把欠债还钱的制度逻辑扩展到所有债权债务关系中，进而提升到法理学层面。在传统民法学的语境中，法律最重要的功能被认为是保护不同主体的合法权益。但前文的讨论却暗示了，无论法律保护某种权利，还是剥夺某种权利，所产生的实际效果都可能少于立法者的预期和我们的想象。至少对于债权人和债务人而言，重要的不是权利是否受到了法律的保护，而是法律能否降低交易成本，控制违约风险，解决信息不对称，让双方当事人共同受益。共同的利益产生共同的诉求，这意味着即使没有法律规定，债权人和债务人为了各自的利益也会以约定来替代法定，当然这会增加交易成本，但反过来也印证了法律的主要功能就在于降低交易成本，扩大市场规模，进而惠及整个社会。

按照这个逻辑，即使古代法律中没有"役身折酬"和"强牵财物"的强制性规定，债户为了降低利率也会向债主做出同样的承诺；而一旦法律规定了"役身折酬"和"强牵财物"，债主和债户就无需再做约定了。这意味着"役身折酬"和"强牵财物"底层隐藏着一个合约结构。类似的例子是公司法上的有限责任，这个制度的基础就是股东和债权人的合约。即使法律没有规定有限责任，股东和债权人也可以通过复杂而审慎的合约来实现同样的目的，只不过交易成本要高昂许多。

当然，对于债户而言，"役身折酬"和"强牵财物"未必是自愿的，但自愿与否的参照标准应该是债户的境况比之交易失败是否获得了实质性改善。不能排除的可能是，债户宁愿支付更高的利息也不愿接受"役身折酬"和"强牵财物"。如何回应这一事实？虽然超出古代立法者的想象，但法律确实存在一个潜在的改进方案，即在法律明确规定"役身折酬"和"强牵财物"之余，允许当事人另行约定。详言之，可在原有律文之后附加一个但书，以现在的法律语言可表述为"当事人另有约定的除外"。法律如此规定，"役身折酬"和"强牵财物"就从强行法规则变成了"默认规则"。

当然，这个潜在的法律改进方案在古代社会并不现实。如果债户提出以支付更高利率来换取免除"役身折酬"和"强牵财物"，债主通常是不会答应的，因为在没法控制借贷风险的条件下，除非债主信用良好，否则再高的利率也是镜花水月。而对于信用良好的债户，"役身折酬"和"强牵财物"原本就可存而不用。这一事实恰恰表明，"役身折酬"和"强牵财物"是古代社会主流借贷模式的组成部分，虽有强行法的外表，本质上仍属于默认规则。

以默认规则为线索去探讨法律制度的功能和逻辑，我们就会发现，法律制度中的强行法，其数量少于我们的想象，其强制性也弱于我们的想象，绝大多数强行法的真实面目只是一种广谱的默认规则。如果默认规则在民商事法律体系中占了主流，则立法原则上只需追求广谱，而无需追求整齐划一。为少数当事人保留一个缺口，允许他们另行约定或额外证明，可以提高法律回应社会的能力。

既然作为默认规则的法律根源于当事人的合意，那么国家力量和国家意志就被边缘化了，这一事实可以让我们重新审视法律作为社会控制工具的效力基础。表面上看，法律反应国家意志并以国家力量强制实施，但隐藏于法律底层的合约结构却意味着，法律效力更为深厚的基础是当事人的合意及其相互牵制，而国家强制力量通常只发挥杠杆作用或只是偶露峥嵘。而如果一种法律制度缺乏底层的合约结构，法律实施所耗费的公共资源就会极度攀升，打压高利贷的法律制度之所以面临严峻挑战，原因就在于此。

不难想象，倘若每一笔交易都要依赖于强制执行，则国家力量瞬间就会被消耗殆尽。与庞大的市场交易数量相比，法院执行机构的有限预算和编制显得十分渺小，无论先天国家多么强大，都不可能拥有全天候、饱和式地推进法律实施的力量。不过好在就促进借贷市场有序运作而言，国家意志与当事人的合意在绝大多数情况下并不冲突，所以尊重并保护当事人的合意成为国家意志的组成部分。在前文的分析中，尽管控制借贷风险的古代法律制度十分严苛，甚至面目可憎，但它依然大致顺应了借贷双方的合意，并且通常可以满足借贷双方的共同需求。如此看来，民商事法律制度中的"意思自治"隐含了一个双层的合约结构，底层合约发生于交易主体之间，上层合约发生于国家和交易主体之间——国家认可并保护底层合约，但保护不是免费的。

执法冗余和多样性红利：一张一弛，文武之道

大约是三年前，有一天我去医院开安眠药，神经内科的张大夫和我是老相识。跑医院很麻烦，所以他每次都会多开给我一些药量。但那天他告诉我："这次只能给一周的药量了，没办法，现在查得太严，处方都是有记录的，谁也不敢多开。"我当然懂得张医生的无奈，他也知道我懂得他的无奈，话不多说，都是明白人，苦笑一声就各自散了。

安眠药一直都是处方药，但在十几年前执法者无力严管，患者在药店也能买得到。失眠症患者都还记得那个买药方便的黄金时代。但后来就不行了，执法越来越严，先是药店不敢出售，医生还可以在规定药量之上格外开恩；再后来，医生也不敢加量了。幸好威海是个小城市，到医院不用排队，每次开药也花不了我多少时间。要是在大城市，可能半个工作日就这么耗过去了。时间就是生命，全中国需要服用安眠药的失眠人群少说估计也有一亿多，执法趋严会浪费多少人的生命，这笔账是经不起细算的。

然而，恰恰执法趋严就是为了拯救患者的生命、保护患者的健康。执法者害怕患者滥用药物，更害怕患者服安眠药自杀。风险是始终存在

的,可严管能解决这个问题吗?当然不能。如果一个人想自杀,谁也拦不住,他可以在一天之内去不同医院轻松凑足致死的药量。但严管的好处是免责,如果这样的事故确实发生了,执法者不需要承担责任。其实执法者原本就没什么责任,但当追责严厉时,执法者就会选择宁严勿松,争取绝对安全。绝对安全意味着不能和风险擦肩而过,而是要和风险保持一段安全距离。至于患者和医生因此浪费多少时间,增加多少交通拥堵,执法者就顾不上了。

执法要严,但不是越严越好。我们已经知道,只要预防事故的成本(B)超过了事故的预期损失(PL),即当 B > PL 时,法律就不再鼓励当事人去预防事故,因为这么做不划算。不是所有的事故都要追责,这是个法律常识,也是个纯粹的法律技术问题。有些事故属于意外事件,意外事件不能以合理成本预防,也不应去追责。边际分析可以为预防事故确定最优的均衡点,这个均衡点定位于预防成本和事故预期损失在边际上恰好相等的位置。事故追责的经济学目标是最小化事故预防成本和事故预期损失之和,而不是单纯减少任何一种成本,否则就会"按下葫芦起来瓢",事故的数量和成本倒是降下来了,但预防事故的成本却无度攀升了。

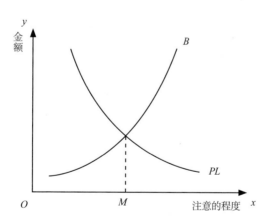

预防事故需要投入成本,但当事故预防成本追加到一个最优均衡点时,就应该停下来,过犹不及。理性的法律制度应该容忍适度数量的事故。"容错纠错"的理念与此吻合,而"零事故""零容忍"之类的说法,却只可作为口号,不能作为决策目标,更不可作为考评标准。再认真负责，干得再好，也杜绝不了事故。把事故降至零值，意味着预防事故的成本趋向于无穷大。在这个意义上，"零事故"非但不是决策的目标，反而会是决策的陷阱。孔子讲"尽人力，听天命"，就是这个意思。以事故预防的最优均衡点为界限，在这个界限以下，应该"尽人力"；可一旦越过这个界限，就要"听天命"了。

即使法律强迫当事人预防事故，最终也会形同虚设，因为当事人会选择躺平——宁愿承受事故损失，也不采取成本更高的措施去避免事故。而且我们已经知道，如果法律在当事人之间不合理地分配事故责任，就不仅会产生私人成本，还会产生社会成本。控制预防事故的成本，尤其需要合理确定责任的轻重以及责任人的范围。只有那些能以合理成本预防事故的当事人，才可列入追责的范围。事故追责的范围太小，责任太轻，就不能有效避免事故；但如果事故追责的范围太大，责任太大，就会造成另一种形式的社会浪费。倘若过度追责的范围延伸到执法机关，社会成本就会变得十分高昂，"层层加码"、形式主义和官僚主义就会接踵而至。

为什么会议增加了，考核增加了，检查增加了，评估增加了，留痕增加了？很重要的原因是这些工作绝对安全，既不会犯错误，也不会引发任何事故。执法者缺乏安全感，就会努力开发最安全的工作，而不是致力于性价比最高的工作。倘若过敏反应只发生于行政管理系统内部，那还算不幸中的万幸。但"城门失火，殃及池鱼"，执法者的过敏反应一定还会波及到个人、企事业单位乃至整个社会。执法者有检查权，但多搞一次检查，则不仅会让检查者追加检查成本，也会迫使被检查者追加应对检查的成本。这不是说，检查工作不重要或检查工作不应该，而是说无论做什么都要有分寸。一切皆有法，一切皆有度。行政执法也有个最优均衡的问题，并且同样隐含着过犹不及的风险。如果每个人都为安全而奋斗，那么企业、个人乃至整个行政管理系统就会严重缺乏效率。恐惧之下，动作变形。只要执法者发现，安全的最佳策略莫过于以形式性工作替代实质性工作，那么官僚主义和形式主义就必然变本加厉。

"形式主义"这个词汇本身就有点形式主义，它更确切的名称应该是"安全主义"，而官僚主义，就是脱离安全去解决形式主义，从而迫使形式主义更加形式主义的那种管理作风。用官僚主义去解决形式主义，与其说是用缰绳去拦住洪水，不如说是用炸药去扑灭火焰。孔子讲"过犹不及",但在官僚系统内部,如果搞不清楚最优点定位在哪里,那么"过"就总比"不及"好,因为前者不涉及忠诚问题,而且很少被追责。因而,更负责任也更有建设性的说法应该是:"要警惕不及,但更要防止过。"这就是以冗余来对冲冗余。套用黑格尔来表达:当孔子讲"过犹不及"时,他提出了一种伟大的思想;而当邓小平讲"要警惕右,但更要防止左"时,他就提出了一种伟大得多的思想。

由科技进步和经济增长带来的法律制度变迁,具体来说主要体现为,过去买不起的制度现在买得起了(比如监禁和有限责任),过去不需要的制度现在需要了(比如专利法和金融法),过去不划算的制度现在划算了(比如罪刑法定),过去不划算但后来划算过的制度现在又不那么划算了(比如对版权的绝对保护),过去标准较低的制度现在提高标准了(比如安全标准和刑事司法证明标准),过去可行的制度设计思路现在不可行了(比如数据权益如何分配就不能依循传统的财产权思路)。

原则上说,所有法律制度都是在应对不同类型的事故,并且都要在(避免)成本和(事故)损失之间寻求两者之和最小的那个均衡点。成本曲线和损失曲线的边际变化界定了这个最优的均衡点,但科技进步在提高生产效率的同时也必然会降低成本消耗,结果就是成本曲线向右移动,也让最优均衡点发生连带位移。法律制度变迁的数学逻辑就是如此。

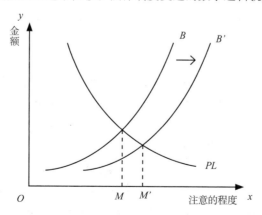

得益于技术和预算的双重增长，国家的执法能力会变得更强大，这当然是件好事。比方说，如果没有现代的信息技术，疫情防控就会艰难得多。如果没有密布的摄像头，城市安全就没有现在这么好。如今"命案必破"不再是个口号，警方无力侦破的命案已经为数极少。十年前，防盗窗对于低层楼房就是标配，但在如今新建的居住区，这种防盗设施几乎看不见了。实际上，盗窃这种犯罪也已十分萧条，很多窃贼不得不改行去诈骗了。

但也要警惕执法趋严带来的一些负面后果。别忘了，喊出"零容忍"的口号，是因为"取乎其上，得乎其中"，如果口号只是"适度容忍"，那结果就可能是事故数量不可控。但若技术进步让"零容忍"有了现实可能性，以致"取乎其上，得乎其上"，那就要对执法过度保持警惕了。执法成本的突然降低容易导致执法规模的过度膨胀，但社会的其他系统可能来不及做好相应的调整。如果某个领域的执法者突然间变成插翅膀的老虎，就可能在短时间内破坏生态平衡。

醉驾入刑是个典型的例子，酒精呼气测试仪大大降低了警方的执法成本，但监狱却很难迅速增容。盗窃犯减少了，因此腾出的牢房没有留给诈骗犯，却被迅速增加的醉驾服刑人员给占满了，这多少有点遗憾。我所经历的"买药难"，只是执法趋严的一个边缘性代价，倒也无关紧要，至今让我心有余悸的，还是超速罚款。

从青岛到济南有两条高速公路。2019年北线改扩建竣工之前是双向四车道，全长292.5公里；南线双向六车道，全长308公里。虽然南线略长，但路况好，风景美，应该是小车的首选，但其实不然。大部分小车仍和大车拥挤在狭窄的济青北线，哪怕平均时速也就80公里/小时左右。跑过几次济青南线之后，我发现了原因，至少是部分原因——超速摄像头太多了，而且最高限速在不同区段频繁变化，驾驶人一不小心就会违规超速，连罚款带扣分，成本高得吓人。驾驶人小心一点不行吗？当然行，但容易疲劳，而且很不安全，因为开车时需要眼观六路，把大部分精力用在提防摄像头上。这对于我——一个开车时喜欢思考并且经常能获得灵感的驾驶人——来说，代价实在是太高了。

摄像头在十几年前就已遍布在城市道路上，彼时的抓拍技术不高，违规摄像不清晰。警方的朋友曾告诉我，夜间抓拍成功率不过十分之一，白天抓拍成功率也就两成左右，所以罚款、扣分并没给驾驶人制造多大的压力。但后来就不一样了，抓拍技术越来越高，摄像头数量也越来越多，一般驾驶人每年缴纳的罚款不下三四百元，像我这种类型的驾驶人缴纳的罚款之高就不敢透露了。每次缴纳罚款也十分头疼，因为经常要在窗口前排上很长的队。

山东的高速公路原本领先全国，但交通效率却因为测速摄像数量太多而被严重降低。三年前的一篇网文引起了轰动，题目就叫"为什么一到山东境内，林志玲姐姐就叫个不停？"，舆论矛头指向测速摄像，并且和营商环境挂上了钩。2018年7月，山东省公安厅召开道路交通限速管理新闻发布会，通报限速改革办法。之后，测速摄像的数量大大减少。2019年底取消了单点限速，再过几个月还会把超速缓冲从10%提高到20%。好消息真是一个接着一个，驾驶人再也不用提心吊胆地防备测速摄像头。但另一个隐忧又浮上了水面——闯红灯的次数越来越多了。

执法趋严会产生一些意想不到的连锁反应，甚至同一个执法部门也会左手打右手。教育行政管理部门三令五申要求高校"破五唯"（唯论文、唯帽子、唯职称、唯学历、唯奖项）固然值得称道，但我纳闷，难道他们不清楚这都是学科评估惹的祸？道理再简单不过：只要有评估，就要有指标；只要有指标，就会有各种"唯"。学科评估已然是高校的头等大事，每隔四年来一轮，给我的感觉是：学科评估刚结束，学科评估又开始了。

法院执行局的朋友告诉我，他们的工作也面临着一套考核指标。比如在执行案件质效考核指标中，对于首次执行案件的考核指标就包括以下几项：实际执行到位率、执行完毕率、终本率、法定期限内结案率、关键节点平均超期数、结案平均用时、执行完毕案件平均用时等。看上去眼花缭乱，但概括起来就是既要质量高，又要耗时短。这在逻辑上没有错，但现实中却经常相互冲突。很多执行案件要耗费很长的时间，譬如拍卖十套房子，没个一年半载是完不成的，更何况还常有意外发生。慢工才能出细活，如果两种指标都想要，那么执行局的工作人员就不知如何是好了。更何况现在的信息技术太先进了，领导在办公室里打开电脑，各种指标数据就尽收眼底，谁也别想糊弄他。

动物能通过气味、动作、声音或化学信号来交流信息，但只有人类发明了语言——一种大范围的通讯协议。一个人头脑里的信息可以用声音编码，再传输给其他人，一传十，十传百，这简直就是信息在人类头脑中的爆炸，且不论爆炸的是真相还是谎言。如果有人做了件不光彩的坏事，没多久丑闻就会在整个村子里流传。在大家采取实质性措施之前，那个人就已经受到了惩罚。从此他要低调行事，老实做人，重塑自己的形象，然后等待时间去冲淡人们过去的记忆。很难想象在语言产生之前人们多么肆无忌惮，不过老实说，如果我发现周围人全是哑巴，那么我做事肯定不会这么谨小慎微。

文字的发明是人类通讯技术的又一次伟大革命，其意义简直无法描述。语音随风而逝，书写能把信息固定下来，在复制和传输的过程中不易出错。且信息一旦储存在人脑之外，从黏土板、竹简、石头、羊皮、布匹到纸张，再到 U 盘、电脑或云端，人类文明的进化和积累就由此获得了前所未有的广阔空间。难怪历史学家把文字视为与冶金、复杂工艺以及集中统一的政府管理具有同等地位的文明标志，毕竟在穆斯林和欧洲殖民者向外扩张之前，澳大利亚、太平洋诸岛、赤道以南的非洲以及除了中美洲小部分区域之外的整个新大陆，都没有文字。中国是世界上最早使用文字的地区之一，距今已有五六千年的历史。

"言之无文，行而不远"，这话一直被误解了。孔子不是强调文采的重要性，而是强调文字作为通讯技术、进而作为统治工具的重要性。"文"的意思是"文字"而非"文采"，这句话的意思其实很简单——语言如果不被文字记录下来，那么它在时间上不会传播很久，在空间上也不会传播很广。文字可以把真相固定下来，当然也可以把谎言固定下来。

但历经千万年的演化，人类早就适应了这个事实——语言本身就是社会控制的工具，每个人都懂得人言可畏。"孔子著春秋，而乱臣贼子惧"，被世人和后人唾骂是个重大损失，时间和空间都是损失的乘数，但死亡是个解脱，一了百了，哪怕身后洪水滔天。可是情况突然就起了变化，互联网时代呼啸而至，信息爆炸的规模不知比过去大了多少个数量级，一个人要在活着的时候体验"社死"或"网暴"的滋味，这可是人类过去做梦都想不到的经历。

过去的丑闻传遍整个村子可能要花上十天半月，但如今的丑闻传遍全网也不过几个小时，而且互联网的记忆还可能是永久性的。坏事不等于丑闻，默默无闻的坏事只是坏事，只有在信息赛道上插了翅膀的坏事，才算得上丑闻。和明星艺人的丑闻相比，烧烤店老板的丑闻已经算不上丑闻，互联网加剧了对丑闻的歧视，不是每个人都有制造丑闻的能力。

那么，人类的心理结构能否适应现在和未来迅速发展的信息技术？即使适应了，又会发生怎样的变化？会导致人类行为的系统性改良吗？抑或是系统性扭曲？人类群体的行为模式会出现两极分化吗（比如公众人物谨小慎微，吃瓜群众无所顾忌）？如果商家制造一个假丑闻就能击垮它的竞争对手，那么法律如何应对？如果丑闻确实是真的呢？——包括但不限于让某个明星艺人彻底丧失商业价值，明星艺人的背后也是企业，他可能就是某家企业的核心资产。倘若明星艺人仅仅因为一次嫖娼就身败名裂（有微信转账记录为证），或者教师仅仅因为偶尔的不当言论就被开除教职（有视频为证），或者官员仅仅因为忍不住口吐脏话就被撤销职务（有微信群截图为证），或者考生仅仅因为在微信群里分享面试试题就被取消录取资格（还是微信群），那么我们是不是应该意识到，社会的冗余度已经太低了？老实说，这些问题我回答不了。

但我知道，运转良好的社会不是严丝合缝的。严丝合缝很危险，一个环节出了问题就会带来一系列问题。机械、工程和有机体都不是严丝合缝的，社会尤其需要冗余。但如今快速发展的信息技术却大大压缩了社会冗余。弹性没有了，缓冲没有了，一出问题就是硬着陆。群众的眼睛越来越亮，真相变得越来越廉价；当然，谎言也变得越来越廉价，有时群众的眼睛并不亮。看得见的地方变好了，看不见的地方可能付出了更高的代价。我们当然不喜欢一个没有真相或真相过于昂贵的环境，但若真相变得太廉价，我们也未必能够真正适应。更何况，在收获"真相爆炸"带来的巨大收益之后，我们还要慢慢消化"谎言爆炸"带来的代价。也许我们需要创设某种机制来对冲这一趋势。

在短篇小说《镜子》里，刘慈欣描述了一个了不起的信息技术是怎样把人类带进深渊的。全人类的历史、整个地球的历史乃至全宇宙的历史，都因为超级计算机的发明而变得完全透明了，超级计算机能够在量子层面上模拟宇宙自大爆炸之后发生的所有变化。只需移动鼠标,人们就能清晰地了解任何一个时间和空间刻度上发生的每一个细微事件,所有的真相唾手可得。这个无法隐藏邪恶的社会看似无限美好,但意想不到的灾难却接踵而至。真相给每个人带来了压力,在一个水晶般纯洁的社会里,每个人的行为都高度格式化,人类社会丧失了多样性,丧失了活力,丧失了演化的动力,几万年之后就彻底灭绝了。

老子说:"其政闷闷,其民淳淳;其政察察,其民缺缺。"这话隐含了一个反直觉的洞察:统治者不要眼睛雪亮,要为芸芸众生以及他们鸡零狗碎的生活保留适度的冗余,否则大家的日子都不好过,弦绷得太紧就容易出乱子。2600年前的中国古人竟有这样的见识,实在让我惊讶,这是一个有智慧的民族才会有的见识。老子做过史官,读过很多史书,有常人不及的历史眼光。但更厉害的是,老子最早把人世间看作天地间的一个子系统,并且最早觉察到了母系统和子系统可能遵循大致相同的组织法则和运行规律。如今这一古老智慧焕发出新的生机。

最近半个多世纪,物理学、生物学和社会科学共同汇集到了一个新的研究领域,叫作"复杂性科学"。复杂性科学的核心思想是"反线性"。简单说,就是1加上一个不一样的1,得到结果会大于2。n个不一样的1加在一起的结果远大于n。

组队参加4×100米接力赛,我们需要寻找跑得最快的4个人。如果每个人都是一模一样的博尔特,那么这支团队就是世界最强的梦幻组合。团队成员不需要有差异,因为他们完成的任务是"相加性"的——整体等于部分之和,团队创造不出额外的红利。类似的相加性任务随处可见,比如数据输入工作,如果每个人每天只能填写40份表格,那么雇用一个10人团队,每天也只能填写400份表格。相加性任务里没有"多样性红利"。

但完成复杂的、高维的任务就不一样了,在团队成员的能力之外又增加了一个多样性维度,且仅凭团队成员之间的差异就可以创造出多样性红利。一个社会要追逐高层次目标——比如科技创新、产业结构升级以及组建复杂产业链，就必须谋求多样性红利。但这需要社会鼓励多元、容忍差异、增加包容性，还要保留足够的冗余。压缩冗余就等于减少多样性，因为多样性有时只表现为随机增加的错误。创新包含在变异之中，但事先谁也没法把正确的变异和错误的变异区分开来。而那些事先可以认定的创新，往往只是伪装的创新。

"三人行，必有我师焉"，这话说的是不同人有不同的知识，彼此可以互补短长，谁也覆盖不了其他两个人的知识。但这话也要分场合，有时候学习就像爬楼梯，你不可能越过第一节楼梯直接去爬第二节。学习数学就是这样，要先从数数开始，然后学加减法，再学乘除法和分数，在掌握这些基础知识之前没法学习三角函数。在这个阶段能力是最重要的，把几个数学水平差劲的人加在一起也抵不上一个水平最高的人，"三人行，未必有我师"。

但学习高等数学却是另一番情形，楼梯开始分叉了，甚至错综复杂地变成了一张网。你可以理解拓扑空间、度量空间和希尔伯特空间，而不必学习复数流，更可以对群、环、域以及李代数之类的概念一无所知。当没有人能掌握所有数学知识时，多样性就变得更重要了，一个能掌握专业数学工具集的多样化团队，远胜于在任何分支领域深耕的数学家。谁能想到，如今制定一个看似很简单的方案——比如减少肥胖症患者的比例——也需要组建一支团队，因为没有人能在精通基因学、生理学、生物学、营养学、经济学、社会心理学、传播学、广告学的同时，还了解交通和基础设施。

人们常说，"如果一个人只懂得使用锤子，那么所有的问题在他眼里都是钉子"。我干脆把这种因工具单一而导致认知局限称为"锤钉陷阱"。"盲人摸象"的故事描述了一种局限于感官的"锤钉陷阱"。五个盲人分别摸到了大象的鼻子、耳朵、身子、腿和尾巴，所以他们分别把大象比喻为蟒蛇、蒲扇、墙、柱子和绳子。如果五个盲人组成一支团队，那么他们对大象的理解就会更全面一些。但若其中有个人长了眼睛，团队的认知就会发生革命性的跃迁。五个盲人的认知工具只有触觉，五个人相对于一个人，增加八只手创造的知识增量远不如增加一双眼睛。

最早创造多样性红利的还是大自然。它给我们装配了五种感官，这可比减少一种任何感官、同时增强其他四种感官的装备方案要好得多。

但奇怪的是，为什么人类没有进化出"第六感"？原因肯定是不划算。按说拥有"第六感"也能收获多样性红利，比如能见到鬼，但只要见鬼的收益不是很大，那么因此削弱了五种感官或增加了能耗预算，代价就显得十分高昂。不过，一群人中出现一个能见鬼的变种可能是划算的，因为他增加了多样性，让整个群体在收获多样性红利的同时，还把成本摊薄了。这说明什么？说明电影《第六感》的故事逻辑并非荒诞不经。

十几年前的夏天，我老师的女儿刚刚考上大学，我带她去了一趟西霞口野生动物园。虽然她才刚念完高中，但她的动物学知识已然十分丰富，一路上给我当起了导游，讲解各种动物的生活习性可谓如数家珍。我无意间看到一群狼躺在山坡上睡午觉，从上到下排列成三角形，我突然纳闷了，就问她："那只狼为什么躺在最高处？"她说它是狼王，别的狼不敢和它平起平睡。我又问："那只不睡觉的狼又是怎么回事？你看它慌慌张张地来回走个不停。"她说那只狼是哨兵。

真没想到，狼群里居然有天生的哨兵！我惊讶之余又有了疑问：失眠是一种病，失眠的狼容易疲劳也容易抑郁，它们在狼群中占不到便宜；物竞天择，适者生存，可是为何狼群里还有失眠的狼，自然选择怎么没让它们彻底绝种？不过稍加思索我就有了答案：虽然失眠狼的环境适应能力远不如饱睡狼，但保留失眠狼的狼群却可以活得更安全，因为狼群里有了天生的哨兵。而在群体竞争的层面上，那些睡眠质量清一色好的狼群，却因遭遇更多危险而被渐次淘汰了。我懂了，失眠固然是一种病，但病症也能创造多样性，并为群体贡献多样性红利。那天以后，我对自己久治不愈的失眠症就不再纠结了，感觉冥冥之中自有定数。

一群人的能力不仅取决于每个人的能力有多大，而且取决于每个人的能力差别有多大。对于完成复杂、高维的任务而言，一个能力平庸但多样化的团队完全可能比一个能力强大但却同质化的团队干得更出色。仅仅因为增加了多样性，就可以让一群人的能力变得更强大，哪怕增加的多样性是一种病症、一种异端或一个离经叛道、荒诞不经的想法。

多样性红利可以用数学来证明。斯科特·佩奇以一个预测任务为背景提出并证明了"多样性预测定理"，简单说，就是一个团队的预测能力不仅取决于团队成员的平均能力（预测误差的平均值），而且取决于成员之间的多样性（不同预测的平方差）。团队成员给出不同预测的平方差越大,就越能减少整个团队的集合误差。有人高估,有人低估,但两种错误会相互抵消;就像有人说东,有人说西,但整个人群却不至于跑偏方向是一样的道理。思想多样化的人群不容易走极端。你可能抱有某种偏见,但你的偏见会对抗另一种偏见。当我说这番话的时候也可能犯了错误,但我的错误会抵消另一种错误。我当然不会为错误唱赞歌,我只是呼吁大家对可能发生的错误要有种包容的心态。什么叫作"战略定力"?按我的理解,就是面对各种意外和各种冲突,要淡定,不要慌张,不要听风就是雨,不要拿着鸡毛当令箭,不要对偶尔的风吹草动神经过敏。

凡人不是圣人,更不是上帝,世界上没有绝对完美的人和事。社会是个生态,不可能没有错误、瑕疵、噪声、麻烦和乱子,除非这个社会的所有行为、所有思考和所有言论都是高度格式化的。容错机制是重要的,创新和错误往往共享同一个空间,因为创新本身往往就包含了多次试错的过程,创新的成果就是批量错误中的偶然正确。容不下错误就别指望创新。此外,错误和担当也共享同一个空间,容错是担当的前提,而追责过度却会扭曲激励机制,后果必然是形式主义大行其道。

我对生态多样性有种特殊的迷恋。在我的想象中,一个社会的所有人、所有事以及所有行为,都可以被描述为一条钟形曲线。正常人、正常事和正常行为的数量最多,这是钟形曲线的峰值;而所有的反常则组成了钟形曲线的两个尾巴,一边的尾巴是建设性的反常,另一边的尾巴是破坏性的反常。但两种反常是相互依存的,切掉一个尾巴,另一个尾巴也就没有了。切掉尾巴的钟形曲线被压缩成n型曲线,此时整个社会就变得相当拘谨,缺乏多样性,甚至高度格式化了。

自然界有很多这样的现象,它是反你的,但却与你共生。人世间又何尝不是如此呢?彼此敌对又相互成就的例子,可以是"苏张纵横",也可以是"江山如画,一时多少豪杰"。一个健康的社会需要某种内在的张力,有人追忆往昔,有人憧憬未来,有人看到光明,有人看到阴暗,他们表面上彼此对立,但实际上互利共生。每个人是独一无二的,整个社会才能分布不同的想法和行动;如果所有人都是从一个模子里刻出来的,那很可能就是一场生态灾难。你的独一无二本身就是你对这个社会的贡献,因为当你做出自己的选择的时候,就是为整个社会去试错,去冒险,为整个社会贡献自己独特的知识和体验。

"君子和而不同。"整齐划一不见得是什么好事,而表层结构的杂乱无章,却可能代表了深层结构的和谐有序。所以,赏心的未必悦目,悦目的未必赏心。林子大了什么鸟都有,但也只有什么鸟都有的林子才能算得上大林子。应对不确定性的最优选择,就是保持足够的多样性,而一个超大规模的国家,最有条件创造出难以复制的丰富多彩。超大规模的优势,可不只是资源和力量的简单相加。

当然,过度放任多样性也是危险的,在努力收获多样性红利的同时,我们还要谨防"多样性陷阱"。在很多紧急任务或简单相加的任务中,多样性非但不会产生红利,反而可能制造陷阱。疫情防控就是个很好的例子,如果每个人要求独一无二,那么整个社会就会陷入多样化陷阱。但如果任务是科技创新、管理创新、商业模式创新、组建复杂产业链或是建设世界一流大学,就需要收获"多样性红利"。如何在多样性红利和多样性陷阱之间谋求适当的平衡,是对法律和公共政策的艰巨挑战。古人说"一张一弛,文武之道",这显然代表了应对挑战的一种古老智慧。

参考文献

1. [美]杰里米·里夫金:《零边际成本社会》,麦迪研究院专家组译,中信出版社,2017年。
2. Lee Ellisi and Anthony Walsh, "Gene-Based Evolutionary Theories in Criminology," *Criminology*, Vol. 35, No. 2, 1997.
3. Xiaolin Wu and Xi Zhang, "Automated Inference on Criminality Using Face Images," https://emilkirkegaard.dk/en/wp-content/uploads/Automated-Inference-on-Criminality-using-Face-Images.pdf.
4. (清)沈家本:《历代刑法考》(卷四),中华书局,1985年。
5. Richard A. Posner, "An Economic Approach to Legal Procedure and Judicial Administration," *The Journal of Legal Studies*, Vol. 2, No. 2, 1973.
6. [法]米歇尔·福柯:《规训与惩罚》,刘北成等译,生活·读书·新知三联书店,2020年。

7. [美]斯蒂芬·平克：《人性中的善良天使：暴力为什么会减少》，安雯译，中信出版社，2015年。

8. [荷]冯克：《近代中国的犯罪、惩罚与监狱》，徐有威等译，江苏人民出版社，2008年。

9. [美]米切尔·P. 罗斯：《以眼还眼：犯罪与惩罚简史》，胡萌琦译，中信出版社，2019年。

10. [美]D. 布迪、C. 莫里斯：《中华帝国的法律》，朱勇译，江苏人民出版社，2003年。

11. 王立民：《古代东方肉刑论》，载《上海社会科学院学术季刊》2001年第4期。

12. [美]巴菲尔德：《危险的边疆：游牧帝国与中国》，袁剑译，江苏人民出版社，2012年。

13. 苏力：《法律与文学》，生活·读书·新知三联书店，2006年。

14. [美]理查德·A. 波斯纳：《正义/司法的经济学》，苏力译，中国政法大学出版社，2002年。

15. [美]尹恩·罗伯逊：《现代西方社会学》，赵明华等译，河南人民出版社，1988年。

16. [美]哈罗德·J. 伯尔曼：《法律与革命》，贺卫方等译，中国大百科全书出版社，1993年。

17. [英]约翰·米克勒斯维特、阿德里安·伍尔德里奇：《公司的历史》，夏荷立译，安徽人民出版社，2012年。

18. Luca Enriques and Jonathan R. Macey, "Creditors Versus Capital Formation: The Case Against the European Legal Capital Rules," *Cornell Law Review*. Vol. 86, 2001.

19. Robert B. Ekelund, Jr., Robert D. Tollison, "Mercantilist Origins of the Corporation," *Bell Journal of Economics,* Vol. 11, No. 2, 1980.

20. Roger E. Meiners, James S. Mofsky, Robert D. Tollison, "Piercing the Veil of Limited Liability," *Del. J. Corp. L.*, Vol.4, 1979.

21. Richard A. Posner, "The Rights of Creditors of Affiliated Corporations," *University of Chicago Law Review,* Vol. 43, No. 3, 1976.

22. 陈实：《交易费用与公司资本制度的意义》，载《北京大学学报（哲学社会科学版）》2008年第6期。

23. J. Blundell, C. Robinson, "Regulation Without the State: The Debate Continues," *Managerial and Decision Economics,* Vol. 21, No. 8, 2000.

24. [美]查尔斯·盖斯特：《借钱：利息、债务和资本的故事》，蒋小虎译，北京联合出版公司，2019年。

25. 罗彤华：《唐代民间借贷之研究》，北京大学出版社，2009年。
26. 孔庆明、胡留元、孙季平：《中国民法史》，吉林人民出版社，1996年。
27. [美]弗兰克·J.法博齐、弗兰科·莫迪利亚尼、弗兰克·J.琼斯：《金融市场与金融机构基础》，孔爱国等译，机械工业出版社，2010年。
28. Joseph E. Stiglitz, Andrew Weiss, "Credit Rationing in Markets with Imperfect Information," *The American Economic Review*, Vol. 71, No. 3, 1981.
29. Benjamin Klein, "Why Hold-Ups Occur: The Self-Enforcing Range of Contractual Relationships," *Economic. Inquiry*, Vol. 34, Issue 3, 1996.
30. Robert E. Scott, "Conflict and Cooperation in Long-Term Contracts," *California Law Review*, Vol.75, issue 6, 1987.
31. Alan Schwartz and Robert E. Scott, "Contract Theory and the Limits of Contract Law," *The Yale Law Journal*, Vol. 113, No. 3, 2003.
32. Steven Shavell, "The Optimal structure of Law Enforcement," *The Journal of Law and Economics,* Vol. 36, No. 1, 1993.
33. 《皇朝经世文编》卷26。
34. 《清高宗实录》卷309。
35. 李金铮：《民国乡村借贷关系研究》，人民出版社，2003年。
36. 陈志武等：《民间借贷中的暴力冲突：清代债务命案研究》，载《经济研究》2014年第9期。
37. 刘秋根：《中国典当制度史》，上海古籍出版社，1997年。
38. 《世范》。
39. 柏桦、刘立松：《清代的借贷与规制"违禁取利"研究》，载《南开经济研究》2009年第2期。
40. 漆侠：《宋代经济史》，上海人民出版社，1987年。
41. [美]欧文·菲歇尔：《利息理论》，陈彪如译，上海人民出版社，1999年。
42. 《全唐文》。
43. 李向军：《试论中国古代荒政的产生与发展历程》，载《中国社会经济史研究》1994年第2期。
44. 罗彤华：《唐代官方放贷之研究》，广西师范大学出版社，2013年。
45. Oren Bar-Gill, Elizabeth Warren, "Making Credit Safer," *University of Pennsylvania Law Review*, Vol. 157, No. 1, 2008.
46. Stewart Macaulay, "Non-Contractual Relations in Business: A Preliminary Study,"

American Sociological Review, Vol. 28, No. 1, 1963.
47. [美]斯科特·佩奇：《多样性红利》，唐伟等译，机械工业出版社，2020年。
48. [美]纳西姆·尼古拉斯·塔勒布：《反脆弱》，雨珂译，中信出版社，2014年。

后　记

在决定把书稿交给编辑的那一天，我的心情就很凌乱，没有预想中的如释重负，反而是突如其来的纠结、惶恐和不自信。所谓"截稿"不是写完了，而是不想继续写下去了，或（诚实一点说）是我写不下去了。如果现在我有什么东西想和大家分享，那首先不是经验，而是教训——写作要量力而行，不要设定太高的目标，并且务必事先对自己能调配的各种资源（包括时间、精力、智力以及阅读和思考的储备等等）做个大概预算。要留有余地，留有余力。

其实我最初的打算只是兑现一个承诺。身为法学院的老师，我给本科生上课，也给研究生上课，要讲的东西太多，但时间有限，尽管我讲课从不"灌水"——除非为调节气氛所需——但还是不能在规定的课时把我想的东西全部讲完。末了，只好哄骗学生说："将来我会写本书……"这不过是结束课程的套话，也没人信以为真，但套话说的次数多了，就变成了承诺。我是一不小心掉进了自己的套路。

按说兑现这个承诺并不难，毕竟有那么多年的教学资历，我知道该给学生们讲些什么，也知道怎样讲能让他们感兴趣。但人心总是贪婪的，写作的野心很容易膨胀——我希望吸引更多的读者，也希望讨论更多的问题，写着写着就忘了初心。可是目标读者群越大，所涉议题越多，就越难避免写作难度上的叠加效应，不仅势必众口难调，而且容易贪多嚼不烂。更何况，把道理讲清楚并不难，难的是把道理讲得让人容易懂，让人喜欢听。

写作不同于讲课。讲课可以随时打个马虎眼，话说错了不过随风而逝，而写作就要严格得多，把道理想通透才能落笔。一成白纸黑字，就覆水难收了，孔子说"慎辞也"就是这个意思（不要以为我理解错了）。世界上没有绝对的通透，写作也少不了要打些马虎眼，再清晰的理论视野也消除不了所有的马赛克（更别提还有像素）。没有哪个问题可以被彻底终结，而且一个问题讲清了，另一个问题就会冒出来，问题连着问题，问题套着问题，永无穷尽。

写一本书，无非结一张网，网眼就是漏洞。况且我不是个严谨的人，做事不够严谨，做学问也不够严谨。书如其人，本书注定会留下许多漏洞和缺憾，甚至注定要闹出许多笑话。书写完了，我还能做什么？大可以无动于衷，或者拿"大成若缺"这种话来自我安慰。不过说真的，本书的漏洞和缺陷对于读者倒也不见得是件坏事，发现这些漏洞和缺憾应该是一种愉快的阅读体验。如果我还想继续刷存在感，那就不如干脆和读者同乐，把本书那些最重要的漏洞和缺憾尽可能地挖掘出来，摆在台面上，与其坐以待毙，不如亲手自我了结。于是我顺手罗列了下面这些议题。

1. 法律的联结

尽管将法律分门别类是必须的，但却造成了一种人为的割据，而以联结思维取代割据思维则可以消除学科壁垒，呈现出一条整合的路径。本书第 1 章打破了学科界限，把法律和生物学、生态学以及社会科学的各个领域联结在一起；第 2 章打破了部门法的界限，把不同门类的法律联结在一起。联结的思维有利于知识整合，也能深化你对法律的理解。尽管第 1 章和第 2 章的讨论只是走马观花，但这条学术进路可以在法律的各个领域继续延伸。比如，"法律上的冗余"就是个很好的议题，我用这个道理解释了许多法律制度和社会规范，包括"江歌案"的一审判决。

2. 法律上的冗余

你肯定知道"矫枉过正"或"取乎其上，得乎其中"，但却未必意识到这两个说法讲的道理都是"保留冗余"。"冗余"是个工程学概念，是指出于系统安全可靠的考虑而重复配置一些关键的部件和设施，以应对偶然发生的事故。冗余不是浪费，而是必要的余地、缓冲或防火墙。与重大风险擦肩而过仍是一种冒险，而稳妥的做法是与风险保持一段合理距离。"过正"和"取乎其上"都属于冗余的范畴，当群体行为系统性偏离最优均衡点而需要"矫枉"时，就应该保留足够的冗余对冲系统性的"枉行"或"取乎其下"。冗余普遍存在于工程、机械、有机体、计算机代码以及人类语言中，法律也不例外。本书第2章和第7章都讲到了"法律上的冗余"，但浅议辄止，未尽的讨论实在太多了。比如，禁止虐待动物的立法倡议就隐含了保留冗余的逻辑。如果一个人以残忍的方式虐待动物或以杀戮为乐，那么这个人是很危险的，他比其他人更可能以残忍的方式虐待同类。而为了保护人类自身，法律的防火墙就有必要前移到动物世界（当然只是一部分动物，尤其是模样最像人类的那些动物），禁止虐待动物可被当作禁止虐待人类的缓冲地带，这就是保留冗余。换言之，法律不仅要禁止虐待人类的罪恶行为，而且要设法避免激活人们处于休眠状态的残忍天性。

3. 法律底层的合约结构

权利和义务一直被传统法学视为最基础、最核心的概念，但不知你是否注意到，当这两个概念被分开或单独讨论时，根本没法完整描述任何一条法律规则。可既然如此，为何不把它们组合在一起呢？因为理解复杂的事物通常都需要一个化整为零的解剖学视角，较之法律规则，权利和义务是相对简单的单元。但本书第3章提出了一个另类的解剖学视角——把规则分解为无数份合约（尤其是最简单的双边合约），与规则相比，合约就是个简单的单元。合约的规模虽小，但仍是个"活"的制度体，而权利、义务、责任、惩罚之类的制度要素都是没有活性的。呈现法律底层的合约结构，相当于看到了制度体的细胞，这个视角有助于我们理解许多法律制度的自组织性（不借助于第三方强制仍能自我维持、自我累积和自我扩展），有助于我们评估缺乏自组织性的法律制度在何种程度上需要国家投入公共资源，同时还能解释为什么有些法律制度注定不可持续。合约视角的最大优势是可以使用博弈论的分析工具，本书的讨论不过是个开端，后续的研究不可限量。比如，如果你打算研究"民事诉讼法的合约结构"，那就比从权利、义务入手的传统研究视角更容易取得突破性进展。

4. 自控型制度和受控型制度

产权制度、交易规则及婚姻习俗都属于生命力很强的"自控型制度",所谓"自控型制度"就是独立于第三方强制可以自生自发、自给自足且自然扩展的制度。与之相对的是"受控型制度",后者必须依赖于第三方持续投入强制资源。哈耶克很早就区分了两种制度类型,但本书第 3 章和第 4 章的讨论更进一步,为区分两种制度类型提供了技术性标准:"自控型制度"可以分解为无数份自足的双边合约,制度发起人的数量很少,制度赢利点很低;而"受控型制度"恰好相反,它没法分解为很小的制度单元,制度发起人的数量较多,制度赢利点较高。这种区分为判断法律的性质、评估法律自足性和实施效果,以及在多大程度上依赖公共强制等问题提供了可参考的研究步骤,但后续的理论研究仍可以继续完善,实证研究也有广阔的前景。

5. 权力与合约

法律人通常会把合约关系和权力关系对立起来,认为前者是平等的,后者是不平等的。但本书第 3 章和第 4 章论证了一个重要的命题:"合约只保证互利,不保证平等",也因此淡化了合约关系和权力关系的对立。其实两者不是同一个层次的概念,权力在合约中产生,权力关系是一种显著不平等的合约,而强大的权力就是一个多层级的合约体系。这一基础性的观念可以渗透到法学研究的各个领域。

6. 默认规则和立法的路线图模式

我们都知道罗马法是一部伟大的法典,但至于它为什么伟大以及究竟伟大在哪里?却很少有人能说出个所以然来。如果说罗马法的伟大是因为它注重保护公民权利,那么显而易见的质疑却是,立法采用黑清单模式——把侵犯公民权利的行为罗列出来,然后明确规定惩罚的后果,这么做不是更加直接有效吗?第 6 章给出了不一样的答案:与古代立法主要采用黑清单模式不同,起源于古罗马的民事商事法律制度以默认规则为主,立法采用了"路线图模式",路线图的原型就是主流的交易模式,其合理性是统计学意义上的。这意味着,只要当事人采用主流的交易模式,那么默认规则就会补充合约的漏洞，成为合约的组成部分，从而大大降低当事人的交易成本。以默认规则或路线图模式的逻辑为线索，我们可以重新理解民法的起源、功能以及发挥作用的机制，还能发现现行民事商事法律制度存在巨大的优化空间。实际上，民法学界长期争论的"人格权是否应该独立成编"，离开这个逻辑也就没有确定的答案了。除第6章的有限讨论之外，这个议题还能以各种方式在各个领域继续延伸。默认规则是个通用的制度设计，其适用范围远不限于民事商事法律制度，甚至远不限于法律。

7. 纠纷解决的历史变迁

人类如何解决纠纷？本书第4章整理出了一条历史线索，按照"事故降级"的逻辑展开。如果解决纠纷不能一步到位（"大事化了"），那么退而求其次的选择就是以较小的事故替代较大的事故（"大事化小"）。"大事化小"和"小事化了"都属于事故降级，因而历史地看，无论是以会战替代全面战争、以决斗替代会战，还是以复仇替代血仇、以决斗替代复仇或以诉讼替代决斗，都可归入解决纠纷的范畴。尽管这条历史线索只能呈现历史的逻辑，而不能还原历史的真相，但仍可以为致力于探索历史真相的法律史研究提供大致靠谱的方向。

8. 司法的性质和功能

法律人倾向于把司法的功能理解为"定分止争"，很符合目前法院系统的裁判目标——"案结事了"。但实际上，司法更重要的功能是通过判决向市场和社会释放正确的激励信号，司法和任何决策一样都是"向前看"的。第4章讨论了司法的性质和功能，重新界定了评估司法质量的几个指标：公正、中立和执行力。评估执行力的指标是执行率，公正可以用错判率来衡量，中立的含义则是让错判的方向保持随机。"完美司法"意味着错判为零且执行到位率达到百分之百（此时司法中立性已经无关紧要），前两者的乘积可以评估司法的质量。后续的理论研究可以更进一步，包括建构更精致的数学模型或设计更全面的司法质量评估的指标体系，诸如此类的研究进展都有助于未来的司法政策和司法改革摆脱理念化、教条化和盲目性。

9. 疑案裁判的经济学逻辑

疑案堪称"司法之癌",司法面对的最大挑战不是法律不清晰(疑难案件),而是事实不清楚(疑案)。如果把疑案(以及与之相关的错判)看作一种司法事故,那么举证责任的分配就应该与事故责任的分配分享同样的经济学逻辑。经济学的逻辑简单清晰,可以有效替代那些蹩脚的证据法概念和杂乱的证据法学说。疑案裁判被普遍忽视的一个基础性目标,是从源头上控制纠纷的数量,进而控制疑案和错判的数量。这个观点可以帮助我们重新理解古今司法者处理疑案的司法技术,包括神判、决斗和举证责任分配。本书第2章和第4章的讨论都涉及了疑案裁判的经济学逻辑,但缺少相应的史料、案例和数据,也因此(不经意地)为后续的理论研究和实证研究保留了广阔的空间。

10. 惩罚的尺度与算法

刑法的经济分析通常会被追溯至边沁和贝卡利亚,但实际上两位先驱一开始就分道扬镳了,贝克尔等人建构的惩罚模型继承了边沁的最大化标准,但由于最大化标准不可计算,本书提出的惩罚模型回到了贝卡利亚的传统。第5章以返还法则为基础,通过演化分析解码了人类关于罪责评价的道德直觉,进而描述了惩罚的尺度和算法——它是一道简单的数学公式,包括犯罪实际损失、作案成功率、抓获概率、破案率等四个变量以及一个叫作"斜率"的幽灵变量,完全不同于法律经济学的经典模型,后者的数学表达是"微分求最优"。相比之下,本书提出的惩罚模型不仅操作性更强,而且与现实的法律制度(不限于刑法)有更高的拟合度。除本书讨论的内容外,我还曾用这个惩罚模型分析过许霆案、梁丽案、王斌余案、于欢案以及关于收买被拐妇女罪的定罪量刑。但坦率地说,我只知道这个模型非常好用,解释问题和解决问题都能"快刀斩乱麻",而至于建构模型的分析过程是否有漏洞,我至今没有十足的把握。

11. 犯罪的编码

为什么要把犯罪分成不同的类型?如此提问似乎多余。你也许会说,如果不对犯罪分类,惩罚就没有针对性的方案。确实如此,犯罪分类的目标就是为了实现"罚当其罪",但这意味着是量刑决定了定罪，而不是定罪决定了量刑。如果对所有犯罪的罪责评价完全相同，或者如果对所有犯罪一律实行同态复仇，还有必要对犯罪分类吗？答案是否。反过来，如果法律决策者能够对每一起犯罪做出精准的罪责评价，并给予精准的处罚，那还需要对犯罪分类吗？答案同样是否。本书第5章使用了"编码"这一通用的概念，犯罪分类就是一种编码，与商品编码、图书编码、语言编码和动植物编码遵循同样的逻辑，同样需要兼顾编码的精确性和经济性。传统刑法学只根据犯罪的一些表面特征（要件）去完成犯罪编码，但若以惩罚的尺度和算法为依据，我们就能设计出更加合理的编码方案。比如，把收买被拐妇女和收买被拐儿童归为一种犯罪就明显不合理，因为后者不太可能发生强奸、殴打、拘禁等人身伤害。区分"一罪"和"数罪"也经常是个司法难题，但只要理解了犯罪编码的基本逻辑，这些难题都会迎刃而解。

12. 刑法的结构

宏观上的犯罪编码升级为刑法的结构问题，现行刑法是以"犯罪客体"分出章节。但"犯罪客体"其实是个虚构的概念，几乎没什么实质性意义，我们甚至可以说侵权和违约也侵犯了某种"客体"。本书第5章提出了"犯罪树"的概念，显然受到"进化树"的启发。进化树比喻了生物学上的一个编码方案，用以描述不同物种的进化历程以及彼此之间的亲缘关系。不同犯罪也有各自的演化历程，且相互之间存在亲缘关系。以"犯罪树"对不同犯罪重新编码，涉及到一系列有趣的算计和想象；而用"犯罪树"的编码方案去重新设计刑法，我的初步估计是可以在节省三分之一法律条文的同时还能让量刑更加精准。但这是个规模浩大的学术课题，我只是提出一个设想而已。

13. 法律的演化分析

本书的要义可被归结为三个思想：还原的思想、联结的思想、演化的思想。三者无碍兼容，高度统一，但核心还是演化，还原和联结只是演化的基础或演化机制在不同层面上的呈现。返还法则被认为是一个原始的起点，制度演化由此起步，然后发生各种变异，低适应值的变异逐渐被淘汰，高适应值的变异保留下来，逐渐积累，最终就演化成了各种复杂的法律制度。本书第5章描述了从返还法则到罪责评价指数的演化过程，进而提出了惩罚的尺度和算法，但相关讨论只停留在理论猜想的层面。可惜我不是计算机专家，否则我一定会为验证这些猜想去设计一系列演化仿真模拟实验。

14. 重新理解自然法

法律人都知道自然法和自然法学派的概念，在法律思想史的教科书以及绝大多数学者的论著中，自然法代表了一种希望法律能够追随正义的学术思想，自然法学派因此与社会学派——后者希望法律与生活世界保持天然的亲和度——的学术思想区别开来。但本书第5章为自然法（至少是霍布斯意义上的自然法）提供了一种另类的解说：自然法更多描述了演化的起点，无论怎样表述，都和返还法则形影不离。当法学家们宣称自然法来自上帝的指令时，他们只是讲出了在人类演化过程中早已被基因编程的道德直觉而已。自然法是一种正义的算法，区别于正义的另一种算法——最大化标准。如果本书对自然法的重新解释能够成立，就必然涉及法学学术谱系的全面调整，牵一发而动全身。

15. "多样性红利"及相关法律对策

群体成员的多样性能够让整个群体收获额外的红利，这就是"多样性红利"。这个符合直觉的道理可以用数学来证明，而且在所有领域都获得了验证。当需要完成复杂、高维的任务时，"多样性红利"是必须追求的目标。法学研究引入"多样性"和"多样性红利"的概念可以扩展其视野和维度，许多原本由政治观念和意识形态支配的议题可由此归入技术性议题的范围。"多样性红利"拥有全面渗透立法和法律实施全过程的潜力，相对于由此呈现的广阔学术前景，本书第7章关于"执法冗余和多样性红利"的讨论只是个尝试而已。

16. "法不责众"的可能性

"法不责众"的说法经常被提及，但却很少获得严肃讨论。"法不责众"是否成立？为什么成立？以及在何种程度上成立？每一步追问都会逼迫我们重新评估法律实施的过程和效果。本书第7章涉及这一议题，为此创造了"法律泥潭"和"不可威慑"两个描述性概念，但尚未全面分析相关变量，更没能建构出数学模型。然而我相信，相关的理论研究和实证研究都可能是开拓性的。

17. 法律与科技

严格说来，"法律与科技"不是个议题，而是个领域。科技进步以及由此引发的产业革命是法律制度变迁的主要推动力，当科技进步降低了法律实施的成本之后，就必然引起制度均衡点的位移，比如，刑事司法会降低对冤案的容忍度。科技对法律变迁的影响实际上是法律如何适应被科技改变的社会环境和自然环境，本书无力全面呈现其中错综复杂的因果关系，第7章只对证据法、刑罚、借贷、有限责任等几个典型法律制度的历史变迁做了粗略梳理。但只要你掌握了分析问题的基本思路，则不仅可以延伸对法律变迁的历史考察，而且能对未来的法律演化做一些前瞻性思考。

18. 作为国家统治工具的法律

本书第4章讨论了国家的起源和权力的游戏，法律中的一部分就是国家的统治策略。但我没有讨论国家形态、政体组织形式和统治策略的演化过程，这是个巨大的空缺，关于"法律和国家"的重大议题因此不够完整，也不够流畅。

19. 婚姻的演化

历史学家和人类学家记载描述了各种各样的婚姻制度：有松散型的和紧密型的，有内婚制和外婚制，有单偶制和多偶制，有从夫居和从妻居。但留存至今的婚姻制度大都是古老的习俗，其起源和背景并没有留下多少文字记录。接续对产权和交易的制度分析，本书第2章讨论了婚姻与性、婚姻与生育的内在关联，并将不同类型的婚姻制度在时间上排列了先后次序。但这条历史线索只是一种理论推演，仍有待于历史学、考古学和人类学研究以事实和数据去证实或证伪。

20. 公平观念的生物学视角

法律人眼里的公平，通常是个哲学和伦理学问题，但在本书第1章的讨论中，公平观念被视为一种群体性的道德直觉，内含了演化的逻辑。作为一种生态竞争的策略，无论是个体的，还是群体的，公平感、嫉妒心和进取心均属于风险意识的变形。无论这一论断能否成立，都可以丰富法理学的研究视角。

21. 法律与丛林法则

　　法律经济学家很早就发现法律模拟市场，但很少有人意识到法律也会模拟生态。法律人通常认为法律和丛林法则可以相互独立，甚至相互对抗，但其实不然。丛林法则的历史远比任何法律制度都古老得多，法律自诞生之初就与丛林法则融为一体，并且没有任何力量将二者分离。无论法律发展得多么细致、多么复杂，只要"实力界定权利"的制度基因牢不可破，法律中的平等与歧视就只会万变不离其宗。"实力界定权利"就是制度化的丛林法则，丛林法则是法律的另一幅面孔，它被一层层面纱遮掩起来。市场拒绝暴力，但它仍是个丛林。

22. 法律的人性基础

　　法律人不能忽视法律的人性基础，但面对这个议题我很纠结：一方面，我认为它很重要；另一方面，我又不建议法律人过度关注它。因为这个议题已经超出了法学乃至社会科学的范围，它主要是个生物学问题（切忌把它当作哲学和伦理学问题）。人性本身就是一些制度性规则，在人类进化过程中它们已被基因编程。本书第1章讨论的就是法律的人性基础，但我的知识有限，只能泛泛而论。不过好消息是人世间的道理是相通的，所有的制度性规则都会分享大致相同的逻辑，无论是被基因编程的人性，还是被口耳相传的非正式规范，抑或是被文字记录下来的法律，它们之间最大的区别只是载体不同而已。

　　我说上述议题都属于本书的漏洞和缺憾，是因为它们原本可以获得更深入、更细致、更全面的讨论，但因力不从心我选择了放弃。你当然可以说我这么做是居心叵测，真实的用心不过是以退为进，把自己的漏洞变成别人的陷阱，然后借助别人（尤其是年轻学人）的力量来完成自己未竟的工作。我不反驳这个指责，但重要的不是动机而是后果，后果好才是真的好。把自己完成不了的工作变成大家都可以参与的工作，这有什么不好？这才是"大成若缺"更进取的含义啊！如果你是法学院的在读研究生，正为毕业论文愁眉苦脸，甚至找不到一个合适的选题，那么，不管我的动机如何，上述议题都可能给你提供一些辅助性的启发。

我承认本书的内容不够严谨，但我相信它从头至尾都不缺少创意、视野和想象力。倘若有朝一日我的漏洞能够变成你的脑洞，那才是真正的皆大欢喜！

法律人都说法学界太"卷"了，我想原因之一就是学术空间太小，僧多粥少，以致一些价值不大甚至毫无价值的选题都被写了无数遍，真不知吞噬了多少年轻学人的时间和精力。既然如此，与其和大家一起"卷"，不如换个口味，换个思路，勇敢地去开拓一片新的疆域。

我庆幸自己在中国海洋大学工作。这里有整洁漂亮的校园，有舒适的办公室，有开放、和谐、宽松的氛围，更有开明的领导。在这里，我可以自由写作，甚至可以自甘堕落——写本书算不上有含金量的学术成果，甚至填不进各类考核表格，但却可以让我向年轻的同行们炫耀说："一个人得堕落到什么程度，才会去做这么有意义的事情！"

海大法学院卧虎藏龙，这里有一大群了不起的同事和聪明的学生，他们是我学术上的对话伙伴，也是我的骄傲。写这本书经常让我有些愧疚，不是作为老师的愧疚，而是作为院长的愧疚。有时我会想："这得是个多么靠谱的法学院，才由我这么不靠谱的教授来做院长！"

本书的写作获得了多方面的帮助，没有这些帮助，就没有这本书。感谢同事们对我的包容；感谢学院书记（刘惠荣教授）和几位副院长（董跃教授、李晟教授和于铭副教授）分担了我大量的行政工作；感谢两位职业法律人（高仁青法官和宫凡舒法官）的前期审阅和校对，她们给了我非凡的鼓励；感谢三联书店的冯金红老师和王晨晨老师，还有雅理出版的田雷教授，他们的辛勤努力让本书的出版时间大大提前，顺利程度远超预期。感谢我的家人，她们照顾我的生活，承包了所有的家务。

最后的也是最重要的感谢要留给我的两位学术伙伴。一位是我的同事胡伟强，在我眼里他就像个先知。他给我提供了大量的中英文文献，并且恰好是我需要的。他完全理解我的写作计划和思路，也因此知道我该读哪些书。他嗜书如命，但还是慷慨地借给我很多书，我知恩图报，已经决定在不远的将来把这些书如数奉还。我曾几次感慨说："如果我读的书有胡伟强那么多，这本书不知要比现在好多少！"

另一位是我的前同事戴昕，在我眼里他就像个打手，甚至是杀手。他还有令人恐怖的学术能力和思考能力，是精通法律经济学的真正行家（和他比我修炼的只是"野狐禅"）。在写作过程中，但凡我有什么新想法，都会和他讨论，除非获得他的认可，否则我就会选择放弃，唯一的例外是"惩罚的尺度和算法"（它是本书第5章的一部分）。经过他无数次的碾压式打击，这个想法居然奇迹般地存活了下来，我没有沾沾自喜，而是至今心有余悸。

感谢宇宙的馈赠——那些我曾经拥有但已逝去的时间。

2022年5月29日于中国海洋大学法学院办公室